여러분의 합격을 응원하는
해커스공무원의 특별 혜택

 해커스공무원 온라인 단과강의 20% 할인쿠폰

65BF5E5DDB7EA8VJ

해커스공무원(gosi.Hackers.com) 접속 후 로그인 ▶ 상단의 [나의 강의실] 클릭 ▶
좌측의 [쿠폰등록] 클릭 ▶ 위 쿠폰번호 입력 후 이용

* 등록 후 7일간 사용 가능(ID당 1회에 한해 등록 가능)

합격예측 온라인 모의고사 응시권 + 해설강의 수강권

95DD5B54FC2JXQWH

해커스공무원(gosi.Hackers.com) 접속 후 로그인 ▶ 상단의 [나의 강의실] 클릭 ▶
좌측의 [쿠폰등록] 클릭 ▶ 위 쿠폰번호 입력 후 이용

* ID당 1회에 한해 등록 가능

KB218886

쿠폰 이용 관련 문의 **1588-4055**

단기 합격을 위한
해커스공무원 커리큘럼

입문

▼

기본+심화

▼

**기출+예상
문제풀이**

▼

동형문제풀이

▼

최종 마무리

▼

PASS

탄탄한 기본기와 핵심 개념 완성!

누구나 이해하기 쉬운 개념 설명과 풍부한 예시로 부담없이 쌩기초 다지기
TIP 베이스가 있다면 **기본 단계**부터!

필수 개념 학습으로 이론 완성!

반드시 알아야 할 기본 개념과 문제풀이 전략을 학습하고
심화 개념 학습으로 고득점을 위한 응용력 다지기

문제풀이로 집중 학습하고 실력 업그레이드!

기출문제의 유형과 출제 의도를 이해하고 최신 출제 경향을 반영한
예상문제를 풀어보며 본인의 취약영역을 파악 및 보완하기

동형모의고사로 실전력 강화!

실제 시험과 같은 형태의 실전모의고사를 풀어보며 실전감각 극대화

시험 직전 실전 시뮬레이션!

각 과목별 시험에 출제되는 내용들을 최종 점검하며 실전 완성

**단계별 교재 확인 및
수강신청은 여기서!**

gosi.Hackers.com

* 커리큘럼 및 세부 일정은 상이할 수 있으며,
자세한 사항은 해커스공무원 사이트에서 확인하세요.

해커스공무원

이언담
교정학 기본서

해커스

이언담

약력

현 | 해커스공무원 교정학, 형사정책 강의
해커스경찰 범죄학 강의
경기대학교 범죄교정심리학과 초빙교수
행정안전부 안전교육강사(폭력, 성폭력, 자살예방)
(사)아시아교정포럼 교정상담교육원장

전 | 가천대학교 경찰행정학과 겸임교수
경기대학교 교육대학원 겸임교수
법무연수원 교수
사법연수원 형사정책 외래교수
숭실사이버대학교 경찰교정학과 초빙교수
동국대학교 사법경찰대학원 외래교수
한세대학교 상담대학원 외래교수
남부행정고시학원 교정학 전임
종로행정고시학원 교정학 전임
에듀스파 교정학 전임
국가공무원 7, 9급 면접위원
소방직공무원 면접위원

저서

해커스공무원 이언담 교정학 기본서
해커스경찰 이언담 범죄학 진도별 기출 + 실전문제집
해커스경찰 이언담 범죄학 기본서
이언담 경찰 범죄학 핵심요약 · 기출, 멘토링
아담 교정학 기본서, 박문각
아담 교정학 기출 · 예상문제, 박문각
아담 형사정책 기본서, 박문각
아담 형사정책 기출 · 예상문제, 박문각
이언담 교정학 핵심요약, 아담아카데미
이언담 형사정책 핵심요약, 아담아카데미
이언담 교정관계법령 · 판례 · 기출OX, 아담아카데미
이언담 형사정책법령 · 판례 · 기출OX, 아담아카데미
교정상담과 사회복귀, 학지사
교정의 복지학, 솔과학
그 외 연구 논문 발표 다수

교정학의 구조를 꿰뚫어 보는 도판식 강의!

이 책은 교정학 기본서가 갖춰야 할 기본을 모두 갖추었습니다.

첫째, 교정직 승진시험 대비 특화교재로 준비했습니다.
2025년은 교정직 각급 승진시험 부활의 해입니다.
누구에게나 열린 승진기회를 최단기에 합격으로 연결시킬 수 있느냐는 공무원 생활 중 삶의 질을 결정하는 매우 중요한 요소가 될 수 있습니다. 그 길을 먼저 걸어온 선배로서 당부드리는 것은 현직자분들에게 익숙한 교정현장만큼 시험과목으로서 교정학이 만만치 않을 수 있다는 점을 기억해 달라는 것입니다.
특별히 승진시험 니즈(needs)를 충분히 반영한 본 교재와 강의가 여러분 합격에 후회없는 선택이 될 것입니다.

둘째, 9·7급 공채시험의 충분조건을 실현했습니다.
그동안 9·7급 공채시험에서 교정학은 법령 중심의 반복된 기출유형으로 적당히 공부해도 단기간에 고득점을 할 수 있다는 잘못된 인식이 만연되어 있었습니다.
그러나 최근 시험에서 보여준 높은 난도는 법령만 가지고도 얼마든지 어려워질 수 있음을 단적으로 보여준 사례가 되고 있습니다.
이에 대한 대응책은 고난도 승진시험문제에 적응하는 것입니다.
승진시험 대비 특화로 준비한 본 교재는 9·7급 공채준비생들에게는 확실한 고득점 합격의 강력한 도구가 될 것입니다.

셋째, 교재의 효율성을 극대화했습니다.
1. 승진시험과 공채시험의 시험범위를 확실하게 구분짓기 위해 제1부 승진 및 9·7급 공채 공통영역과 제2부 9·7급 공채 영역〈승진시험 제외〉으로 구분하여 효율적인 학습이 가능하도록 했습니다.
2. 최신 법령 출제경향을 반영하여 법조문은 법령 그대로 편집하여 명확한 학습효과를 거둘 수 있도록 획기적인 편집방식을 채택했습니다.
3. 교재 목차는 출제비중이 가장 높은 법령에서 시작하여 중요이론에 이르기까지 시험성적 득점에 곧바로 적용할 수 있도록 기능위주 편제를 단행했습니다.
4. 최신 기출문제를 OX화하고, 충분한 해설을 덧붙여 기본학습 이후 곧바로 자신의 실력을 확인할 수 있도록 했습니다.

넷째, 도판식 교정학 강의를 적극 권해 드립니다.
교정공무원 시험 전문 해커스공무원(gosi.Hackers.com) 학원 강의나 인터넷 동영상 강의를 함께 이용하실 것을 권해 드립니다.
학원에서 제공하는 도판식 교정학 강의는 처음부터 전체 내용을 이해하고, 암기할 수 있는 획기적 단기공략법입니다. 지루하지 않고, 누구나 교정학을 쉽고 빠르게, 체계적으로 정립할 수 있는 30년 경력의 연구와 강의 노하우는 여러분을 두려움으로부터 해방시켜 드릴 것입니다.

마지막으로 변화하는 출제경향과 승진시험 환경에 맞춘 완전히 새로운 교재편찬 과정은 여전히 쉬운 일은 아니었습니다. 그 과정에 함께 힘을 더해 준 아담아카데미 권형우 연구실장, 편집과정에서 수없이 이어지는 요구사항을 정성을 다해 반영해주신 해커스공무원 교재편집팀을 비롯한 관계자 여러분께 심심한 감사의 인사를 드립니다.

오직 여러분의 합격이 이 교재와 강의의 가장 큰 보람입니다.
감사합니다.

이언담

목차

제1부 승진 및 9·7급 공채 공통영역

제1편 형벌과 수용자 공통처우

목차

제2부 9·7급 공채 영역<승진시험 제외>

제5편 교정관련 기타법령

교정학 학습법, 왜 도판(구조)식이어야 하는가?

교정학 수험생의 하소연

• 용어가 생소하고 낯설다.

• 공부할 때는 쉬운 듯한데 막상 시험성적은 널뛰기 일쑤이다.

• 교정학의 학문적 특성을 이해하고, 효율적으로 대응해야 하는 이유이다.

교정실무 전문가만의 설명력

• 교정학은 교정현장의 실무적 환경 이해가 필수적이다.

• 이론과 법령을 이해하는 데 이론과 실무전문가의 세밀한 설명력이 요구된다.

도판식 학습법

• 교정시설은 특별한 시설구조를 가지고 있다.

• 교도소 시설구조를 머리에 두고 공부를 해야만 내용을 명확히 이해할 수 있다.

• 시설구조를 확인하면서 전체의 흐름을 파악할 수 있도록 한 것이 도판식 학습법이다.

기대효과

• 아무리 초보자라도 첫시간부터 교정학을 이해하는 데 전혀 두려움 없이 접근이 가능하다.

• 강의종료 후에는 전체를 확인하면서 세세한 부분까지 자신감을 가지고 공부할 수 있다.

* '아담아카데미'가 합격의 그날까지 여러분의 따뜻한 길동무가 되어 드리겠습니다.
• 네이버카페(https://cafe.naver.com/adamtop)
• 유튜브(채널명 '아담아카데미'로 검색하여 무료 강의를 수강하고 수험에 관한 정보를 얻을 수 있습니다.)

이언담 도판 교정학(형집행법 구조)

외부정문	근무자						

					민원실		총무과, 민원과

정문	근무자실	1호	2호	3호	4호	총무과, 민원과 복지과, 직업훈련과	
		1호	2호	3호	4호	1	2	3
	접견진행, 대기실					변호인접견실 수사접견실	

보안과	사회복귀과 분류심사과 의료과

제1부 승진 및 9·7급 공채 공통영역

제1편 형벌과 수용자 공동처우
제1장 형벌(처벌)의 역사와 형벌이념
제2장 수형자 처우모델과 처우원리
제3장 교정행정조직과 형집행법
제4장 형집행법 총칙
제5장 수용과 이송
제6장 물품지급과 금품관리
제7장 위생과 의료
제8장 접견·편지·전화통화
제9장 종교와 문화
제10장 특별한 보호
제11장 계호와 엄중관리
제12장 교정장비와 강제력행사
제13장 규율과 상벌 및 형사벌칙
제14장 수용자 권리구제

제2편 수용자별 처우
제15장 미결수용자와 사형확정자의 처우

제3편 수형자의 처우
제16장 수형자 분류와 누진처우제도
제17장 분류심사제도 법제
제18장 수형자 처우등급제도
제19장 교육과 교화프로그램
제20장 교도작업과 직업훈련
제21장 귀휴 등 사회적 처우(개방처우)
제22장 수용자의 석방과 사망
제23장 민간인의 교정참여와 가석방제도
제24장 보호관찰과 지역사회교정

제4편 교정일반이론
제25장 자유형의 제문제
제26장 우리나라 교정의 역사
제27장 수형자사회의 연구와 교도소화
제28장 수형자 처우제도
      (자치제와 선시제도, 과밀수용)

제2부 9·7급 공채 영역<승진시험 제외>

제5편 교정관련 기타법령
제29장 기타 교정관련 법령
제30장 민영교도소

후문

중간처우소
(소망의 집)

개방지역작업장

가족만남의 집

이 책의 구성

『해커스공무원 이언담 교정학 기본서』는 수험생 여러분들이 교정학 과목을 효율적으로 정확하게 학습할 수 있도록 상세한 내용과 다양한 학습장치를 수록·구성하였습니다. 아래 내용을 참고하여 본인의 학습 과정에 맞게 체계적으로 학습 전략을 세워 학습하시기 바랍니다.

01 9·7급 공채 준비하고 교정직 승진까지 대비하기

승진 대상자와 9·7급 공채 지원자를 위한 맞춤형 수험서

1. 제1부 승진 및 9·7급 공채 공통영역
   제1부는 승진시험과 9·7급 공채시험에서 공통적으로 출제되는 내용으로 구성하였습니다.
   반드시 알아야 할 기본적이고 핵심적인 내용을 체계적으로 정리하였으며, 실전문제에 철저하게 대비할 수 있습니다.

2. 제2부 9·7급 공채영역〈승진시험 제외〉
   제2부는 9·7급 공채시험에만 출제되는 내용으로 구성하였습니다.
   9·7급 공채 지원자분들은 제2부까지 학습하여 빈틈 없이 시험에 대비할 수 있습니다.

02 이론의 세부적인 내용을 정확하게 이해하기

최신 출제경향을 완벽히 반영한 체계적 구성

1. 효과적인 교정학 학습을 위한 체계적 이론 구성
   기본서를 회독하는 과정에서 기본 개념부터 심화 이론까지 자연스럽게 이해할 수 있도록 교정학의 핵심 내용을 체계적으로 구성하였습니다. 이를 통해 교정학 과목의 방대한 내용 중 시험에 나오는 이론을 효과적으로 학습할 수 있습니다.
   또한, 교도소의 특별한 시설구조를 확인하면서 도판식으로 학습하여 전체의 흐름을 명확하게 파악할 수 있습니다.

2. 최신 출제경향 반영 및 개정 법령·최신 판례 수록
   최신 공무원 시험의 출제경향을 철저히 분석하여 자주 출제되거나 출제가 예상되는 내용 등을 엄선하여 수록하였으며, 교재 내 이론에 최근 개정된 법령과 최신 판례들을 전면 반영하였습니다. 기본서만으로도 교정학 관련한 이론과 법령, 판례를 충분히 학습할 수 있습니다.

03 다양한 학습장치를 활용하여 이론 학습하기

한 단계 실력 향상을 위한 다양한 학습장치

1. 핵심정리

   주요 개념들을 요약 및 정리하여 '핵심정리'에 수록하였습니다. 이를 통해 교정학의 중요한 이론을 한눈에 파악하고 학습한 이론을 확실하게 비교 및 정리할 수 있습니다.

2. 플러스

   본문 내용 중 더 알아두면 좋을 개념이나 이론들을 '플러스'에서 추가로 설명하여 보다 쉽게 이해할 수 있도록 했습니다. 이를 통해 본문만으로 이해가 어려웠던 부분의 학습을 보충하고, 심화된 내용까지 학습할 수 있습니다.

04 단원별 OX와 해설을 통해 다시 한번 이론 정리하기

단원별 OX와 상세한 해설

1. 단원별 OX

   교정직 각급 승진, 교정직 9·7급 공채 교정학 기출문제 중 공무원 시험에 재출제될 가능성이 높고 우수한 퀄리티의 문제들을 엄선한 후, OX 문제로 변형하여 단원별로 수록하였습니다. 기출되었던 지문을 풀면서 학습한 이론을 다시 한번 점검할 수 있습니다.

2. 상세한 해설

   각 문제마다 상세한 해설을 수록하였습니다. 문제를 풀고 해설을 확인하는 과정을 통해 학습한 내용을 복습하고 스스로 실력 점검을 하시기 바랍니다.

제1부

승진 및 9 · 7급 공채 공통영역

제1편

형벌과
수용자 공통처우

제1장 / 형벌(처벌)의 역사와 형벌이념

형벌의 역사		형벌이념	교정학	수형자 처우모델				
복수적(사형벌)	고대	–	–					
위하적(공형벌)	중세	응보형주의		모델	목적	전략	교도관	가석방
교육적 개선	근대	목적형주의	감옥학 행형학	구금(처벌)	질서 사회방위	처벌 (노동)	관리자	부정
과학적 처우	현대	교육형주의	교정학	교화 개선	치료	치료	심리치료	의사	인정
					개선	행동치료	처우지도	교사	인정
					재통합	사회복귀	사회적응	조력자	인정
사회적 권리보장	최근	신응보주의	교정보호론 (신응보론)	사법(정의)	정의 인권보장	권리, 책임 (동의)	법집행자	부정

제1절 형벌과 교정학

01 형벌의 역사 5단계 [2019. 7급]

(1) 고대: 복수적 단계(사형벌)

① 원시시대부터 고대국가 형성기까지를 말하며 복수관념에 의한 탈리오법칙, 즉 범죄행위에 대한 처벌로서 눈에는 눈, 이에는 이로 보복한다는 의미의 동해보복사상이다.

② 개인적인 형벌에 입각한 복수관, 즉 사(私)형벌과 더불어 종교적·미신적 사회규범(Taboo)에 의한 속죄형 제도를 그 내용으로 한다.

(2) 중세: 위하적 단계(공형벌, 일반예방)

① 고대부터 18세기까지를 말하며, 14~15세기의 이단자 탄압의 시기에는 특히 교회법의 위반자를 처벌하면서도 동시에 일반사회 범죄인들의 피난처로 교회가 이용되기도 하였다.

② 16세기경에는 왕권강화와 강력한 공(公)형벌(일반예방에 입각한 심리강제와 위하) 개념에 따른 준엄하고 잔인한 공개적 처벌을 포함한 형벌제도와 순회판사제도가 있었던 시기로, 『카롤리나 형법전』이 대표적인 법전이라 할 수 있다.

③ 수형자에 대한 행형은 야만성(사형과 신체형 중심)을 탈피하지 못했고 교육적 목적이 전혀 고려되지 않은 음침한 지하의 혈창, 성벽의 폐허 등의 행형건축이 주로 이용되었다.

(3) 근대: 교육적 개선단계(자유형 중심, 죄형법정주의, 구금제도의 발전, 누진처우제도)

① 유럽의 문예부흥기와 산업혁명기인 18세기 말엽부터 19세기 중반에 걸쳐 박애주의사상에 입각한 형벌 관의 변화가 있었다.

② 위하적 잔혹형에서 박애적 관용형으로, 죄형처단주의에서 죄형법정주의에 의한 균형 있는 처벌로, 생 명형과 신체형 위주에서 자유형으로의 변화를 가져왔다.

③ 자유박탈의 목적이 응보적·위하적·해악적 중심에서 교정적·개선적·교화적 목적으로 변화하였다.

④ 네덜란드 암스테르담(Amsterdam, 1595) 노역장에서는 교육적 개선형이 최초로 실시되었는데 부랑인, 불량 소년, 위해자 등에 대해 근로에 의한 교화개선을 도모하였다.

⑤ 미국에서는 수용제도의 발전(18세기 이후)으로 펜실베니아제(엄정독거)와 오번제(주간혼거·야간독거)가, 오스트 레일리아(호주)에서는 개선정도에 따라 자유제한을 완화하는 누진제도가 실시되었다.

(4) 현대: 과학적 처우단계(형벌의 개별화, 특별예방, 과학적 분류심사)

① 19세기 말부터 20세기 초 형벌의 개별화가 주장되면서, 진취적이고 실증적인 범죄의 분석과 범죄자에 대한 처우로써 사회를 범죄로부터 구제 내지 방어하려는 방향이 제시되면서 발달하였다.

② 수형자에 대한 과학적 처우를 위해서는 훈련된 교도관으로 하여금 수용자의 구금분류와 처우를 담당하게 하고, 수용자의 적성발견과 개별적 처우를 통해 건전한 사회인으로의 재사회화를 도모하는 것에 초점을 두었다.

(5) 사회적 권리보장단계(인권보호, 지역사회교정의 확대)

① 제2차 세계대전 이후 치료모델의 실패로 범죄자가 복귀해야 할 사회와의 재통합을 전제로 한 사회내 처우가 주목을 받으면서 보호관찰, 가석방, 중간처우 등의 사회내 처우 프로그램들이 인기를 얻게 된 시기이다.

② 1960년대 후반 세계 각국에서 인권운동이 전개되면서 소수민족 차별대우 철폐, 여성인권운동, 학생들의 교육제도 개선요구 등 종래의 질서에 대한 일대 저항을 불러 일으켰고, 수형자들도 자신들의 권리를 주장하고 나서면서 그동안 수형자를 처우의 객체로 보고 무조건 처우에 강제적으로 참여시켜 왔던 것에 대한 새로운 비판에 직면하게 되었다.

③ 1971년 9월에 발생한 뉴욕주 애티카(Attica) 주립교도소의 폭동사건을 계기로 수형자의 침해된 권리구제를 위한 자유로운 소송제기가 인정되었으며, 헌법상 보장된 권리들이 수형자들에게도 폭넓게 받아들여져 미국의 교정제도는 다각적인 측면에서 수형자의 사회적 권리보장을 위한 교정제도 개선에 박차를 가하게 되었다.

02 형벌의 이념 [2011. 7급]

구분	내용	
응보형론	18~19C 행형의 경향으로 형벌의 목적을 응보로 이해한 응보형론에서는 행형의 본질적 목적은 자유의 박탈에 있다.	
목적형론	일반예방목적	범죄인의 처벌을 통해 잠재적 범죄 발생의 예방에 목적이 있다.
	특별예방목적	범죄인의 보호 및 교화개선을 통한 범죄예방에 목적이 있다.
교육형론	특별예방적 관점에서 자유박탈과 격리는 교육을 위한 수단으로 작용할 뿐이다.	
신응보주의	교육형주의의 강제적 교육프로그램을 반대하고 수형자의 개선보다는 적법절차에 따른 인간적인 처우를 강조하는 형벌이념이다.	
결어	어느 하나의 이념에 국한하지 않고, 수형자를 교정교화하여 건전한 국민으로 사회에 복귀시키는 것이다.	

(1) 응보형주의(절대주의, 절대설)
① 형벌의 본질을 범죄에 대한 응보로서의 해악으로 이해하는 사상으로 형벌은 범죄를 범하였기 때문에 당연히 과하여지는 것이지 다른 목적이 있을 수 없다고 본다. 즉 형벌의 본질은 응보로서 그 자체가 목적이 된다. [2021. 7급] 총 3회 기출
② 이론적 근거는 자유의사를 바탕으로 하며, 대표적 학자로는 칸트(Kant. 정의설, 절대적 응보형론), 헤겔(Hegel. 변증법적 응보론, 이성적 응보형론), 빈딩(Binding. 법률적 응보형론) 등의 견해가 대표적이다.

(2) 목적형주의
① 형벌의 목적을 형벌의 집행 그 자체에서 구하지 않고, 범죄인에게 구하려는 사상에서 비롯한다.
② 목적형주의는 '형벌은 그 자체가 목적이 아니라 범죄로부터 사회를 방어·보호하는 목적을 달성하기 위한 수단'이라고 한다.
③ 즉 장래의 범죄를 예방하기 위하여 형벌이 필요하다는 주장으로 범죄예방의 대상이 누구냐에 따라 일반예방주의와 특별예방주의로 나눈다. [2018. 7급]

일반예방	일반예방은 일반인에 대한 형벌위하 또는 규범의식의 강화를 수단으로 범죄를 예방하려는 것이다.	
	적극적 일반예방	형벌을 통해 일반인의 규범의식을 강화하여 사회의 규범 안정을 도모한다.
	소극적 일반예방	준엄한 형집행을 통해 일반인을 위하함으로써 범죄예방의 목적을 달성한다. [2022(72). 경위]
특별예방	특별예방은 범죄인 개개인을 중심으로 범죄를 예방하려는 것이다.	
	적극적 특별예방	형벌을 통해 범인을 교육·개선함으로써 범죄자의 재범을 예방한다(범죄인의 재사회화를 추구).
	소극적 특별예방	형벌의 고통을 체험하게 함으로써 범죄자가 스스로 재범을 억제하도록 한다(범죄인의 격리를 추구).

④ 형벌에 의한 사회질서의 유지는 범죄인을 개선시켜 선량한 국민으로 재사회화시킴으로써 그 완벽을 도모할 수 있다.
⑤ 이론적 근거는 의사결정론을 바탕으로 하며, 대표적 학자로는 리스트 등이 있다.

(3) 교육형주의

① 형벌을 교육이라고 보는 사상에서 비롯되었으며, 목적형주의를 순화하여 범죄 진압에 가장 합리적이며 효과적인 방법이다.
② 범죄인의 자유박탈과 사회로부터의 격리를 교육을 위한 수단으로 본다. [2021. 7급]
③ 현대의 교정목적은 응보형주의를 지양하고, 교육형주의의 입장에서 수형자를 교정·교화하여 사회에 복귀시키는 데에 중점을 둔다. [2021. 7급]
④ 리프만에 의해 최초로 주장되었고 란짜, 살다니아 등에 의해 발전하였다.

(4) 신응보형주의

① 1970년대 중반 이후 미국에서 교육형주의에 입각하여 범죄자를 대상으로 하는 여러 교육프로그램들이 재범이나 누범의 방지에 실패하였다는 주장에서 비롯되었다.
② 수형자들을 강제적인 교육프로그램에 참여시키는 것을 반대하면서 수형자의 개선보다는 인간적인 조건 아래서의 구금을 강조한다.
③ 알렌, 모리스, 윌슨, 포겔, 마틴슨 등 응보형주의적 바탕 위에 구금 위주의 행형을 지향한다고 하여 흔히 '신응보형주의'라고 부른다.

03 자유형과 교정학 [2014. 7급]

구분	내용
감옥학	① 시기: 19세기 후반(1870년~1890년대) ② 독일: 수용시설 내의 질서와 강제적 권위주의에 의한 감옥의 관리(안전과 질서)에 중점 ③ 일본: 질서와 강제적 권위주의, 개별처우에 의한 개선은 감옥관리 범위 내에서 인정
행형학	① 시기: 제1차 세계대전 이후 ② 마사키 아키라(正木亮)는 「행형의 제 문제」에서 노동·수양·능력발휘를 행형의 삼위일체로 주장하고, 교육형주의를 기초로 한 수형자처우 중심의 행형학을 확립 ③ 감옥학이 질서를 강조한 반면, 행형학은 교육형주의에 바탕을 둔 교육에 중점
교정교육학 (교정처우론)	① 시기: 제1차 세계대전 이후 ② 결정론적 시각, 독일에서 시작, 영국과 미국의 교화행형(rehabilitation)이념으로 발전 ③ 재범·범죄위험성을 감소 내지 제거 목적, 교정교화·사회복귀·교화개선 등으로 해석 ④ 개별처우의 강조로 제2차대전 이전까지 큰 호응, 시설내 구금을 전제로 한 한계 봉착
교정보호론 (신응보론)	① 시기: 1970년대 후반 ② 배경: 교정교육학의 특별예방효과에 대한 회의, 비용의 증가, 인권침해 비판 제기 ③ 범죄자에 대한 강제적 치료보다는 정의에 입각한 처벌과 범죄인의 법률적 보호강조 ④ 제지 및 억제이론 등 응보주의적 접근, 처벌을 강화하면서 인권보장 ⑤ 선별적 무능력화와 삼진법: 그린우드(P. Greenwood)는 반복적인 소수의 범죄자들을 사회로부터 장기간 격리시켜 무력화할 필요성 강조

▶ 알렌(F. Allen)은 처음엔 의료모델을 주장하다가 여러 가지 문제로 인해 교정보호론(신응보론), 정의모델을 주장하였다.

단원별 지문 OX

01 위하적 단계에서는 실증적인 범죄분석과 범죄자에 대한 개별적 처우를 실시하였다. (   ) [2019. 7급]

02 과학적 처우단계는 인간다운 삶의 권리, 법률구조, 종교의 자유 등 헌법상 보장된 기본적 인권을 수형자들에게도 폭넓게 인정하였다. (   ) [2019. 7급]

03 교육적 개선단계는 공리주의의 영향을 받았으며, 국가형벌권의 행사에 있어서도 박애주의 사상이 도입되었다. (   ) [2019. 7급]

04 교정제도는 위하적 단계 → 교육적 개선단계 → 과학적 처우단계 → 사회적 권리보장단계로 발달해 왔다. (   ) [2019. 7급]

05 제지 및 억제이론 등은 응보주의적 접근을 하지만, 인권보장에 중점을 두고 있다. (   )

06 응보형주의는 개인의 범죄에 대하여 보복적인 의미로 형벌을 과하는 것이다. (   ) [2021. 7급]

07 교육형주의는 범죄인의 자유박탈과 사회로부터의 격리를 교육을 위한 수단으로 본다. (   ) [2021. 7급]

08 응보형주의에 의하면 범죄는 사람의 의지에 의하여 발생하는 것이 아니라 사회 환경 및 사람의 성격에 의하여 발생하는 것이다. (   ) [2021. 7급]

09 현대의 교정목적은 응보형주의를 지양하고, 교육형주의의 입장에서 수형자를 교정·교화하여 사회에 복귀시키는 데에 중점을 둔다. (   ) [2021. 7급]

10 오늘날 교정학은 감옥학 – 교정교육학 – 행형학 – 교정보호론으로 발달되어 왔다. (   )

---

01 × 과학적 처우단계에 대한 설명이다.

02 × 사회적 권리보장단계에 대한 설명으로, 신응보주의적 관점이다.

03 ○

04 ○

05 ○

06 ○ 응보형주의란 형벌의 본질을 범죄에 대한 정당한 응보에 있다고 하는 사상이다. 즉 범죄는 위법한 해악이므로 범죄를 행한 자에게는 그 범죄행위에 상응하는 해악을 가하는 것이 바로 형벌이며, 따라서 형벌의 본질은 응보에 있고 형벌의 내용은 악에 대한 보복적 반동으로서의 고통을 의미한다고 한다.

07 ○

08 × 목적형주의에 대한 설명이다. 목적형주의는 범죄는 사회 환경 및 사람의 성격에 의하여 발생하는 것으로 보기 때문에 치료하거나 개선시키는 것을 강조한다. 응보형주의는 사람은 자유의지를 가지고 자신의 행위를 스스로 결정한다는 고전주의 사상을 배경으로 하기 때문에 범죄는 사람의 의지에 의하여 발생하는 것으로 본다.

09 ○

10 × 감옥학 – 행형학 – 교정교육학 – 교정보호론으로 발달되어 왔다.

제2절 범죄의 원인에 대한 시각

01 고전주의와 실증주의

구분	고전학파(구파)	근대학파(신파)
시기	18C 후반~19C	19C 후반~현대
배경	개인주의, 자유주의, 합리주의, 계몽주의, 법치주의	소년범·누범·상습범 증가, 자연과학 발전, 실증주의
인간관	자유의사론	의사결정론
범죄론	객관주의(침해결과중시)	주관주의(침해적 인격중시)
책임론	도의적 책임론(행위책임)	사회적 책임론(행위자책임)
형벌론	응보형주의, 일반예방주의	교육형주의, 특별예방주의
보안처분론	이원론	일원론
공헌	형벌권의 제한, 개인의 자유와 권리 보장	형벌의 개별화, 범죄인의 재사회화 촉진
목표	형벌의 감소	범죄의 감소
자유형	정기형제도	집행유예, 선고유예, 가석방, 상대적 부정기형제도, 단기자유형의 제한
처우모형	구금모델, 정의모델(사법모델)	의료모델, 개선모델, 재통합모델

(1) 고전학파

① 고전주의 범죄학은 르네상스와 계몽주의의 영향을 받아 중세 형사사법의 자의적 집행과 잔혹한 처벌에 대한 반성을 토대로 태동하였다.

② **형벌제도와 법제도 개혁**: 18C 중엽 공리주의 사회철학자인 베카리아와 영국의 벤담으로 대표되는 고전학파가 중점적으로 관심을 둔 사항은 범죄행위에 대한 설명보다는 형벌제도와 법제도의 개혁에 관한 것이었다. [2022(72). 경위] 총 3회 기출

③ 고전주의자들이 인간행위의 본질에 대해 가졌던 가정은 쾌락주의였다. 즉, 인간은 본질적으로 기쁨을 극대화하고 고통을 최소화하려는 속성을 가졌다는 것이다.

④ 고전주의는 정부의 역할을 국가와 시민들 간의 사회계약으로 설명하였다.

⑤ 천부인권설에 근거한 인간존엄성에 대한 강조도 고전주의 사상의 특징이다. 주로 영국과 프랑스에서 태동한 인본적인 사고경향은 당시 유럽의 많은 지식인들에게 전파되었다.

⑥ **인간의 합리성과 자유의지의 강조**: 범죄를 설명함에 있어 인간은 자유의지(free will)에 입각한 합리적 존재라는 기본가정을 바탕으로 한다. [2022(72). 경위]

⑦ **공리주의적 접근**: 인간은 비용과 이익의 손익계산을 통해 쾌락을 증가시키고 고통을 감소시키는 방향으로의 의사결정을 하게 된다고 설명하였다.

⑧ 야만적인 형사사법제도를 개편하여 효율적인 범죄예방을 위한 형벌제도 개혁에 힘썼다. [2022. 경찰2차]

⑨ 범죄를 효과적으로 제지하기 위해서는 처벌이 엄격·확실하고, 집행이 신속해야 하고, 효과적인 범죄예방은 형벌을 통해 사람들이 범죄를 포기하게 만드는 것이다. [2022(72). 경위] 총 2회 기출

(2) 실증주의

① **과학주의**: 18세기에서 19세기로 이행하면서 생물학, 물리학, 화학 등 자연과학의 발전이 이루어졌고, 인문분야도 사변적인 논의와 철학적 주장에서 탈피하여 물리학과 같이 엄밀한 논리와 객관적인 자료로서 현상을 탐구해야 한다는 주장이 나타났다.

② **결정론**: 근대적인 인간이 환경의 변화에 꾸준히 적응하면서 진화하였듯이 인간행위는 개인들의 외부에 존재하는 경제·사회·물리·심리적 영향들에 의해 통제되고 결정된다는 것이다.

③ 실증주의 범죄학파의 <u>결정론</u>에 따르면 인간의 사고나 판단은 이미 결정된 행위 과정을 정당화하는 것에 불과하므로 자신의 사고나 판단에 따라 자유롭게 행위를 선택할 수 없다고 본다. [2022(72). 경위]

④ 학문적 지식은 이상 또는 신념에 의해 습득되는 것이 아니라, <u>직접적인 관찰</u>을 통해서 얻어진다고 보았다. [2022. 경찰2차]

⑤ 인간에 대한 과학적 분석을 통해 범죄원인을 규명하고자 하였으며, 범죄원인을 규명해서 범죄자에 따라 <u>형벌을 개별화</u>할 것을 주장하였다. [2022(72). 경위]

⑥ 범죄행위를 유발하는 범죄원인을 제거하는 것이 범죄통제에 효과적이라고 보며, 법·제도적 문제 대신에 <u>범죄인의 개선</u> 자체에 중점을 둔 교정이 있어야 범죄예방이 가능하다고 본다. [2022(72). 경위]

⑦ 범죄행위보다는 범죄자 개인에게 중점을 두어 범죄요인을 제거하는 것이 범죄통제에 효과적이라고 보았다. [2022. 경찰2차]

02 처벌의 정당성

★ 핵심정리   범죄의 원인의 연속성

구분	범죄행위 원인의 연속성					
분류	결정론				상황적 결정론	자유의사	무작위성
소분류	생물학적 결정론		사회적 결정론		여건의 산물	제한된 선택	우연
원인	비전도	전도	초기아동기	현재환경	상황적 특성	선택결정 과정	이론보다 무작위에 기초
이론	XYY 염색체이론	호르몬 불균형이론	프로이드 인성이론	차별적 접촉이론	표류이론 노상대면시 지위 위협	맛차의 의지적 선택	동전 던지기
대책	검사와 분류 (예방적 구금·단종)	검사와 처우 (호르몬 주입 등)	개인처우 (환경원인 극복을 위한 재사회화)	환경조정 (범죄원인 예방)	상황통제 상황회피	처벌: 교육과 특별 일반제지	범죄통계 응용곤란

(표에서 상분류의 "상황적 결정론"은 "결정론"과 별도의 열로 표시됨)

(1) 개관

① 범죄가 개인의 <u>자유로운 선택의 결과</u>인지 아니면 <u>통제할 수 없는 요인에 의해 결정</u>되는 것인지, 범죄원인에 따라 책임소재가 가려지고 그에 따라서 처벌되어야 한다는 주장이다.

② **자유의사론과 결정론의 논쟁**: 범죄원인은 범죄를 자유의사를 가진 개인의 자유로운 선택의 결과로 보는 자유의사론과 범죄행위가 인간이 어찌할 수 없는 환경과 요인에 의해서 결정된 결과로 보는 결정론의 시각이 있다.

③ **상호보완성**: 인간은 완전히 자유롭지도 않으며, 그렇다고 완전히 환경에 지배받지도 않는다. 자유의사와 결정론도 개인에 따라 차이가 있으므로 인간의 행위를 자유의사와 결정론이라는 이분법적으로 나눌 수 있는 것이 아니다. 결국 자유의사와 결정론은 인간의 행위를 이해하는 데 있어서 상호배타적인 것이 아니라 상호보완적으로 공존하는 개념이다.

④ **다양한 요인의 복합성**: 인간의 행위는 결정론, 상황적 결정론, 자유의사 그리고 완전한 무작위성에 이르는 일련의 연속선사의 다양한 요인의 복합적 작용으로 파악되어야 한다.

(2) 자유의사론(비결정론)

① 의의: 비결정론이라고도 하며, 범죄를 자유의사를 가진 개인의 자유로운 선택의 결과로 보고 인간의 선택의 자유와 그 선택에 따른 책임을 강조하는 고전주의적 시각이다.

② 범죄자도 도덕적 장애자로 보아 처벌되어야 한다고 본다.

③ 범죄통제전략: 범죄자가 자신의 범죄행위에 대해서 책임이 있다고 간주되기 때문에 그에 상응한 처벌이 가장 적절한 전략이라고 본다.

(3) 결정론

① 의의: 범죄를 개인의 선택이 아닌 통제 불가능한 사회적·생물학적 요인에 의해서 결정되는 것으로 본다.

② 범죄는 개인의 선택이 아니라 자신이 통제할 수 없는 요인에 의해 결정되기 때문에 범죄자에 대해 책임을 묻고 비난하거나 처벌하는 것은 비도덕적인 것으로 본다.

③ 이들은 사회적 병약자로 간주되며 처벌보다 치료나 처우의 대상으로 본다. 요법처우의 비처벌적 이념이 강조된다.

④ 분류

생물학적 결정론	소질에서 범죄의 원인을 찾는 것으로 이는 가장 극단적인 결정론임에도 불구하고 우연의 요소를 전혀 배제하지는 않는다. 즉 공격적 경향이 있는 사람이 이러한 폭력을 유도하는 상황에 처했을 때 폭력은 거의 자동적 결과가 되고 만다는 것이다.
심리학적 결정론	프로이드(Freud)의 정신분석을 통한 인성이론은 초기 아동기의 경험이 현재 범죄행위의 중요한 요인이 된다는 견해이다.
사회학적 결정론	서덜랜드(Sutherland)의 차별적 접촉이론과 같은 사회학습이론은 범죄를 학습할 수 있는 환경에 놓이게 된 자의 학습에 의한 결과로 보는 견해이다.

(4) 상황적 결정론

① 의의: 범죄는 상황적 압력과 여건 및 범행의 기회 등 전적으로 행위자 이외의 요인에 의해 이루어진다는 이론으로, 청소년들이 범죄적 상황으로 표류하기 때문에 비행을 한다는 맛차의 표류(drift) 이론을 들 수 있다.

② 범죄통제전략

  ㉠ 상황의 통제: 범죄유발적 상황의 예방으로 자동차 도난방지장치, 주택의 방범보안장치, 가로등의 조도 조정, 범죄다발지역의 순찰강화 등을 들 수 있다.

  ㉡ 상황의 회피: 사람들을 범죄적 환경에 처하지 않게 하는 것으로 위험지역에서의 통행 제한이나 금지 등 대부분 긴급상황에만 제한적으로 활용되고 있다.

③ 비판: 상황통제가 범죄자에 대한 처벌이나 처우를 대체할 수 없고, 범죄자의 특별한 범행성에 대한 설명이 불가능하여 범죄자와 일반시민과의 구별이 어려워지며 결과적으로 기존의 범죄자에 대한 교화개선적 노력은 그 의미가 축소된 것으로 볼 수 있다.

⊕ PLUS 범죄의 무작위성

범죄를 동전 던지기식 우연의 결과로 보는 견해이다. 만약 범죄가 전적으로 우연의 문제라면 범죄통제에도 가능한 전략이 있을 수 없다. 누가 범죄자요, 언제 어디서 어떻게 범죄가 일어날 것인지 전혀 예측할 수 없기 때문이다. 그러나 현재 아무런 특별한 동기가 없는 폭력범죄 등의 무작위폭력이 증가하고 있는 현실을 고려할 때 이에 대한 보다 많은 연구와 논의가 필요하다.

단원별 지문 $\frac{O}{X}$

01 자유의사론과 결정론은 범죄가 개인의 자유로운 선택의 결과인지 아니면 통제할 수 없는 요인에 의해 결정되는 것인지, 범죄원인에 따라 책임소재가 가려지고 그에 따라서 처벌되어야 한다는 주장이다. (　　)

02 범죄원인은 범죄를 자유의사를 가진 개인의 자유로운 선택의 결과로 보는 시각은 결정론적 시각이다. (　　)

03 자유의사와 결정론은 범죄행위는 개인에 따라 차이가 있으므로 인간의 행위를 자유의사와 결정론이라는 이분법적으로 나누어 설명하는 절대적 근거를 제공하고 있다. (　　)

04 교정이념으로서 정의모형에 의하면 범죄자는 정상인과 다른 병자이므로 적절한 처우를 통하여 치료해 주어야 한다고 주장한다. (　　)　　　　　　　　　　　　　　　　　　　　　　　　　　　　　　　　　[2018. 7급]

05 고전학파는 인간의 합리적인 이성을 신뢰하지 않고 범죄원인을 개인의 소질과 환경에 있다고 하는 결정론을 주장하였다. (　　)

06 형벌의 기능 중 일반적 제지의 기초가 되는 것은 결정론적 범죄원인론이다. (　　)

---

01 ○

02 ✕　범죄원인은 범죄를 자유의사를 가진 개인의 자유로운 선택의 결과로 보는 것은 자유의사론이다.

03 ✕　자유의사와 결정론도 개인에 따라 차이가 있으므로 인간의 행위를 자유의사와 결정론이라는 이분법적으로 나눌 수 있는 것이 아니다.

04 ✕　정의모델은 자유의사론의 시각에서 정당한 처벌을 통하여 사법정의의 확보와 그에 따른 인권보호의 차원에 초점을 맞추고 있다.

05 ✕　고전학파는 인간의 합리적인 이성을 신뢰하고, 범죄원인을 개인의 자유의지에 의한 선택의 결과로 본다.

06 ✕　형벌의 일반적 제지의 기초가 되는 것은 인간의 합리적 이성에 기초한 자유의사론이다.

제3절 자유형의 발달

01 구금시설의 변화

(1) 복수적 응보시대

① 범죄인은 복수의 대상에 불과했기 때문에 그들을 수용하는 교도소도 암흑세계의 경지를 벗어나지 못하여 대개 성벽의 폐허, 동굴, 사원의 폐옥 등이 이용되었다.

② 이는 다른 형벌집행을 위한 일시적 감금수단으로, 형벌의 한 종류로 인식되지는 않은 단지 변형된 신체형이었다.

(2) 근대 교정시설의 기원

① 중세기 유럽대륙에서 교회법상 시행된 수도원 구금에서 유래되었다는 주장이 있으나 오늘날 대부분은 16세기 후반 유럽제국에 설치된 노역장(work house)에서 그 기원을 찾고 있다.

② 범죄인을 구금하여 노동에 동원함으로써 노동력을 확보할 수 있었던 것은 자유형 등장의 한 원인이 되었다.

(3) 교정시설의 발전

연도	시설	내용
1555년	영국의 브라이드 웰 교정원	① **최초의 교정시설**: (형벌집행보다는) 빈민구제와 노동부과가 주된 수단으로 이용된 가장 오래된 교정시설 ② 빈민, 부랑자, 절도범 등을 수용하여 장기간 교정과 직업훈련 실시(형벌집행이 아닌 노동이 목적)
1595년	네덜란드의 암스테르담 징치장	① **최초의 자유형 시설**(18C 후반): 최초의 형(刑)집행시설 ② 교도작업을 최초로 교육적·개선적 목적으로 시행한 시설 ③ 성별 분류시초: 암스테르담 징치장 內 여자조사장(1597) [2019. 9급] ④ 연령별 분류시초: 암스테르담 징치장 內 불량청소년 숙식소(1603)
1704년	이탈리아의 산 미켈레 감화원	① **최초 소년교정시설**: (현대적이고 체계적인) 연령별 분류의 시초(성인과 소년을 구분(독립된 시설) ② **최초의 분방식**(독거식): 비행소년과 학습불량소년 나누어 수용한(방사익형) 구조
1773년	벨기에의 간트 교도소	① 시설면에서 가장 모범적인 '근대교도소의 효시'로 평가 ② 분류수용이 보다 과학적으로 시행 ③ 주간혼거와 야간독거 실시 – 오번제도의 시초(1775) ④ 팔각형(분방식)(방사익형)의 구조
1790년	미국의 월넛 구치소	① 윌리엄 펜과 벤자민 프랭클린에 의한 펜실베니아 제도('필라델피아 교도소 개량협회' 설립) ② 미국 최초의 독거구금 시설 ▶ **주의**: 최초의 독거구금시설은 산미켈레 감화원
1790년	미국(뉴욕)의 엘마이라 감화원	① 최초의 상대적 부정기형 실시 ② 미국 최초로 가석방제도 운영
1895년	소년공화국 (조지. 사설소년원)	소년의 감화·개선을 위하여 자치제 실시 ▶ **주의**: 자치생활을 최초로 했다는 데 의의가 있다. 최초의 수형자자치제 실시는 오번교도소이다.
1907년	벨기에 포레스트 감옥	① 최초의 현대적 분류제도를 시행 ② 현대적 분류제도를 시행한 대표적 시설
1914년	미국의 오번교도소	① 오스본에 의한 수형자자치제 최초 실시 [2024. 9급] ② 미국 오번제도의 시초
1918년	미국 싱싱교도소	① 과학적 분류의 시초 ② 오번제도를 가장 제대로 실시한 대표적 시설

(4) 영국의 존 하워드의 감옥개혁운동

① **감옥상태론**: 박애주의자 존 하워드(John Howard, 1726~1790)는 다섯 번에 걸쳐 전 유럽 300여 개의 감옥을 직접 둘러보고 자기가 체험한 것을 내용으로 「영국과 웰스의 감옥상태론(1777)」을 저술하였다.

② 형벌의 목적은 노동습관으로의 교육에 있다고 보고, 인도적인 감옥개혁을 주장하였다.

③ 「감옥상태론」은 경험적 범죄연구학의 효시를 이루었다.

④ **주장 내용**: 위생시설 확충, 연령층과 성별에 따라서 분리수용, 독거제 실시, 교도관의 공적 임명과 충분한 보수 지급, 교도소 내의 노동조건을 개선하여 감옥을 단순한 징벌장소가 아닌 개선장소로 사용 등의 주장을 하였다.

02 펜실베니아제도와 오번제도

(1) 펜실베니아제도(Pennsylvania System)

① **의의**: 절대침묵과 정숙을 유지하며 주야구분 없이 엄정한 독거수용을 통해 회오반성을 목적으로 한 구금방식으로 엄정독거제, 분방제(分房制), 필라델피아제로 불린다. [2018. 9급] 총 4회 기출

② **필라델피아 협회**: 18세기 펜실베니아주의 퀘이커(Quaker) 교도이자 감옥개량운동가인 윌리엄 펜(William Pen)의 참회사상과 존 하워드의 독거제 영향을 받아 감옥개량을 목적으로 한 사설협회로서 벤자민 프랭클린(Benjamin Franklin)에 의하여 '필라델피아 수인구호협회'(1776)가 창립되면서 구체화되었다. [2018. 9급] 총 7회 기출

③ **최초의 펜실베니아제**: 1790년 20개 방을 갖춘 소규모 독거시설인 월넛 감옥(Walnut Street Jail)이 설치되었다. 수형자들은 교도관 이외에 어떠한 사람과도 접촉할 수 없고 노동은 하지 않고, 성경공부를 통한 회개에 매진하게 하였다.

④ **펜실베니아 제도의 완성**: 1818년 서부감옥, 1821년 동부감옥 등 필라델피아 동서에 2개의 대(大) 독거교도소가 완성됨으로써 펜실베니아제가 완성되었다.

⑤ **펜튼빌 교도소**(1842년 영국): 펜실베니아제도의 영향을 받아, 처음에는 독거구금하고 이후 공동생활이 가능하며 최종적으로 개방처우를 시행하는 이른바 누진처우, 즉 단계적 행형이 시작되었다.

📋 **펜실베니아제도의 장단점**

장점	단점
① 수형자 간 통모가 불가능하여 동료 수형자 간 악풍감염의 폐해를 방지할 수 있다(펜실베니아제와 오번제의 공통점). [2014. 9급] 총 2회 기출 ② 수형자 스스로의 정신적 개선작용으로 자신의 범죄에 대한 회오·반성 및 속죄할 기회를 제공하여 교화에 효과적이다. [2013. 9급] ③ 고독의 공포가 취업자로 하여금 생산작업에 전념하게 할 수 있다. ④ 개별처우에 편리하다. [2014. 9급] ⑤ 통모에 의한 교정사고를 사전에 차단할 수 있으며, 미결수용자의 경우 증거인멸 방지에 효과적이다. [2013. 9급] ⑥ 계호 및 규율유지에 용이하다. ⑦ 수형자의 사생활 침해를 방지하는 데 효과적이다. [2013. 9급]	① 공동생활이 불가능하기 때문에 교정교육, 운동, 의료활동, 교도작업 등 사회적 훈련이 어렵다. [2013. 9급] ② 구금성 정신질환 등 정신적·심리적 장애를 유발할 수 있다. ③ 공동생활에 대한 적응능력 배양을 저해하여 원만한 사회복귀를 어렵게 할 수 있다. ④ 동료 수용자 간 감시불편으로 자살의 가능성이 높아지고 건강상의 문제가 발생할 수 있다. ⑤ 개개 수형자의 독립된 생활공간 확보 등 행형경비가 많이 필요하다.

(2) 오번제도(Auburn System)

① 1823년 미국 뉴욕주의 오번감옥에서 소장 엘람 린즈(Elam Lynds)가 혼거구금과 엄정독거구금의 단점을 제거하고, 장점만을 취한 새로운 혼거제를 실시, 널리 보급되었다. [2020. 5급 승진] 총 2회 기출

② 야간에는 독거구금하고, 주간에는 침묵상태에서 동료 수형자들과 함께 작업을 실시하도록 하였다. [2020. 5급 승진] 총 10회 기출

③ 린즈는 당시 산업사회의 노동력 확보에 부응하여 노동을 통한 이윤추구를 위해 작업능률의 향상이 교정시설의 목표가 되어야 한다고 믿었다(Lynds는 교도작업의 역할을 중시하였음).

④ 펜실베니아제도의 목표인 도덕적 개선보다 노동습관의 형성을 더 중요시했던 것이다. [2018. 9급]

⑤ 엄정독거제의 결점을 보완하고 혼거제의 폐해인 수형자 상호 간의 악풍감염을 제거하기 위한 구금형태로 절충제(엄정독거제와 혼거제를 절충), 완화독거제(반독거제. 엄정독거제보다 완화된 형태), 교담(交談)금지제(침묵제. 주간작업시 엄중침묵 강요)라고도 한다. [2020. 5급 승진] 총 6회 기출

⑥ **오번제도의 시초**: 벨기에의 간트(Gand)교도소, 미국 뉴욕주의 오번(Auburn)교도소에서 기원을 찾는다. [2008. 9급] 총 2회 기출

⑦ 오번교도소는 1914년 오스본(Osborne)에 의해 최초의 수형자 자치제가 실시되었다.

📋 오번제도의 장단점

장점	단점
① 엄정독거에 비하여 사회적 처우가 어느 정도 가능하기 때문에 보다 인간적이다. [2020. 5급 승진] 총 2회 기출 ② 주간 작업시 교담을 금지하고 야간에는 독거구금하므로 악풍감염의 문제가 해소된다. [2020. 5급 승진] ③ 주간에는 작업을 통한 공동생활(집단작업)을 하므로 사회적 훈련이 가능해지며 정신건강이나 자살위험 등 주야엄정독거제의 폐해를 줄일 수 있다. ④ 공모에 의한 도주·반항 등을 방지할 수 있다. [2020. 5급 승진] ⑤ 교정교육, 운동, 의료활동, 교도작업 등의 운영에 편리하고, 경제적이다. [2013. 9급]	① 수형자 간 의사소통 금지로 인간관계의 형성이 어렵다. ② 말을 못 하게 하는 것은 새로운 고통을 부과하는 결과가 되며 작업능률을 떨어뜨린다. ③ 혼거로 인한 위생과 방역에 어려움이 있다. ④ 교도관의 계호감시와 규율유지의 어려움이 있다. ⑤ 동료 수형자 간 은밀한 부정행위나 교제로 인한 재범의 가능성이 있다. ⑥ 주간혼거·야간독거형식으로 개별처우가 곤란하다. ⑦ 수형자의 노동력을 착취하는 수단이 되었다는 비판이 있다.

(3) 엘마이라 감화원

① 1876년 브록웨이, 드와이트, 와인즈 및 후벨, 산본 등이 참여한 '아메리카 감옥협회'에서 상대적 부정기형제도 실시, 누진처우제도를 가미한 미국 최초의 가석방제도가 운영되었다.

② 19C 행형의 결정체로 평가받고 있다.

03 교정시설의 구조

(1) 분방식(分房式) 또는 방사익형(放射翼型) 구조

① 장방형(長方型)의 사동을 방사익형으로 배열한 구조로 수용자와 외부와의 직접 연결을 방지하고 도주예방을 목적으로 설계되었다.

② 1704년 로마 산미켈레(San Michele) 감화원이 분방식(독거식) 구조의 최초이며, 이를 개선한 것이 1869년 엘마이라 감화원이다(소년교정시설).

③ **1821년 동부 펜실베니아 감옥에 승계**: 하빌랜드(Habiland) 250개 독거실

(2) 벤담의 파놉티콘식 구조

① 1787년 영국의 철학자 벤담(Bentham)은 최소비용으로 최대효과를 거둘 수 있는 유토피아적인 파놉티콘형 교도소건립계획을 수립하였다.

② 파놉티콘(Panopticon)의 어원은 그리스어로 '모두'를 뜻하는 'pan'과 '본다'를 뜻하는 'opticon'을 합성한 것으로 벤담은 소수의 감시자가 모든 수용자를 자신을 드러내지 않고 감시할 수 있는 형태의 감옥을 제안하면서 이 말을 창안했다.

③ 중앙에는 원형의 감시탑이 있는데 이곳에 감시자들이 머물게 된다(일망 감시구조). 야간에 한 감방에 8명씩 수용하도록 하고 감시탑에서는 각 구석구석 수용실을 훤히 볼 수 있지만 수용자들은 감시자가 있는지 없는지, 감시하는지 하지 않는지 알 수가 없다. 그 결과 수용자들은 감시자가 없어도 수용자가 감시자의 부재를 인식하지 못하기 때문에 실제로 감시자가 있는 것과 같은 효과를 낸다.

④ 이 형태의 감옥은 여러 명의 죄수를 야간에 혼거시키려는 것으로서 당시의 감옥개혁가들이 범죄전염방지를 위해 주장하였던 독거제와는 다소 배치되는 것이었다.

⑤ 의회의 반대 및 당시 열악한 건축기술로 실제로 건립되지는 않았으나, 현대 교도소 건축에 많은 영향을 미쳤다.

⑥ 프랑스 학자 미셸 푸코는 권력수단이 폭력에서 감시로 변모한 대표적인 보기라고 주장한다. 교도관의 감독과 수용자 자기통제원리를 활용한 것으로, 일상으로 침투한 감시의 권력을 분석한 것이다.

(3) 푸신의 파빌리온(pavillion)식 구조

① 푸신(Pussin)에 의해 고안되고, 1898년 파리 근교의 프레스네스(Fresnes) 감옥에서 채택되었다.

② 평렬(平列) 또는 병렬식(竝列式) 구조로 사동 간 공간이 확보되어 채광과 통풍 등 보건위생에 유리하고 수용자의 유형별 처우 및 경비기능에 유리하다.

③ 우리나라의 전주형과 유사한 형태이다.

(4) 전주형

① 경비기능을 강화한 규모가 큰 구금시설에서 많이 이용된다.

② 채광이나 통풍 및 자연위생 면에서 유리하고 우리나라의 대부분 교도소는 일자형 사동을 병렬로 하는 형태를 취하고 있다.

(5) 린즈의 오번(Auburn)형 구조

① 엄정독거제에 대한 반성으로 1823년 엘람 린즈(Elam Lynds)에 의해 처음 실시되었다.

② 주간에는 엄정침묵하에 혼거작업하고 야간에는 독거수용하게 하는 완화독거제에 적합한 건축구조이다.

③ 외창이 없는 2열의 사방이 잔등을 맞댄 내방식 구조로 통풍과 채광에 불리하다.

④ 미국의 싱싱(Sing Sing)교도소가 대표적이며, 미국의 교도소 건축모형의 기본구조가 되었다.

(6) 캠퍼스형 구조

① 청소년이나 여성수용자를 위한 교정시설로 오랫동안 활용되었고, 최근 미국에서는 일부 남성교도소로 이용하고 있다.

② 비교적 적은 수의 사동이 가게, 학교, 식당, 기타 시설과 섞여서 여기 저기 흩어져 위치한 시설구조로 보다 인간적이라는 점에서 좋은 평가를 받고 있다.

③ 현재 대부분의 캠퍼스형 시설은 중구금 또는 경구금시설로 활용되고 있다.

(7) 정원형 구조

① 전주형과 같이 긴 중앙복도를 통하여 수용자들이 이동하는 것이 아니라, 앞뜰 또는 정원을 가로질러서 이동할 수 있도록 설계된 형태로 사동시설과 부대시설이 정원을 둘러싸고 있는 듯한 형태이다.

② 최근의 교도소 건축양식의 하나이다.

⊕ PLUS 독거제 vs 혼거제

구분	독거수용(Solitary Confinement System)	혼거수용(Associate Cell System)
의의	① 분방제(1방 1인 구금), 자유박탈의 가상 고선적 형태 ② 상호접촉 방지로 악풍감염과 통모 방지, 침묵 회상을 통해 회오·속죄·정신적 개선 도모	① 다수의 수형자를 같은 거실에 수용: 집거제(雜居制) ② 사회복귀에 적합한 사회성 배양에 중점
연혁	① 1595년 네덜란드 암스테르담 징치장 이후 점차 보급 ② 1704년 교황 클레멘스 11세: 산미켈레(San Michele) 감화원 소년에 대한 야간 독거 ③ 발레인 14세(1772-1775): 간트(Gand)교도소에서 성인수형자에게 적용	행형제도의 발달사상 가장 오래되고 소박한 자유형 집행방법
장점	① 수용자 스스로 반성·속죄의 기회제공 ② 악풍감염 예방, 위생상 감염병 예방 등에 유리 ③ 수용자 개별처우 용이 ④ 수용자의 명예감정 보호 ⑤ 증거인멸 및 공모·위증 방지 ⑥ 계호상 감시·감독 및 질서유지 편리 ⑦ 개인적 정신 개선에 중점을 두는 구금형태	① 수용자의 심신단련 도모 ② 건축비와 인건비 절감, 시설관리 용이 ③ 형벌 집행의 통일성 유지 ④ 직업훈련, 공동작업 등 재사회화와 사회적 훈련에 용이 ⑤ 수용자 상호 간의 감시를 통한 자살 등 교정사고 방지에 기여
단점	① 집단적 교육훈련, 자치활동 등 사회적 훈련에 부적합 ② 수용자 신체의 허약·정신장애의 우려 ③ 수형자 상호 간 감시부재로 자살사고 방지 곤란 ④ 많은 감독인원과 건축비로 비경제적	① 수용자 상호 간 갈등증폭, 악풍감염 우려 ② 독거제보다 개별처우 곤란 ③ 출소 후 공범범죄의 가능성 ④ 계호상 감시감독 및 질서유지 곤란 ⑤ 위생·방역상 어려운 점
형집행법	**[형집행법](법 제14조)** 수용자는 <u>독거수용한다.</u> 다만, 다음의 어느 하나에 해당하는 사유가 있으면 <u>혼거수용할 수 있다.</u> 1. 독거실 부족 등 시설여건이 충분하지 아니한 때 2. 수용자의 생명 또는 신체의 보호, 정서적 안정을 위하여 필요한 때 3. 수형자의 교화 또는 건전한 사회복귀를 위하여 필요한 때 ⇨ 독거수용을 원칙으로 하고 있으나, 현실적으로는 독거실 부족 등의 사유로 혼거수용이 일반적으로 이루어지고 있다. [2024(74). 경위]	

단원별 지문 O/X

01 카티지 제도는 수형자의 자력적 개선에 중점을 두며 사회복귀 프로그램의 동기부여 등 누진적 처우방법을 시도하는 제도이다. (   )
[2014. 9급]

02 성별 분류시초는 암스테르담 징치장 內 여자조사장을 들 수 있다. (   )
[2019. 9급]

03 벨기에의 간트교도소는 시설면에서 가장 모범적인 '근대교도소의 효시'로 평가받는다. (   )

04 월낫교도소는 오스본에 의한 수형자자치제가 최초로 실시되었다. (   )
[2024. 9급]

05 펜실베니아제(Pennsylvania System) 구금방식은 자신의 범죄에 대한 회오와 반성의 기회를 주어 교화에 효과적이다. (   )
[2013. 9급]

06 펜실베니아제(Pennsylvania System) 구금방식은 교정교육, 운동, 의료활동, 교도작업 등의 운영에 가장 편리하다. (   )
[2013. 9급]

07 펜실베니아제도는 주간에는 작업에 종사하게 하고 야간에는 독방에 수용하여 교화개선을 시도하는 제도 (   )
[2014. 9급]

08 오번제는 1820년대 초 린즈(E. Lynds)에 의해 시행되었고 엄정독거제에 비하여 인간적이라는 평가가 있다. (   )
[2020. 5급 승진]

---

01 ✕ 엘마이라제(Elmira System)에 대한 설명이다. 엘마이라제는 엘마이라 감화원에서 처음 실시한 것으로 마코노키의 잉글랜드제, 크로프톤의 아일랜드제 및 부정기형제도를 결합하여 최고 형기를 설정한 일종의 상대적 부정기형 하에서 행형성적에 따라 진급하는 누진제를 채택하고 수형자의 발분노력을 통한 자력개선에 초점을 두었다. 카티지 제도는 소집단 처우제도로서 기존의 대집단 처우제도가 대규모 시설에서의 획일적이고 기계적인 수용처우라는 단점을 보완하기 위한 대안적 제도로, 소집단으로 가족적인 분위기에서 처우한다.

02 ◯

03 ◯

04 ✕ 월낫구치소는 펜실베니아제도에 의한 교정시설이다. 오번교도소에서는 오스본에 의한 수형자자치제가 최초로 실시되었다.

05 ◯

06 ✕ 펜실베니아제는 엄정독거방식이므로 질병방지에 있어서는 유리할지 모르나, 교정교육이나 운동, 교도작업 등의 운영이 어렵다. 이들의 운영에 유용한 것은 혼거제이다.

07 ◯ 절대침묵과 정숙을 유지하며 주야구분 없이 엄정한 독거수용을 통해 회오반성을 목적으로 한 구금방식으로 엄정독거제, 분방제, 필라델피아제로 불린다.

08 ◯ 오번제도는 공동작업을 통하여 독거수용에 따른 문제점이 해결되고, 공동작업 중 엄중침묵을 강요함으로써 수형자 간 통모나 범죄학습 등의 문제도 해결할 수 있다. 따라서 엄정독거에 비하여 사회적 처우가 어느 정도 가능하기 때문에 보다 인간적이다.

09 오번제는 주간에는 수형자를 공장에 혼거 취업하게 하되 상호 간의 교담을 엄격히 금지하고, 야간에는 독방에 구금하여 취침하게 하는 제도이다. (　　) [2020. 5급 승진]

10 오번제는 완화독거제 또는 침묵제(silent system)라고도 불린다. (　　) [2020. 5급 승진]

11 오번제는 인간의 본성인 공동생활의 습성을 박탈하지 않으므로 공동작업 중 악풍감염의 폐단이 발생한다는 단점이 있다. (　　) [2020. 5급 승진]

12 펜실베니아제도는 공모에 의한 도주·반항 등을 방지할 수 있다는 장점이 있다. (　　) [2020. 5급 승진]

---

09 ○　오번제도는 독거제의 단점과 혼거제의 결함을 동시에 보완할 수 있는 제도이다.

10 ○

11 ×　오번제는 주간 작업 시 교담을 금지하고 야간에는 독거구금하므로 악풍감염의 문제가 해소된다.

12 ○　펜실베니아제와 오번제의 공통적인 장점에 해당한다.

제4절 교정과 교정학연구

01 교정의 의의와 영역

(1) 교정
① 교정(矯正)이란 심리학적 용어인 'Correction'에서 유래된 것으로 인간의 성격 교정을 의미한다.
② 이는 반사회적·반문화적·반규범적 행위를 한 비행소년이나 범죄자의 일탈된 성격이나 행동 등을 바로잡아 재사회화시키는 일체의 활동이라고 할 수 있다.

(2) 행형과의 구별개념론
① 일반적으로 행형과 교정은 혼용되고 있으며 동의어라고 할 수 있다.
② 다만, 구별개념론에 의하면 다음과 같다.

구분	행형	교정
용어의 생성	응보형주의 하에서 구금확보기능을 위주로 하던 시대에 주로 사용	근대 이후 교육형주의에 따라 범죄인의 교화·개선을 통한 사회복귀 강조
법적 성격	자유형의 집행	범죄인의 교육·개선과 재사회화
강조	교정의 형식적·법률적 측면 강조	교정의 실질적·이념적 의미 강조
용어의 변천	1961년 제1차 행형법 개정에서 형무소·형무관을 교도소·교도관으로 용어변경, 교육형주의 지향	

(3) 교정의 영역(4분설)

교정의 영역(4분설)		
구분	내용	법률
최협의의 교정	자유형, 노역장유치자의 형집행절차	형집행법(수형자)
협의의 교정	최협의 + 미결수용자 및 사형확정자, 법률과 적법한 절차에 따라 교정시설에 수용된 사람(피감치자, 일시수용자 등) + (시설내)중간처우	형집행법(수용자)
광의의 교정	협의 + 보안처분 중 수용처분(치료감호처분, 소년원 수용처분)	+ 소년법, 치료감호법, 보호소년법
최광의의 교정	광의 + 사회내 처우(보호관찰, 사회봉사·수강명령, 전자감시, 치료명령, 가석방, 갱생보호 등)	+ 보안관찰법, 보호관찰법

02 교정학의 의의와 종합과학성

(1) 의의

① 교정학은 교화개선 및 교정행정과 관련된 일련의 문제들을 이론적·과학적으로 연구하는 학문이다. [2014. 7급]

② 교정학은 자유형의 집행과정 등을 중심으로 교정전반에 관한 이념과 학리를 계통적으로 연구하는 학문일 뿐만 아니라 사회학, 심리학, 정신의학 등 관련 학문의 종합적 응용이 요청되는 분야이다. [2014. 7급]

③ 교정학은 범죄자 및 범죄의 위험성이 있는 자를 대상으로 교정전반에 관한 이념과 학리를 계통적으로 연구하는 경험과학(존재과학)적 성격을 본질로 한다.

④ 또한 일정한 이념하에서 교정과정의 가치를 판단하고 이에 대한 합리적이고 효과적인 운영원리를 탐구하는 분야도 내포하고 있으므로 가치학문(규범학)적 요소를 겸하고 있다(교정학은 사실학과 규범학의 속성을 동시에 갖고 있다).

(2) 교정학의 연구대상으로서의 범죄

① 교정학의 연구대상으로서의 범죄는 형법상의 범죄개념, 즉 형식적 의미의 범죄에 머무르지 않고, 상대적·실질적 범죄개념까지 포괄한다.

② 좁은 의미의 교정학에서의 범죄는 실정법상 범죄개념을 전제로 하고 있고, 집단현상으로서의 범죄보다는 개별현상으로서의 범죄에 더 많이 주목한다.

(3) 유사학문과의 관계

① 영미법계에서의 범죄학

구분	의의
범죄학	범죄의 현상과 원인을 탐구하고 인간의 행동을 경험과학적으로 분석하는 학문이다.
형사정책학	범죄예방 및 진압수단의 합리성과 유효성을 검토하여 보다 바람직한 범죄예방 대책으로서의 입법·사법·교정분야의 국가적 활동방향을 제시하는 학문이다.
교정학	형벌의 집행 및 처우에 관해서 연구하는 학문이다.

② **독일 등 대륙법계**: 범죄학, 형사정책학, 교정학을 각각 독립된 학문으로 인정하는 것이 보다 일반적인 견해이다.

(4) 종합과학성

① **역사학**: 과거의 교정정책과 관행을 이해하고, 시간의 흐름에 따른 교정의 발전을 설명하고자 하는 노력이다.

> 로스맨(David J. Rothman)은 「수용소의 발견(The Discovery of Asylum)」에서 "교도소란 원래 범죄자 처벌을 위한 것이 아니라 그들의 행위를 증진시킬 수 있도록 돕기 위해 탄생하였다"고 주장하였다.

② **사회학**: 사회의 조직과 과정, 개인과 집단 간의 상호작용을 연구하는 사회학자들이 일탈에 대한 관심을 가지고 보호관찰, 전환, 교도소 등 교정의 제반 분야를 다루고 있다. 사이크스(Sykes)의 수인의 사회(Society of Captives, 1958), 교도소부문화 및 교도소화(Prisonization) 연구 등이 있다.

③ 심리학

㉠ 교정(Corrections)이란 사회에 반하여 범행을 한 사람은 무엇인가 잘못되었고, 그것은 치료되고 교정되어야 한다는 관념을 기초로 교정처우의 대부분이 상담 등 심리학적 처우를 기반으로 한다고 할 때 교정학의 발전에 가장 큰 공헌을 한 것으로 평가받고 있다.

㉡ 이는 미국에서 심리학적 · 정신의학적 등의 방법에 의한 비행소년 및 범죄자의 성격 치유 · 처우의 개별화 · 처우의 과학화를 연구하는 학문을 배경으로 하고 있다.

📑 **비판과 반론**

1. **비판: 마틴슨(Martinson)의 효과없음(Nothing Works):** 대부분의 교화개선적 노력이 재범률을 크게 개선하지는 못하여 교정교화는 무의미하다는 점을 강조한 표현이다. [2018. 5급 승진]
2. **반론: 젠드류와 로스(Gendreau & Ross):** 마틴슨의 연구는 왜곡되었으며 연구대상의 86%가 성공적으로 교정교화는 충분히 의미있는 효과를 거두고 있다는 주장이다.

④ 규범학

㉠ 교정은 형법에 의한 처벌의 요건과 효과에 따른 자유형의 집행에 관한 절차적 규정을 주로 하고 있기 때문에 헌법, 형법, 형사소송법, 형집행법 등의 형사사법체계는 교정학의 중요한 연구대상이기도 하다.

㉡ 교정을 통하여 사회의 정의를 실현하기 위해 추구하는 하나의 체계로서 자유박탈적 형사제재의 집행에 관한 모든 법과 이에 상응하는 법현실에 관한 체계적 기술이다.

▶ 형사제재 ┌ 보안처분
　　　　　　└ 형벌

03 교정학의 연구방법론

(1) 범죄공식통계

① 개요

　㉠ 자료획득 용이, 대량관찰로 일반적 경향파악에 유용, 가장 일반적·기본적 수단

　㉡ **암수범죄 존재**(전체 범죄수 ⇨ 수사기관 인지건수 ⇨ 검찰 기소건수 ⇨ 법원 유죄건수 ⇨ 집행유예 등에 의한 형 집행 건수): 자기보고, 피해자조사, 제3자 조사

범죄율	인구 100,000명당 범죄발생건수(범죄수/인구수×100,000)
검거율	경찰이 한 해 동안 범인을 검거한 사건에서 한 해 동안 인지한 사건수를 나누어서 백분율로 계산(검거율 = 한 해 동안 범인이 검거된 사건수/한 해 동안 발생한 사건수×100) ▶ 한 해에 일어난 사건의 범인이 한참 후에 검거되는 경우도 많으므로, 일반적으로 생각하는 "한 해 발생한 사건 중에서 범인이 검거된 비율"을 나타내는 것이 아니며 결과적으로 검거율은 100%가 넘는 경우도 자주 발생한다.
범죄시계	일반인들에게 범죄경보기능, 인구률을 반영하지 않고, 시간을 고정적인 비교단위로 사용, 가치는 크지 않다는 한계

② 대표적 통계자료

검찰청의 「범죄분석」	경찰청의 「범죄통계」에 다시 검찰이 인지한 사건을 더한 것, 특별사법경찰로부터 직접 검찰로 송치된 사건 등 가장 방대한 범죄발생통계
경찰청의 「범죄통계」	㉠ 각 지역경찰서에서 입력한 범죄발생 사항을 집계한 전형적인 발생통계 ㉡ 특징: 전국 각급 경찰서에서 취급한 사건의 발생통계원표, 검거통계원표, 피의자 환경조사표 등 3종의 범죄통계원표를 토대로 집계·분석, 범죄발생 및 검거, 범죄발생 상황, 범죄자 및 피해자 특성에 대한 내용 포함 ㉢ 장점: 검찰청 통계에 비해 형사사법기관을 거치면서 범죄현상 왜곡이 덜하다. ㉣ 단점: 검찰 인지사건 누락으로 실제 전체 범죄발생 건수보다 건수가 약간 부족하다.

③ 유용성과 한계

유용성	한계
㉠ 자료획득이 용이하고, 범죄현상의 양적·외형적·일반적 경향 파악에 유용 ㉡ 통계표는 통상 1년 단위로 작성되므로 계절적·시간적 상황 등 일정 기간의 범죄발생 동향 및 특성을 파악하는 데에 유용 　▶ 특정 시점의 범죄발생 동향 파악 ×	㉠ 암수범죄로 객관적인 범죄상황 부정확 ㉡ 경찰단계 재량행위로 범죄율이 왜곡되고 축소 ㉢ 범죄의 구체적 상황이나 범죄자의 개인적 특성 등 질적 파악 및 범죄의 인과관계의 해명 어려움 ㉣ 수사기관의 독자적인 목적에 의한 통계로 연구자료의 한계 ㉤ 두 변수 사이의 2차원 관계 수준의 연구를 넘어서기 어려움

⊕ PLUS 공식통계의 한계인 암수범죄문제와 조사방법

1. 의의

① 실제로 범죄가 발생하였으나 수사기관에 인지되지 않았거나, 인지되기는 하였으나 해명(해결)되지 않아 공식적인 범죄통계에 나타나지 않는 범죄
② 현실적으로 발생한 범죄 - 공식통계범죄 = 암수범죄
③ 공식통계범죄 + 암수범죄 = 현실적으로 발생한 범죄

케틀레(Quetelet)의 정비례법칙	케틀레는 보고된 범죄와 암수범죄 관계가 일정한 비율을 지닌다는 정비례의 법칙을 주장하여 암수범죄를 문제삼지 않았다.
카이사르 (Kaisar)	카이사르는 '축소적으로 실현된 정의에 대한 기본적 비판'을 통해 숨은 범죄를 범죄대책 수립의 한계로 보고, 암수범죄 해명의 필요성을 강조했다.

2. 암수범죄 발생 원인

절대적 암수범죄	상대적 암수범죄(수사기관 인지 ○ → 해결 ×)
① 실제범죄를 아무도 기억하지 못하거나 인지하지 못한 범죄: 성매매, 낙태, 도박, 마약매매와 같은 피해자가 없거나 피해자와 가해자의 구별이 어려운 범죄 ② 성범죄(강간, 강제추행 등)는 피해자의 수치심으로 미신고, 신고에 따른 불편과 보복의 두려움 등으로 절대적 암수범죄의 발생원인	① 경찰, 검찰, 법관의 개인적인 편견이나 가치관에 따라 범죄자 차별적인 취급(소수민족이나 유색인종에 엄격, 여성이나 화이트칼라범죄 관용적) ② 폴락(O. Pollak)기사도 가설(여성범죄 낮은 이유) ③ 셀린(Sellin)의 경찰통계 중시: 범죄통계는 절차 개입에 의해 범죄로부터 멀어지면 멀어질수록 그 가치가 떨어진다.

3. 암수범죄의 측정방법

직접적 관찰		간접적 관찰(설문조사)		
자연적 관찰	실험적 관찰	자기보고	피해자조사	정보제공자조사
① 참여적: 범죄행위 직접 참가 ② 비참여적: 유리벽이나 카메라를 통한 관찰	① 의도적 범죄상황 실현 ② 위장된 절도범의 발각 위험성 연구	① 강력범죄파악에 한계 ② 자신의 범죄 인식하지 못하거나 범죄를 하지 않았다고 오신 가능	마약, 경제, 정치, 조직, 가정범죄 보고 쉽지 않다. (가장 많이 활용)	주관적 편견, 감정적 가능성

(2) 실험연구

① 의의

㉠ 설정된 가정 검증, 제한된 조건하에서 반복적으로 이루어지는 관찰을 의미
㉡ 경험과학적 연구에서 실험은 가장 효과적인 방법 중의 하나로 인정
㉢ 집단의 등가성 확보, 사전과 사후조사, 대상(실험)집단과 통제집단
㉣ 실험 vs 통제집단의 사전·사후검사를 통해 종속변수에 미치는 처치의 효과 검증
㉤ 연구의 내적 타당성에 영향을 미치는 요인들을 통제하는데 유리한 연구방법
㉥ 집단의 유사성을 확보하기 위해 무작위 할당방법이 주로 활용
㉦ 새로운 제도도입시 효율성 미리 점검할 때 이용(가택구금 vs 교도소 내 행동반응 비교)

② 유용성과 한계

유용성	한계
⊙ 적은 비용으로 신속하고 쉽게 자료화 가능 ⓛ 내적타당성에 영향을 미치는 요인 통제에 유리 ⓒ 인과관계 검증과정을 통제하여 가설 검증에 유용 ⓔ 실험적(인위적) 관찰방법은 암수범죄 조사에 유용 　(위장된 절도범)	⊙ 실험여건이나 대상 확보의 어려움 ⓛ 인간을 대상으로 한다는 점에서 실행의 곤란함 ⓒ 조사대상자가 소수에 그쳐 결과의 일반화 곤란 ⓔ 외적타당화에는 어려움

(3) 참여적 관찰법

① 의의

　⊙ 관찰자(연구자)가 직접 범죄자 집단에 들어가 함께 생활하면서 생활 관찰

　ⓛ 체포되지 않은 자와 체포된 자 등 모두 연구대상, 초점은 그 대상이 아니라 직접적인 관찰여부

　ⓒ 인류학자들이 즐겨 사용하는 연구방법(오스본의 1주일 자원수형자 - 수형자자치제주장)

② 유용성과 한계

유용성	한계
⊙ 체포되지 않은 범죄자 일상까지 관찰, 생생한 실증자료 취득 가능 ⓛ 다른 연구방법에 비하여 직접적인 자료 획득 용이 ⓒ 통계나 시설수용자 설문조사보다 높은 타당성 ⓔ 암수범죄의 조사에도 이용 가능	⊙ 소규모 조사방법으로 연구결과 일반화 × ⓛ 집단현상으로서의 범죄원인 및 대책에는 한계 ⓒ 피관찰자들의 인격상태에 관한 객관적 관찰 불가능, 연구자의 주관적인 편견 개입 우려 ⓔ 상호 인간적인 교감 등 필요로 많은 시간 소요 ⓜ 조사대상자에 동화 or 혐오 감정(객관성 유지 ×)

(4) 사례조사

① 의의

　⊙ 범죄자 개개인에 대해 인격과 환경 등 여러 요소를 종합적 분석, 상호연결관계 규명

　ⓛ 조사대상자에 대한 개별적 사례나 과거사 조사로 일기 · 편지 등 극히 내밀한 개인정보 획득 요구

　ⓒ 미시범죄학적인 연구방법, 하나 또는 몇 개의 대상에 대한 깊이 있는 정밀조사 목표

　ⓔ 1937년 서덜랜드(Sutherland)가 실시한 직업(전문)절도범 연구

② 유용성과 한계

유용성	한계
⊙ 조사대상자에 대해 가장 깊이 있는 이해 가능 　(= 참여적 관찰법) ⓛ 조사대상자의 장래에 관한 대책수립이 용이	⊙ 대상의 범위가 지나치게 협소, 연구자의 편견, 선택된 사례의 부정형성 가능 ⓛ 전형적 대상이 아니면 다른 상황에 일반화할 수 없고, 집단현상으로서의 활용 곤란

(5) 표본집단조사

① 의의

- ㉠ 범죄인군(실험집단) vs 정상인군(대조집단) 비교연구(전체 범죄자 관찰 현실적으로 불가능)
- ㉡ 범죄자 일부 표본 선정(실험집단)하여 정밀 관찰 ⇨ 전체 범죄자 유추 적용(전체 상황 파악)
- ㉢ 글룩(Glueck)부부 비행소년(실험집단. 500명) vs 일반소년(대조집단. 500명)의 비교연구

② 유용성과 한계

유용성	한계
㉠ 비교적 쉽게 계량화, 실험·대조집단 간 차이분석 ㉡ 정보수집의 방법이 체계적이고 객관성이 높음 ㉢ 비교적 많은 사람을 대상으로 다량의 자료를 한꺼번에 수집할 수 있음	㉠ 편중성 없는 표본선정이 쉽지 않음 ㉡ 조사의 결과와 사실사이의 상호연결 관계 불명확 ㉢ 통계조사의 문제점(일반적 경향만 파악) 그대로 갖고, 표본집단의 대표성에 의문 ㉣ 시간적 차원에서 변화 분석할 수 없음

(6) 추행조사(Follow - up Study)

① 의의

- ㉠ 일정 수의 범죄자 또는 비범죄자를 일정 기간 계속적으로 추적·조사, 그들의 특성과 사회적 조건의 변화상태 분석을 통한 범죄자 또는 범죄와의 연결관계를 살펴보는 방법
- ㉡ 일정 시점과 일정한 시간이 경과한 다음 시점 간의 추적적·수직적 비교방법
  - ▶ 비교 – 표본조사: 동일시간 범위 내 상호비교, 수평적

② 유용성과 한계

유용성	한계
㉠ 시간적 연속성 속에서 조사대상자 변화 관찰에 용이 ㉡ 추행을 당하는 사람들의 사실관계를 정확히 밝힐 수 있어 오랜 시간경과 후에도 그 사실 파악가능	㉠ 개인에 대한 추행은 사생활침해 논란(인권침해) ㉡ 대상자의 심리상태를 정확히 파악하는 데 한계 ㉢ 대상자가 추행사실을 알게 되면 의식적인 행동을 하게 되어 자연적 상태에서 동정파악 어려움

> **⊕ PLUS 코호트(Cohort)연구**
>
> 1. 유사한 특성을 공유하는 집단(cohort)을 시간의 흐름에 따라 추적하여 관찰하는 연구방법으로, 어떤 특성을 두 번 이상의 다른 시기에 걸쳐 비교 연구하는 종단연구방법의 하나이다.
> 2. 코호트를 신중하게 선택하면 어떤 경험이 범죄를 유발하는지 추론이 가능하다.

단원별 지문

01 교정학은 교화개선 및 교정행정과 관련된 일련의 문제들을 이론적 · 과학적으로 연구하는 학문이다. (　　) [2014. 7급]

02 교정학은 감옥학에서 시작되어 행형학, 교정교육학, 교정보호론의 명칭으로 발전해왔다. (　　) [2014. 7급]

03 교정은 수형자에 대해 이루어지므로 교정학의 연구대상은 형벌부과대상인 범죄인에 국한된다. (　　) [2014. 7급]

04 교정학은 자유형의 집행과정 등을 중심으로 교정 전반에 관한 이념과 학리를 계통적으로 연구하는 학문일 뿐만 아니라 사회학, 심리학, 정신의학 등 관련 학문의 종합적 응용이 요청되는 분야이다. (　　) [2014. 7급]

05 자유박탈적 보안처분은 협의의 교정개념에 속한다. (　　) [2015. 9급 경채]

06 행형단계에서 일반예방을 추구하는 것은 교정의 목적과 일치한다고 보기 어렵다. (　　) [2007. 7급]

07 특별예방은 수형자의 재사회화를 위하여 제한 없이 인정되고, 헌법에 근거를 두고 있다. (　　) [2007. 7급]

08 범죄측정에 있어서 인구대비 범죄발생건수를 의미하는 범죄율(Crime Rate)은 각 범죄의 가치를 서로 다르게 평가한다. (　　)

09 경험론적 범죄학 연구방법에는 표본집단조사, 설문조사연구, 통계자료 분석, 실험연구 및 관찰연구가 포함된다. (　　)

---

01 ○

02 ○

03 ✕ 교정의 영역은 자유형 집행대상자 이외에 노역장유치자, 사형확정자, 미결수용자, 보안처분 및 보호처분의 대상자까지 포함시킨다. 대체적으로 비행이나 범죄를 저지른 사람들의 재사회화 처우기법을 연구하는 영역과 그 목적을 수행하고 있는 미결구금시설, 기결구금시설, 보호관찰과 갱생보호 조직의 관리연구를 포함하는 종합적인 영역을 의미한다.

04 ○

05 ✕ 협의의 교정은 최협의의 교정(자유형과 노역장유치자의 형집행 절차)에 미결수용자 및 사형확정자에 대한 처우, 법률과 적법한 절차에 따라 교정시설에 수용된 사람(보호관찰대상자의 유치, 감치명령을 받은 자, 일시수용자, 피보호감호자)에 대한 처우를 포함한다. 즉 형집행법상 수용자의 개념이다. 자유박탈적 보안처분은 광의의 교정에 속한다.

06 ○

07 ✕ 특별예방은 수형자의 재사회화를 위하여 반드시 필요한 것이나, 제한 없이 인정할 경우 수형자의 인권침해를 위한 도구로 전락하기 쉽다.

08 ✕ 범죄율은 일정기간(보통 1년) 동안 어떤 지역에서 인구 10만 명당 몇 건의 범죄가 발생했는지를 나타내며(범죄율＝범죄건수/인구수×100,000), 인구대비 범죄발생건수 및 특정기간별 범죄발생을 비교할 수 있다는 점에서 유용한 자료이다. 다만, 중요범죄와 상대적으로 가벼운 범죄가 동등한 범죄로 취급되어 통계화된다는 문제점이 있어 범죄의 중요도를 구분한 범죄율 조사를 주장하기도 한다(Sellin, Thorsten, Wolfgang).

09 ○ 경험론적 범죄학 연구방법에는 표본집단조사, 설문조사연구, 통계자료 분석, 실험연구 및 관찰연구가 포함된다.

10 공식범죄통계상 범죄율은 일정 기간(통상 1년) 동안 특정 지역에서 인구 1,000명당 발생한 범죄 건수를 나타낸다. (   )

11 범죄율과 범죄시계는 인구변화율을 반영하여 범죄의 심각성을 인식할 수 있게 한다. (   )

12 절대적 암수범죄란 수사기관에 의하여 인지되었으나 해결되지 못하여 범죄통계에 반영되지 못한 범죄를 말한다. (   )

13 암수범죄(숨은 범죄)는 실제로 범죄가 발생하였으나 범죄통계에 나타나지 않는 범죄를 의미한다. (   )

14 상대적 암수범죄의 원인은 수사기관에 알려진 모든 범죄를 수사기관이 해결할 수는 없다는 데 있다. (   )

15 상대적 암수범죄의 원인은 수사기관에서 처리한 모든 범죄가 기소되는 것은 아니다. (   )

---

10 × 범죄율은 일정기간(보통 1년) 동안 어떤 지역에서 인구 10만 명당 몇 건의 범죄가 발생했는지를 나타내며(범죄율 = 범죄건수/인구수×100,000), 인구대비 범죄발생건수 및 특정기간별 범죄발생을 비교할 수 있다는 점에서 유용한 자료이다.

11 × 범죄시계는 인구성장률을 반영하지 않고 있고 시간을 고정적인 비교단위로 사용하는 문제점이 있기 때문에 통계적 가치는 크지 않으나, 일반인들에게 범죄경보기능을 하고 있다.

12 × 상대적 암수범죄에 대한 설명이다.

13 ○

14 ○

15 ○

제2장 / 수형자 처우모델과 처우원리

★ 핵심정리 수형자 처우모델 개관

모델		이론	목적	전략	교도관	프로그램	가석방
구금모델(처벌)		응보	질서 사회방위	처벌 (노동)	관리자	노동	부정
교화 개선 모델	치료모델	정신의학	치료	심리치료	의사	심리치료	인정
	개선모델	행동치료	악성개선	처우지도	교사	생활지도상담	인정
	재통합모델	사회화	사회복귀	사회적응	조력자	직업훈련	인정
사법모델(정의)		정의	인권보장	권리, 책임 (동의)	법집행자	동의에 의한 처우	부정
회복적 사법		화해 · 복구	피해회복	동의 · 협의	–	지역사회	–

⊕ PLUS 수형자 처우모델의 설명모형

구금모델	교화개선모델
① 2차 세계대전 이전 ② 자유의사론: 처벌강조, 정기형 ③ 사회방위(응보, 제지, 집합적 무능력화) > 범죄인 개선	① 인구 급증 ⇨ 산업 · 도시화 ⇨ 하류계층 ⇨ 범죄 ② 결정론: 치료, 처우에 초점(부정기형) ③ 의료(치료, 갱생)모델: 강제적 치료, 교정기관의 재량 ⇨ 인권 침해 ④ 적응(개선, 경제)모델: 교육, 상담 등 처우 강조, 책임 있는 존재 ⑤ 재통합모델: 60년대 후반, 사회 내 처우 · 사회적 처우 강조

공정(사법, 정의)모델

70~80년대 이후, 교화개선 모델의 효과 및 인권침해에 대한 회의, 지역사회교정에의 의문 ⇨ 공정성 중시

강경책	처우효과↑, 인권보호노력	
① 마약과의 전쟁선포 ② 부정기형 폐지 · 요건 강화 ③ 가석방 폐지 · 요건 강화 ④ 3진법: 종신형 ⑤ 강제 양형제도	① 선별적 무능화 ② 선시제도 채택	집합적 무능화 ⇨ 과밀수용 문제 ⇨ 중간처벌제도 확대(재통합모델의 부활) ⇧ 사법정의모델을 기본으로 하면서 일부 범죄자에 대해서는 중간처벌 확대, 즉 재통합모델을 확대

▶ **강경책**: 과밀수용 ⇨ 선별적 무능화 ⇨ 잘못된 긍정 ⇨ 실패 ⇨ 집합적 무능화 ⇨ 과밀수용 ⇨ 중간처벌 확대

제1절 처벌중점의 교정

01 기초개념(응보와 공리주의)

> ★ **핵심정리** 응보적 · 공리적 정당성

구분	응보적 정당성	공리적 정당성
방향	과거지향적(사후 대응)	미래지향적(미래의 범죄예방에 초점)
평가근거	도덕적 근거(과거행위의 결과에 대한 도덕적 평가)	경험적 근거(미래의 범죄예방을 위한 경험적 평가)
목적	과거 법률위반에 의해 벌어진 당연한 처벌의 원칙에 기초	복수대상이 아닌 사람들이 죄를 범하지 않도록 제지하는 것
예	범죄에 대한 처벌은 마땅한 것	범죄발생이 줄어들 것을 염두에 둠
상호관계	절대적 구분을 어렵게 하고 상호보완적	

(1) 응보와 공리주의 논의
① 형벌의 정당화논의에 있어서 중요한 기준은 정당화를 위한 평가근거를 어디에 두느냐는 것이다.
② 형벌의 정당성이 경험적 근거에 따라 평가된다면 그것은 공리적 정당성을 논하기 위한 것일 가능성이 크고, 도덕적 근거에 기준한다면 응보적 정당성을 논하는 것이 된다.
③ 도덕적 기준과 경험적 기준이 전적으로 상호배타적인 것은 아니다. 때로는 공리성도 효율성만을 주장하지도 않고, 반대로 도덕성이 경험적 기준을 전혀 무시하는 것도 아니다.

(2) 응보(retribution)
① **의의**: 응보란 과거 범죄행위에 대한 도덕적 평가로서 그에 상응한 처벌을 의미한다.
② **초기**: 초기에는 절도범에게는 벌금을, 살인에 대해서는 사형을 부과하는 등 피해자에게 가해진 해악의 정도뿐만 아니라 그 피해가 가해진 방법과 형태에도 상응해야 한다는 동해형벌의 원칙에 호소하는 것이었다. [2016. 5급 승진]
③ **칸트의 보복과 복수**: 칸트(Kant)는 보복을 국가에 대한 의무 이상의 도덕적 요구로 간주하여 이를 시민이 국가와 맺고 있는 사회계약 이상의 것으로 고려하였다. 이는 복수를 정당화한 것으로 해석될 수 있지만 복수란 통제하기 어려운 것이어서 매우 위험한 가설로 받아들여졌다.
④ **칸트의 당위적 공과**: 후기응보론은 칸트의 당위적 공과(just deserts)개념에 초점을 맞추고 있다. 당위적 공과란 처벌은 복수가 아닌 범죄자가 당연히 벌을 받아야 마땅하기 때문에 가해지는 것이라는 논리이다.
  ▶ 뒤르깽(Durkheim)은 칸트의 보복과 복수가 지나치게 직감적이고 분별없는 것이기 때문에 복수의 예측곤란함과 열정적 특성으로 이를 거부하였다.
⑤ 당위적 공과론에 의하면 범죄자는 자신이 처벌을 벌었기 때문에 처벌받아 마땅한 것이다. 그 빚은 반드시 되돌려 갚아져야 하고, 그 빚은 피해자뿐만 아니라 사회에도 지고 있는 것으로 바로 여기서 도덕적 의무가 파생된다.
⑥ 만약 법을 준수하는 사람들이 위협을 받는다면 그 빚은 반드시 되갚아져야 하며, 여기서 빚갚음이란 바로 처벌을 뜻한다.
⑦ **빚짐의 의미**: 만약 처벌이 법 준수 하나만을 추구한다면, 범죄자의 필요에 맞출 수 있기 때문에 중요한 의미를 지니게 된다. 즉 빚이 범죄자에 기초하게 된다면, 응보원칙에 따른 처벌이 범죄자에 맞춰지게 되고, 이는 결코 법 준수에 대한 빚은 갚아질 수 없다는 것을 의미한다.

⑧ **범죄**: 응보적 관점의 처벌은 범죄에 맞춰져야 한다. 이러한 주장은 사회와 법 자체에 대한 의무를 동시에 제시하기 때문이다. 이는 법으로 범죄에 대한 처벌을 위협하고, 사회는 범죄자를 처벌함으로써 빚을 갚게 된다.

⑨ **응보주의적 합리성**

　㉠ 범죄자의 과거 법률위반에 의해 벌어진 당연한 처벌의 원칙에 기초하고 있다.

　㉡ 당위적 공과는 범죄라는 불법적 소득에 대해 그것을 상쇄할 만한 처벌이라는 비용을 부과함으로써 가능한 사회와 범죄자 간의 형평성을 추구하는 한 방법으로 간주된다.

　㉢ 이러한 입장의 기초는 도덕적 판단이다.

⊕ PLUS 당위적 공과의 도덕적 판단 기준

1. 범죄자가 비난받아 마땅한가(처벌받을 자격)
2. 범죄와 처벌의 균형은 적정한가

[형벌에 대한 응보적 합리성의 도덕적 기초를 마련하기 위한 연구]

① 처벌에 기초한 공과(desert-based punishment)
② 적절한 공과제안(commensurate desents proposal)
③ 수정된 공과모델(modified deserts model)

---

(3) 공리주의(utilitarianism)

① **의의**: 공리란 미래가치의 추구, 즉 특정의 바람직한 목적 있는 처벌을 의미한다.

② **베카리아**(Beccaria)**의 예방주의**: 「범죄와 형벌(1764)」에서 "형벌의 목적은 사회의 복수를 대행하는 것이 아니라 사람들이 범행하지 않도록 제지하는 것이다. 형벌은 철저히 범죄에 의해 야기된 사회적 해악에 상응한 엄중성과 확실하고 신속한 처벌이어야 한다."고 주장하여 공리주의적 형벌관을 제시하였다.

③ **벤담**(Bentham)**의 공리주의**: 인간은 이성적이기 때문에 최대의 즐거움과 최소한의 고통을 얻기 위해 필요한 모든 것을 행한다고 보고, 만약 형벌이 범죄에 상응하는 처벌이라면 범죄행위를 억제할 수 있을 것이라고 확신하였다.

④ **공리적 처벌의 유형**: 미래에 어떠한 건설적인 목적의 추구

무능화 (incapacitation)	구금기간 동안 범행할 수 없도록 범행능력의 무력화
억제 (deterrence)	구금이 범죄자로 하여금 형벌에 대한 고통과 두려움을 갖게 함으로써 다시는 범행하지 않도록 범죄동기의 억제
복귀 (rehabilitation)	구금을 통해 범죄자 자신의 변화·개선을 통한 재범방지

⑤ **상호 갈등적 또는 목적상호간 영향**

　㉠ 형벌의 강화는 억제효과는 높일 수 있으나 교화개선이나 사회복귀를 어렵게 한다.

　㉡ 재소자 스스로가 다른 재소자가 처벌받는 것을 봄으로써 일반억제는 물론 특별억제효과도 지향할 수 있다.

⑥ **상호정반대의 논리적 입장**: 무능력화는 교화개선이념을 무시하고 있지만, 무능력화와 교화개선은 모두 범죄율을 줄이기 위한 처벌의 미래공리성을 바탕에 깔고 있다.

⑦ 공리적 합리성과 응보적 합리성이 추구하는 목적의 유사성
- ㉠ 당위적 공과에 기초한 양형은 일종의 중형·중벌정책으로서 일반제지·억제효과를 동시에 높일 수도 있다.
- ㉡ 처벌의 두려움 때문이라기보다는 태도의 변화를 통하여 응보적 중벌정책이 교화개선적 효과까지도 얻게 되는 경우가 있을 수 있다.
- ㉢ 형벌의 미래지향적이라는 공리적 정당성은 어쩌면 범죄자에게는 아무런 이익이 되지 않을 수도 있다.

⑧ 공리적 정당성의 평가기준
- ㉠ 경험적 기준에 따라 평가되는 것이 중요하지만 도덕적 수준에서 볼 때 최대다수의 최대선이라는 공리적 격언이 종종 형벌을 정당화하기 위해서 이용되고 있으므로 도덕적 기준 위에서도 평가되어야 한다.
- ㉡ 사회의 주요기관이나 제도가 소수범죄자를 처벌함으로써 다수시민에게 이익을 줄 수 있다는 뜻에서 최대한의 집합적 만족과 최소한의 집합적 고통을 성취하고자 한다면, 그 사회는 제대로 질서가 잡힌 사회라고 주장한다.
- ㉢ 다시말해 형벌은 가능한 결과에 의해 정당화되어야 하는데, 형벌이 사회의 이익을 효과적으로 증진시킨다면 그 형벌은 정당화되어야 한다는 것이다.
- ㉣ '소수의 고통'도 효과가 있을 때만이 윤리적으로 정당화될 수 있는 것이며, 이는 곧 공리적 주장의 경험적 기초를 말한다.

⑨ 형벌의 공리적 정당화 유형과 효과성 고려사항

공리적 정당화의 유형	효과성에 대한 고려사항
㉠ 공공의 안전 증진(무능력화) ㉡ 범죄자의 재범방지(특별제지) ㉢ 일반시민들의 법 준수(일반제지) ㉣ 재교육과 동조성의 성취(교화개선)	㉠ 어느정도 효과가 있어야 하는가 ㉡ 효과를 얻는 데 어느정도 비용을 감수해야 하는가

📑 공리적 처벌의 이해

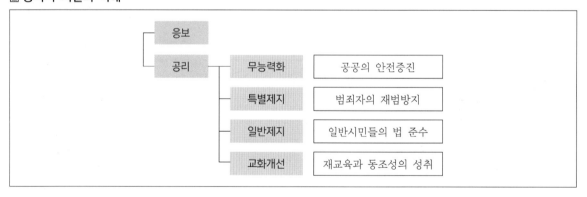

02 제지(deterrence)

📋 제지이론의 인과구조

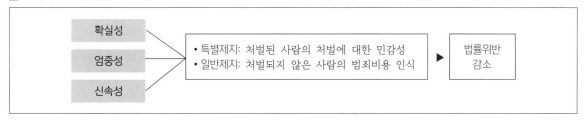

(1) 제지(억제)이론(deterrence) [2016. 5급 승진]

① **합리적·이성적 인간관**: 제지이론은 인간은 합리적으로 즐거움과 고통, 이익과 비용을 계산할 줄 아는 이성적 존재이기 때문에 범죄의 비용이 높을수록 범죄수준은 낮아질 것이라는 가정, 즉 처벌을 강화하면 두려움과 공포로 인하여 사람들의 범죄동기가 억제되고 범죄는 줄어들 것이라는 가정에 기초한 이론이다.

② **일반제지와 특별제지**: 제지이론은 일반제지(일반예방)와 특별제지(특별예방)로 설명하고, 제지(억제)의 효과는 처벌의 확실성, 엄중성, 신속성의 3가지 차원에서 결정되므로 범죄자에 대한 엄정한 처벌이 강조된다.

③ **수형자처우모델**: 구금모델, 정의모델(사법모델)에 속한다.

📋 수형자 처우모델: 구금모델

> 1. **시기**: 응보형 사상이 지배하던 근세 초기부터 제2차 세계대전 이전까지로 고전학파의 형벌관에 기초한 것으로 일종의 관리모형(안전과 질서)에 해당한다.
> 2. 자유의사론에 기초하여 수용자는 사회보호를 위해 응보·제지·무능력화를 위하여 구금의 정당성을 주장하고, 교정시설의 보안, 훈육, 질서유지를 위한 행동규제를 강조한다.

(2) 범죄억제요소

① **처벌의 확실성**(certainty): 범죄의 결과로 처벌을 경험할 가능성을 의미하며 처벌받을 확률이 높을수록, 즉 처벌이 확실할수록 법률위반의 정도는 줄어들 것이라는 가정이다(➪ 수사기관의 검거율과 관련이 있다).

② **처벌의 엄중성**(severity): 벌금의 액수나 형기 등 형벌의 정도 또는 강도를 강하고 엄하게 집행할수록 법률위반의 정도는 낮아진다는 가정이다.

③ **처벌의 신속성**(swiftness): 범죄행위와 처벌 경험의 시간적 간격을 말하는 것으로 범행 후 빨리 처벌될수록 범죄가 더 많이 제지될 것이라는 가정이다.

▶ 형벌의 제지효과를 둔화시키는 요인: 수용자 인권의 신장이나 적법절차의 강화와 같은 사법부의 개입, 처우이념의 강조, 부정기형 실시, 보호관찰이나 전환제도의 운용, 인간적·인본주의적 교정 강조 등

(3) 적극적 · 소극적 관점의 제지

일반억제	처벌의 위협에 의해 불특정 다수의 잠재적인 범죄자들의 범죄행위를 억제할 수 있다는 관점, 범죄자를 확실히 체포하여 신속하고 엄격하게 처벌할 경우에 범죄를 범할 생각을 포기하게 되기 때문에 결과적으로 범죄가 억제된다. [2012. 9급]	적극적 일반억제 [2024. 보호 9급]	형벌에 의해 잠재적 범죄자의 범죄의지를 억제하고 일반시민들의 법 집행기능에 대한 신뢰감을 향상시키는 기능(규범의식 강화, 법규범에의 자발적 복종)
		소극적 일반억제	잠재적인 범죄자들이 범죄를 범하지 못하도록 형벌에 의해 위협(위하)을 가하는 것 (형벌 위하에 의한 범죄예방)
특별억제	특별억제는 강력한 처벌에 의해 경력 범죄자들, 즉 전과자들이 범죄를 되풀이하지 못하도록 대책을 강구하는 것을 목적으로 한다. 범죄의 종류나 범죄인의 특성에 따라서 차별화되어야 한다.	적극적 특별억제	교화 · 개선 위주의 적극적 억제전략
		소극적 특별억제	범죄자에 대한 극형이나 무능력화 같은 처벌 위주의 소극적 억제전략

03 무능력화(incapacitation)

★ 핵심정리 무능력화의 차이

구분	집합적 무능력화	선별적 무능력화
대상	유죄 확정된 모든 강력범죄자	소수 중누범자
내용	• 가석방의 지침이나 요건을 강화하여 가석방 지연 • 정기형 하에서 장기형을 강제하는 법률제정(강제양형제도) • 선시제도에서 가산점을 줄여 석방시기 지연	• 재범의 위험성이 높은 개인을 구금 • 위험성 높은 범죄자의 장기수용정책으로 부정기형제도와 궤를 같이함 • 지역사회 교정과 관련(경범죄자 지역사회처우)
공통	• 범죄의 예방이 그 목적 • 범죄에 대한 강력한 대응 • 범죄자를 장기간 구금시켜 범죄 행위능력을 제거 • 교화개선보다는 사회방위에 목적 • 일반적으로 구금을 의미하며, 국외추방이나 사형집행을 포함함	

(1) 의의

① **범죄능력의 제거**: 무능력화란 소수의 위험한 범죄인들이 사회의 다수 범죄를 범한다는 현대 고전주의 범죄학의 입장에서 제기된 것으로, 범죄방지 및 피해자 보호를 위해서는 범죄성이 강한 자들을 추방 · 구금 또는 사형에 처함으로써 이들 범죄자가 사회에 존재하면서 행할 가능성이 있는 범죄를 원천적으로 행하지 못하도록 범죄능력을 무력화시키자는 주장을 말한다. [2023. 7급]

② **윌슨**(Wilson): 빈곤 등 사회적 · 경제적 · 심리적 범죄인들이 사실상 변화 불가능한 사회조건이나 변수에 해당되어 형사사법절차에 아무런 도움이 되지 못하므로 처벌과 무능화가 그 대안이라고 주장하였다.

③ **집합적 · 선별적 무능력화**: 유죄확정된 모든 강력범죄자에 적용하자는 집합적 무능력화와 범죄성이 강한 개별 범죄자를 선별적으로 구금하거나 형량을 강화하자는 선별적 무능력화로 구분할 수 있다.

(2) 집합적 무능력화 [2023. 7급]

① **의의**: 집합적 무능력화는 유죄 확정된 모든 강력범죄자에 대해 장기형의 선고를 권장하는 제도이다.

② **예시**: 부정기형제도 하에서 보호관찰부 가석방의 지침이나 요건강화로 가석방 지연, 정기형제도하에서 장기형을 강제하는 법률의 제정, 선시제도 운영상 선행에 대한 가산점을 줄이는 정책 [2010. 7급]

(3) 선별적 무능력화

① **의의**: 비교적 소수의 중누범자 또는 직업범죄자가 대부분의 강력범죄를 저지른다는 사실을 바탕으로 재범가능성에 대한 개인별 예측에 의해 범죄성이 강한 개별 범죄자를 선별적으로 구금하거나 형량을 강화하는 제도이다. [2023. 7급] 총 2회 기출

② **논거**: 1970년대 후반 고전주의 교정이념이 부활되면서 미국 형사정책의 주요대안 중 하나로 실증주의와 교육형론에 근거를 둔 교정주의를 비판하면서 등장하였다.

③ **그린우드(Green Wood)**: 소수의 특수범죄 집단에게 무능력화 적용은 효과적인 범죄감소전략이 될 수 있고, 과밀수용해소와 교정예산의 절감에 도움이 된다고 주장하였다. [2013. 7급]

④ **특성**: 범죄자의 특성에 기초하여 행해지고, 범죄자의 개선을 의도하지 않는 점에 특색이 있다. [2016. 5급 승진]

⑤ 과학적인 방법으로 범죄를 예측하며, 교정자원을 효율적으로 활용할 수 있다. [2023. 7급]

⑥ **비판**

  ㉠ 처벌의 기준이 현재의 범행이 아닌 과거의 경력 등에 의존한다는 점

  ㉡ 양형의 기준이 사회인구학적·범죄학적 특성에 과도하게 의존하여 특정계층에 불리하게 적용되는 점

  ㉢ 기술적으로 잘못된 예측, 그중에서도 허위긍정(재범을 예상하여 구금하였으나 실제로는 재범하지 않을 경우)의 문제가 심각하게 제기된다는 점

  ㉣ 중누범자들이 구금되더라도 그 자리는 다른 범죄자들이 대신 차지하게 되어 범죄감소효과를 사실상 기대하기 어렵다는 점

  ㉤ 사형을 제외하고는 아무리 중범죄자라 할지라도 영원히 사회로부터 격리시켜 무능력화할 수 없어 일시적 효과에 그친다는 점

⑦ **집합적 무능화의 재강조**: 선별적 무능화의 문제점으로 다시 집합적 무능화의 방향으로 선회하고 있다. [2013. 7급] 총 2회 기출

04 선별적 무능력화와 범죄예측의 문제

★ **핵심정리** 재범예측과 실제범죄와의 상관관계

구분	재범예측을 한 경우	재범예측을 하지 않은 경우
실제 재범을 한 경우	OK	잘못된 부정
실제 재범을 하지 않은 경우	잘못된 긍정	OK

(1) 의의

① 무능력화에 있어 가장 중요한 문제점은 장기간 무능력화 시킬 대상자의 선별에 있다.

② 예측의 어려움으로 인하여 파생되는 문제는 첫째, 잘못된 긍정(가긍정, 허위긍정)의 경우이고 둘째, 잘못된 부정(가부정, 허위부정)의 경우이다. [2023. 7급]

(2) 잘못된 긍정(false positive)

① 위험성이 없음에도 위험성이 있는 것으로 예측되어 장기간 구금됨으로써 무능력화되는 경우를 말한다.
[2010. 7급]

② 허위긍정은 개인의 자유 및 인권침해와 관련되기 때문에 심각한 윤리적·도덕적 문제뿐만 아니라 법률적 문제도 야기시킬 수 있다.

(3) 잘못된 부정(false negative)

① 위험이 있음에도 위험성이 없는 것으로 예측되어 구금되지 않음으로써 범죄능력이 무력화되지 않아 사회에 대한 위험을 야기시키는 경우를 말한다.

② 허위부정은 범죄자가 사회에 위험을 야기시킬 수 있다는 점에서 잘못된 예측에 해당한다.

(4) 선별적 무능력화 모형과 관련한 범죄예측(prediction)**의 문제점**

① **철학적·법률적 문제**: 처벌이 현재의 범죄행위의 사회적 위해 정도에 비례하여 부과되기보다 과거의 범죄경력이나 개인의 속성에 따른 재범 가능성에 근거하여 행위에 대한 책임 위반의 문제이다.

② **도덕적·윤리적 문제**: 양형이 개별 범죄자의 사회인구학적·범죄학적 속성들에 의해 결정되는 과정에서 소수인종이나 소외된 계층에게 불리하게 작용하고 있는 점과 이러한 양형정책의 정당성 여부의 문제이다.

③ **기술적인 문제**: 잘못된 예측이 60% 이상을 차지하는 등 예측의 부정확성의 문제이다.

> **[과잉예측]**(overprediction)
> 1. **잘못된 긍정의 가능성**: 미래의 폭력적 범죄가 예측의 표적이라면 잘못된 부정 예측은 최소화되어야 하나 이는 곧 잘못된 긍정의 가능성을 증대시키며, 안전한 사람에 대한 지속적인 수용을 의미하며 과밀수용의 문제를 야기시킨다.
> 2. **형사사법기관의 사회적 위험 중시**: 대체로 형사사법기관은 개인의 인권보다는 사회적 위험과 그로 인한 책임의 추궁을 더욱 중요시하여 안전한 사람을 수용시키는 경향이 있으므로 잘못된 긍정과 과잉예측의 가능성이 커진다고 할 수 있다. 이는 곧 부정의 또는 불공정의 형사정책이라는 비판의 소지를 갖게 된다.

05 처벌모형의 평가

(1) 발전

① 1970년대 이후 정의모델(사법모델, 억제모델)의 이념이 되었다.

② 미국의 부정기형제도 폐지, 강제적 정기형의 강조, 보호관찰부 가석방의 폐지, 1993년 미국 플로리다주에서 최초 입법화된 3회의 범죄시에는 가석방을 허용하지 않고 종신형을 부과하는 3진법(3 strikes-out) 등 형사정책의 복고화 현상의 토대가 되었다.

(2) 비판

① 범죄자가 범죄의 비용과 이득을 이성적으로 계산한 다음 범죄의 결과 얻어지는 결과가 필요한 비용보다 클 때 범행을 하게 된다는 가정에 문제가 있다.

② 즉 대부분의 범죄자는 합리성을 결한 사람들이며, 이들의 범죄는 계산된 결과라기보다는 격정범죄와 같은 비공리적 범죄의 경우 특수한 상황의 감정이나 필요에 대한 단순한 반응의 결과이기 때문이다.

③ 범죄의 원인을 구성하는 사회의 구조적 모순과 병폐, 즉 범죄의 사회적 책임을 무시하고 있다.

④ 범죄로 인한 사회적 해악은 주로 처벌의 대상이 되고 있는 전통범죄보다 화이트칼라범죄 등의 해악이 더 지대함에도 불구하고 형벌의 대상이 되지 않고 있어서 형사정책의 불공정·불평등·부정의 등을 파생시키고 있다.

⑤ 그러므로, 범죄에 대한 억압만으로는 범죄문제가 해결되지 않고, 처벌모형은 더욱 비인간적이고 불공정한 형사사법제도를 만들게 되고, 범죄를 유발할 수 있는 제반 사회적 문제를 무시하고 있다는 비판을 받는다.

⑥ 교도관은 수형자의 행동변용을 시도하지 않게 되므로 사회복귀적인 처우모델로서는 부적합하다.

단원별 지문 O/X

01 형벌의 억제(deterrence)효과는 처벌의 확실성, 엄중성 그리고 신속성의 세 가지 차원에 의해 결정된다. (   )

[2021. 7급]

02 응보주의(retribution)는 탈리오(Talio) 법칙과 같이 피해자에게 가해진 해악에 상응하는 처벌을 하는 것이다. (   )

[2016. 5급 승진]

03 억제(deterrence)는 처벌의 확실성, 엄중성, 신속성의 3가지 차원에서 결정되므로 재소자에 대한 엄정한 처벌이 강조된다. (   )

[2016. 5급 승진]

04 형벌의 특수적 억제효과란 범죄를 저지른 사람에 대한 처벌이 일반시민들로 하여금 처벌에 대한 두려움을 불러 일으켜서 결과적으로 범죄가 억제되는 효과를 말한다. (   )

[2012. 9급]

05 선택적 무력화(selective incapacitation)는 범죄자의 특성에 기초하여 행해지고, 범죄자의 개선을 의도하지 않는 점에 특색이 있으며, 비슷한 정도의 범죄를 저지른 사람들에게 비슷한 정도의 장기형이 선고되어야 한다는 입장이다. (   )

[2016. 5급 승진]

06 집합적 무력화(collective incapacitation)는 과학적 방법을 활용하여 재범의 위험성이 높은 것으로 판단되는 개인을 구금하기 위해서 활용되고 있다. (   )

[2021. 7급]

07 무능화는 범죄자를 건설적이고 법을 준수하는 방향으로 전환시키기 위해 범죄자를 구금하는 것을 교정의 교화개선(rehabilitation)적 목적이라고 할 수 있다. (   )

[2021. 7급]

---

01 ○

02 ○ 처벌이란 피해자에게 가해진 해악의 정도뿐만 아니라 그 피해가 가해진 방법과 형태에도 상응해야 한다.

03 ○ 제지(억제)이론은 처벌을 강화하면 두려움과 공포로 인하여 사람들의 범죄동기가 억제되고 범죄는 줄어들 것이라는 가정에 기초한 이론으로 범죄억제요소로 처벌의 확실성, 엄중성, 신속성이 있다.

04 × 형벌의 특수적 억제효과는 형벌의 목적을 범죄인에 대한 위하와 범죄인이 다시 죄를 범하는 것을 방지하는 데 있다.

05 × 선별적 무력화는 범죄자의 특성에 기초하여 행해지고, 범죄자를 개선하고자 의도하지 않는다. 비슷한 정도의 범죄를 저지른 사람들에게 비슷한 정도의 장기형이 선고되어야 한다는 것은 집합적 무력화의 입장이다.

06 × 선별적 무능화에 대한 설명이다.

07 × 무능력화란 소수의 위험한 범죄인들이 사회의 다수 범죄를 범한다는 현대 고전주의 범죄학의 입장에서 제기된 것으로, 범죄성이 강한 자들을 추방·구금 또는 사형에 처함으로써 이들 범죄자가 사회에 존재하면서 행할 가능성이 있는 범죄를 원천적으로 행하지 못하도록 범죄의 능력을 무력화시키자는 논리이다.

08 무력화(incapacitation)는 범죄자가 구금기간 동안 범행할 수 없도록 범행의 능력을 무력화시키는 것을 의미한다. (　　)

[2021. 7급]

09 무능력화란 일반적으로 구금을 의미하고, 국외추방이나 사형집행도 포함한다. (　　)　　　　　　　　　[2023. 7급]

10 집단적 무력화(collective incapacitation)란 재범의 위험성이 높다고 판단되는 상습범죄자의 구금을 통해 추가적인 범죄가 발생할 가능성을 제거하는 것을 의미한다. (　　)

[2023. 7급]

11 선택적 무력화(selective incapacitation)는 과학적인 방법으로 범죄를 예측하며, 교정자원을 효율적으로 활용할 수 있다. (　　)

[2023. 7급]

12 무력화 대상자 선택에 있어 잘못된 긍정(false positive)과 잘못된 부정(false negative)의 문제를 야기할 수 있다. (　　)

[2023. 7급]

---

08 ○

09 ○ 무능력화란 소수의 위험한 범죄인들이 사회의 다수 범죄를 범한다는 현대 고전주의 범죄학의 입장에서 제기된 것으로, 범죄자를 국외추방하거나 사형집행, 구금함으로써 그 범죄자가 만약 사회에 그대로 있었다면 저지를 수 있는 범죄를 행하지 못하게 범죄의 능력을 무력화시키자는 논리이다.

10 × 선별(선택)적 무능력화에 대한 설명이다. 집합(집단)적 무능력화는 유죄가 확정된 모든 강력범죄자에 대해 장기형의 선고를 권장하는 것을 말한다.

11 ○ 선별(선택)적 무능력화는 과학적 방법에 의해 재범의 위험성이 높은 것으로 판단되는 개인을 구금하는 전략으로 집합적 무능력화에 비하여 교정예산의 절감에 도움이 되며, 교정자원을 효율적으로 활용할 수 있고, 과밀수용문제도 해소할 수 있다.

12 ○ 무력화 대상자 선택에 있어 잘못된 긍정과 잘못된 부정의 문제를 야기할 수 있다. 잘못된 긍정은 위험성이 있는 것으로 예측되었으나 사실은 아무런 위험성이 없는 경우, 즉 위험성이 없는 데도 위험한 것으로 예측되어 장기간 구금되어 선별적으로 무능력화되는 경우를 말하고, 잘못된 부정은 위험성이 없는 것으로 예측되었으나 사실은 위험성이 높은 경우로서, 위험이 있음에도 없는 것으로 예측되어 수용을 통해 구금되지 않음으로써 범죄능력이 무력화되지 않아 사회에 대한 위험을 야기시키는 경우를 말한다.

제2절 교화개선중점의 교정

01 교화개선(rehabilitation) 개관

(1) 의의
① **결함 있는 인간관**: 범죄자를 건설적이고 법을 준수하는 방향으로 전환(diversion)시키기 위해 구금하는 것을 교정의 교화개선적 목적이라고 할 수 있다.
② **사회복귀목적**: 지역사회의 안전에 초점을 맞추는 제지나 무능력화와는 달리 교화개선은 범죄자에 초점을 맞춘 것으로 재소자들에게 기술과 지식을 습득하게 하여 사회복귀를 도모하는 것이다. [2016. 5급 승진]
③ **수형자처우모델**: 의료모델, 개선모델, 재통합모델에 속한다.

(2) 재통합모델로의 발전
① **지역사회 역할 강조**: 교정시설 내의 처우가 아무리 훌륭한 교화개선 프로그램이라도 사회의 실업과 취업문제, 취업에 있어서의 차별 그리고 지역사회의 수용 등에 대해서는 한계가 있다.
② **재통합모델**: 교정시설의 교화개선 정책의 한계를 인정하고, 수형자들의 변화개선은 물론, 지역사회의 변화와 수용을 동시에 강조하는 재통합모형이 새로운 교화개선모형으로 강조되고 있다.

📖 교정목적상 재사회화(재통합)의 의미

> 1. 재사회화란 사회적 과정이 충분하게 이루어지지 않았거나 잘못 이루어진 범죄자들에게 사회화에 대한 학습의 기회와 도움을 제공하여 출소한 후에 범죄를 저지르지 않고 정상적인 생활을 할 수 있도록 하는 것을 말한다.
> 2. 재사회화는 결정론적 인간관을 전제로 하면서 범죄의 원인을 개인에게서 찾는 모델에서 출발하고 있고, 국가가 개인의 사회화과정에 간섭하고 교육의 목표를 계획적으로 설정·조정한다는 의미에서 사회국가 원리의 표현이라 볼 수 있다.
> 3. 행형에서의 생활조건은 시설 밖의 일상생활과 가능한 한 유사하게 이루어지도록 해야 하고, 특히 수형자의 자존심을 침해할 수 있는 것은 최대한 축소하여야 한다.
> 4. 재사회화를 지향하는 과정에서 처우의 목적과 보안의 목표가 충돌할 때에는 처우의 목적을 우선하는 것이 바람직하다.
> 5. 형집행법 제1조에서 '수형자의 교정교화와 건전한 사회복귀를 도모함'을 명시한 것은 이러한 재사회화의 목적을 표현한 것이라고 볼 수 있다.

02 의료모델(medical model. 치료모델, 갱생모델)

① **치료모델**: 1920년대 말과 1930년대 초에 미국 교정국 등의 주도하에 발전한 것으로 제2차 세계대전 이후 1960년대까지의 주요한 모델로, 결정론적 시각에서 범죄자를 사회화나 인성에 결함이 있는 환자로 취급하면서 범죄의 원인은 치료의 대상이고 완치될 수 있다고 보아 치료모델이라고도 한다. [2022. 9급]
② 범죄자는 자신의 의지에 따라 의사를 결정하고 선택할 능력이 없으므로 처벌로는 범죄자의 문제를 해결할 수 없고 교정을 통해 치료되어야 한다고 보았다. [2024. 9급] 총 3회 기출
③ 수형자는 개선 또는 치료되어야 할 환자이므로 치료되지 않은 수형자는 정해진 형기에 석방될 수 없고, 개선된 수형자는 형기전이라도 석방이 가능한 부정기형제도의 이론적 기초가 되었다. [2024. 9급] 총 2회 기출

④ 범죄자에 대한 지식과 진단능력에 기초하여 형사사법제도에서 폭넓은 의사결정권(재량권)을 가질 것을 주장하며, 범죄자의 치료를 위해 다양한 정신건강시설의 폭넓은 활용을 권장하고 있다.

⑤ 알렌(F. Allen)은 "인간의 행위는 선례적 원인의 산물이며, 이러한 선례적 원인을 밝혀냄으로써 인간의 행위를 통제할 수 있다."는 의료모델을 주장하였다.

⑥ **유사모델:** 갱생모델(두피. Duffee), 의료모델(바톨라스. Bartollas), 수용자중심 행동변용모델(홀. Hall)을 들 수 있다.

⑦ **비판:** 수용자는 치료(교정)의 객체로 전락하여 자유의사를 무시한 강제처우를 함으로써 인권침해를 야기할 수 있다는 우려가 제기되었다. [2018. 9급]

⊕ PLUS 아메리카친우봉사위원회(AFSC)의 의료모델 합리화

AFSC(American Friends Service Committee)는 1917년에 설립된 퀘이커(Quaker) 교도들의 평화운동 및 인도주의 단체로 수형자 처우에 있어서 '특정범죄자 유형을 분류하고 처우하는 데 중요한 의미를 갖지 못한다면 특정 범죄행위는 교정에 있어서 아무런 의미가 없으며, 범죄자에 대한 형기는 범죄행위에 대한 것이 아니라 범죄자를 교화개선시키는 데 요구되는 시간이어야 한다'고 주장하여 의료모델을 합리화하였다.

▶ **수용자중심행동변화모델**(Inmate-Centered Behavior Modification Model): 수형자 개인의 특성과 필요를 중심으로, 행동 변화를 유도

---

03 개선모델(adjustment model. 적응모델, 경제모델, 처우모델)

① 1960~1970년대에 의료모델을 비판·보완하면서 등장한 이론으로 결정론적 시각에서 19세기 후반 진보주의자(실증주의자)들과 교육형사상에 기초하고 있다. [2024. 9급] 총 2회 기출

② **책임 있는 존재:** 의료모형과 같이 범죄자는 비범죄자와 다른 병자이며 처우를 필요로 하고 치료될 수 있다고 믿고 있지만, 범죄자도 자신에 대해서 책임질 수 있고 법을 준수하는 의사결정을 할 수 있다. 다만 그들의 과거의 문제를 들추지 않아야 한다고 주장한다. [2013. 7급 승진]

③ 종교교회, 심리적 카운슬링, 직업훈련 등을 통하여 수형자의 사회복귀를 꾀하는 등 범죄인의 개선·교화를 통한 범죄방지에 주된 목적을 둔 교정처우모델로, 수형자자치제에 대한 보충적 운영을 강조하였다(즉 수형자자치제를 보조수단으로 인식하고 있다). [보충적 운영: 개선모델, 확대 운영: 공정모델]

④ 결함있는 범죄인은 처우대상이지 처벌대상이 아니므로, 가혹한 형벌을 지양하고 개선과 교화를 강조한다. [2018. 9급]

⑤ 사회 환경과 개인적 환경과의 상호작용이 반사회적 행위를 이해하는 데 중요한 요소이기 때문에 범죄자의 사회로부터의 격리는 문제행위를 더욱 악화시킬 따름이다.

⑥ **부정기형:** 치료나 처우기간은 초기에 정할 수 없는 성질이므로 결정론에 입각한 부정기형제도의 기초가 되었다(즉 처우에 필요한 충분한 기간의 확보차원에서 부정기형제도에 긍정적이다).

⑦ 사회적 결정론자들은 사회경제적 조건을 범죄의 원인으로 보기 때문에 시장성 있는 기술 교육과 취업기회의 제공 등으로 범죄자를 복귀시키는 경제모델(economic model)을 지지한다. [2015. 7급]

⑧ 범죄자들이 사회에 보다 잘 적응하도록 도와주는 데 주요 관심을 두기 때문에 시설수용의 지나친 이용에는 반대하고 있다.

⑨ **처우기법:** 처우기법으로 현실요법, 교류분석, 집단지도상호작용, 환경요법, 요법처우공동체, 그리고 행동수정 등이 있다. [2024. 9급] 총 3회 기출 (제19장 교육과 교화프로그램 제3절 교정상담기법에서 상술)

⑩ **유사모델:** 개선모델(두피. Duffee), 적응모델(바톨라스. Bartollas), 복종에 의한 행동변용모델(홀. Hall)

04 재통합모형(reintegration model)

① 1970년 이후 갱생모델을 보완하는 모형으로 발전하였고, 공정모델의 등장으로 후퇴하다가 다시 부각된 모델로, 결정론에 의거하여 범죄인과 사회환경의 영향을 동시에 중시하는 최근의 교정이념이다.

② **지역사회 변화 강조**: 수형자의 개선뿐만 아니라 그가 돌아가야 할 환경의 변화 또한 중요하다고 보고, 범죄문제의 근본적 해결을 위해서는 수형자 스스로의 행동 변화는 물론 범죄를 유발했던 지역사회도 변화되어야 한다는 입장이다. [2024. 9급] 총 2회 기출

③ 범죄자와 지역사회의 유대 및 지역사회에 기초한 처우를 중요시하고, 핵심적인 주요 강력범죄자를 제외하고는 지역사회교정이 바람직하며, 시설수용이 불가피한 일부 강력범죄자에게도 가능한 한 다양한 사회복귀프로그램이 제공되어야 한다. [2018. 9급]

④ **주체성·자율성 강조**: 수형자의 주체성과 자율성을 인정하면서 수형자의 동의와 참여하에 처우프로그램을 결정하고 시행하게 되며, 수형자를 처우의 객체가 아니라 처우의 주체로 보므로 처우행형과 수형자의 법적 지위확립은 조화를 이루게 된다. [2014. 7급] 총 2회 기출

⑤ 수형자의 처우프로그램은 교도관과 수형자의 공동토의에 의해 결정되므로 처우프로그램에 수형자를 강제로 참여시키는 것은 허용되지 않는다. [2014. 7급]

⑥ **지역사회 교정**: 범죄자의 사회재통합을 위해서는 지역사회와의 접촉과 유대 관계가 중요한 전제이므로 지역사회에 기초한 교정을 강조한다. [2021. 7급] 총 6회 기출

⊕ PLUS 교화개선모델의 비교

구분	범죄원인	범죄대책
의료모형 (생물학적 결정론)	범죄행위는 선례적 원인의 산물	형사사법제도의 폭넓은 의사결정권, 치료 위한 정신건강시설 활용 권장
적응모형 (경제모형: 사회학적 결정론)	범죄자는 병자, but 책임있는 의사결정 가능한 존재	시설수용의 지나친 이용 반대
재통합모형 (개인＋사회학적 결정론)	범죄문제는 문제가 시작된 그 사회에서 해결되어야 한다는 관점	지역사회와의 의미 있는 접촉과 유대 (지역사회교정의 강조)

05 교화개선모델에 대한 비판과 반론

비판	반론
① 부정기형은 수용의 장기화를 초래한다. ② 강제된 처우는 개인의 자유를 위협한다. ③ 적법절차 위반, 형벌의 비인간화를 초래한다. ④ 인간의 자유와 의지라는 가치와 충돌한다.	① 바람직한 환경하에서 제대로 시행된 적이 없다. ② 처우의 개별화와 전문화 필요
정의감, 공정성, 형법적 보호장치, 합리성 등을 결하였다.	교화개선의 포기는 더욱 비인간적일 수 있다.
① 마틴슨(Martinson): 교정·교화는 무의미한 일(nothing works) [2018. 5급 승진] ② 배일리(Bailey): 교정처우 효과성 부정 ③ 워드(Ward): 교정처우가 참여자에게 부정적 영향(보다 많은 위반 초래)	① 팔머(Palmer): 효과측정(재범률)을 하는 데 범죄자특성, 환경과 여건, 연구자의 자질을 경시하였다. ② 젠드류와 로스(Gendreau and Ross): 연구대상 86%가 성공적이었다.

⊕ PLUS 처벌이념에 따른 갈등과 공통점

1. **응보와 무능력화**: 응보가 과거지향적이라면 무능력화는 미래지향적이다.
2. **일반제지와 무능력화**: 일반제지가 범죄의 특성에 기초한 것이라면 무능력화는 범죄자의 특성에 기초한 것이다.
3. **교화개선과 무능력화**: 교화개선이 범죄인의 개선의도를 가지고 있다면 무능력화는 범죄자의 개선보다는 사회방위에 목적이 있다.
4. 형벌을 강화하면 억제효과는 높으나 교화개선·사회복귀는 약화시킨다.
5. 무능력화는 공공의 안전을 증진시키지만 교화개선은 무시한다.
6. 교화개선은 재교육과 동조성은 높이지만 공공의 안전에는 위협이 될 수 있다.
7. 구금은 일반억제와 특별억제 효과를 얻을 수 있다.
8. **공통점**: 응보·제지가 수용을 전제로 하고 교화개선도 수용을 전제로 하는 경우가 많으므로 모두 무능력화 효과를 거둘 수 있다. 범죄율 감소를 위한 미래공리성을 바탕으로 한다.

단원별 지문 O/X

01 수형자의 재사회화는 범죄원인을 개인적 차원보다는 사회적 원인에서 찾고자 할 때 유용하다. (   )   [2012. 7급]

02 수형자의 재사회화는 자유박탈에 의한 자유의 교육이라는 모순을 안고 있다. (   )   [2012. 7급]

03 수형자의 재사회화는 국가형벌권을 자의적으로 확장할 위험성을 안고 있다. (   )   [2012. 7급]

04 수형자의 재사회화는 범죄자가 사회규범에 적응하도록 강제로 교육하는 것은 인간의 존엄에 반한다는 비판이 있다. (   )   [2012. 7급]

05 의료모델(Medical Model)은 치료를 통한 사회복귀를 목적으로 하는 것으로, 가석방제도를 중요시한다. (   )   [2024. 9급]

06 적응모델(Adjustment Model)은 정의모델에 대한 비판·보완을 위해 등장한 것으로, 교정처우기법으로 현실요법과 교류분석을 중요시한다. (   )   [2024. 9급]

07 재통합모델(Reintegration Model)은 사회도 범죄유발의 책임이 있으므로 지역사회에 기초한 교정을 강조한다. (   )   [2024. 9급]

08 교화개선(rehabilitation)은 범죄자에 초점을 맞춘 것으로 재소자들에게 기술과 지식을 습득하게 하여 사회복귀를 도모하는 것이다. (   )   [2016. 5급 승진]

09 재통합모델 - 범죄자와 지역사회의 유대 및 지역사회에 기초한 처우를 중요시한다. (   )   [2018. 9급]

---

01 × 재사회화란 사회적 과정이 충분하게 이루어지지 않았거나 잘못 이루어진 범죄자들에게 사회화에 대한 학습의 기회와 도움을 제공하여 출소한 후에 범죄를 저지르지 않고 정상적인 생활을 할 수 있도록 하는 것을 말한다. 재사회화는 결정론적 인간관을 전제로 하면서, 범죄의 원인을 개인에게서 찾는 모델에서 출발하였다.

02 ○

03 ○

04 ○

05 ○

06 × 개선(적응, 경제, 처우)모델은 1960~1970년대에 의료모델을 비판하면서 등장한 이론으로 결정론적 시각에서 19세기 후반 진보주의자(실증주의자)들과 교육형사상에 기초하고 있다. 의료모형과 같이 범죄자는 비범죄자와 다른 병자이며 처우를 필요로 하고 치료될 수 있다고 믿고 있지만, 범죄자도 자신에 대해서 책임질 수 있고 법을 준수하는 의사결정을 할 수 있다고 주장한다. 주로 사용하는 교정처우기법으로 현실요법, 교류분석, 집단지도상호작용, 환경요법, 요법처우공동체, 행동수정 등이 있다.

07 ○

08 ○ 교화개선은 지역사회의 안전에 초점을 맞추는 제지나 무능력화와는 달리 범죄자에 초점을 맞추고 있으며, 수형기간은 사회에서 건설적인 생활을 추구하고 영위하는 데 필요한 준비와 자격을 얻을 수 있도록 하는 데 초점이 모아져야 한다고 한다.

09 ○

10 사법(정의·공정)모델 – 갱생에 대한 회의론과 의료모델로의 회귀경향이 맞물려 등장하였다. (　　) [2018. 9급]

11 의료(치료·갱생)모델 – 수용자에 대한 강제적 처우로 인권침해라는 비판을 받았다. (　　) [2018. 9급]

12 개선모델 – 가혹한 형벌을 지양하고 개선과 교화를 강조한다. (　　) [2018. 9급]

13 1920년대 말과 1930년대 초에 미국 교정국 등의 주도 하에 발전한 모델로 범죄 원인은 개인에게 있으므로 진단하고 치료할 수 있다고 본다. – 적응모형(adjustment model) (　　) [2022. 9급]

14 처벌은 범죄자 문제를 해결하는 데 전혀 도움이 되지 않고, 오히려 범죄자의 부정적 관념을 강화시킬 수 있으므로 범죄자를 치료할 수 있는 치료 프로그램을 개발하고 적용하는 것이 필요하다. – 재통합모형(reintegration model) (　　)
[2022. 9급]

15 정의모델(Justice Model)은 범죄자의 법적 지위와 권리보장이라는 관점에서 처우의 문제에 접근하는 것으로, 형집행의 공정성과 법관의 재량권 제한을 강조한다. (　　) [2024. 9급]

16 사회적 결정론자들은 사회경제적 조건을 범죄의 원인으로 보기 때문에 시장성 있는 기술교육과 취업기회의 제공 등으로 범죄자를 복귀시키는 경제모델(economic model)을 지지한다. (　　) [2015. 7급]

17 재통합모델(reintegration model)은 범죄자의 사회재통합을 위해서 지역사회와의 의미있는 접촉과 유대관계를 중시하므로 지역사회 교정을 강조한다. (　　) [2015. 7급]

18 의료모델(medical model)은 범죄자가 자신의 의지에 따라 의사를 결정하고 선택할 능력이 없으며 교정을 통해서도 치료할 수 없기 때문에 선택적 무력화를 주장한다. (　　) [2015. 7급]

19 교도소에서 재소자를 위한 대인관계 개선프로그램 신설은 교정의 이념으로서 재통합(reintegration)을 채택할 때 가장 가능성이 높을 것으로 예상되는 교도행정의 변화이다. (　　) [2020. 5급 승진]

---

10 × 사법(정의, 공정)모델은 갱생에 대한 회의론과 구금모델로의 회귀경향이 맞물려 등장하였다. 즉 개선모델과 의료모델의 인권침해적 요소(재량권 남용, 차별적 처우 등)에 대한 반성과 더불어 행형의 특별예방효과와 개방적 교정처우제도의 효과에 대한 의심에서 비롯되었다.

11 ○

12 ○

13 × 의료모형에 대한 설명이다.

14 × 의료모형에 대한 설명이다.

15 ○

16 ○

17 ○

18 × 범죄자는 자신의 의지에 따라 의사를 결정하고 선택할 능력이 없으며 교정을 통해서 치료될 수 있다고 한다. 결정론적 시각에서 범죄자를 사회화나 인성에 결함이 있는 환자로 취급하면서 범죄의 원인은 치료의 대상이고 완치될 수 있다고 보아 치료모델이라고도 한다. 선택적 무력화(선별적 무능화)는 억제이론의 전략이다.

19 × 재통합모형의 가장 기본적인 가정은 범죄자의 문제는 범죄문제가 시작된 바로 그 사회에서 해결되어야 한다는 것이며, 범죄자의 사회재통합을 위해서는 지역사회와의 의미 있는 접촉과 유대 관계가 중요한 전제이다. 이러한 가정과 전제를 가장 효율적으로 달성할 수 있는 대안으로서 지역사회에 기초한 교정을 강조한다. 재통합적 지역사회교정의 대표적인 프로그램으로 중간처우소(Halfway house), 집단가정(group house) 등이 있다.

제3절 정의모델(사법모델, 응보모델, 법치모델, 공정모델)

01 정의모델(justice) 개관

(1) 의의

① **공정성 강조**: 극단적인 개선모델이나 의료모델이 초래하는 수형자의 인권침해를 비판하면서, 처우의 중점을 공정성 확보에 두고 형사정책의 가장 기본적 목적인 사법정의의 실현을 목표로 하였다.

② 형벌의 목적을 응보에 있다고 보는 응보주의의 강화모형 내지 응보측면을 강조하는 모델이라고 할 수 있다.

③ **자발성 강조**: 수형자를 처우의 객체로 보던 기존의 관점들을 부정하고 처우의 주체적 지위로 끌어 올려 놓고 수형자의 자발적 참여와 동의를 전제로 수형자 자치제의 확대를 강조한다.

④ **인권보호**: 자유의사론의 시각에서 정당한 처벌을 통하여 사법정의의 확보와 그에 따른 인권보호의 차원에 초점을 맞추고 있다.

⑤ **적법절차 강조**: 적법절차를 강조하고 부정기형의 도입을 비판하였으며 법을 준수하는 방식으로 수형자를 처우해야 한다는 주장으로, 사회내 처우를 강조하는 전환정책과는 거리가 있다. [2024. 9급]

⑥ 범죄자에게 가해지는 처벌은 범죄로 인하여 사회에 가해진 사회적 해악이나 범죄의 경중에 상응한 것이어야 한다는 당위적 공과론(just deserts)으로서 정의모형의 철학적 기초가 된다.

⑦ 형사사법기관의 재량권 남용은 시민에 대한 국가권력의 남용이라고 보아 공정성으로서 정의(justice-as-fairness)를 중시한다. [2015. 7급]

⑧ 공정하고 합리적이며 인본적이고 합헌적인 교정제도를 통해 수형자를 처우하여야 한다고 보았다. 이는 수형자를 의도적으로 개선하려고 하기보다는 수형자의 자기의지에 의해 적응하도록 돕는 것을 의미한다. [2010. 7급]

(2) 출현배경

① 갱생에 대한 회의론과 구금모델로의 회귀경향이 맞물려 등장하였다. 즉 개선모델과 의료모델의 인권침해적 요소(재량권 남용, 차별적 처우 등)에 대한 반성과 더불어 행형의 특별예방효과와 개방적 교정처우제도의 효과에 대한 의심에서 비롯되었다. [2018. 9급]

② **교화개선모델에 대한 비판**: 교화개선모델은 교정시설에서의 잔혹성을 숨기기 위한 것에 불과하며, 수형자들은 처우되고 있기 때문에 적법절차를 요하지 않으며, 많은 교정사고의 원인이 바로 교화개선을 전제로 하는 부정기형의 산물이기 때문에, 부정기형은 형기를 장기화하여 수형자를 불안에 싸이게 하였고, 수형자의 사회복귀는 그다지 효과적인 결과를 성취하지 못하였다. [2018. 7급]

③ 수용자는 사회의 보호(이를 '교정보호론'이라고도 한다)를 위하여 그리고 응보·제지·무능력화를 위하여 구금된다는 가정에 기초하고 훈육이 엄격하게 적용되며, 대부분 수용자들의 행동에 규제가 따른다.

④ 의료모델의 재량권 남용, 차별적 처우에 대한 반성으로 등장하였다는 점에서 전통적인 교정주의를 비판하고 반교정주의를 주장한 낙인이론의 등장과 그 배경을 같이하고 있다(인권보장·적법절차는 낙인이론과 연결된다).

02 정의모델의 주장과 대응전략

(1) 정의모델의 주장

① **사법정의 강조**: 포겔(Fogel)은 롤스(Rawls. 형사사법의 최우선은 정의를 실현하는 것이라고 주장)의 영향을 받아 사법정의가 교화개선보다 바람직하고 성취 가능한 형사사법 목표이며, 이는 공정하고 합리적이며 인본적이고 합헌적 절차에 의해서 이루어질 수 있다고 주장하였다. [2018. 7급]

② **자유의지와 책임**: 수형자가 원하는 프로그램을 자발적으로 선택할 수 있게 하고 법이 허용하는 모든 권리를 제공하며, 불공정한 결정에 대해서는 청원할 수 있도록 하고 교정시설 내에서 어느 정도 수형자 자치제에 참여할 수 있는 기회를 제공함으로써 수형자를 책임 있는 존재로서 취급하여야 한다.

③ **적법절차 중시**: 처벌하되 인간적인 방법으로 적법절차에 따라 처우할 것을 강조한다.

④ **형벌의 비례성**: 범죄자에게 가해지는 처벌은 범죄로 인하여 사회에 가해진 해악이나 범죄의 경중에 상응한 것이어야 한다. [2018. 7급]

⑤ 사법기관이나 교정기관의 재량권 남용을 반대하였으며, 수형자가 원하는 프로그램을 자발적으로 선택할 수 있게 하였다. [2016. 5급 승진] 총 3회 기출

(2) 정의모델의 주요정책

① **강경책**
- ㉠ 마약과의 전쟁 선포
- ㉡ 부정기형 폐지(부정기형의 지양. 상대적 부정기형으로 제한) [2016. 5급 승진] 총 6회 기출
- ㉢ 자유의사론에 입각한 정기형의 복귀
- ㉣ 가석방위원회 폐지(가석방의 지양) [2012. 9급]
- ㉤ 삼진아웃제(three strike out system)도입
- ㉥ 강제양형제도의 도입과 법관의 재량 폭을 축소하는 양형지침 제시(법관의 재량권 제한).
- ㉦ 응보 측면의 강조 [2012. 9급]

② **수용인원 조절 전략**
- ㉠ 과학적 범죄예측을 통한 선별적 무능화 방안 제시[⇨ 실패 ⇨ 집합적 무능력화 전략으로 전환 ⇨ 과밀수용문제 발생 ⇨ 사회 내 처우 도입(중간처벌제도 확대. 재통합모델 부활)]
- ㉡ 선시제도 채택(가산점 부여는 법률적 기준하에서 하도록 선시제도의 법적 요건 강화)

③ **인권보호**(적법절차)
- ㉠ 수형자에 대한 법적 원조 규정 마련과 민원조사관제 채택
- ㉡ 범죄자에 의한 피해자 배상
- ㉢ 교정시설 처우의 공개와 교정시설의 소규모화
- ㉣ 수형자자치제 확대와 처우의 자발적 참여
- ㉤ 미결구금일수의 형기산입
- ㉥ 국가재량의 축소

03 정의모델에 대한 비판

① **맥아내니**(McAnany)**의 비판**
  ㉠ 범죄의 경중을 결정하는 것은 일종의 정치적 속성을 가지고 있기 때문에 정의모형의 실현에 적지 않은 장애요인이 된다.
  ㉡ 정의모형은 형사사법기관의 특성상 실현되기 어려운 과제이기 때문에 정의모형의 주장은 일종의 구두선에 그치기 쉽다.
② **쿨렌과 길버트**(Cullen & Gilbert)**의 비판**
  ㉠ 응보적 원칙에 뿌리를 둔 정의모형은 범죄자의 개선을 목표로 하는 형사사법 체제에 비해 더 정의롭고, 공정하며, 인본주의적이고, 효과적이라 할 수 없다.
  ㉡ 정기형은 형벌의 엄중함을 부추기고, 검찰의 기소권을 확대시키며, 교정시설의 과밀수용을 부채질하기 때문에 정의모형이 의도하는 목적, 즉 사법정의 실현이 어려울 것이라고 보았다.
  ㉢ 정의모형이 비판했던 형사사법의 재량권에 대해 이는 불공정성을 증대시키는 것이 아니라 오히려 부정의를 회피하기 위한 것이라고 반박한다. 청소년범죄자에 대한 재량권 허용은 그들에 대한 부정적 낙인을 줄여줄 수 있고, 가석방심사는 범죄자의 형기를 줄여줄 수 있다는 것이다.
  ㉣ 교화개선을 인간적이고 정의로운 방법으로 운영하지 못한다는 정의모형의 비판은 바로 그 형사사법제도에 정의롭고 인간적인 정기형제도를 실현할 것을 기대한다는 것은 다분히 역설적일 수밖에 없다는 것이다.
③ **결론**: 당위적 공과론(just deserts) 또는 정당한 처벌(just punishment)의 개념은 정의모형의 치명적인 결함이 될 수 있다. 교정의 궁극적인 목적이 응보라는 사실은 희망적이라기보다는 절망적이기 때문이다.

단원별 지문 OX

01 정의모형은 교화개선모형을 통한 수형자의 성공적인 사회복귀는 실패하였다고 주장한다. ( )　　　[2018. 7급]

02 정의모형에서는 처벌은 범죄로 인한 사회적 해악이나 범죄의 경중에 상응해야 한다고 주장한다. ( )　　　[2018. 7급]

03 정의모형에 의하면 교화개선보다 사법정의의 실현이 바람직하고 성취 가능한 형사사법의 목표라고 주장한다. ( )
　　　[2018. 7급]

04 정의모형에 의하면 범죄자는 정상인과 다른 병자이므로 적절한 처우를 통하여 치료해 주어야 한다고 주장한다. ( )
　　　[2018. 7급]

05 교정이념으로서 정의(Just Deserts) 모형이 채택될 때 예상되는 교정현상으로서 지역사회교정의 확대는 가장 거리가 멀다.
( )　　　[2012. 9급]

06 교화개선적 교정모형을 실증적으로 연구한 결과 교화개선적 교정은 유효하지 못하다고 밝히며, 극단적으로 '무의미한 일
(nothing works)'이라고 주장한 학자는 마틴슨(R. Martinson)이다. ( )　　　[2018. 5급 승진]

07 정의모델(just deserts)은 사법기관이나 교정기관의 재량권 남용에 대하여 비판하고 부정기형의 폐지를 주장한다. ( )
　　　[2016. 5급 승진]

08 정의모델(justice model)은 형사사법기관의 재량권 남용은 시민에 대한 국가권력의 남용이라고 보아 공정성으로서 정의를
중시한다. ( )　　　[2015. 7급]

---

01 ○　교화개선모형이 추구하는 교정의 목적, 즉 수형자의 사회복귀는 효과적인 결과를 성취하지 못하였다고 주장한다. 적지 않은 비용을
투자하여 차별적 형사정책이라는 비난을 받아가면서 추진한 교화개선이 만족할 만한 성과를 거두지 못할 바에야 형사정책의 가장
기본적인 목적이라고 할 수 있는 사법정의의 실현이라도 추구하는 편이 더 바람직할 수 있다는 데서 정의모형은 출발한다.

02 ○　범죄자에게 가해지는 처벌은 범죄로 인하여 사회에 가해진 사회적 해악이나 범죄의 경중에 상응한 것이어야 한다. 이것이 당위적
공과론(just deserts. 범죄자가 당연히 벌을 받아야 마땅하기 때문에 가해지는 것이어야 한다는 논리)으로서 정의모형의 철학적 기
초가 되고 있다.

03 ○　포겔(Fogel)은 사법정의가 교화개선보다 바람직하고 성취 가능한 형사사법목표이며, 이는 공정하고 합리적이며 인본적이고 합헌적
인 관행에 의해서 이루어질 수 있다고 주장하였다.

04 ×　의료모델에 대한 설명이다. 정의모델은 자유의사론의 시각에서 정당한 처벌을 통하여 사법정의의 확보와 그에 따른 인권보호의 차
원에 초점을 맞추고 있다.

05 ○　지역사회교정의 확대는 재통합모형(reintegration model. 재사회화모델)과 밀접한 관련이 있다. 재통합모델은 범죄자의 사회재
통합을 위해서는 지역사회와의 접촉과 유대를 중요한 전제로 보고, 지역사회에 기초한 교정을 강조한다.

06 ○　많은 사람들이 수형자를 교화개선하여 법을 준수하는 정상적인 사회인으로 사회에 복귀시킬 수 있다고 믿고는 있지만, 대부분의 교
화개선적 노력이 재범률을 크게 개선하지는 못하였다. 이를 마틴슨(Martinson)은 "Nothing Works(무의미한 일)"라 표현하였다.

07 ○　정의모델은 형사사법기관의 재량권 남용은 시민에 대한 국가권력의 남용이라고 보아 공정성으로서 정의를 중시한다.

08 ○

제4절 범죄인 처우의 새로운 동향: 회복적 사법

★ 핵심정리 응징적 패러다임과 회복주의 패러다임 비교

관점 \ 구분	응징적 패러다임 (retributive paradigm)	회복주의 패러다임 (restorative paradigm)
초점	법의 위반	인간관계의 위반
내용	응징적(retributive/vindictive)	복구적(reparative)
방식	강제적	협조적
주체	정부와 범죄자	정부, 지역사회, 가해자와 피해자, 그들의 가족
장소	격리된 시설 내	지역사회 내
시기	사후 대응적	사전 예방적
관심	적법절차준수	참여자의 만족 극대화
역점	공식절차를 통한 개인의 권리보호	비공식적 절차를 통한 범죄자의 책임감 강조와 집단적 갈등의 해결
정서	공평감(a sense of fairness)	동의감(consensus of agreement)

01 개관

(1) 의의

① 과거 응징적·강제적·사후 대응적 사법제도에 대한 반성으로 범죄자와 피해자, 지역사회가 비공식적 절차를 통한 문제해결을 통해 상호 동의감과 만족도를 극대화할 수 있다는 가정에 기초하여 발전한 이론이다.

② 회복적 사법은 가해자에 대한 공식적 처벌보다는 피해자를 지원하고 지역사회를 재건하는 데 역점을 두면서 가해자에겐 자신의 행위에 대해 책임감을 갖게 하는 제도로, 주로 비공식적 절차에 의해 범죄피해에 대한 문제를 해결하고자 한다. [2015. 7급]

③ 회복적 사법은 중재자의 도움으로 범죄로 인한 피해자와 가해자, 그 밖의 관련자 및 지역공동체가 함께 범죄로 인한 문제를 치유하고 해결하는 데에 적극적으로 참여하는 절차를 의미한다. [2020. 9급]

(2) 등장배경

① **이글래시**: 원상회복주의 또는 보상주의와 회복주의로 불리는 현대적 처벌관으로 1970년대 후반에 이글래시(Albert Eglash)가 처음 사용한 용어에서 비롯되었다(=회복적 사법, 공동체적 사법, 합리적 사법, 적극적 사법). [2012. 9급]

② **소년사법에서 중시**: 과거 응징적·강제적·사후대응적 사법제도에 대한 반성에서 출발하여 범죄자들로 하여금 보다 생산적이고 책임감 있는 시민이 되도록 능력개발이 이루어져야 한다는 목표를 지향하는 적극적인 형사패러다임의 강조사상으로 일반적인 형사사법보다는 소년사법에서 중시되고 있다. [2012. 9급]

(3) 피해자보호와 가해자의 책임 강조

① **피해자 권리운동**: 회복적 사법의 핵심가치는 피해자, 가해자 욕구뿐만 아니라 지역사회 욕구까지 반영하는 것이며 범죄가 발생하는 여건·환경에 관심을 둔다. 범죄로 인한 손해의 복구를 위해 중재, 협상, 화합의 방법을 강조하며 피해자 권리운동의 발전과 관련이 깊다. [2012. 9급]

② **피해에 대한 인식**: 범죄행동은 법을 위반한 것일 뿐만 아니라 피해자와 지역사회에 해를 끼친 것이다.
[2023. 보호 7급] 총 2회 기출
③ **피해자**: 형사절차상 피해자의 능동적 참여와 감정적 치유를 추구하며, 피해자의 상처를 진단하고 치유하는 과정이 형사절차에 반영되어야 한다. 사건의 처리과정이나 결과에 대한 보다 많은 정보를 피해자에게 제공해 주어야 한다. [2020. 9급]
④ **지역사회**: 범죄자의 사회재통합을 위해서 지역사회와의 의미 있는 접촉과 유대관계를 중시하므로 지역사회 교정을 강조한다. [2023. 보호 7급] 총 2회 기출
⑤ **가해자**
  ㉠ 강력범죄를 포함한 다양한 범죄와 범죄자에게 적용될 수 있다.
  ㉡ 가해자에게 진심으로 반성할 수 있는 기회를 제공함으로써 재사회화에도 도움이 되고, 형사화해를 통해 형벌이 감면되는 경우 낙인 효과를 경감시킬 수 있다. [2013. 7급]
  ㉢ 범죄자의 처벌이 목적이 아니라 범죄피해자의 피해회복을 통하여 사회적 화합을 성취하는 것이므로, 이를 통해 가해자에게도 사회복귀의 기회와 가능성을 높여줄 수 있다. [2018. 7급] 총 3회 기출
  ㉣ 가해자에 대한 인본주의적 전략으로 구금 위주 형벌 정책의 대안으로 제시되고 있다. [2023. 9급]

(4) 회복주의 정의의 목표
① **지역사회의 보호**: 균형적인 회복주의 정의의 목표를 달성하기 위해서는 사법제도가 공공안전을 확보할 수 있어야 한다.
② **국가보다 피해자에 대한 책임의 우선**: 범죄인이 느껴야 할 책임감은 국가나 법질서에 대한 것보다도 먼저 피해자에 대한 것이라야 한다. 피해자의 고통을 이해함으로써 결과의 중대성을 인식하고 진지한 사죄와 그에 상응하는 배상을 하는 것은 범죄자가 그 범죄성향을 극복하고 사회로 복귀하기 위한 첫걸음인 것이다.

📋 **회복주의 패러다임의 프로세스**

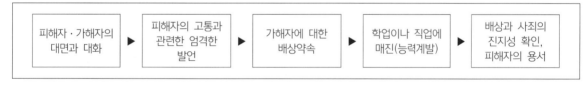

(5) 회복주의 정의의 방향
① **지역사회화, 민영화**: 지역사회화(community based), 민영화(privatization)와 큰 틀을 같이하면서 향후 형사정책이 지향해야 할 방향을 제시하고 있다.
② **제3의 유형으로 발전**: 회복적 사법의 성격상 범죄자의 위험성을 전제로 하여 부과하는 보안처분은 회복적 사법의 활용공간으로 부적절하며, 따라서 형법의 법률효과체계에 편입하는 방식이나 새로운 형벌체계 또는 형벌·보안처분 외의 보충성원칙에 입각한 제3의 유형으로 구성하는 방안이 검토될 수 있다.

02 회복적 사법의 배경이론

(1) 브레이스웨이트(J. Braithwaite)의 재통합적 수치심 부여이론(reintegrative shaming theory)
① 브레이스웨이트의 재통합적 수치이론(reintegrative shaming theory)은 회복적 사법의 기본적 이론 틀이다.
[2012. 7급]
② 낙인이론, 하위문화이론, 기회이론, 통제이론, 차별적 접촉이론, 사회학습이론을 통합한 이론이다.

③ **회복적 사법 근본배경이론**: 범죄자 하나의 비난에 머무르지 않고, 객관적인 범죄행동에 관심을 갖고 가족, 친구, 지역사회 시민들 전체가 자발적 참여와 문제해결에 관심을 두어 실천방안을 제시하고 있다.
④ 피해자와 지역사회 욕구를 가해자에게 전달하고, 가해자에게 재통합적 수치심을 부여하여 회복적 사법을 통한 재범예방을 모색한다.
⑤ 지역사회의 범죄자에게 수치심을 주는 태도 및 방법의 차이로 거부적 수치심과 재통합적 수치심으로 구분하였다.

거부적(해체적) 수치심	범죄자에 명백한 낙인, 높은 범죄율
재통합적 수치심	범죄자를 사회와 결속시키기 위한 고도의 낙인, 낮은 범죄율 초래

(2) 기타 배경이론
① **퀴니(Quinney)와 페핀스키(Pepinsky)의 평화구축 범죄학**: 범죄학의 목표를 평화롭고 정의로운 사회 – 경험적 연구보다 종교적·철학적 가르침에 관심을 두고 상호 연락과 관심, 배려로 중재·갈등해결·화해를 이루고 범죄로 인한 고통의 완화와 범죄 감소 노력으로 지역공동체를 재통합하고자 한다.
② 레머트의 낙인이론
③ 비판범죄학(갈등주의), 여성주의(페미니즘), 포스트 모더니즘(언어이해)

03 유엔(UN)의 회복적 사법 개념

대면개념	범죄 피해자와 가해자의 만남을 통한 범죄문제의 해결을 위한 토론
회복(배상)개념	피해자의 공판참여, 지원, 법원에 의한 피해 회복적 조치 등
변환개념	범죄원인의 구조적·개인적 불의를 시정하는 것으로 빈곤이나 차별적 교육개선

04 회복주의 사법의 유형 [2015. 7급]

피해자와 가해자의 화해모델	① 1970년대 캐나다 온타리오주, 보호관찰에 기초한 유죄판결 후 형선고의 대안으로 시작, 지역사회 중재, 가·피간 화해·화합 ② 형사조정제도, 회복적 경찰활동 등 피해자와 가해자 대부분 절차와 결과에 만족
가족 집단협의	① 1989년 뉴질랜드 마오리족, 소년사법: 살인 등 제외한 일정 범죄 화해프로그램 ② 가해자·피해자, 가족구성원, 기타 후원자: 가장 광범위한 참여(공식 중재자 ×) ③ 협의과정 이후 피해자의 범죄자에 대한 분노가 약화되는 성과 [2020. 9급]
양형써클 양형권고 (sentencing circles)	① 아메리카 인디언, 캐나다 원주민들에 의해 사용되던 것으로 피해자와 가해자를 공동체 내로 재통합하려는 시도 ② 학교·직장, 형사사법기관 법정절차 등 다양한 환경에서 사용 ③ 가해자·피해자 + 후원자 + 주요 공동체 구성원에 발언권 주고 합의 도출 ④ 범죄자보다 공동체 구성원 자신들의 개인적 이득과 발전에 도움 평가
시민 패널	① 미국과 캐나다, 경미사건 처리 위한 민간위원회나 패널 활용 ② 노상방뇨, 낙서, 음주, 성매매 등 피해자 없는 범죄 등 대상 ③ 버몬트주 민간위원회: 배상적 보호관찰(reparative probation)의 일환으로 운영, 가장 대규모의 회복적 사법제도

05 형사사법 내 활용

재판단계	① 형법상 친고죄와 반의사불벌죄 등은 회복적 형사사법과 당사자 사이의 화해가 형벌에 우선한다. ② 「소송촉진 등에 관한 특례법」상 배상명령제도는 부분적으로 회복적 사법이 가미되어 있다. ③ 선·집유예 시 피해자 손해배상 등 준수사항 부과방안 ④ 영국: 형법과 별개로 피해보상명령제도 규정
교정단계	① 수형자의 자발적인 반성과 피해자에 대한 회복의지와 실천적 노력 필요 ⇨ 강제적인 경우 수형자 재사회화에 걸림돌이 될 수 있고, 피해자에게도 피해가능 ② 피해자에게 사과편지 쓰기, 화해를 위한 교화접견 허용, 피해자에게 가해자의 수형기록 제공 등이 검토될 수 있고, 수형자의 분류심사 단계에서 피해회복 조건부 작업지정이나 개방처우, 가석방 등을 검토가능

▶ 「범죄피해자보호법」에 근거한 피해자 지원대책은 국가에 의한 것으로서 피해자와 가해자 쌍방과 지역공동체의 참여를 전제로 하는 회복적 사법의 종류에 해당한다고 보기 어렵다는 견해가 있다.

06 회복적 사법의 문제점(비판)

① 일부 피해자는 회복적 사법의 결과로 더 두려워할 수 있다. 특히 강력사건에 회복적 사법이 제공되면 피해자가 보복을 두려워할 수도 있다는 것이다.

② 피해자들이 회복적 사법의 결과로 권한불균형을 경험할 수 있다. 피해자와 가해자 사이에 이미 존재하는 권한불균형을 반복하거나 영속화시킬 잠재성이 있다는 것이다.

③ 피해자가 회복적 사법에서 '이용'될 수 있다. 피해자의 참여가 단순히 가해자의 교화개선을 위한 도구로 이용될 수 있다는 것이다.

④ 일부에서는 회복적 사법이 지나치게 피해자에 대한 손상(harm)에 초점을 맞추고 강력범죄에서 핵심적 요소인 범법자의 정신태도를 경시하고 있다.

⑤ 회복적 사법이 범죄를 개인과 국가 간의 갈등으로 보기보다 개인 간의 갈등으로 인식하는 등 공익보다는 사적 잘못(private wrong)에 지나치게 초점을 맞춘다. [2023. 9급]

⑥ 양형에 있어서의 예측가능성의 잠재적 부족이다. 피해자와 가해자를 회복과정에 참여시킴으로써 처분의 불균형을 초래할 수 있는 것이다(양형불균형은 법 앞에 동등한 보호를 받을 권리를 침해할 수 있다).

단원별 지문 O X

01 회복적 사법은 처벌적이지 않고 인본주의적인 전략이다. ( ) [2023. 9급]

02 회복적 사법은 구금 위주 형벌정책의 대안으로 제시되고 있다. ( ) [2023. 9급]

03 회복적 사법은 사적 잘못(private wrong)보다는 공익에 초점을 맞춘다는 비판을 받는다. ( ) [2023. 9급]

04 회복적 사법은 범죄를 개인과 국가 간의 갈등으로 보기보다 개인 간의 갈등으로 인식한다. ( ) [2023. 9급]

05 회복적 사법은 경쟁적, 개인주의적 가치를 권장한다. ( ) [2020. 9급]

06 회복적 사법은 형사절차상 피해자의 능동적 참여와 감정적 치유를 추구한다. ( ) [2020. 9급]

07 회복적 사법은 가족집단회합(family group conference)은 피해자와 가해자 및 양 당사자의 가족까지 만나 피해회복에 대해 논의하는 회복적 사법 프로그램 중 하나이다. ( ) [2020. 9급]

08 회복적 사법은 사건의 처리과정이나 결과에 대한 보다 많은 정보를 피해자에게 제공해 줄 수 있다. ( ) [2020. 9급]

09 회복적 사법은 가해자에 대한 강한 공식적 처벌과 피해의 회복을 강조한다. ( ) [2015. 7급]

---

01 ○

02 ○

03 × 회복적 사법은 공익보다는 사적 잘못(private wrong)에 지나치게 초점을 맞춘다는 비판을 받고 있다.
회복적 사법은 범죄가 사회에 대한 위반뿐 아니라 일차적으로는 특정한 피해자에 대한 사적 잘못이라는 범죄관에 기초하고 있고, 더구나 형사사법제도의 일차적 목적은 그 사적 잘못의 복구에 초점을 맞추는 것이라는 입장을 견지하고 있다. 그러나 비판가들은 회복적 사법이 사회 속의 개인이 경험한 손상을 통하여 사회 전체가 고통받는 손상에는 충분한 관심을 주지 않는다고 반대하고 있다. 형법이란 단순히 사적 이익보다는 공익을 건드리는 형태의 잘못을 벌하기 위한 것이며, 형벌은 공익적으로 행사되는 국가의 기능이라고 이들은 주장한다. 국가의 관심은 개별 사건 그 자체뿐만 아니라 다른 잠재적 미래 피해자와 지역사회 전체의 이익에도 주어져야 하기 때문이다.

04 ○

05 × 사법의 과거 패러다임(피해자로서 국가, 응보적 사법)은 경쟁적·개인주의적 가치를 권장하고, 사법의 새로운 패러다임(회복적 사법)은 상호성을 권장한다. 회복적 사법의 핵심가치는 피해자욕구, 가해자욕구뿐만 아니라 지역사회욕구까지 균형을 이루는 것이다.

06 ○

07 ○

08 ○

09 × 회복적 사법은 피해자와 가해자의 합의와 조정을 강제하는 것이 아니라 가해자와 피해자의 깨어진 신뢰를 회복하도록 유도하는 것으로, 비공식적 절차를 통한 범죄자의 책임감 강조와 집단적 갈등의 해결에 역점을 둔다. 공식적 절차(국가에 의한 것)에 의한 처벌은 응보적 사법을 의미한다.

10 회복적 사법은 공식적인 형사사법이 가해자에게 부여하는 오명 효과를 줄이는 대안이 될 수 있다. (　　) [2015. 7급]

11 회복적 사법의 시각에서 보면 범죄행동은 법을 위반한 것일 뿐만 아니라 피해자와 지역사회에 해를 끼친 것이다. (　　) [2015. 7급]

12 회복적 사법 프로그램으로는 피해자–가해자 중재, 가족회합 등이 있다. (　　) [2015. 7급]

10 ○
11 ○
12 ○

제5절 범죄인 처우유형과 처우원리

01 범죄인 처우의 의의와 유형

(1) 의의
형사사법 과정에서 범죄인의 인격을 고려하여 그에 알맞은 최적의 처우방법을 찾고자 하는 노력으로 처우주체에 따라 사법처우, 교정처우, 보호처우로 나누고 있다.

(2) 유형

사법처우	교정처우	보호처우
① 법원의 결정(판결)단계 ② 양형론, 판결 전 조사제도, 재판 전 전환제도 등	① 교정시설 내 범죄인 처우 ② 구금확보, 교화개선 및 건전한 사회복귀를 위한 처우 ③ 사회적 처우와 사회내 처우와 연계하여 탄력적 운용 가능	① 사법 또는 교정처우와 연계한 범죄인의 재사회화를 위한 처우 ② 소년법과 보호관찰법에 따른 보호관찰, 각종 유예제도, 사회봉사명령, 수강명령, 갱생보호 등

02 범죄인 처우의 기본원리

(1) 인도적 처우
인간존엄성과 최소한의 생활조건이 보장되어야 한다는 가장 기본적인 이념으로 헌법, 국제규약 등에 그 의지를 담고 있다.

> 1. 모든 국민은 인간으로서의 존엄과 가치를 가지며 행복을 추구할 권리를 가진다. 국가는 개인이 가지는 불가침의 기본적 인권을 확인하고 이를 보장할 의무를 진다(헌법 제10조).
> 2. 이 법을 집행하는 때에 수용자의 인권은 최대한으로 존중되어야 한다(형집행법 제4조).
> 3. 자유를 빼앗긴 모든 자는 인도적이며 인간고유의 존엄을 존중받도록 취급한다(UN 인권 B규약 제10조).

(2) 공평처우
수용자 처우에 있어서 공정하고 사적인 치우침이 없어야 함을 말한다. 그러나 헌법상의 평등원칙은 불합리한 차별의 금지를 의미하고 불평등한 것을 불평등하게 대하는 합리적 차별은 가능하다.

> 1. 모든 국민은 법 앞에 평등하다. 누구든지 성별, 종교 또는 사회적 신분에 의하여 정치적·경제적·사회적·문화적 생활의 모든 영역에 있어서 차별을 받지 아니한다(헌법 제11조).
> 2. 수용자는 합리적 이유 없이 성별, 종교, 장애, 나이, 사회적 신분, 출신지역, 출신국가, 출신민족, 용모 등 신체조건, 병력, 혼인여부, 정치적 의견 및 성적지향 등을 이유로 차별 받지 아니한다(형집행법 제5조).
> 3. 수용자의 인종, 피부색, 성별, 언어, 종교, 정치적 또는 그 밖의 견해, 국적, 사회적 신분, 재산, 출생 또는 그 밖의 지위에 의하여 차별이 있어서는 안 된다. 수용자의 종교적 신념과 도덕률은 존중되어야 한다(수용자 처우에 관한 UN최저기준규칙 제2조 제1항).

(3) 개선목적에 적합한 처우
범죄인 처우는 교화개선을 통한 재사회화를 도모하고 개선은 범죄자 스스로의 갱생이며, 지도는 다만 조력에 불과하고 교화개선을 통한 사회복귀라는 범죄인 처우의 궁극적 목적에 적합하여야 한다.

(4) 법적 지위에 상응한 처우

범죄자 수용이나 각종 처우는 범죄자의 법적 지위가 상이함에 따라 그에 상응하는 차별적 처우를 받는다는 것을 의미한다. 이는 공평처우에서 합리적 이유가 있는 상대적 평등처우로 이해하여야 한다.

03 현대적 처우원리

(1) 처우의 과학주의

① 여러 가지 유형의 범죄자에 대하여 그에게 적합한 처우를 실시함으로써 처우효과를 증대시키려는 노력으로 수형자의 과학적 분류제도의 확립을 전제로 한다.

② 우리나라는 전국 각 교정시설에 분류심사과 또는 분류전담실을 설치·운용하고 있다.

(2) 처우의 개별화

① 범죄의 원인 및 환경, 범죄인의 특성 등에 따라 범죄인 처우의 내용을 달리해야 한다는 것으로 실증주의적 관점에서 강조되고 있는 원리이다. 즉, 수형자의 범죄적 결함이 각각의 다른 결함에서 비롯되었듯이 각 수형자에 알맞은 개별적 처우로 재사회화를 도모해야 한다는 것을 의미한다(교육형주의, 특별예방주의).

② **과학주의와의 관계**: 처우의 개별화는 여러 과학적 방법을 이용한 심리검사 및 분류가 요구된다는 점에서 처우의 과학주의는 필연적으로 개별처우를 불러오게 된다.

③ **비판**: 처우비용 등의 증가로 추가적인 재정적 부담을 초래하고, 형평성과 타당성 및 신뢰성이 전제되지 않은 임의적인 처우개별화의 확대는 불평등 처우라는 형벌제도에 대한 불신을 낳을 수 있다.

📖 살레이유(R. Saleilles)의 「형벌의 개별화」(1898)

법률의 개별화	죄형법정주의를 전제로 형벌규정상 구성요건을 세분화하여 형의 가중·감경사유에 중점을 둔 것으로 형법에 있어서 개별화의 모색이다.
재판의 개별화	형법에 규정된 법정형의 범위 내에서 범죄자 개인의 사정을 고려하기 위해 판결전 조사제도 등을 통한 범죄인의 주관적 사정을 참고한 것으로 사법처우의 종류와 양형의 결정, 각종 유예제도의 활용 등 재판에 있어서의 개별화를 말한다.
행정의 개별화 (교정의 개별화)	주로 행형단계에서의 개별처우 원칙으로 범죄인의 개성과 환경을 파악하고 그에 알맞은 적정한 처우를 행하는 것으로 시설내 처우에 있어서의 개별화를 뜻한다.

▶ 개별화의 발전순서: 법률의 개별화(리스트) ⇨ 재판의 개별화 ⇨ 행정(행형)의 개별화

(3) 처우의 사회화

① 교정의 궁극적 목적은 수형자의 재사회화를 통한 성공적인 사회복귀에 있으므로, 수형자는 가능한 한 외부사회와의 접촉이 계속 유지되어야 함을 의미한다.

② **사회유사화 원칙**: 독일 행형법 제3조 제1항(수형생활은 가능한 한 일반인의 생활상태와 유사하게 하여야 한다)의 유사화원칙(類似化原則)은 행형의 사회화원칙을 천명한 것이다.

③ **방법**

수용자의 사회접근(out put)	귀휴제도, 외부통근제도, 외부통학제도, 개방처우, 중간처우소 등
사회자원의 시설내 활용(in put)	교정위원제도, 가족만남의 집, 자매결연, 가족합동접견, 각종 위원회의 외부인 참여제도 등

단원별 지문 OX

01 형사사법 과정에서 범죄인의 인격을 고려하여 그에 알맞은 최적의 처우방법을 찾고자 하는 노력으로 처우 주체에 따라 사법처우, 교정처우, 보호처우로 나누고 있다. (   )

02 수형자에 대한 인도적 처우원리는 인간존엄성과 최소한의 생활조건이 보장되어야 한다는 가장 기본적인 이념으로 헌법, 국제규약 등에 그 의지를 담고 있다. (   )

03 재판의 개별화는 주로 행형단계에서의 개별처우 원칙으로 범죄인의 개성과 환경을 파악하고 그에 알맞은 적정한 처우를 행하는 것으로 시설내 처우에 있어서의 개별화를 뜻한다. (   )

04 개별화의 발전순서는 법률의 개별화 ⇨ 재판의 개별화 ⇨ 행정(행형)의 개별화순으로 발전했다. (   )

05 수형자의 재사회화를 통한 성공적인 사회복귀의 목적달성을 위해서는 격리된 상태에서의 시설 내 처우의 모든 수단이 강구되어야 한다. (   )

06 독일 행형법 제3조 제1항(수형생활은 가능한 한 일반인의 생활상태와 유사하게 하여야 한다)의 유사화원칙(類似化原則)은 행형의 사회화원칙을 천명한 것이다. (   )

---

01 ○

02 ○

03 × 행형의 개별화에 대한 설명이다.

04 ○

05 × 교정의 궁극적 목적은 수형자의 재사회화를 통한 성공적인 사회복귀에 있으므로, 수형자는 가능한 한 외부사회와의 접촉이 계속 유지되어야 함을 의미한다.

06 ○

제3장 / 교정행정조직과 형집행법

제1절 교정행정조직

01 교정행정 조직체계

(1) 중앙조직: 법무부 교정본부(2단장, 8과 3팀)

① 교정행정을 총괄하는 중앙기구로는 법무부장관과 법무부차관 아래에 교정본부장이 있다.

▶ 형부(조선) – 경무청(갑오) – 형정국(일제강점기) – 교정국(1991) – 교정본부(2007)

② 교정행정 전반에 걸쳐 교정본부장을 보좌하는 기구로서 교정정책단장과 보안정책단장이 있다.

③ 각 소관업무에 관하여 정책을 입안하는 교정기획과, 직업훈련과, 사회복귀과, 복지과, 보안과, 분류심사과, 의료과, 심리치료과 등 8개 과와 특별점검팀, 마약사범 재활팀, 빅데이터팀 등 3개팀을 두고 있다.

⊞ 법무부 교정 · 보호행정 조직도

(2) 중간감독기관: 지방교정청

① 교정본부와 일선교정기관의 중간에 위치하여 일선기관 업무집행의 지휘 · 감독을 관장하는 중간감독기관이다.

② 1991년 서울(서울, 인천, 경기, 강원 관할), 대구(대구, 울산, 부산, 경남, 경북 관할), 대전(대전, 충남, 충북 관할), 광주(광주, 전남, 전북, 제주도 관할) 4개 도시에 지방교정청을 설치 · 운영하고 있다.

③ 지방교정청에 총무과 · 보안과 · 사회복귀과 · 분류센터 및 광역특별사법경찰팀을 둔다. 다만, 서울지방교정청에는 전산관리과 및 대체복무교육센터를 따로 둔다(법무부와 그 소속기관 직제 시행규칙 제15조 제2항).

지방교정청 조직도

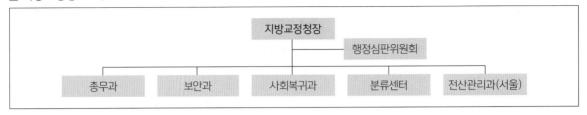

(3) 일선교정기관

① 전국에는 교도소 40개(민영 포함) 기관, 구치소 12개 기관, 지소 3개 기관 등 총 55개의 교정기관이 있다.
② 교도소는 수형자 형 집행 및 교정교화를 통한 사회복귀 지원에 관한 업무와 미결수용자의 수용에 관한 업무를 관장하고, 구치소는 주로 미결수용 업무를 관장한다.
③ 부속 기구로는 총무과, 보안과, 출정과, 분류심사과, 직업훈련과, 수용기록과, 사회복귀과, 민원과, 복지과, 의료과, 시설과, 심리치료과, 국제협력과, 특별사법경찰팀 등을 두고 있다.

교도소 · 구치소 조직도

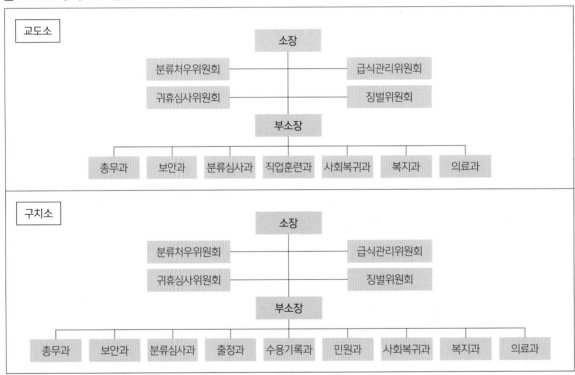

02 형집행법 관련 위원회

구분	기본계획 수립 협의체	징벌 위원회	분류처우 위원회	교정자문 위원회	귀휴심사 위원회	교도관 회의	가석방심사 위원회	취업지원 협의회
규정	형집행법	형집행법	형집행법	형집행법	규칙 (부령)	직무규칙 (부령)	형집행법	시행령
성격	처우 협의체	징벌 결정기관	분류처우 심의·의결	지방청장의 자문	귀휴허가 심사기관	교정행정 집행 방법 등 심의	가석방 심사	취업알선 및 창업지원
설치	법무부장관	교정시설	교정시설	지방교정청	교정시설	소장 소속	장관 소속	교정시설
위원장	법무부차관	소장 다음 순위자	소장	위원 중 호선	소장	소장	법무부차관	소장
위원수	12명의 위원 (위원장 포함)	5 이상 - 7 이하 (장포함)	5 이상 - 7 이하 (장포함)	10 이상 - 15 이하 (4 이상은 여성)	6 이상 - 8 이하 (장포함)	장과 소장 지명 6급 이상	5 이상 - 9 이하 (장포함)	5 이하 내부, 10 이상 외부
위원	-	2년, 연임 가능, 외부 3 이상	외부위원 ×	2년, 연임 가능, 순수 외부위원	2년, 연임 가능, 외부 2 이상	외부위원 ×	2년, 한 차례만 연임 가능	3년, 연임 가능

03 교정시설의 구분

(1) 시설

① 파빌리온식과 유사한 전주형(電柱型)으로 사방을 일자로 배열한 병렬식 형태이다.

② 채광이나 통풍 등 위생적인 면에 유리하고 보안을 중시한 건축양식이다.

③ 대규모 시설구조로 수용자의 질서확립과 개별처우가 곤란하다.

④ 구치소 등 기능에 따른 시설 부족으로 교도소 내 미결수용실을 두는 등 교정행정업무의 복잡화로 인하여 수형자중심처우에 일관성을 유지하기가 곤란하다.

⑤ 보안 중심의 시설 설계 및 시설 구조면에서 획일화되어 있어 수용자의 특성에 맞는 개별처우가 곤란하다.

(2) 교정시설의 분류

① **교도소와 구치소**: 교도소는 형이 확정된 수형자를 구금하기 위한 장소로서 형의 종류에 따라 징역감, 금고감, 구류장 및 노역자 유치장 등으로 구분하고, 구치소는 형이 확정되지 않은 형사피고인 및 형사피의자를 구금하는 장소로서 미결수용실 또는 구치소라고 한다.

② **소년교도소**: 소년을 성년수형자와 혼거수용하게 되면 범죄성이 전파될 우려가 있으므로 성인과의 분리를 통해 보호할 필요에 따라 전담교정시설로 김천소년교도소 1개소를 두고 있고, 전담시설이 아닌 수용시설의 경우 특별히 설치된 교도소 또는 일반 교도소 안에 특별히 분리된 장소에서 그 형을 집행한다. 다만, 소년이 형의 집행 중에 23세가 되면 일반 교도소에서 집행할 수 있다(소년법 제63조).

소년교도소의 효시
㉠ 1704년 로마교황 클레멘스 11세가 로마의 산 미케레 소년감화원을 설치한 데에서 비롯되었다.
㉡ 그 후 1869년 미국 브록웨이(Brockway)의 뉴욕 엘마이라 감화원은 초범자 중 16세부터 20세까지의 소년수형자를 분류하여 이들에게 계급적 처우와 상대적 부정기형을 적용하여 사회교육 및 군사교육을 실시하였는데 이것이 소년교도소의 효시가 되었다.

③ **여자교도소**: 여성의 신체적·심리적 특수성과 남녀 혼거수용으로 인한 폐단을 방지하기 위하여 여성만을 위한 교도소를 별도로 설치·운용하고 있다. 형집행법은 "남성과 여성은 분리하여 수용한다."고 규정하고 있다(형집행법 제13조 제1항). 우리나라는 청주여자교도소가 있고, 유아의 양육 등을 위한 개방형 시설로 천안개방교도소를 이용하고 있다.

> **⊕ PLUS 남녀 공동·공학교도소**
>
> 최근 미국에서 남녀 분리수용의 문제에 대응하여 설립·운영하고 있는 것으로, 이는 요법사회화 취지에 적합하며 교정시설의 공동사용, 처우의 공동참여 등 다양한 형태로 남녀를 포함한 교육·교화프로그램이 등장하고 있다.

④ **경비등급에 따른 구분**: 교정시설은 도주방지 등을 위한 수용설비 및 계호의 정도에 따라 개방시설(개방교도소), 완화경비시설, 일반경비시설, 중경비시설로 구분하고 있다.

⑤ **특수목적에 따른 분류**: 결핵환자·정신질환자 수용을 전담하고 있는 진주교도소, 집체직업훈련을 전담하고 있는 화성·경북직업훈련교도소, 시각장애인 수용을 전담하고 있는 여주·청주교도소, 외국인 수용을 전담하고 있는 천안교도소 등이 있다.

⊕ PLUS

1. 비교·구분

법무부차관이 위원장	형집행법에 규정	5명 이상 7명 이하
① 가석방심사위원회	① 분류처우위원회	① 징벌위원회
② 치료감호심의위원회	② 교정자문위원회	② 분류처우위원회
③ 보안관찰처분심의위원회	③ 징벌위원회	③ 지방급식관리위원회
④ 기본계획수립협의체	④ 가석방심사위원회	④ 6~8: 귀휴
		⑤ 5~9: 가석방·보호관찰
		⑥ 10~15: 교정자문위원회

2. 직무대행

위원장이 미리 지정한 위원	부소장(부위원장, 부회장)인 위원
① 분류처우위원회	① 귀휴심사위원회
② 징벌위원회	② 교정자문위원회
③ 가석방심사위원회	③ 취업지원협의회
④ 보호관찰심사위원회	
⑤ 치료감호심의위원회	
⑥ 보안관찰처분심의위원회	

▶ 보호관찰심사위원회와 가석방심사위원회는 법무부장관 소속하에 있고, 중앙급식관리위원회·치료감호심의위원회·보안관찰처분심의위원회는 법무부에 설치되어 있으며, 교정자문위원회는 지방교정청에 설치되어 있고, 징벌위원회·귀휴심사위원회·분류처우위원회·취업지원협의회·교도관 회의·지방급식관리위원회는 교정시설에 설치되어 있다. [2017. 7급] 총 3회 기출

단원별 지문 O/X

01 분류처우위원회는 위원장을 포함한 5명 이상 9명 이하의 위원으로 구성하고, 위원장은 소장이 된다. (　　) [2023. 9급]

02 가석방심사위원회는 위원장을 포함한 5명 이상 9명 이하의 위원으로 구성하며, 위원장은 법무부차관이 된다. (　　)
[2023. 9급]

03 교정자문위원회는 5명 이상 7명 이하의 위원으로 성별을 고려하여 구성하고, 위원장은 위원 중에서 호선하며, 위원은 교정에 관한 학식과 경험이 풍부한 외부인사 중에서 소장의 추천을 받아 법무부장관이 위촉한다. (　　)   [2021. 9급]

04 취업지원협의회는 회장 1명을 포함하여 5명 이상 8명 이하의 내부위원과 10명 이상의 외부위원으로 구성한다. (　　)
[2022. 7급 승진]

05 「형법」 제72조에 따른 가석방의 적격 여부를 심사하기 위하여 법무부차관 소속으로 가석방심사위원회를 두며, 위원장은 법무부차관이 되고, 위원회는 위원장을 포함한 5명 이상 9명 이하의 위원으로 구성한다. (　　)   [2023. 5급 승진]

06 회장이 부득이한 사유로 직무를 수행할 수 없을 때에는 소장이 지정한 부회장이 그 직무를 대행한다. (　　)
[2023. 7급 승진]

---

01 ✕   분류처우위원회는 위원장을 포함한 5명 이상 7명 이하의 위원으로 구성하고, 위원장은 소장이 된다(형집행법 제62조 제2항).

02 ○   형집행법 제120조 제1항·제2항

03 ✕   교정자문위원회는 10명 이상 15명 이하의 위원으로 성별을 고려하여 구성하고, 위원장은 위원 중에서 호선하며, 위원은 교정에 관한 학식과 경험이 풍부한 외부인사 중에서 지방교정청장의 추천을 받아 법무부장관이 위촉한다(동법 제129조 제2항).

04 ✕   취업지원협의회는 회장 1명을 포함하여 3명 이상 5명 이하의 내부위원과 10명 이상의 외부위원으로 구성한다(형집행법 시행규칙 제145조 제1항).

05 ✕   「형법」 제72조에 따른 가석방의 적격 여부를 심사하기 위하여 법무부장관 소속으로 가석방심사위원회를 두며(동법 제119조), 위원장은 법무부차관이 되고(동법 제120조 제2항), 위원회는 위원장을 포함한 5명 이상 9명 이하의 위원으로 구성한다(동법 제120조 제1항).

06 ○   형집행법 시행규칙 제147조 제2항

제2절 형집행법 의의

01 의의

(1) 형식적 의미의 형집행법

① 형식적 의미의 형집행법은 '형의 집행 및 수용자 처우에 관한 법률'(약칭: 형집행법)이라는 이름으로 공포·시행되고 있는 형집행법만을 의미한다.

② 1945년 8월 15일 광복이후 미군정은 일제시대 감옥법(조선감옥령)을 그대로 의용하여 오다가 1950년 3월 2일 「행형법」을 제정·공포하기에 이르렀다. [2017. 7급]

③ 「행형법」을 2007년 12월 21일 「형의 집행 및 수용자의 처우에 관한 법률」로 개명하고 내용 또한 전부 개정하였다.

(2) 실질적 의미의 형집행법

① 실질적 의미의 형집행법은 행형관계를 규정한 법률체계의 전체를 의미한다.

② 행형작용에 관한 주요부분은 형집행법에 규정되어 있으나 이 밖에도 헌법, 형법, 형사소송법, 정부조직법, 법무부와 그 소속기관의 직제 등 여러 가지 법령에 규정되어 있으므로 이와 같이 법령명칭의 여하에 불문하고 그 내용이 행형작용을 규율한 것이면 실질적 의미의 형집행법이라고 한다.

(3) 형집행법의 주요 개정내용: 기본권 확장의 역사

구분	주요 개정내용
광복이후 (1945.8.15)	미군정: 일제시대 감옥법(조선감옥령) 군정법령에 의해 그대로 의용
법 제정 (1950.3.2)	제1공화국(1948): 「행형법」 제정·공포
제1차 개정 (1961.12.23)	제2공화국(1960): 형무소·형무관을 교도소·교도관으로 개칭
제4차 개정 (1980.12.22)	제3공화국(1962) / 5.16 군사정변, 제4공화국(1972) / 유신헌법, 신군부(1980) ① 수용자 이외의 자에 대한 무기사용 근거규정 보완 ② 징벌의 종류 신설, 분류처우제도, 수형자 교정교육 근거규정 마련
제5차 개정 (1995.1.5)	제6공화국(1987) / (김영삼 문민정부, 1993 - 1998) ① 미결수용자 변호인접견시 입회금지, 접견·서신수발의 제한 완화(원칙적 허가) ② 개방처우와 외부통근작업, 신입자 건강진단 및 라디오와 TV시청 규정 신설
제6차 개정 (1996.12.12)	법무부차관을 위원장으로 가석방심사위원회 설치(일선기관 폐지, 공정성·투명성 확보)
제7차 개정 (1999.12.28)	(김대중 국민의 정부, 1998 - 2003) ① 수용자에 대한 인권존중의 원칙 천명, 민영교도소 설립의 법적 근거 마련 ② 신입수용자 고지제도 신설, 접견참여 및 서신검열의 완화(필요적 사항에서 임의적 사항으로 변경)
제10차 개정 (2007.12.21)	(노무현 참여정부, 2003 - 2008) 「형의집행 및 수용자의 처우에 관한 법률」 전면개정
제11차 개정 (2008.12.11)	소년수용자의 기준연령을 19세 미만으로 조정
제21차 개정 (2019.4.23)	형의 집행 및 수용자의 처우에 관한 기본계획을 수립
제22차 개정 (2020.2.4)	① 30일 이내 실외운동 정지의 징벌을 받은 수용자도 최소한 매주 1회는 실외운동 실시 ② 미결수용자 징벌 시 법원이나 경찰 등에 양형 참고자료, 수용이력 통보 근거규정 마련
제23차 개정 (2022.12.27)	① 수형자의 건강을 보호하기 위하여 수형자의 작업시간과 연장시간 명시 ② 수형자에게 공휴일·토요일 등에 작업을 부과할 수 있는 사유 명시

02 형집행법의 성격

(1) 공법(↔ 사법)
① 공법이란 국가 또는 공공단체와 사인 간의 불대등 관계를 규율하는 법으로 형집행법은 공법에 해당한다.
② 형집행법은 국가와 수용자 간의 공법관계를 규율하며 형집행법에 의하여 보호되는 법익은 대체적으로 공익의 유지 및 향상에 주된 목적이 있기에 공법에 속하는 것이다.

(2) 절차법(↔ 실체법)
① 형법이 범죄와 형벌의 실체를 규정하고 있는 실체법인 데 비해 형집행법은 형벌(자유형)집행절차를 규정하고 있는 절차법이다.
② 형법이 윤리·도덕적 색채가 강하며 정적·고정적인 성격인 데 반해 형사소송법과 형집행법은 기술적·동적·발전적 성격을 가지고 있다.

(3) 행정법(↔ 사법법)
① 국가의 법률을 행정법과 사법법으로 구분할 때 형집행법은 범죄인의 격리와 교화개선작용을 실현하는 합목적적 행정법에 속한다.
② 다만, 형집행법은 사법작용에 의해 확정된 형을 집행하므로 사법법(司法法)적인 색채가 짙은 행정법이라고 할 수 있다.

(4) 형사법(↔ 민사법)
민사법이 개인과 개인, 부분과 부분 사이의 평균적 정의실현을 목적으로 한다면, 형집행법은 국가와 개인, 전체와 부분 사이의 배분적 정의실현을 목적으로 한다는 점에서 형사법에 속한다.

(5) 강행법(↔ 임의법)
형이 확정된 범죄인에 대한 강제적 형집행 규정이라는 점에서 임의법이 아닌 강행법이다.

03 형집행법의 기능

(1) 규범적 기능
① 국가와 수용자 간에 발생하는 사안에 대하여 합법 또는 위법을 평가하여 그에 상응한 법적 효과를 부여하는 기능이다.
② 교도관에게 준거할 규범을 제시하는 평가규범 기능과 평가를 통해 무가치하다고 판단된 것에 대하여 수용자가 의사결정을 하지 않도록 지시하는 의사결정 규범으로서의 기능으로 나눌 수 있다.

(2) 강제적 기능
① 수형자는 형집행법이 정하는 규정에 따른 의무를 부담한다. 즉 수용자는 그 지위에 따른 교정준칙을 준수하고 타 수용자의 합법적인 생활태도를 존중하며 이를 침해하지 않을 의무를 지는 것이다.
② 교도관은 형집행법이 정하는 규정에 따라 그 직무를 수행하고 수용자가 형집행법에 위반된 작위나 부작위를 할 때에는 국가권력에 의해 강제적으로 이를 실현하는 기능을 말한다.

(3) 보장적 기능

① 형벌 집행 과정에서 수형자의 기본권과 인권을 보장하는 데 중점을 둔 것으로, 수용자에게 기본적 인권과 최저한도의 문화적 생활을 보장해 주는 소위 '수용자를 위한 마그나 카르타(Magna Charta)'로서의 기능을 의미한다.

② 수형자의 신체적·정신적 권리를 보호, 국가의 형벌권이 법적 한계를 넘어서는 것의 방지, 처우의 인도성과 적법성을 유지 등 수용자의 위법·부당한 인권침해를 방지해 주는 기능이다.

(4) 보호적 기능

① 형벌집행을 통해 사회적 안전과 질서를 유지하고 재범을 방지하는 데 중점을 둔 것으로, 범죄자를 교정·교화하여 사회로 복귀할 수 있게 하고, 범죄예방과 피해자 및 사회의 보호를 실현하는 목적을 위한 기능이다.

② 형벌집행의 목적이 되는 교정·교화 강조, 재범방지와 사회안전을 위한 적절한 형벌집행, 사회 질서를 위협하는 행위의 억제 등 범죄자의 처우를 통해 사회질서를 보호하는 기능이다.

(5) 형제(刑制)적 기능

① 행형제도는 행형관습이나 풍습이 아닌 형집행 법규에 의하여 만들어진 제도라는 것을 의미하는 것이다.

② 독거제, 혼거제, 분류제, 귀휴제 등은 우리나라 형집행 법규에 의하여 만들어진 제도이다.

단원별 지문 O X

01 1945년 광복과 함께 「행형법」이 제정 시행되었다. (　) [2017. 7급]

02 2007년 12월 21일 「형의 집행 및 수용자의 처우에 관한 법률」 전부개정·공포되어 현재에 이르고 있다. (　)

03 형법이 범죄와 형벌의 절차를 규정하고 있는 절차법인 데 비해 형집행법은 형벌(자유형)집행의 실체를 규정하고 있는 실체법이다. (　)

04 형집행법의 보호적 기능이란 수용자에게 기본적 인권과 최저한도의 문화적 생활을 보장해 주는 소위 '수용자를 위한 마그나 카르타(Magna Charta)'로서의 기능을 의미한다. (　)

05 형집행법의 형제(刑制)적 기능이란 독거제, 혼거제, 분류제 등의 각종 제도는 형집행 법규에 의하여 만들어진 제도라는 것을 의미한다. (　)

---

01 ✕　1945년 8월 15일 광복이후 미군정은 일제시대 감옥법(조선감옥령)을 그대로 의용되다가 1950년 3월 2일 「행형법」 제정·공포되었다.

02 ○

03 ✕　형법이 범죄와 형벌의 실체를 규정하고 있는 실체법인 데 비해 형집행법은 형벌(자유형)집행절차를 규정하고 있는 절차법이다.

04 ✕　형집행법의 보장적 기능에 대한 설명이다.

05 ○

제3장 교정행정조직과 형집행법 **79**

제4장 형집행법 총칙

제1절 형집행법의 목적과 정의

01 목적

> **제1조【목적】** 이 법은 수형자의 교정교화와 건전한 사회복귀를 도모하고, 수용자의 처우와 권리 및 교정시설의 운영에 관하여 필요한 사항을 규정함을 목적으로 한다.

02 용어의 정의 [2024. 7급 승진] 총 4회 기출

> **제2조【정의】** 이 법에서 사용하는 용어의 뜻은 다음과 같다.

1. 수용자	수형자·미결수용자·사형확정자 등 법률과 적법한 절차에 따라 교도소·구치소 및 그 지소(이하 "교정시설"이라 한다)에 수용된 사람을 말한다.
2. 수형자	징역형·금고형 또는 구류형의 선고를 받아 그 형이 확정되어 교정시설에 수용된 사람과 벌금 또는 과료를 완납하지 아니하여 노역장 유치명령을 받아 교정시설에 수용된 사람을 말한다.
3. 미결수용자	형사피의자 또는 형사피고인으로서 체포되거나 구속영장의 집행을 받아 교정시설에 수용된 사람을 말한다.
4. 사형확정자	사형의 선고를 받아 그 형이 확정되어 교정시설에 수용된 사람을 말한다.

> **⊕ PLUS 법률과 적법한 절차에 따라 교정시설에 수용된 사람**
>
> 1. **보호관찰대상자의 유치**: 보호관찰 준수사항을 위반하여 수용시설에 유치된 자(보호관찰 등에 관한 법률 제42조)
> 2. **감치명령을 받은 자**: 법정질서 문란자에게 "법원은 20일 이내의 감치 또는 100만원 이하의 과태료에 처하거나 병과할 수 있다."는 규정에 따라 감치된 자(법원조직법 제61조)
> 3. **일시수용자**: 피석방자가 질병 등의 이유로 귀가하기 곤란하여 신청에 의해 일시적으로 교정시설에 수용된 자
> 4. **피보호감호자**: 사회보호법 폐지 경과규정에 의해 형기종료 후 보호감호를 받고 있는 자

03 형집행법 적용범위와 차별금지

> 제3조【적용범위】이 법은 교정시설의 구내와 교도관이 수용자를 계호(戒護)하고 있는 그 밖의 장소로서 교도관의 통제가 요구되는 공간에 대하여 적용한다. [2017. 9급]
>
> 제4조【인권의 존중】이 법을 집행하는 때에 수용자의 인권은 최대한으로 존중되어야 한다.
>
> 제5조【차별금지】수용자는 합리적인 이유 없이 성별, 종교, 장애, 나이, 사회적 신분, 출신지역, 출신국가, 출신민족, 용모 등 신체조건, 병력(病歷), 혼인 여부, 정치적 의견 및 성적(性的) 지향 등을 이유로 차별받지 아니한다.

04 형집행 및 수용자처우 기본계획의 수립

(1) 기본계획의 수립

> 제5조의2【기본계획의 수립】① 법무부장관은 이 법의 목적을 효율적으로 달성하기 위하여 5년마다 형의 집행 및 수용자 처우에 관한 기본계획(이하 "기본계획"이라 한다)을 수립하고 추진하여야 한다.
>
> ② 기본계획에는 다음 각 호의 사항이 포함되어야 한다.
>
> > **[기본계획에 포함되어야 할 사항]**(법 제5조의2 제2항) [2023. 6급 승진] 총 6회 기출
> >
> > 1. 형의 집행 및 수용자 처우에 관한 기본 방향
> > 2. 인구·범죄의 증감 및 수사 또는 형 집행의 동향 등 교정시설의 수요 증감에 관한 사항
> > 3. 교정시설의 수용 실태 및 적정한 규모의 교정시설 유지 방안
> > 4. 수용자에 대한 처우 및 교정시설의 유지·관리를 위한 적정한 교도관 인력 확충 방안
> > 5. 교도작업과 직업훈련의 현황, 수형자의 건전한 사회복귀를 위한 작업설비 및 프로그램의 확충 방안
> > 6. 수형자의 교육·교화 및 사회적응에 필요한 프로그램의 추진방향
> > 7. 수용자 인권보호 실태와 인권 증진 방안
> > 8. 교정사고의 발생 유형 및 방지에 필요한 사항
> > 9. 형의 집행 및 수용자 처우와 관련하여 관계 기관과의 협력에 관한 사항
> > 10. 그 밖에 법무부장관이 필요하다고 인정하는 사항
>
> ③ 법무부장관은 기본계획을 수립 또는 변경하려는 때에는 법원, 검찰 및 경찰 등 관계 기관과 협의하여야 한다.
>
> ④ 법무부장관은 기본계획을 수립하기 위하여 실태조사와 수요예측 조사를 실시할 수 있다.
>
> ⑤ 법무부장관은 기본계획을 수립하기 위하여 필요하다고 인정하는 경우에는 관계 기관의 장에게 필요한 자료를 요청할 수 있다. 이 경우 자료를 요청받은 관계 기관의 장은 특별한 사정이 없으면 요청에 따라야 한다.

(2) 형집행 협의체의 설치 및 운영 [2024. 5급 승진]

> **제5조의3 【협의체의 설치 및 운영】** ① 법무부장관은 형의 집행 및 수용자 처우에 관한 사항을 협의하기 위하여 법원, 검찰 및 경찰 등 관계 기관과 협의체를 설치하여 운영할 수 있다.
> ② 제1항에 따른 협의체의 설치 및 운영 등에 필요한 사항은 대통령령으로 정한다.
>
> **[시행령]**
>
> **제1조의2 【협의체의 구성 및 운영 등】** ① 「형의 집행 및 수용자의 처우에 관한 법률」(이하 "법"이라 한다) 제5조의3에 따른 협의체(이하 "협의체"라 한다)는 위원장을 포함하여 12명의 위원으로 구성한다.
> ② 협의체의 위원장은 법무부차관이 되고, 협의체의 위원은 다음 각 호의 사람이 된다.
>
> > **[협의체의 구성]**(시행령 제1조의2)
> > 1. 기획재정부, 교육부, 법무부, 국방부, 행정안전부, 보건복지부, 고용노동부, 경찰청 및 해양경찰청 소속 고위공무원단에 속하는 공무원(국방부의 경우에는 고위공무원단에 속하는 공무원 또는 이에 상당하는 장성급 장교를, 경찰청 및 해양경찰청의 경우에는 경무관 이상의 경찰공무원을 말한다) 중에서 해당 소속 기관의 장이 지명하는 사람 각 1명
> > 2. 법원행정처 소속 판사 또는 3급 이상의 법원일반직공무원 중에서 법원행정처장이 지명하는 사람 1명
> > 3. 대검찰청 소속 검사 또는 고위공무원단에 속하는 공무원 중에서 검찰총장이 지명하는 사람 1명
>
> ③ 협의체의 위원장은 협의체 회의를 소집하며, 회의 개최 7일 전까지 회의의 일시·장소 및 안건 등을 각 위원에게 알려야 한다.
> ④ 협의체의 위원장은 협의체의 회의 결과를 위원이 소속된 기관의 장에게 통보해야 한다.

05 교정시설의 규모와 민간위탁

> **제6조 【교정시설의 규모 및 설비】** ① 신설하는 교정시설은 수용인원이 500명 이내의 규모가 되도록 하여야 한다. 다만, 교정시설의 기능·위치나 그 밖의 사정을 고려하여 그 규모를 늘릴 수 있다. [2024. 5급 승진]
> 총 3회 기출
> ② 교정시설의 거실·작업장·접견실이나 그 밖의 수용생활을 위한 설비는 그 목적과 기능에 맞도록 설치되어야 한다. 특히, 거실은 수용자가 건강하게 생활할 수 있도록 적정한 수준의 공간과 채광·통풍·난방을 위한 시설이 갖추어져야 한다. [2024. 5급 승진]
> ③ 법무부장관은 수용자에 대한 처우 및 교정시설의 유지·관리를 위한 적정한 인력을 확보하여야 한다.
>
> **제7조 【교정시설 설치·운영의 민간위탁】** ① 법무부장관은 교정시설의 설치 및 운영에 관한 업무의 일부를 법인 또는 개인에게 위탁할 수 있다. [2018. 9급] 총 5회 기출
> ② 제1항에 따라 위탁을 받을 수 있는 법인 또는 개인의 자격요건, 교정시설의 시설기준, 수용대상자의 선정기준, 수용자 처우의 기준, 위탁절차, 국가의 감독, 그 밖에 필요한 사항은 따로 법률로 정한다.
>
> **[민영교도소법]**
>
> **제1조 【목적】** 이 법은 「형의 집행 및 수용자의 처우에 관한 법률」 제7조에 따라 교도소 등의 설치·운영에 관한 업무의 일부를 민간에 위탁하는 데에 필요한 사항을 정함으로써 교도소 등의 운영의 효율성을 높이고 수용자의 처우 향상과 사회 복귀를 촉진함을 목적으로 한다.

단원별 지문 ${O \atop X}$

01 「형의 집행 및 수용자의 처우에 관한 법률」 제1조의 목적에 수형자 교정교화를 위한 직업훈련실시는 명시적인 내용의 하나이다. (   ) [2024. 6급 승진]

02 신설하는 교정시설은 수용인원이 500명 이상의 규모가 되도록 하여야 한다. 다만, 교정시설의 기능 위치나 그 밖의 사정을 고려하여 그 규모를 줄일 수 있다. (   ) [2021. 6급 승진]

03 법무부장관은 교정시설의 설치 및 운영에 관한 업무의 일부를 법인에 한하여 위탁할 수 있다. (   ) [2021. 6급 승진]

04 법무부장관은 형집행법의 목적을 효율적으로 달성하기 위하여 5년마다 형의 집행 및 수용자 처우에 관한 기본계획(이하 "기본계획"이라 한다)을 수립하고 추진하여야 한다. (   ) [2023. 5급 승진]

05 법무부장관은 기본계획을 수립 또는 변경하려는 때에는 법원, 검찰 및 경찰 등 관계 기관과 협의하여야 한다. (   ) [2023. 5급 승진]

06 법무부장관은 형의 집행 및 수용자 처우에 관한 사항을 협의하기 위하여 법원, 검찰 및 경찰 등 관계 기관과 협의체(이하 "협의체"라 한다)를 설치하여 운영할 수 있으며, 협의체의 설치 및 운영 등에 필요한 사항은 법무부령으로 정한다. (   ) [2023. 5급 승진]

07 「형의 집행 및 수용자의 처우에 관한 법률」에 따른 협의체는 위원장과 12명의 위원으로 구성하며, 협의체의 위원장은 법무부차관이 된다. (   ) [2024. 6급 승진]

08 협의체는 위원장과 12명의 위원으로 구성하며, 위원장은 법무부차관이 된다. (   ) [2023. 5급 승진]

---

01 × 형집행법은 수형자의 교정교화와 건전한 사회복귀를 도모하고, 수용자의 처우와 권리 및 교정시설의 운영에 관하여 필요한 사항을 규정함을 목적으로 한다(형집행법 제1조).

02 × 신설하는 교정시설은 수용인원이 500명 이내의 규모가 되도록 하여야 한다. 다만, 교정시설의 기능 위치나 그 밖의 사정을 고려하여 그 규모를 늘릴 수 있다(형집행법 제6조 제1항).

03 × 법무부장관은 교정시설의 설치 및 운영에 관한 업무의 일부를 법인 또는 개인에게 위탁할 수 있다(형집행법 제7조 제1항).

04 ○ 형집행법 제5조의2 제1항

05 ○ 형집행법 제5조의2 제3항

06 × 법무부장관은 형의 집행 및 수용자 처우에 관한 사항을 협의하기 위하여 법원, 검찰 및 경찰 등 관계 기관과 협의체를 설치하여 운영할 수 있으며(형집행법 제5조의3 제1항), 협의체의 설치 및 운영 등에 필요한 사항은 대통령령으로 정한다(형집행법 제5조의3 제2항).

07 × 협의체는 위원장을 포함하여 12명의 위원으로 구성하며(형집행법 시행령 제1조의2 제1항), 협의체의 위원장은 법무부차관이 된다(형집행법 시행령 제1조의2 제2항 전단).

08 × 협의체는 위원장을 포함하여 12명의 위원으로 구성하며(형집행법 시행령 제1조의2 제1항), 협의체의 위원장은 법무부차관이 된다(형집행법 시행령 제1조의2 제2항).

제2절 순회점검과 시찰 · 참관

01 법무부장관의 순회점검

(1) 의의

① 순회점검이란 권한관청의 감독작용으로 법무부장관이나 법무부장관이 명한 소속 공무원이 행하는 감독작용을 말한다.

② 순회점검 공무원은 교정 전반에 대하여 감사를 실시하고, 그 감사 결과에 따라 현지시정과 서면시정을 할 수 있으며 위임받지 않은 사항의 재시정도 가능하다.

③ 순회점검 공무원은 필요하다고 인정되는 경우에는 피점검기관에 대하여 자료제출을 요구할 수 있다. [2010. 9급]

④ 순회점검 공무원은 청원사항을 수리하여 이를 재결할 수 있으며 이 경우에는 그 내용을 청원부에 기재하여야 한다.

(2) 순회점검의 필요성

① **감독상의 필요성**: 순회점검을 통한 감독을 실시하여 교도관의 전단이나 비행에 의한 전근대적 인습을 시정하고, 수용자의 인권을 보장하도록 교정행정상의 부정 · 비리를 적발 · 시정하기 위해 감독상 필요하다.

② **지도상의 필요성**
  ㉠ 상급관청과 하급관청 사이의 법령 · 훈령 · 지시 · 예규 · 통첩 등의 통일적 해석과 통일적 적용을 유도할 수 있다.
  ㉡ 수용자에 대한 교육 · 교화 · 작업 · 위생 등 처우의 실태 및 교정시설의 관리상태, 교도관의 복무, 예산집행상황을 점검하고 적절한 운용 등 구체적인 교정방침과 기술적인 지도가 필요하다.

(3) 현행법상 순회점검

> **제8조【교정시설의 순회점검】** 법무부장관은 <u>교정시설의 운영</u>, <u>교도관의 복무</u>, <u>수용자의 처우</u> 및 <u>인권실태 등</u>을 파악하기 위하여 매년 1회 이상 교정시설을 순회점검하거나 소속 공무원으로 하여금 순회점검하게 하여야 한다. [2023. 9급 경채] 총 8회 기출
> ▶ **민영교도소**: 법무부장관은 위탁업무의 처리결과에 대하여 매년 1회 이상 검사를 하여야 한다(민영교도소법 제35조 제1항).

02 판사와 검사의 시찰

핵과 수용자 공통처우

1편

해커스공무원 이준마 교정학 기본서

★ 핵심정리 시찰 VS 참관

구분	시찰	참관
주체	판사와 검사	판사와 검사 外의 사람
목적	직무상 필요	학술연구 등 정당한 사유
성격	감독작용 아님	
허가여부	• 허가 불필요 • 신분증표 제시	• 소장의 허가 • 외국인 - 관할지방교정청장의 승인받아 허가 • 주의사항 고지
범위	제한 없음(미결, 사형확정자 거실 모두 가능)	미결수용자, 사형확정자 수용거실 불가

(1) 의의와 목적

① 시찰이란 판사와 검사가 직무상 필요할 경우 교정시설에 수용 중인 수용자의 수용상태를 점검하기 위해 교정시설을 방문하여 관찰하는 것을 말한다.
② 형사피의자 및 피고인의 수용실태와 형의 집행에 관한 적법여부 등을 시찰한다.
③ 형사사법운용에 관한 업무에 참고하기 위한 것이다.
④ 판사와 검사의 업무수행에 적정성을 확보하기 위한 것이다.

(2) 구별개념

① 시찰은 감독작용이 아니라 특정 업무수행의 참고를 위해 인정되는 것으로, 감독작용인 순회점검과 구별된다.
② 시찰은 주체가 판사와 검사에 한정되고 직무상 인정되며 소장의 허가를 요하지 않는다는 점에서 일반인을 대상으로 하고 직무와 관련이 없으며 소장의 허가를 요하는 참관과 구별된다. [2011. 9급]
  ▶ 검사의 유치장 감찰은 형집행법상의 시찰에 해당하지 않는다.

(3) 절차

제9조 【교정시설의 시찰】 ① 판사와 검사는 직무상 필요하면 교정시설을 시찰할 수 있다. [2024. 5급 승진] 총 9회 기출

[시행령]

제2조 【판사 등의 시찰】 ① 판사 또는 검사가 법 제9조 제1항에 따라 교도소·구치소 및 그 지소(이하 "교정시설"이라 한다)를 시찰할 경우에는 미리 그 신분을 나타내는 증표를 교정시설의 장(이하 "소장"이라 한다)에게 제시해야 한다. [2024. 5급 승진] 총 3회 기출
② 소장은 제1항의 경우에 교도관에게 시찰을 요구받은 장소를 안내하게 해야 한다. [2018. 9급] 총 2회 기출

[형사소송법]

제198조의2 【검사의 체포·구속장소감찰】 ① 지방검찰청 검사장 또는 지청장은 불법체포·구속의 유무를 조사하기 위하여 검사로 하여금 매월 1회 이상 관하수사관서의 피의자의 체포·구속장소를 감찰하게 하여야 한다. 감찰하는 검사는 체포 또는 구속된 자를 심문하고 관련서류를 조사하여야 한다.
② 검사는 적법한 절차에 의하지 아니하고 체포 또는 구속된 것이라고 의심할 만한 상당한 이유가 있는 경우에는 즉시 체포 또는 구속된 자를 석방하거나 사건을 검찰에 송치할 것을 명하여야 한다.

03 민간인(학술연구 등)의 참관

(1) 의의

교정관련학자 등에게 그 학문연구 기타 정당한 이유로 형벌집행 상황을 공개하는 것으로 형벌집행 상황에 대한 이해를 증진하고 교정에 대한 사회참여를 촉진하며 교정행정의 밀행주의를 탈피하고자 하는 제도이다.

(2) 대상 및 절차

제9조【교정시설의 참관】
② 제1항의 판사와 검사 외의 사람은 교정시설을 참관하려면 학술연구 등 정당한 이유를 명시하여 교정시설의 장(이하 "소장"이라 한다)의 허가를 받아야 한다. [2018. 9급] 총 8회 기출

[시행령]
제3조【참관】
① 소장은 법 제9조 제2항에 따라 판사와 검사 외의 사람이 교정시설의 참관을 신청하는 경우에는 그 성명·직업·주소·나이·성별 및 참관 목적을 확인한 후 허가 여부를 결정하여야 한다. [2018. 9급]
② 소장은 외국인에게 참관을 허가할 경우에는 미리 관할 지방교정청장의 승인을 받아야 한다. [2024. 7급 승진] 총 6회 기출
③ 소장은 제1항 및 제2항에 따라 허가를 받은 사람에게 참관할 때의 주의사항을 알려주어야 한다.

(3) 참관금지 [2023. 7급 승진] 총 10회 기출

제80조【참관】 미결수용자가 수용된 거실은 참관할 수 없다.
제89조【참관】 ② 사형확정자가 수용된 거실은 참관할 수 없다.
▶ 참관의 금지는 거실에 대해서만 적용되고, 미결수용자나 사형확정자가 수용된 교정시설에 대한 참관이 금지되는 것이 아니니다.

⊕ PLUS 청원 등의 정리

구분	청원	순회점검	소장면담	시찰	참관
권리구제수단	○	△	○	×	×
주체	수용자	장관	수용자	판사·검사	민간인
목적	처우에 불복	감독작용	처우에 관하여	직무상 필요	학술 연구 등
허가(결정)권자	장관	장관	소장	–	소장
횟수	규정 없음	1년에 1회 이상	규정 없음	규정 없음	규정 없음

단원별 지문 OX

01 법무부장관은 교정시설의 운영, 교도관의 복무, 수용자의 처우 및 인권실태 등을 파악하기 위하여 매년 1회 이상 교정시설을 순회점검하거나 소속 공무원으로 하여금 순회점검하게 하여야 한다. (　　) [2021. 6급 승진]

02 판사와 검사 외의 사람은 교정시설을 참관하려면 학술연구 등 정당한 이유를 명시하여 관할 지방교정청장의 허가를 받아야 한다. (　　) [2021. 6급 승진]

03 소장은 외국인에게 참관을 허가할 경우에는 미리 법무부장관의 승인을 받아야 한다. (　　) [2023. 9급 경채]

04 법무부장관은 교정시설의 운영, 교도관의 복무, 수용자의 처우 및 인권실태 등을 파악하기 위하여 매년 1회 이상 교정시설을 순회점검하거나 소속 공무원으로 하여금 순회점검하게 하여야 한다. (　　) [2024. 6급 승진]

05 판사와 검사는 직무상 필요하면 교정시설을 시찰할 수 있다. (　　) [2024. 6급 승진]

06 판사와 검사 외의 사람은 교정시설을 참관하려면 학술연구 등 정당한 이유를 명시하여 법무부장관의 허가를 받아야 한다. (　　) [2022. 7급 승진]

---

01 ○ 형집행법 제8조

02 × 판사와 검사 외의 사람은 교정시설을 참관하려면 학술연구 등 정당한 이유를 명시하여 교정시설의 장의 허가를 받아야 한다(형집행법 제8조).

03 × 소장은 외국인에게 참관을 허가할 경우에는 미리 관할 지방교정청장의 승인을 받아야 한다(형집행법 시행령 제3조 제2항).

04 ○ 형집행법 제8조

05 ○ 형집행법 제9조 제1항

06 × 판사와 검사 외의 사람은 교정시설을 참관하려면 학술연구 등 정당한 이유를 명시하여 교정시설의 장(소장)의 허가를 받아야 한다(형집행법 제9조 제2항).

제5장 / 수용과 이송

제1절 교정시설에의 수용

01 개요

(1) 의의
① **의의**: 수용이란 국가의 강제력에 의하여 미결수용자 및 수형자 등의 자유권을 박탈, 교도소 등의 교정시설에 구금하여 수용자로서의 신분을 설정하는 처분을 말한다.
② **적법절차**: 수용은 법률에 정해진 절차에 의하여 집행되어야 하며 수용시설의 적정, 수용 후의 합리적인 처우의 보장 등 인권보장의 내실을 기할 수 있도록 하여야 한다.

(2) 형식적 수용요건 (적법서류의 완비)
① **의의**: 수용을 합법화하는 근거서류로서 법원이 발행하는 강제처분을 기재한 구속영장이나 검사의 수용지휘서, 징역이나 금고형 등의 판결을 집행하기 위한 형집행지휘서 등의 공문서를 말한다.
② **적법서류**: 수용에 필요한 법정서식의 서류가 구비되어 형식적인 불비나 오기 등의 결함이 없어야 한다. 따라서 법령에 정해진 서식 이외의 서류, 필요적 기재사항이나 서명날인이 누락된 서류, 유효기간이 경과된 서류 등은 적법서류의 완비가 아니다.

피의자, 피고인(미결)	구속영장, 수용지휘서, 이송지휘서(이송시)	
	보석, 구속집행정지, 감정유치 해제 또는 취소에 의한 재입소자	수용지휘서, 결정서 등본
수형자	수용중 형확정자	형집행지휘서, 재판서 등본
	불구속 또는 경찰서 대용감방 및 군검찰 수용중 형확정자	
수형자	집행유예취소자	형집행유예실효지휘서, 재판서등본(형집행유예 및 재범), 형집행지휘서(재범)
	형집행정지결정 취소자	잔형집행지휘서, 재판서 등본
	가석방 실효(취소)자	잔형집행지휘서
	선고유예실효자	형선고유예실효지휘서, 재판서등본(형선고유예), 형집행지휘서(재범)
	노역장유치자	노역장유치집행지휘서, 재판서등본
사형확정자	재판서등본, 수용지휘서	

(3) 실질적 수용요건(적법서류의 내용과 수용사항의 일치)

① 의의: 적법문서라도 그 문서에 표시된 내용, 즉 수용자와 수용장소 등이 실질적으로 일치하여야 할 것을 요한다.

② 요건

사람의 일치	서류에 특정된 사람과 수용자가 일치하여야 한다.
장소의 일치	서류에 표시된 시설과 수용시설이 일치되어야 한다.

(4) 수용거절 사유

① 절대적 수용거절: 법규에 정한 문서가 불비하거나 문서상 표시된 사람과 수용장소가 일치하지 아니한 경우, 수용요건 결함을 이유로 수용을 거절하는 것을 말한다.

② 상대적 수용거절: 형식적, 실질적 수용요건이 구비되었다 할지라도 현행법령상 감염병 환자인 경우 수용을 거절할 수 있다.

02 신입자의 인수와 수용

(1) 신입자 인수

> **[시행령]**
>
> 제13조【신입자의 인수】① 소장은 법원·검찰청·경찰관서 등으로부터 처음으로 교정시설에 수용되는 사람(이하 "신입자"라 한다)을 인수한 경우에는 호송인(護送人)에게 인수서를 써 주어야 한다. 이 경우 신입자에게 부상·질병, 그 밖에 건강에 이상(이하 이 조에서 "부상등"이라 한다)이 있을 때에는 호송인으로부터 그 사실에 대한 확인서를 받아야 한다. [2024. 7급 승진]
>
> ② 신입자를 인수한 교도관은 제1항의 인수서에 신입자의 성명, 나이 및 인수일시를 적고 서명 또는 날인하여야 한다.
>
> ③ 소장은 제1항 후단에 따라 확인서를 받는 경우에는 호송인에게 신입자의 성명, 나이, 인계일시 및 부상등의 사실을 적고 서명 또는 날인하도록 하여야 한다.
>
> 제14조【신입자의 신체 등 검사】소장은 신입자를 인수한 경우에는 교도관에게 신입자의 신체·의류 및 휴대품을 지체 없이 검사하게 하여야 한다.

(2) 신입자의 수용

> 제16조【신입자의 수용 등】① 소장은 법원·검찰청·경찰관서 등으로부터 처음으로 교정시설에 수용되는 사람(이하 "신입자"라 한다)에 대하여는 집행지휘서, 재판서, 그 밖에 수용에 필요한 서류를 조사한 후 수용한다. [2019. 7급 승진] 총 2회 기출
>
> 제16조의2【간이입소절차】다음 각 호의 어느 하나에 해당하는 신입자의 경우에는 법무부장관이 정하는 바에 따라 간이입소절차를 실시한다.
>
> > **[간이입소절차 대상자]**(법 제16조의2) [2024. 7급 승진] 총 6회 기출
> >
> > 1. 「형사소송법」 제200조의2(영장에 의한 체포), 제200조의3(긴급체포) 또는 제212조(현행범인의 체포)에 따라 체포되어 교정시설에 유치된 피의자
> > 2. 「형사소송법」 제201조의2(구속전 피의자심문) 제10항 및 제71조의2(구인 후의 유치)에 따른 구속영장 청구에 따라 피의자 심문을 위하여 교정시설에 유치된 피의자

▶ 간이입소절차 대상자로 볼 수 없는 경우(기출예시) [2024. 7급 승진]
  ㉠ 판사의 피의자 심문 후 구속영장이 발부되어 교정시설에 유치된 피의자
  ㉡ 구속영장이 집행되어 교정시설에 유치된 피의자
  ㉢ 「형사소송법」 제151조(증인이 출석하지 아니한 경우의 과태료 등) 제2항에 따라 교정시설에 감치된 증인

[시행령]

제18조【신입자거실 수용 등】 ① 소장은 신입자가 환자이거나 부득이한 사정이 있는 경우가 아니면 수용된 날부터 3일 동안 신입자거실에 수용하여야 한다. [2023. 7급] 총 10회 기출
② 소장은 제1항에 따라 신입자거실에 수용된 사람에게는 작업을 부과해서는 아니 된다. [2023. 7급] 총 5회 기출
③ 소장은 19세 미만의 신입자 그 밖에 특히 필요하다고 인정하는 수용자에 대하여는 제1항의 기간을 30일까지 연장할 수 있다. [2019. 6급 승진] 총 6회 기출
▶ **석방예정자 거실**: 석방 전 3일 이내(임의적), 연장규정 및 작업부과 규정 없음

(3) 신입자 등에 대한 고지사항

제17조【고지사항】 신입자 및 다른 교정시설로부터 이송되어 온 사람에게는 말이나 서면으로 다음 각 호의 사항을 알려 주어야 한다.

[신입자에 대한 고지사항](법 제17조) [2023. 9급 경채] 총 5회 기출
1. 형기의 기산일 및 종료일
2. 접견·편지, 그 밖의 수용자의 권리에 관한 사항
3. 청원, 「국가인권위원회법」에 따른 진정, 그 밖의 권리구제에 관한 사항
4. 징벌·규율, 그 밖의 수용자의 의무에 관한 사항
5. 일과(日課) 그 밖의 수용생활에 필요한 기본적인 사항

제53조의2【수용자의 미성년 자녀 보호에 대한 지원】 ① 소장은 신입자에게 「아동복지법」 제15조에 따른 보호조치를 의뢰할 수 있음을 알려주어야 한다.
② 소장은 수용자가 「아동복지법」 제15조에 따른 보호조치를 의뢰하려는 경우 보호조치 의뢰가 원활하게 이루어질 수 있도록 지원하여야 한다.
③ 제1항에 따른 안내 및 제2항에 따른 보호조치 의뢰 지원의 방법·절차, 그 밖에 필요한 사항은 법무부장관이 정한다.

(4) 수용의 거절

제18조【수용의 거절】① 소장은 다른 사람의 건강에 위해를 끼칠 우려가 있는 감염병에 걸린 사람의 수용을 거절할 수 있다. [2020. 6급 승진] 총 9회 기출

② 소장은 제1항에 따라 수용을 거절하였으면 그 사유를 지체 없이 수용지휘기관과 관할 보건소장에게 통보하고 법무부장관에게 보고하여야 한다. [2020. 6급 승진] 총 2회 기출

[민영교도소법]
제25조【수형자의 처우】② 교정법인은 민영교도소등에 수용되는 자에게 특별한 사유가 있다는 이유로 수용을 거절할 수 없다. 다만, 수용·작업·교화, 그 밖의 처우를 위하여 특별히 필요하다고 인정되는 경우에는 법무부장관에게 수용자의 이송(移送)을 신청할 수 있다.

(5) 수형자로서의 처우 개시

[시행령]
제82조【수형자로서의 처우 개시】① 소장은 미결수용자로서 자유형이 확정된 사람에 대하여는 검사의 집행 지휘서가 도달된 때부터 수형자로 처우할 수 있다. [2013. 7급 승진] 총 2회 기출

② 제1항의 경우 검사는 집행 지휘를 한 날부터 10일 이내에 재판서나 그 밖에 적법한 서류를 소장에게 보내야 한다.

(6) 수용거실 지정

제15조【수용거실 지정】소장은 수용자의 거실을 지정하는 경우에는 죄명·형기·죄질·성격·범죄전력·나이·경력 및 수용생활 태도, 그 밖에 수용자의 개인적 특성을 고려하여야 한다. [2019. 6급 승진]

⊕ PLUS 거실 지정, 작업 부과, 음식 지급, 보호장비 사용 시 고려사항 [2024. 7급 승진]

구분	공통	차이
수용거실의 지정 (법 제15조)	나이, 경력, 성격, 형기	죄명, 죄질, 범죄전력, 수용생활태도, 그 밖의 수용자의 개인적 특성
작업의 부과 (법 제65조)		건강상태, 기술, 취미, 장래생계, 그 밖의 수형자의 사정
음식 지급 (제23조)	나이	건강상태, 작업 종류, 그 밖의 개인적 특성
보호장비 사용 (제97조)	나이	건강상태, 수용생활태도

(7) 범죄횟수의 기록

수용자의 범죄횟수 산정은 분류심사와 수용처우의 기초자료로 활용된다. 그러나 범죄이후 상당한 기간이 지난 경우에는 범죄횟수에 포함하지 않는 등의 방법으로 처우의 적정을 기하고 있다.

> **[시행규칙]**
>
> **제3조【범죄횟수】** ① 수용자의 범죄횟수는 징역 또는 금고 이상의 형을 선고받아 확정된 횟수로 한다. 다만, 집행유예의 선고를 받은 사람이 유예기간 중 고의로 범한 죄로 금고 이상의 실형이 확정되지 아니하고 그 기간이 지난 경우에는 집행이 유예된 형은 범죄횟수에 포함하지 아니한다. [2018. 7급 승진] 총 4회 기출
> ② 형의 집행을 종료하거나 그 집행이 면제된 날부터 다음 각 호의 기간이 지난 경우에는 범죄횟수에 포함하지 아니한다. 다만, 그 기간 중 자격정지 이상의 형을 선고받아 확정된 경우는 제외한다.
>
> > **[범죄횟수 미포함자]**(시행규칙 제3조 제2항)
> > 1. 3년을 초과하는 징역 또는 금고: 10년
> > 2. 3년 이하의 징역 또는 금고: 5년
>
> ③ 수용기록부 등 수용자의 범죄횟수를 기록하는 문서에는 필요한 경우 수용횟수(징역 또는 금고 이상의 형을 선고받고 그 집행을 위하여 교정시설에 수용된 횟수를 말한다)를 함께 기록하여 해당 수용자의 처우에 참고할 수 있도록 한다.

03 수용에 따른 조치

(1) 사진촬영 등 다른 사람과 식별을 위한 조치

> **제19조【사진촬영 등】** ① 소장은 신입자 및 다른 교정시설로부터 이송되어 온 사람에 대하여 다른 사람과의 식별을 위하여 필요한 한도에서 사진촬영, 지문채취, 수용자 번호지정, 그 밖에 대통령령으로 정하는 조치를 하여야 한다.
> ② 소장은 수용목적상 필요하면 수용 중인 사람에 대하여도 제1항의 조치를 할 수 있다. [2011. 사시]

(2) 신입자의 건강진단 등

> **제16조【신입자의 수용 등】** ② 소장은 신입자에 대하여는 지체 없이 신체·의류 및 휴대품을 검사하고 건강진단을 하여야 한다. [2018. 8급 승진] 총 3회 기출
> ③ 신입자는 제2항에 따라 소장이 실시하는 검사 및 건강진단을 받아야 한다. [2015. 7급]
>
> **[시행령]**
>
> **제15조【신입자의 건강진단】** 법 제16조 제2항에 따른 신입자의 건강진단은 수용된 날부터 3일 이내에 하여야 한다. 다만, 휴무일이 연속되는 등 부득이한 사정이 있는 경우에는 예외로 한다. [2019. 8급 승진] 총 5회 기출
> **제16조【신입자의 목욕】** 소장은 신입자에게 질병이나 그 밖의 부득이한 사정이 있는 경우가 아니면 지체 없이 목욕을 하게 하여야 한다. [2019. 8급 승진]

(3) 신입자의 신체 특징 기록 등

[시행령]

제17조【신입자의 신체 특징 기록 등】 ① 소장은 신입자의 키·용모·문신·흉터 등 신체 특징과 가족 등 보호자의 연락처를 수용기록부에 기록하여야 하며, 교도관이 업무상 필요한 경우가 아니면 이를 열람하지 못하도록 하여야 한다. [2024. 7급 승진] 총 2회 기출

② 소장은 신입자 및 다른 교정시설로부터 이송(移送)되어 온 사람(이하 "이입자"라 한다)에 대하여 수용자 번호를 지정하고 수용 중 번호표를 상의의 왼쪽 가슴에 붙이게 하여야 한다. 다만, <u>수용자의 교화 또는 건전한 사회복귀를 위하여 특히 필요하다고 인정하면 번호표를 붙이지 아니할 수 있다.</u> [2019. 7급] 총 2회 기출

제19조【수용기록부 등의 작성】 소장은 신입자 또는 이입자를 수용한 날부터 3일 이내에 수용기록부, 수용자 명부 및 형기종료부를 작성·정비하고 필요한 사항을 기록하여야 한다. [2019. 6급 승진] 총 5회 기출

제20조【신입자의 신원조사】 ① 소장은 신입자의 신원에 관한 사항을 조사하여 수용기록부에 기록하여야 한다.

② 소장은 신입자의 본인 확인 및 수용자의 처우 등을 위하여 불가피한 경우 「개인정보 보호법」 제23조에 따른 정보, 같은 법 시행령 제18조 제2호에 따른 범죄경력자료에 해당하는 정보, 같은 영 제19조에 따른 주민등록번호, 여권번호, 운전면허의 면허번호 또는 외국인등록번호가 포함된 자료를 처리할 수 있다.

▶ **민감정보**: 사상·신념, 노동조합·정당의 가입과 탈퇴, 정치적 견해, 건강, 성생활 등에 관한 정보 및 유전정보나 범죄경력자료에 해당하는 정보

(4) 수용사실의 알림 등

제21조【수용사실의 알림】 소장은 신입자 또는 다른 교정시설로부터 이송되어 온 사람이 있으면 그 사실을 수용자의 가족(배우자, 직계 존속·비속 또는 형제자매를 말한다. 이하 같다)에게 지체 없이 알려야 한다. 다만, 수용자가 알리는 것을 원하지 아니하면 그러하지 아니하다. [2020. 6급 승진] 총 6회 기출

⊕ PLUS 비교·구분

가족 알림. 수용자 원치 않을 경우 예외	가족 알림. 예외규정이 없는 경우(알려야 하는 경우)
① 수용사실의 가족 알림(법 제21조)	① 수용자가 위독한 경우(시행령 제56조)
② 외부의료시설에서 진료받거나 치료감호시설 이송 (가족 없는 경우 수용자가 지정하는 사람)(법 제37조 제4항)	② 수용자가 사망한 경우(법 제127조)
③ 징벌대상자 접견·편지수수 또는 전화통화 제한 하는 경우(시행규칙 제222조)	
④ 징벌처분을 받아 접견, 편지수수 또는 전화통화 가 제한된 경우(시행령 제133조 제2항)	

⚖ 판례

[1] 수형자에 따라 실제 복역하는 자유형의 일수에 차이가 나는 경우가 있는데 이는 자유형의 형기를 '연월'로 규정하고 있고, 한 달의 일수가 28일에서 31일까지 차이가 있으며, 형기기산의 시작과 끝이 연중 어느 구간에 걸쳐 있느냐에 따라 실제 일수가 같지 않다는 점에서 기인한다. 「형법」 제83조에 의해 자유형의 형기산정은 '역수'에 따라 계산되는데, 이는 형기 산정의 명확성과 편의성을 도모하기 위한 것이고, 태양력의 오차를 시정하기 위한 윤달이 주기적으로 생성되고, 형기를 연월로 정하는 이상 실제 복역일수에 차이가 생길 수밖에 없으며, 2월이 형기에 포함되지 않은 경우에 비하여 1, 2일 덜 복역하게 되는 등 결과적으로 이 사건 법률조항이 수형자에게 일반적으로 유리하거나 불리하다고 볼 수 없다는 점에 비추어 볼 때, 윤달이 있는 해에 형집행 대상이 되는 경우에 관하여 형기를 감하여 주는 보완규정을 두지 않았다고 하더라도 신체의 자유를 침해하지 아니한다(헌재 2013.5.30. 2011헌마861). [2022. 6급 승진]

[2] 구치소가 청구인의 수용 거실 변경 요구와 관련하여 각서를 요구하였다는 자료는 없고, 구치소가 청구인의 요구사항을 받아들여 수용 거실을 변경하였고 그 과정에서 청구인이 '추후 어떤 거실이더라도 지정되면 불편함이 있더라도 참고 성실히 수용생활을 잘 하겠다.'는 내용의 자술서를 제출한 사실을 인정할 수 있다. 설사 구치소 직원이 청구인의 수용 거실을 변경하여 주는 과정에서 청구인에게 위와 같은 자술서의 작성을 요구하였다 하더라도, 구치소장은 수용자의 거실을 지정함에 있어서 광범위한 재량을 가지고 있다는 점(형집행법 제15조)과 위 자술서의 내용을 더하여 보면 위와 같은 내용의 자술서 작성 요구가 청구인에 대한 법률관계의 변동을 가져온다거나 청구인의 헌법상 기본권을 침해한다고 볼 수 없다(헌재 2013.6.25. 2013헌마383).

[3] 수용거실의 지정은 교도소장이 죄명·형기·죄질·성격·범죄전력·나이·경력 및 수용생활 태도, 그 밖에 수용자의 개인적 특성을 고려하여 결정하는 것으로(형집행법 제15조) 소장의 재량적 판단사항이며, 수용자에게 수용거실의 변경을 신청할 권리 내지 특정 수용거실에 대한 신청권이 있다고 볼 수 없다(헌재 2013.8.29. 2012헌마886). [2023. 5급 승진] 총 3회 기출

단원별 지문 OX

01 접견·편지, 그 밖의 수용자의 권리에 관한 사항은 현행법령상 신입자 및 다른 교정시설로부터 이송되어 온 사람에게는 말이나 서면으로 알려주어야 하는 사항에 해당한다. (   )
[2023. 9급 경채]

02 「형사소송법」 제151조(증인이 출석하지 아니한 경우의 과태료 등) 제2항에 따라 교정시설에 감치된 증인은 「형의 집행 및 수용자의 처우에 관한 법률」상 간이입소절차 대상자이다. (   )
[2024. 6급 승진]

03 신입자의 건강진단은 휴무일이 연속되는 등 부득이한 사정이 없는 한 수용된 날부터 5일 이내에 하여야 한다. (   )
[2023. 5급 승진]

04 소장은 신입자에게 질병이나 그 밖의 부득이한 사정이 있는 경우가 아니면 지체 없이 목욕을 하게 하여야 한다. (   )
[2023. 5급 승진]

05 소장은 신입자가 환자이거나 부득이한 사정이 있는 경우가 아니면 수용된 날부터 7일 동안 신입자거실에 수용하여야 한다. (   )
[2023. 5급 승진]

06 소장은 신입자 또는 이입자를 수용한 날부터 7일 이내에 수용기록부, 수용자명부 및 형기종료부를 작성·정비하고 필요한 사항을 기록하여야 한다. (   )
[2023. 5급 승진]

07 「형의 집행 및 수용자의 처우에 관한 법률 시행규칙」상 선고유예가 확정된 경우는 범죄횟수에 포함하지 아니한다. (   )
[2024. 6급 승진]

---

01 ○ 형집행법 제17조

02 ✕ 간이입소절차 대상자는 ㉠ 「형사소송법」 제200조의2(영장에 의한 체포), 제200조의3(긴급체포) 또는 제212조(현행범인의 체포)에 따라 체포되어 교정시설에 유치된 피의자 ㉡ 「형사소송법」 제201조의2(구속영장 청구와 피의자 심문) 제10항 및 제71조의2(구인 후의 유치)에 따른 구속영장 청구에 따라 피의자 심문을 위하여 교정시설에 유치된 피의자이다.

03 ✕ 신입자의 건강진단은 수용된 날부터 3일 이내에 하여야 한다. 다만, 휴무일이 연속되는 등 부득이한 사정이 있는 경우에는 예외로 한다(형집행법 시행령 제15조).

04 ○ 형집행법 시행령 제16조

05 ✕ 소장은 신입자가 환자이거나 부득이한 사정이 있는 경우가 아니면 수용된 날부터 3일 동안 신입자거실에 수용하여야 한다(형집행법 시행령 제18조 제1항).

06 ✕ 소장은 신입자 또는 이입자를 수용한 날부터 3일 이내에 수용기록부, 수용자명부 및 형기종료부를 작성·정비하고 필요한 사항을 기록하여야 한다(형집행법 시행령 제19조).

07 ○ 형집행법 시행규칙 제3조 제1항

08 「형의 집행 및 수용자의 처우에 관한 법률 시행규칙」상 3년 이하의 징역 또는 금고형의 집행을 종료하거나 그 집행이 면제된 날로부터 5년의 기간이 지난 경우에는 범죄횟수에 포함하지 아니한다. 다만, 그 기간 중 자격정지 이상의 형을 선고받아 확정된 경우는 제외한다. (　　) 　　　　　　　　　　　　　　　　　　　　　　　　　　　　　　　　　　[2024. 6급 승진]

09 3년을 초과하는 징역 또는 금고는 형의 집행을 종료하거나 그 집행이 면제된 날로부터 자격정지 이상의 형을 선고받아 확정된 경우를 제외하고 10년이 지난 경우에는 범죄횟수에 포함하지 아니한다. (　　) 　　　　　　　　　　　　　　　[2018. 7급 승진]

10 수용기록부 등 수용자의 범죄횟수를 기록하는 문서에는 필요한 경우 수용횟수(징역·금고 또는 벌금 이상의 형을 선고받고 그 집행을 위하여 교정시설에 수용된 횟수를 말한다.)를 함께 기록하여 해당 수용자의 처우에 참고할 수 있도록 한다. (　　) 　　　　　　　　　　　　　　　　　　　　　　　　　　　　　　　　　　　　　　　[2018. 7급 승진]

11 신입자의 건강진단은 휴무일이 연속되는 등 부득이한 사정이 있는 경우가 아닌 한 수용된 날부터 1주일 이내에 하여야 한다. (　　) 　　　　　　　　　　　　　　　　　　　　　　　　　　　　　　　　　　　　　　　[2023. 7급 승진]

---

08 ○ 형집행법 시행규칙 제3조 제2항
09 ○ 형집행법 시행규칙 제3조 제2항 제1호
10 × 수용횟수는 징역 또는 금고 이상의 형을 선고받고 그 집행을 위하여 교정시설에 수용된 횟수를 말한다(형집행법 시행규칙 제3조 제3항).
11 × 신입자의 건강진단은 수용된 날부터 3일 이내에 하여야 한다. 다만, 휴무일이 연속되는 등 부득이한 사정이 있는 경우에는 예외로 한다(형집행법 시행령 제15조).

제2절 현행법상 수용원칙

★ 핵심정리 구분수용과 분리수용

1. 구분수용과 예외(제11조, 제12조)

구분수용(원칙)		장소	구분수용 예외 등
수형자	19세 이상	교도소	[교도소에 미결수용자 수용] 구치소 없는 때, 구치소 수용인원 초과로 운영곤란, 증거인멸 방지필요 등
	19세 미만	소년교도소	수용중 19세 교육·교화프로그램 등 특필 시 23세가 되기 전까지 계속 수용가능
미결수용자		구치소	취사 등 작업, 그 밖에 특별한 사정이 있으면 구치소에 수형자를 수용가능
사형확정자(규칙)		교도소	교도소 수용중 사형확정, 교도소 교육·교화, 신청작업 필요한 사람
		구치소	구치소 수용중 사형확정, 교도소 교육 등 필요없는 사람
구분수용자 계속수용			다른 교정시설로 이송대상 수형자 6개월 초과하지 아니하는 기간 수용가능

2. 분리수용(제13조)

- 남성과 여성, 수형자와 미결수용자, 19세 이상 수형자와 19세 미만 수형자를 같은 교정시설에 수용하는 경우
- 미결수용자로서 사건에 서로 관련이 있는 사람 분리수용, 접촉 금지(법 제81조), 이송이나 출정, 그 밖의 사유로 미결수용자 호송 시 사건 관련된 사람 차량 좌석 분리로 접촉금지

01 구분수용과 분리수용

(1) 구분수용의 원칙 [2023. 7급] 총 6회 기출

> **제11조【구분수용】** ① 수용자는 다음 각 호에 따라 구분하여 수용한다.
> 1. 제19세 이상 수형자: 교도소
> 2. 19세 미만 수형자: 소년교도소
> 3. 미결수용자: 구치소
> 4. 사형확정자: 교도소 또는 구치소. 이 경우 구체적인 구분 기준은 법무부령으로 정한다.
> ② 교도소 및 구치소의 각 지소에는 교도소 또는 구치소에 준하여 수용자를 수용한다.

(2) 구분수용의 예외

> **제12조【구분수용의 예외】** ① 다음 각 호의 어느 하나에 해당하는 사유가 있으면 교도소에 미결수용자를 수용할 수 있다.
>
> **[구분수용의 예외 사유]**(법 제12조) [2023. 9급 승진] 총 9회 기출
> 1. 관할 법원 및 검찰청 소재지에 구치소가 없는 때
> 2. 구치소의 수용인원이 정원을 훨씬 초과하여 정상적인 운영이 곤란한 때
> 3. 범죄의 증거인멸을 방지하기 위하여 필요하거나 그 밖에 특별한 사정이 있는 때
>
> ② 취사 등의 작업을 위하여 필요하거나 그 밖에 특별한 사정이 있으면 구치소에 수형자를 수용할 수 있다.
> [2021. 7급 승진] 총 7회 기출

③ 수형자가 소년교도소에 수용 중에 19세가 된 경우에도 교육·교화프로그램, 작업, 직업훈련 등을 실시하기 위하여 특히 필요하다고 인정되면 23세가 되기 전까지는 계속하여 수용할 수 있다. [2023. 9급] 총 10회 기출
▶ **소년법 제63조 단서:** 소년이 형의 집행중에 23세가 되면 일반교도소에서 집행할 수 있다.
④ 소장은 특별한 사정이 있으면 제11조의 구분수용 기준에 따라 다른 교정시설로 이송하여야 할 수형자를 6개월을 초과하지 아니하는 기간 동안 계속하여 수용할 수 있다. [2023. 9급] 총 4회 기출

(3) 분리수용

제13조【분리수용】 ① 남성과 여성은 분리하여 수용한다.
② 제12조에 따라 수형자와 미결수용자, 19세 이상의 수형자와 19세 미만의 수형자를 같은 교정시설에 수용하는 경우에는 서로 분리하여 수용한다. [2023. 7급]
제81조【분리수용】 소장은 미결수용자로서 사건에 서로 관련이 있는 사람은 분리수용하고 서로 간의 접촉을 금지하여야 한다. [2020. 9급] 총 6회 기출

[시행령]
제150조【구분수용 등】 ③ 사형확정자와 소년수용자를 같은 교정시설에 수용하는 경우에는 서로 분리하여 수용한다.

⚖️ 판례

행형업무를 담당하는 교도관으로서는 미결수들을 수용함에 있어서는 그 죄질을 감안하여 구별 수용하여야 하고, 수용시설의 사정에 의하여 부득이 죄질의 구분 없이 혼거수용하는 경우에는 그에 따라 발생할 수 있는 미결수들 사이의 폭력에 의한 사적 제재 등 제반 사고를 예상하여 감시와 시찰을 더욱 철저히 하여야 할 주의의무가 있음에도 불구하고, 소년 미결수들을 수용함에 있어 그 죄질이 현저히 다른 강도상해범과 과실범을 같은 방에 수용하고도 철저한 감시의무를 다하지 못함으로써 수감자 상호 간의 폭행치사사고가 일어나도록 한 과실이 인정된다(대법원 1994.10.11. 94다22569).

(4) 사형확정자의 구분수용 등

제89조【사형확정자의 수용】 ① 사형확정자는 독거수용한다. 다만, 자살방지, 교육·교화프로그램, 작업, 그 밖의 적절한 처우를 위하여 필요한 경우에는 법무부령으로 정하는 바에 따라 혼거수용할 수 있다. [2023. 7급] 총 3회 기출

[시행규칙]
제150조【구분수용 등】 ① 사형확정자는 사형집행시설이 설치되어 있는 교정시설에 수용하되, 다음 각 호와 같이 구분하여 수용한다. 다만, 수용관리 또는 처우상 필요한 경우에는 사형집행시설이 설치되지 않은 교정시설에 수용할 수 있다. [2018. 7급 승진]

1. 교도소	교도소 수용 중 사형이 확정된 사람, 교도소에서 교육·교화프로그램 또는 신청에 따른 작업을 실시할 필요가 있다고 인정되는 사람
2. 구치소	구치소 수용 중 사형이 확정된 사람, 교도소에서 교육·교화프로그램 또는 신청에 따른 작업을 실시할 필요가 없다고 인정되는 사람

② 사형확정자의 심리적 안정 도모 또는 교정시설의 안전과 질서유지를 위하여 특히 필요하다고 인정하는 경우에는 제1항 각 호에도 불구하고 교도소에 수용할 사형확정자를 구치소에 수용할 수 있고, 구치소에 수용할 사형확정자를 교도소에 수용할 수 있다. [2019. 7급 승진] 총 2회 기출

④ 소장은 사형확정자의 자살·도주 등의 사고를 방지하기 위하여 필요한 경우에는 사형확정자와 미결수용자를 혼거수용할 수 있고, 사형확정자의 교육·교화프로그램, 작업 등의 적절한 처우를 위하여 필요한 경우에는 사형확정자와 수형자를 혼거수용할 수 있다. [2019. 7급 승진] 총 10회 기출

⑤ 사형확정자의 번호표 및 거실표의 색상은 붉은색으로 한다.

02 독거수용과 혼거수용

★ 핵심정리 처우상 독거와 계호상 독거

1. 처우상 독거와 계호상 독거(영, 제5조, 제6조)

처우상 독거(주작야독)	주간에는 교육·작업 등 처우를 위하여 공동생활, 휴업일과 야간에만 독거수용
계호상 독거(항상독거)	사람 생·신 보호 or 시설 안전, 질서유지 목적
	(타수용자 접촉금지: 수사재판·실외운동·목욕·접견·진료 등 필요시 예외)

2. 계호상 독거자 처우

	계호상 독거		보호장비 착용자 계호상 독거
교도관	수시 시찰, 이상 유무 확인		• 소장 명령 없이 장비 사용 × (예외, 사용 후 즉시 보고) • 수용자에게 사유알림 • 특별한 사정 없으면 계호상 독거수용
	건강이상 시	의무관에게 알림	
	교화상 문제 시	소장에게 보고	
의무관	• 통보 즉시 상담·진찰 등 적절한 의료조치 • 계속 독거 해롭다 인정시 소장에게 즉시 보고		• 수용자의 건강상태 수시 확인 • 장비 계속사용이 건강상 부적당한 경우 소장에 즉시 보고
소장	건강상 또는 교화상 해롭다고 인정하는 경우에는 즉시 중단		• 특별 사유 없으면 장비 사용 즉시 중지 • 중지의견에도 계속사용시: 의무관 또는 의료관계 직원에게 건강유지에 필요한 조치 취할 것 명하고 사용, 심사부에 계속사용 필요 판단근거 기록
	▶ 장비 사용 명령시: 수시 사용실태 확인·점검, 계속 사용여부 매일심사		
지방청장	소속 교정시설 보호장비 사용 실태 정기점검		

(1) 독거수용의 원칙

제14조【독거수용】 수용자는 독거수용한다.

[시행령]

제4조【독거실의 비율】 교정시설을 새로 설치하는 경우에는 법 제14조에 따른 수용자의 거실수용을 위하여 독거실(獨居室)과 혼거실(混居室)의 비율이 적정한 수준이 되도록 한다.

제5조【독거수용의 구분】 독거수용은 다음 각 호와 같이 구분한다. [2024. 9급] 총 8회 기출

1. 처우상 독거수용	주간에는 교육·작업 등의 처우를 위하여 일과에 따른 공동생활을 하게 하고 휴업일과 야간에만 독거수용하는 것을 말한다. [2024. 9급]
2. 계호상 독거수용	사람의 생명·신체의 보호 또는 교정시설의 안전과 질서유지를 위하여 항상 독거수용하고 다른 수용자와의 접촉을 금지하는 것을 말한다. 다만, 수사·재판·실외운동·목욕·접견·진료 등을 위하여 필요한 경우에는 그러하지 아니하다.

제123조【보호장비 착용 수용자의 거실 지정】 보호장비를 착용 중인 수용자는 특별한 사정이 없으면 계호상 독거수용한다. [2020. 6급 승진]

(2) 계호상 독거수용자의 시찰

> **[시행령]**
>
> **제6조【계호상 독거수용자의 시찰】** ① 교도관은 제5조 제2호에 따라 독거수용된 사람(이하 "계호상 독거수용자"라 한다)을 수시로 시찰하여 건강상 또는 교화상 이상이 없는지 살펴야 한다. [2024. 9급] 총 2회 기출
>
> ② 교도관은 제1항의 시찰 결과, 계호상 독거수용자가 건강상 이상이 있는 것으로 보이는 경우에는 교정시설에 근무하는 의사(공중보건의사를 포함한다. 이하 "의무관"이라 한다)에게 즉시 알려야 하고, 교화상 문제가 있다고 인정하는 경우에는 소장에게 지체 없이 보고하여야 한다. [2024. 9급] 총 2회 기출
>
> ③ 의무관은 제2항의 통보를 받은 즉시 해당 수용자를 상담·진찰하는 등 적절한 의료조치를 하여야 하며, 계호상 독거수용자를 계속하여 독거수용하는 것이 건강상 해롭다고 인정하는 경우에는 그 의견을 소장에게 즉시 보고하여야 한다.
>
> ④ 소장은 계호상 독거수용자를 계속하여 독거수용하는 것이 건강상 또는 교화상 해롭다고 인정하는 경우에는 이를 즉시 중단하여야 한다. [2024. 9급]

🗎 계호상 독거수용자의 시찰

> 교도관의 수시 시찰   ┌── 건강상 이상 有 ⇨ 의무관에 알림(통보): 적절한 조치 ⇨ 소장보고
> (건강상 또는 교화상   ⇨ │
> 이상 유무확인)   └── 교화상 이상 有 ⇨ 소장에게 지체없이 보고
>
> ⇩
>
> [소장: 최종 판단 – 계속 계호상 독거수용이 건강상 또는 교화상 해롭다고 인정 ○ ⇨ 즉시 중단]

(3) 혼거수용(독거수용의 예외)

> **제14조【독거수용】** 수용자는 독거수용한다. 다만, 다음 각 호의 어느 하나에 해당하는 사유가 있으면 혼거수용할 수 있다.
>
> **[독거수용 원칙, 예외적 혼거수용]**(법 제14조) [2023. 9급] 총 8회
> 1. 독거실 부족 등 시설여건이 충분하지 아니한 때
> 2. 수용자의 생명 또는 신체의 보호, 정서적 안정을 위하여 필요한 때
> 3. 수형자의 교화 또는 건전한 사회복귀를 위하여 필요한 때
>
> **[시행령]**
>
> **제8조【혼거수용 인원의 기준】** 혼거수용 인원은 3명 이상으로 한다. 다만, 요양이나 그 밖의 부득이한 사정이 있는 경우에는 예외로 한다. [2020. 6급 승진] 총 3회 기출
>
> **제9조【혼거수용의 제한】** 소장은 노역장 유치명령을 받은 수형자와 징역형·금고형 또는 구류형을 선고받아 형이 확정된 수형자를 혼거수용해서는 아니 된다. 다만, 징역형·금고형 또는 구류형의 집행을 마친 다음에 계속해서 노역장 유치명령을 집행하거나 그 밖에 부득이한 사정이 있는 경우에는 그러하지 아니하다. [2020. 6급 승진] 총 4회 기출

(4) 수용자 거실

[시행령]

제10조【수용자의 자리 지정】소장은 수용자의 생명·신체의 보호, 증거인멸의 방지 및 교정시설의 안전과 질서유지를 위하여 필요하다고 인정하면 혼거실·교육실·강당·작업장, 그 밖에 수용자들이 서로 접촉할 수 있는 장소에서 수용자의 자리를 지정할 수 있다. [2015. 7급]

제11조【거실의 대용금지】소장은 수용자거실을 작업장으로 사용해서는 아니 된다. 다만, 수용자의 심리적 안정, 교정교화 또는 사회적응능력 함양을 위하여 특히 필요하다고 인정하면 그러하지 아니하다. [2020. 5급 승진] 총 4회 기출

제12조【현황표 등의 부착 등】① 소장은 수용자거실에 면적, 정원 및 현재인원을 적은 현황표를 붙여야 한다.
② 소장은 수용자거실 앞에 이름표를 붙이되, 이름표 윗부분에는 수용자의 성명·출생연도·죄명·형명(刑名) 및 형기(刑期)를 적고, 그 아랫부분에는 수용자번호 및 입소일을 적되, 윗부분의 내용이 보이지 않도록 해야 한다. [2020. 6급 승진]
③ 소장은 수용자가 법령에 따라 지켜야 할 사항과 수용자의 권리구제 절차에 관한 사항을 수용자거실의 보기 쉬운 장소에 붙이는 등의 방법으로 비치하여야 한다. [2018. 8급 승진]

⊕ PLUS 구분수용 등의 비교

원칙	내용	예외 등
독거수용	수용자는 독거수용함	혼거할 수 있음(혼거수용 사유)
구분수용	① 19세 미만과 19세 이상 수형자 ② 미결수용자와 사형확정자	교도소에 미결수용자, 구치소에 수형자 수용 가능
분리수용	① 남성과 여성 ② 수형자와 미결수용자 같은 교정시설 수용 ③ 19세 이상과 미만 수형자 같은 교정시설 수용 ④ 사형확정자와 소년수용자를 같은 교정시설에 수용 ⑤ 미결수용자로서 사건관련자	감염병 환자는 격리

⚖ 판례 |

[1] 독거수용실에만 텔레비전시청시설을 설치하지 않음으로써 독거수용중인 청구인이 TV시청을 할 수 없도록 한 교도소장의 행위가 TV시청시설을 갖춰 텔레비전시청을 허용하고 있는 혼거실 수용자와 차별대우하여 청구인의 평등권을 침해하였는지 여부(소극)

독거수용자들에 대해서는 교도소내의 범죄를 방지하고, 안전을 도모하며 본래적인 교도행정의 목적을 효과적으로 달성하기 위하여 행정적 제재 및 교정의 필요상 TV시청을 규제할 필요성이 있다. 다른 수용자와 싸움의 우려가 있고, 성격·습관 등이 공동생활에 적합하지 못하다고 인정되어 교도소장이 혼거수용에 적합하지 않다고 판단하여 독거수용된 청구인의 경우, 교도행정의 효율성 및 교정·교화교육의 적절한 실현을 위하여 청구인에게 TV시청을 규제한 조치는 납득할 수 있다. 더구나 청구인은 혼거실의 수용을 스스로 기피하고 TV시설이 설치되지 아니한 독거실의 수용을 자청하였다. 이러한 이유로 독거수용중인 청구인이 TV시청을 제한받게 되어 혼거실 수용자 등 다른 수용자들과 차별적 처우가 이루어지는 결과가 되었다고 하더라도 이러한 행위가 곧 합리적인 이유가 없는 자의적 차별이라고는 할 수 없어 헌법상의 평등원칙에 위배된다고 볼 수 없다(헌재 2005.5.26. 2004헌마571). [2024. 6급 승진]

[2] 형집행법은 독거수용을 원칙으로 하고 있지만, 필요한 경우 혼거수용을 할 수 있도록 하고 그 밖에 수용자의 거실을 지정하는 경우 수용자의 여러 특성을 고려하도록 하고 있는바, 그렇다면 교정시설의 장에게 모든 수용자를 독거수용하여야 할 의무가 있다고 볼 수 없으며, 수용자를 교정시설 내의 어떤 수용거실에 수용할 지 여부는 수용자의 교정교화와 건전한 사회복귀를 도모할 수 있도록 구체적인 사항을 참작하여 교정시설의 장이 결정할 수 있다 할 것이다. 나아가 헌법이나 형집행법 등에 수용자가 독거수용 신청을 할 수 있다는 규정이나, 그와 같은 신청이 있는 경우 이를 어떻게 처리할 것인지에 대한 규정도 존재하지 아니한다. 이러한 점을 고려하면 청구인과 같은 수용자에게 독거수용을 신청할 권리가 있다고 할 수 없다(헌재 2013.6.4. 2013헌마287). [2019. 8급 승진]

📋 형집행법령上 공휴일 vs 휴업일 vs 휴일

사전적 의미	① 공휴일(公休日): 국가나 사회에서 정하여 다 함께 쉬는 날 ② 휴업일(休業日): 임시로 일을 쉬는 날 ③ 휴일(休日): 일요일이나 공휴일 따위의 일을 하지 아니하고 쉬는 날
공휴일	① 소장은 수용자가 매일(공휴일 및 법무부장관이 정하는 날은 제외한다)「국가공무원 복무규정」제9조에 따른 근무시간 내에서 1시간 이내의 실외운동을 할 수 있도록 하여야 한다(시행령 제49조 본문). ② 소장은 수용자가 부상을 당하거나 질병에 걸리면 적절한 치료를 받도록 하여야 하며, 적절한 치료를 위하여 교정시설에 근무하는 간호사는 야간 또는 공휴일 등에「의료법」제27조에도 불구하고 대통령령으로 정하는 경미한 의료행위를 할 수 있다(법 제36조 제1항·제2항). ③ 수용자의 접견은 매일(공휴일 및 법무부장관이 정한 날은 제외한다)「국가공무원 복무규정」제9조에 따른 근무시간 내에서 한다(시행령 제58조 제1항). ④ 수용자의 전화통화는 매일(공휴일 및 법무부장관이 정한 날은 제외한다)「국가공무원 복무규정」제9조에 따른 근무시간 내에서 실시한다(시행규칙 제26조 제1항). ⑤ 소장은 수용자의 건강과 일과시간 등을 고려하여 1일 6시간 이내에서 방송편성시간을 정한다. 다만, 토요일·공휴일, 작업·교육실태 및 수용자의 특성을 고려하여 방송편성시간을 조정할 수 있다(시행규칙 제39조). ⑥ 분류처우위원회의 회의는 매월 10일에 개최한다. 다만, 위원회의 회의를 개최하는 날이 토요일, 공휴일, 그 밖에 법무부장관이 정한 휴무일일 때에는 그 다음 날에 개최한다(시행규칙 제99조 제1항). ⑦ 공휴일·토요일과 대통령령으로 정하는 휴일에는 작업을 부과하지 아니한다. 다만, ㉠ 제2항에 따른 교정시설의 운영과 관리에 필요한 작업을 하는 경우, ㉡ 작업장의 운영을 위하여 불가피한 경우, ㉢ 공공의 안전이나 공공의 이익을 위하여 긴급히 필요한 경우, ㉣ 수형자가 신청하는 경우의 어느 하나에 해당하는 경우에는 작업을 부과할 수 있다(법 제71조 제5항). ⑧ 소장은 토요일, 공휴일, 그 밖에 위원회의 소집이 매우 곤란한 때에 법 제77조 제2항 제1호의 사유(가족 또는 배우자의 직계존속이 사망한 때)가 발생한 경우에는 제129조 제1항(귀휴허가 시 귀휴심사위원회의 심사)에도 불구하고 귀휴위원회의 심사를 거치지 아니하고 귀휴를 허가할 수 있다. 다만, 이 경우 ㉠ 수용관리를 담당하고 있는 부서의 장, ㉡ 귀휴업무를 담당하고 있는 부서의 장의 의견을 들어야 한다(시행규칙 제134조 제1항). ⑨ 공휴일과 토요일에는 사형을 집행하지 아니한다(법 제91조 제2항).
휴업일	① 처우상 독거수용이란 주간에는 교육·작업 등의 처우를 위하여 일과(日課)에 따른 공동생활을 하게 하고 휴업일과 야간에만 독거수용하는 것을 말한다(시행령 제5조 제1호). [2024. 9급] ② 수용자는 휴업일 및 휴게시간 내에 시간의 제한 없이 집필할 수 있다. 다만, 부득이한 사정이 있는 경우에는 그러하지 아니하다(시행령 제75조 제1항).
휴일	① 소장은 수형자의 신청에 따라 제68조의 작업(외부통근작업), 제69조 제2항의 훈련(외부직업훈련), 그 밖에 집중적인 근로가 필요한 작업을 부과하는 경우에는 접견·전화통화·교육·공동행사 참가 등의 처우를 제한할 수 있다. 다만, 접견 또는 전화통화를 제한한 때에는 휴일이나 그 밖에 해당 수용자의 작업이 없는 날에 접견 또는 전화통화를 할 수 있게 하여야 한다(법 제70조 제1항). ② 공휴일·토요일과 대통령령으로 정하는 휴일에는 작업을 부과하지 아니한다. 다만, ㉠ 제2항에 따른 교정시설의 운영과 관리에 필요한 작업을 하는 경우, ㉡ 작업장의 운영을 위하여 불가피한 경우, ㉢ 공공의 안전이나 공공의 이익을 위하여 긴급히 필요한 경우, ㉣ 수형자가 신청하는 경우의 어느 하나에 해당하는 경우에는 작업을 부과할 수 있다(법 제71조 제5항).

단원별 지문 OX

01 범죄의 증거인멸을 방지하기 위하여 필요한 때에는 교도소에 미결수용자를 수용할 수 있으나, 취사 등의 작업을 위하여 필요하다고 하여 구치소에 수형자를 수용할 수는 없다. (　　) [2023. 7급 승진]

02 수형자가 소년교도소에 수용 중에 19세가 된 경우에도 교육·교화프로그램, 작업, 직업훈련 등을 실시하기 위하여 특히 필요하다고 인정되면 23세가 되기 전까지는 계속하여 수용할 수 있다. (　　) [2023. 7급 승진]

03 소장은 신입자 또는 다른 교정시설로부터 이송되어 온 사람이 있으면 그 사실을 수용자가 알리는 것을 원하지 아니하더라도 수용자의 가족에게는 지체 없이 알려야 한다. (　　) [2023. 7급 승진]

04 「형의 집행 및 수용자의 처우에 관한 법률」상 독거수용이 원칙이지만 수용자의 생명 또는 신체의 보호, 정서적 안정을 위하여 필요한 때에는 혼거수용할 수 있다. (　　) [2023. 9급]

05 「형의 집행 및 수용자의 처우에 관한 법률」상 구치소의 수용인원이 정원을 훨씬 초과하여 정상적인 운영이 곤란한 때에는 교도소에 미결수용자를 수용할 수 있다. (　　) [2023. 9급]

06 「형의 집행 및 수용자의 처우에 관한 법률」상 수형자가 소년교도소에 수용 중에 19세가 된 경우에도 교육·교화프로그램, 작업, 직업훈련 등을 실시하기 위하여 특히 필요하다고 인정되면 23세가 되기 전까지는 계속하여 수용할 수 있다. (　　) [2023. 9급]

07 「형의 집행 및 수용자의 처우에 관한 법률」상 소장은 특별한 사정이 있으면 동법 제11조의 구분수용 기준에 따라 다른 교정시설로 이송하여야 할 수형자를 9개월을 초과하지 아니하는 기간 동안 계속하여 수용할 수 있다. (　　) [2023. 9급]

---

01 ✕　㉠ 관할 법원 및 검찰청 소재지에 구치소가 없는 때, ㉡ 구치소의 수용인원이 정원을 훨씬 초과하여 정상적인 운영이 곤란한 때, ㉢ 범죄의 증거인멸을 방지하기 위하여 필요하거나 그 밖에 특별한 사정이 있는 때에는 교도소에 미결수용자를 수용할 수 있으며 (형집행법 제12조 제1항), 취사 등의 작업을 위하여 필요하거나 그 밖에 특별한 사정이 있으면 구치소에 수형자를 수용할 수 있다 (형집행법 제12조 제2항).

02 ○　형집행법 제12조 제3항

03 ✕　소장은 신입자 또는 다른 교정시설로부터 이송되어 온 사람이 있으면 그 사실을 수용자의 가족(배우자, 직계 존속·비속 또는 형제자매를 말한다)에게 지체 없이 알려야 한다. 다만, 수용자가 알리는 것을 원하지 아니하면 그러하지 아니하다(형집행법 제21조).

04 ○　형집행법 제14조 제2호

05 ○　형집행법 제12조 제1항 제2호

06 ○　형집행법 제12조 제3항

07 ✕　소장은 특별한 사정이 있으면 구분수용 기준(형집행법 제11조)에 따라 다른 교정시설로 이송하여야 할 수형자를 6개월을 초과하지 아니하는 기간 동안 계속하여 수용할 수 있다(형집행법 제12조 제4항).

08 혼거수용 인원은 3명 이상으로 한다. 다만, 요양이나 그 밖의 부득이한 사정이 있는 경우에는 예외로 한다. ( )

[2020. 6급 승진]

09 교도관은 시찰 결과, 계호상 독거수용자가 건강상 이상이 있는 것으로 보이는 경우에는 교정시설에 근무하는 의사(공중보건 의사 포함)에게 즉시 알려야 하고, 교화상 문제가 있다고 인정하는 경우에는 소장에게 지체 없이 보고하여야 한다. ( )

[2020. 6급 승진]

10 소장은 수용자거실 앞에 이름표를 붙이되, 이름표 윗부분에는 수용자번호 및 입소일을 적고, 그 아랫부분에는 수용자의 성명·출생연도·죄명·형명 및 형기를 적되, 윗부분의 내용이 보이지 않도록 해야 한다. ( )　　[2020. 6급 승진]

11 소장은 노역장 유치명령을 받은 수형자와 징역형·금고형 또는 구류형을 선고받아 형이 확정된 수형자를 혼거수용해서는 아니 된다. 다만, 징역형·금고형 또는 구류형의 집행을 마친 다음에 계속해서 노역장 유치명령을 집행하거나 그 밖에 부득이한 사정이 있는 경우에는 그러하지 아니하다. ( )

[2020. 6급 승진]

---

08 ○　형집행법 시행령 제8조

09 ○　형집행법 시행령 제6조 제2항

10 ×　소장은 수용자거실 앞에 이름표를 붙이되, 이름표 윗부분에는 수용자의 성명·출생연도·죄명·형명 및 형기를 적고, 그 아랫부분에는 수용자번호 및 입소일을 적되, 윗부분의 내용이 보이지 않도록 해야 한다(형집행법 시행령 제12조 제2항).

11 ○　형집행법 시행령 제9조

제3절 수용자의 이송

01 수용자 이송과 긴급이송

제20조【수용자의 이송】 ① 소장은 수용자의 수용·작업·교화·의료, 그 밖의 처우를 위하여 필요하거나 시설의 안전과 질서유지를 위하여 필요하다고 인정하면 법무부장관의 승인을 받아 수용자를 다른 교정시설로 이송할 수 있다.
② 법무부장관은 제1항의 이송승인에 관한 권한을 대통령령으로 정하는 바에 따라 지방교정청장에게 위임할 수 있다. [2021. 9급] 총 3회 기출

제102조【재난 시의 조치】 ② 소장은 교정시설의 안에서 천재지변이나 그 밖의 사변에 대한 피난의 방법이 없는 경우에는 수용자를 다른 장소로 이송할 수 있다.
③ 소장은 제2항에 따른 이송이 불가능하면 수용자를 일시 석방할 수 있다.
④ 제3항에 따라 석방된 사람은 석방 후 24시간 이내에 교정시설 또는 경찰관서에 출석하여야 한다.

[시행령]

제22조【지방교정청장의 이송승인권】 ① 지방교정청장은 법 제20조 제2항에 따라 다음 각 호의 어느 하나에 해당하는 경우에는 수용자의 이송을 승인할 수 있다.

> **[지방교정청장의 수용자 이송승인권]**(시행령 제22조)
> 1. 수용시설의 공사 등으로 수용거실이 일시적으로 부족한 때
> 2. 교정시설 간 수용인원의 뚜렷한 불균형을 조정하기 위하여 특히 필요하다고 인정되는 때
> 3. 교정시설의 안전과 질서유지를 위하여 긴급하게 이송할 필요가 있다고 인정되는 때

② 제1항에 따른 지방교정청장의 이송승인은 관할 내 이송으로 한정한다. [2023. 7급] 총 7회 기출

02 수용자 이송의 중지 등

[시행령]

제23조【이송 중지】 소장은 수용자를 다른 교정시설에 이송하는 경우에 의무관으로부터 수용자가 건강상 감당하기 어렵다는 보고를 받으면 이송을 중지하고 그 사실을 이송받을 소장에게 알려야 한다. [2021. 9급] 총 2회 기출

제24조【호송 시 분리】 수용자를 이송이나 출정(出廷), 그 밖의 사유로 호송하는 경우에는 수형자는 미결수용자와, 여성수용자는 남성수용자와, 19세 미만의 수용자는 19세 이상의 수용자와 각각 호송 차량의 좌석을 분리하는 등의 방법으로 서로 접촉하지 못하게 하여야 한다. [2024. 5급 승진] 총 5회 기출

03 기타 이송관련 규정

제37조 【외부의료시설 진료 등】 ② 소장은 수용자의 정신질환 치료를 위하여 필요하다고 인정하면 법무부장관의 승인을 받아 치료감호시설로 이송할 수 있다. [2021. 9급] 총 6회 기출
③ 제2항에 따라 이송된 사람은 수용자에 준하여 처우한다.

[시행령]

제134조 【징벌집행의 계속】 법 제108조 제4호부터 제14호까지의 징벌 집행 중인 수용자가 다른 교정시설로 이송되거나 법원 또는 검찰청 등에 출석하는 경우에는 징벌집행이 계속되는 것으로 본다. [2021. 7급 승진] 총 4회 기출

제136조 【이송된 사람의 징벌】 수용자가 이송 중에 징벌대상 행위를 하거나 다른 교정시설에서 징벌대상 행위를 한 사실이 이송된 후에 발각된 경우에는 그 수용자를 인수한 소장이 징벌을 부과한다. [2021. 9급] 총 3회 기출

⊕ PLUS 지방교정청장의 승인 등

1. 소장은 외국인에게 참관을 허가할 경우에는 미리 관할 지방교정청장의 승인을 받아야 한다(시행령 제3조).
2. 지방교정청장의 관할 내 이송 승인권(시행령 제22조).
3. 집체직업훈련 대상자는 집체직업훈련을 실시하는 교정시설의 관할 지방교정청장이 선정한다(시행규칙 제124조 제2항).
4. 지방교정청장은 소속 교정시설의 보호장비 사용 실태를 정기적으로 점검하여야 한다(시행령 제124조 제2항).
5. 수용자는 그 처우에 관하여 불복하는 경우 관할 지방교정청장에게 청원할 수 있다(법 제117조 제1항).
6. 수용자는 지방교정청장에게 정보의 공개를 청구할 수 있다(법 제117조의2 제1항).
7. 포상금 지급신청서를 지방교정청장에게 제출(시행령 제128조의3 제6항)
8. 소장은 교도작업을 중지하려면 지방교정청장의 승인을 받아야 한다(교도작업법 시행규칙 제6조 제2항).
9. 교정시설의 장은 민간기업이 참여할 교도작업의 내용을 해당 기업체와의 계약으로 정하고 이에 대하여 법무부장관의 승인(재계약의 경우에는 지방교정청장의 승인)을 받아야 한다(교도작업법 제6조).
10. 법무부장관은 권한의 일부를 관할 지방교정청장에게 위임할 수 있다(민영교도소법 제39조).

⚖ 판례

[1] 피고인이 교도소장의 타교도소로의 이송처분에 대하여 한 관할이전 신청 또는 이의신청의 당부(소극)

항소심에서 유죄판결을 선고받고 이에 불복하여 상고를 제기한 피고인을 교도소 소장이 검사의 이송지휘도 없이 다른 교도소로 이송처분한 경우 피고인은 이에 대하여 관할이전신청이나 이의신청을 할 수 없다. 미결수용자의 구금장소 변경이 법률상 명문의 규정이 있는 경우에만 허용되거나 법원의 사전허가를 받아야 하는 것은 아니지만 이러한 이송처분이 행정소송의 대상이 되는 행정처분임에는 틀림없고, 나아가 이송처분으로 인하여 미결수용자의 방어권이나 접견권의 행사에 중대한 장애가 생기는 경우에는 그 이송처분은 재량의 한계를 넘은 위법 처분으로서 법원의 판결에 의하여 취소될 수 있음은 물론이다. 수용능력이 부족하다는 점이나 이러한 사유가 존재한다는 것만으로 위 이송처분이 적법한 것이라고 단정할 수는 없고 이 사건 기록에 나타난 사정만으로는 위 이송처분의 취소를 구하는 본안소송에서 그것이 신청인의 방어권이나 접견권의 행사를 침해하는 위법한 처분으로 판단되어 취소될 가능성을 배제할 수는 없다(대법원 1983.7.5. 83초20).

▶ 대법원은 "상소한 미결수용자를 상소심법원으로부터 멀리 떨어진 구치소로 이송한 사안에 대해서 부적법하다고 판단하면서 미결수용자에 대해서는 작업이나 교화, 수용능력 부족 등을 이유로 이송할 수 없다."고 판시하였다(대법원 1992.8.7. 92두30).

[2] 법무부장관의 수형자 이송지휘처분의 공권력행사 해당 여부(소극)

법무부장관의 수형자에 대한 이송지휘처분은 형집행법 제20조의 규정에 따른 교도소장의 수형자 이송승인신청에 대하여 이를 승인하는 의사표시에 불과하여 이것이 곧 기본권침해의 원인이 된 '공권력의 행사'에 해당한다고 할 수 없다(헌재 2013.8.20. 2013헌마543).

[3] 교도소장의 출정비용 징수행위(상계행위)는 수용자로 인해 소요된 비용을 반환받는 것으로, 사경제 주체로서 행하는 사법상의 법률행위에 불과하므로 헌법소원심판 청구대상으로서의 '공권력의 행사'에는 해당된다고 볼 수 없다(헌재 2017.11.28. 2017헌마1223). [2022. 5급 승진]

[4] 교도소장이 출정비용납부거부 또는 상계동의거부를 이유로 수형자의 행정소송 변론기일에 청구인의 출정을 제한한 행위가 청구인의 재판청구권을 침해하는지 여부(적극)

교도소장은 수형자가 출정비용을 예납하지 않았거나 영치금과의 상계에 동의하지 않았다고 하더라도, 우선 수형자를 출정시키고 사후에 출정비용을 받거나 영치금과의 상계를 통하여 출정비용을 회수하여야 하는 것이지, 이러한 이유로 수형자의 출정을 제한할 수 있는 것은 형벌의 집행을 위하여 필요한 한도를 벗어나서 청구인의 재판청구권을 과도하게 침해하였다고 할 것이다(헌재 2012.3.29. 2010헌마475). [2018. 7급 승진]

[5] 소장은 법무부장관의 승인을 받아 수용자를 다른 교정시설로 이송할 수 있는데, 이는 교도소장의 재량행위이고 따라서 수용자에게 자신이 원하는 교도소에서의 수용생활을 요구할 권리가 있다고 할 수 없다(헌재 2013.7.2. 2013헌마388).

[6] 교도소장이 청구인을 비롯한 ○○교도소 수용자의 동절기 취침시간을 21:00로 정한 행위가 청구인의 일반적 행동자유권을 침해하는지 여부(소극)

생체리듬에 따른 최적의 취침 및 수면시간은 수용자별로 다를 수 있으나, 교도소는 수용자가 공동생활을 영위하는 장소이므로 질서유지를 위하여 취침시간의 일괄처우가 불가피한 바, 교도소장은 취침시간을 21:00로 정하되 기상시간을 06:20으로 정함으로써 동절기 일조시간의 특성을 수면시간에 반영하였고, 이에 따른 수면시간은 9시간 20분으로 성인의 적정 수면시간 이상을 보장하고 있다. 나아가 21:00 취침은 전국 교도소의 보편적 기준에도 부합하고, 특별한 사정이 있거나 수용자가 부상·질병으로 적절한 치료를 받아야 할 경우에는 관련규정에 따라 21:00 취침의 예외가 인정될 수 있으므로, 이 사건 취침시간은 청구인의 일반적 행동자유권 및 신체의 자유를 침해하지 아니한다(헌재 2016.6.30. 2015헌마36). [2023. 5급 승진] 총 2회 기출

단원별 지문 $\dfrac{\text{O}}{\text{X}}$

01 지방교정청장은 수용시설의 공사 등으로 수용거실이 일시적으로 부족한 때에는 관할 외 교정시설로 수용자의 이송을 승인할 수 있다. (   )
[2021. 5급 승진]

02 소장은 수용자의 정신질환 치료를 위하여 필요하다고 인정하면 법무부장관의 승인을 받아 치료감호시설로 이송하여야 한다. (   )
[2021. 5급 승진]

03 소장은 다른 교정시설로부터 이송되어 온 사람이 있으면 그 사실을 수용자의 의사에 관계없이 수용자의 가족(배우자, 직계 존속·비속 또는 형제자매를 말한다.)에게 지체없이 알려야 한다. (   )
[2021. 5급 승진]

04 소장은 수용자의 수용·작업·교화·의료, 그 밖의 처우를 위하여 필요하거나 시설의 안전과 질서유지를 위하여 필요하다고 인정하면 법무부장관의 승인을 받아 수용자를 다른 교정시설로 이송할 수 있다. (   )
[2021. 5급 승진] [2022. 7급 승진]

05 소장은 수용자를 다른 교정시설로 이송하는 경우에 의무관으로부터 수용자가 건강상 감당하기 어렵다고 보고를 받으면 이송을 중지하고 그 사실을 이송받을 소장에게 알려야 한다. (   )
[2022. 7급 승진]

06 수용자를 이송이나 출정, 그 밖의 사유로 호송하는 경우에는 수형자는 미결수용자와, 여성수용자는 남성수용자와, 19세 미만의 수용자는 19세 이상의 수용자와 각각 호송 차량의 좌석을 분리하는 등의 방법으로 서로 접촉하지 못하게 하여야 한다. (   )
[2022. 7급 승진]

---

01 × 지방교정청장은 수용시설의 공사 등으로 수용거실이 일시적으로 부족한 때에는 관할 내 교정시설로 수용자의 이송을 승인할 수 있다(형집행법 시행령 제22조).

02 × 소장은 수용자의 정신질환 치료를 위하여 필요하다고 인정하면 법무부장관의 승인을 받아 치료감호시설로 이송할 수 있다(형집행법 제37조 제2항).

03 × 소장은 다른 교정시설로부터 이송되어 온 사람이 있으면 그 사실을 수용자의 가족(배우자, 직계 존속·비속 또는 형제자매를 말한다)에게 지체 없이 알려야 한다. 다만, 수용자가 알리는 것을 원하지 아니하면 그러하지 아니하다(형집행법 제21조).

04 ○ 형집행법 제20조 제1항

05 ○ 형집행법 시행령 제23조

06 ○ 형집행법 시행령 제24조

제6장 / 물품지급과 금품관리

제1절 생활품의 지급

01 생활용품 지급

(1) 지급 기준

> **제22조【의류 및 침구 등의 지급】** ① 소장은 수용자에게 건강유지에 적합한 의류·침구, 그 밖의 생활용품을 지급한다.
> ② 의류·침구, 그 밖의 생활용품의 지급기준 등에 관하여 필요한 사항은 법무부령으로 정한다.
>
> **[시행령]**
> **제25조【생활용품 지급 시의 유의사항】** ① 소장은 법 제22조 제1항에 따라 의류·침구, 그 밖의 생활용품(이하 "의류 등"이라 한다)을 지급하는 경우에는 수용자의 건강, 계절 등을 고려하여야 한다.
> ② 소장은 수용자에게 특히 청결하게 관리할 수 있는 재질의 식기를 지급하여야 하며, 다른 사람이 사용한 의류등을 지급하는 경우에는 세탁하거나 소독하여 지급하여야 한다.
> **제26조【생활기구의 비치】** ① 소장은 거실·작업장, 그 밖에 수용자가 생활하는 장소(이하 이 조에서 "거실 등"이라 한다)에 수용생활에 필요한 기구를 갖춰 둬야 한다.
> ② 거실등에는 갖춰 둔 기구의 품목·수량을 기록한 품목표를 붙여야 한다.

(2) 의류의 품목과 지급

> **[시행규칙]**
> **제4조【의류의 품목】** ① 수용자 의류의 품목은 평상복·특수복·보조복·의복부속물·모자 및 신발로 한다.
> ② 제1항에 따른 품목별 구분은 다음 각 호와 같다.

1. 평상복	겨울옷·봄가을옷·여름옷을 수형자용, 미결수용자용 및 피보호감호자(종전의 「사회보호법」에 따라 보호감호선고를 받고 교정시설에 수용 중인 사람을 말한다. 이하 같다)용과 남녀용으로 각각 구분하여 18종으로 한다. [2024. 5급 승진] 총 2회 기출
2. 특수복	모범수형자복·외부통근자복·임산부복·환자복·운동복 및 반바지로 구분하고, 그 중 모범수형자복 및 외부통근자복은 겨울옷·봄가을옷·여름옷을 남녀용으로 각각 구분하여 6종으로 하고, 임산부복은 봄가을옷·여름옷을 수형자용과 미결수용자용으로 구분하여 4종으로 하며, 환자복은 겨울옷·여름옷을 남녀용으로 구분하여 4종으로 하고, 운동복 및 반바지는 각각 1종으로 한다. [2024. 5급 승진]
3. 보조복	위생복·조끼 및 비옷으로 구분하여 3종으로 한다. [2018. 8급 승진]
4. 의복부속물	러닝셔츠·팬티·겨울내의·장갑·양말로 구분하여 5종으로 한다. [2024. 7급 승진] 총 2회 기출
5. 모자	모범수형자모·외부통근자모·방한모 및 위생모로 구분하여 4종으로 한다. [2024. 7급 승진]
6. 신발	고무신·운동화 및 방한화로 구분하여 3종으로 한다. [2024. 7급 승진]

제5조 【의류의 품목별 착용 시기 및 대상】 수용자 의류의 품목별 착용 시기 및 대상은 다음 각 호와 같다.

1. 평상복	실내생활 수용자, 교도작업·직업능력개발훈련(이하 "직업훈련"이라 한다) 수용자, 각종 교육을 받는 수용자 및 다른 교정시설로 이송되는 수용자가 착용
2. 모범수형자복	제74조 제1항 제1호의 개방처우급에 해당하는 수형자가 작업·교육 등 일상생활을 하는 때, 가석방예정자가 실외생활을 하는 때 및 수형자가 사회봉사활동 등 대내외 행사 참석 시 소장이 필요하다고 인정하는 때 착용
4. 외부통근자복	외부통근자로서 실외생활을 하는 때에 착용
5. 임산부복	임신하거나 출산한 수용자가 착용
6. 환자복	의료거실 수용자가 착용
8. 운동복	소년수용자로서 운동을 하는 때에 착용
9. 반바지	수용자가 여름철에 실내생활 또는 운동을 하는 때에 착용
10. 위생복	수용자가 운영지원작업(이발·취사·간병, 그 밖에 교정시설의 시설운영과 관리에 필요한 작업을 말한다. 이하 같다)을 하는 때에 착용
11. 조끼	수용자가 겨울철에 겉옷 안에 착용
12. 비옷	수용자가 우천 시 실외작업을 하는 때에 착용
13. 러닝셔츠·팬티·겨울 내의 및 양말	모든 수형자 및 소장이 지급할 필요가 있다고 인정하는 미결수용자가 착용
14. 장갑	작업을 하는 수용자 중 소장이 지급할 필요가 있다고 인정하는 자가 착용
16. 모자	가. 모범수형자모: 모범수형자복 착용자가 착용 나. 외부통근자모: 외부통근자복 착용자가 착용 다. 삭제 <2013.4.16> 라. 방한모: 외부작업 수용자가 겨울철에 착용 마. 위생모: 취사장에서 작업하는 수용자가 착용
17. 신발	가. 고무신 및 운동화: 수용자가 선택하여 착용 나. 방한화: 작업을 하는 수용자 중 소장이 지급할 필요가 있다고 인정하는 사람이 착용

제6조 【침구의 품목】 수용자 침구의 품목은 이불 2종(솜이불·겹이불), 매트리스 2종(일반매트리스·환자매트리스), 담요 및 베개로 구분한다.

제7조 【침구의 품목별 사용 시기 및 대상】 수용자 침구의 품목별 사용 시기 및 대상은 다음 각 호와 같다.

1. 이불	가. 솜이불: 환자·노인·장애인·임산부 등의 수용자 중 소장이 지급할 필요가 있다고 인정하는 자가 겨울철에 사용 나. 겹이불: 수용자가 봄·여름·가을철에 사용
2. 매트리스	가. 일반매트리스: 수용자가 겨울철에 사용 나. 환자매트리스: 의료거실에 수용된 수용자 중 의무관이 지급할 필요가 있다고 인정하는 사람이 사용
3. 담요 및 베개	모든 수용자가 사용

제8조 【의류·침구 등 생활용품의 지급기준】 ① 수용자에게 지급하는 의류 및 침구는 1명당 1매로 하되, 작업 여부 또는 난방 여건을 고려하여 2매를 지급할 수 있다.

② 의류·침구 외에 수용자에게 지급하는 생활용품의 품목, 지급수량, 사용기간, 지급횟수 등에 대한 기준은 별표 1(신입시 및 신입후 정기지급 기준)과 같다.

③ 생활용품 지급일 이후에 수용된 수용자에 대하여는 다음 지급일까지 쓸 적절한 양을 지급하여야 한다.

④ 신입수용자에게는 수용되는 날에 칫솔, 치약 및 수건 등 수용생활에 필요한 최소한의 생활용품을 지급하여야 한다.

제9조【의류·침구의 색채·규격】수용자 의류·침구의 품목별 색채 및 규격은 법무부장관이 정한다.

(3) 수형자에 대한 물품의 차등 지급

[시행규칙]

제84조【물품지급】① 소장은 수형자의 경비처우급에 따라 물품에 차이를 두어 지급할 수 있다. 다만, 주·부식, 음료, 그 밖에 건강유지에 필요한 물품은 그러하지 아니하다. [2020. 5급 승진] 총 5회 기출

② 제1항에 따라 의류를 지급하는 경우 수형자가 개방처우급인 경우에는 색상, 디자인 등을 다르게 할 수 있다. [2018. 8급 승진] 총 3회 기출

02 물품의 자비구매

(1) 물품의 자비구매

제24조【물품의 자비구매】① 수용자는 소장의 허가를 받아 자신의 비용으로 음식물·의류·침구, 그 밖에 수용생활에 필요한 물품을 구매할 수 있다.

② 물품의 자비구매 허가범위 등에 관하여 필요한 사항은 법무부령으로 정한다.

[시행령]

제31조【자비 구매 물품의 기준】수용자가 자비로 구매하는 물품은 교화 또는 건전한 사회복귀에 적합하고 교정시설의 안전과 질서를 해칠 우려가 없는 것이어야 한다.

제32조【자비 구매 의류등의 사용】소장은 수용자가 자비로 구매한 의류등을 보관한 후 그 수용자가 사용하게 할 수 있다.

제33조【의류등의 세탁 등】① 소장은 수용자가 사용하는 의류등을 적당한 시기에 세탁·수선 또는 교체(이하 이 조에서 "세탁등"이라 한다)하도록 하여야 한다.

② 자비로 구매한 의류등을 세탁등을 하는 경우 드는 비용은 수용자가 부담한다.

[시행규칙]

제2조【정의】

이 규칙에서 사용하는 용어의 뜻은 다음과 같다.

1. "자비구매물품"이란 수용자가 교도소·구치소 및 그 지소(이하 "교정시설"이라 한다)의 장의 허가를 받아 자신의 비용으로 구매할 수 있는 물품을 말한다.

제16조【자비구매물품의 종류 등】① 자비구매물품의 종류는 다음 각 호와 같다.

[자비구매물품의 종류](시행규칙 제16조 제1항) [2024. 5급 승진] 총 2회 기출

1. 음식물
2. 의약품 및 의료용품
3. 의류·침구류 및 신발류
4. 신문·잡지·도서 및 문구류
5. 수형자 교육 등 교정교화에 필요한 물품
6. 그 밖에 수용생활에 필요하다고 인정되는 물품

② 제1항 각 호에 해당하는 자비구매물품의 품목·유형 및 규격 등은 영 제31조에 어긋나지 아니하는 범위에서 소장이 정하되, 수용생활에 필요한 정도, 가격과 품질, 다른 교정시설과의 균형, 공급하기 쉬운 정도 및 수용자의 선호도 등을 고려하여야 한다.
③ 법무부장관은 자비구매물품 공급의 교정시설 간 균형 및 교정시설의 안전과 질서유지를 위하여 공급물품의 품목 및 규격 등에 대한 통일된 기준을 제시할 수 있다.

(2) 자비구매의 허가와 감독 등

[시행규칙]
제17조【구매허가 및 신청제한】① 소장은 수용자가 자비구매물품의 구매를 신청하는 경우에는 법무부장관이 교정성적 또는 제74조에 따른 경비처우급을 고려하여 정하는 보관금의 사용한도, 교정시설의 보관범위 및 수용자가 지닐 수 있는 범위에서 허가한다. [2024. 5급 승진]
② 소장은 감염병(「감염병의 예방 및 관리에 관한 법률」에 따른 감염병을 말한다)의 유행 또는 수용자의 징벌집행 등으로 자비구매물품의 사용이 중지된 경우에는 구매신청을 제한할 수 있다. [2024. 5급 승진] 총 2회 기출
제18조【우선 공급】소장은 교도작업제품(교정시설 안에서 수용자에게 부과된 작업에 의하여 생산된 물품을 말한다)으로서 자비구매물품으로 적합한 것은 제21조에 따라 지정받은 자비구매물품 공급자를 거쳐 우선하여 공급할 수 있다.
제19조【제품 검수】① 소장은 물품공급업무 담당공무원을 검수관(檢收官)으로 지정하여 제21조에 따라 지정받은 자비구매물품 공급자로부터 납품받은 제품의 수량·상태 및 소비기한 등을 검사하도록 해야 한다.
② 검수관은 공급제품이 부패, 파손, 규격미달, 그 밖의 사유로 수용자에게 공급하기에 부적당하다고 인정하는 경우에는 소장에게 이를 보고하고 필요한 조치를 하여야 한다.
제20조【주요사항 고지 등】① 소장은 수용자에게 자비구매물품의 품목·가격, 그 밖에 구매에 관한 주요사항을 미리 알려주어야 한다. [2024. 5급 승진]
② 소장은 제품의 변질, 파손, 그 밖의 정당한 사유로 수용자가 교환, 반품 또는 수선을 원하는 경우에는 신속히 적절한 조치를 하여야 한다. [2024. 5급 승진]
제21조【공급업무의 담당자 지정】① 법무부장관은 자비구매물품의 품목·규격·가격 등의 교정시설 간 균형을 유지하고 공급과정의 효율성·공정성을 높이기 위하여 그 공급업무를 담당하는 법인 또는 개인을 지정할 수 있다. [2024. 5급 승진]
② 제1항에 따라 지정받은 법인 또는 개인은 그 업무를 처리하는 경우 교정시설의 안전과 질서유지를 위하여 선량한 관리자로서의 의무를 다하여야 한다.
③ 자비구매물품 공급업무의 담당자 지정 등에 관한 세부사항은 법무부장관이 정한다.

03 음식물 관리

(1) 음식물의 지급

제23조【음식물의 지급】① 소장은 수용자에게 건강상태, 나이, 부과된 작업의 종류, 그 밖의 개인적 특성을 고려하여 건강 및 체력을 유지하는 데에 필요한 음식물을 지급한다. [2024. 7급 승진] 총 2회 기출
② 음식물의 지급기준 등에 관하여 필요한 사항은 법무부령으로 정한다.

[시행령]

제27조【음식물의 지급】 법 제23조에 따라 수용자에게 지급하는 음식물은 주식·부식·음료, 그 밖의 영양물로 한다.

제28조【주식의 지급】 ① 수용자에게 지급하는 주식은 쌀로 한다.

② 소장은 쌀 수급이 곤란하거나 그 밖에 필요하다고 인정하면 주식을 쌀과 보리 등 잡곡의 혼합곡으로 하거나 대용식을 지급할 수 있다. [2017. 7급]

[시행규칙]

제10조【주식의 지급】 소장이 「형의 집행 및 수용자의 처우에 관한 법률 시행령」(이하 "영"이라 한다) 제28조 제2항에 따라 주식을 쌀과 보리 등 잡곡의 혼합곡으로 하거나 대용식을 지급하는 경우에는 법무부장관이 정하는 바에 따른다.

제11조【주식의 지급】 ① 수용자에게 지급하는 주식은 1명당 1일 390 그램을 기준으로 한다. [2024. 5급 승진] 총 3회 기출

② 소장은 수용자의 나이, 건강, 작업 여부 및 작업의 종류 등을 고려하여 필요한 경우에는 제1항의 지급 기준량을 변경할 수 있다.

③ 소장은 수용자의 기호 등을 고려하여 주식으로 빵이나 국수 등을 지급할 수 있다. [2024. 5급 승진] 총 6회 기출

제12조【주식의 확보】 소장은 수용자에 대한 원활한 급식을 위하여 해당 교정시설의 직전 분기 평균 급식 인원을 기준으로 1개월분의 주식을 항상 확보하고 있어야 한다. [2024. 5급 승진] 총 5회 기출

제13조【부식】 ① 부식은 주식과 함께 지급하며, 1명당 1일의 영양섭취기준량은 별표 2(19세 이상인 자와 19세 미만인 자로 구분)와 같다.

② 소장은 작업의 장려나 적절한 처우를 위하여 필요하다고 인정하는 경우 특별한 부식을 지급할 수 있다. [2024. 7급 승진]

제14조【주·부식의 지급횟수 등】 ① 주·부식의 지급횟수는 1일 3회로 한다.

② 수용자에게 지급하는 음식물의 총열량은 1명당 1일 2천500 킬로칼로리를 기준으로 한다. [2024. 5급 승진] 총 5회 기출

(2) 특식·환자식·대용식

[시행령]

제29조【특식의 지급】 소장은 국경일이나 그 밖에 이에 준하는 날에는 특별한 음식물을 지급할 수 있다. [2024. 7급 승진]

제30조【환자의 음식물】 소장은 의무관의 의견을 고려하여 환자에게 지급하는 음식물의 종류 또는 정도를 달리 정할 수 있다.

[시행규칙]

제15조【특식 등 지급】 ① 영 제29조에 따른 특식은 예산의 범위에서 지급한다.

② 소장은 작업시간을 3시간 이상 연장하는 경우에는 수용자에게 주·부식 또는 대용식 1회분을 간식으로 지급할 수 있다. [2024. 5급 승진] 총 8회 기출

⚖ 판례

구치소 측은 수용자들이 희망하는 경우에 한하여 그의 비용부담으로 외부업체에서 플라스틱 컵을 구매하여 당해 수용자에게 지급하였고, 수용자가 희망하지 않는 경우에는 세라믹 재질로 된 밥그릇에 식수를 제공하고 있는 사실을 확인할 수 있는바, 이러한 사정을 고려하면 플라스틱 컵 제공행위를 헌법소원의 대상이 되는 권력적 사실행위로 볼 수는 없다(헌재 2012.11.6. 2012헌마828).

단원별 지문 O X

01 평상복은 겨울옷 · 봄가을옷 · 여름옷을 수형자용, 미결수용자용 및 피보호감호자(종전의 「사회보호법」에 따라 보호감호선고를 받고 교정시설에 수용 중인 사람을 말한다)용과 남녀용으로 각각 구분하여 16종으로 한다. ( )   [2022. 7급 승진]

02 보조복은 위생복 · 조끼 및 비옷으로 구분하여 3종으로 한다. ( )   [2022. 7급 승진]

03 자비구매물품의 종류에는 의약품 및 의료용품도 포함된다. ( )   [2022. 7급 승진]

04 수용자가 자비로 구매하는 물품은 교화 또는 건전한 사회복귀에 적합하고 교정시설의 안전과 질서를 해칠 우려가 없는 것이어야 한다. ( )   [2022. 7급 승진]

05 소장은 수용자가 자비로 구매한 의류 · 침구, 그 밖의 생활용품을 보관한 후 그 수용자가 사용하게 할 수 있다. ( )
[2022. 7급 승진]

06 소장은 감염병(「감염병의 예방 및 관리에 관한 법률」에 따른 감염병을 말한다)의 유행 또는 수용자의 징벌집행 등으로 자비구매물품의 사용이 중지된 경우에는 구매신청을 제한하여야 한다. ( )   [2022. 7급 승진]

07 수용자에게 지급하는 주식은 1명당 1식 390그램을 기준으로 하며, 지급횟수는 1일 3회로 한다. ( ) [2022. 5급 승진]

08 소장은 작업시간을 3시간 이상 연장하는 경우에는 수용자에게 주 · 부식 또는 대용식 1회분을 간식으로 지급할 수 있다. ( )   [2022. 5급 승진]

09 소장은 수용자에 대한 원활한 급식을 위하여 해당 교정시설의 직전 반기 평균 급식 인원을 기준으로 1개월분의 주식을 항상 확보하고 있어야 한다. ( )   [2024. 5급 승진]

---

01 ✕ 수용자 의류의 품목은 평상복 · 특수복 · 보조복 · 의복부속물 · 모자 및 신발로 한다(형집행법 시행규칙 제4조).

02 ○ 형집행법 시행규칙 제4조

03 ○ 형집행법 시행규칙 제16조 제1항

04 ○ 형집행법 시행령 제31조

05 ○ 형집행법 시행령 제32조

06 ✕ 소장은 감염병(「감염병의 예방 및 관리에 관한 법률」에 따른 감염병을 말한다)의 유행 또는 수용자의 징벌집행 등으로 자비구매물품의 사용이 중지된 경우에는 구매신청을 제한할 수 있다(형집행법 시행규칙 제17조).

07 ✕ 수용자에게 지급하는 주식은 1명당 1일 390그램을 기준으로 하며, 지급횟수는 1일 3회로 한다(형집행법 시행규칙 제11조).

08 ○ 형집행법 시행규칙 제15조 제2항

09 ✕ 소장은 수용자에 대한 원활한 급식을 위하여 해당 교정시설의 직전 분기 평균 급식 인원을 기준으로 1개월분의 주식을 항상 확보하고 있어야 한다(형집행법 시행규칙 제12조).

> ★ **핵심정리** 보관금품관리

① 신입자 보관불허 휴대품 ② 지닐수 있는 범위 벗어난 물품 ③ 지닐수 있는 범위 벗어난 작성 · 집필 문서나 도화	① 발신 · 수신 금지 편지 ② 편지의 발신 · 수신 금지 사유에 해당하는 작성 · 집필한 문서나 도화	*금지물품
1. 지정하는 사람에게 보내거나 그 밖의 방법으로 처분하게 할 수 있다. 2. 상당기간 내 처분 않으면 폐기할 수 있다. 3. 장관이 정한 기간에 처분하지 않은 경우 본인에게 고지한 후 폐기한다. 4. 팔 경우 비용제외 대금 보관할 수 있다.	수용자에게 사유 알린 후 교정시설 보관 – 수용자 동의시 폐기할 수 있다.	수용자 알린 후 폐기 – 폐기 부적당한 물품 교정시설보관 or 수용자가 지정하는 사람에게 보내게 할 수 있다.

구분	사유	처리
불허와 수취거부	보낸 사람 알 수 없거나 주소 불분명 – 가져갈 것 공고	6개월 경과 – 국고귀속
사망 · 도주자 유류금품	사망 – 상속인, 도주 – 가족 알림	알림 1년 경과 – 국고귀속
석방시 일시보관	일정기간 보관 신청(1개월)	

01 의의

(1) 보관(영치)금(교정시설에 보관이 허가된 금원)

① **휴대금**: 신입자가 교도소 · 구치소 및 그 지소(교정시설)에 수용될 때에 지니고 있는 현금(자기앞수표를 포함한다)을 말한다.

② **전달금**: 수용자 이외의 사람이 수용자에게 보내온 금원을 말한다. 전달금에는 민원실에서 직접 입금신청하는 현금, 우편환, 금융기관을 통해 입금하는 금원 등으로 구분한다.

③ 그 밖에 법령에 따라 수용자에게 보내온 금원을 말한다.

(2) 보관(영치)품(교정시설에 보관이 허가된 물품)

① **휴대품**: 신입자가 교도소 · 구치소 및 그 지소(교정시설)에 수용될 때에 휴대한 물품을 말한다(시행령 제34조 제1항).

② **전달품**: 가족 등 수용자 외의 사람이 교정시설의 장의 허가를 받아 수용자에게 건넬 수 있는 물품을 말한다(규칙 제2조 제4호). 민원실에서 직접 차입 신청하는 전달품과 택배 등을 통해 송부하는 우송품이 있다.

③ **자비구매물품**: 수용자가 교정시설의 장의 허가를 받아 자신의 비용으로 구매할 수 있는 물품을 말한다(규칙 제2조 제1호).

④ **그 밖에 법령에 따라 수용자에게 보내온 물품**: 검찰청 등으로부터 환부된 물품을 말한다.

(3) 성질

① 보관(영치)은 행정상의 강제보관이다.
② 수용자의 재산권에 대한 지배권의 일시정지나 제한적인 성질을 가진다.
③ 권리제한에는 사용권의 제한, 수익권의 제한, 처분권의 제한을 포함한다.
▶ 보관은 소유권의 박탈이 아니다.

(4) 손해배상

보관물의 담당공무원이 관리·보관 등 공무집행에 있어, 고의 또는 과실로 손해를 가하였을 때에는 손해를 배상하여야 한다. 담당공무원이 중과실이 있을 경우에는 국가는 구상권을 가진다.

(5) 용어 정의

[시행규칙]
제2조 【정의】 이 규칙에서 사용하는 용어의 뜻은 다음과 같다.

1. 자비구매물품	수용자가 교도소·구치소 및 그 지소(교정시설)의 장의 허가를 받아 자신의 비용으로 구매할 수 있는 물품을 말한다.
2. 교정시설의 보관범위	수용자 1명이 교정시설에 보관할 수 있는 물품의 수량으로서 법무부장관이 정하는 범위를 말한다.
3. 수용자가 지닐 수 있는 범위	수용자 1명이 교정시설 안에서 지닌 채 사용할 수 있는 물품의 수량으로서 법무부장관이 정하는 범위를 말한다.
4. 전달금품	수용자 외의 사람이 교정시설의 장(소장)의 허가를 받아 수용자에게 건넬 수 있는 금품을 말한다.
5. 처우등급	수형자의 처우 및 관리와 관련하여 수형자를 수용할 시설, 수형자에 대한 계호의 정도, 처우의 수준 및 처우의 내용을 구별하는 기준을 말한다.
6. 외부통근자	건전한 사회복귀와 기술습득을 촉진하기 위하여 외부기업체 또는 교정시설 안에 설치된 외부기업체의 작업장에 통근하며 작업하는 수형자를 말한다.
7. 교정장비	교정시설 안(교도관이 교정시설 밖에서 수용자를 계호하고 있는 경우 그 장소를 포함한다)에서 사람의 생명과 신체의 보호, 도주의 방지 및 교정시설의 안전과 질서유지를 위하여 교도관이 사용하는 장비와 기구 및 그 부속품을 말한다.
8. 특별보관품	보관품 중 금·은·보석, 시계, 휴대전화, 인감도장, 유가증권, 주민등록증, 중요문서 등 귀중품으로서 특별히 보관할 가치가 있는 것을 말한다.

▶ 현금은 국고의 일시보관금으로 관리하며, 일정액이 넘는 금액에 대해서는 본인의 희망에 따라 이자가 있는 예금으로 예치하여 관리하고 있다.

02 휴대금품

(1) 휴대금품의 보관 등

제25조【휴대금품의 보관 등】① 소장은 수용자의 휴대금품을 교정시설에 보관한다. 다만, 휴대품이 다음 각 호의 어느 하나에 해당하는 것이면 수용자로 하여금 자신이 지정하는 사람에게 보내게 하거나 그 밖에 적당한 방법으로 처분하게 할 수 있다. [2017. 9급]

[보관 불허 휴대품](법 제25조 제1항 단서)
1. 썩거나 없어질 우려가 있는 것
2. 물품의 종류·크기 등을 고려할 때 보관하기에 적당하지 아니한 것
3. 사람의 생명 또는 신체에 위험을 초래할 우려가 있는 것
4. 시설의 안전 또는 질서를 해칠 우려가 있는 것
5. 그 밖에 보관할 가치가 없는 것

② 소장은 수용자가 제1항 단서에 따라 처분하여야 할 휴대품을 상당한 기간 내에 처분하지 아니하면 폐기할 수 있다.

[시행령]

제34조【휴대금품의 정의 등】① 법 제25조에서 "휴대금품"이란 신입자가 교정시설에 수용될 때에 지니고 있는 현금(자기앞수표를 포함한다. 이하 같다)과 휴대품을 말한다.
② 법 제25조 제1항 각 호의 어느 하나에 해당하지 아니한 신입자의 휴대품은 보관한 후 사용하게 할 수 있다.

제35조【금품의 보관】수용자의 현금을 보관하는 경우에는 그 금액을 보관금대장에 기록하고 수용자의 물품을 보관하는 경우에는 그 품목·수량 및 규격을 보관품대장에 기록해야 한다.

제36조【귀중품의 보관】소장은 보관품이 금·은·보석·유가증권·인장, 그 밖에 특별히 보관할 필요가 있는 귀중품인 경우에는 잠금장치가 되어 있는 견고한 용기에 넣어 보관해야 한다. [2023. 9급 경채] 총 3회 기출

제37조【보관품 매각대금의 보관】소장은 수용자의 신청에 따라 보관품을 팔 경우에는 그 비용을 제외한 나머지 대금을 보관할 수 있다. [2023. 9급 경채]

제44조【보관의 예외】음식물은 보관의 대상이 되지 않는다. [2014. 7급] 총 2회 기출

(2) 보관금의 사용 등

[시행령]

제38조【보관금의 사용 등】① 소장은 수용자가 그의 가족(배우자, 직계존비속 또는 형제자매를 말한다. 이하 같다) 또는 배우자의 직계존속에게 도움을 주거나 그 밖에 정당한 용도로 사용하기 위하여 보관금의 사용을 신청한 경우에는 그 사정을 고려하여 허가할 수 있다.
② 제1항에 따라 보관금을 사용하는 경우 발생하는 비용은 수용자가 부담한다.
③ 보관금의 출납·예탁(預託), 보관금품의 보관 등에 관하여 필요한 사항은 법무부장관이 정한다.

(3) 보관불허 휴대품 및 지닐 수 있는 범위를 벗어난 물품의 처리절차

제26조【수용자가 지니는 물품 등】① 수용자는 편지·도서, 그 밖에 수용생활에 필요한 물품을 법무부장관이 정하는 범위에서 지닐 수 있다. [2019. 6급 승진] 총 2회 기출
② 소장은 제1항에 따라 법무부장관이 정하는 범위를 벗어난 물품으로서 교정시설에 특히 보관할 필요가 있다고 인정하지 아니하는 물품은 수용자로 하여금 자신이 지정하는 사람에게 보내게 하거나 그 밖에 적당한 방법으로 처분하게 할 수 있다.
③ 소장은 수용자가 제2항에 따라 처분하여야 할 물품을 상당한 기간 내에 처분하지 아니하면 폐기할 수 있다.
▶ 휴대금품의 권리절차와 동일하다(법 제25조 참조).

[시행령]

제39조【지닐 수 없는 물품의 처리】법 제26조 제2항 및 제3항에 따라 지닐 수 있는 범위를 벗어난 수용자의 물품을 처분하거나 폐기하는 경우에는 제34조 제3항 및 제4항을 준용한다.
제34조【휴대금품의 정의 등】③ 법 제25조 제1항 단서에 따라 신입자의 휴대품을 팔 경우에는 그 비용을 제외한 나머지 대금을 보관할 수 있다. [2017. 9급]
④ 소장은 신입자가 법 제25조 제1항 각 호의 어느 하나에 해당하는 휴대품을 법무부장관이 정한 기간에 처분하지 않은 경우에는 본인에게 그 사실을 고지한 후 폐기한다.
제40조【물품의 폐기】수용자의 물품을 폐기하는 경우에는 그 품목·수량·이유 및 일시를 관계 장부에 기록하여야 한다. [2023. 9급 경채]

03 전달금품

(1) 전달금품 허가 기준

제27조【수용자에 대한 금품 전달】① 수용자 외의 사람이 수용자에게 금품을 건네줄 것을 신청하는 때에는 소장은 다음 각 호의 어느 하나에 해당하지 아니하면 허가하여야 한다.

[전달금품신청 불허사유](법 제27조 제1항)
1. 수형자의 교화 또는 건전한 사회복귀를 해칠 우려가 있는 때
2. 시설의 안전 또는 질서를 해칠 우려가 있는 때

② 소장은 수용자 외의 사람이 수용자에게 주려는 금품이 제1항 각 호의 어느 하나에 해당하거나 <u>수용자가 금품을 받지 아니하려는 경우</u>에는 해당 금품을 보낸 사람에게 되돌려 보내야 한다. [2019. 7급 승진]
③ 소장은 제2항의 경우에 금품을 보낸 사람을 알 수 없거나 보낸 사람의 주소가 불분명한 경우에는 금품을 다시 가지고 갈 것을 공고하여야 하며, 공고한 후 6개월이 지나도 금품을 돌려달라고 청구하는 사람이 없으면 그 금품은 국고에 귀속된다. [2019. 8급 승진] 총 2회 기출
④ 소장은 제2항(환송) 또는 제3항(공고, 국고귀속)에 따른 조치를 하였으면 그 사실을 수용자에게 알려 주어야 한다. [2019. 6급 승진] 총 2회 기출

[시행규칙]

제22조【전달금품의 허가】① 소장은 수용자 외의 사람이 수용자에게 금원(金員)을 건네줄 것을 신청하는 경우에는 현금·수표 및 우편환의 범위에서 허가한다. 다만, 수용자 외의 사람이 온라인으로 수용자의 예금계좌에 입금한 경우에는 금원을 건네줄 것을 허가한 것으로 본다.

② 소장은 수용자 외의 사람이 수용자에게 음식물을 건네줄 것을 신청하는 경우에는 법무부장관이 정하는 바에 따라 교정시설 안에서 판매되는 음식물 중에서 허가한다. 다만, 제30조 각 호에 해당하는 종교행사 및 제114조 각 호에 해당하는 교화프로그램의 시행을 위하여 특히 필요하다고 인정하는 경우에는 교정시설 안에서 판매되는 음식물이 아니더라도 건네줄 것을 허가할 수 있다.

③ 소장은 수용자 외의 사람이 수용자에게 음식물 외의 물품을 건네줄 것을 신청하는 경우에는 다음 각 호의 어느 하나에 해당하지 아니하면 법무부장관이 정하는 교정시설의 보관범위 및 수용자가 지닐 수 있는 범위에서 허가한다.

> **[음식물 외의 물품전달 신청시 불허사유]**(시행규칙 제22조 제3항)
> 1. 오감 또는 통상적인 검사장비로는 내부검색이 어려운 물품
> 2. 음란하거나 현란한 그림·무늬가 포함된 물품
> 3. 사행심을 조장하거나 심리적인 안정을 해칠 우려가 있는 물품
> 4. 도주·자살·자해 등에 이용될 수 있는 금속류, 끈 또는 가죽 등이 포함된 물품
> 5. 위화감을 조성할 우려가 있는 높은 가격의 물품
> 6. 그 밖에 수형자의 교화 또는 건전한 사회복귀를 해칠 우려가 있거나 교정시설의 안전 또는 질서를 해칠 우려가 있는 물품

(2) 전달허가물품의 검사와 사용

> **[시행령]**
>
> **제41조【금품전달 신청자의 확인】** 소장은 수용자가 아닌 사람이 법 제27조 제1항에 따라 수용자에게 금품을 건네줄 것을 신청하는 경우에는 그의 성명·주소 및 수용자와의 관계를 확인해야 한다.
>
> **제42조【전달 허가금품의 사용 등】** ① 소장은 법 제27조 제1항에 따라 수용자에 대한 금품의 전달을 허가한 경우에는 그 금품을 보관한 후 해당 수용자가 사용하게 할 수 있다. [2024. 9급]
> ② 법 제27조 제1항에 따라 수용자에게 건네주려고 하는 금품의 허가범위 등에 관하여 필요한 사항은 법무부령으로 정한다.
>
> **제43조【전달 허가물품의 검사】** 소장은 법 제27조 제1항에 따라 건네줄 것을 허가한 물품은 검사할 필요가 없다고 인정되는 경우가 아니면 교도관으로 하여금 검사하게 해야 한다. 이 경우 그 물품이 의약품인 경우에는 의무관으로 하여금 검사하게 해야 한다. [2017. 9급] 총 2회 기출
>
> **[시행규칙]**
>
> **제207조【물품전달 제한】** 소장은 수용자 외의 사람이 마약류수용자에게 물품을 건네줄 것을 신청하는 경우에는 마약류 반입 등을 차단하기 위하여 신청을 허가하지 않는다. 다만, 다음 각 호의 어느 하나에 해당하는 물품을 건네줄 것을 신청한 경우에는 예외로 할 수 있다.
>
> > **[마약류수용자 전달가능 물품]**(시행규칙 제207조)
> > 1. 법무부장관이 정하는 바에 따라 교정시설 안에서 판매되는 물품
> > 2. 그 밖에 마약류 반입을 위한 도구로 이용될 가능성이 없다고 인정되는 물품
>
> **제208조【보관품 등 수시점검】** 담당교도관은 마약류수용자의 보관품 및 지니는 물건의 변동 상황을 수시로 점검하고, 특이사항이 있는 경우에는 감독교도관에게 보고해야 한다.

04 유류금품의 처리와 석방시 반환

(1) 사망자와 도주자의 유류금품

제28조【유류금품의 처리】① 소장은 사망자 또는 도주자가 남겨두고 간 금품이 있으면 사망자의 경우에는 그 상속인에게, 도주자의 경우에는 그 가족에게 그 내용 및 청구절차 등을 알려 주어야 한다. 다만, 썩거나 없어질 우려가 있는 것은 폐기할 수 있다. [2024. 9급]
② 소장은 상속인 또는 가족이 제1항의 금품을 내어달라고 청구하면 지체 없이 내어주어야 한다. 다만, 제1항에 따른 알림을 받은 날(알려줄 수가 없는 경우에는 청구사유가 발생한 날)부터 1년이 지나도 청구하지 아니하면 그 금품은 국고에 귀속된다. [2019. 8급 승진] 총 2회 기출

[시행령]

제45조【유류금품의 처리】① 소장은 사망자의 유류품을 건네받을 사람이 원거리에 있는 등 특별한 사정이 있는 경우에는 유류품을 받을 사람의 청구에 따라 유류품을 팔아 그 대금을 보낼 수 있다.
② 법 제28조에 따라 사망자의 유류금품을 보내거나 제1항에 따라 유류품을 팔아 대금을 보내는 경우에 드는 비용은 유류금품의 청구인이 부담한다. [2024. 9급]

(2) 석방시 일시보관금품의 반환 등

제29조【보관금품의 반환 등】① 소장은 수용자가 석방될 때 제25조에 따라 보관하고 있던 수용자의 휴대금품을 본인에게 돌려주어야 한다. 다만, 보관품을 한꺼번에 가져가기 어려운 경우 등 특별한 사정이 있어 수용자가 석방 시 소장에게 일정 기간 동안(1개월 이내의 범위로 한정한다) 보관품을 보관하여 줄 것을 신청하는 경우에는 그러하지 아니하다.
② 제1항 단서에 따른 보관 기간이 지난 보관품에 관하여는 제28조(유류금품의 처리)를 준용한다. 이 경우 "사망자" 및 "도주자"는 "피석방자"로, "금품"은 "보관품"으로, "상속인" 및 "가족"은 "피석방자 본인 또는 가족"으로 본다. [2019. 8급 승진]

⊕PLUS 폐기대상 물품 정리

1. 처분대상 휴대품의 폐기(법 제25조 제2항, 시행령 제34조 제4항)
2. 법무부장관이 정하는 범위를 벗어나 지닐 수 없는 물품 중 보관할 필요 없는 물품(법 제26조 제3항)
3. 유류금품 중 썩거나 없어질 우려가 있는 것(법 제28조 제1항)
4. 피석방자가 보관하여 줄 것을 신청한 보관품의 보관 기간이 지난 경우, 썩거나 없어질 우려가 있는 것(법 제29조 제2항)
5. 수용자가 지닐 수 없는 금지물품 중 형사절차에 따라 처리할 물품을 제외한 물품(법 제92조 및 제93조 제5항)
6. 발신 또는 수신이 금지된 편지·집필문서·도화에 대한 수용자 동의 시(법 제43조 제7항, 법 제49조 제3항)
7. 소유자가 분명하지 아니한 도서의 폐기(시행규칙 제36조 제2항)

⚖ 판례 |

[1] 형집행법상 교도소 등의 장이 수용자의 영치금품(보관금품) 사용을 허용한 이후에 이를 지출하는 행위 자체는 공법상의 행정처분이 아니라 사경제의 주체로서 행하는 사법상의 법률행위 또는 사실행위에 불과하므로 헌법소원의 대상이 되는 공권력의 행사로 볼 수 없다. 따라서 피청구인이 청구인의 영치금품 사용신청을 받고 동 신청에 따라 이를 지출한 등기우편발송료 과다지출행위는 헌법소원심판의 청구대상으로서의 공권력에는 해당된다고 볼 수 없다(헌재 2004.8.31. 2004헌마674).

[2] 청구인에게 소포로 송부되어 온 단추 달린 남방형 티셔츠에 대하여 이를 청구인에게 교부하지 아니한 채 영치(보관), 즉 휴대를 불허한데 대하여 불허행위는 이른바 권력적 사실행위로서 행정청이 행하는 구체적 사실에 대한 법집행으로서의 공권력의 행사에 해당한다(헌재 2003.5.27. 2003헌마329).

[3] 원고의 긴 팔 티셔츠 2개(영치품)에 대한 사용신청 불허처분 이후 이루어진 원고의 다른 교도소로의 이송이라는 사정에 의하여 원고의 권리와 이익의 침해 등이 해소되지 아니한 점, 원고의 형기가 만료되기까지는 아직 상당한 기간이 남아 있을 뿐만 아니라, ○○교도소가 전국 교정시설의 결핵 및 정신질환 수형자들을 수용·관리하는 의료교도소인 사정을 감안할 때 원고의 ○○교도소로의 재이송 가능성이 소멸하였다고 단정하기 어려운 점 등을 종합하면, 원고로서는 영치품 사용신청 불허처분의 취소를 구할 이익이 있다(대법원 2008.2.14. 2007두13203). [2017. 7급]

단원별 지문 O X

01 소장은 수용자가 석방될 때 보관하고 있던 수용자의 휴대금품을 본인에게 돌려주어야 한다. 다만, 보관품을 한꺼번에 가져가기 어려운 경우 등 특별한 사정이 있어 수용자가 석방 시 소장에게 일정 기간 동안(3개월 이내의 범위로 한정한다) 보관품을 보관하여 줄 것을 신청하는 경우에는 그러하지 아니하다. (　　) [2024. 9급]

02 소장은 수용자 외의 사람이 신청한 수용자에 대한 금품의 전달을 허가한 경우 그 금품을 지체 없이 수용자에게 전달하여 사용하게 하여야 한다. (　　) [2024. 9급]

03 소장은 수용자의 휴대금품을 교정시설에 보관한다. 다만, 휴대품이 썩거나 없어질 우려가 있는 것이면 수용자로 하여금 자신이 지정하는 사람에게 보내게 하거나 그 밖에 적당한 방법으로 처분하게 할 수 있다. (　　) [2017. 9급]

04 소장은 신입자의 휴대품을 팔 경우에는 그 비용을 제외한 나머지 대금을 보관할 수 있다. (　　) [2017. 9급]

05 소장은 수용자의 보관품이 인장인 경우에는 잠금장치가 되어 있는 견고한 용기에 넣어 보관하여야 한다. (　　) [2017. 9급]

06 소장은 수용자 이외의 사람의 신청에 따라 수용자에게 건네줄 것을 허가한 물품은 교도관으로 하여금 검사하게 할 필요가 없으나, 그 물품이 의약품인 경우에는 의무관으로 하여금 검사하게 해야 한다. (　　) [2017. 9급]

07 휴대금품이란 신입자가 교정시설에 수용될 때에 지니고 있는 현금(자기앞수표를 포함한다)과 휴대품을 말한다. (　　) [2022. 7급 승진]

---

01 ✕ 소장은 수용자가 석방될 때 보관하고 있던 수용자의 휴대금품을 본인에게 돌려주어야 한다. 다만, 보관품을 한꺼번에 가져가기 어려운 경우 등 특별한 사정이 있어 수용자가 석방 시 소장에게 일정 기간 동안(1개월 이내의 범위로 한정한다) 보관품을 보관하여 줄 것을 신청하는 경우에는 그러하지 아니하다(형집행법 제29조 제1항).

02 ✕ 소장은 수용자 외의 사람이 수용자에게 금품을 건네줄 것을 신청하여 수용자에 대한 금품의 전달을 허가한 경우에는 그 금품을 보관한 후 해당 수용자가 사용하게 할 수 있다(형집행법 시행령 제42조 제1항).

03 ○ 형집행법 제25조 제1항

04 ○ 형집행법 시행령 제34조 제3항

05 ✕ 소장은 보관품이 금·은·보석·유가증권·인장, 그 밖에 특별히 보관할 필요가 있는 귀중품인 경우에는 잠금장치가 되어 있는 견고한 용기에 넣어 보관해야 한다(형집행법 시행령 제36조).

06 ✕ 소장은 수용자 외의 사람의 신청에 따라 수용자에게 건네줄 것을 허가한 물품은 검사할 필요가 없다고 인정되는 경우가 아니면 교도관으로 하여금 검사하게 해야 한다. 이 경우 그 물품이 의약품인 경우에는 의무관으로 하여금 검사하게 해야 한다(형집행법 시행령 제43조).

07 ○ 형집행법 시행령 제34조 제1항

08 소장은 사망자 또는 도주자가 남겨두고 간 금품이 있으면 사망자의 경우에는 그 상속인에게, 도주자의 경우에는 그 가족에게 그 내용 및 청구절차 등을 알려 주어야 한다. 다만, 썩거나 없어질 우려가 있는 것은 폐기할 수 있다. (   )

[2022. 7급 승진]

09 수용자 외의 사람이 수용자에게 금품을 건네줄 것을 신청하는 때에는 소장은 수형자의 교화 또는 건전한 사회복귀를 해칠 우려가 있거나 시설의 안전 또는 질서를 해칠 우려가 있는 때가 아니면 허가할 수 있다. (   )   [2022. 7급 승진]

10 소장은 수용자의 신청에 따라 보관품을 팔 경우에는 그 비용을 제외한 나머지 대금을 보관할 수 있다. (   )

[2022. 7급 승진]

11 소장은 사망자 또는 도주자가 남겨두고 간 금품이 있으면 사망자의 경우에는 그 상속인에게, 도주자의 경우에는 그 가족에게 그 내용 및 청구절차 등을 알려 주어야 한다. 다만, 썩거나 없어질 우려가 있는 것은 폐기할 수 있다. (   )

[2024. 9급]

12 소장은 사망자의 유류품을 건네받을 사람이 원거리에 있는 등 특별한 사정이 있는 경우에는 유류품을 팔아 그 대금을 보내야 한다. (   )   [2024. 9급]

---

08 ○   형집행법 제28조 제1항
09 ×   수용자 외의 사람이 수용자에게 금품을 건네줄 것을 신청하는 때에는 소장은 수형자의 교화 또는 건전한 사회복귀를 해칠 우려가 있거나 시설의 안전 또는 질서를 해칠 우려가 있는 때가 아니면 허가하여야 한다(형집행법 제27조 제1항).
10 ○   형집행법 시행령 제37조
11 ○   형집행법 제28조 제1항
12 ×   소장은 사망자의 유류품을 건네받을 사람이 원거리에 있는 등 특별한 사정이 있는 경우에는 유류품을 받을 사람의 청구에 따라 유류품을 팔아 그 대금을 보낼 수 있다(형집행법 시행령 제45조 제1항).

제7장 위생과 의료

제1절 교정의료 개요

01 교정의료

(1) 의의
① 교정시설에 수용되어 있는 수용자에 대한 보건위생 및 의료의 제공을 총칭한다.
② 수용자의 건강유지는 각종 교정처우의 성공적인 시행과 수용자의 안정적인 사회복귀를 돕는 가장 기본적인 처우이다.

(2) 교정시설의 진료환경

> **제39조【진료환경 등】** ① 교정시설에는 수용자의 진료를 위하여 필요한 의료 인력과 설비를 갖추어야 한다.
> ② 소장은 정신질환이 있다고 의심되는 수용자가 있으면 정신건강의학과 의사의 진료를 받을 수 있도록 하여야 한다.
> ③ 외부의사는 수용자를 진료하는 경우에는 법무부장관이 정하는 사항을 준수하여야 한다.
> ④ 교정시설에 갖추어야 할 의료설비의 기준에 관하여 필요한 사항은 법무부령으로 정한다.
>
> **[시행규칙]**
>
> **제23조【의료설비의 기준】** ① 교정시설에는 「의료법」 제3조에 따른 의료기관 중 의원(醫院)이 갖추어야 하는 시설 수준 이상의 의료시설(진료실 등의 의료용 건축물을 말한다. 이하 같다)을 갖추어야 한다.
> ② 교정시설에 갖추어야 하는 의료장비(혈압측정기 등의 의료기기를 말한다)의 기준은 별표 3과 같다.
> [2024. 7급 승진]
>
> **[별표 3] 의료장비 기준** [2024. 7급 승진]
>
> | ㉠ 일반장비 | 청진기, 체온계, 혈압계, 체중계, 신장계, 고압증기멸균기 |
> |---|---|
> | ㉡ 진단장비 | 진단용 엑스선촬영장치, 심전계, 혈당측정기 |
> | ㉢ 처치장비 | 심장충격기, 산소공급기, 상처소독용(dressing) 이동식 밀차 |
> | ㉣ 그 밖의 장비 | 휠체어, 환자운반기, 약품포장기, 의료용 필름현상기 |
>
> ③ 의료시설의 세부종류 및 설치기준은 법무부장관이 정한다.
>
> **제24조【비상의료용품 기준】** ① 소장은 수용정원과 시설여건 등을 고려하여 적정한 양의 비상의료용품을 갖추어 둔다.
> ② 교정시설에 갖추어야 하는 비상의료용품의 기준은 별표 4와 같다.

[별표 4] 비상의료용품 기준

외과용 기구	의료용 핀셋, 의료용 가위, 의료용 칼, 봉합사, 지혈대, 의료용 장갑, 위장용 튜브 도관, 비뇨기과용 튜브 도관, 수액세트, 수액거치대, 마스크, 수술포, 청진기, 체온계, 타진기(신체를 두드려서 진단하는 데에 쓰는 의료기구), 혈당측정기, 혈압계, 혀누르개(설압자)
구급용품	붕대, 탄력붕대, 부목, 반창고, 거즈, 화상거즈, 탈지면, 1회용 주사기
구급의약품	바세린, 포타딘(potadine), 리도카인(lidocaine: 국소 마취제로 쓰는 흰색이나 연노란색의 결정), 수액제, 항생제, 지혈제, 강심제, 진정제, 진경제, 해열진통제, 혈압강하제, 비타민제

02 소장의 공중위생 의무

(1) 소장의 위생 · 의료 조치

제30조【위생 · 의료 조치의무】소장은 수용자가 건강한 생활을 하는 데에 필요한 위생 및 의료상의 적절한 조치를 하여야 한다.

제31조【청결유지】소장은 수용자가 사용하는 모든 설비와 기구가 항상 청결하게 유지되도록 하여야 한다.

[시행령]

제46조【보건 · 위생관리계획의 수립 등】소장은 수용자의 건강, 계절 및 시설여건 등을 고려하여 보건 · 위생관리계획을 정기적으로 수립하여 시행하여야 한다.

제47조【시설의 청소 · 소독】① 소장은 거실 · 작업장 · 목욕탕, 그 밖에 수용자가 공동으로 사용하는 시설과 취사장, 주식 · 부식 저장고, 그 밖에 음식물 공급과 관련된 시설을 수시로 청소 · 소독하여야 한다. [2020. 5급 승진]
② 소장은 저수조 등 급수시설을 6개월에 1회 이상 청소 · 소독하여야 한다. [2024. 5급 승진] 총 2회 기출

(2) 운동 및 목욕

제33조【운동 및 목욕】① 소장은 수용자가 건강유지에 필요한 운동 및 목욕을 정기적으로 할 수 있도록 하여야 한다.
② 운동시간 · 목욕횟수 등에 관하여 필요한 사항은 대통령령으로 정한다.

[시행령]

제49조【실외운동】소장은 수용자가 매일(공휴일 및 법무부장관이 정하는 날은 제외한다)「국가공무원 복무규정」제9조에 따른 근무시간 내에서 1시간 이내의 실외운동을 할 수 있도록 하여야 한다. 다만, 다음 각 호의 어느 하나에 해당하면 실외운동을 실시하지 아니할 수 있다.

[실외운동 예외](시행령 제49조) [2020. 5급 승진] 총 5회 기출
1. 작업의 특성상 실외운동이 필요 없다고 인정되는 때
2. 질병 등으로 실외운동이 수용자의 건강에 해롭다고 인정되는 때
3. 우천, 수사, 재판, 그 밖의 부득이한 사정으로 실외운동을 하기 어려운 때

제50조【목욕횟수】소장은 작업의 특성, 계절, 그 밖의 사정을 고려하여 수용자의 목욕횟수를 정하되 부득이한 사정이 없으면 매주 1회 이상이 되도록 한다. [2020. 5급 승진] 총 6회 기출

제77조【여성수용자의 목욕】 ① 소장은 제50조에 따라 여성수용자의 목욕횟수를 정하는 경우에는 그 신체적 특성을 특히 고려하여야 한다. [2018. 8급 승진] 총 2회 기출
② 소장은 여성수용자가 목욕을 하는 경우에 계호가 필요하다고 인정하면 여성교도관이 하도록 하여야 한다.

03 수용자의 청결의무 등

제32조【청결의무】 ① 수용자는 자신의 신체 및 의류를 청결히 하여야 하며, 자신이 사용하는 거실·작업장, 그 밖의 수용시설의 청결유지에 협력하여야 한다.
② 수용자는 위생을 위하여 머리카락과 수염을 단정하게 유지하여야 한다.
  ▶ 미결수용자의 머리카락과 수염은 특히 필요한 경우가 아니면 본인의 의사에 반하여 짧게 깎지 못한다(형집행법 제83조).

[시행령]
제48조【청결의무】 수용자는 교도관이 법 제32조 제1항에 따라 자신이 사용하는 거실, 작업장, 그 밖의 수용시설의 청결을 유지하기 위하여 필요한 지시를 한 경우에는 이에 따라야 한다.

⚖ 판례

[1] 교도소장이 수형자에 대하여 지속적이고 조직적으로 실시한 생활지도 명목의 이발 지도행위 및 앞머리는 눈썹이 보이도록, 옆머리는 귀를 가리지 않도록, 뒷머리는 목을 가리지 않도록 실시한 이발행위는 공권력의 행사라고 보기 어렵다(헌재 2012.4.24. 2010헌마751).

[2] 구치소의 수용거실 내에 온수사용설비를 설치할 작위의무는 헌법 명문상 규정되어 있지 않을 뿐만 아니라, 헌법 해석상으로도 그러한 구체적인 작위의무가 발생한다고 보기 어렵다. 또한 형집행법 제33조 제1항은 '소장은 수용자가 건강유지에 필요한 목욕을 정기적으로 할 수 있도록 하여야 한다'고 규정하고 있을 뿐 더 나아가 수용거실 내 온수사용설비를 설치할 작위의무가 구체적으로 규정되어 있다고 보기 어렵다. 따라서 구치소의 장 등이 수용시설 내에 온수사용설비를 설치하지 아니한 부작위는 헌법소원의 대상이 되는 공권력의 불행사에 해당하지 아니한다(헌재 2019.1.22. 2019헌마27). [2024. 5급 승진]

단원별 지문 O X

01 교정시설에는 수용자의 진료를 위하여 필요한 의료 인력과 설비를 갖추어야 한다. (   ) [2023. 7급 승진]

02 교정시설에 갖추어야 할 의료설비의 기준에 관하여 필요한 사항은 법무부령으로 정한다. (   ) [2023. 7급 승진]

03 수용자는 자신의 신체 및 의류를 청결히 하여야 하며, 자신이 사용하는 거실·작업장, 그 밖의 수용시설의 청결유지에 협력하여야 하며, 위생을 위하여 머리카락과 수염을 단정하게 유지하여야 한다. (   ) [2021. 7급]

04 구치소의 수용거실 내에 온수사용설비를 설치할 작위의무는 헌법 명문상 규정되어 있지 않지만, 형집행법 제33조 제1항을 살펴보면 소장의 작위의무가 발생한다고 볼 수 있다. (   ) [2024. 5급 승진]

---

01 ○ 형집행법 제39조 제1항

02 ○ 형집행법 제39조 제4항

03 ○ 형집행법 제32조 제1항·제2항

04 × 구치소의 장 등이 수용시설 내에 온수사용설비를 설치하지 아니한 부작위는 헌법소원의 대상이 되는 공권력의 불행사에 해당하지 아니한다(헌재 2019.1.22. 2019헌마27).

01 건강진단과 건강검진

> ★ **핵심정리** 건강검진 대상자
>
> | 대상자 | 횟수 및 근거 |
> |---|---|
> | 수용자 | 1년 1회 이상(시행령 제51조 제1항) |
> | • 19세 미만의 수용자
• 계호상 독거수용자
• 65세 이상의 노인수용자
• 소년수용자(소년교도소 계속수용 수형자) | 6개월 1회 이상(시행령 제51조),
(시행규칙 제47조 제2항), (시행규칙 제59조의7) |
> | 임산부인 수용자 | 정기적인 검진(법 제52조) |
>
> ▶ **신입자**: 건강진단 대상자

(1) 신입자 건강진단

> **제16조【신입자의 수용 등】** ② 소장은 신입자에 대하여는 지체 없이 신체·의류 및 휴대품을 검사하고 건강진단을 하여야 한다. [2018. 8급 승진] 총 3회 기출
> ③ 신입자는 제2항에 따라 소장이 실시하는 검사 및 건강진단을 받아야 한다. [2015. 7급]
>
> [시행령]
> **제15조【신입자의 건강진단】** 법 제16조 제2항에 따른 신입자의 건강진단은 수용된 날부터 3일 이내에 하여야 한다. 다만, 휴무일이 연속되는 등 부득이한 사정이 있는 경우에는 예외로 한다. [2019. 8급 승진] 총 5회 기출

(2) 정기 건강검진

> **제34조【건강검진】** ① 소장은 수용자에 대하여 건강검진을 정기적으로 하여야 한다.
> ② 건강검진의 횟수 등에 관하여 필요한 사항은 대통령령으로 정한다. [2011. 7급] 총 2회 기출
> **제50조【여성수용자의 처우】** ② 소장은 여성수용자에 대하여 건강검진을 실시하는 경우에는 나이·건강 등을 고려하여 부인과질환에 관한 검사를 포함시켜야 한다.
>
> [시행령]
> **제51조【건강검진횟수】** ① 소장은 수용자에 대하여 1년에 1회 이상 건강검진을 하여야 한다. 다만, 19세 미만의 수용자와 계호상 독거수용자에 대하여는 6개월에 1회 이상 하여야 한다. [2024. 5급 승진] 총 12회 기출
> ② 제1항의 건강검진은 「건강검진기본법」 제14조에 따라 지정된 건강검진기관에 의뢰하여 할 수 있다.
>
> [시행규칙]
> **제47조【전문의료진 등】** ② 소장은 노인수용자에 대하여 6개월에 1회 이상 건강검진을 하여야 한다(소년수용자 준용).

02 일반진료

(1) 의의

진료란 진찰과 치료를 함께 일컫는 용어로 교정시설에서의 진료는 순회진료, 동행진료, 외부의사 초빙진료, 원격화상진료, 외부의료시설진료(입원포함) 등으로 구분할 수 있다.

(2) 부상자 등 치료

제36조 【부상자 등 치료】 ① 소장은 수용자가 부상을 당하거나 질병에 걸리면 적절한 치료를 받도록 하여야 한다. [2017. 5급 승진]

② 제1항의 치료를 위하여 교정시설에 근무하는 간호사는 야간 또는 공휴일 등에 「의료법」 제27조(무면허 의료행위 등 금지)에도 불구하고 대통령령으로 정하는 경미한 의료행위를 할 수 있다. [2024. 5급 승진] 총 2회 기출

[시행령]

제54조의2 【간호사의 의료행위】 법 제36조 제2항에서 "대통령령으로 정하는 경미한 의료행위"란 다음 각 호의 의료행위를 말한다.

> [간호사의 경미한 의료행위](시행령 제54조의2) [2020. 6급 승진] 총 4회 기출
>
> 1. 외상 등 흔히 볼 수 있는 상처의 치료
> 2. 응급을 요하는 수용자에 대한 응급처치
> 3. 부상과 질병의 악화방지를 위한 처치
> 4. 환자의 요양지도 및 관리
> 5. 1부터 4까지의 의료행위에 따르는 의약품의 투여

---

03 외부의사진료

(1) 외부의료시설 진료 및 치료감호시설 이송

제37조 【외부의료시설 진료 등】 ① 소장은 수용자에 대한 적절한 치료를 위하여 필요하다고 인정하면 교정시설 밖에 있는 의료시설(이하 "외부의료시설"이라 한다)에서 진료를 받게 할 수 있다. [2024. 5급 승진] 총 6회 기출

② 소장은 수용자의 정신질환 치료를 위하여 필요하다고 인정하면 법무부장관의 승인을 받아 치료감호시설로 이송할 수 있다. [2021. 9급] 총 6회 기출

③ 제2항에 따라 이송된 사람은 수용자에 준하여 처우한다.

④ 소장은 제1항 또는 제2항에 따라 수용자가 외부의료시설에서 진료받거나 치료감호시설로 이송되면 그 사실을 그 가족(가족이 없는 경우에는 수용자가 지정하는 사람)에게 지체 없이 알려야 한다. 다만, 수용자가 알리는 것을 원하지 아니하면 그러하지 아니하다. [2024. 7급 승진] 총 2회 기출

제38조 【자비치료】 소장은 수용자가 자신의 비용으로 외부의료시설에서 근무하는 의사(이하 "외부의사"라 한다)에게 치료받기를 원하면 교정시설에 근무하는 의사(공중보건의사를 포함하며, 이하 "의무관"이라 한다)의 의견을 고려하여 이를 허가할 수 있다. [2017. 9급]

[시행령]

제57조 【외부 의료시설 입원 등 보고】 소장은 법 제37조 제1항에 따라 수용자를 외부 의료시설에 입원시키거나 입원 중인 수용자를 교정시설로 데려온 경우에는 그 사실을 법무부장관에게 지체 없이 보고하여야 한다. (가족알림 ×) [2019. 7급] 총 2회 기출

📚 판례 Ⅰ

[1] 외부의료시설 진료 후 환소차를 기다리는 과정에서 병원 밖 주차장 의자에 앉아 있을 것을 지시한 행위는 외부의료시설 진료에 이미 예정되어 있던 부수적 행위로서 강제성의 정도가 미약한 단순한 비권력적 사실행위에 불과하다(헌재 2012.10.25. 2011헌마429).

[2] 청구인에게는 교도소장에게 자비로 외부의료시설의 치료를 요구할 법상 혹은 조리상의 신청권이 인정된다 할 것이고 이를 거부한 교도소장의 거부행위는 행정심판 및 행정소송의 대상이 되고 따라서 구제절차를 거치지 아니한 채 곧바로 제기한 이 사건 심판청구는 보충성 요건을 흠결하여 부적법하다(헌재 2013.7.30. 2013헌마477).

(2) 외부의사 초빙진료와 원격진료 등

제39조【진료환경 등】③ 외부의사는 수용자를 진료하는 경우에는 법무부장관이 정하는 사항을 준수하여야 한다.

[시행령]

제55조【외부의사의 치료】소장은 특히 필요하다고 인정하면 외부 의료시설에서 근무하는 의사(이하 "외부의사"라 한다)에게 수용자를 치료하게 할 수 있다.

04 치료비 구상과 의사에 반하는 의료조치

(1) 치료비 구상요건(고의 또는 중대한 과실)

제37조【외부의료시설 진료 등】⑤ 소장은 수용자가 자신의 고의 또는 중대한 과실로 부상 등이 발생하여 외부의료시설에서 진료를 받은 경우에는 그 진료비의 전부 또는 일부를 그 수용자에게 부담하게 할 수 있다.
[2024. 5급 승진] 총 6회 기출

▶ 민법 제492조(상계의 요건), 제493조(상계의 방법 효과) 등 민법상 상계를 통한 징수절차를 적용한다. 상계되는 쌍방의 채무는 국가에 대한 수용자의 의료비 상환 채무와 수용자에 대한 국가의 보관금 반환 채무이다. 상계는 단독행위이므로 법원의 판결이나 명령, 수용자의 동의 또는 승낙이 필요없다.

(2) 수용자의 의사에 반하는 의료조치 [2024. 5급 승진]

제40조【수용자의 의사에 반하는 의료조치】① 소장은 수용자가 진료 또는 음식물의 섭취를 거부하면 의무관으로 하여금 관찰·조언 또는 설득을 하도록 하여야 한다.

② 소장은 제1항의 조치에도 불구하고 수용자가 진료 또는 음식물의 섭취를 계속 거부하여 그 생명에 위험을 가져올 급박한 우려가 있으면 의무관으로 하여금 적당한 진료 또는 영양보급 등의 조치를 하게 할 수 있다. [2019. 6급 승진] 총 4회 기출

▶ 의무관은 적당한 진료 또는 영양보급 등의 조치를 위하여 필요하다고 인정하는 경우에는 의료과에 근무하는 교정직 교도관 (의료과에 근무하는 교정직 교도관이 없거나 부족한 경우에는 당직간부)에게 강제력의 행사를 하도록 요청할 수 있다. 요청을 받은 교정직 교도관 또는 당직간부는 특별한 사정이 없으면 요청에 응하여 적절한 조치를 하여야 한다(직무규칙 제79조 제2항).

⚖ 판례 |

[1] 강제적 의료조치에 대한 위헌 확인(소극)

교도소장으로 하여금 수용자의 의사에 반하는 의료조치를 취할 수 있도록 규정한 형집행법 제40조 제2 항은 소장에게 재량의 여지를 부여하고 있으므로, 위 조항으로 인한 기본권 침해는 소장의 개별·구체 적인 의료조치에 의하여 비로소 현실화되는 것일 뿐 위 조항 자체에 의하여 직접 기본권이 침해되는 것 으로 볼 수 없다(헌재 2011.8.30. 2011헌마432).

[2]

교정시설의 의무관은 수용자에 대한 진찰·진료 등의 의료행위를 하는 경우 수용자의 생명·신체·건강 을 관리하는 업무의 성질에 비추어 환자의 구체적인 증상이나 상황에 따라 위험을 방지하기 위하여 요 구되는 최선의 조치를 행하여야 할 주의의무가 있을 뿐, 그 구체적인 치료 방법에 있어서는 의학적인 소견과 형의 집행 및 수용자의 처우와 관련된 판단에 따르는 것이므로, 헌법상 구치소장에게 수용자가 원하는 특정한 치료방법에 따른 치료행위를 하여야 할 작위의무가 있다고 보기는 어렵다(헌재 2013.7.16. 2013헌마446).

[3]

교도소장이 수형자의 정신과진료 현장과 정신과 화상진료 현장에 각각 간호직교도관을 입회시킨 동행 계호행위는 교정사고를 예방하고 수용자 및 진료 담당 의사의 신체 등을 보호하기 위한 것이다. 청구인 이 상습적으로 교정질서 문란행위를 저지른 전력이 있는 점, 정신질환의 증상으로 자해 또는 타해 행동 이 나타날 우려가 있는 점, 교정시설은 수형자의 교정교화와 건전한 사회복귀를 도모하기 위한 시설로 서 정신질환자의 치료 중심 수용 환경 조성에는 한계가 있는 점 등을 고려하면 이 사건 동행계호행위는 과잉금지원칙에 반하여 청구인의 사생활의 비밀과 자유를 침해하지 않는다(헌재 2024.1.25. 2020헌마1725).

단원별 지문 O X

01 소장은 19세 미만의 수용자에 대하여는 1년에 1회 건강검진을 하여야 한다. (　　) [2022. 6급 승진]

02 소장은 수용자가 부상을 당하거나 질병에 걸린 경우에는 그 수용자를 의료거실에 수용하거나, 다른 수용자에게 그 수용자를 간병하게 할 수 있다. (　　) [2022. 6급 승진]

03 소장은 수용자가 외부의료시설에서 진료받거나 치료감호시설로 이송되면 그 사실을 그 가족(가족이 없는 경우에는 수용자가 지정하는 사람)에게 지체 없이 알려야 한다. 다만, 수용자가 알리는 것을 원하지 아니하면 그러하지 아니하다. (　　) [2021. 7급]

04 소장은 수용자의 정신질환 치료를 위하여 필요하다고 인정하면 직권으로 치료감호시설로 이송할 수 있다. (　　) [2021. 7급]

05 소장은 수용자가 자신의 고의 또는 중대한 과실로 부상 등이 발생하여 외부의료시설에서 진료를 받은 경우에는 그 진료비의 전부 또는 일부를 그 수용자에게 부담하게 하여야 한다. (　　) [2023. 7급 승진]

06 소장은 수용자가 진료 또는 음식물의 섭취를 거부하면 의무관으로 하여금 적당한 진료 또는 영양보급 등의 조치를 하게 하여야 한다. (　　) [2023. 7급 승진]

---

01 ✕ 소장은 수용자에 대하여 1년에 1회 이상 건강검진을 하여야 한다. 다만, 19세 미만의 수용자와 계호상 독거수용자에 대하여는 6개월에 1회이상 하여야 한다(형집행법 시행령 제51조).

02 ○ 형집행법 시행령 제54조

03 ○ 형집행법 제37조 제4항

04 ✕ 소장은 수용자의 정신질환 치료를 위하여 필요하다고 인정하면 법무부장관의 승인을 받아 치료감호시설로 이송할 수 있다(형집행법 제37조 제2항).

05 ✕ 소장은 수용자가 자신의 고의 또는 중대한 과실로 부상 등이 발생하여 외부의료시설에서 진료를 받은 경우에는 그 진료비의 전부 또는 일부를 그 수용자에게 부담하게 할 수 있다(형집행법 제37조 제5항).

06 ✕ 소장은 수용자가 진료 또는 음식물의 섭취를 거부하면 의무관으로 하여금 관찰·조언 또는 설득을 하도록 하여야 한다(형집행법 제40조 제1항). 소장은 제1항의 조치에도 불구하고 수용자가 진료 또는 음식물의 섭취를 계속 거부하여 그 생명에 위험을 가져올 급박한 우려가 있으면 의무관으로 하여금 적당한 진료 또는 영양보급 등의 조치를 하게 할 수 있다(형집행법 제40조 제2항).

제3절 환자관리

01 의료거실 수용

> **[시행령]**
>
> **제54조 【의료거실 수용 등】** 소장은 수용자가 부상을 당하거나 질병에 걸린 경우에는 그 수용자를 의료거실에 수용하거나, 다른 수용자에게 그 수용자를 간병하게 할 수 있다. [2024. 5급 승진] 총 2회 기출
>> ▶ 의무관은 간병수용자에 대해 간호방법, 구급요법 등 간호에 필요한 사항을 훈련시켜야 한다(직무규칙 제81조 제2항).
>
> **제30조 【환자의 음식물】** 소장은 의무관의 의견을 고려하여 환자에게 지급하는 음식물의 종류 또는 정도를 달리 정할 수 있다.

02 감염병 환자관리

(1) 감염병 환자에 관한 조치 등

> **제18조 【수용의 거절】** ① 소장은 다른 사람의 건강에 위해를 끼칠 우려가 있는 감염병에 걸린 사람의 수용을 거절할 수 있다. [2023. 6급 승진] 총 11회 기출
> ② 소장은 제1항에 따라 수용을 거절하였으면 그 사유를 지체 없이 수용지휘기관과 관할 보건소장에게 통보하고 법무부장관에게 보고하여야 한다. [2020. 6급 승진] 총 2회 기출
>
> **제35조 【감염병 등에 관한 조치】** 소장은 감염병이나 그 밖에 감염의 우려가 있는 질병의 발생과 확산을 방지하기 위하여 필요한 경우 수용자에 대하여 예방접종·격리수용·이송, 그 밖에 필요한 조치를 하여야 한다. [2023. 9급] 총 2회 기출
>
> **[시행령]**
>
> **제52조 【감염병의 정의】** 법 제18조 제1항, 법 제53조 제1항 제3호 및 법 제128조 제2항에서 "감염병"이란 「감염병의 예방 및 관리에 관한 법률」에 따른 감염병을 말한다.
>
> **제53조 【감염병에 관한 조치】** ① 소장은 수용자가 감염병에 걸렸다고 의심되는 경우에는 1주 이상 격리수용하고 그 수용자의 휴대품을 소독하여야 한다. [필요적: 의심 ⇨ 1주 이상 격리수용 ⇨ 휴대품 소독] [2023. 9급] 총 8회 기출
> ③ 소장은 수용자가 감염병에 걸린 경우에는 즉시 격리수용하고 그 수용자가 사용한 물품과 설비를 철저히 소독하여야 한다. [필요적: 걸림 ⇨ 즉시 격리수용 ⇨ 물품과 설비 철저히 소독] [2023. 9급] 총 2회 기출
> ④ 소장은 제3항(감염병에 걸린 경우)의 사실을 지체 없이 법무부장관에게 보고하고 관할 보건기관의 장에게 알려야 한다. [2023. 9급] 총 2회 기출
>> ▶ 의무관은 감염병 환자가 발생했거나 발생할 우려가 있는 경우에는 지체 없이 소장에게 보고해야 하며, 그 치료와 예방에 노력해야 한다(직무규칙 제77조 제1항).

(2) 자비구매음식물 중지와 구매신청제한

> **[시행령]**
>
> **제53조【감염병에 관한 조치】** ② 소장은 감염병이 유행하는 경우에는 수용자가 자비로 구매하는 음식물의 공급을 중지할 수 있다. [임의적: 유행 ⇨ 자비구매 음식물 공급 중지] [2023. 9급] 총 5회 기출
>
> **[시행규칙]**
>
> **제17조【구매허가 및 신청제한】** ② 소장은 감염병(「감염병의 예방 및 관리에 관한 법률」에 따른 감염병을 말한다)의 유행 또는 수용자의 징벌집행 등으로 자비구매물품의 사용이 중지된 경우에는 구매신청을 제한할 수 있다. [2020. 7급]

03 특별한 환자관리

(1) 정신질환자 관리

> **제39조【진료환경 등】** ② 소장은 정신질환이 있다고 의심되는 수용자가 있으면 정신건강의학과 의사의 진료를 받을 수 있도록 하여야 한다. [2018. 6급 승진] 총 3회 기출
>
> ▶ **법 제37조 제2항:** 소장은 수용자의 정신질환 치료를 위하여 필요하다고 인정하면 법무부장관의 승인을 받아 치료감호시설로 이송할 수 있다. [2021. 9급] 총 6회 기출

(2) 위독한 경우 가족알림 및 형집행정지 신청

> **[시행령]**
>
> **제56조【위독 사실의 알림】** 소장은 수용자가 위독한 경우에는 그 사실을 가족에게 지체 없이 알려야 한다.
>
> **제21조【형 또는 구속의 집행정지 사유의 통보】** 소장은 수용자에 대하여 건강상의 사유로 형의 집행정지 또는 구속의 집행정지를 할 필요가 있다고 인정하는 경우에는 의무관의 진단서와 인수인에 대한 확인서류를 첨부하여 그 사실을 검사에게, 기소된 상태인 경우에는 법원에도 지체 없이 통보하여야 한다. [2023. 6급 승진]
>
> **[형사소송법]**
>
> **제471조【형의 집행정지】** ① 징역, 금고 또는 구류의 선고를 받은 자에 대하여 다음 각 호의 1에 해당한 사유가 있는 때에는 형을 선고한 법원에 대응한 검찰청검사 또는 형의 선고를 받은 자의 현재지를 관할하는 검찰청검사의 지휘에 의하여 형의 집행을 정지할 수 있다.
>
>> **[형집행정지 대상자]**(형소법 제471조 제1항)
>> 1. 형의 집행으로 인하여 현저히 건강을 해하거나 생명을 보전할 수 없을 염려가 있는 때
>> 2. 연령 70세 이상인 때
>> 3. 잉태 후 6월 이상인 때
>> 4. 출산 후 60일을 경과하지 아니한 때
>> 5. 직계존속이 연령 70세 이상 또는 중병이나 장애인으로 보호할 다른 친족이 없는 때
>> 6. 직계비속이 유년으로 보호할 다른 친족이 없는 때
>> 7. 기타 중대한 사유가 있는 때

⚖️판례 |

[1] 수용자에 대한 구체적인 치료방법이나 의약품의 선택은 의학적인 소견과 형의 집행 및 수용자의 처우와 관련된 판단에 따르는 것이므로, 반드시 환자가 요구하는 특정한 치료방법에 따른 치료를 행하거나 특정한 의약품을 지급하여야하는 것은 아니다(헌재 2016.11.24. 2015헌마11). [2024. 6급 승진]

[2] 교도소의 의무관은 교도소 수용자에 대한 진찰·치료 등의 의료행위를 하는 경우 수용자의 생명·신체·건강을 관리하는 업무의 성질에 비추어 환자의 구체적인 증상이나 상황에 따라 위험을 방지하기 위하여 요구되는 최선의 조치를 행하여야 할 주의의무가 있다(대법원 2005.3.10. 2004다65121). [2024. 6급 승진]

단원별 지문 OX

01 소장은 수용자가 감염병에 걸렸다고 의심되는 경우에는 1주 이상 격리수용하고 그 수용자의 휴대품을 소독하여야 한다. ( )
[2022. 6급 승진]

02 소장은 감염병이 유행하는 경우 수용자가 자비로 구매하는 음식물의 공급을 중지하여야 한다. ( ) [2023. 9급]

03 소장은 감염병이나 그 밖에 감염의 우려가 있는 질병의 발생과 확산을 방지하기 위하여 필요한 경우 수용자에 대하여 예방접종·격리수용·이송, 그 밖에 필요한 조치를 하여야 한다. ( )
[2023. 9급]

04 소장은 수용자가 감염병에 걸린 경우에는 즉시 격리수용하고 그 수용자가 사용한 물품 및 설비를 철저히 소독해야 한다. 또한 이 사실을 지체 없이 법무부장관에게 보고하고 관할 보건기관의 장에게 알려야 한다. ( ) [2023. 9급]

05 소장은 수용자가 감염병에 걸렸다고 의심되는 경우에는 즉시 격리수용하고 그 수용자가 사용한 물품과 설비를 철저히 소독하여야 한다. ( )
[2023. 7급 승진]

06 소장은 정신질환이 있다고 의심되는 수용자가 있으면 정신건강의학과 의사의 진료를 받을 수 있도록 하여야 한다. ( )
[2023. 7급 승진]

07 소장은 수용자가 위독한 경우에는 그 사실을 가족에게 지체 없이 알려야 한다. ( ) [2022. 6급 승진]

---

01 ○ 형집행법 시행령 제53조 제1항
02 × 소장은 감염병이 유행하는 경우에는 수용자가 자비로 구매하는 음식물의 공급을 중지할 수 있다(형집행법 시행령 제53조 제2항).
03 ○ 형집행법 제35조
04 ○ 형집행법 시행령 제53조 제3항·제4항
05 × 소장은 수용자가 감염병에 걸렸다고 의심되는 경우에는 1주 이상 격리수용하고 그 수용자의 휴대품을 소독하여야 한다(형집행법 시행령 제53조 제1항).
06 ○ 형집행법 제39조 제2항
07 ○ 형집행법 시행령 제56조

제8장 / 접견 · 편지 · 전화통화

제1절 수용자의 접견

★ 핵심정리 접견 · 편지수수 · 전화통화

내용	근거		
접견	원칙적 권리(법 제41조 제1항), 예외적 제한(법 제41조 제1항 단서)		
전화통화	소장의 허가(법 제44조 제1항, 규칙 제25조 제1항)		
편지	원칙적 권리(법 제43조 제1항), 예외적 제한(법 제43조 제1항 단서)		

접견	접견제한 사유 (법 제41조 제1항 단서)	청취 · 기록 · 녹음 · 녹화사유 (법 제41조 제4항)	접견중지 사유 (법 제42조)
	법법정/교안(우려)	법인/교안(필요)	법인거금/교안 (~하거나, ~하려고 하는 때)

전화통화	전화통화 불허사유 (규칙 제25조 제1항)	허가취소 사유 (규칙 제27조)	전화통화 중지사유 (법 제42조 준용)
	법정인/교안(우려)	동 · 거 후 발견	법인거금/교안 (~하거나, ~하려고 하는 때)

편지	편지수수 제한사유 (법 제43조 제1항 단서)	내용물 확인 (영 제65조)	편지검열 사유 (법 제43조 제4항) (영 제66조)	발신 · 수신 금지사유 (법 제43조 제5항)
	정/교안	엄조중동	법정상대(교안) / 엄동조인	법인거금특사/교안

수용자별 접견시간, 횟수, 장소 정리

구분		30분 이내 접견횟수	5분 이내 전화(이내)	시간대변경 · 시간연장 사유(임의적)	횟수 늘릴 사유 (임의적)	차단시설 없는 장소접견(임의적)
미결수용자		매일 1회	월 2회	처우 위해 특히 필요	처우특필	처우특필
사형확정자		매월 4회	월 3회	교화 or 심리적 안정 특필	교 · 심특필	교 · 심특필
수형자	개방	1일 1회	월 20회	교화 or 건전한 사회복귀 특필	① 교화 or 건전한 사회복귀 특필	
	완화	월 6회	월 10회		② 교정성적 우수	
	일반	월 5회	월 5회		③ 19세 미만	③ 수용자와 미성년 자녀
	중경	월 4회	특필 월 2회			

01 접견권과 접견제한, 청취·기록 및 녹음·녹화, 접견의 중지

(1) 접견권과 접견의 제한

제41조【접견】 ① 수용자는 교정시설의 외부에 있는 사람과 접견할 수 있다. 다만, 다음 각 호의 어느 하나에 해당하는 사유가 있으면 그러하지 아니하다.

> **[접견제한 사유]**(임의적)(법 제41조 제1항) [2018. 6급 승진] 총 7회 기출
> 1. 형사 법령에 저촉되는 행위를 할 우려가 있는 때
> 2. 「형사소송법」이나 그 밖의 법률에 따른 접견금지의 결정이 있는 때
> 3. 수형자의 교화 또는 건전한 사회복귀를 해칠 우려가 있는 때
> 4. 시설의 안전 또는 질서를 해칠 우려가 있는 때

[시행령]

제60조【접견 시 외국어 사용】 ① 수용자와 교정시설 외부의 사람이 접견하는 경우에 법 제41조 제4항에 따라 접견내용이 청취·녹음 또는 녹화될 때에는 외국어를 사용해서는 아니 된다. 다만, 국어로 의사소통하기 곤란한 사정이 있는 경우에는 외국어를 사용할 수 있다. [2023. 7급] 총 5회 기출
② 소장은 제1항 단서의 경우에 필요하다고 인정하면 교도관 또는 통역인으로 하여금 통역하게 할 수 있다.

제61조【접견 시 유의사항 고지】 소장은 법 제41조에 따라 접견을 하게 하는 경우에는 수용자와 그 상대방에게 접견 시 유의사항을 방송이나 게시물 부착 등 적절한 방법으로 알려줘야 한다.
> ▶ 접견시 유의사항은 방송이나 게시물 부착 등 적절한 방법으로 고지하면 되고, 접견내용의 녹음·녹화 사실(시행령 제62조 제2항)은 말이나 서면 등 적절한 방법으로 고지한다.

⊕ PLUS 변호인 아닌 자와의 접견·교통 제한(형사소송법 제91조)

법원은 도망하거나 범죄의 증거를 인멸할 염려가 있다고 인정할 만한 상당한 이유가 있는 때에는 직권 또는 검사의 청구에 의하여 결정으로 구속된 피고인과 제34조에 규정(변호인이나 변호인이 되려고 하는 자)한 외의 타인과의 접견을 금지할 수 있고, 서류나 그 밖의 물건을 수수하지 못하게 하거나 검열 또는 압수할 수 있다. 다만, 의류·양식·의료품은 수수를 금지하거나 압수할 수 없다.

[기타 접견제한관련 규정]

제110조【징벌대상자의 조사】 ② 소장은 징벌대상자가 제1항 각 호의 어느 하나에 해당하면 접견·편지수수·전화통화·실외운동·작업·교육훈련, 공동행사 참가, 중간처우 등 다른 사람과의 접촉이 가능한 처우의 전부 또는 일부를 제한할 수 있다.
> ▶ 소장은 법 제110조 제2항에 따라 접견·편지수수 또는 전화통화를 제한하는 경우에는 징벌대상자의 가족 등에게 그 사실을 알려야 한다. 다만, 징벌대상자가 알리기를 원하지 않는 경우에는 그렇지 않다(시행규칙 제222조).

제112조【징벌의 집행】 ③ 제108조 제14호(금치)의 처분을 받은 사람에게는 그 기간 중 같은 조 제4호부터 제12호까지의 처우제한이 함께 부과된다. 다만, 소장은 수용자의 권리구제, 수형자의 교화 또는 건전한 사회복귀를 위하여 특히 필요하다고 인정하면 집필·편지수수 또는 접견을 허가할 수 있다.

제70조【집중근로에 따른 처우】 ① 소장은 수형자의 신청에 따라 제68조의 작업, 제69조 제2항의 훈련, 그 밖에 집중적인 근로가 필요한 작업을 부과하는 경우에는 접견·전화통화·교육·공동행사 참가 등의 처우를 제한할 수 있다. 다만, 접견 또는 전화통화를 제한한 때에는 휴일이나 그 밖에 해당 수용자의 작업이 없는 날에 접견 또는 전화통화를 할 수 있게 하여야 한다.

② 소장은 제1항에 따라 작업을 부과하거나 훈련을 받게 하기 전에 수형자에게 제한되는 처우의 내용을 충분히 설명하여야 한다.

(2) 접견내용의 청취 · 기록 · 녹음 또는 녹화

제41조【접견】④ 소장은 다음 각 호의 어느 하나에 해당하는 사유가 있으면 교도관으로 하여금 수용자의 접견내용을 청취 · 기록 · 녹음 또는 녹화하게 할 수 있다.

[접견내용의 청취 · 기록 · 녹음 또는 녹화 사유](법 제41조 제4항) [2021. 9급] 총 9회 기출
1. 범죄의 증거를 인멸하거나 형사 법령에 저촉되는 행위를 할 우려가 있는 때
2. 수형자의 교화 또는 건전한 사회복귀를 위하여 필요한 때
3. 시설의 안전과 질서유지를 위하여 필요한 때

⑤ 제4항에 따라 녹음 · 녹화하는 경우에는 사전에 수용자 및 그 상대방에게 그 사실을 알려 주어야 한다.

[시행령]

제62조【접견내용의 청취 · 기록 · 녹음 · 녹화】① 소장은 법 제41조 제4항의 청취 · 기록을 위하여 다음 각 호의 사람을 제외한 수용자의 접견에 교도관을 참여하게 할 수 있다.

[교도관 참여 불허](시행령 제62조 제1항)
1. 변호인과 접견하는 미결수용자
2. 소송사건의 대리인인 변호사와 접견하는 수용자
▶ 녹음 · 녹화: 교도관 참여 사유로 청취 · 기록만을 직접 규정하고 있지만, 녹음 · 녹화의 내용까지 불허하는 것으로 봄이 타당하다(관련판례: 2011헌마398, 헌재2013.9.26.).
▶ 상소권 회복, 재심사건 대리인이 되려는 자의 경우 교도관의 참여 규정이 없다. 입법미비로 보인다.

② 소장은 특별한 사정이 없으면 교도관으로 하여금 법 제41조 제5항에 따라 수용자와 그 상대방에게 접견내용의 녹음 · 녹화 사실을 수용자와 그 상대방이 접견실에 들어가기 전에 미리 말이나 서면 등 적절한 방법으로 알려 주게 하여야 한다.
③ 소장은 법 제41조 제4항에 따라 청취 · 녹음 · 녹화한 경우의 접견기록물에 대한 보호 · 관리를 위하여 접견정보 취급자를 지정하여야 하고, 접견정보 취급자는 직무상 알게 된 접견정보를 누설하거나 권한 없이 처리하거나 다른 사람이 이용하도록 제공하는 등 부당한 목적을 위하여 사용해서는 아니 된다.
④ 소장은 관계기관으로부터 다음 각 호의 어느 하나에 해당하는 사유로 제3항의 접견기록물의 제출을 요청받은 경우에는 기록물을 제공할 수 있다.

[접견기록물의 제공사유](시행령 제62조 제4항)
1. 법원의 재판업무 수행을 위하여 필요한 때
2. 범죄의 수사와 공소의 제기 및 유지에 필요한 때

⑤ 소장은 제4항에 따라 녹음 · 녹화 기록물을 제공할 경우에는 제3항의 접견정보 취급자로 하여금 녹음 · 녹화기록물을 요청한 기관의 명칭, 제공받는 목적, 제공 근거, 제공을 요청한 범위, 그 밖에 필요한 사항을 녹음 · 녹화기록물 관리프로그램에 입력하게 하고, 따로 이동식 저장매체에 옮겨 담아 제공한다.

(3) 접견의 중지

제42조【접견의 중지 등】 교도관은 접견 중인 수용자 또는 그 상대방이 다음 각 호의 어느 하나에 해당하면 접견을 중지할 수 있다.

> **[접견의 중지사유]**(법 제42조) [2018. 7급 승진] 총 7회 기출
> 1. 범죄의 증거를 인멸하거나 인멸하려고 하는 때
> 2. 금지물품(마/비/주/사)을 주고받거나 주고받으려고 하는 때
> 3. 형사 법령에 저촉되는 행위를 하거나 하려고 하는 때
> 4. 수용자의 처우 또는 교정시설의 운영에 관하여 거짓사실을 유포하는 때
> 5. 수형자의 교화 또는 건전한 사회복귀를 해칠 우려가 있는 행위를 하거나 하려고 하는 때
> 6. 시설의 안전 또는 질서를 해하는 행위를 하거나 하려고 하는 때

[시행령]

제63조【접견중지 사유의 고지】 교도관이 법 제42조에 따라 수용자의 접견을 중지한 경우에는 그 사유를 즉시 알려주어야 한다.

02 접견의 시간과 횟수·장소

(1) 접견시간대와 시간

제41조【접견】 ⑥ 접견의 횟수·시간·장소·방법 및 접견내용의 청취·기록·녹음·녹화 등에 관하여 필요한 사항은 대통령령으로 정한다. [2018. 8급 승진]

[시행령]

제58조【접견】 ① 수용자의 접견은 매일(공휴일 및 법무부장관이 정한 날은 제외한다) 「국가공무원 복무규정」 제9조에 따른 근무시간 내(09시부터 18시까지)에서 한다.

② 변호인(변호인이 되려고 하는 사람을 포함한다. 이하 같다)과 접견하는 미결수용자를 제외한 수용자의 접견시간은 회당 30분 이내로 한다. [2019. 8급 승진] 총 2회 기출

▶ 소장은 수형자의 교화 또는 건전한 사회복귀와(시행령 제59조 제1항) 사형확정자의 교화나 심리적 안정도모(시행령 제110조) 및 미결수용자의 처우를 위하여 특히 필요하다고 인정하면 접견 시간대 외에도 접견을 하게 할 수 있고 접견시간을 연장할 수 있다(시행령 제102조).

⑥ 소장은 교정시설의 외부에 있는 사람의 수용자 접견에 관한 사무를 수행하기 위하여 불가피한 경우 「개인정보 보호법」 시행령 제19조에 따른 주민등록번호, 여권번호, 운전면허의 면허번호 또는 외국인등록번호가 포함된 자료를 처리할 수 있다.

제59조【접견의 예외】 ① 소장은 제58조 제1항(공휴일 및 장관이 정한 날 제외, 근무시간 내) 및 제2항(회당 30분 이내)에도 불구하고 수형자의 교화 또는 건전한 사회복귀를 위하여 특히 필요하다고 인정하면 접견 시간대 외에도 접견을 하게 할 수 있고 접견시간을 연장할 수 있다.

(2) 접견횟수

[시행령]

제101조【접견 횟수】미결수용자의 접견 횟수는 매일 1회로 하되, 변호인과의 접견은 그 횟수에 포함시키지 않는다.

제102조【접견의 예외】소장은 미결수용자의 처우를 위하여 특히 필요하다고 인정하면 제58조 제1항(공휴일 및 장관이 정한 날 제외, 근무시간 내)에도 불구하고 접견 시간대 외에도 접견하게 할 수 있고, 변호인이 아닌 사람과 접견하는 경우에도 제58조 제2항(회당 30분 이내) 및 제101조에도 불구하고 접견시간을 연장하거나 접견 횟수를 늘릴 수 있다. [2018. 9급] 총 2회 기출

제110조【접견의 예외】소장은 제58조 제1항(접견 시간대)·제2항(30분 이내) 및 제109조(월 4회)에도 불구하고 사형확정자의 교화나 심리적 안정을 도모하기 위하여 특히 필요하다고 인정하면 접견 시간대 외에도 접견을 하게 할 수 있고 접견시간을 연장하거나 접견 횟수를 늘릴 수 있다. [2023. 7급] 총 8회 기출

제58조【접견】③ 수형자의 접견 횟수는 매월 4회로 한다. [2014. 7급] 총 4회 기출

제59조【접견의 예외】② 소장은 제58조 제3항에도 불구하고 수형자가 다음 각 호의 어느 하나에 해당하면 접견 횟수를 늘릴 수 있다.

> **[수형자의 접견횟수 늘릴 수 있는 사유]**(시행령 제59조 제2항) [2018. 7급 승진] 총 4회 기출
>
> 1. 19세 미만인 때
> 2. 교정성적이 우수한 때
> 3. 교화 또는 건전한 사회복귀를 위하여 특히 필요하다고 인정되는 때
>
> > 1. 사형확정자의 교화나 심리적 안정도모를 위해 특히 필요하다고 인정되는 때(시행령 제110조)
> > 2. 미결수용자의 처우를 위하여 특히 필요하다고 인정되는 때(시행령 제102조)

[시행규칙]

제87조【접견】① 수형자의 경비처우급별 접견의 허용횟수는 다음 각 호와 같다. [2018. 5급 승진] 총 10회 기출

1. 개방처우급	1일 1회	
2. 완화경비처우급	월 6회	2호부터 4호까지의 경우 접견은 1일 1회만 허용한다.
3. 일반경비처우급	월 5회	다만, 처우상 특히 필요한 경우에는 그러하지 아니하다.
4. 중경비처우급	월 4회	

② 제1항 제2호부터 제4호까지의 경우 접견은 1일 1회만 허용한다. 다만, 처우상 특히 필요한 경우에는 그러하지 아니하다.

③ 소장은 교화 및 처우상 특히 필요한 경우에는 수용자가 다른 교정시설의 수용자와 통신망을 이용하여 화상으로 접견하는 것(이하 "화상접견"이라 한다)을 허가할 수 있다. 이 경우 화상접견은 제1항의 접견 허용횟수에 포함한다.

제59조의5【접견·전화】소장은 소년수형자등의 나이·적성 등을 고려하여 필요하다고 인정하면 제87조 및 제90조에 따른 접견 및 전화통화 횟수를 늘릴 수 있다.

> **[기타 접견횟수 관련 규정]**
> [시행규칙]
> 제89조【가족 만남의 날 행사 등】① 소장은 개방처우급·완화경비처우급 수형자에 대하여 가족 만남의 날 행사에 참여하게 하거나 가족 만남의 집을 이용하게 할 수 있다. 이 경우 제87조의 접견 허용횟수에는 포함되지 아니한다. [2024. 9급] 총 10회 기출

② 제1항의 경우 소장은 가족이 없는 수형자에 대하여는 결연을 맺었거나 그 밖에 가족에 준하는 사람으로 하여금 그 가족을 대신하게 할 수 있다.

제87조【접견】③ 소장은 교화 및 처우상 특히 필요한 경우에는 수용자가 다른 교정시설의 수용자와 통신망을 이용하여 화상으로 접견하는 것(이하 "화상접견"이라 한다)을 허가할 수 있다. 이 경우 화상접견은 제1항의 접견 허용횟수에 포함한다. [2023. 7급] 총 3회 기출

[시행령]

제58조【접견】⑤ 법 및 이 영에 규정된 사항 외에 수형자, 사형확정자 및 미결수용자를 제외한 수용자의 접견 횟수·시간·장소 등에 관하여 필요한 사항은 법무부장관이 정한다.

⊕ PLUS 접견의 종류

1. **일반접견**: 접촉차단시설에서의 접견
2. **화상접견**: 교정시설 전산망을 이용하여 수용자 가족이나 친지 등이 교정시설에 설치된 화상(컴퓨터 모니터)을 통하여 먼 거리에 있는 수용자의 모습을 보면서 접견하는 방식
3. **스마트 접견**: 민원인이 교정기관을 방문하지 않고 스마트폰(태블릿PC 등 모바일 기기포함) 또는 PC를 이용하여 화상으로 원격지 수형자와 접견하는 제도
4. **가족접견실**: 수형자의 가족관계 회복을 위해 교정시설 내 일반 가정집 거실형태의 시설물 갖춘 공간에서의 접견(아동친화형 접견시설로 운용)
5. **가족만남의 날**: 수형자와 가족이 교정시설 내 일정한 장소에서 다과와 음식을 함께 나누며 대화의 시간을 갖는 행사(접견횟수에 미포함)
6. **가족만남의 집**: 수형자와 가족이 숙식을 함께 할 수 있도록 교정시설에 설치한 일반 주택형태의 건축물(접견횟수에 미포함)

(3) 접견 장소

법 제41조【접견】② 수용자의 접견은 접촉차단시설이 설치된 장소에서 하게 한다. 다만, 다음 각 호의 어느 하나에 해당하는 경우에는 접촉차단시설이 설치되지 아니한 장소에서 접견하게 한다.

[접촉차단시설이 설치되지 아니한 장소에서의 접견](필요적)(법 제41조 제2항 단서) [2021. 9급] 총 2회 기출

1. 미결수용자(형사사건으로 수사 또는 재판을 받고 있는 수형자와 사형확정자를 포함한다)가 변호인(변호인이 되려고 하는 사람을 포함한다. 이하 같다)과 접견하는 경우
2. 수용자가 소송사건의 대리인인 변호사와 접견하는 등 수용자의 재판청구권 등을 실질적으로 보장하기 위하여 대통령령으로 정하는 경우로서 교정시설의 안전 또는 질서를 해칠 우려가 없는 경우

[대통령령으로 정하는 경우](시행령 제59조의2 제5항)

수용자가 형사소송법에 따른 상소권회복 또는 재심 청구사건의 대리인이 되려는 변호사와 접견하는 경우에는 교정시설의 안전 또는 질서를 해칠 우려가 없는 한 접촉차단시설이 설치되지 않은 장소에서 접견하게 한다.

③ 제2항에도 불구하고 다음 각 호의 어느 하나에 해당하는 경우에는 접촉차단시설이 설치되지 아니한 장소에서 접견하게 할 수 있다.

[접촉차단시설이 설치되지 아니한 장소에서의 접견](임의적)(법 제41조 제3항) [2023. 6급 승진] 총 2회 기출

1. 수용자가 미성년자인 자녀와 접견하는 경우
2. 그 밖에 대통령령으로 정하는 경우

[시행령]

제59조【접견의 예외】 ③ 법 제41조 제3항 제2호에서 "대통령령으로 정하는 경우"란 다음 각 호의 어느 하나에 해당하는 경우를 말한다.

> [그 밖에 대통령령으로 정하는 경우](시행령 제59조 제3항)
> 1. 수형자가 교정성적이 우수한 경우
> 2. 수형자의 교화 또는 건전한 사회복귀를 위하여 특히 필요하다고 인정되는 경우
> 3. 미결수용자의 처우를 위하여 소장이 특별히 필요하다고 인정하는 경우
> 4. 사형확정자의 교화나 심리적 안정을 위하여 소장이 특별히 필요하다고 인정하는 경우

[시행규칙]

제88조【접견 장소】 소장은 개방처우급 수형자에 대하여는 법무부장관이 정하는 바에 따라 접촉차단시설이 설치된 장소 외의 적당한 곳에서 접견을 실시할 수 있다. 다만, 처우상 특히 필요하다고 인정하는 경우에는 그 밖의 수형자에 대하여도 이를 허용할 수 있다. [2013. 9급]

제202조【처우상 유의사항】 소장은 조직폭력수용자가 다른 사람과 접견할 때에는 외부 폭력조직과의 연계가 능성이 높은 점 등을 고려하여 접촉차단시설이 있는 장소에서 하게 하여야 하며, 귀휴나 그 밖의 특별한 이익이 되는 처우를 결정하는 경우에는 해당 처우의 허용 요건에 관한 규정을 엄격히 적용하여야 한다.

03 변호사 접견

★ 핵심정리 변호사 접견 제도별 세부 내용 비교

구분	일반접견	미결수용자 등의 변호인 접견	소송사건의 대리인인 변호사접견	상소권회복·재심청구사건의 대리인이 되려는 변호사 접견
횟수	월 4회	제한 없음	월 4회 (일반접견횟수에 불산입)	사건당 2회 (일반접견횟수에 불산입)
시간	회당 30분 이내	제한 없음	회당 60분 이내	회당 60분 이내
장소	접촉차단시설이 설치된 장소	접촉차단시설이 설치되지 않은 장소	재판청구권 등 실질보장 위해 대통령령으로 정하는 경우로서 교정시설 안전 또는 질서를 해칠 우려가 없는 경우	교정시설 안전 또는 질서를 해칠 우려가 없는 한
			접촉차단시설이 설치되지 않은 장소	
참여, 녹음·녹화	○	×	×	입법미비(×)
선임증빙	–	–	소송위임장 사본 등 대리인 소명자료 (선임 전 일반접견)	–

(1) 변호인 접견과의 구별

① **미결수용자 변호인 접견**: 구속된 피의자·피고인이 국가권력의 일방적인 형벌권 행사에 대해 자신에게 부여된 헌법상·소송법상 권리를 효율적이고 독립적으로 행사하기 위해 변호인이나 변호인이 되려는 자와 만나 조력을 받을 수 있는 제도를 말한다.

▤ 미결수용자와 변호인과의 접견 및 편지수수

> 교도관 참여금지, 접견 내용의 청취 또는 녹취금지(다만, 보이는 거리에서 미결수용자 관찰가능), 시간과 횟수제한 없음. 편지는 교정시설에서 상대방이 변호인임을 확인할 수 없는 경우를 제외하고는 검열금지(법 제84조), 접촉차단시설이 설치되지 아니한 장소에서 접견보장(법 제41조 제2항 제1호) [2023. 6급 승진] 총 4회 기출

② **수용자의 변호사 접견**: 형사사건이 아닌 민사·행정·헌법소송 등의 대리인인 변호사와의 접견시간 및 횟수를 정한 것으로, 구 형집행법 시행령 제58조 제2항과 제3항 규정이 수용자 재판청구권을 침해한다는 헌법재판소의 헌법불합치 결정을 반영하여 도입된 제도이다.

(2) 수용자의 변호사 접견

> **[시행령]**
>
> **제59조의2 【변호사와의 접견】** ① 제58조 제2항(30분 이내)에도 불구하고 수용자가 다음 각 호의 어느 하나에 해당하는 변호사와 접견하는 시간은 회당 60분으로 한다.
>
> ② 수용자가 제1항 각 호의 변호사와 접견하는 횟수는 다음 각 호의 구분에 따르되, 이를 제58조 제3항(수형자 월 4회), 제101조(미결수용자 매일 1회) 및 제109조(사형확정자 월 4회)의 접견 횟수에 포함시키지 아니한다.
>
> | 대상 | 접견시간(회당) | 접견횟수 |
> | --- | --- | --- |
> | 1. 소송사건의 대리인인 변호사 | 60분 | 월 4회 |
> | 2. 「형사소송법」에 따른 상소권회복 또는 재심 청구사건의 대리인이 되려는 변호사 | 60분 | 사건당 2회 |
>
> ③ 소장은 제58조 제1항(수용자의 접견대)과 이 조 제1항 및 제2항에도 불구하고 소송사건의 수 또는 소송내용의 복잡성 등을 고려하여 소송의 준비를 위하여 특히 필요하다고 인정하면 접견 시간대 외에도 접견을 하게 할 수 있고, 접견 시간 및 횟수를 늘릴 수 있다. [2018. 7급 승진]
>
> ④ 소장은 제1항 및 제2항에도 불구하고 접견 수요 또는 접견실 사정 등을 고려하여 원활한 접견 사무 진행에 현저한 장애가 발생한다고 판단하면 접견 시간 및 횟수를 줄일 수 있다. 이 경우 줄어든 시간과 횟수는 다음 접견 시에 추가하도록 노력하여야 한다.
>
> ⑤ 수용자가 「형사소송법」에 따른 상소권회복 또는 재심 청구사건의 대리인이 되려는 변호사와 접견하는 경우에는 <u>교정시설의 안전 또는 질서를 해칠 우려가 없는 한 접촉차단시설이 설치되지 않은 장소</u>에서 접견하게 한다.
>
> ▶ 수용자가 소송사건의 대리인인 변호사와 접견하는 등 수용자의 재판청구권 등을 실질적으로 보장하기 위하여 대통령령으로 정하는 경우로서 교정시설의 안전 또는 질서를 해칠 우려가 없는 경우에는 접촉차단시설이 설치되지 아니한 장소에서 접견하게 한다(법 제41조 제2항 단서).
>
> ⑥ 제1항부터 제5항까지에서 규정한 사항 외에 수용자와 제1항 각 호의 변호사의 접견에 관하여 필요한 사항은 법무부령으로 정한다.

[시행규칙]

제29조의3 【소송사건의 대리인인 변호사 등의 접견 등 신청】 ① 영 제59조의2 제1항 각 호의 변호사가 수용자를 접견하고자 하는 경우에는 별지 제32호서식의 신청서를 소장에게 제출해야 한다. 다만, 영 제59조의2 제1항 제1호의 변호사(소송사건의 대리인인 변호사)는 소송위임장 사본 등 소송사건의 대리인임을 소명할 수 있는 자료를 첨부해야 한다.

▶ 소송계속사실을 소명할 수 있는 자료를 첨부해야 한다. (×)

② 영 제59조의2 제1항 각 호의 변호사가 같은 조 제3항에 따라 접견 시간을 연장하거나 접견 횟수를 추가하고자 하는 경우에는 별지 제33호서식의 신청서에 해당 사유를 소명할 수 있는 자료를 첨부하여 소장에게 제출해야 한다.

⊕ **PLUS** 형사사건으로 수사 또는 재판을 받고 있는 수형자에 대한 준용규정(법 제88조)

형사사건으로 수사 또는 재판을 받고 있는 수형자에 대하여는 법 제82조(미결수용자의 사복착용), 제84조(미결수용자의 변호인과의 접견 및 편지수수) 및 법 제85조(미결수용자의 조사·징벌 중의 권리행사 보장 특칙)를 준용한다(법 제88조).
[2018. 7급 승진]

1. **사복 착용**

   형사사건으로 수사 또는 재판을 받고 있는 수형자는 수사·재판·국정감사 또는 법률로 정하는 조사에 참석할 때에는 사복을 착용할 수 있다. 다만, 소장은 도주우려가 크거나 특히 부적당한 사유가 있다고 인정하면 교정시설에서 지급하는 의류를 입게 할 수 있다.

2. **변호인과의 접견 및 편지수수**

   ① 형사사건으로 수사 또는 재판을 받고 있는 수형자와 변호인(변호인이 되려고 하는 사람 포함)과의 접견에는 교도관이 참여하지 못하며 그 내용을 청취 또는 녹취하지 못한다. 다만, 보이는 거리에서 수형자를 관찰할 수 있다.

   ② 형사사건으로 수사 또는 재판을 받고 있는 수형자와 변호인 간의 접견은 시간과 횟수를 제한하지 아니한다.

   ③ 형사사건으로 수사 또는 재판을 받고 있는 수형자와 변호인 간의 편지는 교정시설에서 상대방이 변호인임을 확인할 수 없는 경우를 제외하고는 검열할 수 없다.

3. **조사 등에서의 특칙**

   소장은 형사사건으로 수사 또는 재판을 받고 있는 수형자가 징벌대상자로서 조사받고 있거나 징벌집행 중인 경우에도 소송서류의 작성, 변호인과의 접견·편지수수, 그 밖의 수사 및 재판 과정에서의 권리행사를 보장하여야 한다.

⚖ 판례

[1] 미결수용자의 접견신청에 대한 교도소장의 불허처분에 대하여는 행정심판법, 행정소송법에 의하여 행정심판과 행정소송이 가능할 것이므로 이러한 구제절차를 거치지 아니하고 제기한 헌법소원은 부적법하다(헌재 1998.2.27. 96헌마179). [2018. 7급 승진]

[2] 수용자에 대한 접견신청이 있는 경우 이는 수용자의 처우에 관한 사항이므로 그 장소가 교도관의 수용자 계호 및 통제가 요구되는 공간이라면 교도소장·구치소장 또는 그 위임을 받은 교도관이 그 허가 여부를 결정하는 것이 원칙이나, 형사소송법 제243조의2 제1항은 피의자신문 중에 변호인 접견신청이 있는 경우에는 검사 또는 사법경찰관으로 하여금 그 허가 여부를 결정하도록 하고 있고, 형사소송법 제34조는 변호인의 접견교통권과 변호인이 되려는 자의 접견교통권에 차이를 두지 않고 함께 규정하고 있으므로, 변호인이 되려는 자가 피의자신문 중에 형사소송법 제34조에 따라 접견신청을 한 경우에도 그 허가 여부를 결정할 주체는 검사 또는 사법경찰관이라고 보아야 할 것이므로 피의자신문 중 변호인 등의 접견신청이 있는 경우 피의자를 수사기관으로 호송한 교도관에게 이를 허가하거나 제한할 권한은 인정되지 않는다고 할 것이다(헌재 2019.2.28. 2015헌마1204). [2023. 6급 승진] 총 2회 기출

[3] 접견내용을 녹음·녹화하는 경우 수용자 및 그 상대방에게 그 사실을 말이나 서면 등으로 알려주어야 하고 취득된 접견기록물은 법령에 의해 보호·관리되고 있으므로 사생활의 비밀과 자유에 대한 침해를 최소화하는 수단이 마련되어 있다는 점, 청구인이 나눈 접견내용에 대한 사생활의 비밀로서의 보호가치에 비해 증거인멸의 위험을 방지하고 교정시설 내의 안전과 질서유지에 기여하려는 공익이 크고 중요하다는 점에 비추어 볼 때, 징벌혐의의 조사를 받고 있는 수용자가 변호인이 아닌 자와 접견할 당시 교도관이 참여하여 대화내용을 기록하게 한 행위는 수용자의 사생활의 비밀과 자유를 침해하였다고 볼 수 없다(헌재 2014.9.25. 2012헌마523). [2018. 7급 승진]

[4] 형집행법 제41조 제4항 제1호, 제3호 중 미결수용자의 접견내용의 녹음·녹화에 관한 조항은 직접적으로 물리적 강제력을 수반하는 강제처분이 아니므로 영장주의가 적용되지 않아 영장주의에 위배하였다고 할 수 없고, 수용자의 증거인멸의 가능성 및 추가범죄의 발생 가능성을 차단하고, 교정시설 내의 안전과 질서유지를 위한 것으로 목적의 정당성이 인정된다(헌재 2016.11.24. 2014헌바401).

[5] 수형자가 어머니와 화상접견을 하면서 재소자용 평상복 상의를 탈의하고 그 안에 착용 중인 자비구매 의류만 입고 화상접견을 할 수 있도록 허가할 것을 요구하였으나 소장이 이를 받아들이지 않은 사안에서, 형집행법 및 관계 법령 어디에서도 접견 또는 화상접견 시 수형자에게 사복을 착용할 수 있는 권리나 평상복 탈의를 신청할 수 있는 권리를 명시적으로 규정하고 있지 아니하고, 법령의 해석상으로도 수형자에게 그러한 권리가 인정된다고 보기 어렵다(헌재 2016.5.24. 2016헌마349). [2023. 5급 승진]

[6] 피청구인 대전교도소장이 7회에 걸쳐 수형자인 청구인에게 화상접견시간을 각 10분 내외로 부여한 행위가 행정재량을 벗어나 과잉금지원칙에 위반하여 청구인의 헌법상 기본권을 침해한 것인지 여부(소극)
피청구인 대전교도소장이 7회에 걸쳐 청구인에게 화상접견시간을 각 10분 내외로 부여한 것은 당시 대전교도소의 인적, 물적 접견설비의 범위 내에서 다른 수형자와 미결수용자의 접견교통권도 골고루 적절하게 보장하기 위한 행정목적에 따른 합리적인 필요최소한의 제한이었다 할 것이고, 청구인의 접견교통권을 과도하게 제한한 것으로는 보이지 아니한다. 따라서 피청구인의 이 사건 각 화상접견시간 부여행위가 행정재량을 벗어나 과잉금지원칙에 위반하여 청구인의 헌법상 기본권을 침해한 것이라고는 볼 수 없다(헌재 2009.9.24. 2007헌마738).

[7] 부산구치소장이 청구인과 배우자의 접견을 녹음하여 부산지방검찰청 검사장에게 그 접견녹음파일을 제공한 행위가 청구인의 기본권을 침해한 것인지 여부(소극)
녹음행위는 교정시설 내의 안전과 질서유지에 기여하기 위한 것으로서 그 목적이 정당할 뿐 아니라 수단이 적절하고, 제공행위는 형사사법의 실체적 진실을 발견하고 이를 통해 형사사법의 적정한 수행을 도모하기 위한 것으로 그 목적이 정당하고, 수단 역시 적합하다. 그러므로 부산구치소장이 청구인과 배우자의 접견을 녹음하여 부산지방검찰청 검사장에게 그 접견녹음파일을 제공한 행위는 청구인의 기본권을 침해하지 않는다(헌재 2012.12.27. 2010헌마153). [2024. 5급 승진] 총 2회 기출

[8] 형집행법 제88조가 민사재판의 당사자로 출석하는 수형자에 대하여, 사복착용을 허용하는 형집행법 제82조를 준용하지 아니한 것이 공정한 재판을 받을 권리, 인격권, 행복추구권을 침해하는지 여부(소극)

민사재판에서 법관이 당사자의 복장에 따라 불리한 심증을 갖거나 불공정한 재판진행을 하게 될 우려가 있다고 볼 수는 없으므로, 심판대상조항이 민사재판에 당사자로 출석하는 수형자의 사복착용을 불허하는 것은 공정한 재판을 받을 권리 및 청구인의 인격권과 행복추구권을 침해하지 아니한다(헌재 2015.12.23. 2013헌마712).

[9] 원칙적으로 미결수용자와 변호인 아닌 자와의 접견 내용을 녹음·녹화할 수 없으나, 범죄의 증거를 인멸하거나 형사 법령에 저촉되는 행위를 할 우려가 있는 때 등의 사유가 있을 때에 한하여 예외적으로 녹음 또는 녹화하게 할 수 있다는 규정은 미결수용자의 사생활의 비밀과 자유 및 통신의 비밀을 침해하지 아니한다(헌재 2016.11.24. 2014헌바401). [2023. 5급 승진]

[10] 변호인의 조력을 받을 권리를 보장하는 목적은 피의자 또는 피고인의 방어권 행사를 보장하기 위한 것이므로, 미결수용자 또는 변호인이 원하는 특정한 시점에 접견이 이루어지지 못하였다 하더라도 그것만으로 곧바로 변호인의 조력을 받을 권리가 침해되었다고 단정할 수는 없는 것이고, 변호인의 조력을 받을 권리가 침해되었다고 하기 위해서는 접견이 불허된 특정한 시점을 전후한 수사 또는 재판의 진행 경과에 비추어 보아, 그 시점에 접견이 불허됨으로써 피의자 또는 피고인의 방어권 행사에 어느 정도는 불이익이 초래되었다고 인정할 수 있어야만 하며, 그 시점을 전후한 변호인 접견의 상황이나 수사 또는 재판의 진행 과정에 비추어 미결수용자가 방어권을 행사하기 위해 변호인의 조력을 받을 기회가 충분히 보장되었다고 인정될 수 있는 경우에는, 비록 미결수용자 또는 그 상대방인 변호인이 원하는 특정 시점에는 접견이 이루어지지 못하였다 하더라도 변호인의 조력을 받을 권리가 침해되었다고 할 수 없다(헌재 2011.5.26. 2009헌마341). [2023. 5급 승진]

[11] 변호인 또는 변호인이 되려는 자의 접견교통권은 신체구속제도 본래의 목적을 침해하지 아니하는 범위 내에서 행사되어야 하므로, 변호인 또는 변호인이 되려는 자가 구체적인 시간적·장소적 상황에 비추어 현실적으로 보장할 수 있는 한계를 벗어나 피고인 또는 피의자를 접견하려고 하는 것은 정당한 접견교통권의 행사에 해당하지 아니하여 허용될 수 없다(대법원 2022.6.30. 2021도244).

[12] 피고인의 변호인 접견교통권 행사가 한계를 일탈한 규율위반행위에 해당하더라도 그 행위가 위계공무집행방해죄의 '위계'에 해당하려면 행위자가 상대방에게 오인, 착각, 부지를 일으키게 하여 그 오인, 착각, 부지를 이용함으로써 상대방이 이에 따라 그릇된 행위나 처분을 하여야만 한다. 만약 그러한 행위가 구체적인 직무집행을 저지하거나 현실적으로 곤란하게 하는 데까지는 이르지 않은 경우에는 위계에 의한 공무집행방해죄로 처벌할 수 없다(대법원 2022.6.30. 2021도244).

[13] 형집행법 제88조가 형사재판의 피고인으로 출석하는 수형자에 대하여, 사복착용을 허용하는 형집행법 제82조를 준용하지 아니한 것이 공정한 재판을 받을 권리, 인격권, 행복추구권을 침해하는지 여부(적극)

수형자라 하더라도 확정되지 않은 별도의 형사재판에서만큼은 미결수용자와 같은 지위에 있으므로, 이러한 수형자로 하여금 형사재판 출석 시 아무런 예외 없이 사복착용을 금지하고 재소자용 의류를 입도록 하여 인격적인 모욕감과 수치심 속에서 재판을 받도록 하는 것은 재판부나 검사 등 소송관계자들에게 유죄의 선입견을 줄 수 있고, 이미 수형자의 지위로 인해 크게 위축된 피고인의 방어권을 필요 이상으로 제약하는 것이다. 또한 형사재판에 피고인으로 출석하는 수형자의 사복착용을 추가로 허용함으로써 통상의 미결수용자와 구별되는 별도의 계호상 문제점이 발생된다고 보기 어렵다. 따라서 심판대상조항이 형사재판의 피고인으로 출석하는 수형자에 대하여 사복착용을 허용하지 아니한 것은 청구인의 공정한 재판을 받을 권리, 인격권, 행복추구권을 침해한다(헌재 2015.12.23. 2013헌마712).

▶ 이 판례로 인해 형집행법 제88조가 개정(2016.12.2.)되었다.

[14] 피의자신문 중에 교도관이 변호인이 되려는 자의 접견 신청을 허용할 수 없다고 통보하면서 그 근거로 형집행법 시행령 제58조 제1항을 제시한 경우, 동 조항에 대하여 기본권 침해의 자기관련성을 인정할 수 있는지 여부(소극)

이 사건 접견시간 조항은 수용자의 접견을 국가공무원 복무규정에 따른 근무시간 내로 한정함으로써 피의자와 변호인 등(변호인과 변호인이 되려는 자)의 접견교통을 제한하고 있는데, 위 조항은 교도소장·구치소장이 그 허가 여부를 결정하는 변호인 등의 접견신청의 경우에 적용되는 조항으로서, 형사소송법 제243조의2 제1항에 따라 검사 또는 사법경찰관이 그 허가 여부를 결정하는 피의자신문 중 변호인 등의 접견신청의 경우에는 적용된다고 볼 수 없으므로, 위 조항을 근거로 피의자신문 중 변호인 등의 접견신청을 불허하거나 제한할 수도 없다. 따라서 피의자신문 중에 교도관이 변호인이 되려는 자의 접견 신청을 허용할 수 없다고 통보하면서 그 근거로 이 사건 접견시간 조항을 제시한 경우, 동 조항에 대하여 기본권 침해의 자기관련성을 인정할 수 없다(헌재 2019.2.28. 2015헌마1204).

[15] 변호사와 접견하는 경우에도 수용자의 접견은 원칙적으로 접촉차단시설이 설치된 장소에서 하도록 규정하고 있는 형집행법 시행령 제58조 제4항이 재판청구권을 침해하는지 여부(적극)

형집행법 시행령 제58조 제4항(現 법 제41조 제2항)에 따르면 수용자가 형사사건이 아닌 민사, 행정, 헌법소송 등 법률적 분쟁과 관련하여 변호사의 도움을 받는 경우에는 원칙적으로 접촉차단시설이 설치된 장소에서 접견을 해야 한다. 그 결과 수용자는 효율적인 재판준비를 하는 것이 곤란하게 되고, 특히 교정시설 내에서의 처우에 대하여 국가 등을 상대로 소송을 하는 경우에는 소송의 상대방에게 소송자료를 그대로 노출하게 되어 무기대등의 원칙을 훼손할 수 있다. 변호사 직무의 공공성, 윤리성 및 사회적 책임성은 변호사 접견권을 이용한 증거인멸, 도주 및 마약 등 금지물품 반입 시도 등의 우려를 최소화시킬 수 있으며, 변호사접견이라 하더라도 교정시설의 질서 등을 해할 우려가 있는 특별한 사정이 있는 경우에는 예외를 두도록 한다면 악용될 가능성도 방지할 수 있다. 따라서 형집행법 시행령 제58조 제4항은 과잉금지원칙에 위반하여 청구인의 재판청구권을 지나치게 제한하고 있으므로, 헌법에 위반된다(헌재 2013.8.29. 2011헌마122). [2022. 7급] 총 2회 기출

▶ 이 판례로 인해 시행령 제58조 제4항이 개정(2014.6.25.)되었고, 현재는 법 개정(2019.4.23.)으로 법 제41조 제2항에 규정되어 있다.

[16] 접촉차단시설이 설치되지 않은 장소에서 수용자와 접견할 수 있는 예외 대상의 범위에 소송대리인이 되려는 변호사를 포함시키지 않은 舊 형집행법 시행령 제58조 제4항 제2호(現 형집행법 제41조 제2항 제2호)는 변호사인 청구인의 직업수행의 자유를 침해하지 않으므로 헌법에 위반되지 아니한다(헌재 2022.2.24. 2018헌마1010).

[17] 수형자인 청구인이 헌법소원 사건의 국선대리인인 변호사를 접견함에 있어서 그 접견내용을 녹음, 기록한 피청구인의 행위가 청구인의 재판을 받을 권리를 침해하는지 여부(적극)

수형자와 변호사와의 접견내용을 녹음, 녹화하게 되면 그로 인해 제3자인 교도소 측에 접견내용이 그대로 노출되므로 수형자와 변호사는 상담과정에서 상당히 위축될 수밖에 없고, 특히 소송의 상대방이 국가나 교도소 등의 구금시설로서 그 내용이 구금시설 등의 부당처우를 다투는 내용일 경우에 접견내용에 대한 녹음, 녹화는 실질적으로 당사자대등의 원칙에 따른 무기평등을 무력화시킬 수 있다. 변호사는 다른 전문직에 비하여도 더욱 엄격한 직무의 공공성 등이 강조되고 있는 지위에 있으므로, 소송사건의 변호사가 접견을 통하여 수형자와 모의하는 등으로 법령에 저촉되는 행위를 하거나 이에 가담하는 등의 행위를 할 우려는 거의 없다. 또한, 접견의 내용이 소송준비를 위한 상담내용일 수밖에 없는 변호사와의 접견에 있어서 수형자의 교화나 건전한 사회복귀를 위해 접견내용을 녹음, 녹화할 필요성을 생각하는 것도 어렵다. 이 사건에 있어서 청구인과 헌법소원 사건의 국선대리인인 변호사의 접견내용에 대해서는 접견의 목적이나 접견의 상대방 등을 고려할 때 녹음, 기록이 허용되어서는 아니 될 것임에도, 이를 녹음, 기록한 행위는 청구인의 재판을 받을 권리를 침해한다(헌재 2013.9.26. 2011헌마398). [2022. 7급]

[18] 수형자와 소송대리인인 변호사의 접견을 일반 접견에 포함시켜 시간은 30분 이내로, 횟수는 월 4회로 제한한 구 형집행법 시행령 제58조 제2항 및 형집행법 시행령 제58조 제2항 중 각 '수형자'에 관한 부분, 제58조 제3항이 청구인의 재판청구권을 침해하는지 여부(적극)

수형자의 재판청구권을 실효적으로 보장하기 위해서는 소송대리인인 변호사와의 접견 시간 및 횟수를 적절하게 보장하는 것이 필수적이다. 변호사 접견 시 접견 시간의 최소한을 정하지 않으면 접견실 사정 등 현실적 문제로 실제 접견 시간이 줄어들 가능성이 있고, 변호사와의 접견 횟수와 가족 등과의 접견 횟수를 합산함으로 인하여 수형자가 필요한 시기에 변호사의 조력을 받지 못할 가능성도 높아진다. 접견의 최소시간을 보장하되 이를 보장하기 어려운 특별한 사정이 있는 경우에는 예외적으로 일정한 범위 내에서 이를 단축할 수 있도록 하고, 횟수 또한 별도로 정하면서 이를 적절히 제한한다면, 교정시설 내의 수용질서 및 규율의 유지를 도모하면서도 수형자의 재판청구권을 실효적으로 보장할 수 있을 것이다. 이와 같이 심판대상조항들은 법률전문가인 변호사와의 소송상담의 특수성을 고려하지 않고 소송대리인인 변호사와의 접견을 그 성격이 전혀 다른 일반 접견에 포함시켜 접견 시간 및 횟수를 제한함으로써 청구인의 재판청구권을 침해하여 헌법에 위반된다(헌재 2015.11.26. 2012헌마858).

▶ 이 판례로 인해 시행령 제59조의2가 신설(2016.6.28)되었다.

[19] 소송사건의 대리인인 변호사가 수용자를 접견하고자 하는 경우 소송계속 사실을 소명할 수 있는 자료를 제출하도록 요구하고 있는 형집행법 시행규칙 제29조의2(現 제29조의3) 제1항 제2호 중 '수형자 접견'에 관한 부분은 변호사인 청구인의 직업수행의 자유를 침해하여 헌법에 위반된다(헌재 2021.10.28. 2018헌마60). [2024. 5급 승진]

▶ 이 판례로 인해 시행규칙 제29조의2 제1항은 개정(2024.2.8.)되었고, 시행규칙이 개정되면서 제29조의2가 신설됨에 따라 종전 제29조의2는 제29조의3으로 이동하였다.

단원별 지문 O/X

01 소장은 범죄의 증거를 인멸하거나 형사 법령에 저촉되는 행위를 할 우려가 있을 때에는 교도관으로 하여금 수용자의 접견 내용을 청취·기록·녹음 또는 녹화하게 하여야 한다. (   )　　　　　　　　　　　　　　　　　　[2023. 6급 승진]

02 미결수용자(형사사건으로 수사 또는 재판을 받고 있는 수형자와 사형확정자를 포함한다)가 변호인(변호인이 되려는 사람을 포함한다)과 접견하는 경우에는 접촉차단시설이 설치되지 아니한 장소에서 접견하게 한다. (   )　　　[2023. 6급 승진]

03 소장은 범죄의 증거를 인멸하거나 형사 법령에 저촉되는 행위를 할 우려가 있는 때에는 교도관으로 하여금 수용자의 접견 내용을 청취·기록·녹음 또는 녹화하게 할 수 있다. (   )　　　　　　　　　　　　　　　　　　[2021. 9급]

04 소장은 수형자의 교화 또는 건전한 사회복귀를 위하여 필요한 때에는 교도관으로 하여금 수용자의 접견내용을 청취·기록·녹음 또는 녹화하게 할 수 있다. (   )　　　　　　　　　　　　　　　　　　[2021. 6급 승진]

05 소장은 수용자와 외부인의 접견을 녹음하는 경우에는 교도관으로 하여금 수용자와 그 상대방이 접견실에 들어간 후에 즉시 구두 또는 서면으로 알려 주게 하여야 한다. (   )　　　　　　　　　　　　　　　　　　[2021. 6급 승진]

06 수용자가 미성년자인 자녀와 접견하는 경우에는 접촉차단시설이 설치되지 아니한 장소에서 접견하게 할 수 있다. (   )　　　　　　　[2023. 6급 승진]

07 소장은 수형자가 19세 미만인 때에는 접견 횟수를 늘릴 수 있다. (   )　　　　　　　　　　　　　　　[2021. 6급 승진]

08 수형자의 접견시간은 30분 이내로 하지만, 소장은 수형자가 19세 미만임을 이유로 접견시간을 연장할 수 있다. (   )　　　　　　[2022. 7급]

---

01 ✕ 　소장은 범죄의 증거를 인멸하거나 형사 법령에 저촉되는 행위를 할 우려가 있을 때에는 교도관으로 하여금 수용자의 접견내용을 청취·기록·녹음 또는 녹화하게 할 수 있다(형집행법 제41조 제4항)

02 ○ 　형집행법 제41조 제2항 단서

03 ○ 　형집행법 제41조 제4항

04 ○ 　형집행법 제41조 제4항

05 ✕ 　녹음·녹화하는 경우에는 사전에 수용자 및 그 상대방에게 그 사실을 알려 주어야 한다(형집행법 제41조 제5항).

06 ○ 　형집행법 제41조 제3항

07 ○ 　형집행법 시행령 제59조 제2항

08 ✕ 　소장은 수형자가 19세 미만인 때, 교정성적이 우수한 때, 교화 또는 건전한 사회복귀를 위하여 특히 필요하다고 인정되는 때에는 접견 횟수를 늘릴 수 있다(형집행법 시행령 제59조 제2항).

09 소장은 수형자의 교화 또는 건전한 사회복귀를 위하여 특히 필요하다고 인정하면 접견 시간대 외에도 접견을 하게 할 수 있고 접견시간을 연장할 수 있다. (   ) [2021. 6급 승진]

10 외국인인 수형자는 국어로 의사소통이 곤란한 사정이 없더라도 접견 시 접견내용이 청취, 녹음, 녹화될 때에는 외국어를 사용할 수 있다. (   ) [2022. 7급]

11 수형자의 접견 횟수는 매월 4회이지만, 소송사건의 대리인인 변호사와 수형자의 접견은 여기에 포함되지 아니한다. (   ) [2022. 7급]

12 수용자가 소송사건의 대리인인 변호사와 접견하는 시간은 회당 60분으로 한다. (   ) [2021. 6급 승진]

13 수용자가 「형사소송법」에 따른 상소권회복 또는 재심 청구사건의 대리인이 되려는 변호사와 접견하는 횟수는 월 4회로 하고 접견 횟수에 포함시키지 아니한다. (   ) [2021. 6급 승진]

14 수용자가 「형사소송법」에 따른 상소권회복 또는 재심 청구사건의 대리인이 되려는 변호사와 접견하는 경우에는 교정시설의 안전 또는 질서를 해칠 우려가 없는 한 접촉차단시설이 설치되지 않은 장소에서 접견하게 한다. (   ) [2023. 6급 승진]

15 수용자가 「형사소송법」에 따른 상소권회복 또는 재심 청구사건의 대리인이 되려는 변호사와 접견할 수 있는 횟수는 월 4회 이다. (   ) [2021. 9급]

16 소송사건의 대리인인 변호사가 수용자를 접견하고자 하는 경우에는 변호사 접견신청서에 소송위임장 사본 등 소송사건의 대리인임을 소명할 수 있는 자료를 첨부해야 한다. (   ) [2021. 6급 승진]

17 수용자가 소송사건의 대리인인 변호사와 접견하는 경우 등 수용자의 재판청구권 등을 실질적으로 보장하기 위하여 대통령령으로 정하는 경우로서 교정시설의 안전 또는 질서를 해칠 우려가 없는 경우에는 접촉차단시설이 설치되지 아니한 장소에서 접견하게 한다. (   ) [2021. 9급]

---

09 ○ 형집행법 시행령 제59조 제1항

10 × 수용자와 교정시설 외부의 사람이 접견하는 경우에 접견내용이 청취·녹음 또는 녹화될 때에는 외국어를 사용해서는 아니 된다. 다만, 국어로 의사소통하기 곤란한 사정이 있는 경우에는 외국어를 사용할 수 있다(형집행법 시행령 제60조 제1항).

11 ○ 형집행법 시행령 제59조의2 제2항

12 ○ 형집행법 시행령 제59조의2 제1항

13 × 수용자가 「형사소송법」에 따른 상소권회복 또는 재심 청구사건의 대리인이 되려는 변호사와 접견하는 횟수는 사건 당 2회로 하고 접견 횟수에 포함시키지 아니한다(형집행법 시행령 제59조의2 제2항).

14 ○ 형집행법 시행령 제59조의2 제5항

15 × 수용자가 「형사소송법」에 따른 상소권회복 또는 재심 청구사건의 대리인이 되려는 변호사와 접견할 수 있는 횟수는 사건 당 2회이 다(형집행법 시행령 제59조의2 제2항).

16 × 시행령 제59조의2 제1항 각 호의 변호사가 수용자를 접견하고자 하는 경우에는 별지 제32호 서식의 신청서를 소장에게 제출해야 한다. 다만, 시행령 제59조의2 제1항 제1호의 변호사(소송사건의 대리인인 변호사)는 소송위임장 사본 등 소송사건의 대리인임을 소명할 수 있는 자료를 첨부해야 한다(형집행법 시행규칙 제29조의3 제1항).

17 ○ 형집행법 제41조 제2항

제2절 편지수수

01 편지수수 일반규정

(1) 편지수수 등

> **제43조 【편지수수】** ① 수용자는 다른 사람과 편지를 주고받을 수 있다.
> ⑧ 편지발송의 횟수, 편지 내용물의 확인방법 및 편지 내용의 검열절차 등에 관하여 필요한 사항은 대통령령으로 정한다.
>
> **[시행령]**
> **제64조 【편지수수의 횟수】** 수용자가 보내거나 받는 편지는 법령에 어긋나지 않으면 횟수를 제한하지 않는다.
> [2024. 9급]

(2) 발신과 수신편지

> **제43조 【편지수수】** ⑥ 소장이 편지를 발송하거나 내어주는 경우에는 신속히 하여야 한다.
>
> **[시행령]**
> **제65조 【편지 내용물의 확인】** ① 수용자는 편지를 보내려는 경우 해당 편지를 봉함하여 교정시설에 제출한다.
> **제68조 【편지 등의 대서】** 소장은 수용자가 편지, 소송서류, 그 밖의 문서를 스스로 작성할 수 없어 대신 써 달라고 요청하는 경우에는 교도관이 대신 쓰게 할 수 있다.
> **제69조 【편지 등 발송비용의 부담】** 수용자의 편지·소송서류, 그 밖의 문서를 보내는 경우에 드는 비용은 수용자가 부담한다. 다만, 소장은 수용자가 그 비용을 부담할 수 없는 경우에는 예산의 범위에서 해당 비용을 부담할 수 있다. [2013. 7급] 총 2회 기출
> **제67조 【관계기관 송부문서】** 소장은 법원·경찰관서, 그 밖의 관계기관에서 수용자에게 보내온 문서는 다른 법령에 특별한 규정이 없으면 열람한 후 본인에게 전달하여야 한다. [2024. 9급] 총 4회 기출

02 편지수수의 제한, 금지품품 확인, 내용검열, 수수금지

(1) 편지수수의 제한

> **제43조 【편지수수】** ① 수용자는 다른 사람과 편지를 주고받을 수 있다. 다만, 다음 각 호의 어느 하나에 해당하는 사유가 있으면 그러하지 아니하다.
>
> **[편지수수 제한사유]**(법 제43조 제1항) [2024. 9급]
> 1. 「형사소송법」이나 그 밖의 법률에 따른 편지의 수수금지 및 압수의 결정이 있는 때
> 2. 수형자의 교화 또는 건전한 사회복귀를 해칠 우려가 있는 때
> 3. 시설의 안전 또는 질서를 해칠 우려가 있는 때
>
> ② 제1항 각 호 외의 부분 본문에도 불구하고 같은 교정시설의 수용자 간에 편지를 주고받으려면 소장의 허가를 받아야 한다.

(2) 금지물품 등 확인

제43조【편지수수】 ③ 소장은 수용자가 주고받는 편지에 법령에 따라 금지된 물품이 들어 있는지 확인할 수 있다. [2020. 6급 승진] 총 2회 기출

[시행령]

제65조【편지 내용물의 확인】 ① 수용자는 편지를 보내려는 경우 해당 편지를 봉함하여 교정시설에 제출한다. 다만, 소장은 다음 각 호의 어느 하나에 해당하는 경우로서 법 제43조 제3항에 따른 금지물품의 확인을 위하여 필요한 경우에는 편지를 봉함하지 않은 상태로 제출하게 할 수 있다.

> **[봉함하지 않은 상태의 편지제출]**(시행령 제65조 제1항 단서) [2019. 9급] 총 7회 기출
> 1. 마약류사범·조직폭력사범 등 법무부령으로 정하는 수용자가 변호인 외의 자에게 편지를 보내려는 경우
> 2. 처우등급이 중경비시설 수용대상인 수형자가 변호인 외의 자에게 편지를 보내려는 경우
> 3. 수용자가 같은 교정시설에 수용 중인 다른 수용자에게 편지를 보내려는 경우
> 4. 규율위반으로 조사 중이거나 징벌집행 중인 수용자가 다른 수용자에게 편지를 보내려는 경우

② 소장은 수용자에게 온 편지에 금지물품이 들어 있는지를 개봉하여 확인할 수 있다. [2013. 7급]
> ▶ **변호인이 수용자에게 보낸 서신 개봉 후 교부:** 변호인의 조력을 받을 권리 침해 아니다(헌재 2021.10.28. 2019헌마973).

> **[금지물품]**(법 제92조 제1항) [암기: 마비주사]
> 1. 마약·총기·도검·폭발물·흉기·독극물, 그 밖에 범죄의 도구로 이용될 우려가 있는 물품
> 2. 무인비행장치, 전자·통신기기, 그 밖에 도주나 다른 사람과의 연락에 이용될 우려가 있는 물품
> 3. 주류·담배·화기·현금·수표, 그 밖에 시설의 안전 또는 질서를 해칠 우려가 있는 물품
> 4. 음란물, 사행행위에 사용되는 물품, 그 밖에 수형자의 교화 또는 건전한 사회복귀를 해칠 우려가 있는 물품

(3) 편지 내용 검열

제43조【편지수수】 ④ 수용자가 주고받는 편지의 내용은 검열받지 아니한다. 다만, 다음 각 호의 어느 하나에 해당하는 사유가 있으면 그러하지 아니하다.

> **[편지내용 검열사유]**(법 제43조 제4항) [2024. 9급] 총 16회 기출
> 1. 편지의 상대방이 누구인지 확인할 수 없는 때
> 2. 「형사소송법」이나 그 밖의 법률에 따른 편지검열의 결정이 있는 때
> 3. 제1항 제2호 또는 제3호에 해당하는 내용이나 형사법령에 저촉되는 내용이 기재되어 있다고 의심할 만한 상당한 이유가 있는 때
>   가. 수형자의 교화 또는 건전한 사회복귀를 해칠 우려가 있는 때(제1항 제2호)
>   나. 시설의 안전 또는 질서를 해칠 우려가 있는 때(제1항 제3호)
> 4. 대통령령으로 정하는 수용자 간의 편지인 때

[시행령]

제66조【편지 내용의 검열】 ① 소장은 법 제43조 제4항 제4호에 따라 다음 각 호의 어느 하나에 해당하는 수용자가 다른 수용자와 편지를 주고받는 때에는 그 내용을 검열할 수 있다.

> **[대통령령으로 정한 수용자 간의 편지 검열사유]**(시행령 제66조 제1항)
>
> 소장은 다음의 어느 하나에 해당하는 수용자가 다른 수용자와 편지를 주고받는 때에는 그 내용을 검열할 수 있다.
> 1. 법 제104조 제1항에 따른 마약류사범·조직폭력사범 등 법무부령으로 정하는 수용자인 때
> 2. 편지를 주고받으려는 수용자와 같은 교정시설에 수용 중인 때
> 3. 규율위반으로 조사 중이거나 징벌집행 중인 때
> 4. 범죄의 증거를 인멸할 우려가 있는 때

② 수용자 간에 오가는 편지에 대한 제1항의 검열은 편지를 보내는 교정시설에서 한다. 다만, 특히 필요하다고 인정되는 경우에는 편지를 받는 교정시설에서도 할 수 있다. [2020. 6급 승진] 총 3회 기출
③ 소장은 수용자가 주고받는 편지가 법 제43조 제4항(검열사유) 각 호의 어느 하나에 해당하면 이를 개봉한 후 검열할 수 있다. [2024. 9급] 총 2회 기출
④ 소장은 제3항에 따라 검열한 결과 편지의 내용이 법 제43조 제5항의 발신 또는 수신 금지사유에 해당하지 아니하면 발신편지는 봉함한 후 발송하고, 수신편지는 수용자에게 건네준다.
⑤ 소장은 편지의 내용을 검열했을 때에는 그 사실을 해당 수용자에게 지체 없이 알려주어야 한다.

[시행규칙]

제203조【특이사항의 통보】 소장은 조직폭력수용자의 편지 및 접견의 내용 중 특이사항이 있는 경우에는 검찰청, 경찰서 등 관계기관에 통보할 수 있다.
> ▶ 미결수용자와 변호인 간의 편지는 교정시설에서 상대방이 변호인임을 확인할 수 없는 경우를 제외하고는 검열할 수 없다 (법 제84조 제3항). [2019. 8급 승진] 총 7회 기출

(4) 수·발신 금지

제43조【편지수수】 ⑤ 소장은 제3항 또는 제4항 단서에 따라 확인 또는 검열한 결과 수용자의 편지에 법령으로 금지된 물품이 들어 있거나 편지의 내용이 다음 각 호의 어느 하나에 해당하면 발신 또는 수신을 금지할 수 있다.

> **[발신 또는 수신금지 사유]**(법 제43조 제5항) [2020. 6급 승진] 총 3회 기출
> 1. 암호·기호 등 이해할 수 없는 특수문자로 작성되어 있는 때
> 2. 범죄의 증거를 인멸할 우려가 있는 때
> 3. 형사 법령에 저촉되는 내용이 기재되어 있는 때
> 4. 수용자의 처우 또는 교정시설의 운영에 관하여 명백한 거짓사실을 포함하고 있는 때
> 5. 사생활의 비밀 또는 자유를 침해할 우려가 있는 때
> 6. 수형자의 교화 또는 건전한 사회복귀를 해칠 우려가 있는 때
> 7. 시설의 안전 또는 질서를 해칠 우려가 있는 때

⑦ 소장은 제1항 단서(편지수수의 제한) 또는 제5항(발신·수신이 금지된 편지)에 따라 발신 또는 수신이 금지된 편지는 그 구체적인 사유를 서면으로 작성해 관리하고, 수용자에게 그 사유를 알린 후 교정시설에 보관한다. 다만, 수용자가 동의하면 폐기할 수 있다. [2019. 9급] 기출
> ▶ **금지물품의 처리:** 수용자에게 알린 후 폐기한다. 다만, 교정시설에 보관하거나 지정한 사람에게 보낼 수 있다(법 제93조 제5항).

⊕PLUS 같은 교정시설 내 수용자간 편지

1. **허가**: 같은 교정시설의 수용자 간에 편지를 주고 받으려면 소장의 허가를 받아야 한다(법 제43조 제2항).

2. **허가대상**: 같은 교정시설에 수용된 수용자가 가족(부부 또는 부모·자녀)인 경우에는 교화상 편지수수를 허가할 수 있다. 이 경우 먼저 공범관계나 수용자 특성 등을 충분히 고려하여 허가여부를 검토하여야 한다.

3. **처리절차**: 허가된 편지는 봉함하지 않고 제출하게 할 수 있고(시행령 제65조 제1항 단서), 금지물품의 유무를 확인(법 제43조 제3항)하고, 편지내용검열(시행령 제66조 제1항)을 통해 편지 수수 금지사유(법 제43조 제5항)를 확인하여야 한다.

4. **징벌**: 허가없이 타 기관의 수용자나 외부인을 거치는 등의 방법으로 같은 교정시설 내 수용자간 편지를 주고 받을 경우, 허가 없이 다른 사람과 만나거나 연락하는 행위(시행규칙 제214조 제9호)는 10일 이상 15일 이하의 금치 또는 2개월의 작업장려금 삭감의 징벌사유(시행규칙 제215조 제3호)에 해당된다.

▶ 같은 교정시설에 수용 중인 수용자 간의 편지는 허가(법 제43조 제2항)와 검열(시행령 제66조 제1항 제2호) 및 편지를 봉함하지 않은 상태로 제출하게 할 수 있는 사유(시행령 제65조 제1항 제2호)가 되고, 다른 교정시설에 수용되어 있는 수용자와 주고받는 편지는 일정한 경우 검열(시행령 제66조 제1항 제1호·제3호·제4호)과 편지를 봉함하지 않은 상태로 제출하게 할 수 있는 사유(시행령 제65조 제1항 제1호·제3호)가 된다.

⚖판례 |

[1] **피청구인 교도소장이 법원, 검찰청 등이 청구인에게 보낸 문서를 열람한 행위가 청구인의 통신의 자유를 침해하는지 여부(소극)**

피청구인의 문서열람행위는 형집행법 시행령 제67조에 근거하여 법원 등 관계기관이 수용자에게 보내온 문서를 열람한 행위로서, 문서 전달 업무에 정확성을 기하고 수용자의 편의를 도모하며 법령상의 기간준수 여부 확인을 위한 공적 자료를 마련하기 위한 것이다. 수용자 스스로 고지하도록 하거나 특별히 엄중한 계호를 요하는 수용자에 한하여 열람하는 등의 방법으로는 목적 달성에 충분하지 않고, 다른 법령에 따라 열람이 금지된 문서는 열람할 수 없으며, 열람한 후에는 본인에게 신속히 전달하여야 하므로, 문서열람행위는 청구인의 통신의 자유를 침해하지 아니한다(헌재 2021.9.30. 2019헌마919).

[2] **피청구인 교도소장이 청구인에게 온 서신을 개봉한 행위가 청구인의 통신의 자유를 침해하는지 여부(소극)**

피청구인의 서신개봉행위는 법령상 금지되는 물품을 서신에 동봉하여 반입하는 것을 방지하기 위하여 구 형집행법 제43조 제3항 및 구 형집행법 시행령 제65조 제2항에 근거하여 수용자에게 온 서신의 봉투를 개봉하여 내용물을 확인한 행위로서, 교정시설의 안전과 질서를 유지하고 수용자의 교화 및 사회복귀를 원활하게 하기 위한 것이다. 개봉하는 발신자나 수용자를 한정하거나 엑스레이 기기 등으로 확인하는 방법 등으로는 금지물품 동봉 여부를 정확하게 확인하기 어려워, 입법목적을 같은 정도로 달성하면서, 소장이 서신을 개봉하여 육안으로 확인하는 것보다 덜 침해적인 수단이 있다고 보기 어렵다. 또한 서신을 개봉하더라도 그 내용에 대한 검열은 원칙적으로 금지된다. 따라서 서신개봉행위는 청구인의 통신의 자유를 침해하지 아니한다(헌재 2021.9.30. 2019헌마919).

[3] **교도소장이 금지물품 동봉 여부를 확인하기 위하여 미결수용자와 같은 지위에 있는 수형자의 변호인이 위 수형자에게 보낸 서신을 개봉한 후 교부한 행위가 위 수형자가 변호인의 조력을 받을 권리를 침해하는지 여부(소극)**

이 사건 서신개봉행위는 교정사고를 미연에 방지하고 교정시설의 안전과 질서 유지를 위한 것이다. 수용자에게 변호인이 보낸 형사소송관련 서신이라는 이유만으로 금지물품 확인 과정 없이 서신이 무분별하게 교정시설 내에 들어오게 된다면, 이를 악용하여 마약·담배 등 금지물품의 반입 등이 이루어질 가능성을 배제하기 어렵다. 금지물품을 확인할 뿐 변호인이 보낸 서신 내용의 열람·지득 등 검열을 하는 것이 아니어서, 이 사건 서신개봉행위로 인하여 미결수용자와 같은 지위에 있는 수형자가 새로운 형사사건 및 형사재판에서 방어권행사에 불이익이 있었다거나 그 불이익이 예상된다고 보기도 어렵다(헌재 2021.10.28. 2019헌마973).

[4] 교도소 내 미결수용자에 대한 서신의 발송 및 교부가 어느 정도 지연되었다고 하더라도 이는 교도소 내의 서신발송과 교부 등 업무처리과정에서 불가피하게 소요되는 정도에 불과할 뿐 교도소장이 고의로 발송이나 교부를 지연시킨 것이라거나 또는 업무를 태만히 한 것이라고 볼 수 없으므로, 그로 인하여 수용자의 통신비밀의 자유 및 변호인의 조력을 받을 권리가 침해되었다고 할 수 없다(헌재 2021.10.28. 2019헌마973).

[5] **교도소장으로 하여금 수용자가 주고받는 서신에 금지 물품이 들어 있는지를 확인할 수 있도록 규정하고 있는 형집행법 제43조 제3항이 청구인의 기본권을 직접 침해하는지 여부(소극)**
이 사건 법률조항은 수용자의 서신에 금지물품이 들어 있는지 여부에 대한 확인을 교도소장의 재량에 맡기고 있으므로 교도소장의 금지물품 확인이라는 구체적인 집행행위를 매개로 하여 수용자인 청구인의 권리에 영향을 미치게 되는바, 위 법률조항이 청구인의 기본권을 직접 침해한다고 할 수 없다(헌재 2012.2.23. 2009헌마333).

[6] **수용자가 밖으로 내보내는 모든 서신을 봉함하지 않은 상태로 교정시설에 제출하도록 규정하고 있는 형집행법 시행령 제65조 제1항이 청구인의 통신 비밀의 자유를 침해하는지 여부(적극)**
이 사건 시행령조항은 교정시설의 안전과 질서유지, 수용자의 교화 및 사회복귀를 원활하게 하기 위해 수용자가 밖으로 내보내는 서신을 봉함하지 않은 상태로 제출하도록 한 것이나, 이와 같은 목적은 ㉠ 교도관이 수용자의 면전에서 서신에 금지물품이 들어 있는지를 확인하고 수용자로 하여금 서신을 봉함하게 하는 방법, ㉡ 봉함된 상태로 제출된 서신을 X‒ray 검색기 등으로 확인한 후 의심이 있는 경우에만 개봉하여 확인하는 방법, ㉢ 서신에 대한 검열이 허용되는 경우에만 무봉함 상태로 제출하도록 하는 방법 등으로도 얼마든지 달성할 수 있다고 할 것인바, 위 시행령 조항이 수용자가 보내려는 모든 서신에 대해 무봉함 상태의 제출을 강제함으로써 수용자의 발송 서신 모두를 사실상 검열 가능한 상태에 놓이도록 하는 것은 기본권 제한의 최소 침해성 요건을 위반하여 수용자인 청구인의 통신비밀의 자유를 침해하는 것이다(헌재 2012.2.23. 2009헌마333). [2022. 7급] 총 2회 기출
▶ 이 판례로 인해 시행령 제65조 제1항이 개정(2013.2.5.)되었다.

[7] **미결수용자와 변호인이 아닌 자 사이의 서신을 검열한 행위가 헌법에 위반되는지 여부(소극)**
질서유지 또는 공공복리를 위하여 구속제도가 헌법 및 법률상 이미 용인되어 있는 이상, 미결수용자는 구속제도 자체가 가지고 있는 일면의 작용인 사회적 격리의 점에 있어 외부와의 자유로운 교통과는 상반되는 성질을 가지고 있으므로, 증거인멸이나 도망을 예방하고 교도소 내의 질서를 유지하여 미결구금제도를 실효성 있게 운영하고 일반사회의 불안을 방지하기 위하여 미결수용자의 서신에 대한 검열은 그 필요성이 인정된다(헌재 1995.7.21. 92헌마144).

[8] **미결수용자와 변호인 사이의 서신을 검열한 행위가 헌법에 위반되는지 여부**
신체구속을 당한 사람에게 변호인과 사이의 충분한 접견교통을 허용함은 물론 교통내용에 대하여 비밀이 보장되고 부당한 간섭이 없어야 하는 것이며, 이러한 취지는 접견의 경우뿐만 아니라 변호인과 미결수용자 사이의 서신에도 적용되어 그 비밀이 보장되어야 할 것이다. 다만 미결수용자와 변호인 사이의 서신으로서 그 비밀을 보장받기 위하여는 첫째, 교도소측에서 상대방이 변호인이라는 사실을 확인할 수 있어야 하고, 둘째, 서신을 통하여 마약 등 소지금지품의 반입을 도모한다든가 그 내용에 도주ㆍ증거인멸ㆍ수용시설의 규율과 질서의 파괴ㆍ기타 형벌법령에 저촉되는 내용이 기재되어 있다고 의심할 만한 합리적인 이유가 있는 경우가 아니어야 한다(헌재 1995.7.21. 92헌마144).

[9] **수형자의 서신을 검열하는 것이 수형자의 통신의 자유 등 기본권을 침해하는 것인지 여부(소극)**
구금시설은 다수의 수형자를 집단으로 관리하는 시설로서 규율과 질서유지가 필요하므로 수형자의 서신수발의 자유에는 내재적 한계가 있고, 구금의 목적을 달성하기 위하여 수형자의 서신에 대한 검열은 불가피하다. 현행법령과 제도 하에서 수형자가 수발하는 서신에 대한 검열로 인하여 수형자의 통신의 비밀이 일부 제한되는 것은 국가안전보장ㆍ질서유지 또는 공공복리라는 정당한 목적을 위하여 부득이할 뿐만 아니라 유효적절한 방법에 의한 최소한의 제한이며 통신의 자유의 본질적 내용을 침해하는 것이 아니다(헌재 1998.8.27. 96헌마398).

단원별 지문 OX

01 수용자는 시설의 안전 또는 질서를 해칠 우려가 있는 때에는 다른 사람과 편지를 주고받을 수 없다. (　　) [2024. 9급]

02 수용자가 보내거나 받는 편지는 법령에 어긋나지 않으면 횟수를 제한하지 않는다. (　　)　　　　　　　　[2024. 9급]

03 소장은 규율위반으로 징벌집행 중인 수용자가 다른 수용자와 편지를 주고받는 때에는 그 내용을 검열하여야 한다. (　　)
[2024. 9급]

04 소장은 법원 · 경찰관서, 그 밖의 관계기관에서 수용자에게 보내온 문서는 다른 법령에 특별한 규정이 없으면 열람한 후 본인에게 전달하여야 한다. (　　)　　　　　　　　[2024. 9급]

05 마약류사범 · 조직폭력사범 등 법무부령으로 정하는 수용자가 변호인 외의 자에게 편지를 보내려는 경우에는 「형의 집행 및 수용자의 처우에 관한 법률 시행령」상 소장이 금지물품의 확인을 위하여 수용자의 편지를 봉함하지 않은 상태로 제출하게 할 수 있다. (　　)　　　　　　　　[2022. 6급 승진]

06 중(重)경비시설 수용대상인 수형자가 변호인 외의 자에게 편지를 보내려는 경우에는 「형의 집행 및 수용자의 처우에 관한 법률 시행령」상 소장이 금지물품의 확인을 위하여 수용자의 편지를 봉함하지 않은 상태로 제출하게 할 수 있다. (　　)
[2022. 6급 승진]

07 수용자가 같은 교정시설에 수용 중인 다른 수용자에게 편지를 보내려는 경우에는 「형의 집행 및 수용자의 처우에 관한 법률 시행령」상 소장이 금지물품의 확인을 위하여 수용자의 편지를 봉함하지 않은 상태로 제출하게 할 수 있다. (　　)
[2022. 6급 승진]

---

01 ✕　수용자는 다른 사람과 편지를 주고받을 수 있다. 다만, ⊙ 「형사소송법」이나 그 밖의 법률에 따른 편지의 수수금지 및 압수의 결정이 있는 때, ⓒ 수형자의 교화 또는 건전한 사회복귀를 해칠 우려가 있는 때, ⓒ 시설의 안전 또는 질서를 해칠 우려가 있는 때에는 그러하지 아니하다(형집행법 제43조 제1항).

02 ○　형집행법 시행령 제64조

03 ✕　소장은 ⊙ 마약류사범 · 조직폭력사범 등 법무부령으로 정하는 수용자인 때, ⓒ 편지를 주고받으려는 수용자와 같은 교정시설에 수용 중인 때, ⓒ 규율위반으로 조사 중이거나 징벌집행 중인 때, ⓔ 범죄의 증거를 인멸할 우려가 있는 때에는 수용자가 다른 수용자와 편지를 주고받는 때에는 그 내용을 검열할 수 있다(형집행법 시행령 제66조 제1항).

04 ○　형집행법 시행령 제67조

05 ○　형집행법 시행령 제65조 제1항

06 ○　형집행법 시행령 제65조 제1항

07 ○　형집행법 시행령 제65조 제1항

제3절 전화통화

01 허가 및 청취·녹음 등

(1) 전화통화의 허가

제44조【전화통화】 ① 수용자는 소장의 허가를 받아 교정시설의 외부에 있는 사람과 전화통화를 할 수 있다.
[2015. 5급 승진] 총 4회 기출

② 제1항에 따른 허가에는 통화내용의 청취 또는 녹음을 조건으로 붙일 수 있다. [2019. 9급] 총 6회 기출

③ 제42조(접견의 중지)는 수용자의 전화통화에 관하여 준용한다.

④ 제2항에 따라 통화내용을 청취 또는 녹음하려면 사전에 수용자 및 상대방에게 그 사실을 알려 주어야 한다.

⑤ 전화통화의 허가범위, 통화내용의 청취·녹음 등에 관하여 필요한 사항은 법무부령으로 정한다.

[시행규칙]

제25조【전화통화의 허가】 ① 소장은 전화통화(발신하는 것만을 말한다. 이하 같다)를 신청한 수용자에 대하여 다음 각 호의 어느 하나에 해당하는 사유가 없으면 전화통화를 허가할 수 있다. 다만, 미결수용자에게 전화통화를 허가할 경우 그 허용횟수는 월 2회 이내로 한다.

> **[전화통화 불허사유]**(시행규칙 제25조 제1항) [2013. 7급 승진] 총 2회 기출
> 1. 범죄의 증거를 인멸할 우려가 있을 때
> 2. 형사법령에 저촉되는 행위를 할 우려가 있을 때
> 3. 「형사소송법」에 따라 접견·편지수수 금지결정을 하였을 때
> 4. 교정시설의 안전 또는 질서를 해칠 우려가 있을 때
> 5. 수형자의 교화 또는 건전한 사회복귀를 해칠 우려가 있을 때

② 소장은 제1항에 따른 허가를 하기 전에 전화번호와 수신자(수용자와 통화할 상대방을 말한다. 이하 같다)를 확인하여야 한다. 이 경우 수신자에게 제1항 각 호에 해당하는 사유가 있으면 제1항의 허가를 아니할 수 있다.

(2) 전화통화 청취·녹음

[시행규칙]

제28조【통화내용의 청취·녹음】 ① 소장은 제25조 제1항 각 호의 어느 하나에 해당하지 아니한다고 명백히 인정되는 경우가 아니면 통화내용을 청취하거나 녹음한다.

② 제1항의 녹음기록물은 「공공기록물 관리에 관한 법률」에 따라 관리하고, 특히 녹음기록물이 손상되지 아니하도록 유의해서 보존하여야 한다.

③ 소장은 제1항의 녹음기록물에 대한 보호·관리를 위해 전화통화정보 취급자를 지정해야 하고, 전화통화 정보 취급자는 직무상 알게 된 전화통화정보를 누설 또는 권한 없이 처리하거나 다른 사람이 이용하도록 제공하는 등 부당한 목적으로 사용해서는 안 된다.

④ 소장은 관계기관으로부터 ㉠ 법원의 재판업무 수행을 위하여 필요하거나 ㉡ 범죄의 수사와 공소의 제기 및 유지의 필요로 한 때 접견(전화)기록물의 제출을 요청받은 경우에는 기록물을 제공할 수 있다. 이 경우 정보취급자로 하여금 녹음·녹화기록물을 요청한 기관의 명칭, 제공받는 목적, 제공 근거, 제공을 요청한 범위, 그 밖에 필요한 사항을 녹음·녹화기록물 관리프로그램에 입력하게 하고, 따로 이동식 저장매체에 옮겨 담아 제공한다(시행규칙 제28조 제4항: 영 제62조 제4항 및 제5항 준용).

제29조의2【세부사항】이 규칙에서 정한 사항 외에 전화통화의 허가범위, 통화내용의 청취·녹음 등에 필요한 세부사항은 법무부장관이 정한다.

(3) 전화통화 시 외국어 사용 등

[시행령]

제70조【전화통화】수용자와 교정시설 외부의 사람이 전화통화하는 경우에 전화통화내용이 청취 또는 녹음될 때에는 외국어를 사용해서는 아니 된다. 다만, 국어로 의사소통하기 곤란한 사정이 있는 경우에는 외국어를 사용할 수 있다(시행령 제60조 제1항 및 제63조 준용).

제71조【참고사항의 기록】교도관은 수용자의 접견, 편지수수, 전화통화 등의 과정에서 수용자의 처우에 특히 참고할 사항을 알게 된 경우에는 그 요지를 수용기록부에 기록해야 한다. [2020. 5급 승진]

(4) 통화요금의 부담(시행규칙 제29조)

[시행규칙]

제29조【통화요금의 부담】① 수용자의 전화통화 요금은 수용자가 부담한다. [2020. 5급 승진] 총 5회 기출
② 소장은 교정성적이 양호한 수형자 또는 보관금이 없는 수용자 등에 대하여는 제1항에도 불구하고 예산의 범위에서 요금을 부담할 수 있다. [2020. 5급 승진]

02 이용시간 및 허용횟수

(1) 전화이용시간

[시행규칙]

제26조【전화이용시간】① 수용자의 전화통화는 매일(공휴일 및 법무부장관이 정한 날은 제외한다)「국가공무원 복무규정」제9조에 따른 근무시간 내에서 실시한다. [2020. 5급 승진]
② 소장은 제1항에도 불구하고 평일에 전화를 이용하기 곤란한 특별한 사유가 있는 수용자에 대해서는 전화이용시간을 따로 정할 수 있다. [2020. 5급 승진]

제25조【전화통화】③ 전화통화의 통화시간은 특별한 사정이 없으면 5분 이내로 한다. [2020. 5급 승진] 총 3회 기출

(2) 전화통화의 허용횟수

[시행규칙]

제25조【전화통화의 허가】① 미결수용자에게 전화통화를 허가할 경우 그 허용횟수는 월 2회 이내로 한다.

제156조【전화통화】소장은 사형확정자의 심리적 안정과 원만한 수용생활을 위하여 필요하다고 인정하는 경우에는 월 3회 이내의 범위에서 전화통화를 허가할 수 있다. [2019. 7급 승진] 총 7회 기출

제59조의5【접견·전화】소장은 소년수형자등의 나이·적성 등을 고려하여 필요하다고 인정하면 제87조 및 제90조에 따른 접견 및 전화통화 횟수를 늘릴 수 있다. [2020. 7급] 총 2회 기출

제90조【전화통화의 허용횟수】 ① 수형자의 경비처우급별 전화통화의 허용횟수는 다음 각 호와 같다. [2024. 9급] 총 7회 기출

1. 개방처우급	2. 완화경비처우급	3. 일반경비처우급	4. 중경비처우급
월 20회 이내	월 10회 이내	월 5회 이내	처우상 특히 필요한 경우 월 2회 이내

② 소장은 제1항에도 불구하고 처우상 특히 필요한 경우에는 개방처우급·완화경비처우급·일반경비처우급 수형자의 전화통화 허용횟수를 늘릴 수 있다.

③ 제1항 각 호의 경우 전화통화는 1일 1회만 허용한다. 다만, 처우상 특히 필요한 경우에는 그러하지 아니하다.

03 전화통화의 제한

(1) 전화통화 허가의 취소

[시행규칙]

제27조【통화허가의 취소】 소장은 다음 각 호의 어느 하나에 해당할 때에는 전화통화의 허가를 취소할 수 있다.

[전화통화허가 취소사유](시행규칙 제27조) [2020. 5급 승진] 총 3회 기출
1. 수용자 또는 수신자가 전화통화 내용의 청취·녹음에 동의하지 아니할 때
2. 수신자가 수용자와의 관계 등에 대한 확인 요청에 따르지 아니하거나 거짓으로 대답할 때
3. 전화통화 허가 후 제25조 제1항(전화통화불허 사유) 각 호의 어느 하나에 해당되는 사유가 발견되거나 발생하였을 때

(2) 전화통화의 중지

제44조【전화통화】 ③ 제42조(접견의 중지)는 수용자의 전화통화에 관하여 준용한다.

[전화통화(접견)의 중지사유](법 제42조) [2018. 7급 승진] 총 7회 기출
1. 범죄의 증거를 인멸하거나 인멸하려고 하는 때
2. 금지물품(마/비/주/사)을 주고받거나 주고받으려고 하는 때
3. 형사 법령에 저촉되는 행위를 하거나 하려고 하는 때
4. 수용자의 처우 또는 교정시설의 운영에 관하여 거짓사실을 유포하는 때
5. 수형자의 교화 또는 건전한 사회복귀를 해칠 우려가 있는 행위를 하거나 하려고 하는 때
6. 시설의 안전 또는 질서를 해하는 행위를 하거나 하려고 하는 때

[시행령]

제70조【전화통화】 수용자의 전화통화에 관하여는 제60조 제1항(외국어사용 금지 및 예외적 허용) 및 제63조(중지시 사유알림)를 준용한다.

제71조【참고사항의 기록】 교도관은 수용자의 접견, 편지수수, 전화통화 등의 과정에서 수용자의 처우에 특히 참고할 사항을 알게 된 경우에는 그 요지를 수용기록부에 기록해야 한다.

단원별 지문

01 교도관은 수용자의 접견, 편지수수, 전화통화 등의 과정에서 수용자의 처우에 특히 참고할 사항을 알게 된 경우에는 그 요지를 수용기록부에 기록해야 한다. ( ) [2020. 5급 승진]

02 전화통화의 통화시간은 특별한 사정이 없으면 5분 이내로 한다. ( ) [2020. 5급 승진]

03 소장은 수용자 또는 수신자가 서로의 관계 등에 대한 확인 요청에 따르지 아니하거나 거짓으로 대답할 때에는 전화통화의 허가를 취소하여야 한다. ( ) [2020. 5급 승진]

04 수용자의 전화통화는 매일(공휴일 및 법무부장관이 정한 날은 제외한다) 「국가공무원 복무규정」 제9조에 따른 근무시간 내에서 실시하되, 소장은 평일에 전화를 이용하기 곤란한 특별한 사유가 있는 수용자에 대해서는 전화이용시간을 따로 정할 수 있다. ( ) [2020. 5급 승진]

05 수용자의 전화통화 요금은 수용자가 부담하되, 소장은 교정성적이 양호한 수형자 또는 보관금이 없는 수용자 등에 대하여는 예산의 범위에서 요금을 부담할 수 있다. ( ) [2020. 5급 승진]

06 범죄의 증거를 인멸하거나 인멸하려고 하는 때는 「형의 집행 및 수용자의 처우에 관한 법률」상 전화통화 중지 사유에 해당한다. ( ) [2022. 7급 승진]

07 형사 법령에 저촉되는 행위를 하거나 하려고 하는 때는 「형의 집행 및 수용자의 처우에 관한 법률」상 전화통화 중지 사유에 해당한다. ( ) [2022. 7급 승진]

08 수용자의 처우 또는 교정시설의 운영에 관하여 거짓사실을 유포하는 때는 「형의 집행 및 수용자의 처우에 관한 법률」상 전화통화 중지 사유에 해당한다. ( ) [2022. 7급 승진]

09 수형자의 교화 또는 건전한 사회복귀를 해칠 우려가 있는 행위를 하거나 하려고 하는 때는 「형의 집행 및 수용자의 처우에 관한 법률」상 전화통화 중지 사유에 해당한다. ( ) [2022. 7급 승진]

10 시설의 안전 또는 질서를 해하는 행위를 하거나 하려고 하는 때는 「형의 집행 및 수용자의 처우에 관한 법률」상 전화통화 중지 사유에 해당한다. ( ) [2022. 7급 승진]

---

01 ○ 형집행법 시행령 제71조
02 ○ 형집행법 시행규칙 제25조 제3항
03 × 소장은 ⊙ 수용자 또는 수신자가 전화통화 내용의 청취·녹음에 동의하지 아니할 때, ⓒ 수신자가 수용자와의 관계 등에 대한 확인 요청에 따르지 아니하거나 거짓으로 대답할 때, ⓒ 전화통화 허가 후 전화통화 불허사유가 발견되거나 발생하였을 때에는 전화통화의 허가를 취소할 수 있다(형집행법 시행규칙 제27조).
04 ○ 형집행법 시행규칙 제26조 제1항·제2항
05 ○ 형집행법 시행규칙 제29조 제1항·제2항
06 ○ 형집행법 제44조 제3항
07 ○ 형집행법 제44조 제3항
08 ○ 형집행법 제44조 제3항
09 ○ 형집행법 제44조 제3항
10 ○ 형집행법 제44조 제3항

제9장 / 종교와 문화

제1절 종교

> **★ 핵심정리 종교와 문화**
>
> | 종교행사(법 제45조) | 문화(법 제46조~제49조) |
> |---|---|
> | 종교집회 | 도서비치 |
> | 종교의식 | 신문 등 구독 |
> | 교리교육 및 상담 | 라디오청취와 TV시청 |
> | 그 밖에 법무부장관이 정하는 종교행사 | 집필 |

01 종교행사 일반

(1) 종교행사의 종류

> **[시행규칙]**
>
> **제30조【종교행사의 종류】**「형의 집행 및 수용자의 처우에 관한 법률」(이하 "법"이라 한다) 제45조에 따른 종교행사의 종류는 다음 각 호와 같다.
>
> > **[종교행사의 종류]**(시행규칙 제30조)
> > 1. **종교집회:** 예배 · 법회 · 미사 등
> > 2. **종교의식:** 세례 · 수계 · 영세 등
> > 3. **교리 교육 및 상담**
> > 4. **그 밖에 법무부장관이 정하는 종교행사**
> >
> > > 1. 중간처우 대상자의 외부종교행사 참여(사회복귀지침 제42조 제1항)
> > > 2. 사회견학의 일종으로 외부종교행사 참석(사회복귀지침 제55조 제1항)

(2) 종교행사의 실시

> **[시행규칙]**
>
> **제31조【종교행사의 방법】** ① 소장은 교정시설의 안전과 질서를 해치지 아니하는 범위에서 종교단체 또는 종교인이 주재하는 종교행사를 실시한다. [2012. 9급]
> ② 소장은 종교행사를 위하여 각 종교별 성상 · 성물 · 성화 · 성구가 구비된 종교상담실 · 교리교육실 등을 설치할 수 있으며, 특정 종교행사를 위하여 임시행사장을 설치하는 경우에는 성상 등을 임시로 둘 수 있다.

(3) 종교행사 참석

제45조【종교행사의 참석 등】 ① 수용자는 교정시설의 안에서 실시하는 종교의식 또는 행사에 참석할 수 있으며, 개별적인 종교상담을 받을 수 있다. [2015. 5급 승진]
④ 종교행사의 종류·참석대상·방법, 종교상담의 대상·방법 및 종교도서·물품을 지닐 수 있는 범위 등에 관하여 필요한 사항은 법무부령으로 정한다.

[시행규칙]

제32조【종교행사의 참석대상】 수용자는 자신이 신봉하는 종교행사에 참석할 수 있다. 다만, 소장은 다음 각 호의 어느 하나에 해당할 때에는 수용자의 종교행사 참석을 제한할 수 있다.

> **[종교행사 참석 제한사유]**(시행규칙 제32조 단서) [2024. 5급 승진] 총 6회 기출
> 1. 종교행사용 시설의 부족 등 여건이 충분하지 아니할 때
> 2. 수용자가 종교행사 장소를 허가 없이 벗어나거나 다른 사람과 연락을 할 때
> 3. 수용자가 계속 큰 소리를 내거나 시끄럽게 하여 종교행사를 방해할 때
> 4. 수용자가 전도를 핑계삼아 다른 수용자의 평온한 신앙생활을 방해할 때
> 5. 그 밖에 다른 법령에 따라 공동행사의 참석이 제한될 때

제33조【종교상담】 소장은 수용자가 종교상담을 신청하거나 수용자에게 종교상담이 필요한 경우에는 해당 종교를 신봉하는 교도관 또는 교정참여인사(법 제130조의 교정위원, 그 밖에 교정행정에 참여하는 사회 각 분야의 사람 중 학식과 경험이 풍부한 사람을 말한다)로 하여금 상담하게 할 수 있다. [2024. 5급 승진]

02 신앙생활 지원

제45조【종교행사의 참석 등】 ② 수용자는 자신의 신앙생활에 필요한 책이나 물품을 지닐 수 있다. [2015. 7급]
③ 소장은 다음 각 호의 어느 하나에 해당하는 사유가 있으면 제1항 및 제2항에서 규정하고 있는 사항을 제한할 수 있다.

> **[종교행사 등 서적·물품소지 제한사유]**(법 제45조 제3항) [2015. 7급] 총 2회 기출
> 1. 수형자의 교화 또는 건전한 사회복귀를 위하여 필요한 때
> 2. 시설의 안전과 질서유지를 위하여 필요한 때

[시행규칙]

제34조【종교물품 등을 지닐 수 있는 범위】 ① 소장은 수용자의 신앙생활에 필요하다고 인정하는 경우에는 외부에서 제작된 휴대용 종교도서 및 성물을 수용자가 지니게 할 수 있다. [2020. 7급] 총 4회 기출
② 소장이 수용자에게 제1항의 종교도서 및 성물을 지니는 것을 허가하는 경우에는 그 재질·수량·규격·형태 등을 고려해야 하며, 다른 수용자의 수용생활을 방해하지 않도록 해야 한다.

⚖️ 판례 |

[1] 종교집회행사참여금지 위헌확인(소극)

청구인은 천주교를 신봉하는 자로서 피청구인은 청구인의 천주교집회에는 참석을 모두 허용하였으나 청구인이 평소 신봉하지 않던 불교집회에 참석하겠다고 신청을 하여 이를 거부하였는바, 이는 수형자가 그가 신봉하는 종파의 교의에 의한 특별교회를 청원할 때에는 당해 소장은 그 종파에 위촉하여 교회할 수 있다고 규정하고 있는 형집행법 규정에 따른 것이다. 뿐만 아니라, 수형자가 원한다고 하여 종교집회의 참석을 무제한 허용한다면, 효율적인 수형관리와 계호상의 어려움이 발생하고, 진정으로 그 종파를 신봉하는 다른 수형자가 종교집회에 참석하지 못하게 되는 결과를 초래하므로, 피청구인의 위와 같은 조치는 청구인의 기본권을 본질적으로 침해하는 것이 아니다(헌재 2005.2.15. 2004헌마911).

[2] 구치소장이 구치소 내 미결수용자를 대상으로 한 개신교 종교행사를 4주에 1회, 일요일이 아닌 요일에 실시한 행위가 청구인의 종교의 자유를 침해하는지 여부(소극)

구치소에 종교행사 공간이 1개뿐이고, 종교행사는 종교, 수형자와 미결수용자, 성별, 수용동 별로 진행되며, 미결수용자는 공범이나 동일사건 관련자가 있는 경우 이를 분리하여 참석하게 해야 하는 점을 고려하면 구치소장이 미결수용자 대상 종교행사를 4주에 1회 실시했더라도 종교의 자유를 과도하게 제한하였다고 보기 어렵고, 구치소의 인적·물적 여건상 하루에 여러 종교행사를 동시에 하기 어려우며, 개신교의 경우에만 그 교리에 따라 일요일에 종교행사를 허용할 경우 다른 종교와의 형평에 맞지 않고, 공휴일인 일요일에 종교행사를 할 행정적 여건도 마련되어 있지 않다는 점을 고려하면, 이 사건 종교행사 처우는 청구인의 종교의 자유를 침해하지 않는다(헌재 2015.4.30. 2013헌마190). [2023. 5급 승진] 총 2회 기출

[3] 구치소장이 구치소 내에서 실시하는 종교의식 또는 행사에 미결수용자인 청구인의 참석을 금지한 행위가 청구인의 종교의 자유를 침해하였는지 여부(적극)

형집행법 제45조는 종교행사 등에의 참석 대상을 수용자로 규정하고 있어 수형자와 미결수용자를 구분하고 있지도 아니하고, 무죄추정의 원칙이 적용되는 미결수용자들에 대한 기본권 제한은 징역형 등의 선고를 받아 그 형이 확정된 수형자의 경우보다는 더 완화되어야 할 것임에도, 구치소장이 수용자 중 미결수용자에 대하여만 일률적으로 종교행사 등에의 참석을 불허한 것은 미결수용자의 종교의 자유를 나머지 수용자의 종교의 자유보다 더욱 엄격하게 제한한 것이다. 나아가 공범 등이 없는 경우 내지 공범 등이 있는 경우라도 공범이나 동일사건 관련자를 분리하여 종교행사 등에의 참석을 허용하는 등의 방법으로 미결수용자의 기본권을 덜 침해하는 수단이 존재함에도 불구하고 이를 전혀 고려하지 아니하였으므로 이 사건 종교행사 등 참석불허 처우는 침해의 최소성 요건 및 과잉금지원칙을 위반하여 청구인의 종교의 자유를 침해하였다(헌재 2011.12.29. 2009헌마527). [2023. 5급 승진] 총 2회 기출

[4] 미결수용자 및 미지정 수형자 종교집회 참석 제한 위헌확인(적극)

교정시설의 종교집회도 교정교화를 목적으로 실시되는 한 구치소장이 원칙적으로 수형자를 대상으로 종교집회를 실시하는 것에는 합리적 이유가 있다. 그러나 구치소장은 미결수용자와 미지정 수형자 인원의 1/8에 불과한 출력수에게 매월 3~4회의 종교집회 참석 기회를 보장하는 반면, 미결수용자와 미지정 수형자에 대해서는 원칙적으로 매월 1회, 그것도 공간의 협소함과 관리 인력의 부족을 이유로 수용동별로 돌아가며 종교집회를 실시하여 실제 연간 1회 정도의 종교집회 참석 기회를 부여하고 있다. 이는 미결수용자 및 미지정 수형자의 구금기간을 고려하면 사실상 종교집회 참석 기회가 거의 보장되지 않는 결과를 초래할 수도 있어, 구치소의 열악한 시설을 감안하더라도 종교의 자유를 과도하게 제한하는 것이다(헌재 2014.6.26. 2012헌마782). [2024. 7급 승진]

> ▶ 미결수용자에게 원칙적으로 종교행사에 참석하는 것을 금하는 것은 종교의 자유를 침해한다(헌재 2011.12.29. 2009헌마527)는 것에 이어 원칙적으로는 허용하되 지나치게 제한하는 것 역시 위헌(헌재 2014.6.26. 2012헌마782)이라는 헌법재판소의 판단이다.

[5] 금치처분을 받은 사람은 최장 30일 이내의 기간 동안 종교의식 또는 공동행사에 참석할 수 없으나, 편지수수, 접견을 통해 외부와 통신할 수 있고 종교상담을 통해 종교활동은 할 수 있어서, 금치기간 중 30일 이내 공동행사 참가를 정지하는 형집행법 제112조 제3항 본문 중 제108조 제4호에 관한 부분은 수용자의 청구인의 통신의 자유, 종교의 자유를 침해하지 아니한다(헌재 2016.5.26. 2014헌마45).

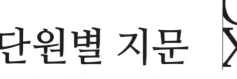

01 소장은 수용자의 신앙생활에 필요하다고 인정하는 경우에는 외부에서 제작된 휴대용 종교도서 및 성물을 수용자가 지니게 할 수 있다. (　　) [2020. 6급 승진]

02 소장은 시설의 안전과 질서유지를 위하여 필요한 경우에도 교정시설의 안에서 실시하는 수용자의 종교의식 또는 행사 참석을 제한할 수 없다. (　　) [2022. 5급 승진]

03 종교행사용 시설의 부족 등 여건이 충분하지 아니할 때는 수용자의 종교행사 참석을 제한할 수 있다. (　　) [2022. 6급 승진]

04 수용자가 종교행사 장소를 허가 없이 벗어나거나 다른 사람과 연락을 할 때는 수용자의 종교행사 참석을 제한할 수 있다. (　　) [2022. 6급 승진]

---

01 ○ 형집행법 시행규칙 제34조 제1항

02 × 소장은 시설의 안전과 질서유지를 위하여 필요한 경우에도 교정시설의 안에서 실시하는 수용자의 종교의식 또는 행사 참석을 제한할 수 있다(형집행법 제45조 제1항·제2항·제3항).

03 ○ 형집행법 시행규칙 제32조

04 ○ 형집행법 시행규칙 제32조

제2절 문화

01 도서

(1) 비치도서와 개인도서
① 비치도서
  ㉠ 의의: 수용자에게 열람시킬 목적으로 구입, 발간 또는 수증하여 도서원부에 등재한 도서를 말한다(교육지침 제2조 제4호).
  ㉡ 소장은 소유자가 분명하지 아니한 도서를 회수하여 비치도서로 전환하거나 폐기할 수 있다(시행규칙 제36조 제2항).
② 개인도서
  ㉠ 의의: 수용자 소유의 도서로 자비구매를 통해 구입하거나 민원인이 수용자에게 건네줄 것을 신청하여 허가받은 차입도서, 우편물을 통해 수신한 우송도서가 있다.
  ㉡ 차입 및 우송된 도서는 보안검열 절차를 거쳐 개인도서로 입력 후 개인도서 확인증을 고무인으로 날인·표시하여 수용자에게 내어줄 수 있다.

(2) 비치도서 관리

> 제46조【도서비치 및 이용】소장은 수용자의 지식함양 및 교양습득에 필요한 도서를 비치하고 수용자가 이용할 수 있도록 하여야 한다. [2017. 9급] 총 2회 기출
>
> [시행령]
> 제72조【비치도서의 이용】① 소장은 수용자가 쉽게 이용할 수 있도록 비치도서의 목록을 정기적으로 공개하여야 한다.
> ② 비치도서의 열람방법, 열람기간 등에 관하여 필요한 사항은 법무부장관이 정한다.

02 도서·신문 등의 구독

(1) 신문 등의 구독 [2024. 7급 승진]

> 제47조【신문등의 구독】① 수용자는 자신의 비용으로 신문·잡지 또는 도서(이하 "신문등" 이라 한다)의 구독을 신청할 수 있다. [2015. 5급 승진]
> ② 소장은 제1항에 따라 구독을 신청한 신문등이 「출판문화산업 진흥법」에 따른 유해간행물인 경우를 제외하고는 구독을 허가하여야 한다. [2020. 6급 승진] 총 2회 기출
> ③ 제1항에 따라 구독을 신청할 수 있는 신문등의 범위 및 수량은 법무부령으로 정한다.
>
> [시행규칙]
> 제35조【구독신청 수량】법 제47조에 따라 수용자가 구독을 신청할 수 있는 신문·잡지 또는 도서(이하 이 절에서 "신문등"이라 한다)는 교정시설의 보관범위 및 수용자가 지닐 수 있는 범위를 벗어나지 않는 범위에서 신문은 월 3종 이내로, 도서(잡지를 포함한다)는 월 10권 이내로 한다. 다만, 소장은 수용자의 지식함양 및 교양습득에 특히 필요하다고 인정하는 경우에는 신문등의 신청 수량을 늘릴 수 있다. [2020. 7급] 총 3회 기출

(2) 구독허가의 취소

[시행규칙]

제36조【구독허가의 취소 등】 ① 소장은 신문등을 구독하는 수용자가 다음 각 호의 어느 하나에 해당하는 사유가 있으면 구독의 허가를 취소할 수 있다.

> **[신문구독허가 취소사유]**(시행규칙 제36조 제1항)
> 1. 허가 없이 다른 거실 수용자와 신문 등을 주고받을 때
> 2. 그 밖에 법무부장관이 정하는 신문 등과 관련된 지켜야 할 사항을 위반하였을 때

② 소장은 소유자가 분명하지 아니한 도서를 회수하여 비치도서로 전환하거나 폐기할 수 있다.

03 라디오 청취와 텔레비전 시청

(1) 라디오 청취 등의 원칙과 방법

제48조【라디오 청취와 텔레비전 시청】 ① 수용자는 정서안정 및 교양습득을 위하여 라디오 청취와 텔레비전 시청을 할 수 있다. [2015. 5급 승진]
② 소장은 다음 각 호의 어느 하나에 해당하는 사유가 있으면 수용자에 대한 라디오 및 텔레비전의 방송을 일시 중단하거나 개별 수용자에 대하여 라디오 및 텔레비전의 청취 또는 시청을 금지할 수 있다.

> **[라디오 및 텔레비전의 방송 일시 중단 또는 청취 · 시청 금지사유]**(법 제48조 제2항) [2024. 5급 승진]
> 1. 수형자의 교화 또는 건전한 사회복귀를 해칠 우려가 있는 때
> 2. 시설의 안전과 질서유지를 위하여 필요한 때

③ 방송설비 · 방송프로그램 · 방송시간 등에 관하여 필요한 사항은 법무부령으로 정한다.

[시행령]

제73조【라디오 청취 등의 방법】 법 제48조 제1항에 따른 수용자의 라디오 청취와 텔레비전 시청은 교정시설에 설치된 방송설비를 통하여 할 수 있다.

[시행규칙]

제37조【방송의 기본원칙】 ① 수용자를 대상으로 하는 방송은 무상으로 한다.
② 법무부장관은 방송의 전문성을 강화하기 위하여 외부전문가의 협력을 구할 수 있고, 모든 교정시설의 수용자를 대상으로 통합방송을 할 수 있다.
③ 소장은 방송에 대한 의견수렴을 위하여 설문조사 등의 방법으로 수용자의 반응도 및 만족도를 측정할 수 있다.

제38조【방송설비】 ① 소장은 방송을 위하여 텔레비전, 라디오, 스피커 등의 장비와 방송선로 등의 시설을 갖추어야 한다.
② 소장은 물품관리법령에 따라 제1항의 장비와 시설을 정상적으로 유지 · 관리하여야 한다.

제39조【방송편성시간】 소장은 수용자의 건강과 일과시간 등을 고려하여 1일 6시간 이내에서 방송편성시간을 정한다. 다만, 토요일 · 공휴일, 작업 · 교육실태 및 수용자의 특성을 고려하여 방송편성시간을 조정할 수 있다. [2024. 5급 승진] 총 6회 기출

(2) 방송프로그램

[시행규칙]

제40조【방송프로그램】 ① 소장은 「방송법」 제2조의 텔레비전방송 또는 라디오방송을 녹음·녹화하여 방송하거나 생방송할 수 있으며, 비디오테이프에 의한 영상물 또는 자체 제작한 영상물을 방송할 수 있다.
② 방송프로그램은 그 내용에 따라 다음 각 호와 같이 구분한다.

[방송프로그램의 구분](시행규칙 제40조 제2항)

구분	내용
1. 교육콘텐츠	한글·한자·외국어 교육, 보건위생 향상, 성(性)의식 개선, 약물남용 예방 등
2. 교화콘텐츠	인간성 회복, 근로의식 함양, 가족관계 회복, 질서의식 제고, 국가관 고취 등
3. 교양콘텐츠	다큐멘터리, 생활정보, 뉴스, 직업정보, 일반상식 등
4. 오락콘텐츠	음악, 연예, 드라마, 스포츠 중계 등
5. 그 밖에 수용자의 정서안정에 필요한 콘텐츠	

③ 소장은 방송프로그램을 자체 편성하는 경우에는 다음 각 호의 어느 하나에 해당하는 내용이 포함되지 아니하도록 특히 유의하여야 한다.

[방송프로그램 제작시 유의사항](시행규칙 제40조 제3항)

1. 폭력조장, 음란 등 미풍양속에 반하는 내용
2. 특정 종교의 행사나 교리를 찬양하거나 비방하는 내용
3. 그 밖에 수용자의 정서안정 및 수용질서 확립에 유해하다고 판단되는 내용

(3) 수용자가 지켜야 할 사항 등

[시행규칙]

제41조【수용자가 지켜야 할 사항 등】 ① 수용자는 소장이 지정한 장소에서 지정된 채널을 통하여 텔레비전을 시청하거나 라디오를 청취하여야 한다. 다만, 제86조에 따른 자치생활 수형자는 법무부장관이 정하는 방법에 따라 텔레비전을 시청할 수 있다. [2018. 6급 승진]
② 수용자는 방송설비 또는 채널을 임의 조작·변경하거나 임의수신 장비를 지녀서는 안 된다.
③ 수용자가 방송시설과 장비를 손상하거나 그 밖의 방법으로 그 효용을 해친 경우에는 배상을 하여야 한다.

04 집필

(1) 집필권

제49조【집필】① 수용자는 문서 또는 도화를 작성하거나 문예·학술, 그 밖의 사항에 관하여 집필할 수 있다. 다만, 소장이 시설의 안전 또는 질서를 해칠 명백한 위험이 있다고 인정하는 경우는 예외로 한다. [2017. 9급] 총 9회 기출

② 제1항에 따라 작성 또는 집필한 문서나 도화를 지니거나 처리하는 것에 관하여는 제26조(수용자가 지니는 물품 등)를 준용한다. [2024. 5급 승진] 총 2회 기출

> **[작성·집필한 문서나 도화를 지니거나 처리시 수용자 소지물품 규정(법 제26조) 준용]**
> 1. 수용자는 작성 또는 집필한 문서나 도화를 법무부장관이 정하는 범위에서 지닐 수 있다.
> 2. 소장은 법무부장관이 정하는 범위를 벗어난 문서나 도화로서 교정시설에 특히 보관할 필요가 있다고 인정하지 아니하는 문서나 도화는 수용자로 하여금 자신이 지정하는 사람에게 보내게 하거나 그 밖에 적당한 방법으로 처분하게 할 수 있다.
> 3. 소장은 수용자가 처분하여야 할 문서나 도화를 상당한 기간 내에 처분하지 아니하면 폐기할 수 있다.

③ 제1항에 따라 작성 또는 집필한 문서나 도화가 제43조 제5항 각 호의 어느 하나에 해당하면 제43조 제7항을 준용한다. [2024. 7급 승진]

> **[외부발송 금지 문서나 도화의 보관 및 폐기 시 편지의 발신·수신 금지사유(법 제43조 제5항) 준용]**
> 1. 암호·기호 등 이해할 수 없는 특수문자로 작성되어 있는 때
> 2. 범죄의 증거를 인멸할 우려가 있는 때
> 3. 형사 법령에 저촉되는 내용이 기재되어 있는 때
> 4. 수용자의 처우 또는 교정시설의 운영에 관하여 명백한 거짓사실을 포함하고 있는 때
> 5. 사생활의 비밀 또는 자유를 침해할 우려가 있는 때
> 6. 수형자의 교화 또는 건전한 사회복귀를 해칠 우려가 있는 때
> 7. 시설의 안전 또는 질서를 해칠 우려가 있는 때
>
> > **[외부발송 금지 문서나 도화의 관리 시 편지의 보관 및 폐기규정(법 제43조 제7항) 준용]**
> > ② 소장은 외부 발송이 금지된 문서나 도화는 그 구체적인 사유를 서면으로 작성해 관리하고, 수용자에게 그 사유를 알린 후 교정시설에 보관한다. 다만, 수용자가 동의하면 폐기할 수 있다.

④ 집필용구의 관리, 집필의 시간·장소, 집필한 문서 또는 도화의 외부반출 등에 관하여 필요한 사항은 대통령령으로 정한다.

[시행령]

제74조【집필용구의 구입비용】집필용구의 구입비용은 수용자가 부담한다. 다만, 소장은 수용자가 그 비용을 부담할 수 없는 경우에는 필요한 집필용구를 지급할 수 있다. [2024. 5급 승진] 총 3회 기출

제75조【집필의 시간대·시간 및 장소】① 수용자는 휴업일 및 휴게시간 내에 시간의 제한 없이 집필할 수 있다. 다만, 부득이한 사정이 있는 경우에는 그러하지 아니하다. [2024. 5급 승진] 총 2회 기출

② 수용자는 거실·작업장, 그 밖에 지정된 장소에서 집필할 수 있다. [2024. 5급 승진]

(2) 문서 · 도화의 외부 발송 등

[시행령]

제76조【문서 · 도화의 외부 발송 등】 ① 소장은 수용자 본인이 작성 또는 집필한 문서나 도화를 외부에 보내거나 내가려고 할 때에는 그 내용을 확인하여 법 제43조 제5항(편지의 발신 · 수신 금지사유) 각 호의 어느 하나에 해당하지 않으면 허가해야 한다.
② 제1항에 따라 문서나 도화를 외부로 보내거나 내갈 때 드는 비용은 수용자가 부담한다. [2018. 8급 승진]
③ 법 및 이 영에 규정된 사항 외에 수용자의 집필에 필요한 사항은 법무부장관이 정한다.

⚖ 판례 |

[1] 형집행법 제46조는 "소장은 수용자의 지식함양 및 교양습득에 필요한 도서를 비치하고 수용자가 이용할 수 있도록 하여야 한다."고 규정하고 있고, 형집행법 시행령 제72조 제1항은 "소장은 수용자가 쉽게 이용할 수 있도록 비치도서의 목록을 정기적으로 공개하여야 한다."고 규정하고 있을 뿐 도서관 이용에 관한 규정을 두고 있지 않으므로, 수용자의 지식함양 및 교양습득에 필요한 도서를 비치하고 이를 이용할 수 있도록 비치도서의 목록을 정기적으로 공개하는 것 이외에 피청구인에게 수용자들이 도서관을 정기적으로 이용할 수 있도록 일과를 편성하여야 할 의무는 없다(헌재 2017.5.23. 2017헌마493). [2023. 5급 승진]

[2] **교화상 또는 구금목적에 특히 부적당하다고 인정되는 기사, 조직범죄 등 수용자 관련 범죄기사에 대해 신문을 삭제한 후 수용자에게 구독하게 한 행위의 위헌 여부(소극)**
교화상 또는 구금목적에 특히 부적당하다고 인정되는 기사, 조직범죄 등 수용자 관련 범죄기사에 대한 신문기사 삭제행위는 구치소 내 질서유지와 보안을 위한 것으로, 신문기사 중 탈주에 관한 사항이나 집단단식, 선동 등 구치소 내 단체생활의 질서를 교란하는 내용이 미결수용자에게 전달될 때 과거의 예와 같이 동조단식이나 선동 등 수용의 내부질서와 규율을 해하는 상황이 전개될 수 있고, 이는 수용자가 과밀하게 수용되어 있는 현 구치소의 실정과 과소한 교도인력을 볼 때 구치소 내의 질서유지와 보안을 어렵게 할 우려가 있다. 이 사건 신문기사의 삭제 내용은 그러한 범위 내에 그치고 있을 뿐 신문기사 중 주요기사 대부분이 삭제된 바 없음이 인정되므로, 구치소의 질서유지와 보안에 대한 공익을 비교할 때 청구인의 알 권리를 과도하게 침해한 것은 아니다(헌재 1998.10.29. 98헌마4). [2014. 7급] 총 2회 기출

[3] 형집행법 시행규칙 제36조 제2항은 "소장은 소유자가 분명하지 아니한 도서를 회수하여 비치도서로 전환하거나 폐기할 수 있다."고 규정하고 있으므로, 출소자가 남기고 간 개인도서를 비치도서로 전환할 것인지 여부에 대해서는 피청구인에게 재량이 부여되어 있다. 그밖에 피청구인에게 수용자들로 하여금 정기적으로 도서관을 방문할 수 있게 하거나 출소자의 개인도서를 비치도서로 전환할 의무를 부과하는 다른 헌법상 또는 법률상 근거도 존재하지 아니한다(헌재 2017.5.23. 2017헌마493).

[4] 지상파의 모든 프로그램을 생방송으로 여과 없이 송출할 경우 수용질서를 문란케 하는 내용 등이 그대로 수형자에게 노출될 수 있다. 따라서 채널지정조항이 교정시설의 안전과 질서유지를 위하여 지정된 채널을 통하여만 텔레비전 시청을 하도록 하는 것은 그 목적의 정당성이 인정되고 수단 또한 적정하다. 또한 채널지정조항이 지정된 채널을 통하여만 텔레비전 방송을 시청하도록 하였다고 하여도, 위 조항으로 인하여 수형자에게 선거정보를 비롯하여 일반적으로 접근할 수 있는 뉴스나 정보 등이 과도하게 차단된다고는 볼 수 없고, 교정시설의 안전과 질서유지 및 교정교화에 필요한 정도를 초과하여 청구인의 알 권리를 제한하고 있다고 볼 수 없다. 결국 채널지정조항은 침해의 최소성에 위배되지 아니한다(헌재 2019.4.11. 2017헌마736). [2024. 6급 승진] 총 2회 기출

단원별 지문

01 소장은 수용자의 건강과 일과시간 등을 고려하여 1일 8시간 이내에서 방송편성 시간을 정하지만, 토요일 · 공휴일, 작업 · 교육실태 및 수용자의 특성을 고려하여 방송편성시간을 조정할 수 있다. ( ) [2023. 6급 승진]

02 집필용구의 관리, 집필의 시간 · 장소, 집필과 문서 또는 도화의 외부반출 등에 관하여 필요한 사항은 대통령령으로 정한다. ( ) [2022. 5급 승진]

03 소장은 수용자가 자신의 비용으로 구독 신청한 신문 · 잡지 또는 도서가 시설의 안전을 해하거나 건전한 사회복귀를 저해하는 경우를 제외하고는 구독을 허가하여야 한다. ( ) [2022. 5급 승진]

04 수용자는 편지 · 도서를 법무부장관이 정하는 범위에서 지닐 수 있다. ( ) [2023. 6급 승진]

05 소장은 신문을 구독하는 수용자가 허가 없이 다른 거실 수용자와 신문을 주고 받을 때에는 구독의 허가를 취소할 수 있다. ( ) [2023. 6급 승진]

06 수용자는 방송설비 또는 채널을 임의 조작 · 변경하거나 임의수신 장비를 지녀서는 안 된다. ( ) [2023. 6급 승진]

07 수용자는 소장이 지정한 장소에서 지정된 채널을 통하여 텔레비전을 시청하거나 라디오를 청취하여야 한다. 다만, 제86조에 따른 자치생활 수형자는 법무부장관이 정하는 방법에 따라 텔레비전을 시청할 수 있다. ( ) [2024. 6급 승진]

08 소장은 방송프로그램을 자체 편성하는 경우에는 특정 종교의 행사나 교리를 찬양하거나 비방하는 내용이 포함되지 아니하도록 특히 유의하여야 한다. ( ) [2024. 6급 승진]

---

01 ✕ 소장은 수용자의 건강과 일과시간 등을 고려하여 1일 6시간 이내에서 방송편성 시간을 정하지만, 토요일 · 공휴일, 작업 · 교육실태 및 수용자의 특성을 고려하여 방송편성시간을 조정할 수 있다(형집행법 시행규칙 제39조).

02 ◯ 형집행법 제49조 제4항

03 ✕ 소장은 구독을 신청한 신문 등이 출판문화산업진흥법에 따른 유해간행물인 경우를 제외하고는 구독을 허가하여야 한다(동법 제47조 제2항).

04 ◯ 형집행법 제26조 제1항

05 ◯ 형집행법 시행규칙 제36조 제1항

06 ◯ 형집행법 시행규칙 제41조

07 ◯ 형집행법 시행규칙 제41조 제1항

08 ✕ 소장은 방송프로그램을 자체 편성하는 경우에는 ㉠ 폭력조장, 음란 등 미풍양속에 반하는 내용, ㉡ 특정 종교의 행사나 교리를 찬양하거나 비방하는 내용, ㉢ 그 밖에 수용자의 정서안정 및 수용질서 확립에 유해하다고 판단되는 내용이 포함되지 아니하도록 특히 유의하여야 한다(형집행법 시행규칙 제40조 제3항).

09 수용자는 방송설비 또는 채널을 임의 조작·변경하거나 임의수신 장비를 지녀서는 아니되며, 수용자가 방송시설과 장비를 손상하거나 그 밖의 방법으로 그 효용을 해친 경우에는 배상을 하여야 한다. ( ) [2024. 6급 승진]

10 헌법재판소는 채널지정조항이 교정시설의 안전과 질서유지를 위하여 지정된 채널을 통하여만 텔레비전 시청을 하도록 하는 것은 그 목적의 정당성이 인정되고 수단 또한 적정하다고 하더라도 채널지정조항으로 인하여 수형자가 원하는 지상파 방송을 자유롭게 생방송으로 시청할 수 없는 불이익은 중대하므로 지정된 채널을 통하여 텔레비전을 시청하여야 한다는 조항은 수용자의 알 권리를 침해한다고 보았다. ( ) [2024. 6급 승진]

---

09 ○ 형집행법 시행규칙 제41조 제2항·제3항

10 × 지상파 방송의 일부 프로그램의 경우 범법자들의 행위를 영웅시하고 미화하여 수용자들을 현혹시키거나, 폭력적이거나 선정적 장면, 범죄행위를 범하는 장면 등 수형자의 교정교화에 부적당한 내용이 포함될 수 있다. 즉, 지상파의 모든 프로그램을 생방송으로 여과 없이 송출할 경우 수용질서를 문란케 하는 내용 등이 그대로 수형자에게 노출될 수 있는 것이다. 따라서 채널지정조항이 교정시설의 안전과 질서유지를 위하여 지정된 채널을 통하여만 텔레비전 시청을 하도록 하는 것은 그 목적의 정당성이 인정되고 수단 또한 적정하다. 또한 채널지정조항이 지정된 채널을 통하여만 텔레비전 방송을 시청하도록 하였다고 하여도, 위 조항으로 인하여 수형자에게 선거정보를 비롯하여 일반적으로 접근할 수 있는 뉴스나 정보 등이 과도하게 차단된다고는 볼 수 없고, 교정시설의 안전과 질서유지 및 교정교화에 필요한 정도를 초과하여 청구인의 알 권리를 제한하고 있다고 볼 수 없다. 결국 채널지정조항은 침해의 최소성에 위배되지 아니한다(헌재 2019.4.11. 2017헌마736).

제10장 / 특별한 보호

제1절 여성수용자

01 여성수용자 처우원칙과 유의사항

(1) 여성수용자 처우의 원칙

> 제50조【여성수용자의 처우】 ① 소장은 여성수용자에 대하여 여성의 신체적·심리적 특성을 고려하여 처우하여야 한다.
> ② 소장은 여성수용자에 대하여 건강검진을 실시하는 경우에는 나이·건강 등을 고려하여 부인과질환에 관한 검사를 포함시켜야 한다. [2018. 9급] 총 2회 기출
> ③ 소장은 생리 중인 여성수용자에 대하여는 위생에 필요한 물품을 지급하여야 한다. [2020. 6급 승진] 총 4회 기출

(2) 여성수용자 처우 시의 유의사항

> 제51조【여성수용자 처우 시의 유의사항】 ① 소장은 여성수용자에 대하여 상담·교육·작업 등(이하 이 조에서 "상담등"이라 한다)을 실시하는 때에는 여성교도관이 담당하도록 하여야 한다. 다만, 여성교도관이 부족하거나 그 밖의 부득이한 사정이 있으면 그러하지 아니하다. [2018. 9급] 총 4회 기출
> ② 제1항 단서에 따라 남성교도관이 1인의 여성수용자에 대하여 실내에서 상담등을 하려면 투명한 창문이 설치된 장소에서 다른 여성을 입회시킨 후 실시하여야 한다. [2019. 7급] 총 9회 기출
> 제93조【신체검사 등】 ④ 여성의 신체·의류 및 휴대품에 대한 검사는 여성교도관이 하여야 한다. [2018. 8급 승진] 총 3회 기출
> 제94조【전자장비를 이용한 계호】 ① 다만, 전자영상장비로 거실에 있는 수용자를 계호하는 것은 자살 등의 우려가 큰 때에만 할 수 있다.
> ② 제1항 단서에 따라 거실에 있는 수용자를 전자영상장비로 계호하는 경우에는 계호직원·계호시간 및 계호대상 등을 기록하여야 한다. 이 경우 수용자가 여성이면 여성교도관이 계호하여야 한다. [2018. 7급 승진] 총 5회 기출
>
> [시행령]
> 제7조【시찰】 소장은 특히 필요하다고 인정하는 경우가 아니면 남성교도관이 야간에 수용자거실에 있는 여성수용자를 시찰하게 하여서는 아니 된다. [2014. 7급] 총 4회 기출
> 제77조【여성수용자의 목욕】 ① 소장은 제50조에 따라 여성수용자의 목욕횟수를 정하는 경우에는 그 신체적 특성을 특히 고려하여야 한다. [2018. 8급 승진] 총 2회 기출
> ② 소장은 여성수용자가 목욕을 하는 경우에 계호가 필요하다고 인정하면 여성교도관이 하도록 하여야 한다.

02 임산부인 수용자 처우와 유아의 양육

(1) 임산부인 수용자의 처우

> **제52조【임산부인 수용자의 처우】** ① 소장은 수용자가 임신 중이거나 출산(유산·사산을 포함한다)한 경우에는 모성보호 및 건강유지를 위하여 정기적인 검진 등 적절한 조치를 하여야 한다. [2023. 6급] 총 6회 기출
> ② 소장은 수용자가 출산하려고 하는 경우에는 외부의료시설에서 진료를 받게 하는 등 적절한 조치를 하여야 한다.
>
> **[시행령]**
> **제78조【출산의 범위】** 법 제52조 제1항에서 "출산(유산·사산을 포함한다)한 경우"란 출산(유산·사산한 경우를 포함한다) 후 60일이 지나지 아니한 경우를 말한다.

(2) 유아의 양육(대동유아)

> **제53조【유아의 양육】** ① 여성수용자는 자신이 출산한 유아를 교정시설에서 양육할 것을 신청할 수 있다. 이 경우 소장은 다음 각 호의 어느 하나에 해당하는 사유가 없으면, 생후 18개월에 이르기까지 허가하여야 한다. [2023. 6급] 총 7회 기출
>
> > **[유아양육 불허사유]**(법 제53조 제1항) [2019. 7급] 총 8회 기출
> > 1. 유아가 질병·부상, 그 밖의 사유로 교정시설에서 생활하는 것이 특히 부적당하다고 인정되는 때
> > 2. 수용자가 질병·부상, 그 밖의 사유로 유아를 양육할 능력이 없다고 인정되는 때
> > 3. 교정시설에 감염병이 유행하거나 그 밖의 사정으로 유아양육이 특히 부적당한 때
>
> ② 소장은 제1항에 따라 유아의 양육을 허가한 경우에는 필요한 설비와 물품의 제공, 그 밖에 양육을 위하여 필요한 조치를 하여야 한다.
>
> **[시행령]**
> **제79조【유아의 양육】** 소장은 법 제53조 제1항에 따라 유아의 양육을 허가한 경우에는 교정시설에 육아거실을 지정·운영하여야 한다. [2015. 7급]
>
> **제80조【유아의 인도】** ① 소장은 유아의 양육을 허가하지 아니하는 경우에는 수용자의 의사를 고려하여 유아보호에 적당하다고 인정하는 법인 또는 개인에게 그 유아를 보낼 수 있다. 다만, 적당한 법인 또는 개인이 없는 경우에는 그 유아를 해당 교정시설의 소재지를 관할하는 시장·군수 또는 구청장에게 보내서 보호하게 하여야 한다. [2019. 7급] 총 3회 기출
> ② 법 제53조 제1항에 따라 양육이 허가된 유아가 출생 후 18개월이 지나거나, 유아양육의 허가를 받은 수용자가 허가의 취소를 요청하는 때 또는 법 제53조 제1항 각 호의 어느 하나에 해당되는 때에도 제1항과 같다.
>
> **[시행규칙]**
> **제42조【임산부수용자 등에 대한 특칙】** 소장은 임산부인 수용자 및 법 제53조에 따라 유아의 양육을 허가받은 수용자에 대하여 필요하다고 인정하는 경우에는 교정시설에 근무하는 의사(공중보건의사를 포함한다. 이하 "의무관"이라 한다)의 의견을 들어 필요한 양의 죽 등의 주식과 별도로 마련된 부식을 지급할 수 있으며, 양육유아에 대하여는 분유 등의 대체식품을 지급할 수 있다. [2021. 9급] 총 2회 기출

⊕ PLUS 유아의 양육

1. 유아의 양육은 해당 수용자의 신청에 의하므로 유아를 양육할 적당한 보호자가 없는 경우라도 소장이 직권으로 유아양육을 결정할 수 없다.

2. 신청자는 해당 여성수용자에 한하므로 남편 등 가족에게는 유아양육 신청이 인정되지 않는다.

3. 여성수용자가 친모(母)이면서 법적모(母)가 아닌 경우에는 양육신청이 가능하지만, 친모가 아니면서 법적모인 여성수용자(양부모)는 양육신청을 할 수 없다.

4. 소장은 불허사유 요건에 해당하지 않는 한, 유아의 양육을 허가한 후에는 그 처분을 임의로 취소할 수 없다.

단원별 지문 OX

01 여성수용자는 자신이 출산한 유아를 교정시설에서 양육할 것을 신청할 수 있다. 이 경우 소장은 법률에 규정된 사유에 해당하지 않는 한 생후 24개월에 이르기까지 허가하여야 한다. (　　) [2022. 7급]

02 여성수용자는 자신이 출산한 유아를 교정시설에서 양육할 것을 신청할 수 있고, 소장은 유아의 양육을 허가한 경우에는 필요한 설비와 물품의 제공, 그 밖에 양육을 위하여 필요한 조치를 하여야 한다. (　　) [2022. 7급 승진]

03 소장은 여성수용자에 대하여 건강검진을 실시하는 경우에는 나이 · 건강 등을 고려하여 부인과질환에 관한 검사를 포함시킬 수 있다. (　　) [2024. 6급 승진]

04 여성교도관이 부족하거나 그 밖의 부득이한 사정이 있어서 남성교도관이 1인의 여성수용자에 대하여 실내에서 상담 등을 하려면 투명한 창문이 설치된 장소에서 다른 여성을 입회시킨 후 실시하여야 한다. (　　) [2024. 6급 승진]

05 소장은 여성수용자가 목욕을 하는 경우에 계호가 필요하다고 인정하면 여성교도관이 하도록 하여야 한다. (　　) [2024. 6급 승진]

06 소장은 여성수용자가 임신 중이거나 출산(유산 · 사산을 포함) 후 60일이 지나지 아니한 경우에는 모성보호 및 건강유지를 위하여 정기적인 검진 등 적절한 조치를 하여야 한다. (　　) [2022. 7급]

07 소장은 임산부인 수용자에 대하여 필요하다고 인정하는 경우에는 교정시설에 근무하는 교도관의 의견을 들어 필요한 양의 죽 등의 주식과 별도로 마련된 부식을 지급할 수 있다. (　　) [2021. 9급]

08 소장은 여성수용자의 유아 양육을 허가한 경우에는 교정시설에 육아거실을 지정 · 운영하여야 한다. (　　) [2021. 7급]

09 소장은 생리 중인 여성수용자에 대하여는 위생에 필요한 물품을 지급할 수 있다. (　　) [2024. 6급 승진]

---

01 ✕ 여성수용자는 자신이 출산한 유아를 교정시설에서 양육할 것을 신청할 수 있다. 이 경우 소장은 ㉠ 유아가 질병 · 부상, 그 밖의 사유로 교정시설에서 생활하는 것이 특히 부적당하다고 인정되는 때, ㉡ 수용자가 질병 · 부상, 그 밖의 사유로 유아를 양육할 능력이 없다고 인정되는 때, ㉢ 교정시설에 감염병이 유행하거나 그 밖의 사정으로 유아양육이 특히 부적당한 때에 해당하지 않으면, 생후 18개월에 이르기까지 허가하여야 한다(형집행법 제53조 제1항).

02 ○ 형집행법 제53조 제1항 · 제2항

03 ✕ 소장은 여성수용자에 대하여 건강검진을 실시하는 경우에는 나이 · 건강 등을 고려하여 부인과질환에 관한 검사를 포함시켜야 한다(형집행법 제50조 제2항).

04 ○ 형집행법 제51조 제2항

05 ○ 형집행법 시행령 제77조 제2항

06 ○ 형집행법 제52조 제1항, 동법 시행령 제78조

07 ✕ 소장은 임산부인 수용자 및 유아의 양육을 허가받은 수용자에 대하여 필요하다고 인정하는 경우에는 교정시설에 근무하는 의사(의무관)의 의견을 들어 필요한 양의 죽 등의 주식과 별도로 마련된 부식을 지급할 수 있으며, 양육유아에 대하여는 분유 등의 대체식품을 지급할 수 있다(형집행법 시행규칙 제42조).

08 ○ 형집행법 시행령 제79조

09 ✕ 소장은 생리 중인 여성수용자에 대하여는 위생에 필요한 물품을 지급하여야 한다(형집행법 제50조 제3항).

제2절 노인수용자

01 노인수용자 정의와 시설

(1) 개요

제54조【수용자에 대한 특별한 처우】 ① 소장은 노인수용자에 대하여 나이·건강상태 등을 고려하여 그 처우에 있어 적정한 배려를 하여야 한다.
⑤ 노인수용자·장애인수용자·외국인수용자 및 소년수용자에 대한 적정한 배려 또는 처우에 관하여 필요한 사항은 법무부령으로 정한다.

[시행령]
제81조【노인수용자 등의 정의】 ① 법 제54조 제1항에서 "노인수용자"란 65세 이상인 수용자를 말한다. [2019. 6급 승진] 총 2회 기출

(2) 전담교정시설과 수용거실

[시행규칙]
제43조【전담교정시설】 ① 법 제57조 제6항(전담교정시설)에 따라 법무부장관이 노인수형자의 처우를 전담하도록 정하는 시설(이하 "노인수형자 전담교정시설"이라 한다)에는 「장애인·노인·임산부 등의 편의증진보장에 관한 법률 시행령」 별표 2의 교도소·구치소 편의시설의 종류 및 설치기준에 따른 편의시설을 갖추어야 한다.
② 노인수형자 전담교정시설에는 별도의 공동휴게실을 마련하고 노인이 선호하는 오락용품 등을 갖춰두어야 한다. [2020. 9급] 총 5회 기출
▶ 제57조(처우) ⑥ 학과교육생·직업훈련생·외국인·여성·장애인·노인·환자·소년(19세 미만인 자를 말한다), 제4항에 따른 처우(이하 "중간처우"라 한다)의 대상자, 그 밖에 별도의 처우가 필요한 수형자는 법무부장관이 특히 그 처우를 전담하도록 정하는 시설(이하 "전담교정시설"이라 한다)에 수용되며, 그 특성에 알맞은 처우를 받는다. 다만, 전담교정시설의 부족이나 그 밖의 부득이한 사정이 있는 경우에는 예외로 할 수 있다.
제44조【수용거실】 ① 노인수형자 전담교정시설이 아닌 교정시설에서는 노인수용자를 수용하기 위하여 별도의 거실을 지정하여 운용할 수 있다.
② 노인수용자의 거실은 시설부족 또는 그 밖의 부득이한 사정이 없으면 건물의 1층에 설치하고, 특히 겨울철 난방을 위하여 필요한 시설을 갖추어야 한다. [2016. 9급] 총 2회 기출

02 노인수용자 처우

(1) 주 · 부식 등 지급(장애인수용자, 소년수용자 준용)

[시행규칙]

제45조【주 · 부식 등 지급】 소장은 노인수용자의 나이 · 건강상태 등을 고려하여 필요하다고 인정하면 제4조부터 제8조까지의 규정, 제10조, 제11조, 제13조 및 제14조에 따른 수용자의 지급기준(물품지급기준)을 초과하여 주 · 부식, 의류 · 침구, 그 밖의 생활용품을 지급할 수 있다. [2016. 9급]

제46조【운동 · 목욕】 ① 소장은 노인수용자의 나이 · 건강상태 등을 고려하여 필요하다고 인정하면 영 제49조에 따른 운동시간을 연장하거나 영 제50조에 따른 목욕횟수를 늘릴 수 있다.

② 소장은 노인수용자가 거동이 불편하여 혼자서 목욕하기 어려운 경우에는 교도관, 자원봉사자 또는 다른 수용자로 하여금 목욕을 보조하게 할 수 있다. [2021. 9급] 총 3회 기출

제48조【교육 · 교화프로그램 및 작업】 ① 노인수형자 전담교정시설의 장은 노인문제에 관한 지식과 경험이 풍부한 외부전문가를 초빙하여 교육하게 하는 등 노인수형자의 교육 받을 기회를 확대하고, 노인전문오락, 그 밖에 노인의 특성에 알맞은 교화프로그램을 개발 · 시행하여야 한다. [2020. 7급]

② 소장은 노인수용자가 작업을 원하는 경우에는 나이 · 건강상태 등을 고려하여 해당 수용자가 감당할 수 있는 정도의 작업을 부과한다. 이 경우 의무관의 의견을 들어야 한다. [2020. 7급]
▶ 비교 · 구분: 신청에 따른 작업취소 시 – 교도관의 의견 고려(시행령 제93조)

(2) 건강검진(소년수용자 준용)

[시행규칙]

제47조【전문의료진 등】 ① 노인수형자 전담교정시설의 장은 노인성 질환에 관한 전문적인 지식을 가진 의료진과 장비를 갖추고, 외부의료시설과 협력체계를 강화하여 노인수형자가 신속하고 적절한 치료를 받을 수 있도록 노력하여야 한다.

② 소장은 노인수용자에 대하여 6개월에 1회 이상 건강검진을 하여야 한다. [2019. 7급] 총 5회 기출
▶ **6개월에 1회 이상 건강검진 대상자:** 65세 이상의 노인수용자, 19세 미만의 수용자, 소년수용자, 계호상 독거수용자

단원별 지문 OX

01 소장은 노인수용자가 작업을 원하는 경우에는 나이·건강상태 등을 고려하여 해당 수용자가 감당할 수 있는 정도의 작업을 부과한다. 이 경우 의무관의 의견을 들어야 한다. ( ) 　　　　　　　　　　　　　[2021. 5급 승진]

02 노인수형자는 법무부장관이 특히 그 처우를 전담하도록 정하는 시설(이하 "전담교정시설"이라 한다)에 수용되며, 그 특성에 알맞은 처우를 받는다. 다만, 전담교정시설의 부족이나 그 밖의 부득이한 사정이 있는 경우에는 예외로 할 수 있다. ( ) 　　　　　　　[2023. 7급 승진]

03 노인수형자 전담교정시설의 장은 노인성 질환에 관한 전문적인 지식을 가진 의료진과 장비를 갖추고, 외부의료시설과 협력체계를 강화하여 노인수형자가 신속하고 적절한 치료를 받을 수 있도록 노력하여야 한다. ( ) 　　　[2023. 7급 승진]

04 노인수형자 전담교정시설이 아닌 교정시설에서는 노인수용자를 수용하기 위하여 별도의 거실을 지정하여 운용할 수 있다. 노인수용자의 거실은 시설부족 또는 그 밖의 부득이한 사정이 없으면 건물의 1층에 설치하고, 특히 겨울철 난방을 위하여 필요한 시설을 갖추어야 한다. ( ) 　　　　　　　[2023. 7급 승진]

05 소장은 노인수용자에 대하여 1년에 1회 이상 건강검진을 하여야 한다. ( ) 　　　　　　　[2022. 7급 승진]

06 노인수형자 전담교정시설에는 별도의 공동휴게실을 마련하고 노인이 선호하는 오락용품 등을 갖춰두어야 한다. ( ) 　　　　　　　[2022. 7급 승진]

07 노인수용자의 거실은 시설부족 또는 그 밖의 부득이한 사정이 없으면 건물의 1층에 설치하고, 특히 겨울철 난방을 위하여 필요한 시설을 갖추어야 한다. ( ) 　　　　　　　[2021. 7급]

08 소장은 노인수용자가 거동이 불편하여 혼자서 목욕하기 어려운 경우에는 교도관, 자원봉사자 또는 다른 수용자로 하여금 목욕을 보조하게 할 수 있다. ( ) 　　　　　　　[2021. 9급]

---

01 ○ 　행집행법 시행규칙 제48조

02 ○ 　학과교육생·직업훈련생·외국인·여성·장애인·노인·환자·소년(19세 미만인 자를 말한다), 중간처우의 대상자, 그 밖에 별도의 처우가 필요한 수형자는 법무부장관이 특히 그 처우를 전담하도록 정하는 시설(전담교정시설)에 수용되며, 그 특성에 알맞은 처우를 받는다. 다만, 전담교정시설의 부족이나 그 밖의 부득이한 사정이 있는 경우에는 예외로 할 수 있다(행집행법 제57조 제6항).

03 ○ 　행집행법 시행규칙 제47조 제1항

04 ○ 　행집행법 시행규칙 제44조 제1항·제2항

05 × 　소장은 노인수용자에 대하여 6개월에 1회 이상 건강검진을 하여야 한다(형집행법 시행규칙 제47조 제2항).

06 ○ 　행집행법 시행규칙 제43조 제2항

07 ○ 　행집행법 시행규칙 제44조 제2항

08 ○ 　형집행법 시행규칙 제46조 제2항

제3절 장애인수용자

01 장애인수용자 정의와 시설

(1) 정의

제54조【수용자에 대한 특별한 처우】 ② 소장은 장애인수용자에 대하여 장애의 정도를 고려하여 그 처우에 있어 적정한 배려를 하여야 한다.
⑤ 노인수용자 · 장애인수용자 · 외국인수용자 및 소년수용자에 대한 적정한 배려 또는 처우에 관하여 필요한 사항은 법무부령으로 정한다.

[시행령]
제81조【노인수용자 등의 정의】 ② 법 제54조 제2항에서 "장애인수용자"란 시각 · 청각 · 언어 · 지체 등의 장애로 통상적인 수용생활이 특히 곤란하다고 인정되는 사람으로서 법무부령으로 정하는 수용자를 말한다.

[시행규칙]
제49조【정의】 "장애인수용자"란「장애인복지법 시행령」별표 1의 제1호부터 제15호까지의 규정에 해당하는 사람으로서 시각 · 청각 · 언어 · 지체 등의 장애로 통상적인 수용생활이 특히 곤란하다고 인정되는 수용자를 말한다.

(2) 전담교정시설

[시행규칙]
제50조【전담교정시설】 ① 법 제57조 제6항(전담교정시설)에 따라 법무부장관이 장애인수형자의 처우를 전담하도록 정하는 시설(이하 "장애인수형자 전담교정시설"이라 한다)의 장은 장애종류별 특성에 알맞은 재활치료프로그램을 개발하여 시행하여야 한다.
② 장애인수형자 전담교정시설 편의시설의 종류 및 설치기준에 관하여는 제43조 제1항을 준용한다.

제52조【전문의료진 등】 장애인수형자 전담교정시설의 장은 장애인의 재활에 관한 전문적인 지식을 가진 의료진과 장비를 갖추도록 노력하여야 한다. [2024. 5급 승진] 총 3회 기출

(3) 전담시설이 아닌 시설의 수용거실 지정

[시행규칙]
제51조【수용거실】 ① 장애인수형자 전담교정시설이 아닌 교정시설에서는 장애인수용자를 수용하기 위하여 별도의 거실을 지정하여 운용할 수 있다. [2024. 5급 승진]
② 장애인수용자의 거실은 시설부족 또는 그 밖의 부득이한 사정이 없으면 건물의 1층에 설치하고, 특히 장애인이 이용할 수 있는 변기 등의 시설을 갖추도록 하여야 한다. [2023. 6급] 총 5회 기출

02 장애인 수용자 처우

[시행규칙]

제53조【직업훈련】 장애인수형자 전담교정시설의 장은 장애인수형자에 대한 직업훈련이 석방 후의 취업과 연계될 수 있도록 그 프로그램의 편성 및 운영에 특히 유의하여야 한다. [2020. 7급]

제54조【준용규정】 장애인수용자의 장애정도, 건강 등을 고려하여 필요하다고 인정하는 경우 주·부식 등의 지급, 운동·목욕 및 교육·교화프로그램·작업에 관하여 제45조·제46조 및 제48조(노인수용자 처우)를 준용한다.

[장애인수용자에 대한 준용규정] (시행규칙 제54조)

1. **주·부식 등 지급**(시행규칙 제45조)
   소장은 장애인 수용자의 나이·건강상태 등을 고려하여 필요하다고 인정하면 수용자의 지급기준을 초과하여 주·부식, 의류·침구, 그 밖의 생활용품을 지급할 수 있다.

2. **운동·목욕**(시행규칙 제46조)
   ① 소장은 장애인수용자의 나이·건강상태 등을 고려하여 필요하다고 인정하면 운동시간을 연장하거나 목욕횟수를 늘릴 수 있다.
   ② 소장은 장애인수용자가 거동이 불편하여 혼자서 목욕하기 어려운 경우에는 교도관, 자원봉사자 또는 다른 수용자로 하여금 목욕을 보조하게 할 수 있다.

3. **교육·교화프로그램 및 작업**(시행규칙 제48조)
   ① 장애인수형자 전담교정시설의 장은 장애인문제에 관한 지식과 경험이 풍부한 외부전문가를 초빙하여 교육하게 하는 등 장애인수형자의 교육 받을 기회를 확대하고, 장애인전문오락, 그 밖에 장애인의 특성에 알맞은 교화프로그램을 개발·시행하여야 한다.
   ② 소장은 장애인수용자가 작업을 원하는 경우에는 나이·건강상태 등을 고려하여 해당 수용자가 감당할 수 있는 정도의 작업을 부과한다. 이 경우 의무관의 의견을 들어야 한다.

▶ 노인수용자 일부 처우규정을 장애인과 소년수용자에게 준용하도록 하고 있으나, 전문의료진과 6개월 1회 이상의 건강검진 등의 규정은 소년수용자에게만 준용하고, 장애인수용자에게는 준용하지 않고 있다.

단원별 지문 $\frac{O}{X}$

01 장애인수용자의 거실은 시설부족 또는 그 밖의 부득이한 사정이 없으면 건물의 1층에 설치하고, 특히 장애인이 이용할 수 있는 변기 등의 시설을 갖추도록 하여야 한다. (   )   [2021. 5급 승진]

02 법무부장관이 장애인수형자의 처우를 전담하도록 정하는 시설의 장은 장애종류별 특성에 알맞은 재활치료프로그램을 개발하여 시행하여야 한다. (   )   [2024. 6급 승진]

03 장애인수형자 전담교정시설이 아닌 교정시설에서는 장애인수용자를 수용하기 위하여 별도의 거실을 지정하여 운용하여야 한다. (   )   [2024. 6급 승진]

04 장애인수용자란 「장애인복지법 시행령」 별표 1의 제1호부터 제15호까지의 규정에 해당하는 사람으로서 시각·청각·언어·지체(肢體) 등의 장애로 통상적인 수용생활이 특히 곤란하다고 인정되는 수용자를 말한다. (   )   [2024. 6급 승진]

---

01 ○ 형집행법 시행규칙 제51조
02 ○ 형집행법 시행규칙 제50조 제1항
03 × 장애인수형자 전담교정시설이 아닌 교정시설에서는 장애인수용자를 수용하기 위하여 별도의 거실을 지정하여 운용할 수 있다(형집행법 시행규칙 제51조 제1항).
04 ○ 형집행법 시행규칙 제49조

제4절 외국인수용자

01 외국인수용자 정의와 시설

(1) 개요

> **제54조【수용자에 대한 특별한 처우】** ③ 소장은 외국인수용자에 대하여 언어·생활문화 등을 고려하여 적정한 처우를 하여야 한다.
> ⑤ 노인수용자·장애인수용자·외국인수용자 및 소년수용자에 대한 적정한 배려 또는 처우에 관하여 필요한 사항은 법무부령으로 정한다.
>
> **[시행령]**
> **제81조【노인수용자 등의 정의】** ③ 법 제54조 제3항에서 "외국인수용자"란 대한민국의 국적을 가지지 아니한 수용자를 말한다.

(2) 전담교정시설과 전담요원

> **[시행규칙]**
> **제55조【전담교정시설】** 법 제57조 제6항(전담교정시설)에 따라 법무부장관이 외국인수형자의 처우를 전담하도록 정하는 시설의 장은 외국인의 특성에 알맞은 교화프로그램 등을 개발하여 시행하여야 한다. [2024. 5급 승진] 총 4회 기출
> **제56조【전담요원 지정】** ① 외국인수용자를 수용하는 소장은 외국어에 능통한 소속 교도관을 전담요원으로 지정하여 일상적인 개별면담, 고충해소, 통역·번역 및 외교공관 또는 영사관 등 관계기관과의 연락 등의 업무를 수행하게 하여야 한다. [2020. 7급] 총 3회 기출
> ② 제1항의 전담요원은 외국인 미결수용자에게 소송 진행에 필요한 법률지식을 제공하는 등의 조력을 하여야 한다. [2020. 7급] 총 3회 기출
> ▶ **비교·구분:** 소장은 미결수용자가 빈곤하거나 무지하여 수사 및 재판 과정에서 권리를 충분히 행사하지 못한다고 인정하는 경우에는 법률구조에 필요한 지원을 할 수 있다(시행령 제99조).(임의적)

02 수용거실 지정과 처우

> **[시행규칙]**
> **제57조【수용거실 지정】** ① 소장은 외국인수용자의 수용거실을 지정하는 경우에는 종교 또는 생활관습이 다르거나 민족감정 등으로 인하여 분쟁의 소지가 있는 외국인수용자는 거실을 분리하여 수용하여야 한다. [2020. 9급] 총 8회 기출
> ② 소장은 외국인수용자에 대하여는 그 생활양식을 고려하여 필요한 수용설비를 제공하도록 노력하여야 한다. [2020. 7급] 총 2회 기출
> **제58조【주·부식 지급】** ① 외국인수용자에게 지급하는 음식물의 총열량은 제14조 제2항에도 불구하고 소속 국가의 음식문화, 체격 등을 고려하여 조정할 수 있다. [2020. 7급] 총 3회 기출
> ② 외국인수용자에 대하여는 쌀, 빵 또는 그 밖의 식품을 주식으로 지급하되, 소속 국가의 음식문화를 고려하여야 한다. [2020. 7급]
> ③ 외국인수용자에게 지급하는 부식의 지급기준은 법무부장관이 정한다. [2011. 7급]
> **제59조【위독 또는 사망 시의 조치】** 소장은 외국인수용자가 질병 등으로 위독하거나 사망한 경우에는 그의 국적이나 시민권이 속하는 나라의 외교공관 또는 영사관의 장이나 그 관원 또는 가족에게 이를 즉시 알려야 한다. [2023. 7급] 총 5회 기출

단원별 지문 O X

01 외국인수용자란 대한민국의 국적을 가지지 아니한 수용자를 말한다. 소장은 외국인수용자에 대하여 언어·생활문화 등을 고려하여 적정한 처우를 할 수 있다. (　　) [2023. 7급 승진]

02 외국인수용자에 대하여는 쌀, 빵 또는 그 밖의 식품을 주식으로 지급하되, 소속 국가의 음식문화를 고려하여야 한다. 외국인수용자에게 지급하는 부식의 지급기준은 법무부장관이 정한다. (　　) [2023. 7급 승진]

03 소장은 외국인수용자의 수용거실을 지정하는 경우에는 종교 또는 생활관습이 다르거나 민족감정 등으로 인하여 분쟁의 소지가 있는 외국인수용자는 거실을 분리하여 수용할 수 있다. (　　) [2023. 7급 승진]

04 소장은 외국인수용자에 대하여는 그 생활양식을 고려하여 필요한 수용설비를 제공하도록 노력하여야 한다. (　　) [2023. 7급 승진]

05 외국인수용자 전담요원은 외국인 미결수용자에게 소송 진행에 필요한 법률지식을 제공하는 조력을 하여야 한다. (　　) [2020. 7급]

06 외국인수용자를 수용하는 소장은 외국어 통역사 자격자를 전담요원으로 지정하여 외교공관 및 영사관 등 관계기관과의 연락업무를 수행하게 하여야 한다. (　　) [2020. 7급]

07 소장은 외국인수용자의 수용거실을 지정하는 경우에는 반드시 분리수용하도록 하고, 그 생활양식을 고려하여 필요한 설비를 제공하여야 한다. (　　) [2020. 7급]

08 외국인수용자에 대하여 소속국가의 음식문화를 고려할 필요는 없지만, 외국인수용자의 체격 등을 고려하여 지급하는 음식물의 총열량을 조정할 수 있다. (　　) [2020. 7급]

---

01 ✕ 외국인수용자란 대한민국의 국적을 가지지 아니한 수용자를 말한다(형집행법 시행령 제81조 제3항). 소장은 외국인수용자에 대하여 언어·생활문화 등을 고려하여 적정한 처우를 하여야 한다(형집행법 제54조 제3항).

02 ○ 형집행법 시행규칙 제58조 제2항·제3항

03 ✕ 소장은 외국인수용자의 수용거실을 지정하는 경우에는 종교 또는 생활관습이 다르거나 민족감정 등으로 인하여 분쟁의 소지가 있는 외국인수용자는 거실을 분리하여 수용하여야 한다(형집행법 시행규칙 제57조 제1항).

04 ○ 형집행법 시행규칙 제57조 제2항

05 ○ 형집행법 시행규칙 제56조 제2항

06 ✕ 외국인수용자를 수용하는 소장은 외국어에 능통한 소속 교도관을 전담요원으로 지정하여 일상적인 개별면담, 고충해소, 통역·번역 및 외교공관 또는 영사관 등 관계기관과의 연락 등의 업무를 수행하게 하여야 한다(형집행법 시행규칙 제56조 제1항).

07 ✕ 소장은 외국인수용자의 수용거실을 지정하는 경우에는 종교 또는 생활관습이 다르거나 민족감정 등으로 인하여 분쟁의 소지가 있는 외국인수용자는 거실을 분리하여 수용하여야 하며, 외국인수용자에 대하여는 그 생활양식을 고려하여 필요한 수용설비를 제공하도록 노력하여야 한다(형집행법 시행규칙 제57조).

08 ✕ 외국인수용자에 대하여는 쌀, 빵 또는 그 밖의 식품을 주식으로 지급하되, 소속 국가의 음식문화를 고려하여야 하며(형집행법 시행규칙 제58조 제2항), 외국인수용자에게 지급하는 음식물의 총열량은 소속 국가의 음식문화, 체격 등을 고려하여 조정할 수 있다(형집행법 시행규칙 제58조 제1항).

09 소장은 외국인수용자가 질병 등으로 위독하거나 사망한 경우에는 그의 국적이나 시민권이 속하는 나라의 외교공관 또는 영사관의 장이나 그 관원 또는 가족에게 이를 10일 이내에 알려야 한다. (   )   [2021. 9급]

10 외국 국적의 여성 A를 이송이나 출정으로 호송하는 경우 남성수용자와 호송 차량의 좌석을 분리하는 등의 방법으로 서로 접촉하지 못하게 하여야 한다. (   )   [2023. 7급]

11 외국 국적의 여성 A와 교정시설 외부의 사람이 접견하는 경우에 접견내용이 청취·녹음 또는 녹화될 때, A가 국어로 의사소통하기 곤란한 사정이 있는 경우에는 외국어를 사용할 수 있다. (   )   [2023. 7급]

12 소장은 외국 국적의 여성 A가 환자이거나 부득이한 사정이 있는 경우가 아니면 수용된 날부터 3일 동안 신입자거실에 수용해야 하고, 신청에 따라 작업을 부과할 수 있다. (   )   [2023. 7급]

---

09 ✕   소장은 외국인수용자가 질병 등으로 위독하거나 사망한 경우에는 그의 국적이나 시민권이 속하는 나라의 외교공관 또는 영사관의 장이나 그 관원 또는 가족에게 이를 즉시 알려야 한다(형집행법 시행규칙 제59조).

10 ○   형집행법 시행령 제24조

11 ○   형집행법 시행령 제60조 제1항

12 ✕   소장은 신입자가 환자이거나 부득이한 사정이 있는 경우가 아니면 수용된 날부터 3일 동안 신입자거실에 수용하여야 하고(형집행법 시행령 제18조 제1항), 소장은 신입자거실에 수용된 사람에게는 작업을 부과해서는 아니 된다(형집행법 시행령 제18조 제2항).

제5절 소년수용자

01 소년수용자 정의와 시설

(1) 정의

제54조【수용자에 대한 특별한 처우】④ 소장은 소년수용자에 대하여 나이·적성 등을 고려하여 적정한 처우를 하여야 한다.
⑤ 노인수용자·장애인수용자·외국인수용자 및 소년수용자에 대한 적정한 배려 또는 처우에 관하여 필요한 사항은 법무부령으로 정한다.

[시행령]

제81조【노인수용자 등의 정의】④ 법 제54조 제4항에서 "소년수용자"란 다음 각 호의 사람을 말한다.

> **[소년수용자]**(시행령 제81조 제4항)
> 1. 19세 미만의 수형자
> 2. 법 제12조 제3항(계속 수용)에 따라 소년교도소에 수용 중인 수형자
> 3. 19세 미만의 미결수용자

(2) 전담교정시설

[시행규칙]

제59조의2【전담교정시설】① 법 제57조 제6항(전담교정시설)에 따라 법무부장관이 19세 미만의 수형자(이하 "소년수형자"라 한다)의 처우를 전담하도록 정하는 시설(이하 "소년수형자 전담교정시설"이라 한다)의 장은 소년의 나이·적성 등 특성에 알맞은 교육·교화프로그램을 개발하여 시행하여야 한다.
② 소년수형자 전담교정시설에는 별도의 공동학습공간을 마련하고 학용품 및 소년의 정서 함양에 필요한 도서, 잡지 등을 갖춰 두어야 한다. [2024. 5급 승진] 총 5회 기출

(3) 전담시설이 아닌 시설의 수용거실

[시행규칙]

제59조의3【수용거실】① 소년수형자 전담교정시설이 아닌 교정시설에서는 소년수용자(영 제81조 제4항에 따른 소년수용자를 말한다. 이하 같다)를 수용하기 위하여 별도의 거실을 지정하여 운용할 수 있다.
[2020. 7급] 총 2회 기출
② 소년수형자 전담교정시설이 아닌 교정시설에서 소년수용자를 수용한 경우 교육·교화프로그램에 관하여는 제59조의2 제1항(소년수형자 전담교정시설의 프로그램)을 준용한다.

02 소년수용자 처우

[시행규칙]

제59조의4【의류】 법무부장관은 제4조 및 제5조에도 불구하고 소년수용자의 나이·적성 등을 고려하여 필요하다고 인정하는 경우 의류의 품목과 품목별 착용 시기 및 대상을 달리 정할 수 있다.

제59조의5【접견·전화】 소장은 소년수형자등의 나이·적성 등을 고려하여 필요하다고 인정하면 제87조 및 제90조에 따른 접견 및 전화통화 횟수를 늘릴 수 있다. [2021. 9급] 총 3회 기출

▶ 시행규칙 제59조의5와 제59조의6에서 '소년수형자 등'은 시행령 제81조 제4항 제1호(19세 미만의 수형자)와 제2호(계속 수용에 따라 소년교도소에 수용 중인 수형자)의 수형자를 의미하는 것으로 보이며, 법령에 '소년수형자 등'의 정의가 없는 것은 입법불비로 보인다.

제59조의6【사회적 처우】 제92조 제1항(개방·완화처우급 수형자의 사회적 처우)에도 불구하고 소장은 소년수형자등의 나이·적성 등을 고려하여 필요하다고 인정하면 소년수형자등에게 같은 항 각 호에 해당하는 활동(사회견학, 사회봉사, 자신이 신봉하는 종교행사 참석, 연극·영화·그 밖의 문화공연 관람)을 허가할 수 있다. 이 경우 소장이 허가할 수 있는 활동에는 발표회 및 공연 등 참가 활동을 포함한다.
[2024. 5급 승진] 총 2회 기출

제59조의7【준용규정】 소년수용자의 나이·건강상태 등을 고려하여 필요하다고 인정하는 경우 주·부식 등의 지급, 운동·목욕, 전문의료진 등 및 작업에 관하여 제45조부터 제48조까지의 규정을 준용한다.

[소년수용자에 대한 준용규정] (시행규칙 제59조의7)

1. 주·부식 등 지급(시행규칙 제45조)
소장은 소년수용자의 나이·건강상태 등을 고려하여 필요하다고 인정하면 수용자의 지급기준을 초과하여 주·부식, 의류·침구, 그 밖의 생활용품을 지급할 수 있다.

2. 운동·목욕(시행규칙 제46조)
① 소장은 소년수용자의 나이·건강상태 등을 고려하여 필요하다고 인정하면 운동시간을 연장하거나 목욕횟수를 늘릴 수 있다.
② 소장은 소년수용자가 거동이 불편하여 혼자서 목욕하기 어려운 경우에는 교도관, 자원봉사자 또는 다른 수용자로 하여금 목욕을 보조하게 할 수 있다. [2024. 5급 승진]

3. 전문의료진 등(시행규칙 제47조)
① 소년수형자 전담교정시설의 장은 소년에 관한 전문적인 지식을 가진 의료진과 장비를 갖추고, 외부의료시설과 협력체계를 강화하여 소년수형자가 신속하고 적절한 치료를 받을 수 있도록 노력하여야 한다.
② 소장은 소년수용자에 대하여 6개월에 1회 이상 건강검진을 하여야 한다. [2016. 9급]

4. 교육·교화프로그램 및 작업(시행규칙 제48조)
① 소년수형자 전담교정시설의 장은 소년문제에 관한 지식과 경험이 풍부한 외부전문가를 초빙하여 교육하게 하는 등 소년수형자의 교육 받을 기회를 확대하고, 소년전문오락, 그 밖에 소년의 특성에 알맞은 교화프로그램을 개발·시행하여야 한다.
② 소장은 소년수용자가 작업을 원하는 경우에는 나이·건강상태 등을 고려하여 해당 수용자가 감당할 수 있는 정도의 작업을 부과한다. 이 경우 의무관의 의견을 들어야 한다. [2024. 5급 승진]

단원별 지문 O/X

01 소년수형자 전담교정시설에는 별도의 개인학습공간을 마련하고 학용품 및 소년의 정서 함양에 필요한 도서, 잡지 등을 갖춰 두어야 한다. (　　) [2021. 5급 승진]

02 소년수형자 전담교정시설이 아닌 교정시설에서는 소년수용자를 수용하기 위하여 별도의 거실을 지정하여 운용하여야 한다. (　　) [2022. 6급 승진]

03 소년수형자 전담교정시설에는 별도의 공동학습공간을 마련하고 학용품 및 소년의 정서 함양에 필요한 도서, 잡지 등을 갖춰 두어야 한다. (　　) [2022. 6급 승진]

04 소년수형자 전담교정시설이 아닌 교정시설에서 소년수용자를 수용한 경우 소년의 나이·적성 등 특성에 알맞은 교육·교화 프로그램을 개발하여 시행하여야 한다. (　　) [2022. 6급 승진]

05 소장은 소년수용자가 작업을 원하는 경우에는 나이·건강상태 등을 고려하여 해당 수용자가 감당할 수 있는 정도의 작업을 부과한다. 이 경우 의무관의 의견을 들어야 한다. (　　) [2022. 6급 승진]

06 19세 이상 수형자와 19세 미만 수형자를 같은 교정시설에 수용하는 경우에는 서로 분리하여 수용한다. (　　) [2023. 7급]

07 19세 미만 수형자의 처우를 전담하는 시설에는 별도의 공동학습공간을 마련하고 학용품 및 소년의 정서 함양에 필요한 도서, 잡지 등을 갖춰 두어야 한다. (　　) [2023. 7급]

08 소장은 소년수형자의 나이·적성 등을 고려하여 필요하다고 인정하면 전화통화 횟수를 늘릴 수 있으나 접견 횟수를 늘릴 수는 없다. (　　) [2021. 9급]

---

01 × 소년수형자 전담교정시설에는 별도의 공동학습공간을 마련하고 학용품 및 소년의 정서 함양에 필요한 도서, 잡지 등을 갖춰 두어야 한다(형집행법 시행규칙 제59조의2).

02 × 소년수형자 전담교정시설이 아닌 교정시설에서는 소년수용자를 수용하기 위하여 별도의 거실을 지정하여 운용할 수 있다(형집행법 시행규칙 제59조의3).

03 ○ 형집행법 시행규칙 제59조의2

04 ○ 형집행법 시행규칙 제59조의3

05 ○ 형집행법 시행규칙 제59조의7

06 ○ 형집행법 제13조 제2항

07 ○ 형집행법 시행규칙 제59조의2 제2항

08 × 소장은 소년수형자 등의 나이·적성 등을 고려하여 필요하다고 인정하면 접견 및 전화통화 횟수를 늘릴 수 있다(형집행법 시행규칙 제59조의5).

제6절 미성년 자녀의 보호조치

01 의의

(1) 수용자의 미성년 자녀보호를 통한 사회안전망 확보를 위한 조치이다.

(2) 아동친화형 접견실 구축, 범정부 미성년 자녀보호 네트워크 추진 등의 사업이 추진되고 있다.

02 수용자의 미성년 자녀 보호에 대한 지원

> **제53조의2【수용자의 미성년 자녀 보호에 대한 지원】** ① 소장은 신입자에게 「아동복지법」 제15조(시·도지사 등의 보호조치)에 따른 보호조치를 의뢰할 수 있음을 알려주어야 한다.
> ② 소장은 수용자가 「아동복지법」 제15조에 따른 보호조치를 의뢰하려는 경우 보호조치 의뢰가 원활하게 이루어질 수 있도록 지원하여야 한다.
> ③ 제1항에 따른 안내 및 제2항에 따른 보호조치 의뢰 지원의 방법·절차, 그 밖에 필요한 사항은 법무부장관이 정한다.
> **제41조【접견】** ③ 제2항(접촉차단시설에서의 접견)에도 불구하고 다음 각 호의 어느 하나에 해당하는 경우에는 접촉차단시설이 설치되지 아니한 장소에서 접견하게 할 수 있다.
> 1. 수용자가 미성년자인 자녀와 접견하는 경우

단원별 지문 O/X

01 소장은 신입자에게 「아동복지법」 제15조에 따른 미성년 자녀 보호조치를 의뢰할 수 있음을 알려 주어야 한다. (   )

[2021. 7급]

02 수용자가 미성년자인 자녀와 접견하는 경우 접촉차단시설이 설치되지 아니한 장소에서 접견하게 하여야 한다. (   )

---

01 ○ 형집행법 제53조의2 제1항
02 ✕ 수용자가 미성년자인 자녀와 접견하는 경우 접촉차단시설이 설치되지 아니한 장소에서 접견하게 할 수 있다(형집행법 제41조 제3항).

제11장 계호와 엄중관리

제1절 계호

01 계호의 의의

(1) 경계와 보호

① 계호란 교정시설의 안전 및 구금 질서유지를 목적으로 하는 일체의 강제력으로 수용자에 대한 격리작용과 개선작용을 위한 경계와 보호작용을 말한다.
② 경계란 구금확보에 장애가 되는 요소를 예방하고 배제하는 작용을 말한다.
③ 보호란 수용자나 제3자로부터 수용자의 생명·신체에 대한 장해나 위험을 예방하거나 배제하는 작용을 말한다.

(2) 계호의 필요성

① **복지증진 작용**: 교정이념의 발달에 기초하여 종래에는 구금의 확보와 교도소의 규율유지라는 소극적인 경계기능에 주목했으나, 오늘날은 실질적인 목적이 수용자의 교화개선에 있다는 측면에서 적극적인 보호기능, 즉 보육 내지 복지증진작용을 계호라고 한다.
② 수용자의 도주·자살·자해·폭행 등 교정사고 예방, 외침에 대비한 자체방호를 위하여 계호는 필요하다.

(3) 계호권 행사의 정당성(비례의 원칙)

적합성의 원칙	① 강제력행사의 수단이 행정청이 의도하는 목적을 달성하는 데 적합해야 하고, 수단이 예측가능성이 있을 것을 말하며, 부당결부금지원칙은 여기서 파생된 원칙이다. ② 헌법재판소는 목적의 적합성, 수단의 적합성, 법익의 균형성을 그 기준으로 제시하고 있다.
필요성의 원칙	① 최소침해의 원칙으로 행정의 목적실현을 위하여 필요한도 이상으로 행하여져서는 안되고, ② 목적실현을 위하여 여러 대체수단이 있는 경우 관계자에게 가장 적은 부담을 주는 수단을 선택해야 한다.
상당성의 원칙	① 협의의 비례원칙, 법익교량의 원칙이라고도 한다. ② 조치를 취하면서 발생하는 불이익이 조치의 결과로 얻는 이익보다 큰 경우에는 조치를 취해서는 안 된다는 원칙을 말한다. ③ "참새를 잡기 위해 대포를 쏘아서는 안 된다."는 법언은 여기에서 유래한다.

02 계호권 행사의 효과

(1) 적법한 계호권 행사

① 계호권의 행사는 일응 적법으로 추정되어 계호권자는 정당한 공무집행으로서 법률상 보호를 받으며 상대방을 구속하고, 적법한 계호권의 행사결과는 위법성이 조각된다.

② 계호권의 행사를 폭행·협박으로 거부할 경우에는 공무집행방해죄 등이 성립된다.

(2) 불법·부당한 계호권 행사

① 계호권의 행사가 고의 또는 중대한 과실로 위법·부당할 경우 징계처분의 사유가 될 수 있고, 형법에 저촉되는 경우 형사처분의 대상이 되기도 한다.

② 불법계호권 행사로 인해 피해를 입은 자는 국가를 상대로 손해배상의 책임을 물을 수 있다.

03 계호권의 범위

(1) 제3자에 대한 계호권

① 계호권은 수용자와 계호자 사이에 발생하는 것이 원칙이나 특별한 경우에는 제3자(수용자 외의 자)에게도 성립할 수 있다.

② 제3자가 교도소 내에 침입 또는 침투하여 교도소의 질서를 파괴하거나, 교도소 내외를 불문하고 계호권이 미치는 공간에서 수용자 탈취목적의 불법행위를 하는 경우, 방화와 테러를 시도하는 경우에는 계호권을 발동하여 이를 제거할 수 있다. 물론 제3자가 현행범인 경우에는 이를 체포할 수 있다.

③ 시설의 안전과 질서유지를 위하여 필요하면 교정시설을 출입하는 수용자 외의 사람에 대하여 의류와 휴대품을 검사할 수 있고(법 제93조 제3항), 일정한 요건에 해당되는 경우에는 강제력을 행사(보안장비 사용)하거나 무기를 사용할 수 있다(법 제100조 제2항·제101조 제2항).

(2) 다른 교정시설 수용자에 대한 계호권

① 교도관은 자신이 소속된 교정시설의 수용자에 대해서만 계호권을 발동할 수 있는 것이 원칙이다.

② 다른 교정시설에 비상사태가 발생하여 응원을 위해 출동한 경우에는 예외적으로 해당 교정시설의 장의 지휘·감독하에 계호권의 행사를 인정하고 있다.

③ 현실적으로 다른 교정시설에 대한 교차검방 등이 있다.

(3) 계호권자

① 계호업무를 수행할 수 있는 권한을 법적으로 인정받은 자를 말한다.

② 현행법상 계호권자는 교도관이다.

04 계호행위의 내용

(1) 시찰

① 수용자에게 객관적으로 나타나는 동정을 파악하는 계호행위이다.

② 수용자의 심리적 변화정도를 살피고, 수용자의 기대가능성에 따른 불만이나 처우상의 문제점 등을 조사함으로써 수용자의 처우개선과 교정시설 운영에 조력하는 기능을 말한다.

(2) 명령

① 수용자에게 일정한 작위나 부작위를 강제적으로 요구하는 계호행위이다.

② 통상 구두, 서면, 게시, 신호 등의 방법에 의한다.

③ 이와 같은 명령이 실현되지 않았을 때에는 강제력 사용의 근거가 된다.

④ 계호권자의 직무권한의 범위 안에서 합법적으로 실현가능성 있는 타당한 명령이어야 한다.

(3) 강제

① 법규 또는 교도관의 정당한 명령에 대해 수용자가 상당한 이유 없이 그 의무를 불이행할 경우 그 이행이 있는 것과 동일한 상태를 실현시키기 위한 계호작용이다.

② 태업과 단식자·출역불응자, 흉기·위험물의 투기명령불응자에게 행하여진다.

(4) 검사

① 교정사고를 미연에 방지하기 위하여 인적 또는 물적으로 나타난 보안의 위해상태를 사전에 조사하는 것이다.

② 신체·의류·휴대품, 거실·작업장, 보호장비·무기 등 광범위하게 실시된다.

(5) 정돈

① 교정시설 내의 각종 시설과 물품에 대한 이상 유무는 교정사고의 요인과 직결될 수 있다. 이를 조속히 확인하기 위하여 시설과 물품의 정리·정돈이 요구된다.

② 이러한 정돈은 계호행위의 기능 외에 수용자의 무질서한 습벽 교정에도 유용하다.

(6) 배제

인위적·자연적 원인으로 말미암아 계호상의 장애를 초래하거나 위험이 발생할 가능성이 있는 경우 이를 사전에 제거함으로써 교정시설의 안전을 유지하는 계호행위를 말한다.

(7) 구제

위험성이 발생하였을 때 사후적 조치로서 행하는 계호행위로 자신의 위험을 무릅쓰고 어려운 환경에 빠진 수용자를 구해 줄 것을 요구한다.

05 계호의 현대화와 탄력적 적용

(1) 계호의 현대화

① **사회과학의 응용**: 수용자 사회의 부문화 연구로 인간관계를 파악할 수 있다

② **과학기술의 응용**: 금속탐지기, 니코틴검출기, CCTV 등의 활용이 강조되고 있다.

(2) 계호의 탄력적 적용

① **계호의 강화대상**

　㉠ 교정사고우려자 또는 특별계호가 필요한 자가 있는 경우(엄중관리대상자)

　㉡ 아침 이른 시간이나 야간작업의 경우

　㉢ 폭우 및 짙은 안개 등으로 교도관의 시야에 지장을 주는 경우

　㉣ 호송·출정·외부작업 등의 사유로 구금시설을 벗어남으로써 물적 계호시설이 약화될 경우

② **계호의 완화대상**: 경비처우급의 상위자, 수형자자치제 대상자, 개방처우 대상자 등

　▶ 가석방 중인 자는 계호의 대상이 아니고, 보호관찰의 대상자이다.

06 계호의 분류

(1) 계호대상에 따른 구분

대인계호	대물계호
신체검사·보호장비 및 무기사용 등의 수단으로 수용자 및 제3자의 신체의 자유를 구속하는 것과 같은 사람에 대한 계호	차입물품의 검사, 휴대품·소지품 검사, 거실 및 작업장 검사 등과 같이 수용자 및 제3자에 속한 물건에 대한 계호

(2) 계호수단에 따른 구분

	계호권 있는 교도관에 의한 정신적·육체적 기능에 의한 계호	
인적계호	직접 인적계호	① 수용자와 직접 접촉하면서 계호업무를 수행하는 방법 ② 수용동·거실·작업장·목욕·치료·운동 시에 수용자 계호
	간접 인적계호	① 수용자의 심리적 행동을 규제하는 간접계호 근무방법 ② 출입구의 경계, 취약요소의 입초, 순찰경비근무 등
물적계호	교도소 등의 건조물이나 보호장비, 보안장비, 무기 등에 의한 계호	

▶ 계호의 수단은 인적계호보다는 과학기기를 이용하는 물적계호의 중요성이 커지고 있는 추세이다.

(3) 계호장소를 기준으로 한 구분

호송계호	수용자를 교정시설 외부로 이동시키기 위한 계호
출정계호	소송진행을 위하여 검사 또는 법원의 소환에 응하는 계호

▶ 공판정에서의 계호는 법정경찰권이 법원에 있기 때문에 교도관의 계호권이 가장 많이 제한받게 된다.

(4) 계호사태의 긴박성에 따른 구분

통상계호	신체검사, 의류검사, 휴대품검사, 거실과 작업장 검사 등 법익의 침해가 크지 않은 경우의 평상시 계호
비상계호	① 천재·지변과 화재, 수해 및 폭동과 도주, 그 밖의 비상사태에 처하여 인적·물적 계호의 모든 기능을 동원하여 사태를 수습·진압하는 계호활동 ② 평상시보다 강력한 신체상 구속을 요구하는 등 법익의 침해가 강한 경우의 계호

(5) 계호대상의 특수성에 따른 구분

일반계호	일반수용자에 대한 통상의 계호
특별계호	① 특별한 수용자의 규율유지와 교육적·보호적 측면에서 집행되는 계호 ② 사형선고자, 도주 또는 자살우려자, 흉폭성이 있는 자, 상습규율위반자, 정신질환자 등 교정사고의 우려가 높은 수용자에 대한 특별계호

단원별 지문 O X

01 계호란 교정시설의 안전 및 구금 질서유지를 목적으로 하는 일체의 강제력으로 수용자에 대한 격리작용과 개선작용을 위한 경계와 보호작용을 말한다. ( )

02 교도관의 계호권 행사는 일응 적법으로 추정되어 계호권자는 정당한 공무집행으로서 법률상 보호를 받으며 상대방을 구속하고, 적법한 계호권의 행사결과는 위법성이 조각된다. ( )

03 교도관의 계호행위의 법률적 근거는 「교정공무원 직무집행법」이다. ( )

04 계호행위는 모든 수용자에게 평등하게 행해지는 비탄력적 성격을 가지고 있다. ( )

05 계호는 계호대상에 따라 대인계호와 대물계호로 나눌수 있다. ( )

06 천재·지변과 화재, 수해 및 폭동과 도주, 그 밖의 비상사태에 처하여 인적·물적 계호의 모든 기능을 동원하여 사태를 수습·진압하는 계호활동은 통상계호에 속한다. ( )

---

01 ○
02 ○
03 ✕   교도관의 계호행위의 법률적 근거는 「형의 집행 및 수용자처우에 관한 법률」이다.
04 ✕   계호행위는 수용자의 특성에 따른 엄중한 계호, 완화된 계호 등 탄력적 운영이 필요하다.
05 ○
06 ✕   천재·지변과 화재, 수해 및 폭동과 도주, 그 밖의 비상사태에 처하여 인적·물적 계호의 모든 기능을 동원하여 사태를 수습·진압하는 계호활동은 비상계호에 속한다.

제2절 금지물품과 검사

01 금지물품

> **제92조【금지물품】** ① 수용자는 다음 각 호의 물품을 지녀서는 아니 된다.
>
> > **[수용자 금지물품]**(법 제92조 제1항)
> >
> > 1. 마약·총기·도검·폭발물·흉기·독극물, 그 밖에 범죄의 도구로 이용될 우려가 있는 물품
> > 2. 무인비행장치, 전자·통신기기, 그 밖에 도주나 다른 사람과의 연락에 이용될 우려가 있는 물품
> > 3. 주류·담배·화기·현금·수표, 그 밖에 시설의 안전 또는 질서를 해칠 우려가 있는 물품
> > 4. 음란물, 사행행위에 사용되는 물품, 그 밖에 수형자의 교화 또는 건전한 사회복귀를 해칠 우려가 있는 물품
>
> ② 제1항에도 불구하고 소장이 수용자의 처우를 위하여 허가하는 경우에는 제1항 제2호의 물품을 지닐 수 있다. [2023. 9급]

02 검사

(1) 신체 등에 대한 검사

> **제93조【신체검사 등】** ① 교도관은 시설의 안전과 질서유지를 위하여 필요하면 수용자의 신체·의류·휴대품·거실 및 작업장 등을 검사할 수 있다.
> ② 수용자의 신체를 검사하는 경우에는 불필요한 고통이나 수치심을 느끼지 아니하도록 유의하여야 하며, 특히 신체를 면밀하게 검사할 필요가 있으면 다른 수용자가 볼 수 없는 차단된 장소에서 하여야 한다. [2024. 7급 승진] 총 2회 기출
> ③ 교도관은 시설의 안전과 질서유지를 위하여 필요하면 교정시설을 출입하는 수용자 외의 사람에 대하여 의류와 휴대품을 검사할 수 있다. 이 경우 출입자가 제92조의 금지물품을 지니고 있으면 교정시설에 맡기도록 하여야 하며, 이에 따르지 아니하면 출입을 금지할 수 있다. (임의적 검사)(신체검사 ×) [2023. 6급 승진] 총 2회 기출
> ④ 여성의 신체·의류 및 휴대품에 대한 검사는 여성교도관이 하여야 한다. [2024. 7급 승진] 총 3회 기출
> ⑤ 소장은 제1항에 따라 검사한 결과 제92조의 금지물품이 발견되면 형사 법령으로 정하는 절차에 따라 처리할 물품을 제외하고는 수용자에게 알린 후 폐기한다. 다만, 폐기하는 것이 부적당한 물품은 교정시설에 보관하거나 수용자로 하여금 자신이 지정하는 사람에게 보내게 할 수 있다.
>
> **[시행령]**
>
> **제113조【신체 등에 대한 검사】** 소장은 교도관에게 작업장이나 실외에서 수용자거실로 돌아오는 수용자의 신체·의류 및 휴대품을 검사하게 하여야 한다. 다만, 교정성적 등을 고려하여 그 검사가 필요하지 아니하다고 인정되는 경우에는 예외로 할 수 있다. [2021. 7급] 총 2회 기출
>
> **제114조【검사장비의 이용】** 교도관은 법 제93조에 따른 검사를 위하여 탐지견, 금속탐지기, 그 밖의 장비를 이용할 수 있다. [2024. 7급 승진]

(2) 거실 등에 대한 검사

> **[시행령]**
>
> **제112조【거실 등에 대한 검사】** 소장은 교도관에게 수용자의 거실, 작업장, 그 밖에 수용자가 생활하는 장소
> (이하 이 조에서 "거실등"이라 한다)를 정기적으로 검사하게 하여야 한다. 다만, 법 제92조의 금지물품을
> 숨기고 있다고 의심되는 수용자와 법 제104조 제1항의 마약류사범·조직폭력사범 등 법무부령으로 정하
> 는 수용자의 거실등은 수시로 검사하게 할 수 있다.

03 기타 계호관련 규정

> **[시행령]**
>
> **제115조【외부인의 출입】** ① 교도관 외의 사람은 「국가공무원 복무규정」 제9조에 따른 근무시간 외에는 소
> 장의 허가 없이 교정시설에 출입하지 못한다.
> ② 소장은 외부인의 교정시설 출입에 관한 사무를 수행하기 위하여 불가피한 경우 「개인정보 보호법 시행
> 령」 제19조에 따른 주민등록번호, 여권번호, 운전면허의 면허번호 또는 외국인등록번호가 포함된 자료를
> 처리할 수 있다.
>
> **제116조【외부와의 차단】** ① 교정시설의 바깥문, 출입구, 거실, 작업장, 그 밖에 수용자를 수용하고 있는 장소
> 는 외부와 차단하여야 한다. 다만, 필요에 따라 일시 개방하는 경우에는 그 장소를 경비하여야 한다.
> ② 교도관은 접견·상담·진료, 그 밖에 수용자의 처우를 위하여 필요한 경우가 아니면 수용자와 외부인이
> 접촉하게 해서는 아니 된다.
>
> **제117조【거실 개문 등 제한】** 교도관은 수사·재판·운동·접견·진료 등 수용자의 처우 또는 자살방지, 화재
> 진압 등 교정시설의 안전과 질서유지를 위하여 필요한 경우가 아니면 수용자거실의 문을 열거나 수용자
> 를 거실 밖으로 나오게 해서는 아니 된다.
>
> **제118조【장애물 방치 금지】** 교정시설의 구내에는 시야를 가리거나 그 밖에 계호상 장애가 되는 물건을 두어
> 서는 아니 된다.

> **⚖ 판례 ㅣ**
>
> **[1] 교도소장이 수용자가 없는 상태에서 실시한 거실 및 작업장 검사행위가 수용자의 사생활의 비밀 및 자유
> 를 침해하는지 여부(소극) 및 적법절차원칙에 위배되는지 여부(소극)**
> 이 사건 검사행위는 교도소의 안전과 질서를 유지하고, 수형자의 교화·개선에 지장을 초래할 수 있는
> 물품을 차단하기 위한 것으로서 그 목적이 정당하고, 수단도 적절하며, 검사의 실효성을 확보하기 위한
> 최소한의 조치로 보이고, 달리 덜 제한적인 대체수단을 찾기 어려운 점 등에 비추어 보면 이 사건 검사
> 행위가 과잉금지원칙에 위배하여 사생활의 비밀 및 자유를 침해하였다고 할 수 없고, 이 사건 검사행위
> 가 추구하는 목적의 중대성, 검사행위의 불가피성과 은밀성이 요구되는 특성, 이에 비하여 수형자의 부
> 담이 크지 아니한 점, 수형자의 이의나 불복이 있을 경우 그 구제를 위해 일정한 절차적 장치를 두고
> 있는 점 등을 종합해 볼 때 이 사건 검사행위는 적법절차원칙에 위배되지 아니한다(헌재 2011.10.25. 2009헌
> 마691). [2018. 8급 승진] 총 2회 기출

[2] 헌법재판소는 2011.10.25. 2009헌마691 결정에서 수용자가 없는 상태에서 이루어진 수용거실 등에 대한 검사행위와 관련하여, 교도소의 안전과 질서를 유지하고 수형자의 교화·개선에 지장을 초래할 수 있는 물품을 차단하기 위한 것으로서 수형자의 사생활의 비밀과 자유를 침해하지 아니하고, 적법절차원칙에도 위반되지 않는다고 판단하였다. 미결수용자 수용거실 검사의 경우 청구인이 '미결수용자'라는 점이 위 헌법재판소의 선례의 경우와 다르다. 미결수용자는 형을 집행 받는 사람이 아니라 수사 및 형사재판 절차상 신병확보 필요에 따라 수용된 사람이라는 점에서 수형자와 차이가 있다. 그러나 미결수용자도 위와 같은 필요에 따라 수용된 이상, 수용시설의 안전과 질서유지 등을 위하여 자유와 권리를 통제받을 수밖에 없는 점에서는 수형자와 다르지 않다(헌재 2019.6.28. 2017헌마45). [2024. 6급 승진]

[3] 피청구인이 청구인들로 하여금 경찰관에게 등을 보인 채 상의를 속옷과 함께 겨드랑이까지 올리고 하의를 속옷과 함께 무릎까지 내린 상태에서 3회에 걸쳐 앉았다 일어서게 하는 방법으로 실시한 정밀신체수색은 인간의 존엄과 가치로부터 유래하는 인격권 및 신체의 자유를 침해하는 정도에 이르렀다고 판단된다(헌재 2002.7.18. 2000헌마327).

[4] 수용자들이 공직선거 및 선거부정방지법상 배포가 금지된 인쇄물을 배포한 혐의로 현행범으로 체포된 여자들로서, 체포될 당시 신체의 은밀한 부위에 흉기 등 반입 또는 소지가 금지되어 있는 물품을 은닉하고 있었을 가능성은 극히 낮았다고 할 것이고, 그 후 변호인 접견 시 변호인이나 다른 피의자들로부터 흉기 등을 건네 받을 수도 있었다고 의심할 만한 상황이 발생하였기는 하나, 변호인 접견절차 및 접견실의 구조 등에 비추어, 가사 수용자들이 흉기 등을 건네받았다고 하더라도 유치장에 다시 수감되기 전에 이를 신체의 은밀한 부위에 은닉할 수 있었을 가능성은 극히 낮다고 할 것이어서, 신체검사 당시 다른 방법으로는 은닉한 물품을 찾아내기 어렵다고 볼 만한 합리적인 이유가 있었다고 할 수 없으므로, 수용자들의 옷을 전부 벗긴 상태에서 앉았다 일어서기를 반복하게 한 신체검사는 그 한계를 일탈한 위법한 것이다(대법원 2001.10.26. 2001다51466). [2017. 5급 승진]

[5] **수용자를 교정시설에 수용할 때마다 전자영상 검사기를 이용하여 수용자의 항문 부위에 대한 신체검사를 하는 것이 수용자의 인격권 등을 침해하는지 여부(소극)**
이 사건 신체검사는 교정시설의 안전과 질서를 유지하기 위한 것으로 그 목적이 정당하고, 항문 부위에 대한 금지물품의 은닉여부를 효과적으로 확인할 수 있는 적합한 검사방법으로 그 수단이 적절하다. 교정시설을 이감·수용할 때마다 전자영상 신체검사를 실시하는 것은, 수용자가 금지물품을 취득하여 소지·은닉하고 있을 가능성을 배제할 수 없고, 외부관찰 등의 방법으로는 쉽게 확인할 수 없기 때문이다. 이 사건 신체검사는 필요한 최소한도를 벗어나 과잉금지원칙에 위배되어 청구인의 인격권 내지 신체의 자유를 침해한다고 볼 수 없다(헌재 2011.5.26. 2010헌마775). [2018. 8급 승진] 총 2회 기출

[6] **교도소장이 교도소 독거실 내 화장실 창문과 철격자 사이에 안전 철망을 설치한 행위가 청구인의 환경권, 인격권 등 기본권을 침해하는지 여부(소극)**
교정시설 내 자살사고는 수용자 본인이 생명을 잃는 중대한 결과를 초래할 뿐만 아니라 다른 수용자들에게도 직접적으로 부정적인 영향을 미치고 나아가 교정시설이나 교정정책 전반에 대한 불신을 야기할 수 있다는 점에서 이를 방지할 필요성이 매우 크고, 그에 비해 청구인에게 가해지는 불이익은 채광·통풍이 다소 제한되는 정도에 불과하다. 따라서 이 사건 설치행위는 청구인의 환경권 등 기본권을 침해하지 아니한다(헌재 2014.6.26. 2011헌마150). [2021. 5급 승진] 총 2회 기출

[7] **교정시설 소장에 의하여 허용된 범위를 넘어 사진 또는 그림 등을 부착한 수용자에 대해 교도관이 부착물의 제거를 지시한 행위가 적법한 직무집행에 해당하는지 여부(원칙적 적극)**
수용자에게 부착물의 내용, 부착의 경위 등에 비추어 교정시설의 소장에 의하여 허용된 범위를 넘은 부착 행위를 하게 된 정당한 사유가 인정되는 등의 특별한 사정이 없는 한, 교정시설의 소장에 의하여 허용된 범위를 넘어 사진 또는 그림 등을 부착한 수용자에 대하여 교도관이 부착물의 제거를 지시한 행위는 수용자가 복종하여야 할 직무상 지시로서 적법한 직무집행이라고 보아야 한다(대법원 2014.9.25. 2013도1198). [2019. 6급 승진]

[8] 수형자가 호송관서에서 출발하여 법원에 도착한 후 행정법정 방청석에서 대기하고, 행정재판을 받는 전 과정에서의 계호업무는 그 성격상 형집행법에서 말하는 호송의 개념 범위 내에 있는 업무로 보아야 한다(헌재 2018.7.26. 2017헌마1238). [2019. 6급 승진]

[9] 행정소송사건의 원고인 수용자가 행정법정 방청석에서 자신의 변론 순서가 될 때까지 대기하는 동안 그 수용자에게 재판장의 허가 없이 수갑 1개를 착용하도록 한 행위는 과잉금지원칙을 위반하여 수용자의 신체의 자유와 인격권을 침해하지 않는다(헌재 2018.7.26. 2017헌마1238). [2019. 6급 승진]

[10] 교정시설은 수형자 등을 구금함으로써 그 형을 집행하고 이들의 교정교화와 건전한 사회복귀를 도모하는 것을 목적으로 하는 시설이고, 수용자는 이처럼 격리된 시설에서 강제적인 공동생활을 하게 되므로 헌법이 보장하는 신체의 자유 등 기본권에 대한 제한은 불가피하다. 그러나 수용자의 경우에도 모든 기본권의 제한이 정당화될 수 없으며 국가가 개인의 불가침의 기본적인 인권을 확인하고 보장할 의무(헌법 제10조 후문)로부터 자유로워질 수는 없다. 따라서 수용자의 지위에서 예정되어 있는 기본권 제한이라도 형의 집행과 도주 방지라는 구금의 목적과 관련되어야 하고 그 필요한 범위를 벗어날 수 없으며, 교도소의 안전 및 질서유지를 위하여 행해지는 규율과 징계로 인한 기본권의 제한도 다른 방법으로는 그 목적을 달성할 수 없는 경우에만 예외적으로 허용되어야 한다(헌재 2016.6.30. 2015헌마36). [2017. 7급]

[11] 법령에서 일정한 행위를 금지하면서 이를 위반하는 행위에 대한 벌칙을 정하고 공무원으로 하여금 금지규정의 위반 여부를 감시·단속하도록 한 경우 공무원에게는 금지규정 위반행위의 유무를 감시하여 확인하고 단속할 권한과 의무가 있으므로 구체적이고 현실적으로 감시·단속 업무를 수행하는 공무원에 대하여 위계를 사용하여 업무집행을 못하게 하였다면 위계에 의한 공무집행방해죄가 성립하지만, 단순히 공무원의 감시·단속을 피하여 금지규정을 위반한 것에 지나지 않는다면 그에 대하여 벌칙을 적용하는 것은 별론으로 하고 그 행위가 위계에 의한 공무집행방해죄에 해당한다고 할 수 없다. 피고인이 금지규정을 위반하여 감시·단속을 피하는 것을 공무원이 적발하지 못하였다면 이는 공무원이 감시·단속이라는 직무를 소홀히 한 결과일 뿐 위계로 공무집행을 방해한 것이라고 볼 수 없다(대법원 2022.3.31. 2018도15213).

[12] 녹음·녹화 등을 할 수 있는 전자장비가 교정시설의 안전 또는 질서를 해칠 우려가 있는 금지물품에 해당하여 반입을 금지할 필요가 있다면 교도관은 교정시설 등의 출입자와 반출·반입 물품을 검사·단속해야 할 일반적인 직무상 권한과 의무가 있다. 수용자가 아닌 사람이 위와 같은 금지물품을 교정시설 내로 반입하였다면 교도관의 검사·단속을 피하여 단순히 금지규정을 위반하는 행위를 한 것일 뿐 이로써 위계에 의한 공무집행방해죄가 성립한다고 할 수는 없다(대법원 2022.3.31. 2018도15213).

[13] 관리자에 의해 출입이 통제되는 건조물에 관리자의 승낙을 받아 건조물에 통상적인 출입방법으로 들어갔다면, 이러한 승낙의 의사표시에 기망이나 착오 등의 하자가 있더라도 특별한 사정이 없는 한 형법 제319조 제1항에서 정한 건조물침입죄가 성립하지 않는다. 이러한 경우 관리자의 현실적인 승낙이 있었으므로 가정적·추정적 의사는 고려할 필요가 없다. 단순히 승낙의 동기에 착오가 있다고 해서 승낙의 유효성에 영향을 미치지 않으므로, 관리자가 행위자의 실제 출입 목적을 알았더라면 출입을 승낙하지 않았을 사정이 있더라도 건조물침입죄가 성립한다고 볼 수 없다. 나아가 관리자의 현실적인 승낙을 받아 통상적인 출입방법에 따라 건조물에 들어간 경우에는 출입 당시 객관적·외형적으로 드러난 행위태양에 비추어 사실상의 평온상태를 해치는 모습으로 건조물에 들어간 것이라고 평가할 수도 없다(대법원 2022.3.31. 2018도15213).

[14] **법령에서 명한 금지행위의 위반과 위계에 의한 공무집행방해죄의 성립 여부(소극)**
법령에서 어떤 행위의 금지를 명하면서 이를 위반하는 행위에 대한 벌칙을 두는 한편, 공무원으로 하여금 그 금지규정의 위반 여부를 감시, 단속하게 하고 있는 경우 그 공무원에게는 금지규정 위반행위의 유무를 감시하여 확인하고 단속할 권한과 의무가 있으므로 단순히 공무원의 감시, 단속을 피하여 금지규정에 위반하는 행위를 한 것에 불과하다면 그에 대하여 벌칙을 적용하는 것은 별론으로 하고 그 행위가 위계에 의한 공무집행방해죄에 해당하는 것이라고는 할 수 없다(대법원 2003.11.13. 2001도7045).

[15] 교도관과 수용자가 상호 공모하여 수용자가 교도관으로부터 담배를 교부받아 이를 흡연한 행위 및 휴대폰을 교부받아 외부와 통화한 행위 등이 위계에 의한 공무집행방해죄에 해당하지 않는다고 한 사례

구체적이고 현실적으로 감시·단속업무를 수행하는 교도관에 대하여 위계를 사용하여 그 업무 집행을 못하게 한다면 이에 대하여 위계에 의한 공무집행방해죄가 성립한다고 할 것이지만, 수용자가 교도관의 감시, 단속을 피하여 규율위반행위를 하는 것만으로는 단순히 금지규정에 위반되는 행위를 한 것에 지나지 아니할 뿐 이로써 위계에 의한 공무집행방해죄가 성립한다고는 할 수 없고, 수용자가 아닌 자가 교도관의 검사 또는 감시를 피하여 금지물품을 교도소 내로 반입되도록 하였다고 하더라도 교도관에게 교도소 등의 출입자와 반출·입 물품을 단속, 검사하거나 수용자의 거실 또는 신체 등을 검사하여 금지물품 등을 회수하여야 할 권한과 의무가 있는 이상, 그러한 수용자 아닌 자의 행위를 위계에 의한 공무집행방해죄에 해당하는 것으로는 볼 수 없으며, 교도관이 수용자의 규율위반행위를 알면서도 이를 방치하거나 도와주었더라도, 이를 다른 교도관에 대한 관계에서 위계에 의한 공무집행방해죄가 성립하는 것으로 볼 수는 없다(대법원 2003.11.13. 2001도7045). [2018. 8급 승진]

[16] 수용자 또는 수용자 아닌 자가 교도관의 감시·단속을 피하여 규율위반행위를 하는 경우, 위계에 의한 공무집행방해죄의 성립 여부(한정 적극)(대법원 2005.8.25. 2005도1731)

① 수용자가 교도관의 감시·단속을 피하여 규율위반행위를 하는 것만으로는 단순히 금지규정에 위반되는 행위를 한 것에 지나지 아니할 뿐 위계에 의한 공무집행방해죄가 성립한다고 할 수 없고, 또 수용자가 아닌 자가 교도관의 검사 또는 감시를 피하여 금지물품을 반입하거나 허가 없이 전화 등의 방법으로 다른 사람과 연락하도록 하였더라도 교도관에게 교도소 등의 출입자와 반출·입 물품을 단속·검사할 권한과 의무가 있는 이상, 수용자 아닌 자의 그러한 행위는 특별한 사정이 없는 한 위계에 의한 공무집행방해죄에 해당하는 것으로는 볼 수 없다.

② 구체적이고 현실적으로 감시·단속업무를 수행하는 교도관에 대하여 그가 충실히 직무를 수행한다고 하더라도 통상적인 업무처리과정 하에서는 사실상 적발이 어려운 위계를 적극적으로 사용하여 그 업무집행을 하지 못하게 하였다면 이에 대하여 위계에 의한 공무집행방해죄가 성립한다.

③ 피고인은 휴대전화와 증권거래용 단말기를 구치소 내로 몰래 반입하고, 교도관에게 적발되지 않기 위해 휴대전화의 핸즈프리를 상의 호주머니 속에 숨긴 다음 수용자인 공소외인 등과 머리를 맞대고 변호인과 수용자가 상담하는 것처럼 가장하였는바, 구체적이고 현실적으로 접견호실 통제 업무를 담당하는 교도관들에 대하여 그들의 통상적인 업무처리과정 하에서는 사실상 적발이 어려운 위계를 사용하여 그 직무집행에 지장을 주거나 곤란하게 하는 행위임이 명백하다.

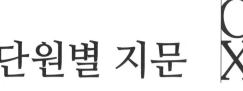
01 무인비행장치, 전자·통신기기, 그 밖에 도주나 다른 사람과의 연락에 이용될 우려가 있는 물품이라 할지라도 소장이 수용자의 처우를 위하여 수용자에게 소지를 허가할 수 있다. ( )   [2023. 9급]

02 주류·담배·화기·현금·수표, 그 밖에 시설의 안전 또는 질서를 해칠 우려가 있는 물품이라 할지라도 소장이 수용자의 처우를 위하여 수용자에게 소지를 허가할 수 있다. ( )   [2023. 9급]

03 교도관은 시설의 안전과 질서를 위하여 필요하면 교정시설에 출입하는 수용자 외의 사람에 대하여 의류와 휴대품 및 신체검사를 할 수 있다. ( )   [2017. 5급 승진]

04 소장은 교정성적 등을 고려하여 검사가 필요하지 않다고 인정되는 경우 교도관에게 작업장이나 실외에서 거실로 돌아오는 수용자의 신체·의류 및 휴대품을 검사하지 않게 할 수 있다. ( )   [2021. 7급]

05 「형의 집행 및 수용자의 처우에 관한 법률」상 교도관은 시설의 안전과 질서유지를 위하여 필요하면 수용자의 신체·의류·휴대품·거실 및 작업장 등을 검사할 수 있다. ( )   [2022. 6급 승진]

06 「형의 집행 및 수용자의 처우에 관한 법률」상 수용자의 신체를 검사하는 경우에는 불필요한 고통이나 수치심을 느끼지 아니하도록 유의하여야 하며, 특히 신체를 면밀하게 검사할 필요가 있으면 다른 수용자가 볼 수 없는 차단된 장소에서 하여야 한다. ( )   [2022. 6급 승진]

07 「형의 집행 및 수용자의 처우에 관한 법률」상 여성의 신체·의류 및 휴대품에 대한 검사는 여성교도관이 하여야 한다. ( )   [2022. 6급 승진]

---

01 ○ 소장이 수용자의 처우를 위하여 허가하는 경우에는 무인비행장치, 전자·통신기기, 그 밖에 도주나 다른 사람과의 연락에 이용될 우려가 있는 물품을 지닐 수 있다(형집행법 제92조 제2항).

02 × 금지물품 중 소장의 허가가 가능한 것은 무인비행장치, 전자·통신기기 등이다 (형집행법 제92조 제2항).

03 × 교도관은 시설의 안전과 질서유지를 위하여 필요하면 교정시설을 출입하는 수용자 외의 사람에 대하여 의류와 휴대품을 검사할 수 있다. 이 경우 출입자가 금지물품을 지니고 있으면 교정시설에 맡기도록 하여야 하며, 이에 따르지 아니하면 출입을 금지할 수 있다(형집행법 제93조 제3항).

04 ○ 소장은 교도관에게 작업장이나 실외에서 수용자거실로 돌아오는 수용자의 신체·의류 및 휴대품을 검사하게 하여야 한다. 다만, 교정성적 등을 고려하여 그 검사가 필요하지 아니하다고 인정되는 경우에는 예외로 할 수 있다(형집행법 시행령 제113조).

05 ○ 형집행법 제93조 제1항

06 ○ 형집행법 제93조 제2항

07 ○ 형집행법 제93조 제4항

제3절 엄중관리대상자

★ **핵심정리** 엄중관리대상자

구분	관심대상수용자	조직폭력수용자	마약류수용자
색상	노란색	노란색	파란색
지정절차	• 분류처우위원회 의결 • 미결수용자 등은 교도관회의의 심의 거쳐 지정 가능	법정(소장이 지정한다.)	법정(소장이 지정하여야 한다.)
해제절차	• 지정사유 해소 인정시 분류처우위원회 의결로 해제한다(필요적). • 미결수용자 등 분류처우위원회 의결 대상자가 아닌 경우, 해제가 필요하다고 인정하는 경우 교도관회의의 심의로 해제한다(필요적).	• 석방할 때까지 해제할 수 없다. • 다만, 공소장 변경 또는 재판 확정으로 사유 해소 시 교도관회의의 심의 또는 분류처우위원회 의결 거쳐 지정해제한다(필요적).	• 석방할 때까지 해제할 수 없다. • 다만, 다음 경우 교도관회의의 심의 또는 분류처우위원회 의결로 해제할 수 있다(임의적). 1. 공소장 변경 또는 재판 확정으로 사유 해소 시 2. 지정 후 5년이 지난 마약류수용자로 수용생활태도, 교정성적 등이 양호한 경우(다만, 마약류에 관한 형사 법률 외의 법률이 같이 적용된 마약류수용자로 한정한다.)
상담	• 지속적인 상담이 필요하다고 인정되는 사람에 대하여 상담책임자를 지정한다. • 상담책임자는 감독교도관 또는 상담 관련 전문교육을 이수한 교도관을 우선하여 지정하여야 하며, 상담대상자는 상담책임자 1명당 10명 이내로 한다. • 대상자를 수시로 개별상담함으로써 신속한 고충처리와 원만한 수용생활지도를 위하여 노력하여야 한다.		
작업부과	작업을 부과할 때에는 분류심사를 위한 조사나 검사 등의 결과를 고려하여야 한다.		

01 개요

(1) 의의

제104조【마약류사범 등의 관리】 ① 소장은 마약류사범·조직폭력사범 등 법무부령으로 정하는 수용자에 대하여는 시설의 안전과 질서유지를 위하여 필요한 범위에서 다른 수용자와의 접촉을 차단하거나 계호를 엄중히 하는 등 법무부령으로 정하는 바에 따라 다른 수용자와 달리 관리할 수 있다.
② 소장은 제1항에 따라 관리하는 경우에도 기본적인 처우를 제한하여서는 아니 된다.

(2) 대상

[시행규칙]

제194조【엄중관리대상자의 구분】 법 제104조에 따라 교정시설의 안전과 질서유지를 위하여 다른 수용자와의 접촉을 차단하거나 계호를 엄중히 하여야 하는 수용자(이하 이 장에서 "엄중관리대상자"라 한다)는 다음 각 호와 같이 구분한다. [2018. 8급 승진] 총 3회 기출

1. 제조직폭력수용자(제199조 제1항에 따라 지정된 수용자를 말한다. 이하 같다)
2. 마약류수용자(제205조 제1항에 따라 지정된 수용자를 말한다. 이하 같다)
3. 관심대상수용자(제211조 제1항에 따라 지정된 수용자를 말한다. 이하 같다)

02 엄중관리대상자의 공통관리

[시행규칙]

제195조【번호표 등 표시】 ① 엄중관리대상자의 번호표 및 거실표의 색상은 다음 각 호와 같이 구분한다.

[번호표 및 거실표 색상](시행규칙 제195조) [2020. 7급] 총 5회 기출

1. **관심대상수용자**: 노란색
2. **조직폭력수용자**: 노란색
3. **마약류수용자**: 파란색

▶ 사형확정자의 번호표 및 거실표의 색상은 붉은색으로 한다(시행규칙 제150조 제5항). [2014. 7급] 총 4회 기출

② 제194조의 엄중관리대상자 구분이 중복되는 수용자의 경우 그 번호표 및 거실표의 색상은 제1항 각 호의 순서에 따른다.

제196조【상담】 ① 소장은 엄중관리대상자 중 지속적인 상담이 필요하다고 인정되는 사람에 대하여는 상담책임자를 지정한다. [2017. 7급] 총 2회 기출

② 제1항의 상담책임자는 감독교도관 또는 상담 관련 전문교육을 이수한 교도관을 우선하여 지정하여야 하며, 상담대상자는 상담책임자 1명당 10명 이내로 하여야 한다.

③ 상담책임자는 해당 엄중관리대상자에 대하여 수시로 개별상담을 함으로써 신속한 고충처리와 원만한 수용생활 지도를 위하여 노력하여야 한다.

④ 제3항에 따라 상담책임자가 상담을 하였을 때에는 그 요지와 처리결과 등을 제119조 제3항에 따른 교정정보시스템에 입력하여야 한다. 이 경우 엄중관리대상자의 처우를 위하여 필요하면 별지 제13호 서식의 엄중관리대상자 상담결과 보고서를 작성하여 소장에게 보고하여야 한다.

제197조【작업 부과】 소장은 엄중관리대상자에게 작업을 부과할 때에는 법 제59조 제3항에 따른 조사나 검사 등의 결과를 고려하여야 한다. [2017. 5급 승진]

03 관심대상수용자

[시행규칙]

제210조【지정대상】 관심대상수용자의 지정대상은 다음 각 호와 같다.

> **[관심대상수용자 지정대상]**(시행규칙 제210조) [2023. 6급 승진] 총 5회 기출
>
> 1. 다른 수용자에게 상습적으로 폭력을 행사하는 수용자
> 2. 교도관을 폭행하거나 협박하여 징벌을 받은 전력이 있는 사람으로서 같은 종류의 징벌대상행위를 할 우려가 큰 수용자
> 3. 수용생활의 편의 등 자신의 요구를 관철할 목적으로 상습적으로 자해를 하거나 각종 이물질을 삼키는 수용자
> 4. 다른 수용자를 괴롭히거나 세력을 모으는 등 수용질서를 문란하게 하는 조직폭력수용자(조직폭력사범으로 행세하는 경우를 포함)
> 5. 조직폭력수용자로서 무죄 외의 사유로 출소한 후 5년 이내에 교정시설에 다시 수용된 사람
> 6. 상습적으로 교정시설의 설비·기구 등을 파손하거나 소란행위를 하여 공무집행을 방해하는 수용자
> 7. 도주(음모, 예비 또는 미수에 그친 경우를 포함)한 전력이 있는 사람으로서 도주의 우려가 있는 수용자
> 8. 중형선고 등에 따른 심적 불안으로 수용생활에 적응하기 곤란하다고 인정되는 수용자
> 9. 자살을 기도한 전력이 있는 사람으로서 자살할 우려가 있는 수용자
> 10. 사회적 물의를 일으킨 사람으로서 죄책감 등으로 인하여 자살 등 교정사고를 일으킬 우려가 큰 수용자
> 11. 징벌집행이 종료된 날부터 1년 이내에 다시 징벌을 받는 등 규율 위반의 상습성이 인정되는 수용자
> 12. 상습적으로 법령에 위반하여 연락을 하거나 금지물품을 반입하는 등의 방법으로 부조리를 기도하는 수용자
> 13. 그 밖에 교정시설의 안전과 질서유지를 위하여 엄중한 관리가 필요하다고 인정되는 수용자

제211조【지정 및 해제】 ① 소장은 제210조 각 호의 어느 하나에 해당하는 수용자에 대하여는 분류처우위원회의 의결을 거쳐 관심대상수용자로 지정한다. 다만, 미결수용자 등 분류처우위원회의 의결 대상자가 아닌 경우에도 관심대상수용자로 지정할 필요가 있다고 인정되는 수용자에 대하여는 교도관회의의 심의를 거쳐 관심대상수용자로 지정할 수 있다. [2019. 7급] 총 7회 기출
② 소장은 관심대상수용자의 수용생활태도 등이 양호하고 지정사유가 해소되었다고 인정하는 경우에는 제1항의 절차에 따라 그 지정을 해제한다. [2018. 7급 승진] 총 4회 기출
③ 제1항 및 제2항에 따라 관심대상수용자로 지정하거나 지정을 해제하는 경우에는 담당교도관 또는 감독교도관의 의견을 고려하여야 한다. [2011. 7급] 총 2회 기출

제213조【수용동 및 작업장 계호 배치】 소장은 다수의 관심대상수용자가 수용되어 있는 수용동 및 작업장에는 사명감이 투철한 교도관을 엄선하여 배치하여야 한다. [2023. 6급 승진] 총 3회 기출

04 조직폭력수용자

[시행규칙]

제198조【지정대상】 조직폭력수용자의 지정대상은 다음 각 호와 같다.

> **[조직폭력수용자 지정대상]**(시행규칙 제198조) [2020. 9급] 총 6회 기출
> 1. 체포영장, 구속영장, 공소장 또는 재판서에 조직폭력사범으로 명시된 수용자
> 2. 공소장 또는 재판서에 조직폭력사범으로 명시되어 있지는 아니하나 「폭력행위 등 처벌에 관한 법률」 제4조(단체 등의 구성·활동)·제5조(단체 등의 이용·지원) 또는 「형법」 제114조(범죄단체 등의 조직)가 적용된 수용자
> 3. 공범·피해자 등의 체포영장·구속영장·공소장 또는 재판서에 조직폭력사범으로 명시된 수용자

제199조【지정 및 해제】 ① 소장은 제198조 각 호의 어느 하나에 해당하는 수용자에 대하여는 조직폭력수용자로 지정한다. 현재의 수용생활 중 집행되었거나 집행할 형이 제198조 제1호 또는 제2호에 해당하는 경우에도 또한 같다. [2024. 5급 승진]
② 소장은 제1항에 따라 조직폭력수용자로 지정된 사람에 대하여는 석방할 때까지 지정을 해제할 수 없다. 다만, 공소장 변경 또는 재판 확정에 따라 지정사유가 해소되었다고 인정되는 경우에는 교도관회의의 심의 또는 분류처우위원회의 의결을 거쳐 지정을 해제한다. [2024. 5급 승진] 총 2회 기출

제200조【수용자를 대표하는 직책 부여 금지】 소장은 조직폭력수용자에게 거실 및 작업장 등의 봉사원, 반장, 조장, 분임장, 그 밖에 수용자를 대표하는 직책을 부여해서는 아니 된다(작업이 부과된 사형확정자에게도 적용됨). [2020. 9급] 총 3회 기출

제201조【수형자 간 연계활동 차단을 위한 이송】 소장은 조직폭력수형자가 작업장 등에서 다른 수형자와 음성적으로 세력을 형성하는 등 집단화할 우려가 있다고 인정하는 경우에는 법무부장관에게 해당 조직폭력수형자의 이송을 지체 없이 신청하여야 한다. [2020. 9급] 총 2회 기출

제202조【처우상 유의사항】 소장은 조직폭력수용자가 다른 사람과 접견할 때에는 외부 폭력조직과의 연계가능성이 높은 점 등을 고려하여 접촉차단시설이 있는 장소에서 하게 하여야 하며, 귀휴나 그 밖의 특별한 이익이 되는 처우를 결정하는 경우에는 해당 처우의 허용 요건에 관한 규정을 엄격히 적용하여야 한다. [2019. 7급 승진] 총 4회 기출

제203조【특이사항의 통보】 소장은 조직폭력수용자의 편지 및 접견의 내용 중 특이사항이 있는 경우에는 검찰청, 경찰서 등 관계기관에 통보할 수 있다.

05 마약류수용자

[시행규칙]

제204조【지정대상】 마약류수용자의 지정대상은 다음 각 호와 같다.

> **[마약류수용자 지정대상]**(시행규칙 제204조) [2019. 7급] 총 3회 기출
> 1. 체포영장·구속영장·공소장 또는 재판서에 「마약류관리에 관한 법률」, 「마약류 불법거래방지에 관한 특례법」, 그 밖에 마약류에 관한 형사 법률이 적용된 수용자
> 2. 제1호에 해당하는 형사 법률을 적용받아 집행유예가 선고되어 그 집행유예 기간 중에 별건으로 수용된 수용자

제205조【지정 및 해제】① 소장은 제204조 각 호의 어느 하나에 해당하는 수용자에 대하여는 마약류수용자로 지정하여야 한다. 현재의 수용생활 중 집행되었거나 집행할 형이 제204조 제1호에 해당하는 경우에도 또한 같다. [2024. 5급 승진]

② 소장은 제1항에 따라 마약류수용자로 지정된 사람에 대하여는 석방할 때까지 지정을 해제할 수 없다. 다만, 다음 각 호의 어느 하나에 해당하는 경우에는 교도관회의의 심의 또는 분류처우위원회의 의결을 거쳐 지정을 해제할 수 있다.

> **[마약류수용자 지정해제 사유]**(시행규칙 제205조 제2항) [2024. 5급 승진] 총 3회 기출
> 1. 공소장 변경 또는 재판 확정에 따라 지정사유가 해소되었다고 인정되는 경우
> 2. 지정 후 5년이 지난 마약류수용자로서 수용생활태도, 교정성적 등이 양호한 경우. 다만, 마약류에 관한 형사 법률 외의 법률이 같이 적용된 마약류수용자로 한정한다.

제206조【마약반응검사】① 마약류수용자에 대하여 다량 또는 장기간 복용할 경우 환각증세를 일으킬 수 있는 의약품을 투약할 때에는 특히 유의하여야 한다.

② 소장은 교정시설에 마약류를 반입하는 것을 방지하기 위하여 필요하면 강제에 의하지 아니하는 범위에서 수용자의 소변을 채취하여 마약반응검사를 할 수 있다. [2024. 7급 승진] 총 5회 기출

③ 소장은 제2항의 검사 결과 양성반응이 나타난 수용자에 대하여는 관계기관에 혈청검사, 모발검사, 그 밖의 정밀검사를 의뢰하고 그 결과에 따라 적절한 조치를 하여야 한다.

제207조【물품전달 제한】 소장은 수용자 외의 사람이 마약류수용자에게 물품을 건네줄 것을 신청하는 경우에는 마약류 반입 등을 차단하기 위하여 신청을 허가하지 않는다. 다만, 다음 각 호의 어느 하나에 해당하는 물품을 건네줄 것을 신청한 경우에는 예외로 할 수 있다.

> **[마약류수용자 물품전달 제한 예외사유]**(시행규칙 제207조)
> 1. 법무부장관이 정하는 바에 따라 교정시설 안에서 판매되는 물품
> 2. 그 밖에 마약류 반입을 위한 도구로 이용될 가능성이 없다고 인정되는 물품

제208조【보관품 등 수시점검】 담당교도관은 마약류수용자의 보관품 및 지니는 물건의 변동 상황을 수시로 점검하고, 특이사항이 있는 경우에는 감독교도관에게 보고해야 한다. [2024. 7급 승진] 총 3회 기출

제209조【재활교육】① 소장은 마약류수용자가 마약류 근절 의지를 갖고 이를 실천할 수 있도록 해당 교정시설의 여건에 적합한 마약류수용자 재활교육계획을 수립하여 시행하여야 한다. [2024. 7급 승진]

② 소장은 마약류수용자의 마약류 근절 의지를 북돋울 수 있도록 마약 퇴치 전문강사, 성직자 등과 자매결연을 주선할 수 있다. [2024. 7급 승진]

⊕ PLUS 약물범죄 치료프로그램

1. **시나논**(Synanon): 약물중독을 극복하기 위해 일정한 환경 속에서 단약 또는 금주와 규칙적 생활습관을 통해 치료하기 위한 중독자 치료프로그램이다.

2. **자조회**(self - help): 금주동맹과 같은 자조회는 시민의 놀이문화로 인식하는 음주에 대한 태도를 바꿀 수 있다는 점에서 약물남용자의 치료와 재활에 큰 영향을 미쳤다.

3. **약물남용자 치료모델**
   ① **해독프로그램**: 구치소 등에 수감하는 대신 안전하고 치료적인 분위기에서 해독 서비스를 제공한다.
   ② **길항제**(antagonist): 의존성 등 부작용을 유발하지 않으면서 진통효과가 나타나도록 개발된 약품으로 약물남용자의 치료에 쓰인다.
   ③ **영양요법 메타톤 유지**(대용약물요법)

+ PLUS 비교 · 구분

교도관회의의 심의	분류처우위원회의 의결	교도관회의의 심의 또는 분류처우위원회의 의결
① 미결수용자 등 분류처우위원회의 의결 대상자가 아닌 경우의 관심대상수용자 지정 ② 미결수용자 등 분류처우위원회의 의결 대상자가 아닌 경우 관심대상수용자 지정의 해제 ③ 외국어 교육대상자가 교육실 외에서의 어학학습장비를 이용한 외국어학습을 원하는 경우 ④ 가족관계회복프로그램 대상 수형자 선발 ⑤ 사형확정자의 작업 신청 시 작업 부과 ⑥ 작업이 부과된 사형확정자의 번호표 및 거실표의 색상을 붉은색으로 하지 아니할 수 있는 경우 ⑦ 계약담당자의 수의계약	① 관심대상수용자 지정 ② 관심대상수용자 지정의 해제 ③ 수용자가 교정사고 방지에 뚜렷한 공로가 있다고 인정될 경우 징벌의 실효 ④ 수형자의 개별적 특성에 알맞은 처우에 관한 계획의 수립 · 시행 ⑤ 가석방 적격심사신청 대상자 선정	① 조직폭력수용자 지정의 해제 ② 마약류수용자 지정의 해제

⚖ 판례 |

[1] 교도소 내 엄중격리대상자에 대하여 이동 시 보호장비를 사용하고 교도관이 동행계호하는 행위 및 1인 운동장을 사용하게 하는 처우가 신체의 자유를 과도하게 제한하는 것인지의 여부(소극)
청구인들은 상습적으로 교정질서를 문란하게 하는 등 교정사고의 위험성이 높은 엄중격리대상자들인바, 이들에 대한 보호장비사용행위, 동행계호행위 및 1인 운동장을 사용하게 하는 처우는 그 목적의 정당성 및 수단의 적정성이 인정되며, 필요한 경우에 한하여 부득이한 범위 내에서 실시되고 있다고 할 것이고, 이로 인하여 수형자가 입게 되는 자유 제한에 비하여 교정사고를 예방하고 교도소 내의 안전과 질서를 확보하는 공익이 더 크다고 할 것이다(헌재 2008.5.29. 2005헌마137).

[2] 마약류사범이 구치소에 수용되는 과정에서 반입금지물품의 소지 · 은닉 여부를 확인하기 위하여 실시한 구치소 수용자에 대한 정밀신체검사는 수용자에게 일방적으로 강제하는 성격을 가지는 권력적 사실행위로서 공권력의 행사에 해당한다(헌재 2006.6.29. 2004헌마826).

[3] 교도관이 마약류사범에게 검사의 취지와 방법을 설명하고 반입금지품을 제출하도록 안내한 후 외부와 차단된 검사실에서 같은 성별의 교도관 앞에 돌아서서 하의속옷을 내린 채 상체를 숙이고 양손으로 둔부를 벌려 항문을 보이는 방법으로 실시한 정밀신체검사는 마약류 사범인 청구인의 기본권을 침해하였다고 할 수 없다(헌재 2006.6.29. 2004헌마826).

[4] 마약류 관련 수형자에 대하여 마약류반응검사를 위하여 소변을 받아 제출하게 한 것은 권력적 사실행위로서 공권력의 행사에 해당한다(헌재 2006.7.27. 2005헌마277).

[5] 마약류사범인 청구인에게 마약류반응검사를 위하여 소변을 받아 제출하게 한 것은 교도소의 안전과 질서유지를 위한 것으로 수사에 필요한 처분이 아닐 뿐만 아니라 검사대상자들의 협력이 필수적이어서 강제처분이라고 할 수도 없어 영장주의의 원칙이 적용되지 않는다(헌재 2006.7.27. 2005헌마277).

[6] 마약류사범인 청구인에게 마약류반응검사를 위하여 소변을 받아 제출하게 한 것은 소변채취의 목적 및 검사방법 등에 비추어 과잉금지의 원칙에 반한다고 할 수 없다(헌재 2006.7.27. 2005헌마277).

[7] **형의 집행 및 수용자의 처우에 관한 법률 제104조 위헌소원**
이 사건 법률조항은 마약류사범인 수용자에 대하여서는 그가 미결수용자인지 또는 수형자인지 여부를 불문하고 마약류에 대한 중독성 및 높은 재범률 등 마약류사범의 특성을 고려한 처우를 할 수 있음을 규정한 것일 뿐, 마약류사범인 미결수용자에 대하여 범죄사실의 인정 또는 유죄판결을 전제로 불이익을 가하는 것이 아니므로 무죄추정원칙에 위반되지 아니하고, 이 사건 법률조항이 마약류사범을 다른 수용자와 달리 관리할 수 있도록 한 것은 마약류사범의 특성을 고려한 것으로서 합리적인 이유가 있으므로, 이 사건 법률조항은 평등원칙에도 위반되지 아니한다(헌재 2013.7.25. 2012헌바63).

[8] 시행규칙 제211조 제2항은 동 조항에 따른 요건이 갖추어지면 법률상 당연히 관심대상수용자 지정이 해제되도록 정하고 있는 것이 아니고, 수용생활태도 등 여러 가지의 사정을 참작하여 소장의 재량적인 행정처분으로써 관심대상수용자 지정해제를 할 수 있도록 하는 원칙을 정하고 있는 규정에 불과하다. 즉, 관심대상수용자 지정해제는 행형기관의 교정정책 혹은 형사정책적 판단에 따라 수형자에게 적합한 처우를 선택하는 조치일 뿐이므로, 수형자가 행형당국에 대하여 관심대상수용자 지정해제를 요구할 주관적 권리를 가지는 것도 아니다(헌재 2010.2.2. 2009헌마750).

[9] 수형자에 대한 기본권제한의 정도와 동행계호행위의 목적 등에 비추어 볼 때 청구인에 대한 동행계호행위는 법률에 따라 그 기본권제한의 범위 내에서 이루어진 것으로서 청구인의 신체의 자유 등을 침해하지 아니할 뿐만 아니라 관심대상수용자인 청구인에 대하여 특별히 계호를 엄중히 하는 것은 교도소 내의 안전과 질서유지를 위한 것으로서 그 차별에 합리적인 이유가 있으므로 청구인의 평등권을 침해한다고 볼 수 없다(헌재 2010.10.28. 2009헌마438).

[10] 관심대상수용자의 출정 시 위치추적 전자장치 부착행위는 법률유보원칙, 적법절차원칙, 과잉금지원칙에 위반되어 수용인인 청구인들의 인격권과 신체의 자유를 침해하지 아니한다(헌재 2018.5.31. 2016헌마191).
[2021. 5급 승진]

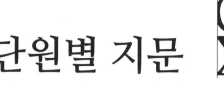
01 소장은 관심대상수용자로 지정할 필요가 있다고 인정되는 미결수용자에 대하여는 교도관회의의 심의를 거쳐 관심대상수용자로 지정할 수 있다. (　　) [2022. 9급]

02 다른 수용자에게 폭력을 행사하는 수용자는 「형의 집행 및 수용자의 처우에 관한 법률 시행규칙」상 명시된 관심대상수용자 지정대상이다. (　　) [2023. 6급 승진]

03 징벌집행이 종료된 날부터 1년 이내에 다시 징벌을 받는 등 규율위반의 상습성이 인정되는 수용자는 「형의 집행 및 수용자의 처우에 관한 법률 시행규칙」상 명시된 관심대상수용자 지정대상이다. (　　) [2023. 6급 승진]

04 소장은 조직폭력수용자로 지정된 사람에 대하여는 석방할 때까지 지정을 해제할 수 없다. 다만, 공소장 변경 또는 재판 확정에 따라 지정사유가 해소되었다고 인정되는 경우에는 교도관회의의 심의 또는 분류처우위원회의 의결을 거쳐 지정을 해제한다. (　　) [2023. 7급 승진]

05 소장은 조직폭력수용자에게 거실 및 작업장 등의 수용자를 대표하는 직책을 부여할 수 있다. (　　) [2022. 9급]

06 다른 수용자를 괴롭히거나 세력을 모으는 등 수용질서를 문란하게 하는 조직 폭력 수용자(조직폭력사범으로 행세하는 경우를 포함한다)는 「형의 집행 및 수용자의 처우에 관한 법률 시행규칙」상 명시된 관심대상수용자 지정대상이다. (　　) [2023. 6급 승진]

07 소장은 체포영장·구속영장·공소장 또는 재판서에 「마약류관리에 관한 법률」, 「마약류 불법거래방지에 관한 특례법」, 그 밖에 마약류에 관한 형사 법률이 적용된 수용자에 대하여는 마약류수용자로 지정하여야 한다. (　　) [2023. 5급 승진]

---

01 ○ 소장은 관심대상수용자 지정대상(동법 시행규칙 제210조)에 해당하는 수용자에 대하여는 분류처우위원회의 의결을 거쳐 관심대상수용자로 지정한다. 다만, 미결수용자 등 분류처우위원회의 의결 대상자가 아닌 경우에도 관심대상수용자로 지정할 필요가 있다고 인정되는 수용자에 대하여는 교도관회의의 심의를 거쳐 관심대상수용자로 지정할 수 있다(형집행법 시행규칙 제211조 제1항).

02 × 다른 수용자에게 상습적으로 폭력을 행사하는 수용자가 관심대상수용자 지정대상이다(형집행법 시행규칙 제210조).

03 ○ 형집행법 시행규칙 제210조

04 ○ 형집행법 시행규칙 제199조 제2항

05 × 소장은 조직폭력수용자에게 거실 및 작업장 등의 봉사원, 반장, 조장, 분임장, 그 밖에 수용자를 대표하는 직책을 부여해서는 아니 된다(동법 시행규칙 제200조). ⇨ 작업이 부과된 사형확정자에게 준용된다(형집행법 시행규칙 제153조 제4항).

06 ○ 형집행법 시행규칙 제210조

07 ○ 형집행법 시행규칙 제205조 제1항, 제204조 제1호

08 소장은 법령에 따라 마약류수용자로 지정된 사람에 대하여는 석방할 때까지 지정을 해제할 수 없다. 다만, 공소장 변경 또는 재판 확정에 따라 지정사유가 해소되었다고 인정되는 경우 또는 마약류에 관한 형사 법률 외의 법률이 같이 적용된 마약류수용자 중 지정 후 3년이 지나고 수용생활태도, 교정성적 등이 양호한 경우에는 교도관회의의 심의 또는 분류처우위원회의 의결을 거쳐 지정을 해제할 수 있다. (   )

09 마약류수용자에 대하여 다량 또는 장기간 복용할 경우 환각증세를 일으킬 수 있는 의약품을 투약할 때에는 특히 유의하여야 한다. (   )
[2023. 5급 승진]

10 담당교도관은 마약류수용자의 보관품 및 지니는 물건의 변동 상황을 수시로 점검하고, 특이사항이 있는 경우에는 감독교도관에게 보고해야 한다. (   )
[2023. 5급 승진]

11 소장은 교정시설에 마약류를 반입하는 것을 방지하기 위하여 필요하면 강제로 수용자의 소변을 채취하여 마약반응검사를 할 수 있다. (   )
[2022. 9급]

12 소장은 엄중관리대상자 중 지속적인 상담이 필요하다고 인정되는 사람에 대하여는 상담책임자를 지정하는데, 상담대상자는 상담책임자 1명당 20명 이내로 하여야 한다. (   )
[2022. 9급]

---

08 × 소장은 마약류수용자로 지정된 사람에 대하여는 석방할 때까지 지정을 해제할 수 없다. 다만, ㉠ 공소장 변경 또는 재판 확정에 따라 지정사유가 해소되었다고 인정되는 경우 또는 ㉡ 지정 후 5년이 지난 마약류수용자(마약류에 관한 형사 법률 외의 법률이 같이 적용된 마약류수용자로 한정한다)로서 수용생활태도, 교정성적 등이 양호한 경우에는 교도관회의의 심의 또는 분류처우위원회의 의결을 거쳐 지정을 해제할 수 있다(형집행법 시행규칙 제205조 제2항).

09 ○ 형집행법 시행규칙 제206조 제1항

10 ○ 형집행법 시행규칙 제208조

11 × 소장은 교정시설에 마약류를 반입하는 것을 방지하기 위하여 필요하면 강제에 의하지 아니하는 범위에서 수용자의 소변을 채취하여 마약반응검사를 할 수 있다(형집행법 시행규칙 제206조 제2항).

12 × 소장은 엄중관리대상자 중 지속적인 상담이 필요하다고 인정되는 사람에 대하여는 상담책임자를 지정하고(형집행법 시행규칙 제196조 제1항), 상담책임자는 감독교도관 또는 상담 관련 전문교육을 이수한 교도관을 우선하여 지정하여야 하며, 상담대상자는 상담책임자 1명당 10명 이내로 하여야 한다(형집행법 시행규칙 제196조 제2항).

제12장 / 교정장비와 강제력행사

제1절 교정장비

★ 핵심정리 교정장비

구분	전자장비 (법+부령)	보호장비 (법+대령)	보안장비 (법+부령)		무기 (법+부령)	
대상	수용자 or 시설	수용자	수용자	수용자 外	수용자	수용자 外

종류	① 영상정보처리
	  기기
	② 전자감지기
	③ 전자경보기
	④ 물품검색기
	⑤ 증거수집장비
	⑥ 그 밖 장관 전자
	  장비
		① 수갑
		② 머리보호장비
		③ 발목보호장비
		④ 보호대
		⑤ 보호의자
		⑥ 보호침대
		⑦ 보호복
		⑧ 포승
			① 교도봉
			② 전기교도봉
			③ 가스분사기
			④ 가스총
			⑤ 최루탄
			⑥ 전자충격기
			⑦ 그 밖 장관 보안장비
					① 권총
					② 소총
					③ 기관총
					④ 그 밖 장관 무기	

사유	1. 자살·자해·
	   도주·폭행·
	   손괴
	2. 생·신, 안·질
	   해하는 행위(자살
	   등) 방지
		1. 호송
		2. 도주·자살·자해
		3. 직무방해
		4. 설비 등 손괴 or
		   안·질 해칠 우려
			1. 도주
			2. 자살
			3. 자해
			4. 다른 사람 위해
			5. 직무방해
			6. 설비 등 손괴
			7. 안·질
				1. 도주
				2. 교 or 수 위해
				3. 직무방해
				4. 설비 등 손괴
				5. 시설에 침입
				6. 퇴거불응
					1. 중대한 위해
					2. 위험물
					3. 폭동
					4. 계속도주
					5. 무기 탈취
					6. 그 밖 생·신
					   및 설비 중대
					   +뚜렷한 위험
					   방지 + 피할
					   수 없는 때
						1. 자·타 생·신
						   보호
						2. 수용자 탈취
						   저지
						3. 건물, 시설,
						   무기 위험
						   방지 + 급박
						   상당한 이유

		~우려	~거나, 하려고 하는 때		긴급·긴박	
절차 한계	영상장비 ⇨ 거실 ⇨ 자살 등 우려 큰 때만	• 사전 고지(예외 ×) • 사유소멸시 중단 • 징벌수단 × • 계호상 독거수용	사전경고(예외가능)		• 구두경고(필) ⇨ 공포탄 ⇨ 위협사 격 ⇨ 조준사격 • 최후의 수단, 장관보고	
공통	필요최소한도					

01 교정장비의 의의와 종류

[시행규칙]

제2조【정의】 교정장비란 교정시설 안(교도관이 교정시설 밖에서 수용자를 계호하고 있는 경우 그 장소를 포함한다)에서 사람의 생명과 신체의 보호, 도주의 방지 및 교정시설의 안전과 질서유지를 위하여 교도관이 사용하는 장비와 기구 및 그 부속품을 말한다.

제157조【교정장비의 종류】 교정장비의 종류는 다음 각 호와 같다.

> **[교정장비의 종류]**(시행규칙 제157조) [2018. 5급 승진]
> 1. 전자장비
> 2. 보호장비
> 3. 보안장비
> 4. 무기

제158조【교정장비의 관리】 ① 소장은 교정장비의 보관 및 관리를 위하여 관리책임자와 보조자를 지정한다.
② 제1항의 관리책임자와 보조자는 교정장비가 적정한 상태로 보관·관리될 수 있도록 수시로 점검하는 등 필요한 조치를 하여야 한다.
③ 특정 장소에 고정식으로 설치되는 장비 외의 교정장비는 별도의 장소에 보관·관리하여야 한다.

제159조【교정장비 보유기준 등】 교정장비의 교정시설별 보유기준 및 관리방법 등에 관하여 필요한 사항은 법무부장관이 정한다.

02 전자장비를 이용한 계호

(1) 전자장비를 위용한 계호

제94조【전자장비를 이용한 계호】 ① 교도관은 자살·자해·도주·폭행·손괴, 그 밖에 수용자의 생명·신체를 해하거나 시설의 안전 또는 질서를 해하는 행위(이하 "자살 등"이라 한다)를 방지하기 위하여 필요한 범위에서 전자장비를 이용하여 수용자 또는 시설을 계호할 수 있다. 다만, 전자영상장비로 거실에 있는 수용자를 계호하는 것은 자살 등의 우려가 큰 때에만 할 수 있다. [2023. 6급 승진] 총 14회 기출
② 제1항 단서에 따라 거실에 있는 수용자를 전자영상장비로 계호하는 경우에는 계호직원·계호시간 및 계호대상 등을 기록하여야 한다. 이 경우 수용자가 여성이면 여성교도관이 계호하여야 한다. [2024. 7급 승진] 총 7회 기출
③ 제1항 및 제2항에 따라 계호하는 경우에는 피계호자의 인권이 침해되지 아니하도록 유의하여야 한다.
④ 전자장비의 종류·설치장소·사용방법 및 녹화기록물의 관리 등에 관하여 필요한 사항은 법무부령으로 정한다. [2023. 6급 승진]

(2) 중앙통제실의 운영

> **[시행규칙]**
>
> **제161조【중앙통제실의 운영】** ① 소장은 전자장비의 효율적인 운용을 위하여 각종 전자장비를 통합적으로 관리할 수 있는 시스템이 설치된 중앙통제실을 설치하여 운영한다. [2015. 5급 승진] 총 2회 기출
>
> ② 소장은 중앙통제실에 대한 외부인의 출입을 제한하여야 한다. 다만, 시찰, 참관, 그 밖에 소장이 특별히 허가한 경우에는 그러하지 아니하다. [2018. 7급 승진] 총 2회 기출
>
> ③ 전자장비의 통합관리시스템, 중앙통제실의 운영·관리 등에 관하여 필요한 사항은 법무부장관이 정한다.

(3) 전자장비의 종류·설치 및 사용

> **[시행규칙]**
>
> **제160조【전자장비의 종류】** 교도관이 법 제94조에 따라 수용자 또는 시설을 계호하는 경우 사용할 수 있는 전자장비는 다음 각 호와 같다.
>
> | | |
> |---|---|
> | 1. 영상정보처리기기 | 일정한 공간에 지속적으로 설치되어 사람 또는 사물의 영상 및 이에 따르는 음성·음향 등을 수신하거나 이를 유·무선망을 통하여 전송하는 장치 |
> | 2. 전자감지기 | 일정한 공간에 지속적으로 설치되어 사람 또는 사물의 움직임을 빛·온도·소리·압력 등을 이용하여 감지하고 전송하는 장치 |
> | 3. 전자경보기 | 전자파를 발신하고 추적하는 원리를 이용하여 사람의 위치를 확인하거나 이동경로를 탐지하는 일련의 기계적 장치 |
> | 4. 물품검색기 | (고정식 물품검색기와 휴대식 금속탐지기로 구분한다) |
> | 5. 증거수집장비 | 디지털카메라, 녹음기, 비디오카메라, 음주측정기 등 증거수집에 필요한 장비 |
> | 6. 그 밖에 법무부장관이 정하는 전자장비 | – |
>
> **제162조【영상정보처리기기 설치】** ① 영상정보처리기기 카메라는 교정시설의 주벽·감시대·울타리·운동장·거실·작업장·접견실·전화실·조사실·진료실·복도·중문, 그 밖에 법 제94조 제1항에 따라 전자장비를 이용하여 계호하여야 할 필요가 있는 장소에 설치한다.
>
> ② 영상정보처리기기 모니터는 중앙통제실, 수용관리팀의 사무실, 그 밖에 교도관이 계호하기에 적정한 장소에 설치한다.
>
> ③ 거실에 영상정보처리기기 카메라를 설치하는 경우에는 용변을 보는 하반신의 모습이 촬영되지 아니하도록 카메라의 각도를 한정하거나 화장실 차폐시설을 설치하여야 한다.
>
> **제163조【거실수용자 계호】** ① 교도관이 법 제94조 제1항에 따라 거실에 있는 수용자를 계호하는 경우에는 별지 제9호서식의 거실수용자 영상계호부에 피계호자의 인적사항 및 주요 계호내용을 개별적으로 기록하여야 한다. 다만, 중경비시설의 거실에 있는 수용자를 전자장비를 이용하여 계호하는 경우에는 중앙통제실 등에 비치된 현황표에 피계호인원 등 전체 현황만을 기록할 수 있다.
>
> ② 교도관이 법 제94조 제1항에 따라 계호하는 과정에서 수용자의 처우 및 관리에 특히 참고할만한 사항을 알게 된 경우에는 그 요지를 수용기록부에 기록하여 소장에게 지체 없이 보고하여야 한다.
>
> **제164조【전자감지기의 설치】** 전자감지기는 교정시설의 주벽·울타리, 그 밖에 수용자의 도주 및 외부로부터의 침입을 방지하기 위하여 필요한 장소에 설치한다. [2024. 7급 승진]
>
> **제165조【전자경보기의 사용】** 교도관은 외부의료시설 입원, 이송·출정, 그 밖의 사유로 교정시설 밖에서 수용자를 계호하는 경우 보호장비나 수용자의 팔목 등에 전자경보기를 부착하여 사용할 수 있다. [2024. 7급 승진]

제166조【물품검색기 설치 및 사용】① 고정식 물품검색기는 정문, 수용동 입구, 작업장 입구, 그 밖에 수용자 또는 교정시설을 출입하는 수용자 외의 사람에 대한 신체·의류·휴대품의 검사가 필요한 장소에 설치한다.

② 교도관이 법 제93조 제1항에 따라 수용자의 신체·의류·휴대품을 검사하는 경우에는 특별한 사정이 없으면 고정식 물품검색기를 통과하게 한 후 휴대식 금속탐지기 또는 손으로 이를 확인한다.

③ 교도관이 법 제93조 제3항에 따라 교정시설을 출입하는 수용자 외의 사람의 의류와 휴대품을 검사하는 경우에는 고정식 물품검색기를 통과하게 하거나 휴대식 금속탐지기로 이를 확인한다.

제167조【증거수집장비의 사용】교도관은 수용자가 사후에 증명이 필요하다고 인정되는 행위를 하거나 사후 증명이 필요한 상태에 있는 경우 수용자에 대하여 증거수집장비를 사용할 수 있다.

제168조【녹음·녹화 기록물의 관리】소장은 전자장비로 녹음·녹화된 기록물을 「공공기록물 관리에 관한 법률」에 따라 관리하여야 한다.

⚖ 판례 |

[1] 엄중격리대상자의 수용거실에 CCTV를 설치하여 24시간 감시하는 행위가 법률유보의 원칙에 위배되어 사생활의 자유·비밀을 침해하는 것인지의 여부(소극)

이 사건 CCTV 설치행위는 형집행법 및 교도관직무규칙 등에 규정된 교도관의 계호활동 중 육안에 의한 시선계호를 CCTV 장비에 의한 시선계호로 대체한 것에 불과하므로, 이 사건 CCTV 설치행위에 대한 특별한 법적 근거가 없더라도 일반적인 계호활동을 허용하는 법률규정에 의하여 허용된다고 보아야 한다. 한편 CCTV에 의하여 감시되는 엄중격리대상자에 대하여 지속적이고 부단한 감시가 필요하고 자살·자해나 흉기 제작 등의 위험성 등을 고려하면, 제반사정을 종합하여 볼 때 기본권 제한의 최소성 요건이나 법익균형성의 요건도 충족하고 있다(헌재 2008.5.29. 2005헌마137). [2019. 8급 승진]

[2] 구치소장이 수용자의 거실에 폐쇄회로 텔레비전(CCTV)을 설치하여 계호한 행위가 과잉금지원칙에 위배하여 수용자의 사생활의 비밀 및 자유를 침해하는지 여부(소극)

이 사건 CCTV 계호행위는 청구인의 생명·신체의 안전을 보호하기 위한 것으로서 그 목적이 정당하고, 교도관의 시선에 의한 감시만으로는 자살·자해 등의 교정사고 발생을 막는 데 시간적·공간적 공백이 있으므로 이를 메우기 위하여 CCTV를 설치하여 수형자를 상시적으로 관찰하는 것은 과잉금지원칙을 위배하여 청구인의 사생활의 비밀 및 자유를 침해하였다고는 볼 수 없다(헌재 2011.9.29. 2010헌마413). [2017. 7급] 총 2회 기출

03 보호장비

(1) 보호장비의 사용요건 등

제97조【보호장비의 사용】 ① 교도관은 수용자가 다음 각 호의 어느 하나에 해당하면 보호장비를 사용할 수 있다.

> **[보호장비 사용요건]**(법 제97조 제1항) [2016. 9급] 총 2회 기출
> 1. 이송·출정, 그 밖에 교정시설 밖의 장소로 수용자를 호송하는 때
> 2. 도주·자살·자해 또는 다른 사람에 대한 위해의 우려가 큰 때
> 3. 위력으로 교도관의 정당한 직무집행을 방해하는 때
> 4. 교정시설의 설비·기구 등을 손괴하거나 그 밖에 시설의 안전 또는 질서를 해칠 우려가 큰 때

② 보호장비를 사용하는 경우에는 수용자의 나이, 건강상태 및 수용생활 태도 등을 고려하여야 한다. [2024. 5급 승진]

③ 교도관이 교정시설의 안에서 수용자에 대하여 보호장비를 사용한 경우 의무관은 그 수용자의 건강상태를 수시로 확인하여야 한다. [2019. 7급 승진]

제98조【보호장비의 종류 및 사용요건】 ① 보호장비의 종류는 다음 각 호와 같다. [2011. 9급] 총 3회 기출

보호장비의 종류(법 제98조 제1항)	시행규칙 제169조(14종류)
1. 수갑	1. 수갑: 양손수갑, 일회용수갑, 한손수갑
2. 머리보호장비	2. 머리보호장비
3. 발목보호장비	3. 발목보호장비: 양발목보호장비, 한발목보호장비
4. 보호대	4. 보호대: 금속보호대, 벨트보호대
5. 보호의자	5. 보호의자
6. 보호침대	6. 보호침대
7. 보호복	7. 보호복
8. 포승	8. 포승: 일반포승, 벨트형포승, 조끼형포승

② 보호장비의 종류별 사용요건은 다음 각 호와 같다. [2023. 7급] 총 8회 기출

종류	사용요건
1. 수갑·포승	1. 이송·출정 그 밖에 교정시설 밖의 장소로 수용자를 호송하는 때 2. 도주·자살·자해 또는 다른 사람에 대한 위해의 우려가 큰 때 3. 위력으로 교도관의 정당한 직무집행을 방해하는 때 4. 교정시설의 설비·기구 등을 손괴하거나 그 밖에 시설의 안전 또는 질서를 해칠 우려가 큰 때
2. 머리보호장비	머리 부분을 자해할 우려가 큰 때
3. 발목보호장비·보호대·보호의자	수갑·포승 사용요건 중 제1호를 제외한 제2호~제4호
4. 보호침대·보호복	자살·자해의 우려가 큰 때

③ 보호장비의 사용절차 등에 관하여 필요한 사항은 대통령령으로 정한다.

▶ '자살·자해의 우려가 큰 때' 사용할 수 있는 보호장비는 수갑, 포승, 발목보호장비, 보호대, 보호의자, 보호침대, 보호복이며, 보호침대·보호복은 '자살·자해의 우려가 큰 때'에만 사용할 수 있고 다른 경우에는 사용할 수 없다.

제99조【보호장비 남용 금지】 ① 교도관은 필요한 최소한의 범위에서 보호장비를 사용하여야 하며, 그 사유가 없어지면 사용을 지체 없이 중단하여야 한다. [2019. 7급 승진]

② 보호장비는 징벌의 수단으로 사용되어서는 아니 된다. [2020. 5급 승진] 총 3회 기출

(4) 보호장비의 사용절차

> **[시행령]**
>
> **제120조【보호장비의 사용】** ① 교도관은 소장의 명령 없이 수용자에게 보호장비를 사용하여서는 아니 된다. 다만, 소장의 명령을 받을 시간적 여유가 없는 경우에는 사용 후 소장에게 즉시 보고하여야 한다.
> ② 법 및 이 영에 규정된 사항 외에 보호장비의 규격과 사용방법 등에 관하여 필요한 사항은 법무부령으로 정한다.
>
> **제121조【보호장비 사용중지 등】** ① 의무관은 수용자에게 보호장비를 계속 사용하는 것이 건강상 부적당하다고 인정하는 경우에는 소장에게 즉시 보고하여야 한다. 이 경우 소장은 특별한 사유가 없으면 보호장비 사용을 즉시 중지하여야 한다. [2016. 5급 승진]
> ② 의무관이 출장·휴가, 그 밖의 부득이한 사유로 법 제97조 제3항(의무관이 수용자 건강상태 수시확인)의 직무를 수행할 수 없을 때에는 제119조 제2항(의료관계직원의 직무대행)을 준용한다.
>
> **제122조【보호장비 사용사유의 고지】** 보호장비를 사용하는 경우에는 수용자에게 그 사유를 알려주어야 한다. [2024. 7급 승진] 총 2회 기출
>
> **제123조【보호장비 착용 수용자의 거실 지정】** 보호장비를 착용 중인 수용자는 특별한 사정이 없으면 계호상 독거수용한다. [2020. 6급 승진] 총 2회 기출
>
> **제124조【보호장비 사용의 감독】** ① 소장은 보호장비의 사용을 명령한 경우에는 수시로 그 사용 실태를 확인·점검하여야 한다. [2024. 7급 승진]
> ② 지방교정청장은 소속 교정시설의 보호장비 사용 실태를 정기적으로 점검하여야 한다. [2024. 7급 승진] 총 2회 기출

(5) 보호장비의 규격과 사용방법

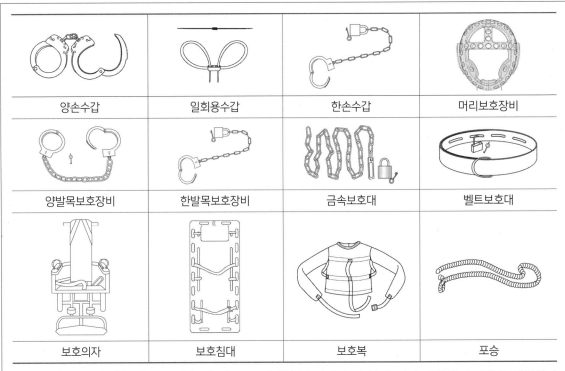

양손수갑	일회용수갑	한손수갑	머리보호장비
양발목보호장비	한발목보호장비	금속보호대	벨트보호대
보호의자	보호침대	보호복	포승

제171조【보호장비 사용 명령】 소장은 영 제120조 제1항(보호장비의 사용)에 따라 보호장비 사용을 명령하거나 승인하는 경우에는 보호장비의 종류 및 사용방법을 구체적으로 지정하여야 하며, 이 규칙에서 정하지 아니한 방법으로 보호장비를 사용하게 해서는 아니 된다.

제172조【수갑의 사용방법】① 수갑의 사용방법은 다음 각 호와 같다.

1. 법 제97조 제1항(보호장비의 사용요건) 각 호의 어느 하나에 해당하는 경우에는 별표 6의 방법(앞으로 사용)으로 할 것

2. 법 제97조 제1항 제2호부터 제4호까지의 규정의 어느 하나에 해당하는 경우 별표 6의 방법(앞으로 사용)으로는 사용목적을 달성할 수 없다고 인정되면 별표 7의 방법(뒤로 사용)으로 할 것

3. 진료를 받거나 입원 중인 수용자에 대하여 한손수갑을 사용하는 경우에는 별표 8의 방법(침대 철구조물에 열쇠로 부착)으로 할 것

② 제1항 제1호에 따라 수갑을 사용하는 경우에는 수갑보호기를 함께 사용할 수 있다.
③ 제1항 제2호에 따라 별표 7의 방법(뒤로 사용)으로 수갑을 사용하여 그 목적을 달성한 후에는 즉시 별표 6의 방법(앞으로 사용)으로 전환하거나 사용을 중지하여야 한다.
④ 수갑은 구체적 상황에 적합한 종류를 선택하여 사용할 수 있다. 다만, 일회용수갑은 일시적으로 사용하여야 하며, 사용목적을 달성한 후에는 즉시 사용을 중단하거나 다른 보호장비로 교체하여야 한다.

제173조【머리보호장비의 사용방법】

머리보호장비는 별표 9의 방법(전·후면)으로 사용하며, 수용자가 머리보호장비를 임의로 해제하지 못하도록 다른 보호장비를 함께 사용할 수 있다.

제174조【발목보호장비의 사용방법】발목보호장비의 사용방법은 다음 각 호와 같다.

1. 양발목보호장비의 사용은 별표 10의 방법으로 할 것

2. 진료를 받거나 입원 중인 수용자에 대하여 한발목보호장비를 사용하는 경우에는 별표 11의 방법으로 할 것

제175조【보호대의 사용방법】 보호대의 사용방법은 다음 각 호와 같다.

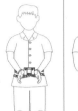 

1. 금속보호대의 사용은 별표 12의 방법으로 할 것

2. 벨트보호대의 사용은 별표 13의 방법으로 할 것

제176조【보호의자의 사용방법】

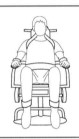

① 보호의자는 별표 14의 방법으로 사용하며, 다른 보호장비로는 법 제97조 제1항(보호장비 사용요건) 제2호부터 제4호까지의 규정의 어느 하나에 해당하는 행위를 방지하기 어려운 특별한 사정이 있는 경우에만 사용하여야 한다.
② 보호의자는 제184조 제2항(목욕, 식사, 용변, 치료 등을 위한 보호장비 사용의 일시 중지·완화)에 따라 그 사용을 일시 중지하거나 완화하는 경우를 포함하여 8시간을 초과하여 사용할 수 없으며, 사용 중지 후 4시간이 경과하지 아니하면 다시 사용할 수 없다. [2024. 5급 승진]

제177조【보호침대의 사용방법】

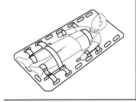

① 보호침대는 별표 15의 방법으로 사용하며, 다른 보호장비로는 자살·자해를 방지하기 어려운 특별한 사정이 있는 경우에만 사용하여야 한다. [2024. 5급 승진]
② 보호침대의 사용에 관하여는 제176조 제2항(보호의자의 사용시간)을 준용한다.

제178조【보호복의 사용방법】

① 보호복은 별표 16의 방법으로 사용한다.
② 보호복의 사용에 관하여는 제176조 제2항(보호의자의 사용시간)을 준용한다.

제179조【포승의 사용방법】 ① 포승의 사용방법은 다음 각 호와 같다.

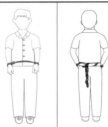 

1. 고령자·환자 등 도주의 위험성이 크지 아니하다고 판단되는 수용자를 개별 호송하는 경우에는 별표 17의 방법(간이승)으로 할 수 있다.

2. 제1호의 수용자 외의 수용자를 호송하는 경우 또는 법 제97조 제1항(보호장비 사용요건) 제2호부터 제4호까지의 규정의 어느 하나에 해당하는 경우에는 별표 18(상체승), 벨트형포승의 경우 별표 18의2, 조끼형포승의 경우 별표 18의3.의 방법으로 한다.

3. 법 제97조 제1항(보호장비 사용요건) 제2호부터 제4호까지의 규정의 어느 하나에 해당하는 경우 제2호의 방법으로는 사용목적을 달성할 수 없다고 인정되면 별표 19의 방법(하체승)으로 한다. 이 경우 2개의 포승을 연결하여 사용할 수 있다.

② 제1항 제2호에 따라 포승을 사용하여 2명 이상의 수용자를 호송하는 경우에는 수용자 간에 포승을 다음 각 호의 구분에 따른 방법으로 연결하여 사용할 수 있다.
   1. 별표 18의 방법으로 포승하는 경우: 일반포승 또는 별표 20에 따른 포승연결줄로 연결
   2. 별표 18의2의 방법으로 포승하는 경우: 별표 20에 따른 포승연결줄로 연결
   3. 별표 18의3의 방법으로 포승하는 경우: 별표 20에 따른 포승연결줄로 연결

제180조【둘 이상의 보호장비】 사용 하나의 보호장비로 사용목적을 달성할 수 없는 경우에는 둘 이상의 보호장비를 사용할 수 있다. 다만, 다음 각 호의 어느 하나에 해당하는 경우에는 다른 보호장비와 같이 사용할 수 없다.
   1. 보호의자를 사용하는 경우
   2. 보호침대를 사용하는 경우

제181조【보호장비 사용의 기록】교도관은 법 제97조 제1항(보호장비 사용요건)에 따라 보호장비를 사용하는 경우에는 별지 제10호 서식의 보호장비 사용 심사부에 기록해야 한다. 다만, 법 제97조 제1항 제1호(이송·출정, 그 밖에 교정시설 밖의 장소로 수용자를 호송하는 때)에 따라 보호장비를 사용하거나 같은 항 제2호부터 제4호까지(2. 도주·자살·자해 또는 다른 사람에 대한 위해의 우려가 큰 때, 3. 위력으로 교도관의 정당한 직무집행을 방해하는 때, 4. 교정시설의 설비·기구 등을 손괴하거나 그 밖에 시설의 안전 또는 질서를 해칠 우려가 큰 때)의 규정에 따라 양손수갑을 사용하는 경우에는 호송계획서나 수용기록부의 내용 등으로 그 기록을 갈음할 수 있다.

제182조【의무관의 건강확인】의무관은 법 제97조 제3항(건강상태 수시 확인)에 따라 보호장비 착용 수용자의 건강상태를 확인한 결과 특이사항을 발견한 경우에는 별지 제10호 서식의 보호장비 사용 심사부에 기록하여야 한다.

제183조【보호장비의 계속사용】① 소장은 보호장비를 착용 중인 수용자에 대하여 별지 제10호 서식의 보호장비 사용 심사부 및 별지 제11호 서식의 보호장비 착용자 관찰부 등의 기록과 관계직원의 의견 등을 토대로 보호장비의 계속사용 여부를 매일 심사하여야 한다.

② 소장은 영 제121조에 따라 의무관 또는 의료관계 직원으로부터 보호장비의 사용 중지 의견을 보고받았음에도 불구하고 해당 수용자에 대하여 보호장비를 계속하여 사용할 필요가 있는 경우에는 의무관 또는 의료관계 직원에게 건강유지에 필요한 조치를 취할 것을 명하고 보호장비를 사용할 수 있다. 이 경우 소장은 별지 제10호서식의 보호장비 사용 심사부에 보호장비를 계속 사용할 필요가 있다고 판단하는 근거를 기록하여야 한다.

(6) 기타 보호장비 사용 규정

[시행규칙]

제180조【둘 이상의 보호장비 사용】하나의 보호장비로 사용목적을 달성할 수 없는 경우에는 둘 이상의 보호장비를 사용할 수 있다. 다만, 다음 각 호의 어느 하나에 해당하는 경우에는 다른 보호장비와 같이 사용할 수 없다.

> **[다른 보호장비와 같이 사용할 수 없는 경우]**(시행규칙 제180조) [2023. 7급] 총 6회 기출
> 1. 보호의자를 사용하는 경우
> 2. 보호침대를 사용하는 경우

제183조【보호장비의 계속사용】① 소장은 보호장비를 착용 중인 수용자에 대하여 별지 제10호 서식의 보호장비 사용 심사부 및 별지 제11호 서식의 보호장비 착용자 관찰부 등의 기록과 관계직원의 의견 등을 토대로 보호장비의 계속사용 여부를 매일 심사하여야 한다. [2023. 6급 승진] 총 2회 기출

② 소장은 영 제121조에 따라 의무관 또는 의료관계 직원으로부터 보호장비의 사용 중지 의견을 보고받았음에도 불구하고 해당 수용자에 대하여 보호장비를 계속하여 사용할 필요가 있는 경우에는 의무관 또는 의료관계 직원에게 건강유지에 필요한 조치를 취할 것을 명하고 보호장비를 사용할 수 있다. 이 경우 소장은 별지 제10호서식의 보호장비 사용 심사부에 보호장비를 계속 사용할 필요가 있다고 판단하는 근거를 기록하여야 한다. [2024. 5급 승진] 총 2회 기출

제184조【보호장비 사용의 중단】① 교도관은 법 제97조 제1항 각 호에 따른 보호장비 사용 사유가 소멸한 경우에는 소장의 허가를 받아 지체 없이 보호장비 사용을 중단하여야 한다. 다만, 소장의 허가를 받을 시간적 여유가 없을 때에는 보호장비 사용을 중단한 후 지체 없이 소장의 승인을 받아야 한다.

② 교도관은 보호장비 착용 수용자의 목욕, 식사, 용변, 치료 등을 위하여 필요한 경우에는 보호장비 사용을 일시 중지하거나 완화할 수 있다. [2023. 6급 승진] 총 2회 기출

제185조【보호장비 착용 수용자의 관찰 등】소장은 제169조 제5호부터 제7호까지의 규정에 따른 보호장비를 사용하거나 같은 조 제8호의 보호장비를 별표 19의 방법으로 사용하게 하는 경우에는 교도관으로 하여금 수시로 해당 수용자의 상태를 확인하고 매 시간마다 별지 제11호서식의 보호장비 착용자 관찰부에 기록하게 하여야 한다. 다만, 소장은 보호장비 착용자를 법 제94조에 따라 전자영상장비로 계호할 때에는 별지 제9호 서식의 거실수용자 영상계호부에 기록하게 할 수 있다.

⚖️ 판례 |

[1] 형집행법상 보호장비 사용의 적정성에 관한 판단기준 및 방법

보호장비 사용에 상당한 이유가 있었는지 여부를 판단할 때에는 교정시설의 특수성을 충분히 감안하여 보호장비 사용 당시를 전후한 수용자의 구체적 행태는 물론이고 수용자의 나이, 기질, 성행, 건강상태, 수용생활 태도, 교정사고의 전력, 교정사고 유발의 위험성 등까지 종합적으로 고려하여 보호장비 사용의 적정성을 객관적·합리적으로 평가하여야 한다(대법원 2012.6.28. 2011도15990).

[2] 청구인이 민사재판에 출정하여 법정 대기실 내 쇠창살 격리시설에 유치되어 있는 동안 ○○교도소장이 청구인(수형자)에게 양손수갑 1개를 앞으로 사용한 행위는 과잉금지원칙을 위반하여 청구인의 신체의 자유 및 인격권을 침해하지 않는다(헌재 2023.6.29. 2018헌마1215).

[3] 피청구인이 청구인을 경북북부 제1교도소로 이송함에 있어 4시간 정도에 걸쳐 상체승의 포승과 앞으로 수갑 2개를 채운 행위는 장시간 호송하는 경우에 수형자가 수갑을 끊거나 푸는 것을 최대한 늦추거나 어렵게 하기 위하여 수갑 2개를 채운 행위가 과하다고 보기 어렵고, 청구인과 같이 강력범죄를 범하고 중한 형을 선고받았으며 선고형량에 비하여 형집행이 얼마 안 된 수형자의 경우에는 좀 더 엄중한 계호가 요구된다고 보이므로, 상체승의 포승과 앞으로 사용한 수갑 2개는 이송 도중 도주 등의 교정사고를 예방하기 위한 최소한의 보호장비라 할 것이어서 최소한의 범위 내에서 보호장비가 사용되었다고 할 수 있다(헌재 2012.7.26. 2011헌마426).

[4] 수감자에 대한 보호장비 사용 자체는 적법하나 그 기간이 필요한 범위를 넘어선 것이어서 위법하다고 본 사례

교도소장이 교도관의 멱살을 잡는 등 소란행위를 하고 있는 원고에 대하여 수갑과 포승 등 보호장비를 사용한 조치는 적법하나, 원고가 소란행위를 종료하고 독거실에 수용된 이후 별다른 소란행위 없이 단식하고 있는 상태에서는 원고에 대하여 더 이상 보호장비를 사용할 필요는 없는 것이고, 그럼에도 불구하고 원고에 대하여 9일 동안이나 계속하여 보호장비를 사용한 것은 위법한 행위이다(대법원 1998.1.20. 96다18922).

[5] 소년인 미결수용자가 단지 같은 방에 수감되어 있던 다른 재소자와 몸싸움을 하는 것이 적발되어 교도관으로부터 화해할 것을 종용받고도 이를 거절하였다는 이유로 교도관이 위 미결수용자를 양 손목에 수갑을 채우고 포승으로 양 손목과 어깨를 묶은 후 독거실에 격리수용하였고 그 다음날 위 미결수용자가 수갑과 포승을 풀고 포승을 이용하여 자살하였는바, 소년수인 위 미결수용자에 대하여 반드시 보호장비를 사용하였어야 할 필요성이 있었다고 보기 어렵다 할 것임에도 불구하고 교도관이 위 미결수용자를 포승으로 묶고 수갑을 채운 상태로 독거수감하였을 뿐 아니라, 그 이후 위 미결수용자가 별다른 소란행위 없이 싸운 경위의 조사에 응하고 식사를 하는 등의 상태에서는 더 이상 보호장비를 사용할 필요가 없다고 할 것임에도 그가 자살한 상태로 발견되기까지 무려 27시간 동안이나 계속하여 보호장비를 사용한 것은 그 목적 달성에 필요한 한도를 넘은 것으로서 위법한 조치에 해당한다(대법원 1998.11.27. 98다17374).

[6] 교도소장이 총 392일(가죽수갑 388일)동안 교도소에 수용되어 있는 청구인에게 상시적으로 양팔을 사용할 수 없도록 금속수갑과 가죽수갑을 착용하게 한 것이 청구인의 신체의 자유 등 기본권을 침해하였다고 판시한 사례

청구인에게 도주의 경력이나 정신적 불안과 갈등으로 인하여 자살, 자해의 위험이 있었다 하더라도 그러한 전력과 성향이 1년 이상의 교도소 수용기간동안 상시적으로 양팔을 몸통에 완전히 고정시켜둘 정도의 보호장비 사용을 정당화 할 만큼 분명하고 구체적인 사유가 된다고 할 수 없다. 따라서 이 사건 보호장비사용행위는 기본권제한의 한계를 넘어 필요 이상으로 장기간, 그리고 과도하게 청구인의 신체 거동의 자유를 제한하고 최소한의 인간적인 생활을 불가능하도록 하여 청구인의 신체의 자유를 침해하고, 나아가 인간의 존엄성을 침해한 것으로 판단된다(헌재 2003.12.18. 2001헌마163).

[7] 청구인이 검사조사실에 소환되어 피의자신문을 받을 때 계호교도관이 포승으로 청구인의 팔과 상반신을 묶고 양손에 수갑을 채운 상태에서 피의자조사를 받도록 한 보호장비사용행위가 과잉금지원칙에 어긋나게 청구인의 신체의 자유를 침해하여 위헌인 공권력행사인지 여부(적극)

경찰조사 단계에서나 검찰조사 단계에서도 자해나 소란 등 특이한 행동을 보인 정황이 엿보이지 아니하고 혐의사실을 대부분 시인하였으며 다만 시위를 주도하거나 돌을 던지는 등 과격한 행위를 한 사실은 없다고 진술하였다. 그렇다면 당시 청구인은 도주·폭행·소요 또는 자해 등의 우려가 없었다고 판단되고, 수사검사도 이러한 사정 및 당시 검사조사실의 정황을 종합적으로 고려하여 청구인에 대한 보호장비의 해제를 요청하였던 것으로 보인다. 그럼에도 불구하고 피청구인 소속 계호교도관이 이를 거절하고 청구인으로 하여금 수갑 및 포승을 계속 사용한 채 피의자조사를 받도록 하였는바, 이로 말미암아 청구인은 신체의 자유를 과도하게 제한당하였고 이와 같은 보호장비의 사용은 무죄추정원칙 및 방어권행사 보장원칙의 근본취지에도 반한다고 할 것이다(헌재 2005.5.26. 2001헌마728).

[8] 검사조사실에서의 보호장비사용을 원칙으로 정한 계호근무준칙조항과, 도주, 폭행, 소요, 자해 등의 위험이 구체적으로 드러나거나 예견되지 않음에도 여러 날 장시간 피의자신문을 하면서 보호장비로 피의자를 속박한 행위가 신체의 자유를 침해하는지 여부(적극)

검사실에서의 보호장비사용을 원칙으로 하면서 심지어는 검사의 보호장비해제 요청이 있더라도 이를 거절하도록 규정한 계호근무준칙의 이 사건 준칙조항은 원칙과 예외를 전도한 것으로서 신체의 자유를 침해하므로 헌법에 위반된다. 청구인이 도주를 하거나 소요, 폭행 또는 자해를 할 위험이 있었다고 인정하기 어려움에도 불구하고 여러 날, 장시간에 걸쳐 피의자 신문을 하는 동안 계속 보호장비를 사용한 것은 막연한 도주나 자해의 위험 정도에 비해 과도한 대응으로서 신체의 자유를 제한함에 있어 준수되어야 할 피해의 최소성 요건을 충족하지 못하였고, 심리적 긴장과 위축으로 실질적으로 열등한 지위에서 신문에 응해야 하는 피의자의 방어권행사에도 지장을 주었다는 점에서 법익 균형성도 갖추지 못하였다(헌재 2005.5.26. 2004헌마49). [2024. 7급 승진] 총 2회 기출

[9] 구속 피의자에 대한 계구사용은 도주, 폭행, 소요 또는 자해나 자살의 위험이 분명하고 구체적으로 드러난 상태에서 이를 제거할 필요가 있을 때 이루어져야 하며, 필요한 만큼만 사용하여야 한다. 검사가 검사조사실에서 피의자신문을 하는 절차에서는 피의자가 신체적으로나 심리적으로 위축되지 않은 상태에서 자기의 방어권을 충분히 행사할 수 있어야 하므로 계구를 사용하지 말아야 하는 것이 원칙이고 다만 도주, 폭행, 소요, 자해 등의 위험이 분명하고 구체적으로 드러나는 경우에만 예외적으로 계구를 사용하여야 할 것이다(헌재 2005.5.26. 2004헌마49). [2023. 6급 승진] 총 2회 기출

[10] 상체승의 포승과 수갑을 채우고 별도의 포승으로 다른 수용자와 연승한 행위가 청구인의 인격권 내지 신체의 자유를 침해하는지 여부(소극)

이 사건 호송행위는 교정시설 안에서보다 높은 수준의 계호가 요구되는 호송과정에서 교정사고와 타인에 대한 위해를 예방하기 위한 것이다. 교도인력만으로 수형자를 호송한다면 많은 인력을 필요로 하고, 그것이 교정사고 예방에 효과적이라 단정할 수도 없으며, 이 사건에서 보호장비가 사용된 시간과 일반에 공개된 시간이 최소한도로 제한되었으며, 최근 그 동선이·일반에의 공개를 최소화하는 구조로 설계되는 추세에 있다. 교정사고의 예방 등을 통한 공익이 수형자가 입게 되는 자유 제한보다 훨씬 크므로, 이 사건 호송행위는 청구인의 인격권 내지 신체의 자유를 침해하지 아니한다(헌재 2014.5.29. 2013헌마280). [2019. 8급 승진]

[11] 검사가 조사실에서 피의자를 신문할 때 도주, 자해, 다른 사람에 대한 위해 등 형집행법 제97조 제1항 각호에 규정된 위험이 분명하고 구체적으로 드러나는 경우에만 예외적으로 보호장비를 사용하여야 하는지 여부(적극)

검사가 조사실에서 피의자를 신문할 때 피의자가 신체적으로나 심리적으로 위축되지 않은 상태에서 자기의 방어권을 충분히 행사할 수 있도록 피의자에게 보호장비를 사용하지 말아야 하는 것이 원칙이고, 다만 도주, 자해, 다른 사람에 대한 위해 등 형집행법 제97조 제1항 각호에 규정된 위험이 분명하고 구체적으로 드러나는 경우에만 예외적으로 보호장비를 사용하여야 한다(대법원 2020.3.17. 2015모2357).

[12] 검사가 조사실에서 피의자를 신문할 때 피의자에게 특별한 사정이 없는 이상 교도관에게 보호장비의 해제를 요청할 의무가 있고, 교도관은 이에 응하여야 하는지 여부(적극)

구금된 피의자는 형집행법 제97조 제1항 각호에 규정된 사유에 해당하지 않는 이상 보호장비 착용을 강제당하지 않을 권리를 가진다. 검사는 조사실에서 피의자를 신문할 때 해당 피의자에게 그러한 특별한 사정이 없는 이상 교도관에게 보호장비의 해제를 요청할 의무가 있고, 교도관은 이에 응하여야 한다(대법원 2020.3.17. 2015모2357). [2020. 5급 승진]

단원별 지문 O/X

01 교도관이 「형의 집행 및 수용자의 처우에 관한 법률」 제93조 제1항에 따라 수용자의 신체·의류·휴대품을 검사하는 경우에는 특별한 사정이 없으면 고정식 물품검색기를 통과하게 하거나 휴대식 금속탐지기로 이를 확인한다. (   )

[2015. 5급 승진]

02 전자영상장비로 거실에 있는 수용자를 계호하는 것은 자살 등의 우려가 큰 때에만 할 수 있다. (   ) [2015. 5급 승진]

03 항소심에서 대폭 증가된 형량을 선고받음으로써 그로 인한 상심의 결과, 자살 등을 시도할 가능성이 크다고 판단하고 수용자의 생명·신체의 안전을 보호하기 위하여 CCTV계호행위를 한 것은 적합한 수단이 될 수 있다. (   )

[2015. 5급 승진]

04 거실에 있는 수용자를 전자영상장비로 계호하는 경우 계호직원·계호시간 및 계호대상을 기록하여야 하며, 수용자가 여성이면 여성교도관이 계호하여야 한다. (   )

[2015. 5급 승진]

05 소장은 전자장비의 효율적인 운영을 위하여 중앙통제실을 설치·운영하고, 중앙통제실에 대한 외부인의 출입을 제한하여야 한다. (   )

[2015. 5급 승진]

06 이송·출정, 그 밖에 교정시설 밖의 장소로 수용자를 호송하는 때에는 한손수갑을 채워야 한다. (   ) [2022. 7급]

07 도주·자살·자해 또는 다른 사람에 대한 위해의 우려가 큰 때 양손수갑을 앞으로 채워 사용목적을 달성할 수 없다고 인정되면 양손수갑을 뒤로 채워야 한다. (   )

[2022. 7급]

08 일회용수갑은 일시적으로 사용하여야 하며, 사용목적을 달성한 후에는 즉시 사용을 중단하거나 다른 보호장비로 교체하여야 한다. (   )

[2022. 7급]

---

01 ✕ 특별한 사정이 없으면 고정식 물품검색기를 통과하게 한 후 휴대식 금속탐지기 또는 손으로 이를 확인한다(형집행법 시행규칙 제166조 제2항).

02 ○ 형집행법 제94조 제1항 단서

03 ○ 헌재 2011.9.29. 2010헌마413

04 ○ 형집행법 제94조 제2항

05 ○ 형집행법 시행규칙 제161조 제1항·제2항

06 ✕ 법 제97조 제1항 각 호의 어느 하나에 해당하는 경우에는 양손수갑을 앞으로 채워 사용하며(형집행법 시행규칙 제172조 제1항 제1호, 별표 6), 이 경우 수갑보호기를 함께 사용할 수 있다(형집행법 시행규칙 제172조 제2항). 진료를 받거나 입원 중인 수용자에 대하여 한손수갑을 사용하는 경우에는 침대 철구조물에 열쇠로 부착하여 사용한다(형집행법 시행규칙 제172조 제1항 제3호, 별표 8).

07 ✕ 법 제97조 제1항 제2호부터 제4호까지의 규정의 어느 하나에 해당하는 경우 별표 6의 방법(양손수갑의 앞으로 사용)으로는 사용목적을 달성할 수 없다고 인정되면 별표 7의 방법(양손수갑의 뒤로 사용)으로 한다(형집행법 시행규칙 제172조 제1항 제2호).

08 ○ 수갑은 구체적 상황에 적합한 종류를 선택하여 사용할 수 있다. 다만, 일회용수갑은 일시적으로 사용하여야 하며, 사용목적을 달성한 후에는 즉시 사용을 중단하거나 다른 보호장비로 교체하여야 한다(형집행법 시행규칙 제172조 제4항).

09 이송 · 출정, 그 밖에 교정시설 밖의 장소로 수용자를 호송할 때는 수갑을 사용할 수 있으며, 진료를 받거나 입원 중인 수용자에 대하여 한손수갑을 사용할 수 있다. (   ) [2023. 7급]

10 머리부분을 자해할 우려가 큰 때에는 머리보호장비를 사용할 수 있으며, 머리보호장비를 포함한 다른 보호장비로는 자살 · 자해를 방지하기 어려운 특별한 사정이 있는 경우는 보호침대를 사용할 수 있다. (   ) [2023. 7급]

11 하나의 보호장비로 사용 목적을 달성할 수 없는 경우에는 둘 이상의 보호장비를 사용할 수 있으며, 주로 수갑과 보호의자를 함께 사용한다. (   ) [2023. 7급]

12 보호침대는 그 사용을 일시 중지하거나 완화하는 경우를 포함하여 8시간을 초과하여 사용할 수 없으며, 사용 중지 후 4시간이 경과하지 아니하면 다시 사용할 수 없다. (   ) [2024. 5급 승진]

13 보호침대는 다른 보호장비와 같이 사용할 수 없다. (   ) [2021. 7급]

14 법률에서 정하는 보호장비의 종류에는 수갑, 머리보호장비, 발목보호장비, 보호대(帶), 보호의자, 보호침대, 보호복, 포승이 있다. (   ) [2023. 5급 승진]

---

09 ○ 형집행법 제98조 제2항 제1호, 동법 시행규칙 제172조 제1항 제3호

10 ○ 형집행법 제98조 제2항 제2호, 동법 시행규칙 제177조 제1항

11 × 하나의 보호장비로 사용목적을 달성할 수 없는 경우에는 둘 이상의 보호장비를 사용할 수 있다. ① 보호의자를 사용하는 경우, ② 보호침대를 사용하는 경우에는 다른 보호장비와 같이 사용할 수 없다(형집행법 시행규칙 제180조).

12 ○ 형집행법 시행규칙 제177조 제2항(제176조 제2항 준용)

13 ○ 하나의 보호장비로 사용목적을 달성할 수 없는 경우에는 둘 이상의 보호장비를 사용할 수 있다. 다만, 보호의자를 사용하는 경우, 보호침대를 사용하는 경우에는 다른 보호장비와 같이 사용할 수 없다(형집행법 시행규칙 제180조).

14 ○ 형집행법 제98조 제1항

제2절 강제력 행사와 보안장비 사용

01 강제력 행사요건(보안장비의 사용요건)

> **제100조【강제력의 행사】** ① 교도관은 수용자가 다음 각 호의 어느 하나에 해당하면 강제력을 행사할 수 있다.
> [2019. 9급] 5회
> ② 교도관은 수용자 외의 사람이 다음 각 호의 어느 하나에 해당하면 강제력을 행사할 수 있다.
>
> | 수용자에 행사(제1항) | 수용자 外에 행사(제2항) |
> |---|---|
> | 1. 도주하거나 도주하려고 하는 때
2. 자살하려고 하는 때
3. 자해하거나 자해하려고 하는 때
4. 다른 사람에게 위해를 끼치거나 끼치려고 하는 때
5. 위력으로 교도관의 정당한 직무집행을 방해하는 때
6. 교정시설의 설비·기구 등을 손괴하거나 손괴하려고 하는 때
7. 그 밖에 시설의 안전 또는 질서를 크게 해치는 행위를 하거나 하려고 하는 때 | 1. 수용자를 도주하게 하려고 하는 때
2. 교도관 또는 수용자에게 위해를 끼치거나 끼치려고 하는 때
3. 위력으로 교도관의 정당한 직무집행을 방해하는 때
4. 교정시설의 설비·기구 등을 손괴하거나 하려고 하는 때
5. 교정시설에 침입하거나 하려고 하는 때
6. 교정시설의 안(교도관이 교정시설의 밖에서 수용자를 계호하고 있는 경우 그 장소를 포함)에서 교도관의 퇴거요구를 받고도 이에 따르지 아니하는 때 |
>
> ③ 제1항 및 제2항에 따라 강제력을 행사하는 경우에는 보안장비를 사용할 수 있다. [2019. 8급 승진]

02 보안장비의 사용

(1) 의의와 종류

> **제100조【강제력의 행사】** ④ 제3항에서 "보안장비"란 교도봉·가스분사기·가스총·최루탄 등 사람의 생명과 신체의 보호, 도주의 방지 및 시설의 안전과 질서유지를 위하여 교도관이 사용하는 장비와 기구를 말한다.
> [2020. 9급]
> ⑦ 보안장비의 종류, 종류별 사용요건 및 사용절차 등에 관하여 필요한 사항은 법무부령으로 정한다.
>
> **[시행규칙]**
> **제186조【보안장비의 종류】** 교도관이 법 제100조에 따라 강제력을 행사하는 경우 사용할 수 있는 보안장비는 다음 각 호와 같다.
>
> | 법 제100조 제4항 | 시행규칙 제186조 |
> |---|---|
> | 1. 교도봉
2. 가스분사기
3. 가스총
4. 최루탄 | 1. 교도봉(접이식을 포함)
2. 전기교도봉
3. 가스분사기
4. 가스총(고무탄 발사겸용을 포함)
5. 최루탄: 투척용, 발사용(그 발사장치를 포함)
6. 전자충격기
7. 그 밖에 법무부장관이 정하는 보안장비 |

(2) 보안장비의 종류별 사용요건과 사용기준 [2019. 7급 승진] 총 2회 기출

제187조 【보안장비의 종류별 사용요건】 ① 교도관이 수용자에 대하여 사용할 수 있는 보안장비의 종류별 사용요건은 다음 각 호와 같다.

1. 교도봉 · 가스분사기 · 가스총 · 최루탄	법 제100조 제1항 각 호의 어느 하나에 해당하는 경우
2. 전기교도봉 · 전자충격기	법 제100조 제1항 각 호의 어느 하나에 해당하는 경우로서 상황이 긴급하여 제1호의 장비만으로는 그 목적을 달성할 수 없는 때

② 교도관이 수용자 외의 사람에 대하여 사용할 수 있는 보안장비의 종류별 사용요건은 다음 각 호와 같다.

1. 교도봉 · 가스분사기 · 가스총 · 최루탄	법 제100조 제2항 각 호의 어느 하나에 해당하는 경우
2. 전기교도봉 · 전자충격기	법 제100조 제2항 각 호의 어느 하나에 해당하는 경우로서 상황이 긴급하여 제1호의 장비만으로는 그 목적을 달성할 수 없는 때

③ 제186조 제7호에 해당하는 보안장비의 사용은 법무부장관이 정하는 바에 따른다.

제188조 【보안장비의 종류별 사용기준】 보안장비의 종류별 사용기준은 다음 각 호와 같다. [2024. 5급 승진]

1. 교도봉 · 전기교도봉	얼굴이나 머리부분에 사용해서는 아니 되며, 전기교도봉은 타격 즉시 떼어야 함
2. 가스분사기 · 가스총	1미터 이내의 거리에서는 상대방의 얼굴을 향하여 발사해서는 안 됨
3. 최루탄	투척용 최루탄은 근거리용으로 사용하고, 발사용 최루탄은 50미터 이상의 원거리에서 사용하되, 30도 이상의 발사각을 유지하여야 함
4. 전자충격기	전극침 발사장치가 있는 전자충격기를 사용할 경우 전극침을 상대방의 얼굴을 향해 발사해서는 안 됨

(3) 보안장비의 절차와 한계

제100조 【강제력의 행사】 ⑤ 제1항(수용자) 및 제2항(수용자 외)에 따라 강제력을 행사하려면 사전에 상대방에게 이를 경고하여야 한다. 다만, 상황이 급박하여 경고할 시간적인 여유가 없는 때에는 그러하지 아니하다. [2024. 5급 승진] 총 3회 기출
⑥ 강제력의 행사는 필요한 최소한도에 그쳐야 한다. [2024. 5급 승진]

[시행령]

제125조 【강제력의 행사】 교도관은 소장의 명령 없이 법 제100조에 따른 강제력을 행사해서는 아니 된다. 다만, 그 명령을 받을 시간적 여유가 없는 경우에는 강제력을 행사한 후 소장에게 즉시 보고하여야 한다. [2017. 9급] 총 3회 기출

단원별 지문 $\frac{O}{X}$

01 교도관은 수용자가 위계 또는 위력으로 교도관의 정당한 직무집행을 방해하는 때에 강제력을 행사할 수 있다. (   )

[2017. 9급]

02 교도관은 수용자 이외의 사람이 교도관 또는 수용자에게 위해를 끼치거나 끼치려고 하는 때에 강제력을 행사할 수 있다. (   )

[2017. 9급]

03 교도관이 강제력을 행사하려면 사전에 상대방에게 이를 경고하여야 한다. 다만, 상황이 급박하여 경고할 시간적인 여유가 없는 때에는 그러하지 아니하다. (   )

[2019. 7급 승진]

04 교도관은 수용자 등에게 소장의 명령 없이 강제력을 행사해서는 아니 된다. 다만, 그 명령을 받을 시간적 여유가 없는 경우에는 강제력을 행사한 후 소장에게 즉시 보고하여야 한다. (   )

[2017. 9급]

05 가스분사기·가스총은 1미터 이내의 거리에서는 상대방의 얼굴을 향하여 발사해서는 아니 되며, 투척용 최루탄은 근거리용으로 사용하고, 발사용 최루탄은 50미터 이상의 원거리에서 사용하되, 30도 이상의 발사각을 유지하여야 한다. (   )

[2019. 7급 승진]

06 교도관은 수용자가 도주하거나 도주하려고 하는 때에는 수용자에게 최루탄을 사용할 수 있다. (   )   [2021. 6급 승진]

07 교도관은 수용자 외의 사람이 시설의 안전 또는 질서를 크게 해치는 행위를 하거나 하려고 하는 때에는 가스분사기를 사용할 수 있다. (   )

[2021. 6급 승진]

---

01 ✕　교도관은 수용자가 위력으로 교도관의 정당한 직무집행을 방해하는 때에 강제력을 행사할 수 있다(형집행법 제100조 제1항 제5호).
02 ◯　형집행법 제100조 제2항 제2호
03 ◯　형집행법 제100조 제5항
04 ◯　형집행법 시행령 제125조
05 ◯　형집행법 시행규칙 제188조 제2호·제3호
06 ◯　형집행법 제100조 제1항·제2항
07 ✕　시설의 안전 또는 질서를 크게 해치는 행위를 하거나 하려고 하는 때에 해당하는 대상자는 수용자에 한하고, 수용자 외의 사람인 경우에는 해당되지 않는다(형집행법 제100조 제3항)

제3절 보호실·진정실 수용과 무기사용

01 보호실과 진정실 수용 [2024. 9급] 총 27회 기출

구분	보호실(법 제95조)	진정실(법 제96조)
절차	소장이 의무관의 의견 고려	소장의 필요 시
요건	① 소장은 수용자가 다음의 어느 하나에 해당하면 의무관의 의견을 고려하여 보호실(자살 및 자해 방지 등의 설비를 갖춘 거실)에 수용할 수 있다. 1. 자살 또는 자해의 우려가 있는 때 2. 신체적·정신적 질병으로 인하여 특별한 보호가 필요한 때	① 소장은 수용자가 다음의 어느 하나에 해당하는 경우로서 강제력을 행사하거나 보호장비를 사용하여도 그 목적을 달성할 수 없는 경우에만 진정실(일반 수용거실로부터 격리되어 있고 방음설비 등을 갖춘 거실)에 수용할 수 있다. 1. 교정시설의 설비 또는 기구 등을 손괴하거나 손괴하려고 하는 때 2. 교도관의 제지에도 불구하고 소란행위를 계속하여 다른 수용자의 평온한 수용생활을 방해하는 때
기간 및 연장	② 수용자의 보호실 수용기간은 15일 이내로 한다. 다만, 소장은 특히 계속하여 수용할 필요가 있으면 의무관의 의견을 고려하여 1회당 7일의 범위에서 기간을 연장할 수 있다. ③ 수용자를 보호실에 수용할 수 있는 기간은 계속하여 3개월을 초과할 수 없다	② 수용자의 진정실 수용기간은 24시간 이내로 한다. 다만, 소장은 특히 계속하여 수용할 필요가 있으면 의무관의 의견을 고려하여 1회당 12시간의 범위에서 기간을 연장할 수 있다. ③ 제2항에 따라 수용자를 진정실에 수용할 수 있는 기간은 계속하여 3일을 초과할 수 없다.
고지	④ 소장은 수용자를 보호실에 수용하거나 수용기간을 연장하는 경우에는 그 사유를 본인에게 알려 주어야 한다.	④ 법 제95조 제4항부터 제6항까지의 규정(보호실 수용자 규정)을 준용한다.
확인 및 조치	⑤ 의무관은 보호실 수용자의 건강상태를 수시로 확인하여야 한다. ⑥ 소장은 보호실 수용사유가 소멸한 경우에는 보호실 수용을 즉시 중단하여야 한다.	
수용중지	[시행령] 제119조 【보호실 등 수용중지】 ① 법 제95조 제5항 및 법 제96조 제4항(의무관의 확인)에 따라 의무관이 보호실이나 진정실 수용자의 건강을 확인한 결과 보호실 또는 진정실에 계속 수용하는 것이 부적당하다고 인정하는 경우에는 소장에게 즉시 보고하여야 한다. 이 경우 소장은 특별한 사유가 없으면 보호실 또는 진정실 수용을 즉시 중지하여야 한다. [2024. 9급] ② 소장은 의무관이 출장·휴가, 그 밖의 부득이한 사유로 법 제95조 제5항 및 법 제96조 제4항의 직무를 수행할 수 없을 때에는 그 교정시설에 근무하는 의료관계 직원에게 대행하게 할 수 있다.	

02 무기사용

(1) 개관

제101조【무기의 사용】 ① 교도관은 다음 각 호의 어느 하나에 해당하는 사유가 있으면 수용자에 대하여 무기를 사용할 수 있다. [2019. 8급 승진] 총 11회 기출

② 교도관은 교정시설의 안(교도관이 교정시설의 밖에서 수용자를 계호하고 있는 경우 그 장소를 포함한다)에서 자기 또는 타인의 생명·신체를 보호하거나 수용자의 탈취를 저지하거나 건물 또는 그 밖의 시설과 무기에 대한 위험을 방지하기 위하여 급박하다고 인정되는 상당한 이유가 있으면 수용자 외의 사람에 대하여도 무기를 사용할 수 있다.

수용자에 대한 무기사용(제1항)	수용자 外의 사람에 대한 무기사용(제2항)
1. 수용자가 다른 사람에게 중대한 위해를 끼치거나 끼치려고 하여 그 사태가 위급한 때 2. 수용자가 폭행 또는 협박에 사용할 위험물을 지니고 있어 교도관이 버릴 것을 명령하였음에도 이에 따르지 아니하는 때 3. 수용자가 폭동을 일으키거나 일으키려고 하여 신속하게 제지하지 아니하면 그 확산을 방지하기 어렵다고 인정되는 때 4. 도주하는 수용자에게 교도관이 정지할 것을 명령하였음에도 계속하여 도주하는 때 5. 수용자가 교도관의 무기를 탈취하거나 탈취하려고 하는 때 6. 그 밖에 사람의 생명·신체 및 설비에 대한 중대하고도 뚜렷한 위험을 방지하기 위하여 무기의 사용을 피할 수 없는 때	교도관은 교정시설의 안(교도관이 교정시설의 밖에서 수용자를 계호하고 있는 경우 그 장소를 포함)에서 1. 자기 또는 타인의 생명·신체를 보호하기 위하여 급박하다고 인정되는 상당한 이유가 있는 때 2. 수용자의 탈취를 저지하기 위하여 급박하다고 인정되는 상당한 이유가 있는 때 3. 건물 또는 그 밖의 시설과 무기에 대한 위험을 방지하기 위하여 급박하다고 인정되는 상당한 이유가 있는 때 ⇩ 수용자 외의 사람에 대하여도 무기를 사용할 수 있다.

⑥ 사용할 수 있는 무기의 종류, 무기의 종류별 사용요건 및 사용절차 등에 관하여 필요한 사항은 법무부령으로 정한다.

[시행규칙]

제189조【무기의 종류】 교도관이 법 제101조에 따라 사용할 수 있는 무기의 종류는 다음 각 호와 같다.

[무기의 종류](시행규칙 제189조)

1. 권총
2. 소총
3. 기관총
4. 그 밖에 법무부장관이 정하는 무기

제190조【무기의 종류별 사용요건】① 교도관이 수용자에 대하여 사용할 수 있는 무기의 종류별 사용요건은 다음 각 호와 같다.

② 교도관이 수용자 외의 사람에 대하여 사용할 수 있는 무기의 종류별 사용요건은 다음 각 호와 같다.

무기	수용자(제1항)	수용자 외(제2항)
1. 권총·소총	법 제101조 제1항 각 호의 어느 하나에 해당하는 경우	법 제101조 제2항(수용자 외 무기사용 요건)에 해당하는 경우
2. 기관총	법 제101조 제1항 제3호(수용자가 폭동을 일으키거나 일으키려고 하여 신속하게 제지하지 아니하면 그 확산을 방지하기 어렵다고 인정되는 경우)에 해당하는 경우	법 제101조 제2항(수용자 외의 사람에 대한 무기사용 요건)에 해당하는 경우로서 제1호의 무기만으로는 그 목적을 달성할 수 없다고 인정되는 경우

③ 제189조 제4호에 해당하는 무기의 사용은 법무부장관이 정하는 바에 따른다.

(2) 무기사용 절차와 한계

제101조【무기의 사용】③ 교도관은 소장 또는 그 직무를 대행하는 사람의 명령을 받아 무기를 사용한다. 다만, 그 명령을 받을 시간적 여유가 없으면 그러하지 아니하다. [2019. 8급 승진] 총 3회 기출

④ 제1항 및 제2항에 따라 무기를 사용하려면 공포탄을 발사하거나 그 밖에 적당한 방법으로 사전에 상대방에 대하여 이를 경고하여야 한다. [예외없음 – 반드시 사전경고]

⑤ 무기의 사용은 필요한 최소한도에 그쳐야 하며, 최후의 수단이어야 한다. [2018. 5급 승진]

[시행령]

제126조【무기사용 보고】교도관은 법 제101조에 따라 무기를 사용한 경우에는 소장에게 즉시 보고하고, 보고를 받은 소장은 그 사실을 법무부장관에게 즉시 보고하여야 한다.

(3) 기타 무기 관련규정

[시행규칙]

제191조【기관총의 설치】기관총은 대공초소 또는 집중사격이 가장 용이한 장소에 설치하고, 유사 시 즉시 사용할 수 있도록 충분한 인원의 사수(射手)·부사수·탄약수를 미리 지정하여야 한다. [2018. 5급 승진] 총 2회 기출

제192조【총기의 사용절차】교도관이 총기를 사용하는 경우에는 구두경고, 공포탄 발사, 위협사격, 조준사격의 순서에 따라야 한다. 다만, 상황이 긴급하여 시간적 여유가 없을 때에는 예외로 한다. [구두경고 ⇨ 공포탄발사 ⇨ 위협사격 ⇨ 조준사격] [2018. 5급 승진]

제193조【총기 교육 등】① 소장은 소속 교도관에 대하여 연 1회 이상 총기의 조작·정비·사용에 관한 교육을 한다. [2018. 5급 승진]

② 제1항의 교육을 받지 아니하였거나 총기 조작이 미숙한 사람, 그 밖에 총기휴대가 부적당하다고 인정되는 사람에 대하여는 총기휴대를 금지하고 별지 제12호 서식의 총기휴대 금지자 명부에 그 명단을 기록한 후 총기를 지급할 때마다 대조·확인하여야 한다.

③ 제2항의 총기휴대 금지자에 대하여 금지사유가 소멸한 경우에는 그 사유를 제2항에 따른 총기휴대 금지자 명부에 기록하고 총기휴대금지를 해제하여야 한다.

단원별 지문 OX

01 소장은 수용자가 교도관의 제지에도 불구하고 소란행위를 계속하여 다른 수용자의 평온한 수용생활을 방해하는 때에 강제력을 행사하거나 보호장비를 사용하여도 그 목적을 달성할 수 없는 경우에만 보호실에 수용할 수 있다. (   )

02 수용자의 보호실 수용기간은 15일 이내로 하되, 소장은 특히 계속하여 수용할 필요가 있으면 의무관의 의견을 고려하여 1회당 7일의 범위에서 기간을 연장할 수 있다. (   )
[2021. 9급]

03 소장은 수용자를 보호실에 수용하거나 수용기간을 연장하는 경우에는 그 사유를 가족에게 알려 주어야 한다. (   )
[2021. 9급]

04 수용자를 보호실에 수용할 수 있는 기간은 계속하여 2개월을 초과할 수 없다. (   )
[2021. 9급]

05 소장은 수용자가 교정시설의 설비 또는 기구 등을 손괴하거나 손괴하려고 하는 때로서 강제력을 행사하거나 보호장비를 사용하여도 그 목적을 달성할 수 없는 경우에는 진정실에 수용할 수 있다. 이 경우 의무관의 의견을 들어야 한다. (   )
[2024. 9급]

06 수용자의 진정실 수용기간은 24시간 이내로 한다. 다만, 소장은 특히 계속하여 수용할 필요가 있으면 의무관의 의견을 고려하여 1회당 12시간의 범위에서 기간을 연장할 수 있다. (   )
[2024. 9급]

07 수용자를 진정실에 수용할 수 있는 기간은 계속하여 2일을 초과할 수 없다. (   )
[2024. 9급]

---

01 ✕ 진정실 수용 요건에 대한 설명이다(형집행법 제96조 제1항).
02 ○ 형집행법 제95조 제2항
03 ✕ 소장은 수용자를 보호실에 수용하거나 수용기간을 연장하는 경우에는 그 사유를 본인에게 알려 주어야 한다(동법 제95조 제4항).
04 ✕ 수용자를 보호실에 수용할 수 있는 기간은 계속하여 3개월을 초과할 수 없다(형집행법 제95조 제3항).
05 ✕ 소장은 수용자가 ⊙ 교정시설의 설비 또는 기구 등을 손괴하거나 손괴하려고 하는 때, ⓒ 교도관의 제지에도 불구하고 소란행위를 계속하여 다른 수용자의 평온한 수용생활을 방해하는 때로서 강제력을 행사하거나 보호장비를 사용하여도 그 목적을 달성할 수 없는 경우에만 진정실(일반 수용거실로부터 격리되어 있고 방음설비 등을 갖춘 거실)에 수용할 수 있다(형집행법 제96조 제1항).
06 ○ 형집행법 제96조 제2항
07 ✕ 수용자를 진정실에 수용할 수 있는 기간은 계속하여 3일을 초과할 수 없다(형집행법 제96조 제3항).

08 소장은 수용자를 진정실에 수용하거나 수용기간을 연장하는 경우에는 그 사유를 가족에게 알려 주어야 한다. (　　)

[2024. 9급]

09 폭행 또는 협박에 사용할 위험물을 지니고 있어 버릴 것을 명령하였음에도 이에 따르지 아니하는 때는 교도관이 교정시설 안에서 수용자 외의 사람에 대하여 무기를 사용할 수 있는 경우(급박하다고 인정되는 상당한 이유가 있음)에 해당한다. (　　)

[2018. 6급 승진]

10 소장은 소속 교도관에 대하여 연 1회 이상 총기의 조작·정비·사용에 관한 교육을 한다. (　　)　　[2018. 5급 승진]

11 기관총은 대공초소 또는 집중사격이 가장 용이한 장소에 설치하고, 유사 시 즉시 사용할 수 있도록 충분한 인원의 사수·부사수·탄약수를 미리 지정하여야 한다. (　　)　　[2018. 5급 승진]

12 교도관이 총기를 사용하는 경우에는 공포탄 발사, 구두경고, 위협사격, 조준사격의 순서에 따라야 한다. 다만, 상황이 긴급하여 시간적 여유가 없을 때에는 예외로 한다. (　　)　　[2018. 5급 승진]

13 무기의 사용은 필요한 최소한도에 그쳐야 하며, 최후의 수단이어야 한다. (　　)　　[2018. 5급 승진]

14 교도관은 소장 또는 그 직무를 대행하는 사람의 명령을 받아 무기를 사용한다. 다만, 그 명령을 받을 시간적 여유가 없으면 그러하지 아니하다. (　　)　　[2018. 5급 승진]

15 교도관은 교정시설의 안(교도관이 교정시설의 밖에서 수용자를 계호하고 있는 경우 그 장소는 제외한다)에서 자기 또는 타인의 생명·신체를 보호하거나 수용자의 탈취를 저지하거나 건물 또는 그 밖의 시설과 무기에 대한 위험을 방지하기 위하여 급박하다고 인정되는 상당한 이유가 있으면 수용자 외의 사람에 대하여도 무기를 사용할 수 있다. (　　)

[2024. 6급 승진]

---

08 × 소장은 수용자를 진정실에 수용하거나 수용기간을 연장하는 경우에는 그 사유를 본인에게 알려 주어야 한다(형집행법 제96조 제4항).

09 × 수용자에 대하여 무기를 사용할 수 있는 경우에 해당한다(형집행법 제101조 제1항 제2호).

10 ○ 형집행법 시행규칙 제193조 제1항

11 ○ 형집행법 시행규칙 제191조

12 × 교도관이 총기를 사용하는 경우에는 구두경고, 공포탄 발사, 위협사격, 조준사격의 순서에 따라야 한다. 다만, 상황이 긴급하여 시간적 여유가 없을 때에는 예외로 한다(형집행법 시행규칙 제192조).

13 ○ 형집행법 제101조 제5항

14 ○ 형집행법 제101조 제3항

15 × 교도관은 교정시설의 안(교도관이 교정시설의 밖에서 수용자를 계호하고 있는 경우 그 장소를 포함한다)에서 자기 또는 타인의 생명·신체를 보호하거나 수용자의 탈취를 저지하거나 건물 또는 그 밖의 시설과 무기에 대한 위험을 방지하기 위하여 급박하다고 인정되는 상당한 이유가 있으면 수용자 외의 사람에 대하여도 무기를 사용할 수 있다(형집행법 제101조 제2항).

제4절 재난 시의 조치 등

01 응급용무와 긴급이송

(1) 응급용무의 보조

> **제102조【재난 시의 조치】** ① 천재지변이나 그 밖의 재해가 발생하여 시설의 안전과 질서유지를 위하여 긴급한 조치가 필요하면 소장은 수용자로 하여금 피해의 복구나 그 밖의 응급용무를 보조하게 할 수 있다.
>
> **[시행령]**
>
> **제127조【재난 시의 조치】** ① 소장은 법 제102조 제1항에 따른 응급용무의 보조를 위하여 교정성적이 우수한 수형자를 선정하여 필요한 훈련을 시킬 수 있다.

(2) 긴급이송 및 일시석방

> **제102조【재난 시의 조치】** ② 소장은 교정시설의 안에서 천재지변이나 그 밖의 사변에 대한 피난의 방법이 없는 경우에는 수용자를 다른 장소로 이송할 수 있다.
> ③ 소장은 제2항에 따른 이송이 불가능하면 수용자를 일시 석방할 수 있다.
> ④ 제3항에 따라 석방된 사람은 석방 후 24시간 이내에 교정시설 또는 경찰관서에 출석하여야 한다. [2024. 9급]
>
> **제134조【출석의무 위반 등】** 다음 각 호의 어느 하나에 해당하는 행위를 한 수용자는 <u>1년 이하의 징역</u>에 처한다.
>
> > **[1년 이하의 징역 사유]**(법 제134조)
> > 1. 정당한 사유 없이 제102조 제4항을 위반하여 일시석방 후 24시간 이내에 교정시설 또는 경찰관서에 출석하지 아니하는 행위
> > 2. 귀휴 · 외부통근, 그 밖의 사유로 소장의 허가를 받아 교도관의 계호 없이 교정시설 밖으로 나간 후에 정당한 사유 없이 기한까지 돌아오지 아니하는 행위
>
> **[시행령]**
>
> **제127조【재난 시의 조치】** ② 소장은 법 제102조 제3항에 따라 수용자를 일시석방하는 경우에는 같은 조 제4항의 출석 시한과 장소를 알려주어야 한다.
>
> ▶ **천재지변 발생 ⇨ 1차적 이송실시 ⇨ 이송이 불가능한 경우:** 일시석방(출석 시한과 장소 알림)
> ▶ 일시석방 기간은 형기에 산입된다.

02 수용을 위한 체포

> ★ **핵심정리** 도주 등 정리

도주 등(영 §128①)	지역의 경찰관서에 지체 없이 통보	법무부장관 보고 ○
체포(영 §128②)	–	
사망(법 §127)	가족 알림	법무부장관 보고 ×
자살 · 변사(영 §148②)	–	

▶ **미결수용자 도주 · 체포**: 검사통보, 기소된 경우 법원에도 통보, 장관보고

(1) 도주자의 체포와 체포시한(법 제103조 제1항)

> **제103조【수용을 위한 체포】**① 교도관은 수용자가 도주 또는 제134조 각 호의 어느 하나에 해당하는 행위(이하 "도주 등"이라 한다)를 한 경우에는 도주 후 또는 출석기한이 지난 후 72시간 이내에만 그를 체포할 수 있다. [2024. 9급] 총 4회 기출
>
> ▶ **도주의 개념**: ㉠ 수용자가 도주 또는 ㉡ 일시석방된 사람의 24시간 이내 출석의무 위반, ㉢ 귀휴 · 외부통근·그 밖의 사유로 소장의 허가를 받아 교도관의 계호 없이 교정시설 밖으로 나간 후에 정당한 사유 없이 기한까지 돌아오지 아니하는 행위(도주 등)를 한 경우이다.

(2) 체포를 위한 질문과 영업장 출입권

> **제103조【수용을 위한 체포】**② 교도관은 제1항에 따른 체포를 위하여 긴급히 필요하면 도주등을 하였다고 의심할 만한 상당한 이유가 있는 사람 또는 도주등을 한 사람의 이동경로나 소재를 안다고 인정되는 사람을 정지시켜 질문할 수 있다. [2024. 9급] 총 4회 기출
>
> ▶ 질문 外에 소지품 검사 및 신분증의 제시요구 등을 하지 못함.
>
> ③ 교도관은 제2항에 따라 질문을 할 때에는 그 신분을 표시하는 증표를 제시하고 질문의 목적과 이유를 설명하여야 한다.
> ④ 교도관은 제1항에 따른 체포를 위하여 영업시간 내에 공연장 · 여관 · 음식점 · 역, 그 밖에 다수인이 출입하는 장소의 관리자 또는 관계인에게 그 장소의 출입이나 그 밖에 특히 필요한 사항에 관하여 협조를 요구할 수 있다. [2024. 9급] 총 3회 기출
> ⑤ 교도관은 제4항에 따라 필요한 장소에 출입하는 경우에는 그 신분을 표시하는 증표를 제시하여야 하며, 그 장소의 관리자 또는 관계인의 정당한 업무를 방해하여서는 아니 된다.
>
> **[시행령]**
>
> **제128조【도주 등에 따른 조치】**① 소장은 수용자가 도주하거나 법 제134조 각 호(출석의무위반, 돌아오지 않은 행위)의 어느 하나에 해당하는 행위(이하 이 조에서 "도주 등"이라 한다)를 한 경우에는 교정시설의 소재지 및 인접지역 또는 도주등을 한 사람(이하 이 조에서 "도주자"라 한다)이 숨을 만한 지역의 경찰관서에 도주자의 사진이나 인상착의를 기록한 서면을 첨부하여 그 사실을 지체 없이 통보하여야 한다.
> ② 소장은 수용자가 도주등을 하거나 도주자를 체포한 경우에는 법무부장관에게 지체 없이 보고하여야 한다. [2018. 6급 승진] 총 2회 기출
>
> ▶ **비교 · 구분**: 소장은 미결수용자가 도주하거나 도주한 미결수용자를 체포한 경우에는 그 사실을 검사에게 통보하고, 기소된 상태인 경우에는 법원에도 지체 없이 통보하여야 한다(시행령 제104조).

03 포상금

🔨 판례

법원이 선고기일에 피고인에 대하여 실형을 선고하면서 구속영장을 발부하는 경우 검사가 법정에 재정하여 법원으로부터 구속영장을 전달받아 집행을 지휘하고, 그에 따라 피고인이 피고인 대기실로 인치되었다면 다른 특별한 사정이 없는 한 피고인은 형법 제145조 제1항의 '법률에 의하여 체포 또는 구금된 자'에 해당한다 (대법원 2023.12.28. 2020도12586).

01 천재지변이나 그 밖의 재해가 발생하여 시설의 안전과 질서유지를 위하여 긴급한 조치가 필요하다 하더라도 소장은 수용자로 하여금 피해의 복구나 그 밖의 응급용무를 보조하게 할 수 없다. (　　)

02 천재지변으로 일시 석방된 수용자는 정당한 사유가 없는 한 출석요구를 받은 후 24시간 이내에 교정시설 또는 경찰관서에 출석하여야 한다. (　　)　　　　　　　　　　　　　　　　　　　　　　　　　　　　　　[2024. 9급]

03 교도관은 수용자가 도주한 경우 도주 후 72시간 이내에만 그를 체포할 수 있다. (　　)　　　　　　　　[2024. 9급]

04 교도관은 도주한 수용자의 체포를 위하여 긴급히 필요하면 도주를 한 사람의 이동경로나 소재를 안다고 인정되는 사람을 정지시켜 질문할 수 있다. (　　)　　　　　　　　　　　　　　　　　　　　　　　　　　　　　[2024. 9급]

05 교도관은 도주한 수용자의 체포를 위하여 영업시간 내에 공연장·여관·음식점·역, 그 밖에 다수인이 출입하는 장소의 관리자 또는 관계인에게 그 장소의 출입이나 그 밖에 특히 필요한 사항에 관하여 협조를 요구할 수 있다. (　　)
　　　　　　　　　　　　　　　　　　　　　　　　　　　　　　　　　　　　　　[2024. 9급]

06 도주한 수용자를 체포하거나 수사기관에 정보를 제공하여 체포하게 하여 포상금을 받으려는 사람은 법무부장관이 정하는 바에 따라 포상금 지급 신청서를 지방교정청장에게 제출해야 하고, 신청서를 접수한 지방교정청장은 그 신청서에 법무부장관이 정하는 서류를 첨부하여 법무부장관에게 제출하여야 한다. (　　)

---

01 × 천재지변이나 그 밖의 재해가 발생하여 시설의 안전과 질서유지를 위하여 긴급한 조치가 필요하면 소장은 수용자로 하여금 피해의 복구나 그 밖의 응급용무를 보조하게 할 수 있다(형집행법 제102조 제1항).

02 × 천재지변으로 일시 석방된 사람은 석방 후 24시간 이내에 교정시설 또는 경찰관서에 출석하여야 한다(형집행법 제102조 제4항).

03 ○ 교도관은 수용자가 ㉠ 도주 또는 ㉡ 일시석방된 사람의 24시간 이내 출석의무 위반, ㉢ 귀휴·외부통근·그 밖의 사유로 소장의 허가를 받아 교도관의 계호 없이 교정시설 밖으로 나간 후에 정당한 사유 없이 기한까지 돌아오지 아니하는 행위(도주 등)를 한 경우에는 도주 후 또는 출석기한이 지난 후 72시간 이내에만 그를 체포할 수 있다(형집행법 제103조 제1항).

04 ○ 교도관은 체포를 위하여 긴급히 필요하면 도주 등을 하였다고 의심할 만한 상당한 이유가 있는 사람 또는 도주 등을 한 사람의 이동경로나 소재를 안다고 인정되는 사람을 정지시켜 질문할 수 있다(형집행법 제103조 제2항).

05 ○ 형집행법 제103조 제5항

06 ○ 형집행법 시행령 제128조의3 제1항·제2항

제13장 / 규율과 상벌 및 형사벌칙

제1절 현행법령상 징벌제도

01 징벌의 의의와 법적성격

(1) 의의

① 교정시설 내의 구금확보와 시설의 안전과 질서유지를 위하여 규율을 위반하거나 위반할 우려가 있는 수용자에 대하여 행형상의 불이익처분을 과하는 것이다.

② 행정처분으로써 질서벌에 해당된다. [2010. 9급]

(2) 징벌제도 운영상의 원칙

명확성의 원칙	징벌의 요건·절차·내용 등을 법률이나 권한 있는 행정기관의 규칙으로 정확히 명시하여야 한다.
필요최소한의 원칙	구금의 목적과 질서유지를 위해 필요한 최소한에 그쳐야 한다.
보충성의 원칙	정서적 긴장감의 해소에 의한 미연방지에 중점을 두어 질서유지를 위해 달리 다른 방법이 없는 경우에 과해져야 한다.
비례의 원칙	징벌이 과해지는 경우에 있더라도 위반원인과 내용에 대한 정확한 분석을 통해 처벌내용의 적정을 기하도록 해야 한다.

(3) 징벌의 법적 성질(형벌과의 비교)

구분	형벌(벌칙)	징벌(질서벌)
과벌근거	일반사회의 공공질서 침해	내부질서 문란행위
처벌대상	범죄에 대한 처벌(사법처분)	시설 내 규율위반에 대한 처벌(행정처분)
시기	수용여부에 무관하게 적용	수용되어 있을 때에만 가능
대상	위법한 국민(수용자 포함)	수용자

02 규율과 포상

제105조【규율 등】① 수용자는 교정시설의 안전과 질서유지를 위하여 <u>법무부장관</u>이 정하는 규율을 지켜야 한다.
② 수용자는 <u>소장</u>이 정하는 일과시간표를 지켜야 한다.
③ 수용자는 <u>교도관</u>의 직무상 지시에 따라야 한다.
제106조【포상】소장은 수용자가 다음 각 호의 어느 하나에 해당하면 법무부령으로 정하는 바에 따라 포상할 수 있다.

[시행규칙]
제214조의2【포상】법 제106조에 따른 포상기준은 다음 각 호와 같다. [2017. 5급 승진] 총 2회 기출

포상사유(법 제106조)	포상(시행규칙 제214조의2)
1. 사람의 생명을 구조하거나 도주를 방지한 때 2. (천재지변·재해 발생 시의 피해의 복구나 응급용무 보조에 따른)응급용무에 공로가 있는 때	소장표창 및 가족만남의 집 이용 대상자 선정
3. 시설의 안전과 질서유지에 뚜렷한 공이 인정되는 때 4. 수용생활에 모범을 보이거나 건설적이고 창의적인 제안을 하는 등 특히 포상할 필요가 있다고 인정되는 때	소장표창 및 가족만남의 날 행사 참여 대상자 선정

03 징벌대상행위

제107조【징벌】소장은 수용자가 다음 각 호의 어느 하나에 해당하는 행위를 하면 제111조의 징벌위원회의 의결에 따라 징벌을 부과할 수 있다. [2013. 9급] 총 5회 기출

[시행규칙]
제214조【규율】수용자는 다음 각 호에 해당하는 행위를 해서는 안 된다.

[형집행법상 징벌의 대상이 되는 행위](법 제107조)
1. 「형법」, 「폭력행위 등 처벌에 관한 법률」, 그 밖의 형사 법률에 저촉되는 행위
2. 수용생활의 편의 등 자신의 요구를 관철할 목적으로 자해하는 행위
3. 정당한 사유 없이 작업·교육·교화프로그램 등을 거부하거나 태만히 하는 행위
4. 금지물품을 지니거나 반입·제작·사용·수수·교환·은닉하는 행위
5. 다른 사람을 처벌받게 하거나 교도관의 직무집행을 방해할 목적으로 거짓 사실을 신고하는 행위
6. 그 밖에 시설의 안전과 질서유지를 위하여 법무부령으로 정하는 규율을 위반하는 행위

[법무부령으로 정하는 규율위반 행위: 징벌대상](시행규칙 제214조)
1. 교정시설의 안전 또는 질서를 해칠 목적으로 다중을 선동하는 행위
2. 허가되지 아니한 단체를 조직하거나 그에 가입하는 행위
3. 교정장비, 도주방지시설, 그 밖의 보안시설의 기능을 훼손하는 행위
4. 음란한 행위를 하거나 다른 사람에게 성적 언동 등으로 성적 수치심 또는 혐오감을 느끼게 하는 행위

5. 다른 사람에게 부당한 금품을 요구하는 행위

5의2. 허가 없이 다른 수용자에게 금품을 교부하거나 수용자 외의 사람을 통하여 다른 수용자에게 금품을 교부하는 행위

6. 작업·교육·접견·집필·전화통화·운동, 그 밖에 교도관의 직무 또는 다른 수용자의 정상적인 일과 진행을 방해하는 행위

7. 문신을 하거나 이물질을 신체에 삽입하는 등 의료 외의 목적으로 신체를 변형시키는 행위

8. 허가 없이 지정된 장소를 벗어나거나 금지구역에 출입하는 행위

9. 허가 없이 다른 사람과 만나거나 연락하는 행위

10. 수용생활의 편의 등 자신의 요구를 관철할 목적으로 이물질을 삼키는 행위

11. 인원점검을 회피하거나 방해하는 행위

12. 교정시설의 설비나 물품을 고의로 훼손하거나 낭비하는 행위

13. 고의로 수용자의 번호표, 거실표 등을 지정된 위치에 붙이지 아니하거나 그 밖의 방법으로 현황 파악을 방해하는 행위

14. 큰 소리를 내거나 시끄럽게 하여 다른 수용자의 평온한 수용생활을 현저히 방해하는 행위

15. 허가 없이 물품을 지니거나 반입·제작·변조·교환 또는 주고받는 행위

16. 도박이나 그 밖에 사행심을 조장하는 놀이나 내기를 하는 행위

17. 지정된 거실에 입실하기를 거부하는 등 정당한 사유 없이 교도관의 직무상 지시나 명령을 따르지 아니하는 행위

18. 공연히 다른 사람을 해할 의사를 표시하는 행위 〈2024.2.8.〉

⚖ 판례

[1] 다른 수용자들과 함께 있는 입·출소자 대기실에서 교정공무원으로부터 신분대조에 필요한 청구인의 개인 신상에 관한 질문을 받고, 다른 수용자들과 차단된 장소에서 답변하겠다고 요청하였으나, "수형자는 교도관의 지시에 복종하여야 한다."라는 규정에 따라 거부되자, 헌법소원심판을 청구하였다. 형집행법 제105조 제3항 등은 교도소에 수용 중인 자는 교도관의 직무상 지시에 복종하여야 한다거나, 당직간부는 교도소에 수용되거나 석방되는 자의 신상을 직접 확인해야 한다는 일반적인 준수사항을 규정한 조항들일 뿐이므로, 이 사건 심판대상 조항들이 직접·구체적으로 청구인으로 하여금 다른 수형자와 차단되지 아니한 장소에서 청구인의 개인 신상에 관한 답변을 강요함으로써 청구인의 기본권을 침해한다고 볼 수는 없다(헌재 2011.8.23. 2011헌마422).

[2] 청구인은 노역장유치명령의 집행으로 구치소에 수용되어 있던 중 교도관으로부터 '담요를 개어서 정리정돈하라'는 지시를 받게 되자 정리정돈을 수용자 준수사항으로 정한 관련 규정이 명확성원칙과 과잉금지원칙 등에 위배된다며 이 사건 헌법소원을 제기하였다. 교도관이 수용자에 대하여 정리정돈을 지시할 수 있는 근거규정이 되는 형집행법 제105조 제3항과 교도관직무규칙 제39조 등은 교도소에 수용 중인 자는 교도관의 직무상 지시에 복종하여야 한다는 일반적인 준수사항을 규정한 것이거나 지시감독을 위한 교정시설 내부의 규칙을 정한 데 불과하다. 청구인의 기본권 침해는 위 조항들에 의하여 직접 발생하는 것이 아니라 이에 근거한 교도관의 구체적인 집행행위에 의하여 비로소 발생하게 된다(헌재 2013.5.28. 2013헌마322).

04 징벌대상자의 수용과 조사

(1) 분리수용과 처우제한

제110조【징벌대상자의 조사】① 소장은 징벌사유에 해당하는 행위를 하였다고 의심할 만한 상당한 이유가 있는 수용자(이하 "징벌대상자"라 한다)가 다음 각 호의 어느 하나에 해당하면 조사기간 중 분리하여 수용할 수 있다.

> **[징벌대상자의 분리수용 요건]**(법 제110조 제1항) [2021. 9급] 총 4회 기출
> 1. 증거를 인멸할 우려가 있는 때
> 2. 다른 사람에게 위해를 끼칠 우려가 있거나 다른 수용자의 위해로부터 보호할 필요가 있는 때

② 소장은 징벌대상자가 제1항 각 호의 어느 하나에 해당하면 접견·편지수수·전화통화·실외운동·작업·교육훈련, 공동행사 참가, 중간처우 등 다른 사람과의 접촉이 가능한 처우의 전부 또는 일부를 제한할 수 있다.

[시행규칙]

제220조【조사기간】① 수용자의 징벌대상행위에 대한 조사기간(조사를 시작한 날부터 법 제111조 제1항의 징벌위원회의 의결이 있는 날까지를 말한다. 이하 같다)은 10일 이내로 한다. 다만, 특히 필요하다고 인정하는 경우에는 1회에 한하여 7일을 초과하지 아니하는 범위에서 그 기간을 연장할 수 있다. [2024. 9급] 총 7회 기출

② 소장은 제1항의 조사기간 중 조사결과에 따라 다음 각 호의 어느 하나에 해당하는 조치를 할 수 있다.

> **[조사결과에 따른 소장의 조치]**(시행규칙 제220조 제2항)
> 1. 법 제111조 제1항의 징벌위원회로의 회부
> 2. 징벌대상자에 대한 무혐의 통고
> 3. 징벌대상자에 대한 훈계
> 4. 징벌위원회 회부 보류
> 5. 조사 종결

③ 제1항의 조사기간 중 법 제110조 제2항에 따라 징벌대상자에 대하여 처우를 제한하는 경우에는 징벌위원회의 의결을 거쳐 처우를 제한한 기간의 전부 또는 일부를 징벌기간에 포함할 수 있다.

④ 소장은 징벌대상행위가 징벌대상자의 정신병적인 원인에 따른 것으로 의심할 만한 충분한 사유가 있는 경우에는 징벌절차를 진행하기 전에 의사의 진료, 전문가 상담 등 필요한 조치를 하여야 한다.

⑤ 소장은 징벌대상행위에 대한 조사 결과 그 행위가 징벌대상자의 정신병적인 원인에 따른 것이라고 인정하는 경우에는 그 행위를 이유로 징벌위원회에 징벌을 요구할 수 없다.

⑥ 제1항의 조사기간 중 징벌대상자의 생활용품 등의 보관에 대해서는 제232조(소장은 조사기간 중 징벌대상자가 생활용품 등으로 자살·자해할 우려가 있거나 교정시설의 안전과 질서를 해칠 우려가 있는 경우에는 그 물품을 따로 보관하고 필요한 경우에만 이를 사용하게 할 수 있다)를 준용한다.

제221조【조사의 일시정지】① 소장은 징벌대상자의 질병이나 그 밖의 특별한 사정으로 인하여 조사를 계속하기 어려운 경우에는 조사를 일시 정지할 수 있다. [2024. 9급]

② 제1항에 따라 정지된 조사기간은 그 사유가 해소된 때부터 다시 진행한다. 이 경우 조사가 정지된 다음 날부터 정지사유가 소멸한 전날까지의 기간은 조사기간에 포함되지 아니한다. [2024. 9급] 총 3회 기출

제222조【징벌대상자 처우제한의 알림】소장은 법 제110조 제2항에 따라 접견·편지수수 또는 전화통화를 제한하는 경우에는 징벌대상자의 가족 등에게 그 사실을 알려야 한다. 다만, 징벌대상자가 알리기를 원하지 않는 경우에는 그렇지 않다.

(2) 조사시 지켜야 할 사항 등

> **[시행규칙]**
>
> **제219조【조사 시 지켜야 할 사항】** 징벌대상행위에 대하여 조사하는 교도관이 징벌대상자 또는 참고인 등을 조사할 때에는 다음 각 호의 사항을 지켜야 한다.
>
> > **[조사교도관의 유의사항]**(시행규칙 제219조) [2018. 6급 승진]
> > 1. 인권침해가 발생하지 아니하도록 유의할 것
> > 2. 조사의 이유를 설명하고, 충분한 진술의 기회를 제공할 것
> > 3. 공정한 절차와 객관적 증거에 따라 조사하고, 선입견이나 추측에 따라 처리하지 아니할 것
> > 4. 형사 법률에 저촉되는 행위에 대하여 징벌 부과 외에 형사입건조치가 요구되는 경우에는 형사소송절차에 따라 조사대상자에게 진술을 거부할 수 있다는 것과 변호인을 선임할 수 있다는 것을 알릴 것
>
> **제219조의2【징벌대상자에 대한 심리상담】** 소장은 특별한 사유가 없으면 교도관으로 하여금 징벌대상자에 대한 심리상담을 하도록 해야 한다. [2019. 7급]

05 징벌위원회

(1) 의의
① 징벌위원회는 수용자의 징벌을 심의·의결하는 기구이다.
② 징벌위원회의 의결로 징벌은 확정되고, 확정된 의결내용에 소장은 구속되므로 의결내용을 수정하거나 재의결을 요구할 수 없다.

(2) 설치 및 구성

> **제111조【징벌위원회】** ① 징벌대상자의 징벌을 결정하기 위하여 교정시설에 징벌위원회(이하 이 조에서 "위원회"라 한다)를 둔다.
> ② 위원회는 위원장을 포함한 5명 이상 7명 이하의 위원으로 구성하고, 위원장은 소장의 바로 다음 순위자가 되며, 위원은 소장이 소속 기관의 과장(지소의 경우에는 7급 이상의 교도관) 및 교정에 관한 학식과 경험이 풍부한 외부인사 중에서 임명 또는 위촉한다. 이 경우 외부위원은 3명 이상으로 한다. [2024. 5급 승진] 총 11회 기출
> ⑦ 위원회의 위원 중 공무원이 아닌 사람은 「형법」 제127조(공무상 비밀의 누설) 및 제129조부터 제132조(수뢰·사전수뢰, 제3자 뇌물제공, 수뢰후 부정처사·사후수뢰, 알선수뢰)까지의 규정을 적용할 때에는 공무원으로 본다.
>
> **[시행령]**
>
> **제130조【위원장의 직무대행】** 위원회의 위원장이 불가피한 사정으로 그 직무를 수행하기 어려운 경우에는 위원장이 미리 지정한 위원이 그 직무를 대행한다.

[시행규칙]

제223조【징벌위원회 외부위원】 ① 소장은 법 제111조 제2항에 따른 징벌위원회의 외부위원을 다음 각 호의 사람 중에서 위촉한다.

> **[징벌위원회 외부위원의 자격]**(시행규칙 제223조 제1항·제2항) [2014. 9급 경채]
>
> 1. 변호사
> 2. 대학에서 법률학을 가르치는 <u>조교수 이상</u>의 직에 있는 사람
>   ▶ 가석방심사위원: 부교수 이상
> 3. 교정협의회(교정위원 전원으로 구성된 협의체)에서 추천한 사람
> 4. 그 밖에 교정에 관한 학식과 경험이 풍부한 사람

② 제1항에 따라 위촉된 위원의 임기는 2년으로 하며, 연임할 수 있다.

③ 소장은 외부위원이 다음 각 호의 어느 하나에 해당하는 경우에는 해당 위원을 해촉할 수 있다.

> **[징벌위원회 외부위원의 해촉사유]**(시행규칙 제223조 제3항)
>
> 1. 심신장애로 직무수행이 불가능하거나 현저히 곤란하다고 인정되는 경우
> 2. 직무와 관련된 비위사실이 있는 경우
> 3. 직무태만, 품위 손상, 그 밖의 사유로 인하여 위원으로서 직무를 수행하기 적합하지 아니하다고 인정되는 경우
> 4. 위원 스스로 직무를 수행하는 것이 곤란하다고 의사를 밝히는 경우
> 5. 특정 종파나 특정 사상에 편향되어 징벌의 공정성을 해칠 우려가 있는 경우

④ 제1항에 따라 위촉된 위원이 징벌위원회에 참석한 경우에는 예산의 범위에서 수당, 여비, 그 밖에 필요한 경비를 지급할 수 있다.

제224조【징벌위원회 위원장】 법 제111조 제2항에서 "소장의 바로 다음 순위자"는 「법무부와 그 소속기관 직제 시행규칙」의 직제순위에 따른다.

(3) 제척과 기피

제111조【징벌위원회】 ④ 위원이 징벌대상자의 친족이거나 그 밖에 공정한 심의·의결을 기대할 수 없는 특별한 사유가 있는 경우에는 위원회에 참석할 수 없다. [2010. 9급]

⑤ 징벌대상자는 위원에 대하여 기피신청을 할 수 있다. 이 경우 위원회의 의결로 기피 여부를 결정하여야 한다. [2017. 5급 승진] 총 4회 기출

[시행령]

제131조【위원의 제척】 위원회의 위원이 해당 징벌대상 행위의 조사를 담당한 경우에는 해당 위원회에 참석할 수 없다.

(4) 징벌의 요구 및 위원회의 개회 [2017. 5급 승진] 총 2회 기출

> **[시행령]**
>
> **제129조【징벌위원회의 소집】** 법 제111조에 따른 징벌위원회(이하 이 장에서 "위원회"라 한다)의 위원장은 소장의 징벌요구에 따라 위원회를 소집한다.
>
> **[시행규칙]**
>
> **제226조【징벌의결의 요구】** ① 소장이 징벌대상자에 대하여 징벌의결을 요구하는 경우에는 별지 제14호서식의 징벌의결 요구서를 작성하여 징벌위원회에 제출하여야 한다.
> ② 제1항에 따른 징벌의결 요구서에는 징벌대상행위의 입증에 필요한 관계서류를 첨부할 수 있다.
>
> **제227조【징벌대상자에 대한 출석 통지】** ① 징벌위원회가 제226조에 따른 징벌의결 요구서를 접수한 경우에는 지체 없이 징벌대상자에게 별지 제15호서식의 출석통지서를 전달하여야 한다.
> ② 제1항에 따른 출석통지서에는 다음 각 호의 내용이 포함되어야 한다.
>
> > **[징벌위원회 출석통지서 내용]**(시행규칙 제227조 제2항)
> > 1. 혐의사실 요지
> > 2. 출석 장소 및 일시
> > 3. 징벌위원회에 출석하여 자기에게 이익이 되는 사실을 말이나 서면으로 진술할 수 있다는 사실
> > 4. 서면으로 진술하려면 징벌위원회를 개최하기 전까지 진술서를 제출하여야 한다는 사실
> > 5. 증인신청 또는 증거제출을 할 수 있다는 사실
> > 6. 형사절차상 불리하게 적용될 수 있는 사실에 대하여 진술을 거부할 수 있다는 것과 진술하는 경우에는 형사절차상 불리하게 적용될 수 있다는 사실 [2017. 5급 승진]
>
> ③ 제1항에 따라 출석통지서를 전달받은 징벌대상자가 징벌위원회에 출석하기를 원하지 아니하는 경우에는 별지 제16호서식의 출석포기서를 징벌위원회에 제출하여야 한다.
>
> **제225조【징벌위원회 심의·의결대상】** 징벌위원회는 다음 각 호의 사항을 심의·의결한다.
>
> > **[징벌위원회의 심의·의결대상]**(시행규칙 제225조)
> > 1. 징벌대상행위의 사실 여부
> > 2. 징벌의 종류와 내용
> > 3. 제220조 제3항(조사기간 중 징벌대상자의 처우 제한)에 따른 징벌기간 산입
> > 4. 법 제111조 제5항에 따른 징벌위원에 대한 기피신청의 심의·의결
> > 5. 법 제114조 제1항에 따른 징벌집행유예에 따른 징벌집행의 유예여부와 그 기간
> > 6. 그 밖에 징벌내용과 관련된 중요 사항

(5) 위원회의 회의 및 의결

제111조【징벌위원회】③ 위원회는 소장의 징벌요구에 따라 개회하며, 징벌은 그 의결로써 정한다.

⑥ 위원회는 징벌대상자가 위원회에 출석하여 충분한 진술을 할 수 있는 기회를 부여하여야 하며, 징벌대상자는 서면 또는 말로써 자기에게 유리한 사실을 진술하거나 증거를 제출할 수 있다. [2023. 6급 승진] 총 2회 기출

[시행규칙]

제228조【징벌위원회의 회의】① 징벌위원회는 출석한 징벌대상자를 심문하고, 필요하다고 인정하는 경우에는 교도관이나 다른 수용자 등을 참고인으로 출석하게 하여 심문할 수 있다.

② 징벌위원회는 필요하다고 인정하는 경우 제219조의2에 따라 심리상담을 한 교도관으로 하여금 그 심리상담 결과를 제출하게 하거나 해당 교도관을 징벌위원회에 출석하게 하여 심리상담 결과를 진술하게 할 수 있다.

③ 징벌위원회는 징벌대상자에게 제227조 제1항에 따른 출석통지서를 전달하였음에도 불구하고 징벌대상자가 같은 조 제3항에 따른 출석포기서를 제출하거나 정당한 사유 없이 출석하지 아니한 경우에는 그 사실을 별지 제17호서식의 징벌위원회 회의록에 기록하고 서면심리만으로 징벌을 의결할 수 있다.

④ 징벌위원회는 재적위원 과반수의 출석으로 개의하고, 출석위원 과반수의 찬성으로 의결한다. 이 경우 외부위원 1명 이상이 출석한 경우에만 개의할 수 있다. [2018. 7급 승진] 총 4회 기출

⑤ 징벌의 의결은 별지 제18호서식의 징벌의결서에 따른다.

⑥ 징벌위원회가 작업장려금 삭감을 의결하려면 사전에 수용자의 작업장려금을 확인하여야 한다.

⑦ 징벌위원회의 회의에 참여한 사람은 직무상 알게 된 비밀을 누설하여서는 아니 된다.

[시행령]

제132조【징벌의결 통고】위원회가 징벌을 의결한 경우에는 이를 소장에게 즉시 통고하여야 한다. [2013. 7급 승진]

[시행규칙]

제229조【집행절차】① 징벌위원회는 영 제132조에 따라 소장에게 징벌의결 내용을 통고하는 경우에는 징벌의결서 정본을 첨부하여야 한다.

② 소장은 징벌을 집행하려면 징벌의결의 내용과 징벌처분에 대한 불복방법 등을 기록한 별지 제19호서식의 징벌집행통지서에 징벌의결서 부본을 첨부하여 해당 수용자에게 전달하여야 한다.

③ 영 제137조에 따른 징벌집행부는 별지 제19호의2 서식에 따른다.

④ 소장은 영 제137조에 따라 수용자의 징벌에 관한 사항을 징벌집행부에 기록한 때에는 그 내용을 제119조 제3항에 따른 교정정보시스템에 입력해야 한다.

06 징벌의 종류와 부과절차

(1) 징벌의 종류와 부과

제108조 【징벌의 종류】 징벌의 종류는 다음 각 호와 같다. [2019. 8급 승진] 총 7회 기출

징벌	종류(법 제108조)		정리
	징벌내용		
1	경고		• [정리] 1. 14호(금치시): 4~12 처우제한, 10~12 허가가능, 외부교통(9, 11, 12) 제한 시 가족알림의무 2. 함께 부과가능: 4~13 3. 장기1/2 가중 가능: 2~14
2	50시간 이내의 근로봉사		
3	3개월 이내의 작업장려금 삭감		
4	30일 이내의 공동행사 참가 정지		
5	30일 이내의 신문열람 제한		• [징벌의 종류가 아닌 것] 보관금 삭감, 작업장려금 전부 또는 일부 삭감, 도서열람의 제한, 라디오 청취 제한
6	30일 이내의 텔레비전 시청 제한		
7	30일 이내의 자비구매물품 사용제한 (의사가 치료를 위하여 처방한 의약품을 제외)		
8	30일 이내의 작업 정지 (신청에 따른 작업에 한정)		• [가중: 1/2까지 가중 가능](법 제109조 제2항) 1. 2 이상의 징벌사유가 경합하는 때, 가장 중한 징벌의 1/2 2. 징벌 집행 중 다시 징벌사유에 해당하는 행위를 한 때 3. 징벌의 집행이 끝난 후 또는 집행이 면제된 후 6개월 내에 다시 징벌사유에 해당하는 행위를 한 때
9	30일 이내의 전화통화 제한		
10	30일 이내의 집필 제한		
11	30일 이내의 편지수수 제한		
12	30일 이내의 접견 제한		• [감경: 1/2까지 감경 가능](규칙 제215조) 1. 21일~30일, 16일~20일 금치 해당자, 경미한 경우 2. 방조자: 같은 징벌하되 정황고려 * 교사자: 징벌대상자와 같은 징벌 부과
13	30일 이내의 실외운동 정지	[건강확인] 사전 · 집행중 · 사후	
14	30일 이내의 금치		
기타	• [실외운동제한 사유: 우려](법 제112조 제4항) 도주, 자해, 위해(쌍방), 직방, 손, 소 • [집행유예](법 제114조) 징벌위원회, 행위의 동기 및 정황, 교정성적, 뉘우치는 정도 등 고려, 2개월 이상 6개월 이하 기간 내, 유예의결 가능		

제109조 【징벌의 부과】 ① 제108조 제4호부터 제13호까지의 처분은 함께 부과할 수 있다. [2024. 7급 승진]
② 수용자가 다음 각 호의 어느 하나에 해당하면 제108조 제2호(50시간 이내의 근로봉사)부터 제14호(30일 이내의 금치)부터 규정에서 정한 징벌의 장기의 2분의 1까지 가중할 수 있다.

[징벌 가중사유](법 제109조 제2항) [경고 제외] [2021. 9급 기출] 총 6회 기출

1. 2 이상의 징벌사유가 경합하는 때
2. 징벌이 집행 중에 있거나 징벌의 집행이 끝난 후 또는 집행이 면제된 후 6개월 내에 다시 징벌사유에 해당하는 행위를 한 때

④ 징벌사유가 발생한 날부터 2년이 지나면 이를 이유로 징벌을 부과하지 못한다. [2024. 7급 승진] 총 9회 기출

(2) 징벌의 부과기준과 실효기간

[시행규칙]

제215조【징벌 부과기준】 수용자가 징벌대상행위를 한 경우 부과하는 징벌의 기준은 다음 각 호의 구분에 따른다.

부과기준(규칙 제215조)	근거	징벌대상 행위	실효
1. 법 제107조 제1호·제4호 및 이 규칙 제214조 제1호부터 제3호까지의 규정 중 어느 하나에 해당하는 행위는 21일 이상 30일 이하의 금치에 처할 것. 다만, 위반의 정도가 경미한 경우 그 기간의 2분의 1의 범위에서 감경할 수 있다.	법 제107조	1. 「형법」, 「폭력행위 등 처벌에 관한 법률」, 그 밖의 형사 법률에 저촉되는 행위 4. 금지물품을 지니거나 반입·제작·사용·수수·교환·은닉하는 행위	2年 6月
	규칙 제214조	1. 교정시설의 안전 또는 질서를 해칠 목적으로 다중을 선동하는 행위 2. 허가되지 아니한 단체를 조직하거나 그에 가입하는 행위 3. 교정장비, 도주방지시설, 그 밖의 보안시설의 기능을 훼손하는 행위	
2. 법 제107조 제5호, 이 규칙 제214조 제4호·제5호·제5호의2 및 제6호부터 제8호까지의 규정 중 어느 하나에 해당하는 행위는 다음 각 목의 어느 하나에 처할 것 가. 16일 이상 20일 이하의 금치. 다만, 위반의 정도가 경미한 경우 그 기간의 2분의 1의 범위에서 감경할 수 있다. 나. 3개월의 작업장려금 삭감	법 제107조	5. 다른 사람을 처벌받게 하거나 교도관의 직무집행을 방해할 목적으로 거짓 사실을 신고하는 행위	2年
	규칙 제214조	4. 음란한 행위를 하거나 다른 사람에게 성적 언동 등으로 성적 수치심 또는 혐오감을 느끼게 하는 행위 5. 다른 사람에게 부당한 금품을 요구하는 행위 5의2. 허가 없이 다른 수용자에게 금품을 교부하거나 수용자 외의 사람을 통하여 다른 수용자에게 금품을 교부하는 행위 6. 작업·교육·접견·집필·전화통화·운동, 그 밖에 교도관의 직무 또는 다른 수용자의 정상적인 일과 진행을 방해하는 행위 7. 문신을 하거나 이물질을 신체에 삽입하는 등 의료 외의 목적으로 신체를 변형시키는 행위 8. 허가 없이 지정된 장소를 벗어나거나 금지구역에 출입하는 행위	
3. 법 제107조 제2호·제3호 및 이 규칙 제214조 제9호부터 제14호까지의 규정 중 어느 하나에 해당하는 행위는 다음 각 목의 어느 하나에 처할 것 가. 10일 이상 15일 이하의 금치 나. 2개월의 작업장려금 삭감	법 제107조	2. 수용생활의 편의 등 자신의 요구를 관철할 목적으로 자해하는 행위 3. 정당한 사유 없이 작업·교육·교화프로그램 등을 거부하거나 태만히 하는 행위	1年 6月
	규칙 제214조	9. 허가 없이 다른 사람과 만나거나 연락하는 행위 10. 수용생활의 편의 등 자신의 요구를 관철할 목적으로 이물질을 삼키는 행위 11. 인원점검을 회피하거나 방해하는 행위 12. 교정시설의 설비나 물품을 고의로 훼손하거나 낭비하는 행위 13. 고의로 수용자의 번호표, 거실표 등을 지정된 위치에 붙이지 아니하거나 그 밖의 방법으로 현황파악을 방해하는 행위 14. 큰 소리를 내거나 시끄럽게 하여 다른 수용자의 평온한 수용생활을 현저히 방해하는 행위 [2018. 5급 승진]	
4. 제214조 제15호부터 제18호까지의 규정 중 어느 하나에 해당하는 행위는 다음 각 목의 어느 하나에 처할 것 가. 9일 이하의 금치 나. 30일 이내의 실외운동 및 공동행사참가 정지 다. 30일 이내의 접견·편지수수·집필 및 전화통화 제한 라. 30일 이내의 텔레비전시청 및 신문열람 제한 마. 1개월의 작업장려금 삭감	규칙 제214조	15. 허가 없이 물품을 지니거나 반입·제작·변조·교환 또는 주고받는 행위 16. 도박이나 그 밖에 사행심을 조장하는 놀이나 내기를 하는 행위 17. 지정된 거실에 입실하기를 거부하는 등 정당한 사유 없이 교도관의 직무상 지시나 명령을 따르지 아니하는 행위 18. 공연히 다른 사람을 해할 의사를 표시하는 행위	1年
5. 징벌대상행위를 하였으나 그 위반 정도가 경미한 경우에는 제1호부터 제4호까지의 규정에도 불구하고 다음 각 목의 어느 하나에 처할 것 가. 30일 이내의 접견 제한 나. 30일 이내의 편지수수 제한 다. 30일 이내의 집필 제한 라. 30일 이내의 전화통화 제한 마. 30일 이내의 작업정지 바. 30일 이내의 자비구매물품 사용 제한 사. 30일 이내의 텔레비전 시청 제한 아. 30일 이내의 신문 열람 제한 자. 30일 이내의 공동행사 참가 정지 차. 50시간 이내의 근로봉사 카. 경고	규칙 제215조 제5호	징벌대상행위를 하였으나 그 위반 정도가 경미한 경우	6月

(3) 징벌부과시 고려사항

> **제109조 【징벌의 부과】** ③ 징벌은 동일한 행위에 관하여 거듭하여 부과할 수 없으며, 행위의 동기 및 경중, 행위 후의 정황, 그 밖의 사정을 고려하여 수용목적을 달성하는 데에 필요한 최소한도에 그쳐야 한다.
> [2023. 6급 승진] 총 5회 기출
>
> **[시행규칙]**
>
> **제216조 【징벌부과 시 고려사항】** 제215조의 기준에 따라 징벌을 부과하는 경우에는 다음 각 호의 사항을 고려하여야 한다.
>
> > **[징벌부과시 고려사항]**(시행규칙 제216조)
> > 1. 징벌대상행위를 하였다고 의심할 만한 상당한 이유가 있는 수용자(징벌대상자)의 나이·성격·지능·성장환경·심리상태 및 건강
> > 2. 징벌대상행위의 동기·수단 및 결과
> > 3. 자수 등 징벌대상행위 후의 정황
> > 4. 교정성적 또는 그 밖의 수용생활태도

(4) 교사와 방조 및 징벌대상행위의 경합

> **[시행규칙]**
>
> **제217조 【교사와 방조】** ① 다른 수용자를 교사하여 징벌대상행위를 하게 한 수용자에게는 그 징벌대상행위를 한 수용자에게 부과되는 징벌과 같은 징벌을 부과한다. [2019. 7급 승진] 총 4회 기출
> ② 다른 수용자의 징벌대상행위를 방조(幇助)한 수용자에게는 그 징벌대상행위를 한 수용자에게 부과되는 징벌과 같은 징벌을 부과하되, 그 정황을 고려하여 2분의 1까지 감경할 수 있다. [2019. 7급] 총 5회 기출
> > ▶ 21일 이상 30일 이하의 금치와 16일 이상 20일 이하의 금치에 해당하는 징벌은 위반의 정도가 경미한 경우 그 기간의 2분의 1의 범위에서 감경할 수 있다(시행규칙 제215조 제1호·제2호).
>
> **제218조 【징벌대상행위의 경합】** ① 둘 이상의 징벌대상행위가 경합하는 경우에는 각각의 행위에 해당하는 징벌 중 가장 중한 징벌의 2분의 1까지 가중할 수 있다. [2019. 7급 승진] 총 3회 기출
> ② 제1항의 경우 징벌의 경중은 제215조 각 호의 순서에 따른다. 이 경우 같은 조 제2호부터 제5호까지의 경우에는 각 목의 순서에 따른다.

07 징벌의 집행

(1) 집행절차

제112조【징벌의 집행】 ① 징벌은 소장이 집행한다. [2024. 7급 승진]

▶ 소장은 징벌의결의 통고를 받은 경우에는 징벌을 지체 없이 집행하여야 한다(시행령 제133조 제1항).

② 소장은 징벌집행을 위하여 필요하다고 인정하면 수용자를 분리하여 수용할 수 있다.

③ 제108조 제14호(30일 이내의 금치)의 처분을 받은 사람에게는 그 기간 중 같은 조 제4호(30일 이내의 공동행사 참가정지)부터 제12호(30일 이내의 접견 제한)까지의 처우제한이 함께 부과된다. 다만, 소장은 수용자의 권리구제, 수형자의 교화 또는 건전한 사회복귀를 위하여 특히 필요하다고 인정하면 집필·편지수수 또는 접견을 허가할 수 있다. [2018. 7급]

④ 소장은 제108조 제14호(금치)의 처분을 받은 사람에게 다음 각 호의 어느 하나에 해당하는 사유가 있어 필요하다고 인정하는 경우에는 건강유지에 지장을 초래하지 아니하는 범위에서 실외운동을 제한할 수 있다. [2018. 7급] 총 3회 기출

> **[형집행법상 실외운동 제한사유]**(법 제112조 제4항) [2018. 7급] 총 3회 기출
>
> 1. 도주의 우려가 있는 경우
> 2. 자해의 우려가 있는 경우
> 3. 다른 사람에게 위해를 끼칠 우려가 있는 경우
> 4. 그 밖에 시설의 안전 또는 질서를 크게 해칠 우려가 있는 경우로서 법무부령으로 정하는 경우
>
> > **[법무부령으로 정한 실외운동 제한사유]**(시행규칙 제215조의2)
> >
> > 1. 다른 사람으로부터 위해를 받을 우려가 있는 경우
> > 2. 위력으로 교도관의 정당한 직무집행을 방해할 우려가 있는 경우
> > 3. 소란행위를 계속하여 다른 수용자의 평온한 수용생활을 방해할 우려가 있는 경우
> > 4. 교정시설의 설비·기구 등을 손괴할 우려가 있는 경우

⑤ 소장은 제108조 제13호에 따른 실외운동 정지를 부과하는 경우 또는 제4항에 따라 실외운동을 제한하는 경우라도 수용자가 매주 1회 이상 실외운동을 할 수 있도록 하여야 한다. [2024. 9급]

(2) 건강상태 확인과 통지의무

제112조【징벌의 집행】 ⑥ 소장은 제108조 제13호(30일 이내의 실외운동 정지) 또는 제14호(30일 이내의 금치)의 처분을 집행하는 경우에는 의무관으로 하여금 사전에 수용자의 건강을 확인하도록 하여야 하며, 집행 중인 경우에도 수시로 건강상태를 확인하여야 한다. [2018. 7급]

[시행령]

제133조【징벌의 집행】 ④ 소장은 법 제108조 제13호 및 제14호의 징벌집행을 마친 경우에는 의무관에게 해당 수용자의 건강을 지체 없이 확인하게 하여야 한다.

⑤ 의무관이 출장, 휴가, 그 밖의 부득이한 사유로 법 제112조 제5항 및 이 조 제4항의 직무(30일 이내의 실외운동 정지 및 30일 이내의 금치 처분을 받은 수용자의 사전 건강 확인·집행 중 수시 건강상태확인·집행 후 지체 없이 건강 확인의 직무)를 수행할 수 없는 경우에는 제119조 제2항(그 교정시설에 근무하는 의료관계 직원에게 대행하게 할 수 있다)을 준용한다.

제133조【징벌의 집행】 ② 소장은 수용자가 징벌처분을 받아 접견, 편지수수 또는 전화통화가 제한된 경우에는 그의 가족에게 그 사실을 알려야 한다. 다만, 수용자가 알리는 것을 원하지 않으면 알리지 않는다.

(3) 징벌집행 순서와 집행방법

[시행규칙]

제230조【징벌의 집행순서】 ① 금치와 그 밖의 징벌을 집행할 경우에는 금치를 우선하여 집행한다. 다만, 작업장려금의 삭감과 경고는 금치와 동시에 집행할 수 있다. [2024. 5급 승진]
② 같은 종류의 징벌은 그 기간이 긴 것부터 집행한다.
③ 금치를 제외한 두 가지 이상의 징벌을 집행할 경우에는 함께 집행할 수 있다.
④ 두 가지 이상의 금치는 연속하여 집행할 수 없다. 다만, 두 가지 이상의 금치 기간의 합이 45일 이하인 경우에는 그렇지 않다. [2024. 5급 승진]

제231조【징벌의 집행방법】 ① 작업장려금의 삭감은 징벌위원회가 해당 징벌을 의결한 날이 속하는 달의 작업장려금부터 이미 지급된 작업장려금에 대하여 역순으로 집행한다. [2024. 5급 승진]
② 소장은 금치를 집행하는 경우에는 징벌집행을 위하여 별도로 지정한 거실(이하 "징벌거실"이라 한다)에 해당 수용자를 <u>수용하여야 한다.</u> [2018. 7급] 총 2회 기출
③ 소장은 금치 외의 징벌을 집행하는 경우 그 징벌의 목적을 달성하기 위하여 필요하다고 인정하면 해당 수용자를 징벌거실에 <u>수용할 수 있다.</u> [2015. 9급]

⊕ PLUS 비교 · 구분

1. 제108조 제4호부터 제13호까지의 처분은 함께 부과할 수 있다(법 제109조 제1항).
   ① 1개의 징벌대상행위에 대한 징벌의 부과에 대한 규정.
   ② 징벌위원회의 의결에 의한 징벌 부과에 대한 규정.
   ③ 반대 해석을 해보면, 제1호(경고), 제2호(50시간 이내의 근로봉사), 제3호(3개월 이내의 작업장려금 삭감), 제14호(30일 이내의 금치)의 처분은 함께 부과할 수 없다.
2. **징벌의 집행 순서**(시행규칙 제230조)
   ① 2 이상의 징벌대상행위가 경합하여 2 이상의 징벌이 징벌위원회의 의결에 의해 부과된 경우, 소장이 2 이상의 징벌을 집행하는 경우의 집행순서에 대한 규정.
   ② 소장에 의한 징벌 집행에 대한 규정.
3. 제108조 제16호의 처분(금치)을 받은 사람에게는 그 기간 중 제4호부터 제12호까지의 처우제한이 함께 부과된다(법 제112조 제3항 본문).
   ▶ 징벌위원회에서 의결해서 부과하는 것이 아니라, 금치 자체의 속성으로 인한 처우제한이다.

---

(4) 징벌집행 중인 수용자에 대한 처우

[시행규칙]

제232조【금치 집행 중 생활용품 등의 별도 보관】 소장은 금치 중인 수용자가 생활용품 등으로 자살·자해할 우려가 있거나 교정시설의 안전과 질서를 해칠 우려가 있는 경우에는 그 물품을 따로 보관하고 필요한 경우에만 이를 사용하게 할 수 있다.

제233조【징벌집행 중인 수용자의 심리상담 등】 ① 소장은 징벌집행 중인 수용자의 심리적 안정과 징벌대상행위의 재발방지를 위해서 <u>교도관으로</u> 하여금 징벌집행 중인 수용자에 대한 심리상담을 <u>하게 해야 한다.</u>
② 소장은 징벌대상행위의 재발방지에 도움이 된다고 인정하는 경우에는 징벌집행 중인 수용자가 교정위원, 자원봉사자 등 <u>전문가의 상담을 받게 할 수 있다.</u>
   ▶ 소장은 특별한 사유가 없으면 교도관으로 하여금 징벌대상자에 대한 심리상담을 하도록 해야 한다(시행규칙 제219조의2).

08 징벌집행의 정지와 유예

(1) 징벌집행의 정지 · 면제 · 감경 · 계속

제113조【징벌집행의 정지·면제】① 소장은 질병이나 그 밖의 사유로 징벌집행이 곤란하면 그 사유가 해소될 때까지 그 집행을 일시 정지할 수 있다. [2024. 7급 승진]

② 소장은 징벌집행 중인 사람이 뉘우치는 빛이 뚜렷한 경우에는 그 징벌을 감경하거나 남은 기간의 징벌집행을 면제할 수 있다. [2024. 7급 승진] 총 3회 기출

[시행령]

제134조【징벌집행의 계속】법 제108조 제4호(30일 이내의 공동행사 참가 정지)부터 제14호(30일 이내의 금치)까지의 징벌 집행 중인 수용자가 다른 교정시설로 이송되거나 법원 또는 검찰청 등에 출석하는 경우에는 징벌집행이 계속되는 것으로 본다. [2018. 5급 승진] 총 3회 기출

제135조【징벌기간의 계산】소장은 법 제113조 제1항에 따라 징벌집행을 일시 정지한 경우 그 정지사유가 해소되었을 때에는 지체 없이 징벌집행을 재개하여야 한다. 이 경우 집행을 정지한 다음날부터 집행을 재개한 전날까지의 일수는 징벌기간으로 계산하지 아니한다.

[시행규칙]

제231조【징벌의 집행방법】④ 소장은 징벌집행을 받고 있거나 집행을 앞둔 수용자가 같은 행위로 형사 법률에 따른 처벌이 확정되어 징벌을 집행할 필요가 없다고 인정하면 징벌집행을 감경하거나 면제할 수 있다. [2017. 5급 승진] 총 2회 기출

(2) 징벌집행의 유예

제114조【징벌집행의 유예】① 징벌위원회는 징벌을 의결하는 때에 행위의 동기 및 정황, 교정성적, 뉘우치는 정도 등 그 사정을 고려할 만한 사유가 있는 수용자에 대하여 2개월 이상 6개월 이하의 기간 내에서 징벌의 집행을 유예할 것을 의결할 수 있다. [2021. 9급] 총 8회 기출

② 소장은 징벌집행의 유예기간 중에 있는 수용자가 다시 제107조의 징벌대상행위를 하여 징벌이 결정되면 그 유예한 징벌을 집행한다. [2019. 7급]

③ 수용자가 징벌집행을 유예받은 후 징벌을 받음이 없이 유예기간이 지나면 그 징벌의 집행은 종료된 것으로 본다.

⊕ PLUS 고려사항 정리

징벌의 부과 (규칙 제216조)	징벌집행 유예시 (법 제114조)
징벌은 동일한 행위에 관하여 거듭하여 부과할 수 없으며, 행위의 동기 및 경중, 행위 후의 정황, 그 밖의 사정을 고려하여 수용목적을 달성하는 데 필요한 최소한도에 그쳐야 한다(법 제109조 제3항). 1. 징벌대상자의 나이 · 성격 · 지능 · 성장환경 · 심리상태 및 건강 2. 징벌대상행위의 동기 · 수단 및 결과 3. 자수 등 징벌대상행위 후의 정황 4. 교정성적 또는 그 밖의 수용생활태도	1. 행위의 동기 및 정황 2. 교정성적 3. 뉘우치는 정도 등

09 징벌의 실효와 양형자료 통보

(1) 징벌의 실효

> **제115조【징벌의 실효 등】** ① 소장은 징벌의 집행이 종료되거나 집행이 면제된 수용자가 교정성적이 양호하고 법무부령으로 정하는 기간(2년 6월 ~ 6월) 동안 징벌을 받지 아니하면 법무부장관의 승인을 받아 징벌을 실효시킬 수 있다. [2013. 9급]
> ② 제1항에도 불구하고 소장은 수용자가 교정사고 방지에 뚜렷한 공로가 있다고 인정되면 분류처우위원회의 의결을 거친 후 법무부장관의 승인을 받아 징벌을 실효시킬 수 있다. (징벌의 실효기간에 관계없이 실효시킬 수 있음). [2024. 9급]
> ③ 이 법에 규정된 사항 외에 징벌에 관하여 필요한 사항은 법무부령으로 정한다.
>
> **[시행규칙]**
>
> **제234조【징벌의 실효】** ① 법 제115조 제1항에서 "법무부령으로 정하는 기간"이란 다음 각 호와 같다.
> 1. 제215조 제1호부터 제4호까지의 징벌 중 금치의 경우에는 다음 각 목의 기간 [2024. 7급 승진]
>
>> 가. 21일 이상 30일 이하의 금치: 2년 6개월
>> 나. 16일 이상 20일 이하의 금치: 2년
>> 다. 10일 이상 15일 이하의 금치: 1년 6개월
>> 라. 9일 이하의 금치: 1년
>
> 2. 제215조 제2호에 해당하는 금치 외의 징벌(3개월의 작업장려금 삭감): 2년
> 3. 제215조 제3호에 해당하는 금치 외의 징벌(2개월의 작업장려금 삭감): 1년 6개월
> 4. 제215조 제4호에 해당하는 금치 외의 징벌(1개월의 작업장려금 삭감 등): 1년
> 5. 제215조 제5호에 해당하는 징벌(경고 등): 6개월
> ② 소장은 법 제115조 제1항·제2항에 따라 징벌을 실효시킬 필요가 있으면 징벌실효기간이 지나거나 분류처우위원회의 의결을 거친 후에 지체 없이 법무부장관에게 그 승인을 신청하여야 한다.
> ③ 소장은 법 제115조에 따라 실효된 징벌을 이유로 그 수용자에게 처우상 불이익을 주어서는 아니 된다.

6월	1년	1년 6월	2년	2년 6월
<30일 이내의~> 가. 접견 제한 나. 편지수수 제한 다. 집필 제한 라. 전화통화 제한 마. 작업정지 바. 자비구매물품 사용 제한 사. 텔레비전 시청 제한 아. 신문 열람 제한 자. 공동행사 참가 정지 차. 50시간 이내의 근로봉사 카. 경고	가. 9일 이하 금치	가. 10일 이상 15일 이하 금치	가. 16일 이상 20일 이하 금치	21일 이상 30일 이하 금치
				경미한 경우 1/2의 범위에서 감경 가능
	마. 1개월 작업장려금 삭감	나. 2개월 작업장려금 삭감	나. 3개월 작업장려금 삭감	
	<30일 이내의~> 나. 실외운동 및 공동행사참가 정지 다. 접견·편지수수·집필 및 전화통화 제한 라. 텔레비전시청 및 신문열람 제한			

> ▶ **[시효]** 징벌사유가 발생한 날부터 2년이 지나면 이를 이유로 징벌을 부과하지 못한다(법 제109조).

(2) 징벌사항의 기록 및 양형자료의 통보

제111조의2【징벌대상행위에 관한 양형 참고자료 통보】 소장은 미결수용자에게 징벌을 부과한 경우에는 그 징벌대상행위를 양형(量刑) 참고자료로 작성하여 관할 검찰청 검사 또는 관할 법원에 통보할 수 있다.
[2016. 5급 승진] 총 2회 기출

[시행령]

제136조【이송된 사람의 징벌】 수용자가 이송 중에 징벌대상 행위를 하거나 다른 교정시설에서 징벌대상 행위를 한 사실이 이송된 후에 발각된 경우에는 그 수용자를 인수한 소장이 징벌을 부과한다. [2021. 9급] 총 3회 기출

제137조【징벌사항의 기록】 소장은 수용자의 징벌에 관한 사항을 수용기록부 및 징벌집행부에 기록하여야 한다.

▶ 소장은 수용자의 징벌에 관한 사항을 징벌집행부에 기록한 때에는 그 내용을 교정정보시스템에 입력해야 한다(시행규칙 제229조 제4항).

⚖️ 판례

[1] 징벌사유에 해당하는 행위를 하였다고 의심할 만한 상당한 이유가 있는 수용자에 대하여 조사가 필요한 경우, 수용자를 조사거실에 분리 수용할 수 있는지 여부(한정 적극)

징벌사유에 해당하는 행위를 하였다고 의심할 만한 상당한 이유가 있는 수용자에 대하여 조사가 필요한 경우라 하더라도, 특히 그 수용자에 대한 조사거실에의 분리 수용은 형집행법에 따라 그 수용자가 증거를 인멸할 우려가 있는 때 또는 다른 사람에게 위해를 끼칠 우려가 있거나 다른 수용자의 위해로부터 보호할 필요가 있는 때에 한하여 인정된다(대법원 2014.9.25. 2013도1198). [2019. 6급 승진]

[2] 교도소장이 징벌혐의의 조사를 위하여 14일간 청구인을 조사실에 분리수용하고 공동행사참가 등 처우를 제한한 행위가 적법절차원칙에 위반되는지 여부(소극)

분리수용과 처우제한은 징벌제도의 일부로서 징벌 혐의의 입증을 위한 과정이고, 그 과정을 거쳐 징벌처분을 내리기 위해서는 징벌위원회의 의결이라는 사전 통제절차를 거쳐야 하며, 내려진 징벌처분에 대해서는 행정소송을 통해 불복할 수 있다는 점, 조사단계에서의 분리수용이나 처우제한에까지 일일이 법원에 의한 사전 또는 사후통제를 요구한다면 징벌제도 시행에 있어서 비효율을 초래할 수 있다는 점, 조사단계에서 징벌혐의의 고지와 의견진술의 기회 부여가 이루어진다는 점 등을 종합하여 볼 때, 분리수용 및 처우제한에 대해 법원에 의한 개별적인 통제절차를 두고 있지 않다는 점만으로 이 사건 분리수용 및 이 사건 처우제한이 적법절차원칙에 위반된 것이라고 볼 수는 없다(헌재 2014.9.25. 2012헌마523).

[3] 징벌혐의의 조사를 받고 있는 청구인이 변호인 아닌 자와 접견할 당시 교도관이 참여하여 대화내용을 기록하게 한 행위가 청구인의 사생활의 비밀과 자유를 침해하는지 여부(소극)

접견내용을 녹음·녹화하는 경우 수용자 및 그 상대방에게 그 사실을 말이나 서면 등으로 알려주어야 하고 취득된 접견기록물은 법령에 의해 보호·관리되고 있으므로 사생활의 비밀과 자유에 대한 침해를 최소화하는 수단이 마련되어 있다는 점, 청구인이 나눈 접견내용에 대한 사생활의 비밀로서의 보호가치에 비해 증거인멸의 위험을 방지하고 교정시설 내의 안전과 질서유지에 기여하려는 공익이 크고 중요하다는 점에 비추어 볼 때, 이 사건 접견참여·기록이 청구인의 사생활의 비밀과 자유를 침해하였다고 볼 수 없다(헌재 2014.9.25. 2012헌마523). [2018. 7급 승진] 총 2회 기출

[4] 교정시설의 장의 금치처분은 항고소송의 대상이 되는 행정처분에 해당하므로 행정소송 등을 통해 다툴 수 있다(헌재 2022.11.15. 2022헌마1534).

[5] 징벌위원회가 징벌혐의자에게 출석통지서를 전달하지 않고, 징벌위원회 개최 일시와 장소를 구두로만 통지하였다면, 출석통지서 미전달의 하자는 치유되지 않아 위법하다. 출석통지서는 단순히 징벌위원회의 개최사실을 알리는 것 이외에도 원고에 대한 혐의사실의 적시, 진술서 제출기한의 시기 등 징벌위원회의 심의절차에 있어서 원고의 방어권행사에 필요한 사항의 고지까지도 포함하는 것이고 원고가 교도소에 수감되어 외부와의 접촉이 자유롭지 못한 상태임을 감안하면, 원고가 징벌위원회에 출석하여 진술한 것만으로 출석통지서 미전달의 하자가 치유되었다고 볼 수도 없다(대법원 2007.1.11. 2006두13312). [2021. 6급 승진]

[6] **교정시설의 장인 피청구인이 미결수용자인 청구인에게 징벌을 부과한 뒤 그 규율위반 내용 및 징벌처분 결과 등을 관할 법원에 양형 참고자료로 통보한 행위가 청구인의 개인정보자기결정권을 침해하는지 여부 (소극)**
이 사건 통보행위는 해당 미결수용자에 대한 적정한 양형을 실현하고 형사재판절차를 원활하게 진행하기 위한 것이다. 이로 인하여 제공되는 개인정보의 내용은 정보주체와 관련한 객관적이고 외형적인 사항들로서 엄격한 보호의 대상이 되지 아니하고, 개인정보가 제공되는 상대방이 체포·구속의 주체인 법원으로 한정되며, 양형 참고자료를 통보 받은 법원으로서는 관련 법령에 따라 이를 목적 외의 용도로 이용하거나 제3자에게 제공할 수 없다. 이 사건 통보행위로 인해 제공되는 정보의 성격이나 제공 상대방의 한정된 범위를 고려할 때 그로 인한 기본권 제한의 정도가 크지 않은 데 비해, 이로 인하여 달성하고자 하는 적정한 양형의 실현 및 형사재판절차의 원활한 진행과 같은 공익은 훨씬 중대하다. 이 사건 통보행위는 과잉금지원칙에 위배되어 청구인의 개인정보자기결정권을 침해하였다고 볼 수 없다(헌재 2023.9.26. 2022헌마926).

[7] **형집행법상의 징벌을 받은 자에 대한 형사처벌이 일사부재리의 원칙에 위반되는지 여부(소극)**
피고인이 형집행법에 의한 징벌을 받아 그 집행을 종료하였다고 하더라도 형집행법상의 징벌은 수형자의 교도소 내의 준수사항위반에 대하여 과하는 행정상의 질서벌의 일종으로서 형법 법령에 위반한 행위에 대한 형사책임과는 그 목적, 성격을 달리하는 것이므로 징벌을 받은 뒤에 형사처벌을 한다고 하여 일사부재리의 원칙에 반하는 것은 아니다(대법원 2000.10.27. 2000도3874). [2016. 5급 승진]

[8] **징벌의 일종인 금치처분을 받은 자에 대하여 금치기간 중 집필 전면 금지의 위헌 여부(적극)**
금치처분을 받은 수형자의 집필에 관한 권리를 법률의 근거나 위임 없이 제한하는 것으로서 법률유보의 원칙에 위반되고, 규율 위반자에 대해 불이익을 가한다는 면만을 강조하여 금치처분을 받은 자에 대하여 집필의 목적과 내용 등을 묻지 않고, 또 대상자에 대한 교화 또는 처우상 필요한 경우까지도 예외 없이 일체의 집필행위를 금지하고 있음은 입법목적 달성을 위한 필요최소한의 제한이라는 한계를 벗어난 것으로서 과잉금지의 원칙에 위반된다(헌재 2005.2.24. 2003헌마289). [2024. 7급 승진]

[9] **금치기간 중 집필을 금지하도록 한 형집행법 제112조 제3항 본문 중 미결수용자에게 적용되는 제108조 제10호에 관한 부분**(집필제한 조항)**이 청구인의 표현의 자유를 침해하는지 여부(소극)**
금치 처분을 받은 수용자들은 이미 수용시설의 안전과 질서유지에 위반되는 행위, 그 중에서도 가장 중한 평가를 받은 행위를 한 자들이라는 점에서, 집필과 같은 처우 제한의 해제는 예외적인 경우로 한정될 수밖에 없고, 선례가 금치기간 중 집필을 전면 금지한 조항을 위헌으로 판단한 이후, 입법자는 집필을 허가할 수 있는 예외를 규정하고 금치처분의 기간도 단축하였다. 나아가 미결수용자는 징벌집행 중 소송서류의 작성 등 수사 및 재판 과정에서의 권리행사는 제한 없이 허용되는 점 등을 감안하면, 이 사건 집필제한 조항은 청구인의 표현의 자유를 침해하지 아니한다(헌재 2014.8.28. 2012헌마623).

[10] 금치 처분을 받은 수형자에 대하여 금치 기간 중 접견, 서신수발 금지의 위헌 여부(소극)

금치 징벌의 목적 자체가 징벌실에 수용하고 엄격한 격리에 의하여 개전을 촉구하고자 하는 것이므로 접견·서신수발의 제한은 불가피하며, 금치 기간 중의 접견·서신수발을 금지하면서도, 소장으로 하여금 교화 또는 처우상 특히 필요하다고 인정되는 때에는 금치 기간 중이라도 접견·서신수발을 허가할 수 있도록 예외를 둠으로써 과도한 규제가 되지 않도록 조치하고 있으므로, 금치 수형자에 대한 접견·서신수발의 제한은 수용시설 내의 안전과 질서 유지라는 정당한 목적을 위하여 필요·최소한의 제한이다(헌재 2004.12.16. 2002헌마478).

[11] 금치처분을 받은 미결수용자에 대하여 금치기간 중 서신수수, 접견, 전화통화를 제한하는 것은 대상자를 구속감과 외로움 속에 반성에 전념하게 함으로써 수용시설 내 안전과 질서를 유지하기 위한 것이다. 접견이나 서신수수의 경우에는 교정시설의 장이 수용자의 권리구제 등을 위해 필요하다고 인정한 때에는 예외적으로 허용할 수 있도록 하여 기본권 제한을 최소화하고 있다. 전화통화의 경우에는 위와 같은 예외가 규정되어 있지는 않으나, 증거인멸 우려 등의 측면에서 미결수용자의 전화통화의 자유를 제한할 필요성이 더 크다고 할 수 있다. 나아가 금치처분을 받은 자는 수용시설의 안전과 질서유지에 위반되는 행위, 그 중에서도 가장 중하다고 평가된 행위를 한 자이므로 이에 대하여 금치기간 중 일률적으로 전화통화를 금지한다 하더라도 과도하다고 보기 어렵다. 따라서 이 사건 서신수수·접견·전화통화 제한조항은 청구인의 통신의 자유를 침해하지 아니한다(헌재 2016.4.28. 2012헌마549). [2018. 7급 승진]

[12] 미결수용자의 규율위반행위 등에 대한 제재로서 금치처분과 함께 금치기간 중 신문과 자비구매도서의 열람을 제한하는 것은, 규율위반자에 대해서는 반성을 촉구하고 일반 수용자에 대해서는 규율 위반에 대한 불이익을 경고하여 수용자들의 규율 준수를 유도하며 궁극적으로 수용질서를 확립하기 위한 것이다. 이 사건 신문 및 도서열람제한 조항은 최장 30일의 기간 내에서만 신문이나 도서의 열람을 금지하고 열람을 금지하는 대상에 수용시설 내 비치된 도서는 포함시키지 않고 있으므로 위 조항들이 청구인의 알 권리를 과도하게 제한한다고 보기 어렵다(헌재 2016.4.28. 2012헌마549). [2018. 7급 승진]

[13] 금치 처분을 받은 수형자에 대하여 금치 기간 중 운동 금지의 위헌 여부(적극)

실외운동은 구금되어 있는 수형자의 신체적·정신적 건강 유지를 위한 최소한의 기본적 요청이라고 할 수 있으므로 금치 수형자에 대하여 일체의 운동을 금지하는 것은 수형자의 신체적 건강뿐만 아니라 정신적 건강을 해칠 위험성이 현저히 높다. 따라서 금치 처분을 받은 수형자에 대한 절대적인 운동의 금지는 징벌의 목적을 고려하더라도 그 수단과 방법에 있어서 필요한 최소한도의 범위를 벗어난 것이다(헌재 2004.12.16. 2002헌마478).

[14] 금치기간 중 실외운동을 원칙적으로 제한하는 형집행법 제112조 제3항 본문 중 제108조 제13호에 관한 부분이 청구인의 신체의 자유를 침해하는지 여부(적극)

실외운동은 구금되어 있는 수용자의 신체적·정신적 건강을 유지하기 위한 최소한의 기본적 요청이고, 수용자의 건강 유지는 교정교화와 건전한 사회복귀라는 형 집행의 근본적 목표를 달성하는 데 필수적이다. 그런데 위 조항은 금치처분을 받은 사람에 대하여 실외운동을 원칙적으로 금지하고, 다만 소장의 재량에 의하여 이를 예외적으로 허용하고 있다.

소란, 난동을 피우거나 다른 사람을 해할 위험이 있어 실외운동을 허용할 경우 금치처분의 목적 달성이 어려운 예외적인 경우에 한하여 실외운동을 제한하는 덜 침해적인 수단이 있음에도 불구하고, 위 조항은 금치처분을 받은 사람에게 원칙적으로 실외운동을 금지한다.

나아가 위 조항은 예외적으로 실외운동을 허용하는 경우에도, 실외운동의 기회가 부여되어야 하는 최저기준을 법령에서 명시하고 있지 않으므로, 침해의 최소성 원칙에 위배된다. 위 조항은 수용자의 정신적·신체적 건강에 필요 이상의 불이익을 가하고 있고, 이는 공익에 비하여 큰 것이므로 위 조항은 법익의 균형성 요건도 갖추지 못하였다. 따라서 위 조항은 청구인의 신체의 자유를 침해하여 헌법에 위반된다(헌재 2016.5.26. 2014헌마45).

▶ 이 판례로 인해 형집행법 제112조 제3항이 개정되고 제4항이 신설(2016.12.2.)되었다.

[15] 금치기간 중 공동행사 참가 정지, 텔레비전 시청 제한, 신문·도서·잡지 외 자비구매물품의 사용을 제한하는 형집행법 제112조 제3항 본문 중 제108조 제4호·제6호·제7호는 헌법에 위반되지 아니다(헌재 2016.5.26. 2014헌마45).

[16] **교도소장이 아닌 관구교감에 의한 징벌처분 고지의 위법성 여부(소극)**

교도소장이 아닌 관구교감에 의해 징벌처분이 고지되었다는 사유만으로는 위 징벌처분이 손해의 전보 책임을 국가에게 부담시켜야 할 만큼 객관적 정당성을 상실한 정도라고 볼 수 없다(대법원 2004.12.9. 2003다50184).

[17] **교도소장이 금치기간 중에 있는 피징벌자와 변호사와의 접견을 불허한 조치의 위법성 여부(적극)**

금치기간 중의 접견허가 여부가 교도소장의 재량행위에 속한다고 하더라도 피징벌자가 금치처분 자체를 다툴 목적으로 소제기 등을 대리할 권한이 있는 변호사와의 접견을 희망한다면 이는 예외적인 접견허가사유인 '처우상 특히 필요하다고 인정하는 때'에 해당하고, 그 외 제반 사정에 비추어 교도소장이 금치기간 중에 있는 피징벌자와 변호사와의 접견을 불허한 조치는 피징벌자의 접견권과 재판청구권을 침해하여 위법하다(대법원 2004.12.9. 2003다50184).

[18] 징벌실에서 청구인에게 징벌처분을 받게 하면서 다른 일반거실에 비하여 너무 좁고 바닥이 경사진 화장실을 이용하게 함으로써 기본권을 침해하였다고 주장하며 헌법소원심판을 청구한 사안에서, 심판대상인 개별적인 행위에 대한 당부판단을 넘어서 일반적인 헌법적 해명의 필요성이 인정된다고 보기 어렵고, 징벌실 수용 처우에 관한 이 사안을 통하여 독자적으로 헌법질서의 수호 유지를 위하여 특별히 헌법적 해명을 할 필요성은 크지 아니하다 할 것인바, 결국 이 사건 심판청구는 주관적 권리보호이익이 없고 예외적으로 헌법적 해명의 필요성이 인정되는 사안도 아니므로 부적법하다(헌재 2009.3.17. 2009헌마113).

단원별 지문 O X

01 소장은 수용자가 사람의 생명을 구조하거나 도주를 방지한 때에는 그 수용자에 대하여 법무부령이 정하는 바에 따라 포상하여야 한다. (   )　　　　　　　　　　　　　　　　　　　　　　　　　　　　　[2022. 7급 승진]

02 사람의 생명·신체를 구조하거나 도주를 방지한 때는 수용자에게 포상할 수 있다. (   )　　　　　　[2021. 6급 승진]

03 수용자가 사람의 생명을 구조하거나 도주를 방지한 때와 재난 시 응급용무 보조에 공로가 있는 때에는 소장표창 및 가족만남의 날 행사참여 대상자 선정기준에 해당된다. (   )　　　　　　　　　　　　　　[2017. 5급 승진]

04 다른 수용자를 교사하여 징벌대상행위를 하게 한 수용자에게는 그 징벌 대상행위를 한 수용자에게 부과되는 징벌과 같은 징벌을 부과한다. (   )　　　　　　　　　　　　　　　　　　　　　　　　　　[2022. 7급 승진]

05 징벌은 동일한 행위에 관하여 거듭하여 부과할 수 없으며, 행위의 동기 및 경중, 행위 후의 정황, 그 밖의 사정을 고려하여 수용목적을 달성하는 데에 필요한 최소한도에 그쳐야 한다. (   )　　　　　　　　　　　[2022. 7급 승진]

06 둘 이상의 징벌대상행위가 경합하는 경우에는 각각의 행위에 해당하는 징벌 중 가장 중한 징벌의 2분의 1까지 가중할 수 있다. (   )　　　　　　　　　　　　　　　　　　　　　　　　　　　　[2022. 7급 승진]

07 소장은 30일 이내의 금치(禁置)처분을 받은 수용자에게 실외운동을 제한하는 경우라도 매주 1회 이상 실외운동을 할 수 있도록 하여야 한다. (   )　　　　　　　　　　　　　　　　　　　　　　　　　　[2024. 9급]

08 수용자의 징벌대상행위에 대한 조사기간(조사를 시작한 날부터 징벌위원회의 의결이 있는 날까지를 말한다)은 10일 이내로 한다. 다만, 특히 필요하다고 인정하는 경우에는 1회에 한하여 7일을 초과하지 아니하는 범위에서 그 기간을 연장할 수 있다. (   )　　　　　　　　　　　　　　　　　　　　　　　　　　　　[2024. 9급]

---

01 ✕　소장은 수용자가 다음의 어느 하나에 해당하면 그 수용자에 대하여 법무부령이 정하는 바에 따라 포상할 수 있다(형집행법 제106조).

02 ✕　사람의 생명을 구조하거나 도주를 방지한 때는 수용자에게 포상할 수 있다(형집행법 제106조).

03 ✕　수용자가 사람의 생명을 구조하거나 도주를 방지한 때와 재난 시 응급용무 보조에 공로가 있는 때에는 소장표창 및 가족만남의 집 이용 대상자 선정기준에 해당된다(형집행법 시행규칙 제214조의2 제1호).

04 ○　형집행법 시행규칙 제217조 제1항

05 ○　형집행법 제109조 제3항

06 ○　형집행법 시행규칙 제218조

07 ○　소장은 법 제108조 제13호(30일 이내의 실외운동 정지)에 따른 실외운동 정지를 부과하는 경우 또는 법 제112조 제4항에 따라 (30일 이내의 금치처분을 받은 사람의) 실외운동을 제한하는 경우라도 수용자가 매주 1회 이상 실외운동을 할 수 있도록 하여야 한다(형집행법 제112조 제5항).

08 ○　형집행법 시행규칙 제220조 제1항

09 소장은 징벌대상자의 질병이나 그 밖의 특별한 사정으로 인하여 조사를 계속하기 어려운 경우에는 조사를 일시 정지할 수 있다. 이 경우 조사가 정지된 다음 날부터 정지사유가 소멸한 날까지의 기간은 조사기간에 포함되지 아니한다. ( )

[2024. 9급]

10 소장은 금치처분을 받은 자에게 자해의 우려가 있고 필요성을 인정하는 경우 실외운동을 전면 금지할 수 있다. ( )

[2018. 7급]

11 소장은 금치를 집행하는 경우 징벌집행을 위하여 별도로 지정한 거실에 해당 수용자를 수용하여야 한다. ( )

[2018. 7급]

12 징벌은 동일한 행위에 관하여 거듭하여 부과할 수 없으며, 행위의 동기 및 경중, 수 행위 후의 정황, 그 밖의 사정을 고려하여 수용목적을 달성하는 데에 필요한 최소한도에 그쳐야 한다. ( ) [2023. 6급 승진]

13 징벌이 집행 중에 있거나 징벌의 집행이 끝난 후 또는 집행이 면제된 후 6개월 내에 다시 징벌사유에 해당하는 행위를 한 때 징벌을 부과하게 되면 장기의 2분의 1까지 가중하여야 한다. ( ) [2023. 6급 승진]

14 징벌대상자의 징벌을 결정하기 위하여 교정시설에 징벌위원회를 둔다. ( ) [2023. 6급 승진]

15 징벌위원회는 위원장을 포함한 5명 이상 7명 이하의 위원으로 구성하고, 위원장은 소장의 바로 다음 순위자가 되며, 위원은 소장이 소속 기관의 과장 (지소의 경우에는 7급 이상의 교도관) 및 교정에 관한 학식과 경험이 풍부한 외부인사 중에서 임명 또는 위촉한다. 이 경우 외부위원은 2명 이상으로 한다. ( ) [2023. 6급 승진]

16 징벌위원회는 재적위원 과반수의 찬성으로 의결한다. 이 경우 외부위원 1명 이상이 출석한 경우에만 개의할 수 있다. ( ) [2023. 5급 승진]

17 징벌위원회는 소장에게 징벌의결 내용을 통고하는 경우에는 징벌의결서 사본을 첨부하여야 한다. ( ) [2024. 6급 승진]

---

09 × 소장은 징벌대상자의 질병이나 그 밖의 특별한 사정으로 인하여 조사를 계속하기 어려운 경우에는 조사를 일시 정지할 수 있다(형집행법 시행규칙 제221조 제1항). 정지된 조사기간은 그 사유가 해소된 때부터 다시 진행한다. 이 경우 조사가 정지된 다음 날부터 정지사유가 소멸한 전날까지의 기간은 조사기간에 포함되지 아니한다(형집행법 시행규칙 제221조 제2항).

10 × 소장은 30일 이내의 금치(형집행법 제108조 제14호)의 처분을 받은 사람에게 자해의 우려가 있어 필요하다고 인정하는 경우에는 건강유지에 지장을 초래하지 아니하는 범위에서 실외운동을 제한할 수 있으나(형집행법 제112조 제4항), 실외운동을 제한하는 경우라도 수용자가 매주 1회 이상 실외운동을 할 수 있도록 하여야 한다(형집행법 제112조 제5항).

11 ○ 형집행법 시행규칙 제231조 제7항

12 ○ 형집행법 제109조 제3항

13 × 징벌이 집행 중에 있거나 징벌의 집행이 끝난 후 또는 집행이 면제된 후 6개월 내에 다시 징벌사유에 해당하는 행위를 한 때 징벌을 부과하게 되면 장기의 2분의 1까지 가중할 수 있다(형집행법 제109조 제2항)

14 ○ 형집행법 제111조 제1항

15 × 징벌위원회는 위원장을 포함한 5명 이상 7명 이하의 위원으로 구성하고, 위원장은 소장의 바로 다음 순위자가 되며, 위원은 소장이 소속 기관의 과장 지소의 경우에는 7급 이상의 교도관 및 교정에 관한 학식과 경험이 풍부한 외부인사 중에서 임명 또는 위촉한다. 이 경우 외부위원은 3명 이상으로 한다(형집행법 제111조 제2항).

16 × 징벌위원회는 재적위원 과반수의 출석으로 개의하고, 출석위원 과반수의 찬성으로 의결한다. 이 경우 외부위원 1명 이상이 출석한 경우에만 개의할 수 있다(형집행법 시행규칙 제228조 제4항).

17 × 징벌위원회는 소장에게 징벌의결 내용을 통고하는 경우에는 징벌의결서 정본을 첨부하여야 한다(형집행법 시행규칙 제229조 제1항).

18 소장은 징벌집행 중인 수용자의 심리적 안정과 징벌대상행위의 재발방지를 위해서 교도관으로 하여금 징벌집행 중인 수용자에 대한 심리상담을 하게 해야 한다. (　　) [2023. 5급 승진]

19 소장은 징벌집행을 일시 정지한 경우 그 정지사유가 해소되었을 때에는 지체 없이 징벌집행을 재개하여야 한다. 이 경우 집행을 정지한 날부터 집행을 재개한 전날까지의 일수는 징벌기간으로 계산하지 아니한다. (　　) [2024. 6급 승진]

20 소장은 징벌집행을 받고 있거나 집행을 앞둔 수용자가 같은 행위로 형사 법률에 따른 처벌이 확정되어 징벌을 집행할 필요가 없다고 인정하면 징벌집행을 감경하거나 면제하여야 한다. (　　) [2023. 7급 승진]

21 소장은 금치 외의 징벌을 집행하는 경우 그 징벌의 목적을 달성하기 위하여 필요하다고 인정하면 해당 수용자를 징벌거실(징벌집행을 위하여 별도로 지정한 거실)에 수용하여야 한다. (　　) [2023. 7급 승진]

22 소장은 수용자가 교정사고 방지에 뚜렷한 공로가 있다고 인정되면 분류처우위원회의 의결을 거친 후 법무부장관의 승인을 받아 징벌을 실효시킬 수 있다. (　　) [2024. 9급]

23 징벌의 내용이 16일 이상 20일 이하의 금치의 경우에는 징벌의 실효기간은 2년 6개월이다. (　　) [2024. 6급 승진]

24 징벌의 내용이 21일 이상 30일 이하의 금치의 경우에는 징벌의 실효기간은 3년이다. (　　) [2024. 6급 승진]

25 징벌의 내용이 10일 이상 15일 이하의 금치의 경우에는 징벌의 실효기간은 2년이다. (　　) [2024. 6급 승진]

26 징벌의 내용이 9일 이하의 금치의 경우에는 징벌의 실효기간은 1년이다. (　　) [2024. 6급 승진]

---

18 ○　형집행법 시행규칙 제233조 제1항

19 ×　소장은 징벌집행을 일시 정지한 경우 그 정지사유가 해소되었을 때에는 지체 없이 징벌집행을 재개하여야 한다. 이 경우 집행을 정지한 다음날부터 집행을 재개한 전날까지의 일수는 징벌기간으로 계산하지 아니한다(형집행법 시행령 제135조).

20 ×　소장은 징벌집행을 받고 있거나 집행을 앞둔 수용자가 같은 행위로 형사 법률에 따른 처벌이 확정되어 징벌을 집행할 필요가 없다고 인정하면 징벌집행을 감경하거나 면제할 수 있다(형집행법 시행규칙 제231조 제4항).

21 ×　소장은 금치를 집행하는 경우에는 징벌집행을 위하여 별도로 지정한 거실(징벌거실)에 해당 수용자를 수용하여야 하며(형집행법 시행규칙 제231조 제2항), 금치 외의 징벌을 집행하는 경우 그 징벌의 목적을 달성하기 위하여 필요하다고 인정하면 해당 수용자를 징벌거실에 수용할 수 있다(형집행법 시행규칙 제231조 제3항).

22 ○　형집행법 제115조 제2항

23 ×　16일 이상 20일 이하의 금치: 2년(형집행법 시행규칙 제234조 제1항 나목)

24 ×　21일 이상 30일 이하의 금치: 2년 6개월(형집행법 시행규칙 제234조 제1항 가목)

25 ×　10일 이상 15일 이하의 금치: 1년 6개월(형집행법 시행규칙 제234조 제1항 다목)

26 ○　형집행법 시행규칙 제234조 제1항 라목

제2절 형사벌칙 제도

★ 핵심정리 형사벌칙 정리

형사벌칙(법 제132조-137조)

금지물품(법 제92조 제1항) 참조			단위: 이하
1. 마약·총기·도검·폭발물·흉기·독극물	벌칙×(형법 적용), 징벌가능		그 밖에 범죄의 도구로 이용될 우려가 있는 물품
			벌칙×, 징벌가능(법§107)
2. 무인비행장치, 전자·통신기기	지닌 경우	2년 or 2천만원	그 밖에 도주나 다른 사람과의 연락에 이용될 우려가 있는 물품
		몰수	
	반입	3년 or 3천만원	벌칙×, 징벌가능(법§107)
		미수처벌, 몰수	
3. 주류·담배·화기·현금·수표를 지닌 경우*	1년 or 1천만원		그 밖에 시설의 안전 또는 질서를 해칠 우려가 있는 물품
	몰수		
4. 주류·담배·화기·현금·수표·음란물·사행행위에 사용되는 물품 반입한 사람	반입	1년 or 1천만원	그 밖에 수형자의 교화 또는 건전한 사회복귀를 해칠 우려가 있는 물품
	상습반입	2년 or 2천만원	
	미수처벌, 몰수		벌칙×, 징벌가능(법§107)
출석의무 위반(법 제134조)	1년, (벌금 ×)		
교정시설 내부 녹화·촬영(법 제135조)	1년 or 1천만원, 미수범 처벌		
*[시효] 지닌 경우: 몰수, 반입의 경우: 미수처벌, 몰수			

01 적용대상

수용자와 수용자 외의 사람 모두에게 적용된다.

02 현행법상 벌칙제도

제132조【금지물품을 지닌 경우】 ① 수용자가 제92조 제2항을 위반하여 소장의 허가 없이 무인비행장치, 전자·통신기기를 지닌 경우 2년 이하의 징역 또는 2천만원 이하의 벌금에 처한다.

② 수용자가 제92조 제1항 제3호를 위반하여 주류·담배·화기·현금·수표를 지닌 경우 1년 이하의 징역 또는 1천만원 이하의 벌금에 처한다. [2024. 5급 승진]

제133조【금지물품의 반입】 ① 소장의 허가 없이 무인비행장치, 전자·통신기기를 교정시설에 반입한 사람은 3년 이하의 징역 또는 3천만원 이하의 벌금에 처한다. [2024. 5급 승진] 총 2회 기출

② 주류·담배·화기·현금·수표·음란물·사행행위에 사용되는 물품을 수용자에게 전달할 목적으로 교정시설에 반입한 사람은 1년 이하의 징역 또는 1천만원 이하의 벌금에 처한다. [2024. 7급 승진]

③ 상습적으로 제2항의 죄를 범한 사람은 2년 이하의 징역 또는 2천만원 이하의 벌금에 처한다.

> **[수용자 금지물품]**(법 제92조 제1항)
> 1. 마약·총기·도검·폭발물·흉기·독극물, 그 밖에 범죄의 도구로 이용될 우려가 있는 물품
> 2. 무인비행장치, 전자·통신기기, 그 밖에 도주나 다른 사람과의 연락에 이용될 우려가 있는 물품
> 3. 주류·담배·화기·현금·수표, 그 밖에 시설의 안전 또는 질서를 해칠 우려가 있는 물품
> 4. 음란물, 사행행위에 사용되는 물품, 그 밖에 수형자의 교화 또는 건전한 사회복귀를 해칠 우려가 있는 물품

제134조 【출석의무 위반 등】 다음 각 호의 어느 하나에 해당하는 행위를 한 수용자는 1년 이하의 징역에 처한다. [2023. 6급 승진] 총 3회 기출

> **[출석의무 위반사항]**(법 제134조)
> 1. 정당한 사유 없이 일시석방 후 24시간 이내에 교정시설 또는 경찰관서에 출석하지 아니하는 행위
> 2. 귀휴·외부통근, 그 밖의 사유로 소장의 허가를 받아 교도관의 계호 없이 교정시설 밖으로 나간 후에 정당한 사유 없이 기한까지 돌아오지 아니하는 행위

제135조 【녹화 등의 금지】 소장의 허가 없이 교정시설 내부를 녹화·촬영한 사람은 1년 이하의 징역 또는 1천만원 이하의 벌금에 처한다. [2024. 7급 승진]

제136조 【미수범】 제133조(금지물품 반입) 및 제135조(녹화등)의 미수범은 처벌한다.

제137조 【몰수】 제132조(금지물품 지닌 경우) 및 제133조(금지물품 반입)에 해당하는 금지물품은 몰수한다.

단원별 지문 O/X

01 주류 · 담배 · 화기 · 현금 · 수표 · 음란물 · 사행행위에 사용되는 물품을 수용자에게 전달할 목적으로 교정시설에 반입한 사람은 1년 이하의 징역 또는 1천만원 이하의 벌금에 처한다. (　　) [2023. 5급 승진]

02 귀휴 · 외부통근, 그 밖의 사유로 소장의 허가를 받아 교도관의 계호 없이 교정시설 밖으로 나간 후에 정당한 사유 없이 기한까지 돌아오지 아니하는 행위를 한 수용자는 1년 이하의 징역 또는 1천만원 이하의 벌금에 처한다. (　　) [2023. 5급 승진]

03 소장의 허가 없이 교정시설 내부를 녹화 · 촬영한 사람은 3년 이하의 징역 또는 3천만원 이하의 벌금에 처한다. (　　) [2022. 7급 승진]

04 소장의 허가 없이 무인비행장치, 전자 · 통신기기를 교정시설에 반입한 사람은 1년 이하의 징역 또는 1천만원 이하의 벌금에 처한다. (　　) [2024. 5급 승진]

05 형집행법 제132조(금지물품을 지닌 경우) ① 수용자가 제92조(금지물품) 제2항을 위반하여 소장의 허가 없이 무인비행장치, 전자 · 통신기기를 지닌 경우 3년 이하의 징역 또는 3천만원 이하의 벌금에 처한다. (　　) [2024. 5급 승진]

---

01 ○ 형집행법 제133조 제2항

02 × 귀휴 · 외부통근, 그 밖의 사유로 소장의 허가를 받아 교도관의 계호 없이 교정시설 밖으로 나간 후에 정당한 사유 없이 기한까지 돌아오지 아니하는 행위를 한 수용자는 1년 이하의 징역에 처한다(형집행법 제134조 제2호).

03 × 소장의 허가 없이 교정시설 내부를 녹화 · 촬영한 사람은 1년 이하의 징역 또는 1천만원 이하의 벌금에 처한다(형집행법 제135조).

04 × 소장의 허가 없이 무인비행장치, 전자 · 통신기기를 교정시설에 반입한 사람은 3년 이하의 징역 또는 3천만원 이하의 벌금에 처한다(형집행법 제133조 제1항).

05 × 제132조(금지물품을 지닌 경우) ① 수용자가 제92조(금지물품) 제2항을 위반하여 소장의 허가 없이 무인비행장치, 전자 · 통신기기를 지닌 경우 2년 이하의 징역 또는 2천만원 이하의 벌금에 처한다(형집행법 제132조 제1항).

제14장 / 수용자 권리구제

제1절 수용자 인권의식의 발달

01 의의

수용자의 법적 지위 보장은 자유형을 집행받고 있는 수형자와 국가와의 권리 - 의무관계와 수형자의 권리 침해시 그 권리보장과 처우방법 등을 규정하여 최소한의 인간다운 생활을 영위하도록 하는 데 의의가 있다.

02 연혁

(1) 근대 이전: 응보주의
① **복수적 위하**: 수형자는 복수와 응보의 대상으로 법의 보호 밖에 있는 자로 보고 권리의 주체성을 부인하였고, 수형자는 단순한 형집행의 대상에 불과하였다.
② 18세기 후반에는 계몽사상에 의하여 가혹한 신체형이나 사형제도는 쇠퇴하였으나, 수형자는 권리의 주체라는 관념은 생성되지 않았다.

(2) 19세기 이후: 특별권력관계와 불간섭주의
① **특별권력관계**: 19세기 중엽 독일은 수형자를 교정당국과의 포괄적 지배·복종관계로 보았다.
② **불간섭주의**(hands-off doctrine): 수형자의 생활조건을 개선하는 데 중점을 두었지만, 19세기 말에 이르기까지 수형자는 법적 보호의 주체 및 권리의 주체로 인정되지 않았다.

⊕ PLUS 불간섭주의

1. **미국 연방대법원의 루핀**(Ruffin) **판결**(1871): 수형자는 자기의 범죄결과로서 자유를 박탈당할 뿐만 아니라 법이 허용하는 권리를 제외한 모든 개인의 권리를 상실한 수형자는 수형기간동안 주(state)의 노예가 된다.

2. **불간섭주의**(불개입주의. Hands-off Doctrine): 1960년대 말까지 미국 연방대법원은 3권분립의 입장에서 "사법은 행정의 일부야인 행형에 대하여 관여하지 않는다."는 원칙을 고수하였다.

🗐 특별권력관계 이론의 발전

1. **특별권력관계 이론**(오토 마이어. Otto Mayer. 독일의 형법학자)
   ① **포괄적인 지배·복종관계**: 수형자는 행형시설이라는 국가영조물을 이용하는 자로서 형벌집행의 목적범위 내에서 교정당국이 제정하는 규율을 매개로 포괄적인 지배·복종관계에 있다고 보는 논리이다.
   ② **법률유보원칙의 배제**: 헌법상의 기본권, 법률에 의한 행정, 사법심사의 대상에서 제외되고 수용자의 기본권 제한은 법적 근거가 없어도 가능하고, 그 처우는 교정당국의 전적인 재량으로 이루어질 수 있다는 논거이다.
   ③ **결론**: 수형자의 인권보장을 약화시키는 논리이다.

2. 특별권력관계 수정론(올레. Ule)

① 법치주의에 의거하여 특별권력관계를 수정·재구성하려는 입장이다.
② 기본적 인권의 제한은 구금의 본질과 목적에 비추어 합리적이고 필요하다고 인정되는 범위 내에서 허용되고 중요한 기본권의 제한은 원칙적으로 법률에 의하여 행하지 않으면 아니 된다고 함으로써 특별권력관계에 있어서의 법치행정의 도입을 주장하였다.

(3) 20세기 이후: 법률주의적 지위보장

① 독일
 ㉠ 1911년 프로이덴탈(Freudenthal)은 특별권력관계론을 부정하고 '법률과 판결은 행형에 있어서도 마그나 카르타'라고 주장하였으나 곧바로 수형자 권리보장에 기여하는 계기가 되지는 못하였다.
 ㉡ 1972년 서독의 연방헌법재판소는 일반권력관계(공권력발동관계)로서의 수용자 권리를 보장하였다.
 ㉢ 1976년 통일행형법에서 수형자의 법적 지위를 보장하고 국가와 수형자의 관계를 단순한 공권력발동 관계로 보아 '특수한 신분관계'로 명칭을 변경하여 사용하는 추세이다.

② 미국
 1964년 '수형자의 연방시민법에 의한 보호를 받을 권리'를 인정(hands - on doctrine)하는 판결을 통해 권리를 인정하는 계기를 만들었다.

(4) 실질적 법치주의 원리와 사회국가원리 적용

① 행형절차의 적정보장: 행형법정주의란 단지 행형에 관한 사항을 법률로 정하는 데 그치지 않고 행형절차의 적정도 포함하는 실질적 법치주의 원리가 적용되고 있다.
② 사회국가원리의 적용: 국가는 행형을 통해 수용자의 생활조건을 사회복귀와 재범방지의 대책에 적당한 형태로 보장하여야 하고, 이를 위해 필요한 인적·물적 설비를 갖추도록 노력하여야 할 의무를 부담한다.

03 인권보장을 위한 규정

(1) 헌법

① 모든 국민은 인간으로서의 존엄과 가치를 가지며, 행복을 추구할 권리를 가진다. 국가는 개인이 가지는 불가침의 기본적 인권을 확인하고 이를 보장할 의무를 진다(제10조). [2013. 7급]
② 모든 국민은 법 앞에 평등하다. 누구든지 성별·종교 또는 사회적 신분에 의하여 정치적·경제적·사회적·문화적 생활의 모든 영역에 있어서 차별을 받지 아니한다(제11조).

(2) 형의 집행 및 수용자의 처우에 관한 법률

① 이 법을 집행하는 때에 수용자의 인권은 최대한으로 존중되어야 한다(제4조).
② 수용자는 합리적인 이유 없이 성별, 종교, 장애, 나이, 사회적 신분, 출신지역, 출신국가, 출신민족, 용모 등 신체조건, 병력(病歷), 혼인 여부, 정치적 의견 및 성적(性的) 지향 등을 이유로 차별받지 아니한다(제5조).

(3) 수용자 처우에 관한 UN최저기준규칙

① 모든 수용자는 인간의 존엄성과 가치에 입각하여 존중을 받아야 한다. 어떠한 수용자도 고문, 기타 잔인하거나 비인간적이거나 모욕적인 처우 또는 처벌을 받지 않도록 보호되어야 하고 어떠한 경우도 이를 정당화할 수 없다. 수용자와 직원, 용역 제공자, 방문자들의 안전과 보안은 항시 유지되어야 한다(제1조).
② 구금제도는 구금시설 내에서의 생활과 외부생활의 차이로 인하여 수용자의 책임과 인간으로서의 존엄성을 저해하지 않도록 가능한 조치를 강구해야 한다(제5조 제1항).

04 기본권 제한의 구체적 내용

절대적 기본권	의의	인간의 절대적 권리로서 어떠한 경우에도 제한되거나 침해될 수 없는 기본권	
	내용	① 인간의 존엄과 평등권 ③ 신앙의 자유	② 사상과 양심의 자유 ④ 연구와 창작의 자유
상대적 기본권	의의	국가적 질서나 국가적 목적을 위해 제한이 가능한 기본권	
	수용자 관련	영조물(교정시설)의 존립목적을 위해 법률로서 제한 가능한 기본권 ① 사생활의 비밀과 자유 ③ 학문의 자유	 ② 통신의 자유 ④ 근로의 권리와 근로 3권
		구금의 본질상 불가피하게 제한되는 기본권 ① 신체의 자유 ③ 거주이전의 자유	 ② 집회·결사의 자유 ④ 직업선택의 자유

05 절차적 권리와 실질적 권리

(1) 절차적 권리(Procedural Rights)

① **적법절차에 의해 처우받을 권리**: 수용자 처우에 있어 적법절차가 준수되어야 함을 의미하며, 이는 교도관의 모든 재량권을 통제하지는 않지만 일부 자의적 결정을 줄이고 결정에 대한 검증의 기회를 제공할 수 있다.

② 절차적 권리는 교정시설에서의 일관적인 법치를 위한 기초를 제공하게 되었고, 최근의 정의모형도 주요한 관심사로 여기고 있다.

③ **논의의 시작**: 보호관찰의 취소와 교정시설로의 재수감에서 시작되었으며, 교정시설 밖에서 교정시설로 다시 들어가는 것과 관련해서 논의되었다는 점에서 '출구를 통한 정책'이라고 한다.

④ **법원의 개입**: 교정시설의 징벌이나 중대한 훈육 등에 있어 적법절차가 요구되는데, 이는 교정시설에 대한 법원의 가장 중대한 개입으로 받아들여지고 있다.

⑤ 수형자의 절차적 권리보장은 수용자에 대한 최고의 보호라고 할 수는 없지만, 적어도 교정에 있어서 오랫동안 불가침의 성역으로 여겨졌던 직원의 재량권에 직접적인 도전으로 간주되고 있다.

(2) 실질적 권리(Substantive Rights)

① 실질적 권리는 헌법이 보장하는 인간의 기본적 권리와 관계된 것을 말한다.

② **조건으로부터의 자유**: 말을 하거나 집회를 하는 등 무엇인가를 할 수 있는 자유 또는 잔인하거나 비정상적인 처벌을 경험하지 않을 자유 등 특정한 조건으로부터의 자유와 관련된 권리이다.

③ **외부와의 교통**(편지검열)

　㉠ 일종의 언론과 표현의 자유이다. 그러나 외부와의 교통은 교정시설의 보안상 문제를 야기 시킬 수 있기 때문에 보안이라는 교정시설의 이익과 언론 및 표현의 자유라는 수용자의 이익과의 균형을 맞추려고 노력하고 있다.

　㉡ **미결수용자와 변호인 사이의 편지로서 그 비밀을 보장받기 위한 조건**: 첫째, 교도소측에서 상대방이 변호인이라는 사실을 확인할 수 있어야 하고 둘째, 편지를 통하여 마약 등 소지금지품의 반입을 도모한다든가 그 내용에 도주·증거인멸·수용시설의 규율과 질서의 파괴·기타 형벌법령에 저촉되는 내용이 기재되어 있다고 의심할 만한 합리적인 이유가 있는 경우가 아니어야 한다(헌재 1995.7.21. 92헌마144).

④ 종교의 자유
  ㉠ 무엇을 종교로 인정할 것인가, 종교적 신념을 행사하는 데 있어 어느 정도로 제한할 것인가의 문제에서 시작하여, 법원은 현저한 국가이익의 존재와 최소한의 제재적 대안이라는 매우 엄격한 기준을 주문하고 있다.
  ㉡ 수용자의 종교의 자유를 제한하기 위해서는 교정당국에 제한되는 자유에 못지 않게 중요한 목적이 있어야 하고, 주어진 제재가 가능한 대안 중 최소한의 제한적인 수단이라는 것을 증명할 수 있어야 한다.
⑤ 잔혹하고 비정상적인 처벌을 받지 않을 권리
  ㉠ 일반적 양식에 비추어 충격적이거나 인간의 존엄성을 위협하는 형태의 처벌을 받지 않을 권리를 말한다.
  ㉡ 합법적인 행형목표를 위한 훈육과 징벌 등이 그 목표를 추구하는 데 필요 이상일 때 잔혹하고 비정상적인 처벌이 된다.
⑥ 처우받을 권리와 거부할 권리
  ㉠ **처우받을 권리**: 대부분의 처우가 수용자에 대한 일종의 보상 또는 특전으로 인식되는 경우가 많았기 때문에 권리라고 인식되기 쉽지 않았다.
  ㉡ **거부할 권리**: 처우라는 것이 수용자를 더 오래 구금하는 장치에 지나지 않으며, 수용자에 대한 중산층 윤리와 정신을 심어주기 위한 것밖에 안 된다는 인식하에 수용자가 처우되는 것을 거절할 권리뿐만 아니라 그로 인하여 처벌받지 않을 권리도 인정되어야 한다는 주장이다.
  ㉢ **논쟁의 경중**: 교육훈련이나 태도, 습관, 행동의 변화를 추구하는 처우에 대해서는 수용자의 처우 받지 않을 권리에 대한 논쟁이 약한 반면, 약물치료와 같은 강제적 처우에 대해서는 처우 받지 않을 권리 또는 이를 거부할 수 있는 권리가 중요시되고 있다.

06 수용자 권리운동의 평가

(1) 법원의 개입과 성과
① **긍정적 효과**: 다양한 형태의 수형자 권리증진운동이 교정에 대한 사법부의 개입이라는 단순한 결과 이상을 얻었다는 사실에는 아무런 이의가 없을 정도로 교정에 지대한 영향을 미쳤다.
② **부정적 효과**: 헌법이 요구하는 대로의 교정시설을 정확하게 설치하고 운영하는 것이 반드시 더 안전하고 정상적인 환경을 조성하는 것은 아니다. 차별적 처우를 금지하게 되면 현대교정이 요구하는 개별처우는 불가능해진다.

(2) 쟁송 전후의 혼란과 갈등
① 소송을 전후하여 혼란이 있기 마련인데 그 혼란은 소송 그 자체에 기인할 수 있고 소송을 야기시켰던 조건 그 자체가 갈등과 무질서의 원인일 수도 있다.
② 또한 쟁송이 끝나고 권리구제가 명해졌을 때 그 구제로 인하여 수용자들이 갖는 긍정적인 변화에 대한 기대감이 증대되는데, 교정시설의 변화가 기대에 못 미칠 때 난동과 혼란이 초래될 수도 있다.

(3) 쟁송의 긍정적 측면
① 교정당국은 수용자에 의한 쟁송에 매우 긍정적으로 협조하는 경우도 있다.
② 수용자의 쟁송을 교정시설의 필요한 자원을 마련할 수 있는 기회로 삼아 입법부나 예산당국에 대한 압력으로 활용할 수 있기 때문이다.

📋 제이콥스(Jacobs)의 수형자 권리운동의 결과(1980)

1. 소송에 대한 두려움으로 교정당국에서는 그들의 모든 행동을 문서화하는 등 관료주의화되었다.
2. 수형자의 소송에 대비하기 위해서 교정인력이 법률과 관리 분야의 전문가를 요청하게 되었고 수형자를 위한 절차적 안전장치를 제공하게 되었다.
3. 적법절차와 실질적 권리의 쟁의는 수형자에게는 힘을 주는 반면, 교도관의 사기를 저하시키는 결과를 초래하였다.
4. 수형자들이 과거에 비해 보다 정치적인 성향을 띠게 되었다. 법원에서의 승소는 미래에 대한 기대감을 증대시키지만 증대된 기대감은 소송을 통해서 실제로 얻어진 것에 미치지 못하게 되어 결국은 실망하고 때로는 무질서와 혼란을 야기시키기도 하였다.
5. 수형자를 다루고 통제하기가 보다 어려워졌기 때문에 수형자 관리와 통제를 위한 기술적 발전을 가져오게 되었다.
6. 수형자와 교정시설 및 교정에 대한 언론과 일반시민의 관심이 커졌다. 그 결과 교정시설의 문이 많이 개방되어 교정에 대한 외부의 감시가 넓어지고 강해졌다고 볼 수 있다.
7. 교정당국이 교정에 대한 기준을 개발하게 되었다. 물론 이에 대해서 혹자는 법원보다 한 발 앞서기 위한 시도로 보기도 하지만, 일부에서는 교정시설의 조건을 개선하기 위한 숭고한 관심에서 나온 것으로 이해하고 있다.

▶ 미국에서 수형자 권리운동의 결과로 나타난 가장 대표적인 현상은 교도소의 민주화이다.

단원별 지문 O X

01 복수적 위하단계에서의 수형자는 복수와 응보의 대상으로 법의 보호 밖에 있는 자로 보고 권리의 주체성을 부인하였고, 수형자는 단순한 형집행의 대상에 불과하였다. (   )

02 18세기 후반에는 계몽사상에 의하여 가혹한 신체형이나 사형제도는 쇠퇴하면서 수형자는 권리의 주체라는 관념이 성립되었다. (   )

03 불간섭주의(hands-off doctrine)란 수형자의 생활조건을 개선하는 데 중점을 두었지만, 19세기 말에 이르기까지 수형자는 법적 보호의 주체 및 권리의 주체로 인정되지 않았음을 의미한다. (   )

04 적법절차에 의해 처우받을 권리는 수용자 처우에 있어 적법절차가 준수되어야 함을 의미하며, 이는 교도관의 모든 재량권을 통제하고, 일부 자의적 결정을 줄이고 결정에 대한 검증의 기회를 제공할 수 있다. (   )

05 교정행정에 대한 법원의 개입은 다양한 형태의 수형자 권리증진운동이 교정에 대한 사법부의 개입이라는 단순한 결과 이상을 얻었다는 사실에는 아무런 이의가 없을 정도로 교정에 지대한 영향을 미쳤다. (   )

06 교정관행에 대한 법원의 개입은 교정행정에 대한 부정적 효과는 없다고 할 수 있다. (   )

07 수용자에 의한 쟁송결과 교정행정에 긍정적 측면과 부정적 측면 모두를 가져왔다고 할 수 있다. (   )

---

01 ○

02 ✕   18세기 후반에는 계몽사상에 의하여 가혹한 신체형이나 사형제도는 쇠퇴하였으나, 수형자는 권리의 주체라는 관념은 생성되지 않았다.

03 ○

04 ✕   적법절차에 의해 처우받을 권리는 수용자 처우에 있어 적법절차가 준수되어야 함을 의미하며, 이는 교도관의 모든 재량권을 통제하지는 않지만 일부 자의적 결정을 줄이고 결정에 대한 검증의 기회를 제공할 수 있다.

05 ○

06 ✕   헌법이 요구하는 대로의 교정시설을 정확하게 설치하고 운영하는 것이 반드시 더 안전하고 정상적인 환경을 조성하는 것은 아니다. 차별적 처우를 금지하게 되면 현대교정이 요구하는 개별처우는 불가능해진다.

07 ○   쟁송 후 권리구제가 명해졌을 때 그 구제로 인하여 수용자들이 갖는 긍정적인 변화에 대한 기대감이 증대되는데, 교정시설의 변화가 기대에 못 미칠 때 난동과 혼란이 초래될 수도 있는 부정적 측면과 수용자의 쟁송이 교정시설의 필요한 자원을 마련할 수 있는 기회로 삼아 입법부나 예산당국에 대한 압력으로 활용할 수 있는 긍정적 측면이 있다.

제2절 수용자 권리구제 실제

★ 핵심정리 권리구제 수단의 구분 [2020. 7급] 총 5회 기출

구분	비사법적(행정) 구제수단		사법적 구제수단
내용	• 청원 • 행정심판 • 감사원심사 청구	• 소장면담 • 국가인권위원회 진정 • 옴브즈만 제도	• 행정소송 • 민·형사소송 • 헌법소원
의의	행정적 문제는 행정절차로 처리하는 것이 바람직		소송은 권리구제 수단으로 가장 확실하게 인식
장점	• 수용자의 불평과 불만에 대한 효과적인 반응 • 문제가 심화되기 전에 신속한 처리 가능 • 법원에 의한 강제 해결보다 수용자에게 더 큰 의미 부여		공정한 제3자에 의한 구제
단점	교정당국에서 타협의 산물로 처우상의 이익을 주어 형평성에 위배될 가능성		• 많은 시간과 경비 소요 • 수용자와 교정당국과의 깊은 갈등유발 • 교정당국은 지도력 상실의 상처 • 수용자 자신을 대변할 능력·여건 부족 • 소송에 이긴 경우에도 해결에는 상당한 시간이 필요

▶ 법 제118조【불이익처우 금지】수용자는 청원, 진정, 소장과의 면담, 그 밖의 권리구제를 위한 행위를 하였다는 이유로 불이익한 처우를 받지 아니한다. [2020. 9급] 총 3회 기출

01 비사법적 권리구제

★ 핵심정리 수용자 권리구제

소장면담	청원	정보공개	진정
소장	장, 순, 지	장, 지, 소	인권위 인권국
처우에 관하여	처우불복	정보공개	인권침해나 차별처우
×	×	×	×
제외사유(예외)	제한없음	비용선납	제한없음

(1) 소장면담

주로 교도관의 위법·부당한 행위를 시정하는 데 있어 청원이나 소송을 제기하기 전 조속한 시정을 호소하는 제도이다.

제116조【소장 면담】① 수용자는 그 처우에 관하여 소장에게 면담을 신청할 수 있다. [2024. 7급 승진]
② 소장은 수용자의 면담신청이 있으면 다음 각 호의 어느 하나에 해당하는 사유가 있는 경우를 제외하고는 면담을 하여야 한다.

[소장면담 제외사유](법 제116조 제2항) [2020. 9급] 총 11회 기출
1. 정당한 사유 없이 면담사유를 밝히지 아니하는 때
2. 면담목적이 법령에 명백히 위배되는 사항을 요구하는 것인 때
3. 동일한 사유로 면담한 사실이 있음에도 불구하고 정당한 사유 없이 반복하여 면담을 신청하는 때
4. 교도관의 직무집행을 방해할 목적이라고 인정되는 상당한 이유가 있는 때

③ 소장은 특별한 사정이 있으면 소속 교도관으로 하여금 그 면담을 대리하게 할 수 있다. 이 경우 면담을 대리한 사람은 그 결과를 소장에게 지체 없이 보고하여야 한다. [2024. 7급 승진] 총 7회 기출

④ 소장은 면담한 결과 처리가 필요한 사항이 있으면 그 처리결과를 수용자에게 알려야 한다. [2023. 7급] 총 3회 기출

[시행령]

제138조【소장 면담】 ① 소장은 법 제116조 제1항에 따라 수용자가 면담을 신청한 경우에는 그 인적사항을 면담부에 기록하고 특별한 사정이 없으면 신청한 순서에 따라 면담하여야 한다.

② 소장은 제1항에 따라 수용자를 면담한 경우에는 그 요지를 면담부에 기록하여야 한다. [2024. 7급 승진]

③ 소장은 법 제116조 제2항 각 호의 어느 하나에 해당하여 수용자의 면담 신청을 받아들이지 아니하는 경우에는 그 사유를 해당 수용자에게 알려주어야 한다. [2024. 7급 승진] 총 2회 기출

⊕ PLUS 소장면담 전·후 기록과 통지

면담 전에는 인적사항을 면담부에 기록하고, 면담 후에는 그 요지(그 처리결과×)를 면담부에 기록함

면담후 처리결과 통지 (법 제116조 제4항)	소장은	면담한 결과 처리가 필요한 사항이 있으면	그 처리결과를	수용자에게 알려야 한다.
불응시의 사유통지 (영 제138조 제3항)		수용자의 면담 신청을 받아들이지 아니하는 경우에는	그 사유를	해당 수용자에게 알려주어야 한다.

⚖ 판례 ┃

[1] 소장면담 요구를 거절한 교도관의 직무유기죄 성립여부(소극)

청구인은 교도관들에게 소장 면담 절차를 밟아 줄 것을 몇 차례 요구하였으나, 청구인이 면담사유를 밝히지 않는다거나 또는 3급수인 청구인에게는 전화사용이 허락될 수 없으므로 전화사용 허락을 받기 위한 소장면담은 소용이 없다는 등의 이유로 거절하였다. 교도관은 면담요청사유를 파악하여 상관에 보고하여야 할 직무상 의무가 있고, 수형자에 대하여 형벌을 집행하고 그들을 교정교화하는 임무를 띠고 있는 자들이므로, 청구인이 교도소장을 면담하려는 사유가 무엇인지를 구체적으로 파악하여 교도소장 면담까지 하지 않더라도 그들 자신이나 그 윗선에서 단계적으로 해결할 수 있는 사항인지 혹은 달리 해결을 도모하여야 할 사항인지의 여부를 먼저 확인하는 것이 마땅하고, 또한 전화통화요구와 같이 교도소장을 면담하여도 허락받지 못할 것이 확실시되는 사항에 대하여는 무용한 시도임을 알려 이를 포기토록 하는 것 또한 그들의 직무의 하나라고 할 것이지, 청구인이 교도소장 면담을 요청한다고 하여 기계적으로 그 절차를 밟아주어야 하고 그렇게 하지 아니하는 경우 곧바로 형법상의 직무유기죄가 성립한다고 할 수 없다(헌재 2001.5.31. 2001헌마85). [2021. 6급 승진] 총 2회 기출

[2] 국민의 신청에 대한 행정청의 거부행위가 헌법소원심판의 대상인 공권력의 행사가 되기 위해서는 국민이 행정청에 대하여 신청에 따른 행위를 해 줄 것을 요구할 수 있는 권리가 있어야 하는데, 수용자에게 특정 교도관(보안과장)과의 면담을 신청할 권리가 있다고 할 수 없으므로, 특정 교도관 면담신청거부행위는 헌법소원의 대상이 되는 공권력의 행사에 해당하지 아니한다(헌재 2013.7.2. 2013헌마388).

[3] 교도소장의 접견불허처분에 대한 헌법소원은 구제절차를 거친 후에 하여야 하는지 여부(적극)

미결수용자 접견신청에 대한 교도소장의 불허처분에 대하여는 행정심판법, 행정소송법에 의하여 행정심판, 행정소송이 가능할 것이므로 이러한 구제절차를 거치지 아니하고 제기한 헌법소원은 부적법하다(헌재 1998.2.27. 96헌마179).

(2) 청원

① **의의**
  ⊙ 수용자의 청원권 보장을 위해 청원법과는 별도로 형의 집행 및 수용자의 처우에 관한 법률에 절차 등에 관한 규정을 두고 있다.
  ⊙ 수용자가 교도소 등의 처우에 불복이 있을 때 이를 해결하기 위하여 법무부장관이나 관할 지방교정 청장 또는 순회점검공무원에게 호소하여 적절한 구제를 요구하는 것이다.

② **청원권자**
  ⊙ 수형자, 미결수용자, 내·외국인을 불문하고 형집행법상 수용자이면 누구나 청원을 할 수 있다. [2020. 7급]
  ⊙ 석방된 자는 형집행법의 적용대상이 아니므로 청원할 수 없다. 다만, 수용 중 관계법규에 의해 일시적으로 석방된 구속집행정지자, 형집행정지자, 보석출소자 등은 청원이 가능하다고 보는 견해가 있다.

③ **청원사항**
  ⊙ 청원자 본인에 대한 교도소장의 위법·부당한 처우로 인해 권리가 침해된 경우
  ⊙ 교도소장 등의 (不)작위로 인해 권리가 침해된 경우
  ⊙ 권리침해의 우려가 있는 경우 등

④ **청원 제한사항**: 본인의 이익과 관계없는 다른 수용자에 대한 사항(대리청원 금지), 행형제도 전반에 관한 개선의견, 감정적 의견, 막연한 희망의 표시, 집단 공동청원 등은 제한된다.

⑤ **청원의 효과**: 청원의 제기만으로 당해 처분의 정지와 같은 효과는 발생하지 않으며(집행부정지원칙), 법무부장관의 지휘감독권 발동을 기대하는 데 불과하다. 따라서 청원이 채택되더라도 즉시 당해 처분이 무효 또는 취소되는 효과는 없으며 당해 소장 또는 상급감독청의 취소명령이 있음으로써 그 효력이 발생하고 이때 소장의 취소명령은 반드시 문서로 할 필요는 없다.

제117조【청원】 ① 수용자는 그 처우에 관하여 불복하는 경우 법무부장관·순회점검공무원 또는 관할 지방교정청장에게 청원할 수 있다. [2023. 7급] 총 18회 기출
② 제1항에 따라 청원하려는 수용자는 청원서를 작성하여 봉한 후 소장에게 제출하여야 한다. 다만, 순회점검공무원에 대한 청원은 말로도 할 수 있다.
③ 소장은 청원서를 개봉하여서는 아니 되며, 이를 지체 없이 법무부장관·순회점검공무원 또는 관할 지방교정청장에게 보내거나 순회점검공무원에게 전달하여야 한다. [2019. 9급] 총 6회 기출
④ 제2항 단서에 따라 순회점검공무원이 청원을 청취하는 경우에는 해당 교정시설의 교도관이 참여하여서는 아니 된다. [2023. 7급] 총 25회 기출
⑤ 청원에 관한 결정은 문서로 하여야 한다. [2018. 6급 승진] 총 9회 기출
⑥ 소장은 청원에 관한 결정서를 접수하면 청원인에게 지체 없이 전달하여야 한다. [2016. 7급] 총 5회 기출

[시행령]

제139조【순회점검공무원에 대한 청원】 ① 소장은 법 제117조 제1항에 따라 수용자가 순회점검공무원(법 제8조에 따라 법무부장관으로부터 순회점검의 명을 받은 법무부 또는 그 소속기관에 근무하는 공무원을 말한다. 이하 같다)에게 청원하는 경우에는 그 인적사항을 청원부에 기록하여야 한다.
② 순회점검공무원은 법 제117조 제2항 단서에 따라 수용자가 말로 청원하는 경우에는 그 요지를 청원부에 기록하여야 한다.
③ 순회점검공무원은 법 제117조 제1항의 청원에 관하여 결정을 한 경우에는 그 요지를 청원부에 기록하여야 한다. [2023. 9급 경채] 총 2회 기출

④ 순회점검공무원은 법 제117조 제1항의 청원을 스스로 결정하는 것이 부적당하다고 인정하는 경우에는 그 내용을 법무부장관에게 보고하여야 한다.

⑤ 수용자의 청원처리의 기준·절차 등에 관하여 필요한 사항은 법무부장관이 정한다.

▶ 순회점검공무원에 대한 청원은 문서 또는 말로 할 수 있지만, 순회점검공무원의 결정은 반드시 문서로 하여야 한다.

⊕ PLUS 청원정리

말로 청원	소장(수용자 인적사항 청원부 기록) ⇨ 순회점검공무원(청원요지 청원부에 기록, 청원 결정을 한 경우 그 요지를 청원부에 기록)
서면 청원	봉함하여 소장에 제출 ⇨ 순회점검공무원 전달 ⇨ 스스로 결정 못하면 장관보고
	봉함하여 소장에 제출 ⇨ 장관 등에 보냄 ⇨ 결정서 지체 없이 전달

⊕ PLUS 비교·구분

형집행법	청원	순회점검공무원이 말로 하는 청원을 청취하는 경우에는 해당 교정시설의 교도관이 참여하여서는 아니 된다(제117조 제4항). ▶ 주의: 단서규정이 없음(즉, 보이는 거리에서 관찰·감시 규정 없음)
	변호인과의 접견	미결수용자와 변호인(변호인이 되려고 하는 사람을 포함)과의 접견에는 교도관이 참여하지 못하며 그 내용을 청취 또는 녹취하지 못한다. 다만, 보이는 거리에서 미결수용자를 관찰할 수 있다(제84조 제1항).
국가인권위원회법	시설의 방문조사	구금·보호시설의 직원은 위원 등이 시설수용자를 면담하는 장소에 참석할 수 있다. 다만, 대화 내용을 녹음하거나 녹취하지 못한다(제24조 제5항).
		위원 등이 시설수용자와 면담하는 장소에 입회하는 구금·보호시설의 직원은 위원 등의 승낙없이는 면담에 참여할 수 없으며, 자신의 의견을 개진하는 등의 방식으로 시설수용자의 진술을 방해하여서는 아니 된다(시행령 제4조 제3항).
	시설수용자의 진정권 보장	시설에 수용되어 있는 진정인(진정을 하려는 사람을 포함)과 위원 또는 위원회 소속 직원의 면담에는 구금·보호시설의 직원이 참여하거나 그 내용을 듣거나 녹취하지 못한다. 다만, 보이는 거리에서 시설수용자를 감시할 수 있다(제31조 제6항). [2020. 7급]

📋 청원법상 청원 vs 형집행법상 청원

구분	청원법	형집행법/수용자 청원처리지침
청원권자	일반국민	수용자
청원제출 기관	① 국가기관 ② 지방자치단체와 그 소속기관 ③ 법령에 의하여 행정권한 가진 법인·단체 　또는 그 기관이나 개인	① 법무부장관 ② 순회점검공무원 ③ 관할 지방교정청장
청원방법	문서(전자문서 포함)	서면, 순회점검공무원 서면 또는 말
청원사항	① 피해의 구제, 공무원의 징계요구 ② 법률·명령·조례·규칙 등 제정 등 ③ 공공의 제도 또는 시설의 운영 등	수용자의 처우에 관하여 불복하는 경우
제한사항	① 공동청원 - 인정 ○ ② 이중청원 - 반려할 수 있다.	① 공동청원 - 인정 × ② 이중청원 - 인정 ×
처리기한	특별한 사유가 없는 한 90일 이내, 부득이한 경 우 60일의 범위에서 1회 연장 가능	① 50일 이내 조사완료, 장관 or 청장보고 ② 신속구제 필요시 20일 범위 내 긴급조사지 　시, 접수 후 30일 내 결정 ③ 소장: 결정서 접수 시 지체없이 전달

▶ 헌법상 청원은 심사의무규정을, 청원법은 통지의무를 규정하고 있다. 헌법은 형식(문서주의)을, 청원법은 청원사항을 규정하고 있다.

⚖️ 판례 |

[1] 청구인이 이전에 수용되었던 구치소에서 "다른 수용자와 교도관의 규율위반행위를 신고하였다"는 이유로 형집행법에 근거한 포상을 요청하는 청원을 하고, 피청구인이 이를 수리·심사하여 그 결과를 통보하였다면, 비록 그 결정의 내용이 청구인이 기대하는 바에 미치지 못한다고 하더라도, 그러한 조치가 헌법소원의 대상이 되는 구체적인 공권력의 행사 내지 불행사에 해당한다고 볼 수 없다(헌재 2013.6.27. 2012헌마128).

[2] **청원이 헌법소원의 요건인 사전권리구제절차에 해당하는지 여부(소극)**
행형법 제6조의 청원제도(現. 형집행법 제117조)는 그 처리기관이나 절차 및 효력면에서 권리구제절차로서는 불충분하고 우회적인 제도이므로 헌법소원에 앞서 반드시 거쳐야 하는 사전구제절차라고 보기는 어렵고, 미결수용자에 대하여 재소자용 의류를 입게 한 행위는 이미 종료된 권력적 사실행위로서 행정심판이나 행정소송의 대상으로 인정되기 어려울 뿐만 아니라 소의 이익이 부정될 가능성이 많아 헌법소원심판을 청구하는 외에 달리 효과적인 구제방법이 없으므로 보충성의 원칙에 대한 예외에 해당한다(헌재 1999.5.27. 97헌마137).

(3) 수용자 정보공개청구

절차	내용
[법 제117조의2](정보공개청구)	
청구대상	① 수용자는 「공공기관의 정보공개에 관한 법률」에 따라 법무부장관, 지방교정청장 또는 소장에게 정보의 공개를 청구할 수 있다. [2023. 7급] 총 7회 기출
비용선납과 결정의 유예	② 현재의 수용기간 동안 법무부장관, 지방교정청장 또는 소장에게 제1항에 따른 정보공개청구를 한 후 정당한 사유 없이 그 청구를 취하하거나 「공공기관의 정보공개에 관한 법률」 제17조(청구인 비용부담원칙)에 따른 비용을 납부하지 아니한 사실이 2회 이상 있는 수용자가 제1항에 따른 정보공개청구를 한 경우에 법무부장관, 지방교정청장 또는 소장은 그 수용자에게 정보의 공개 및 우송 등에 들 것으로 예상되는 비용을 미리 납부하게 할 수 있다. [2020. 5급 승진] 총 7회 기출 **[제117조의2 제2항 해석]** • 정보공개청구를 한 후 정당한 사유 없이 그 청구를 취하한 사실이 2회 이상 있는 수용자가 정보공개청구를 한 경우 • 정보공개청구를 한 후 정당한 사유 없이 정보공개결정 후 정보공개 등에 소요되는 비용을 납부하지 아니한 사실이 2회 이상 있는 수용자가 정보공개청구를 한 경우 ▶ 같은 취지로 출제한 유형: 현재의 수용기간 동안 정보공개청구를 한 후 정당한 사유 없이 그 청구를 2회 이상 취하한 사실이 있는 수용자 甲이 소장에게 정보공개를 청구하였다. 다음 설명 중 현행법령상 가장 옳은 것은? [2013. 7급 승진] ③ 제2항에 따라 정보의 공개 및 우송 등에 들 것으로 예상되는 비용을 미리 납부하여야 하는 수용자가 비용을 납부하지 아니한 경우 법무부장관, 지방교정청장 또는 소장은 그 비용을 납부할 때까지 「공공기관의 정보공개에 관한 법률」 제11조에 따른 정보공개 여부의 결정을 유예할 수 있다. ④ 제2항에 따른 예상비용의 산정방법, 납부방법, 납부기간, 그 밖에 비용납부에 관하여 필요한 사항은 대통령령으로 정한다.
[시행령](제139조의2)	
예상비용	① 법 제117조의2 제2항에 따른 예상비용은 「공공기관의 정보공개에 관한 법률 시행령」 제17조에 따른 수수료와 우편요금(공개되는 정보의 사본·출력물·복제물 또는 인화물을 우편으로 송부하는 경우로 한정한다)을 기준으로 공개를 청구한 정보가 모두 공개되었을 경우에 예상되는 비용으로 한다.
비용납부절차	② 법무부장관, 지방교정청장 또는 소장은 법 제117조의2 제2항에 해당하는 수용자가 정보공개의 청구를 한 경우에는 청구를 한 날부터 7일 이내에 제1항에 따른 비용을 산정하여 해당 수용자에게 미리 납부할 것을 통지할 수 있다. [2020. 5급 승진] 총 3회 기출 ③ 제2항에 따라 비용납부의 통지를 받은 수용자는 그 통지를 받은 날부터 7일 이내에 현금 또는 수입인지로 법무부장관, 지방교정청장 또는 소장에게 납부하여야 한다. ④ 법무부장관, 지방교정청장 또는 소장은 수용자가 제1항에 따른 비용을 제3항에 따른 납부기한까지 납부하지 아니한 경우에는 해당 수용자에게 정보공개 여부 결정의 유예를 통지할 수 있다. ⑤ 법무부장관, 지방교정청장 또는 소장은 제1항에 따른 비용이 납부되면 신속하게 정보공개 여부의 결정을 하여야 한다. [2013. 7급] ⑥ 법무부장관, 지방교정청장 또는 소장은 비공개 결정을 한 경우에는 제3항에 따라 납부된 비용의 전부를 반환하고 부분공개 결정을 한 경우에는 공개 결정한 부분에 대하여 드는 비용을 제외한 금액을 반환하여야 한다. [2014. 7급] 총 2회 기출
납부 전 공개여부 결정	⑦ 제2항부터 제5항까지의 규정에도 불구하고 법무부장관, 지방교정청장 또는 소장은 제1항에 따른 비용이 납부되기 전에 정보공개 여부의 결정을 할 수 있다. [2014. 7급] 총 2회 기출
위임	⑧ 제1항에 따른 비용의 세부적인 납부방법 및 반환방법 등에 관하여 필요한 사항은 법무부장관이 정한다.

판례

[1] 교도소에 수용 중이던 수용자가 담당 교도관들을 상대로 가혹행위를 이유로 형사고소 및 민사소송을 제기하면서 그 증명자료 확보를 위해 근무보고서와 징벌위원회 회의록 등의 정보공개를 요청하였으나 교도소장이 이를 거부한 사안에서, 근무보고서는 비공개대상정보에 해당한다고 볼 수 없고, 징벌위원회 회의록 중 비공개 심사·의결 부분은 비공개사유에 해당하지만 수용자의 진술, 위원장 및 위원들과 수용자 사이의 문답 등 징벌절차 진행 부분은 비공개사유에 해당하지 않는다고 보아 분리 공개가 허용된다(대법원 2009.12.10. 2009두12785). [2023. 5급 승진] [2018. 5급 승진]

[2] 정보공개제도는 공공기관이 보유·관리하는 정보를 그 상태대로 공개하는 제도로서 공개를 구하는 정보를 공공기관이 보유·관리하고 있을 상당한 개연성이 있다는 점에 대하여 원칙적으로 공개청구자에게 증명책임이 있다고 할 것이지만, 공개를 구하는 정보를 공공기관이 한 때 보유·관리하였으나 후에 그 정보가 담긴 문서 등이 폐기되어 존재하지 않게 된 것이라면 그 정보를 더 이상 보유·관리하고 있지 아니하다는 점에 대한 증명책임은 공공기관에게 있다(대법원 2004.12.9. 2003두12707). [2023. 5급 승진]

(4) 국가인권위원회법에 의한 구제

① 국가인권위원회의 구성

ㄱ 위원회는 위원장 1명과 상임위원 3명을 포함한 11명의 인권위원으로 구성한다(법 제5조 제1항).

ㄴ 위원은 국회가 선출하는 4명(상임위원 2명을 포함), 대통령이 지명하는 4명(상임위원 1명을 포함), 대법원장이 지명하는 3명을 대통령이 임명한다(법 제5조 제2항).

② 시설의 방문조사

방문조사	1. 방문조사 의결: 위원회(상임위원회와 소위원회를 포함)는 필요하다고 인정하면 그 의결로써 구금·보호시설을 방문하여 조사할 수 있다(법 제24조 제1항).
조사의 방법	2. 방문조사 위원: 필요한 경우 소속 직원 및 전문가 동반 가능, 구체적인 사항을 지정하여 소속 직원 및 전문가에게 조사 위임 가능(위임받은 전문가 조사시 소속직원 동반)(법 제24조 제2항).
조사의 방법	3. 조사방법(시행령 제3조 제3항) • 구금·보호시설의 직원이나 시설수용자 등의 진술을 듣는 일 • 구금·보호시설의 장 또는 관리인에게 필요한 자료의 제출을 요구하고 이를 받는 일 • 녹음, 녹화, 사진촬영, 시설수용자의 건강상태조사 등 필요한 물건·사람·장소 그 밖의 상황을 확인하는 일 4. 구술이나 서면: 위원 등은 시설수용자와 면담할 수 있고 구술 또는 서면으로 사실이나 의견을 진술하게 할 수 있다(법 제24조 제4항).
시설직원의 참석과 금지사항	5. 녹음·녹취 금지: 구금·보호시설의 직원은 위원 등이 시설수용자를 면담하는 장소에 참석할 수 있다. 다만, 대화 내용을 녹음하거나 녹취하지 못한다(법 제24조 제5항). 6. 시설직원 인원수 제한: 시설수용자와 면담하는 경우 면담장소에 입회하는 구금·보호시설의 직원의 수를 제한하도록 요구할 수 있으며, 구금·보호시설의 장 또는 관리인은 특별한 사유가 없는 한 이에 응하여야 한다(시행령 제4조 제2항). 7. 면담 참여제한 및 진술 방해금지: 시설수용자와 면담하는 장소에 입회하는 구금·보호시설의 직원은 위원 등의 승낙없이는 면담에 참여할 수 없으며, 자신의 의견을 개진하는 등의 방식으로 시설수용자의 진술을 방해하여서는 아니 된다(시행령 제4조 제3항).

면담조사 이후의 조치	8. 면담시설수용자 보호: 시설수용자를 면담하는 위원은 면담을 하였다는 이유로 구금·보호시설의 직원 또는 시설수용자가 신체·건강상의 위해 그 밖의 불이익을 받을 우려가 있는 경우 구금·보호시설의 장 또는 관리인에게 이를 방지하기 위한 조치를 취하여 줄 것을 요청할 수 있다(시행령 제5조 제1항). 9. 통보의무: 구금·보호시설의 장 또는 관리인은 조치를 취한 때에는 그 내용을 위원회에 즉시 통보하여야 한다(시행령 제5조 제2항).

③ 시설수용자의 진정권 보장

진정과 조사	1. 진정권 보장: 인권침해나 차별행위를 당한 사람 또는 그 사실을 알고 있는 사람이나 단체는 위원회에 그 내용을 진정할 수 있다(법 제30조 제1항). 2. 직권조사권: 위원회는 진정이 없는 경우에도 인권침해나 차별행위가 있다고 믿을 만한 상당한 근거가 있고 그 내용이 중대하다고 인정할 때에는 직권으로 조사할 수 있다(법 제30조 제3항).
진정절차	3. 진정 편의 제공: 시설수용자가 위원회에 진정하려고 하면 그 시설에 소속된 공무원 또는 직원(소속공무원 등)은 그 사람에게 즉시 진정서 작성에 필요한 시간과 장소 및 편의를 제공하여야 한다(법 제31조 제1항). 4. 진정서 접수: 소속공무원 등은 시설수용자가 작성한 진정서를 즉시 위원회에 보내고 위원회로부터 접수증명원을 받아 이를 진정인에게 내주어야 한다(법 제31조 제3항). 5. 진정방법 고지: 구금·보호시설의 장 또는 관리인은 시설수용자를 최초로 보호·수용하는 때에는 시설수용자에게 인권침해사실을 위원회에 진정을 할 수 있다는 뜻과 그 방법을 고지하여야 하고, 그 안내서를 시설수용자가 상시로 열람할 수 있는 곳에 비치하여야 한다(시행령 제6조).
진정절차	6. 진정함 설치·운용: 구금·보호시설의 장은 구금·보호시설 안의 적절한 장소에 진정함을 설치하고, 용지·필기도구 및 봉함용 봉투를 비치하여야 한다(위원회에 진정함 설치장소 통보). 시설수용자가 직접 진정서를 봉투에 넣고 이를 봉함한 후 진정함에 넣을 수 있도록 하고 매일 지정된 시간에 확인, 지체없이 위원회에 송부하여야 한다.
면전진정	7. 면전진정 통지: 시설수용자가 위원 또는 위원회 소속 직원 앞에서 진정하기를 원하는 경우 소속공무원 등은 즉시 그 뜻을 위원회에 통지하여야 한다. 통지에 대한 위원회의 확인서 및 면담일정서는 발급받는 즉시 진정을 원하는 시설수용자에게 내주어야 한다(법 제31조 제2항, 제3항 후단). 8. 면전진정 신청 또는 직권 접수: 통지를 받은 경우 또는 시설수용자가 진정을 원한다고 믿을 만한 상당한 근거가 있는 경우 위원회는 위원 또는 소속 직원으로 하여금 구금·보호시설을 방문하게 하여 진정을 원하는 시설수용자로부터 구술 또는 서면으로 진정을 접수하게 하여야 한다(법 제31조 제4항 전단).
참여, 내용의 청취·녹취 금지	9. 직원참여 금지: 시설에 수용되어 있는 진정인(진정을 하려는 사람을 포함)과 위원 또는 위원회 소속 직원의 면담에는 구금·보호시설의 직원이 참여하거나 그 내용을 듣거나 녹취하지 못한다. 다만, 보이는 거리에서 시설수용자를 감시할 수 있다(법 제31조 제6항). [2020. 7급]
진정서·서면의 열람금지	10. 진정서 열람금지: 소속공무원 등은 시설수용자가 위원회에 제출할 목적으로 작성한 진정서 또는 서면을 열람할 수 없다(법 제31조 제7항).

위원회가 보낸 서면의 열람금지	11. 특정서면 열람금지: 구금 · 보호시설에 소속된 공무원 또는 직원은 위원회 명의의 서신을 개봉한 결과 당해 서신이 위원회가 진정인인 시설수용자에게 발송한 서신임이 확인된 때에는 당해 서신중 위원회가 열람금지를 요청한 특정서면은 이를 열람하여서는 아니 된다(시행령 제8조). ▶ 비교 · 구분: 소장은 법원·경찰관서, 그 밖의 관계기관에서 수용자에게 보내온 문서는 다른 법령에 특별한 규정이 없으면 열람한 후 본인에게 전달하여야 한다(형집행법시행령 제67조).
진정서의 작성 및 제출 (시행령 제9조)	12. 자유로운 진정서 작성과 제출을 위한 절차와 방법(법 제31조 제8항). • [진정서 작성의 보장] 시설수용자가 위원회에 보내는 진정서 그 밖의 서면의 작성 의사를 표명한 때에는 구금 · 보호시설의 장 또는 관리인은 이를 금지하거나 방해하여서는 아니 된다. • [작성의사 진정서 폐기금지] 시설수용자가 위원회에 보내기 위하여 작성중이거나 소지하고 있는 진정서 또는 서면을 열람 · 압수 또는 폐기하여서는 아니 된다. 다만, 미리 작성의사를 표명하지 아니하고 작성중이거나 소지하고 있는 문서의 경우에는 그러하지 아니하다. • [조사, 징벌중 진정보장] 시설수용자가 징벌혐의로 조사를 받고 있거나 징벌을 받고 있는 중이라는 이유로 위원회에 보내기 위한 진정서 또는 서면을 작성하거나 제출할 수 있는 기회를 제한하는 조치를 하여서는 아니 된다.

🗐 비교 · 구분

(의결에 의한) 방문조사	수용자 면담: 참석(입회) ○, 참여 ×, 대화내용 녹음 · 녹취 ×
(진정에 의한) 면전진정	진정인 면담: 참석(입회) ×, 참여 ×, 감시 ○, 대화내용 청취 · 녹취 ×

(5) 행정심판의 청구
① 행정청의 처분 또는 부작위는 다른 법률에 특별한 규정이 있는 경우를 제외하고는 행정심판법에 의하여 그 심판을 청구할 수 있다(행정심판법 제3조 제1항).
② 수용자는 일선 교정시설의 직근 상급행정기관인 관할 지방교정청장에게 행정심판을 청구할 수 있다.
③ 현재 전국 4개 지방교정청에 행정심판위원회가 각각 구성되어 있다.

(6) 감사원심사 청구
감사원의 감사를 받는 자의 직무에 관한 처분이나 그 밖의 행위에 관하여 이해관계가 있는 자는 감사원에 그 심사의 청구를 할 수 있다(감사원법 제43조 제1항).

(7) 기타 권리구제

① **옴부즈만제도** [2023. 9급]

    ㉠ 정부관리에 대한 시민의 불평을 조사할 수 있는 권한을 가진 스웨덴의 공무원에서 유래되어, 미국의 경우 교정분야의 분쟁해결제도 중 가장 많이 활용되는 것의 하나가 되었다.

    ㉡ 대체로 법원소송과 내부분쟁해결의 중간쯤에 위치한 것으로 간주되고 있으며, 독립성, 비당파성(비정치성), 그리고 전문성이 바로 성공적인 옴부즈만의 요건으로 지적되어 왔다.

    ㉢ 옴브즈만의 독립성과 전문성을 확보하기 위해서는 옴브즈만은 교정당국이 아닌 외부기관에 의해서 임명되고 지원되어야 한다.

    ㉣ 우리나라는 교정옴브즈만제도의 시행을 시도한 바 있으나 현재는 중단된 상태이다.

② **중재**(mediation): 중립적인 제3자인 중재자가 양 당사자의 차이점을 해소하도록 도와주는 합의적 · 자립적인 과정으로, 법률자문을 구하기 힘든 대부분의 수용자에게 유리한 점이 많은 제도이다. 지역사회분쟁조정센터와 같은 제도가 대표적인 예로, 분쟁의 내용이 행정적인 해결을 요하는 경우에도 효과적이며, 문제의 실상을 파악할 수 있고 양자가 합의할 수 있는 의미 있는 해결책을 찾는 데 도움을 줄 수 있으며 비용이 적게 든다는 점도 장점이다.

③ **수용자 불평처리위원회**: 노사관계에 있어서 일종의 고충 또는 불평처리위원회(inmate grievance committee)와 유사한 것으로, 수용자들의 불평을 처리하는 공식적 행정절차이다. 현재 교정시설에서는 수용자의 처우상 불편사항을 신속하고 적절하게 처리하기 위해 수용자 불평처리위원회와 유사한 형태로 수용자고충처리반을 운영하고 있다.

02 사법적 권리구제

(1) 행정소송

① **의의**: 행정소송절차를 통하여 행정청의 위법한 처분 그 밖에 공권력의 행사 · 불행사 등으로 인한 국민의 권리 또는 이익의 침해를 구제하고, 공법상의 권리관계 또는 법적용에 관한 다툼을 적정하게 해결하기 위한 사법구제절차이다(행정소송법 제1조).

② 수용자는 교정당국에 의하여 위법하게 권리를 침해당한 경우 행정소송법에 의거하여 법원에 처분의 취소, 부작위 위법확인 등 항고소송을 통하여 권리를 구제 받을 수 있다.

③ 수용자는 행정심판을 거치지 않거나, 청원이나 행정심판 등이 기각된 경우에도 행정소송을 제기할 수 있다.

(2) 민사 · 형사소송의 제기

① 수용자는 교도관의 계호작용, 즉 강제력의 행사, 보호장비·무기의 사용 등에 있어 사용요건이나 절차상의 하자가 있을 때 불법한 처우를 이유로 당해 공무원이나 국가를 상대로 국가배상법에 의한 민사소송을 제기할 수 있다.

② 수용자는 당사자에 대한 형사처분을 구하는 소를 제기할 수 있다.

(3) 헌법소원의 제기

① 공권력의 행사 또는 불행사로 인하여 헌법상 보장된 기본권을 침해받은 자는 법원의 재판을 제외하고는 헌법재판소에 헌법소원심판을 청구할 수 있다.

② 다만, 다른 법률에 구제절차가 있는 경우에 그 절차를 모두 거친 후가 아니면 청구할 수 없다(보충성의 원칙)고 규정하여 수용자의 헌법소원제기를 보장하고 있다(헌법재판소법 제68조 제1항). [2013. 7급]

판례 |

[1] 집행유예기간 중인 자와 수형자의 선거권을 제한하고 있는 공직선거법 제18조 제1항 제2호 중 '유기징역 또는 유기금고의 선고를 받고 그 집행이 종료되지 아니한 자(수형자)'에 관한 부분과 '유기징역 또는 유기금고의 선고를 받고 그 집행유예기간 중인 자(집행유예자)'에 관한 부분 및 형법 제43조 제2항 중 수형자와 집행유예자의 '공법상의 선거권'에 관한 부분이 헌법 제37조 제2항에 위반하여 청구인들의 선거권을 침해하고, 보통선거원칙에 위반하여 평등원칙에도 어긋나는지 여부(적극)

심판대상조항은 집행유예자와 수형자에 대하여 전면적·획일적으로 선거권을 제한하고 있다. 심판대상조항의 입법목적에 비추어 보더라도, 구체적인 범죄의 종류나 내용 및 불법성의 정도 등과 관계없이 일률적으로 선거권을 제한하여야 할 필요성이 있다고 보기는 어렵다. 범죄자가 저지른 범죄의 경중을 전혀 고려하지 않고 수형자와 집행유예자 모두의 선거권을 제한하는 것은 침해의 최소성원칙에 어긋난다. 특히 집행유예자는 집행유예 선고가 실효되거나 취소되지 않는 한 교정시설에 구금되지 않고 일반인과 동일한 사회생활을 하고 있으므로, 그들의 선거권을 제한해야 할 필요성이 크지 않다. 따라서 심판대상조항은 청구인들의 선거권을 침해하고, 보통선거원칙에 위반하여 집행유예자와 수형자를 차별취급하는 것이므로 평등원칙에도 어긋난다.

수형자에 관한 부분의 위헌성은 지나치게 전면적·획일적으로 수형자의 선거권을 제한한다는 데 있다. 그런데 그 위헌성을 제거하고 수형자에게 헌법합치적으로 선거권을 부여하는 것은 입법자의 형성재량에 속하므로 심판대상조항 중 수형자에 관한 부분에 대하여 헌법불합치결정을 선고한다(헌재 2014.1.28. 2012헌마409). [2024. 7급 승진] 총 3회 기출

▶ 이 판례로 인해 형법 제43조 제2항 및 공직선거법 제18조 제1항 제2호가 개정되었다.

> **[공직선거법]**
>
> **제18조【선거권이 없는 자】** ① 선거일 현재 다음 각 호의 어느 하나에 해당하는 사람은 선거권이 없다.
> 2. 1년 이상의 징역 또는 금고의 형의 선고를 받고 그 집행이 종료되지 아니하거나 그 집행을 받지 아니하기로 확정되지 아니한 사람. 다만, 그 형의 집행유예를 선고받고 유예기간 중에 있는 사람은 제외한다.

[2] 교도소에 수용된 때에는 국민건강보험급여를 정지하도록 한 국민건강보험법 제49조 제4호가 수용자의 건강권, 인간의 존엄성, 행복추구권, 인간다운 생활을 할 권리를 침해하는지 여부(소극) (헌재 2005.2.24. 2003헌마31)

① 수용자의 의료보장수급권을 직접 제약하는 규정이 아니며, 입법재량을 벗어나 수용자의 건강권을 침해하거나 국가의 보건의무를 저버린 것으로 볼 수 없으므로 수용자의 건강권, 인간의 존엄성, 행복추구권, 인간다운 생활을 할 권리를 침해하는 것이라 할 수 없고, 위 조항이 미결수용자에게 있어서 무죄추정의 원칙에 위반된다고 할 수 없다. [2014. 7급]

② 수용자에게 보험급여가 정지되는 경우 보험료 납부의무도 면제되므로, 수급자의 자기기여가 없는 상태에서 수용자가 위 조항을 재산권 침해로 다툴 수도 없다.

[3] 국가배상책임에서 공무원의 가해행위는 법령을 위반한 것이어야 하는데, 여기서 법령을 위반하였다 함은 엄격한 의미의 법령 위반뿐 아니라 인권존중, 권력남용금지, 신의성실과 같이 공무원으로서 마땅히 지켜야 할 준칙이나 규범을 지키지 않고 위반한 경우를 포함하여 널리 그 행위가 객관적인 정당성을 결여하고 있음을 뜻한다. 따라서 교정시설 수용행위로 인하여 수용자의 인간으로서의 존엄과 가치가 침해되었다면 그 수용행위는 공무원의 법령을 위반한 가해행위가 될 수 있다(대법원 2022.7.14. 2017다266771).

[4] 일석점호 시에 甲이 번호를 잘못 불렀기 때문에 단체기합을 받은 것이 사실이라면 그들이 혹시 그 분풀이로 甲에 대하여 폭행 등 위해를 가할지도 모를 것이 예상된다 할 것이고, 이와 같은 경우에는 교도소 직원으로서는 통례적인 방법에 의한 감시에 그칠 것이 아니라 특별히 세심한 주의를 다하여 경계함으로써 그와 같은 사고의 발생을 미연에 방지할 직무상의 의무가 있으므로 이를 태만히 한 경우에는 교도소 직원에게 직무상 과실이 있다(대법원 1979.7.10. 79다521).

[5] 교정공무원은 범죄자를 상대로 하기 때문에 근무 중 법령을 준수하여야 할 의무가 보다 강하게 요구되는데 교정공무원인 원고가 야간근무 중 법령에 위배하여 재소자에게 3회에 걸쳐 담배 등을 그것도 1회는 양담배까지 제공하였다면 원고가 8년간 성실하게 근무하였고 또한 생활이 곤란하여 딱한 처지에 있다는 사유만으로 원고에 대한 파면처분이 재량권을 남용하였거나 그 한계를 일탈하였다고 볼 수 없다(대법원 1984.10.10. 84누464).

[6] 교도소 수용자에게 반입이 금지된 일용품 등을 전달하여 주고 그 가족 등으로부터 금품 및 향응을 제공받은 교도관에 대한 해임처분이 적법하다(대법원 1998.11.10. 98두12017).

[7] 형집행법 및 교도관직무규칙의 규정과 구치소라는 수용시설의 특성에 비추어 보면, 공휴일 또는 야간에는 소장을 대리하는 당직간부에게는 구치소에 수용된 수용자들의 생명·신체에 대한 위험을 방지할 법령상 내지 조리상의 의무가 있다고 할 것이고, 이와 같은 의무를 직무로서 수행하는 교도관들의 업무는 업무상과실치사죄에서 말하는 업무에 해당한다(대법원 2007.5.31. 2006도3493).

[8] 교도소 내에서 수용자가 자살한 사안에서, 담당 교도관은 급성정신착란증의 증세가 있는 망인의 자살사고의 발생위험에 대비하여 보호장비의 사용을 그대로 유지하거나 또는 보호장비의 사용을 일시 해제하는 경우에는 CCTV상으로 보다 면밀히 관찰하여야 하는 등의 직무상 주의의무가 있음에도 이를 위반하였다(대법원 2010.1.28. 2008다75768). [2024. 6급 승진]

[9] 교도소 등의 구금시설에 수용된 피구금자는 스스로 의사에 의하여 시설로부터 나갈 수 없고 행동의 자유도 박탈되어 있는바, 그 시설의 관리자는 피구금자의 생명, 신체의 안전을 확보할 의무가 있는바, 그 안전확보의무의 내용과 정도는 피구금자의 신체적·정신적 상황, 시설의 물적·인적 상황, 시간적·장소적 상황 등에 따라 일의적이지는 않고 사안에 따라 구체적으로 확정하여야 한다(대법원 2010.1.28. 2008다75768). [2024. 6급 승진]

[10] 교도관이 수형자에게 '취침시 출입구 쪽으로 머리를 두면 취침하는 동안 CCTV나 출입문에 부착된 시찰구를 통해서도 얼굴부위를 확인할 수 없으므로, 출입구 반대방향인 화장실 방향으로 머리를 두라'고 한 교정시설 내 특정취침자세 강요행위는 교도관들의 우월적 지위에서 일방적으로 청구인에게 특정한 취침자세를 강제한 것이 아니므로, 헌법소원심판의 대상인 공권력의 행사라고 보기 어렵다(헌재 2012.10.26. 2012헌마750). [2019. 8급 승진]

[11] 점호행위는, 혼거실 수형자들을 정렬하여 앉게 한 뒤 차례로 번호를 외치도록 함으로써 신속하고 정확하게 거실 내 인원수를 확인함과 동시에 수형자의 건강상태 내지 심리상태, 수용생활 적응 여부 등을 살펴 각종의 교정사고를 예방하거나 사후에 신속하게 대처할 수 있도록 함으로써 교정시설의 안전과 질서를 유지하기 위한 것으로 그 목적이 정당하고, 그 목적을 달성하기 위한 적절한 수단이 된다. 결국 이 사건 점호행위는 필요한 최소한도를 벗어나 과잉금지원칙에 위배되어 청구인의 인격권 및 일반적 행동의 자유를 침해한다 할 수 없다(헌재 2012.7.26. 2011헌마332). [2023. 5급 승진] 총 4회 기출

[12] 이 사건 교정시설에서는 라디에이터 등 간접 난방시설이 설치되어 운용되고 있음이 인정되는바, 헌법의 규정상 또는 헌법의 해석상 특별히 교도소장에게 직접 난방시설 등을 설치해야 할 작위의무가 부여되어 있다고 볼 수 없고, 형집행법 및 관계 법령을 모두 살펴보아도 교도소장에게 위와 같은 작위의무가 있다는 점을 발견할 수 없다(헌재 2012.5.8. 2012헌마328). [2018. 5급 승진]

[13] 소장이 자살사고를 예방하기 위하여 수용거실 출입문에 있는 배식구를 배식시간 이외에는 잠그도록 한 행위는 교정시설 관리행위일 뿐이므로 수용자의 기본권을 침해할 가능성이 있다고 볼 수 없다(헌재 2020.12.15. 2020헌마1574). [2023. 5급 승진]

[14] 형집행법에 의한 교도소·구치소에 수용 중인 자는 당해 법률에 의하여 생계유지의 보호를 받고 있으므로 이러한 생계유지의 보호를 받고 있는 교도소·구치소에 수용 중인 자에 대하여 국민기초생활 보장법에 의한 중복적인 보장을 피하기 위하여 개별가구에서 제외키로 한 입법자의 판단이 헌법상 용인될 수 있는 재량의 범위를 일탈하여 인간다운 생활을 할 권리를 침해한다고 볼 수 없다(헌재 2011.3.31. 2009헌마617).

[15] 형집행법 등 관련 법령에 의하여 수용자가 교도소장 등에게 교도소 외부기관이 발급하는 서류의 발급 신청을 대리해 줄 것을 신청할 권리가 있다고 할 수 없으므로, 수용자의 주민등록초본 대리발급신청에 대한 교도소장 등의 거부행위는 헌법소원의 대상이 되는 공권력의 행사에 해당하지 않는다(헌재 2017. 11.14. 2017헌마1162). [2023. 5급 승진]

[16] 구치소 내 기동순찰팀이 이름표와 계급장을 달지 않는 사정 자체만을 두고 그로 인하여 수용자인 청구인의 권리·의무에 직접적인 법률효과가 발생하거나 법적 지위가 불리하게 변경된다고 볼 수 없다. 청구인도 '기동순찰팀이 옆 거실에 있던 수용자를 때린 사실을 목격하고도 기동순찰팀의 이름과 직급을 몰라 고발할 수가 없었다'거나 '기동순찰팀이 이름과 직급이 드러나지 않으니 함부로 하거나 과도하게 진압하는 경우가 있다'는 취지로 주장하고 있을 뿐, 이로 인하여 청구인 자신의 기본권이 현실적으로 침해되었다거나 또는 침해될 가능성이 있다는 것을 인정할 만한 구체적 사정을 주장하고 있지 아니하다. 따라서 교도소 내 기동순찰팀 이름표 등 미부착 위헌 심판청구는 기본권침해가능성 또는 자기관련성을 인정할 수 없어 부적법하다(헌재 2020.3.10. 2020헌마247). [2024. 6급 승진] 총 2회 기출

[17] 수형자나 피보호감호자를 교도소나 보호감호소에 수용함에 있어서 신체의 자유를 제한하는 외에 교화목적의 달성과 교정질서의 유지를 위하여 피구금자의 신체활동과 관련된 그 밖의 자유에 대하여 제한을 가하는 것도 수용조치에 부수되는 제한으로서 허용된다고 할 것이나, 그 제한은 위 목적 달성을 위하여 꼭 필요한 경우에 합리적인 범위 내에서만 허용되는 것이고, 그 제한이 필요하고 합리적인가의 여부는 제한의 필요성의 정도와 제한되는 권리 내지 자유의 내용, 이에 가해진 구체적 제한의 형태와의 비교교량에 의하여 결정된다고 할 것이며, 법률의 구체적 위임에 의하지 아니한 행형법시행령이나 계호근무준칙 등의 규정은 위와 같은 위법성 판단을 함에 있어서 참고자료가 될 수는 있겠으나 그 자체로써 수형자 또는 피보호감호자의 권리 내지 자유를 제한하는 근거가 되거나 그 제한조치의 위법여부를 판단하는 법적 기준이 될 수는 없다(대법원 2003.7.25. 2001다60392). [2024. 6급 승진]

단원별 지문 O/X

01 소장은 수용자의 신청에 따라 면담한 결과, 처리가 필요한 사항이 있으면 그 결과를 수용자에게 알려야 한다. ( )
[2023. 7급]

02 소장은 소장 면담을 신청한 수용자가 정당한 사유 없이 면담사유를 밝히지 아니하는 때에는 면담을 하지 아니할 수 있다. ( )
[2021. 5급 승진]

03 소장은 특별한 사정이 있으면 소속 교도관으로 하여금 소장 면담을 대리하게 할 수 있다. 이 경우 면담을 대리한 사람은 그 결과를 소장에게 지체 없이 보고하여야 한다. ( )
[2021. 5급 승진]

04 수용자가 순회점검공무원에게 말로 청원하여 순회점검공무원이 그 청원을 청취하는 경우에는 해당 교정시설의 교도관이 참여한다. ( )
[2023. 7급]

05 수용자는 그 처우에 관하여 불복하는 경우 법무부장관·순회점검공무원 또는 소장에게 청원할 수 있다. ( )
[2023. 7급]

06 수용자는 「공공기관의 정보공개에 관한 법률」에 따라 법무부장관, 순회점검공무원 또는 관할 지방교정청장에게 정보의 공개를 청구할 수 있다. ( )
[2023. 7급]

07 소장은 수용자가 정보공개의 청구를 한 경우에는 그 공개를 결정한 날부터 7일 이내에 소요 비용을 산정하여 해당 수용자에게 미리 납부할 것을 통지하여야 한다. ( )
[2020. 5급 승진]

---

01 ○ 소장은 면담한 결과 처리가 필요한 사항이 있으면 그 처리결과를 수용자에게 알려야 한다(형집행법 제116조 제4항).

02 ○ 형집행법 제116조 제2항

03 ○ 형집행법 제116조 제3항

04 × 순회점검공무원에 대한 청원은 말로도 할 수 있으며(형집행법 제117조 제2항 단서), 이에 따라 순회점검공무원이 청원을 청취하는 경우에는 해당 교정시설의 교도관이 참여하여서는 아니 된다(형집행법 제117조 제4항).

05 × 수용자는 그 처우에 관하여 불복하는 경우 법무부장관·순회점검공무원 또는 관할 지방교정청장에게 청원할 수 있다(형집행법 제117조 제1항).

06 × 수용자는 「공공기관의 정보공개에 관한 법률」에 따라 법무부장관, 지방교정청장 또는 소장에게 정보의 공개를 청구할 수 있다(형집행법 제117조의2 제1항).

07 × 법무부장관, 지방교정청장 또는 소장은 ㉠ 정보공개청구를 한 후 정당한 사유 없이 그 청구를 취하한 사실이 2회 이상 있는 수용자가 정보공개청구를 한 경우, ㉡ 정보공개청구를 한 후 정당한 사유 없이 정보공개결정 후 정보공개 등에 소요되는 비용을 납부하지 아니한 사실이 2회 이상 있는 수용자가 정보공개의 청구를 한 경우에는 청구를 한 날부터 7일 이내에 예상되는 비용을 산정하여 해당 수용자에게 미리 납부할 것을 통지할 수 있다(형집행법 시행령 제139조의2 제2항).

08 현재의 수용기간 동안 소장에게 정보공개청구를 한 후 정당한 사유 없이 그 청구를 취하하거나 소요 비용을 납부하지 아니한 사실이 있는 수용자가 정보공개청구를 한 경우에 소장은 그 수용자에게 정보의 공개 및 우송 등에 들 것으로 예상되는 비용을 미리 납부하게 할 수 있다. (　　) [2020. 5급 승진]

09 구금·보호시설에 소속된 공무원 또는 직원은 시설수용자가 징벌혐의로 조사를 받고 있거나 징벌을 받고 있는 중이라는 이유로 위원회에 보내기 위한 진정서 또는 서면을 작성하거나 제출할 수 있는 기회를 제한하는 조치를 하여서는 아니된다. (　　) [2023. 5급 승진]

10 재소자 권리구제 제도로서 옴부즈맨(Ombudsman)의 성공 여부는 독립성, 비당파성 및 전문성에 달려 있다. (　　) [2023. 9급]

11 재소자 권리구제 제도로서 옴부즈맨(Ombudsman)에서 옴부즈맨의 독립성과 전문성을 확보하기 위해서는 교정당국이 임명하여야 한다. (　　) [2023. 9급]

12 재소자 권리구제 제도로서 옴부즈맨(Ombudsman)은 재소자의 불평을 수리하여 조사하고 보고서를 작성하여 적절한 대안을 제시한다. (　　) [2023. 9급]

13 재소자 권리구제 제도로서 옴부즈맨(Ombudsman)제도는 원래 정부 관리에 대한 시민의 불평을 조사할 수 있는 권한을 가진 스웨덴 공무원제도에서 유래하였다. (　　) [2023. 9급]

14 정보공개제도는 공공기관이 보유·관리하는 정보를 그 상태대로 공개하는 제도로서 공개를 구하는 정보를 공공기관이 보유·관리하고 있을 상당한 개연성이 있다는 점에 대하여 원칙적으로 공개청구자에게 증명책임이 있다고 할 것이므로 공개를 구하는 정보를 공공기관이 한 때 보유·관리하였으나 후에 그 정보가 담긴 문서 등이 폐기되어 존재하지 않게 된 것이라 하더라도 그 정보를 공공기관이 보유·관리하고 있지 아니하다는 점에 대한 증명책임은 공개청구자에게 있다. (　　) [2023. 5급 승진]

---

08 ✕ 현재의 수용기간 동안 법무부장관, 지방교정청장 또는 소장에게 ㉠ 정보공개청구를 한 후 정당한 사유 없이 그 청구를 취하한 사실이 2회 이상 있는 수용자가 정보공개청구를 한 경우, ㉡ 정보공개청구를 한 후 정당한 사유 없이 정보공개결정 후 정보공개 등에 소요되는 비용을 납부하지 아니한 사실이 2회 이상 있는 수용자가 정보공개청구를 한 경우에 법무부장관, 지방교정청장 또는 소장은 그 수용자에게 정보의 공개 및 우송 등에 들 것으로 예상되는 비용을 미리 납부하게 할 수 있다(형집행법 제117조의2 제2항).

09 ○ 국가인권위원회법 시행령 제9조 제3항

10 ○ 독립성, 비당파성(비정치성) 및 전문성이 성공적인 옴부즈만의 요건으로 지적되어 왔다.

11 ✕ 옴부즈만의 독립성과 전문성을 확보하기 위해서는 교정당국이 아닌 외부기관에 의해서 임명되고 지원되어야 한다.

12 ○ 일반적으로 옴부즈만은 재소자의 불평을 수리하여 조사하고, 보고서를 작성하고, 적절한 기관에 대안을 제시하며, 그 결과를 공개하는 권한을 가진다.

13 ○ 옴부즈만은 원래 정부관리에 대한 시민의 불평을 조사할 수 있는 권한을 가진 스웨덴의 공무원에서 유래되어, 미국의 경우 교정분야의 분쟁해결제도 중 가장 많이 활용되는 것의 하나가 되었다.

14 ✕ 정보공개제도는 공공기관이 보유·관리하는 정보를 그 상태대로 공개하는 제도로서 공개를 구하는 정보를 공공기관이 보유·관리하고 있을 상당한 개연성이 있다는 점에 대하여 원칙적으로 공개청구자에게 증명책임이 있다고 할 것이지만, 공개를 구하는 정보를 공공기관이 한 때 보유·관리하였으나 후에 그 정보가 담긴 문서 등이 폐기되어 존재하지 않게 된 것이라면 그 정보를 더 이상 보유·관리하고 있지 아니하다는 점에 대한 증명책임은 공공기관에게 있다(대법원 2004.12.9. 2003두12707).

제2편

수용자별 처우

제15장 미결수용자와 사형확정자의 처우

제15장 / 미결수용자와 사형확정자의 처우

제1절 미결수용자의 처우

> ★ **핵심정리** 미결수용자와 사형확정자의 처우

미결수용자	사형확정자
무죄추정	교수하여 집행
일반경비시설	일반경비 또는 중경비
참관금지	참관금지, 번호표 및 거실표 색상 붉은색
분리수용, 공범분리	독거원칙, 미결 혼거, 수형자 혼거가능
1일 1회 접견, 월 2회 이내 전화통화	매월 4회 접견, 월 3회 이내 전화통화
사복착용 가능(수사·재판 등)	지속적인 상담
변호인과의 접견 및 편지수수 보장	형사사건 수사, 재판중 변호인 접견권 보장
신청에 따른 교육, 교화프로그램, 작업	교육, 교화프로그램, 신청에 따른 작업
의사에 반한 머리카락과 수염단삭금지	수용자 대표직책부여 금지(조폭 준용)
조사나 징벌에 따른 권리행사 보장	전담교정시설 수용 가능
경찰서 유치장 준용	
징벌대상행위 양형 참고자료 통보	
도주, 사망 등 검사, 법원 통보	
신청에 따른 작업의 부과와 취소절차	

01 개요

(1) 의의
형사피의자·피고인으로 체포되거나 구속영장의 집행을 받은 자를 구금하여 수사하고, 재판에서의 심리 및 형벌의 집행을 확보하기 위한 수단으로 궁극적으로 형사소송의 원활한 수행을 위한 수용자에 대한 처우이다.

(2) 무죄추정의 원칙
형이 확정되기 전까지는 원칙적으로 무죄추정을 받는 자이므로 형사소송의 원활한 수행을 위한 목적으로 구금되었다고 하더라도 국민의 일원이므로 일반 사회인과 다를 바 없는 헌법상의 기본적 인권이 보장된다.

> **[무죄추정의 원칙]**
> 1. 형사피고인은 유죄의 판결이 확정될 때까지는 무죄로 추정된다(헌법 제27조 제4항).
> 2. 피고인은 유죄의 판결이 확정될 때까지는 무죄로 추정된다(형사소송법 제275조의2).
> 3. 미결수용자는 무죄의 추정을 받으며 그에 합당한 처우를 받는다(형집행법 제79조).

(3) 수용에 따른 제한사항

① 수용의 본질에 의한 제한

ㄱ 거주·이전의 자유

ㄴ 직업선택의 자유

ㄷ 교육을 받을 권리

ㄹ 집회결사의 자유

ㅁ 통신·표현의 자유

ㅂ 근로의 권리(근로3권 등)

ㅅ 학문의 자유

② 공법상 영조물이용관계에서 비롯된 제한

ㄱ 수용 질서유지상 사법적 색채가 강한 미결구금으로의 특징으로서 작위 또는 부작위 명령에 따라야 한다.

ㄴ 교정사고 등을 방지하기 위한 각종 규율을 지켜야 한다.

③ 증거인멸의 방지를 위한 제한

ㄱ 접견 시 외국어사용의 금지

ㄴ 사건에 상호관련이 있는 자는 분리수용하고 접촉을 금지

ㄷ 편지수수의 검열

ㄹ 미결수용자가 도주 또는 증거인멸의 염려가 있을 때 법원은 직권 또는 검사의 청구에 의하여 결정으로 그의 접견을 금하거나 접수할 서류 기타 물건의 검열, 접수의 금지 또는 압수를 행할 수 있다.

(4) 현행 미결수용의 문제점과 개선방안

① 문제점

ㄱ **구금 장소**: 미결수용자의 처우를 전문적으로 담당할 수 있는 구치소가 부족하며 대부분의 지역에서 교도소 내에 미결수용실을 운영하고 있는 실태이다.

ㄴ **법규 미비**: 형집행법은 일반적으로 수형자의 처우에 관하여 규정함을 목적으로 하는 것인 바, 미결수용자의 구금목적에 부합한 구체적인 내용들을 상세히 수록할 수 없으므로 미결수용의 목적에 부합하는 독립된 미결수용법을 제정할 필요가 있다.

② 미결수용의 개선 방안

ㄱ 수사 및 법원 심리의 신속화

ㄴ 보상제도의 현실화(무죄석방자에 대한 손실보상 등)

ㄷ 불구속수사를 원칙으로 한 구속수사의 지양

ㄹ 석방제도의 적극 활용

ㅁ 피구금자의 가족보호

ㅂ 미결구금시설의 개선

ㅅ 실질적인 접견·교통권의 보장

02 현행법상 미결수용자의 처우

(1) 미결수용자의 수용

제2조【정의】 이 법에서 사용하는 용어의 뜻은 다음과 같다.

3. "미결수용자"란 형사피의자 또는 형사피고인으로서 체포되거나 구속영장의 집행을 받아 교정시설에 수용된 사람을 말한다.

제11조【구분수용】 ① 수용자는 다음 각 호에 따라 구분하여 수용한다.

3. 미결수용자: 구치소

제12조【구분수용의 예외】 ① 다음 각 호의 어느 하나에 해당하는 사유가 있으면 교도소에 미결수용자를 수용할 수 있다.

> **[구분수용의 예외 사유]**(법 제12조 제1항) [2023. 9급 승진] 총 9회 기출
> 1. 관할 법원 및 검찰청 소재지에 구치소가 없는 때
> 2. 구치소의 수용인원이 정원을 훨씬 초과하여 정상적인 운영이 곤란한 때
> 3. 범죄의 증거인멸을 방지하기 위하여 필요하거나 그 밖에 특별한 사정이 있는 때

(2) 미결수용자의 처우

제79조【미결수용자 처우의 원칙】 미결수용자는 무죄의 추정을 받으며 그에 합당한 처우를 받는다. [2020. 9급]

제80조【참관금지】 미결수용자가 수용된 거실은 참관할 수 없다. [2020. 9급] 총 11회 기출

제81조【분리수용】 소장은 미결수용자로서 사건에 서로 관련이 있는 사람은 분리수용하고 서로 간의 접촉을 금지하여야 한다. [2020. 9급] 총 7회 기출

제82조【사복착용】 미결수용자는 수사·재판·국정감사 또는 법률로 정하는 조사에 참석할 때에는 사복을 착용할 수 있다. 다만, 소장은 도주우려가 크거나 특히 부적당한 사유가 있다고 인정하면 교정시설에서 지급하는 의류를 입게 할 수 있다. [2018. 7급 승진] 총 6회 기출

제83조【이발】 미결수용자의 머리카락과 수염은 특히 필요한 경우가 아니면 본인의 의사에 반하여 짧게 깎지 못한다. [2016. 5급 승진] 총 5회 기출

제84조【변호인과의 접견 및 편지수수】 ① 제41조 제4항에도 불구하고 미결수용자와 변호인과의 접견에는 교도관이 참여하지 못하며 그 내용을 청취 또는 녹취하지 못한다. 다만, 보이는 거리에서 미결수용자를 관찰할 수 있다. [2019. 8급 승진] 총 11회 기출

② 미결수용자와 변호인 간의 접견은 시간과 횟수를 제한하지 아니한다. [2019. 8급 승진] 총 3회 기출

③ 제43조 제4항 단서에도 불구하고 미결수용자와 변호인 간의 편지는 교정시설에서 상대방이 변호인임을 확인할 수 없는 경우를 제외하고는 검열할 수 없다.

제85조【조사 등에서의 특칙】 소장은 미결수용자가 징벌대상자로서 조사받고 있거나 징벌집행 중인 경우에도 소송서류의 작성, 변호인과의 접견·편지수수, 그 밖의 수사 및 재판 과정에서의 권리행사를 보장하여야 한다. [2017. 9급] 총 5회 기출

제86조【작업과 교화】 ① 소장은 미결수용자에 대하여는 신청에 따라 교육 또는 교화프로그램을 실시하거나 작업을 부과할 수 있다. [2020. 9급] 총 13회 기출

② 제1항에 따라 미결수용자에게 교육 또는 교화프로그램을 실시하거나 작업을 부과하는 경우에는 제63조부터 제65조까지 및 제70조부터 제76조까지의 규정을 준용한다. [2018. 6급 승진] 총 2회 기출

미결수용자에게 교육 또는 교화프로그램 또는 작업부과시 준용규정
교육(제63조), 교화프로그램(제64조), 작업의 부과(제65조), 집중근로에 따른 처우(제70조), 작업시간 등(제71조), 작업의 면제(제72조), 작업수입(제73조), 위로금·조위금(제74조), 다른 보상·배상과의 관계(제75조), 위로금·조위금을 지급받을 권리의 보호(제76조)

▶ **사형확정자의 작업부과 시 준용규정**: 제71조부터 제76조까지, 수용자 대표직책부여금지(시행규칙 제200조)

제87조【유치장】 경찰관서에 설치된 유치장은 교정시설의 미결수용실로 보아 이 법을 준용한다. [2016. 5급 승진]

제88조【준용규정】 형사사건으로 수사 또는 재판을 받고 있는 수형자와 사형확정자에 대하여는 제82조(사복 착용), 제84조(변호인과의 접견 및 편지수수) 및 제85조(조사등에서의 특칙)를 준용한다.

제41조【접견】 ② 다만, 다음 각 호의 어느 하나에 해당하는 경우에는 접촉차단시설이 설치되지 아니한 장소에서 접견하게 한다.
 1. 미결수용자(형사사건으로 수사 또는 재판을 받고 있는 수형자와 사형확정자를 포함한다)가 변호인(변호인이 되려고 하는 사람을 포함한다. 이하 같다)과 접견하는 경우 [2015. 9급]
③ 미결수용자와 변호인 간의 편지는 교정시설에서 상대방이 변호인임을 확인할 수 없는 경우를 제외하고는 검열할 수 없다. [2019. 8급 승진] 총 7회 기출

제111조의2【양형통보】 소장은 미결수용자에게 징벌을 부과한 경우에는 그 징벌대상행위를 양형 참고자료로 작성하여 관할 검찰청 검사 또는 관할 법원에 통보할 수 있다. [2016. 5급 승진] 총 2회 기출

[시행령]

제98조【미결수용시설의 설비 및 계호의 정도】 미결수용자를 수용하는 시설의 설비 및 계호의 정도는 법 제57조 제2항 제3호의 일반경비시설에 준한다. [2020. 6급 승진] 총 6회 기출

제99조【법률구조 지원】 소장은 미결수용자가 빈곤하거나 무지하여 수사 및 재판 과정에서 권리를 충분히 행사하지 못한다고 인정하는 경우에는 법률구조에 필요한 지원을 할 수 있다. [2016. 5급 승진] 총 2회 기출

제100조【공범 분리】 소장은 이송이나 출정, 그 밖의 사유로 미결수용자를 교정시설 밖으로 호송하는 경우에는 해당 사건에 관련된 사람과 호송 차량의 좌석을 분리하는 등의 방법으로 서로 접촉하지 못하게 하여야 한다.

제101조【접견 횟수】 미결수용자의 접견 횟수는 매일 1회로 하되, 변호인과의 접견은 그 횟수에 포함시키지 않는다. [2018. 9급] 총 2회 기출

제102조【접견의 예외】 소장은 미결수용자의 처우를 위하여 특히 필요하다고 인정하면 제58조 제1항에도 불구하고 접견 시간대 외에도 접견하게 할 수 있고, 변호인이 아닌 사람과 접견하는 경우에도 제58조 제2항 및 제101조에도 불구하고 접견시간을 연장하거나 접견 횟수를 늘릴 수 있다.

제103조【교육·교화와 작업】 ① 법 제86조 제1항의 미결수용자에 대한 교육·교화프로그램 또는 작업은 교정시설 밖에서 행하는 것은 포함하지 아니한다. [2019. 6급 승진] 총 7회 기출
② 소장은 법 제86조 제1항에 따라 작업이 부과된 미결수용자가 작업의 취소를 요청하는 경우에는 그 미결수용자의 의사, 건강 및 교도관의 의견 등을 고려하여 작업을 취소할 수 있다. [2020. 9급] 총 3회 기출

제104조【도주 등 통보】 소장은 미결수용자가 도주하거나 도주한 미결수용자를 체포한 경우에는 그 사실을 검사에게 통보하고, 기소된 상태인 경우에는 법원에도 지체 없이 통보하여야 한다. [2020. 9급] 총 2회 기출

제105조【사망 등 통보】 소장은 미결수용자가 위독하거나 사망한 경우에는 그 사실을 검사에게 통보하고, 기소된 상태인 경우에는 법원에도 지체 없이 통보하여야 한다. [2020. 9급] 총 4회 기출

제106조【외부의사의 진찰 등】 미결수용자가 「형사소송법」 제34조, 제89조 및 제209조에 따라 외부의사의 진료를 받는 경우에는 교도관이 참여하고 그 경과를 수용기록부에 기록하여야 한다.

제107조【유치장 수용기간】경찰관서에 설치된 유치장에는 수형자를 30일 이상 수용할 수 없다. [2019. 5급 승진]
총 3회 기출

제82조【수형자로서의 처우개시】① 소장은 미결수용자로서 자유형이 확정된 사람에 대하여는 검사의 집행 지휘서가 도달된 때부터 수형자로 처우할 수 있다.

② 검사는 집행 지휘를 한 날부터 10일 이내에 재판서나 그 밖에 적법한 서류를 소장에게 보내야 한다.

[시행규칙]

제25조【전화통화】① 미결수용자에게 전화통화를 허가할 경우 그 허용횟수는 월 2회 이내로 한다.

제211조【관심대상자 지정】① 소장은 관심대상수용자 지정대상의 어느 하나에 해당하는 미결수용자에 대하여는 교도관회의의 심의를 거쳐 관심대상수용자로 지정할 수 있다.

② 소장은 관심대상 미결수용자의 수용생활태도 등이 양호하여 지정사유가 해소되었다고 인정하는 경우에는 교도관회의의 심의를 거쳐 그 지정을 해제한다.

⚖ 판례 Ⅰ

[1] 미결수용자가 수감되어 있는 동안 구치소 등 수용시설 안에서 사복을 입지 못하게 하고 재소자용 의류를 입게 한 행위로 인하여 기본권침해가 있는지 여부(소극)

구치소 등 수용시설 안에서는 재소자용 의류를 입더라도 일반인의 눈에 띄지 않고, 수사 또는 재판에서 변해·방어권을 행사하는데 지장을 주는 것도 아닌 반면에, 미결수용자에게 사복을 입도록 하면 의복의 수선이나 세탁 및 계절에 따라 의복을 바꾸는 과정에서 증거인멸 또는 도주를 기도하거나 흉기, 담배, 약품 등 소지금지품이 반입될 염려 등이 있으므로 미결수용자에게 시설 안에서 재소자용 의류를 입게 하는 것은 구금 목적의 달성, 시설의 규율과 안전유지를 위한 필요최소한의 제한으로서 정당성·합리성을 갖춘 재량의 범위 내의 조치이다(헌재 1999.5.27. 97헌마137). [2013. 7급]

[2] 미결수용자가 수감되어 있는 동안 수사 또는 재판을 받을 때에도 사복을 입지 못하게 하고 재소자용 의류를 입게 한 행위로 인하여 기본권침해가 있는지 여부(적극)

수사 및 재판단계에서 유죄가 확정되지 아니한 미결수용자에게 재소자용 의류를 입게 하는 것은 미결수용자로 하여금 모욕감이나 수치심을 느끼게 하고, 심리적인 위축으로 방어권을 제대로 행사할 수 없게 하여 실체적 진실의 발견을 저해할 우려가 있으므로, 도주 방지 등 어떠한 이유를 내세우더라도 그 제한은 정당화될 수 없어 헌법 제37조 제2항의 기본권 제한에서의 비례원칙에 위반되는 것으로서, 무죄추정의 원칙에 반하고 인간으로서의 존엄과 가치에서 유래하는 인격권과 행복추구권, 공정한 재판을 받을 권리를 침해하는 것이다(헌재 1999.5.27. 97헌마137).

[3] 외부 재판에 출정할 때 운동화를 착용하게 해달라는 청구인의 신청에 대한 교도소장의 불허행위가 청구인의 인격권과 행복추구권을 침해한 것인지 여부(소극)

이 사건 운동화착용불허행위는 시설 바깥으로의 외출이라는 기회를 이용한 도주를 예방하기 위한 것으로서 그 목적이 정당하고, 위와 같은 목적을 달성하기 위한 적합한 수단이라 할 것이다. 또한 신발의 종류를 제한하는 것에 불과하여 법익침해의 최소성과 균형성도 갖추었다 할 것이므로, 이 사건 운동화착용불허행위가 기본권제한에 있어서의 과잉금지원칙에 반하여 청구인의 인격권과 행복추구권을 침해하였다고 볼 수 없다(헌재 2011.2.24. 2009헌마209).

⚖ 판례 |

[1] 변호인이 되려는 자의 피의자 접견교통권이 헌법상 기본권인지 여부(적극)

변호인 선임을 위하여 피의자·피고인(피의자 등)이 가지는 변호인이 되려는 자와의 접견교통권은 헌법상 기본권으로 보호되어야 하고, 변호인이 되려는 자의 접견교통권은 피의자 등이 변호인을 선임하여 그로부터 조력을 받을 권리를 공고히 하기 위한 것으로서, 그것이 보장되지 않으면 피의자 등이 변호인 선임을 통하여 변호인으로부터 충분한 조력을 받는다는 것이 유명무실하게 될 수밖에 없다. 이와 같이 변호인이 되려는 자의 접견교통권은 피의자 등을 조력하기 위한 핵심적인 부분으로서, 피의자 등이 가지는 헌법상의 기본권인 변호인이 되려는 자와의 접견교통권과 표리의 관계에 있다. 따라서 피의자 등이 가지는 변호인이 되려는 자의 조력을 받을 권리가 실질적으로 확보되기 위해서는 변호인이 되려는 자의 접견교통권 역시 헌법상 기본권으로서 보장되어야 한다. 그러므로 청구인이 변호인이 되려는 자의 자격으로 피의자 접견 신청을 하였음에도 이를 허용하기 위한 조치를 취하지 않은 검사의 행위는 헌법상 기본권인 청구인의 접견교통권을 침해하였다(헌재 2019.2.28. 2015헌마1204). [2024. 7급 승진]

▶ 이 판례로 인해 '헌법상 변호인과의 접견교통권은 피의자·피고인에게만 한정되는 신체의 자유에 관한 기본권이고, 변호인 자신의 피의자·피고인과의 접견교통권은 헌법상의 권리라고 볼 수 없으며, 단지 형사소송법 제34조에 의하여 비로소 보장되는 권리에 불과하다는 판례는(헌재 1991.7.8. 89헌마181) 폐기될 것으로 예상된다.

▶ 헌재가 변경 또는 폐기 결정을 하지 않았기 때문에 두 개(89헌마181와 2015헌마1204)의 판례가 공존하고 있는 상태이다.

[2] 미결수용자의 가족이 미결수용자와 접견하는 것 역시 헌법 제10조가 보장하고 있는 인간으로서의 존엄과 가치 및 행복추구권 가운데 포함되는 헌법상의 기본권이라고 보아야 할 것이다(헌재 2003.11.27. 2002헌마193).

[3] 임의동행된 피의자 또는 피내사자에게도 변호인과의 접견교통권이 인정되는지의 여부(적극)

임의동행의 형식으로 수사기관에 연행된 피의자에게도 변호인 또는 변호인이 되려는 자와의 접견교통권은 당연히 인정된다고 보아야 하고 임의동행의 형식으로 연행된 피내사자의 경우에도 이는 마찬가지이다(대법원 1996.6.3. 96모18).

[4] 형집행중에 있는 수형자에 대하여도 변호인과의 접견교통권이 인정되는지의 여부

형사절차가 종료되어 교정시설에 수용중인 수형자는 원칙적으로 변호인의 조력을 받을 권리의 주체가 될 수 없다(헌재 1998.8.27. 96헌마398).

[5] (피고인의)변호인과의 자유로운 접견은 신체구속을 당한 사람에게 보장된 변호인의 조력을 받을 권리의 가장 중요한 내용이어서 (법령에 근거가 없는 한)국가안전보장, 질서유지, 공공복리 등 어떠한 명분으로도 제한될 수 있는 성질의 것이 아니다(헌재 1992.1.28. 91헌마111).

[6] 미결수용자의 변호인 접견권에 대한 제한가능성

헌법재판소가 91헌마111 결정에서 미결수용자와 변호인과의 접견에 대해 어떠한 명분으로도 제한할 수 없다고 한 것은 구속된 자와 변호인 간의 접견이 실제로 이루어지는 경우에 있어서의 자유로운 접견, 즉 대화내용에 대하여 비밀이 완전히 보장되고 어떠한 제한, 영향, 압력 또는 부당한 간섭 없이 자유롭게 대화할 수 있는 접견을 제한할 수 없다는 것이지, 변호인과의 접견 자체에 대해 아무런 제한도 가할 수 없다는 것을 의미하는 것이 아니므로 미결수용자의 변호인 접견권 역시 국가안전보장·질서유지 또는 공공복리를 위해 필요한 경우에는 법률로써 제한될 수 있음은 당연하다(헌재 2011.5.26. 2009헌마341). [2017. 9급]

[7] 변호인 접견시 교도관 참여의 위헌 여부(적극)

미결수용자의 변호인 접견 시 교도관이 참여할 수 있도록 한 것은 신체구속을 당한 미결수용자에게 보장된 변호인의 조력을 받을 권리를 침해하는 것이어서 헌법에 위반된다(헌재 1992.1.28. 91헌마111). [2010. 9급]
총 2회 기출

[8] 형집행법 제41조 제4항에서 접견의 횟수·시간·장소·방법 및 접견내용의 청취·기록·녹음·녹화 등에 관하여 필요한 사항은 대통령령으로 정한다고 하여 수용자의 접견 시간 등에 관하여 필요한 사항을 대통령령에 위임하면서도 제84조 제2항에서 미결수용자와 변호인 간의 접견은 시간과 횟수를 제한하지 아니한다고 규정한 것의 의미

형집행법 제84조 제2항에 의해 금지되는 접견시간 제한의 의미는 접견에 관한 일체의 시간적 제한이 금지된다는 것으로 볼 수는 없고, 수용자와 변호인의 접견이 현실적으로 실시되는 경우, 그 접견이 미결수용자와 변호인의 접견인 때에는 미결수용자의 방어권 행사로서의 중요성을 감안하여 자유롭고 충분한 변호인의 조력을 보장하기 위해 접견 시간을 양적으로 제한하지 못한다는 의미로 이해하는 것이 타당하므로, 수용자의 접견이 이루어지는 일반적인 시간대를 대통령령으로 규정하는 것은 가능하다(헌재 2011.5.26. 2009헌마341).

[9] 신체구속을 당한 피고인 또는 피의자가 범하였다고 의심받는 범죄행위에 자신의 변호인이 관련되었다는 사정만으로 그 변호인과의 접견교통을 금지할 수 있는지 여부(소극)

변호인의 접견교통의 상대방인 신체구속을 당한 사람이 그 변호인을 자신의 범죄행위에 공범으로 가담시키려고 하였다는 등의 사정만으로 그 변호인의 신체구속을 당한 사람과의 접견교통을 금지하는 것이 정당화될 수는 없다. 이러한 법리는 신체구속을 당한 사람의 변호인이 1명이 아니라 여러 명이라고 하여 달라질 수 없고, 어느 변호인의 접견교통권의 행사가 그 한계를 일탈한 것인지의 여부는 해당 변호인을 기준으로 하여 개별적으로 판단하여야 할 것이다(대법원 2007.1.31. 2006모656).

[10] 공휴일이라는 이유로 변호인과의 접견이 불허되었으나 그 후 충분히 접견이 이루어진 경우, 변호인의 조력을 받을 권리가 침해된 것인지의 여부(소극)

불구속 상태에서 재판을 받은 후 선고기일에 출석하지 않아 구속된 피고인을, 국선변호인이 접견하고자 하였으나 공휴일이라는 이유로 접견이 불허되었으나 그로부터 이틀 후 접견이 이루어지고, 다시 그로부터 열흘 넘게 지난 후 공판이 이루어진 경우 피고인의 변호인의 조력을 받을 권리를 침해했다고 할 수 없다(헌재 2011.5.26. 2009헌마341).

[11] 법정 옆 피고인 대기실에서 재판대기중인 피고인이 공판을 앞두고 호송교도관에게 변호인 접견을 신청하였으나, 교도관이 이를 허용하지 아니한 것이 피고인의 변호인의 조력을 받을 권리를 침해한 것인지 여부(소극)

구속피고인 변호인 면접·교섭권은 독자적으로 존재하는 것이 아니라 국가형벌권의 적정한 행사와 피고인의 인권보호라는 형사소송절차의 전체적인 체계 안에서 의미를 갖고 있는 것이다. 따라서 구속피고인의 변호인 면접·교섭권은 최대한 보장되어야 하지만, 형사소송절차의 위와 같은 목적을 구현하기 위하여 제한될 수 있다. 다만, 이 경우에도 그 제한은 엄격한 비례의 원칙에 따라야 하고, 시간·장소·방법 등 일반적 기준에 따라 중립적이어야 한다.
청구인의 면담 요구는 구속피고인의 변호인과의 면접·교섭권으로서 현실적으로 보장할 수 있는 한계 범위 밖이라고 아니할 수 없다. 따라서 청구인의 변호인 면담 요구를 받아들이지 아니한 교도관의 접견불허행위는 청구인의 기본권을 침해하는 위헌적인 공권력의 행사라고 보기 어렵다(헌재 2009.10.29. 2007헌마992). [2018. 8급 승진]

[12] 구치소장이 변호인접견실에 CCTV를 설치하여 미결수용자와 변호인 간의 접견을 관찰한 행위(CCTV 관찰행위)가 변호인의 조력을 받을 권리를 침해하는지 여부(소극)

변호인접견실에 설치된 CCTV는 교도관이 CCTV를 통해 미결수용자와 변호인 간의 접견을 관찰하더라도 접견내용의 비밀이 침해되거나 접견교통에 방해가 되지 않도록 조치를 취하고 있는 점, 금지물품의 수수를 적발하거나 교정사고를 효과적으로 방지하고 교정사고가 발생하였을 때 신속하게 대응하기 위하여는 CCTV를 통해 관찰하는 방법 외에 더 효과적인 다른 방법을 찾기 어려운 점 등에 비추어 보면, CCTV 관찰행위는 그 목적을 달성하기 위하여 필요한 범위 내의 제한으로 침해의 최소성을 갖추었다. 따라서 CCTV 관찰행위가 청구인의 변호인의 조력을 받을 권리를 침해한다고 할 수 없다(헌재 2016.4.28. 2015헌마243). [2018. 5급 승진] 총 2회 기출

[13] 교도관이 미결수용자와 변호인 간에 주고받는 서류를 확인하고, 소송관계서류처리부에 그 제목을 기재하여 등재한 행위(서류 확인 및 등재행위)가 변호인의 조력을 받을 권리를 침해하는지 여부(소극)

서류확인 및 등재는 변호인 접견이 종료된 뒤 이루어지고, 교도관은 변호인과 미결수용자가 지켜보는 가운데 서류를 확인하여 그 제목 등을 소송관계처리부에 기재하여 등재하므로 내용에 대한 검열이 이루어질 수도 없는 점에 비추어 보면 침해의 최소성 요건을 갖추었다. 따라서 서류 확인 및 등재행위는 청구인의 변호인의 조력을 받을 권리를 침해한다고 할 수 없다(헌재 2016.4.28. 2015헌마243).

[14] 미결수용자를 다른 수용시설로 이송하기 위한 요건

미결수용자를 수용하고 있는 교도소장 등은 형집행법에 근거하여 미결수용자의 수용이나 처우상 특히 필요하다고 인정할 때에는 법무부장관의 승인을 얻어 미결수용자를 다른 수용시설로 이송할 수 있다고 보아야 할 것이며, 다만 미결수용자의 특성상 작업이나 교화 등의 필요를 이유로 미결수용자를 다른 수용시설로 이송할 수는 없으며, 또 교도소의 수용능력이 부족하다는 사유만으로 이송처분이 적법한 것이라고 단정할 수는 없다(대법원 1992.8.7. 92두30).

[15] 사법경찰관이 경찰서 유치장에 수용된 피의자에 대한 변호인의 수진권행사에 의무관의 참여를 요구한 것이 변호인의 수진권을 침해하는 위법한 처분인지 여부(소극)

경찰서 유치장은 미결수용실에 준하는 것이어서 그 곳에 수용된 피의자에 대하여는 형집행법 및 그 시행령이 적용된다. 국가정보원 사법경찰관이 경찰서 유치장에 구금되어 있던 피의자에 대하여 의사의 진료를 받게 할 것을 신청한 변호인에게 국가정보원이 추천하는 의사의 참여를 요구한 것은 형집행법 시행령에 근거한 것으로서 적법하고, 이를 가리켜 변호인의 수진권을 침해하는 위법한 처분이라고 할 수는 없다(대법원 2002.5.6. 2000모112).

[16] 경찰서 대용감방에 배치된 경찰관 등으로서는 감방 내의 상황을 잘 살펴 수감자들 사이에서 폭력행위 등이 일어나지 않도록 예방하고 나아가 폭력행위 등이 일어난 경우에는 이를 제지하여야 할 의무가 있음에도 불구하고 이러한 주의의무를 게을리 하였다면 국가는 감방 내의 폭력행위로 인한 손해를 배상할 책임이 있다(대법원 1993.9.28. 93다17546).

[17] 밀폐시설이 불충분하여 사용과정에서 신체부위가 다른 유치인들 및 경찰관들에게 관찰될 수 있고 냄새가 유출되는 유치실 내 화장실을 사용하도록 강제한 것은 인간의 존엄과 가치로부터 유래하는 인격권을 침해하는 정도에 이르렀다고 판단된다(헌재 2001.7.19. 2000헌마546).

[18] 구치소장이 구치소 내에서 실시하는 종교의식 또는 행사에 미결수용자인 청구인의 참석을 금지한 행위는 과잉금지원칙을 위반하여 청구인의 종교의 자유를 침해하였다(헌재 2011.12.29. 2009헌마527).

[19] 원칙적으로 미결수용자에게 종교집회 참석 기회를 보장하더라도 실제 참석 기회가 지나치게 적은 것 역시 종교의 자유를 침해하는 것이다(헌재 2014.6.26. 2012헌마782).

[20] 형법 제57조 제1항의 일부에 대한 헌법재판소의 위헌결정에 따라 판결에서 별도로 '판결선고 전 미결구금일수 산입에 관한 사항'을 판단할 필요가 없어졌는지 여부(적극)

형법 제57조 제1항 중 "또는 일부" 부분은 헌법재판소 2009.6.25. 2007헌바25 사건의 위헌결정으로 효력이 상실되었다. 그리하여 판결선고 전 미결구금일수는 그 전부가 법률상 당연히 본형에 산입하게 되었으므로, 판결에서 별도로 미결구금일수 산입에 관한 사항을 판단할 필요가 없다고 할 것이다(대법원 2009.12.10. 2009도11448). [2017. 9급] 총 2회 기출

단원별 지문 O/X

01 미결수용자가 수용된 거실과 교정시설은 참관할 수 없다. (　　) [2022. 5급 승진]

02 미결수용자는 수사·재판·국정감사 또는 법률로 정하는 조사에 참석할 때에는 사복을 착용할 수 있다. 다만, 소장은 도주 우려가 크거나 특히 부적당한 사유가 있다고 인정하면 출석을 요청한 기관에서 지급하는 의류를 입게 할 수 있다. (　　)
[2022. 5급 승진]

03 소장은 미결수용자에 대하여는 신청에 따라 교육 또는 교화프로그램을 실시하거나 작업을 부과할 수 있다. (　　)
[2022. 5급 승진]

04 소장은 미결수용자가 징벌대상자로서 조사받고 있거나 징벌집행 중인 경우에도 소송서류의 작성, 교정시설의 외부에 있는 가족과의 접견·편지수수, 그 밖의 수사 및 재판 과정에서의 권리행사를 보장하여야 한다. (　　) [2022. 5급 승진]

05 미결수용자를 수용하는 시설의 설비 및 계호의 정도는 완화경비시설에 준한다. (　　) [2022. 6급 승진]

06 미결수용자의 접견 횟수는 매일 1회로 하되, 변호인과의 접견은 그 횟수에 포함 시키지 않는다. (　　) [2022. 6급 승진]

07 미결수용자와 변호인 간의 접견은 시간과 횟수를 제한하지 아니한다. (　　) [2024. 6급 승진]

08 소장은 이송이나 출정, 그 밖의 사유로 미결수용자를 교정시설 밖으로 호송하는 경우에는 해당 사건에 관련된 사람과 호송 차량의 좌석을 분리하는 등의 방법으로 서로 접촉하지 못하게 하여야 한다. (　　) [2022. 6급 승진]

09 소장은 미결수용자가 빈곤하거나 무지하여 수사 및 재판 과정에서 권리를 충분히 행사하지 못한다고 인정하는 경우에는 법률구조에 필요한 지원을 할 수 있다. (　　) [2022. 6급 승진]

---

01 ✕ 미결수용자가 수용된 거실은 참관할 수 없다(형집행법 제80조).

02 ✕ 미결수용자는 수사·재판·국정감사 또는 법률로 정하는 조사에 참석할 때에는 사복을 착용할 수 있다. 다만, 소장은 도주우려가 크거나 특히 부적당한 사유가 있다고 인정하면 교정시설에서 지급하는 의류를 입게 할 수 있다(형집행법 제82조).

03 ○ 형집행법 제86조

04 ✕ 소장은 미결수용자가 징벌대상자로서 조사받고 있거나 징벌집행 중인 경우에도 소송서류의 작성, 변호인과의 접견·편지수수, 그 밖의 수사 및 재판 과정에서의 권리행사를 보장하여야 한다(형집행법 제85조).

05 ✕ 미결수용자를 수용하는 시설의 설비 및 계호의 정도는 일반경비시설에 준한다(형집행법 시행령 제98조).

06 ○ 형집행법 시행령 제101조

07 ○ 형집행법 제84조 제2항

08 ○ 형집행법 시행령 제100조

09 ○ 형집행법 시행령 제99조

제2절 사형확정자의 처우

01 사형제도 개관

(1) 사형의 집행

> **형법 제66조** 사형은 교정시설 안에서 교수하여 집행한다.
>
> **군형법 제3조** 사형은 소속군참모총장 또는 군사법원의 관할관이 지정한 장소에서 총살로써 이를 집행한다.
>
> **형집행법 제91조 【사형의 집행】** ① 사형은 교정시설의 사형장에서 집행한다.

(2) 사형존치론과 폐지론

존치론	폐지론
① 사람을 살해한 자는 생명을 박탈해야 한다는 것이 국민의 법감정이다.	① 사형은 야만적이고 잔혹하므로 인간의 존엄성에 반한다.
② 흉악범 등 중대범죄에 대하여는 사형으로써 위하하지 않으면 법익보호의 목적을 달성할 수 없다.	② 국가는 사람의 생명을 박탈하는 권리를 가질 수 없다.
③ 극악한 인물은 국가사회에 대하여 유해하므로 사회방위를 위해서는 사회로부터 완전히 제거되어야 한다.	③ 오판에 의한 사형집행은 이를 회복할 방법이 없다.
④ 사형에 대한 오판의 우려는 지나친 염려이다.	④ 사형은 일반사회의 기대처럼 범죄억제효과가 크지 않다.
⑤ 사형은 무기형보다는 정부의 재정적 부담을 덜어준다.	⑤ 사형은 형벌의 교육적·개선적 기능을 전혀 달성할 수 없다.
⑥ 사형은 위하에 의한 범죄억제력의 효과가 있다.	⑥ 사형은 피해자에 대한 손해배상이나 구제에 도움이 되지 않는다.
⑦ 사형제도 자체를 위헌이라고 할 수 없다.	⑦ 사형은 미국연방수정헌법이 금지하고 있는 '잔혹하고 비정상적인 형벌'에 해당되어 위헌이다.
⑧ 엘리히(Ehrlich)의 연구에 의하면 사형에는 범죄 억제력이 있는 것으로 나타났다.	⑧ 산업사회의 노동력으로 활용하는 것이 더 유용하다.
사형존치론자	**사형폐지론자**
칸트(Kant)(정의실현수단), 비르크메이어(Birkmeyer), 로크(Locke), 헤겔, 루소	베카리아(사회계약설), 존 하워드(감옥상태론), 페스탈로치(교육적 기능), 셀린(범죄억제력부정), 캘버트, 서덜랜드, 라드브르흐

02 사형확정자의 수용

> **제2조 【정의】** 이 법에서 사용하는 용어의 뜻은 다음과 같다.
>
> 4. "사형확정자"란 사형의 선고를 받아 그 형이 확정되어 교정시설에 수용된 사람을 말한다.
>
> **제89조 【사형확정자의 수용】** ① 사형확정자는 독거수용한다. 다만, 자살방지, 교육·교화프로그램, 작업, 그 밖의 적절한 처우를 위하여 필요한 경우에는 법무부령으로 정하는 바에 따라 혼거수용할 수 있다. [2024. 5급 승진] 총 4회 기출

03 사형확정자의 처우 등

제41조【접견】 ② 형사사건으로 수사 또는 재판을 받고 있는 사형확정자가 변호인(변호인이 되려는 자 포함)과 접견하는 경우에는 접촉차단시설이 설치되지 아니한 장소에서 접견하게 한다(제2항 제1호).

제88조【미결준용】 형사사건으로 수사 또는 재판을 받고 있는 사형확정자에 대하여는 법 제82조(미결수용자의 사복착용), 제84조(미결수용자의 변호인과의 접견 및 편지수수) 및 법 제85조(미결수용자의 조사·징벌 중의 권리행사 보장 특칙)를 준용한다. [2024. 5급 승진] 총 2회 기출

제89조【참관】 ② 사형확정자가 수용된 거실은 참관할 수 없다. [2023. 7급] 총 7회 기출

제90조【개인상담 등】 ① 소장은 사형확정자의 심리적 안정 및 원만한 수용생활을 위하여 교육 또는 교화프로그램을 실시하거나 신청에 따라 작업을 부과할 수 있다. [2016. 9급] 총 5회 기출
② 사형확정자에 대한 교육·교화프로그램, 작업, 그 밖의 처우에 필요한 사항은 법무부령으로 정한다.

제91조【사형의 집행】 ① 사형은 교정시설의 사형장에서 집행한다.
② 공휴일과 토요일에는 사형을 집행하지 아니한다.

[시행령]

제108조【사형확정자 수용시설의 설비 및 계호의 정도】 사형확정자를 수용하는 시설의 설비 및 계호의 정도는 법 제57조 제2항 제3호의 일반경비시설 또는 같은 항 제4호의 중경비시설에 준한다. [2023. 7급] 총 8회 기출

제109조【접견 횟수】 사형확정자의 접견 횟수는 매월 4회로 한다. [2023. 7급] 총 8회 기출

제110조【접견의 예외】 소장은 제58조 제1항·제2항 및 제109조에도 불구하고 사형확정자의 교화나 심리적 안정을 도모하기 위하여 특히 필요하다고 인정하면 접견 시간대 외에도 접견을 하게 할 수 있고 접견시간을 연장하거나 접견 횟수를 늘릴 수 있다. [2023. 7급] 총 5회 기출

제111조【사형집행 후의 검시】 소장은 사형을 집행하였을 경우에는 시신을 검사한 후 5분이 지나지 아니하면 교수형에 사용한 줄을 풀지 못한다. [2019. 6급 승진] 총 3회 기출

[시행규칙]

제150조【구분수용 등】 ① 사형확정자는 사형집행시설이 설치되어 있는 교정시설에 수용하되, 다음 각 호와 같이 구분하여 수용한다. 다만, 수용관리 또는 처우상 필요한 경우에는 사형집행시설이 설치되지 않은 교정시설에 수용할 수 있다. [2018. 7급 승진]

1. 교도소	교도소 수용 중 사형이 확정된 사람, 교도소에서 교육·교화프로그램 또는 신청에 따른 작업을 실시할 필요가 있다고 인정되는 사람
2. 구치소	구치소 수용 중 사형이 확정된 사람, 교도소에서 교육·교화프로그램 또는 신청에 따른 작업을 실시할 필요가 없다고 인정되는 사람

② 사형확정자의 심리적 안정 도모 또는 교정시설의 안전과 질서유지를 위하여 특히 필요하다고 인정하는 경우에는 제1항 각 호에도 불구하고 교도소에 수용할 사형확정자를 구치소에 수용할 수 있고, 구치소에 수용할 사형확정자를 교도소에 수용할 수 있다. [2019. 7급 승진] 총 2회 기출
③ 사형확정자와 소년수용자를 같은 교정시설에 수용하는 경우에는 서로 분리하여 수용한다.
④ 소장은 사형확정자의 자살·도주 등의 사고를 방지하기 위하여 필요한 경우에는 사형확정자와 미결수용자를 혼거수용할 수 있고, 사형확정자의 교육·교화프로그램, 작업 등의 적절한 처우를 위하여 필요한 경우에는 사형확정자와 수형자를 혼거수용할 수 있다. [2024. 5급 승진] 총 11회 기출
⑤ 사형확정자의 번호표 및 거실표의 색상은 붉은색으로 한다. [2014. 7급] 총 4회 기출

제151조【이송】 소장은 사형확정자의 교육·교화프로그램, 작업 등을 위하여 필요하거나 교정시설의 안전과 질서유지를 위하여 특히 필요하다고 인정하는 경우에는 법무부장관의 승인을 받아 사형확정자를 다른 교정시설로 이송할 수 있다. [2024. 5급 승진]

제152조【상담】 ① 소장은 사형확정자의 심리적 안정 및 원만한 수용생활을 위하여 소속 교도관으로 하여금 지속적인 상담을 하게 하여야 한다. [2019. 7급 승진]

② 제1항의 사형확정자에 대한 상담시기, 상담책임자 지정, 상담결과 처리절차 등에 관하여는 제196조(엄중 관리대상자의 지속적인 상담)를 준용한다.

제153조【작업】 ① 소장은 사형확정자가 작업을 신청하면 교도관회의의 심의를 거쳐 교정시설 안에서 실시하는 작업을 부과할 수 있다. 이 경우 부과하는 작업은 심리적 안정과 원만한 수용생활을 도모하는 데 적합한 것이어야 한다. [2024. 5급 승진] 총 4회 기출

② 소장은 작업이 부과된 사형확정자에 대하여 교도관회의의 심의를 거쳐 제150조 제5항을 적용하지 아니할 수 있다.

③ 소장은 작업이 부과된 사형확정자가 작업의 취소를 요청하면 사형확정자의 의사(意思)·건강, 담당교도관의 의견 등을 고려하여 작업을 취소할 수 있다.

④ 사형확정자에게 작업을 부과하는 경우에는 법 제71조부터 제76조(작업시간 등, 작업의 면제, 작업수입, 위로금·조위금, 다른 보상·배상과의 관계, 위로금·조위금을 지급받을 권리의 보호)까지의 규정 및 이 규칙 제200조(수용자를 대표하는 직책 부여 금지)를 준용한다.

제154조【교화프로그램】 소장은 사형확정자에 대하여 심리상담, 종교상담, 심리치료 등의 교화프로그램을 실시하는 경우에는 전문가에 의하여 집중적이고 지속적으로 이루어질 수 있도록 계획을 수립·시행하여야 한다.

제155조【전담교정시설 수용】 사형확정자에 대한 교육·교화프로그램, 작업 등의 처우를 위하여 법무부장관이 정하는 전담교정시설에 수용할 수 있다.

제156조【전화통화】 소장은 사형확정자의 심리적 안정과 원만한 수용생활을 위하여 필요하다고 인정하는 경우에는 월 3회 이내의 범위에서 전화통화를 허가할 수 있다. [2019. 7급 승진] 총 7회 기출

⊕ PLUS 사형집행절차(형사소송법) [2024. 7급 승진]

사형판결 확정	사형 판결이 확정된 때에는 검사는 지체 없이 소송기록을 법무부장관에게 제출하여야 한다 (제464조).
사형집행명령 시기	• 사형은 법무부장관의 명령에 의하여 집행한다(제463조). • 사형집행의 명령은 판결이 확정된 날로부터 6월 이내에 하여야 한다(제465조 제1항).
사형집행 기간	법무부장관이 사형의 집행을 명한 때에는 5일 이내에 집행하여야 한다(제466조).
사형집행 참여	검사·검찰청서기관, 교도소장(구치소장)이나 그 대리자(제467조).
사형집행조서·검시	• 사형의 집행에 참여한 검찰청서기관은 집행조서를 작성(제468조). • 소장은 사형을 집행하였을 경우에는 시신을 검사한 후 5분이 지나지 아니하면 교수형에 사용한 줄을 풀지 못한다(형집행법 시행령 제111조).

⚖ 판례 | 사형제도가 헌법 제37조 제2항에 위반하여 생명권을 침해하는지 여부(소극)

사형은 일반국민에 대한 심리적 위하를 통하여 범죄의 발생을 예방하며 극악한 범죄에 대한 정당한 응보를 통하여 정의를 실현하고, 당해 범죄인의 재범 가능성을 영구히 차단함으로써 사회를 방어하려는 것으로 그 입법목적은 정당하고, 가장 무거운 형벌인 사형은 입법목적의 달성을 위한 적합한 수단이다.

한편, 오판가능성은 사법제도의 숙명적 한계이지 사형이라는 형벌제도 자체의 문제로 볼 수 없으며 심급제도, 재심제도 등의 제도적 장치 및 그에 대한 개선을 통하여 해결할 문제이지, 오판가능성을 이유로 사형이라는 형벌의 부과 자체가 위헌이라고 할 수는 없다.

사형제도에 의하여 달성되는 범죄예방을 통한 무고한 일반국민의 생명 보호 등 중대한 공익의 보호와 정의의 실현 및 사회방위라는 공익은 사형제도로 발생하는 극악한 범죄를 저지른 자의 생명권이라는 사익보다 결코 작다고 볼 수 없을 뿐만 아니라, 다수의 인명을 잔혹하게 살해하는 등의 극악한 범죄에 대하여 한정적으로 부과되는 사형이 그 범죄의 잔혹함에 비하여 과도한 형벌이라고 볼 수 없으므로, 사형제도는 법익균형성원칙에 위배되지 아니한다(헌재 2010.2.25. 2008헌가23).

단원별 지문 OX

01 사형확정자의 접견 횟수는 매월 5회로 하고, 필요하다고 인정하면 접견 횟수를 늘릴 수 있다. (   ) [2023. 7급]

02 사형확정자는 교도소에서만 독거수용하고, 교육·교화프로그램을 위해 필요한 경우에는 혼거수용할 수 있다. (   ) [2023. 7급]

03 사형확정자를 수용하는 시설의 설비 및 계호의 정도는 일반경비시설 또는 중경비시설에 준한다. (   ) [2023. 7급]

04 사형확정자가 수용된 거실은 자살방지를 위해 필요한 경우 참관할 수 있다. (   ) [2023. 7급]

05 소장은 사형확정자의 자살·도주 등의 사고를 방지하기 위하여 필요한 경우에는 사형확정자와 수형자를 혼거수용할 수 있다. (   ) [2023. 7급 승진]

06 소장은 사형확정자가 작업을 신청하면 교도관회의의 심의를 거쳐 교정시설 안에서 실시하는 작업을 부과할 수 있다. 이 경우 부과하는 작업은 심리적 안정과 원만한 수용생활을 도모하는 데 적합한 것이어야 한다. (   ) [2023. 7급 승진]

07 소장은 작업이 부과된 사형확정자가 작업의 취소를 요청하면 사형확정자의 의사(意思)·건강, 담당교도관의 의견 등을 고려하여 작업을 취소하여야 한다. (   ) [2023. 7급 승진]

---

01 ✕ 사형확정자의 접견 횟수는 매월 4회로 하고(형집행법 시행령 제109조), 소장은 사형확정자의 교화나 심리적 안정을 도모하기 위하여 특히 필요하다고 인정하면 접견 시간대 외에도 접견을 하게 할 수 있고 접견시간을 연장하거나 접견 횟수를 늘릴 수 있다(형집행법 시행령 제110조).

02 ✕ 사형확정자는 교도소 또는 구치소에 수용한다(형집행법 제11조 제1항 제4호). 사형확정자는 사형집행시설이 설치되어 있는 교정시설에 수용하되, 다음 각 호와 같이 구분하여 수용한다. 다만, 수용관리 또는 처우상 필요한 경우에는 사형집행시설이 설치되지 않은 교정시설에 수용할 수 있다. ㉠ 교도소 수용 중 사형이 확정된 사람, 교도소에서 교육·교화프로그램 또는 신청에 따른 작업을 실시할 필요가 있다고 인정되는 사람은 교도소에 수용하고, ㉡ 구치소 수용 중 사형이 확정된 사람, 교도소에서 교육·교화프로그램 또는 신청에 따른 작업을 실시할 필요가 없다고 인정되는 사람은 구치소에 수용한다(동법 시행규칙 제150조 제1항). 사형확정자는 독거수용한다. 다만, 자살방지, 교육·교화프로그램, 작업, 그 밖의 적절한 처우를 위하여 필요한 경우에는 법무부령으로 정하는 바에 따라 혼거수용할 수 있다(형집행법 제89조 제1항).

03 ○ 형집행법 시행령 제108조

04 ✕ 사형확정자가 수용된 거실은 참관할 수 없다(형집행법 제89조 제2항).

05 ✕ 소장은 사형확정자의 자살·도주 등의 사고를 방지하기 위하여 필요한 경우에는 사형확정자와 미결수용자를 혼거수용할 수 있고, 사형확정자의 교육·교화프로그램, 작업 등의 적절한 처우를 위하여 필요한 경우에는 사형확정자와 수형자를 혼거수용할 수 있다(형집행법 시행규칙 제150조 제4항).

06 ○ 형집행법 시행규칙 제153조 제1항

07 ✕ 소장은 작업이 부과된 사형확정자가 작업의 취소를 요청하면 사형확정자의 의사·건강, 담당교도관의 의견 등을 고려하여 작업을 취소할 수 있다(형집행법 시행규칙 제153조 제3항).

08 사형집행의 명령은 판결이 확정된 날로부터 3월 이내에 하여야 한다. (   ) [2023. 5급 승진]

09 법무부장관이 사형의 집행을 명한 때에는 3일 이내에 집행하여야 한다. (   ) [2023. 5급 승진]

10 소장은 사형을 집행하였을 경우에는 시신을 검사한 후 10분이 지나지 아니하면 교수형에 사용한 줄을 풀지 못한다. (   ) [2023. 5급 승진]

---

08 × 사형집행의 명령은 판결이 확정된 날로부터 6월 이내에 하여야 한다(형사소송법 제465조 제1항).

09 × 법무부장관이 사형의 집행을 명한 때에는 5일 이내에 집행하여야 한다(형사소송법 제466조).

10 × 소장은 사형을 집행하였을 경우에는 시신을 검사한 후 5분이 지나지 아니하면 교수형에 사용한 줄을 풀지 못한다(형집행법 시행령 제111조).

MEMO

해커스공무원
이언담 교정학 기본서

제3편

수형자의 처우

제16장 / 수형자 분류와 누진처우제도

제1절 수형자 분류제도

01 분류제도 개관

(1) 범죄인 분류 vs 수형자 분류

범죄인 분류(유형화)	수형자 분류(개별화)
① 범죄행위의 주체자로서의 범죄자를 유형별로 분류하는 것 ② 범죄인을 대상으로 범죄원인과 유형 등을 연구하여 범죄현상 및 범죄환경을 분석함으로써 범죄를 예방하기 위한 목적	① 수형자 개인적 특성을 고려하여 일정한 기준에 따라 동질적인 집단으로 구분하는 것 ② 수형자 개별처우로 교화개선과 사회복귀를 도모하기 위한 목적 [2019. 7급] ③ 수형자 분류는 교화개선수단을 강구하기 위한 전제조건이며, 개별처우를 위한 전제조건

(2) 수용분류 vs 처우분류

누진처우제도	분류제도
종적분류, 수용분류, 관리분류, 급별분류	횡적분류, 처우분류, 유별분류
수형자의 위험성 기준, 계호의 정도와 처우 곤란도 결정	처우유형에 따른 처우의 개별화, 수형자 재사회화에 초점
수형자 행장의 양부, 작업 및 교정성적 등 표준으로 하는 분류	수형자의 개성, 죄질·성격 등 범죄적 성향을 과학적 조사
입소시 일정기준에 따라 계급부여, 점차 완화된 처우 실시	현재 시점의 수형자 인성·행동특성 및 자질 분석, 개별처우 실시
교활한 수형자 우대결과로 선량한 수형자를 만드는 데 성공, 선량한 시민에는 한계	제2차 세계대전 이후 개별처우 위한 분류제도가 교정의 핵심가치로 등장
일률적 처우로 개별처우 곤란	

[누진처우와 분류제도의 관계]
① 누진제도에서 분류제도로의 이행설(일원론): 집단처우의 폐단을 극복하고, 개선·교화를 위해 소규모시설주의 취할 것을 전제로 과학적 분류수용에 근거한 개별처우로 전환, 수용인원 500명 내외의 소규모 시설주의 주장, 미국과 스웨덴 중심으로 발전
② 누진제와 분류제의 절충·병행설(이원론): 과학적 분류수용한 다음 다시 시설 내 질서유지를 위해 누진제 실시입장으로 집단별처우와 개별처우의 목적 동시 추구, 중·대형 시설주의의 현실적 타협안으로 프랑스, 일본 등의 견해

(3) 판결 전 조사제도 vs 판결 후 조사제도(분류심사)

판결 전 조사제도	판결 후 조사제도
① 의의: 유죄가 예상되는 범죄인에 대한 양형을 합리화하기 위해 양형판결 전에 범죄인의 개인적 특성과 사회적 환경을 조사하는 제도이다. ② 기능: 양형에 합리적인 자료제공, 수용 후 개별처우 자료로 이용, 보호관찰시 지도원호의 지침 제공에 기여한다(우리나라는 소년과 성인에 모두 적용).	① 의의: 형이 확정된 수형자의 합리적 처우를 위한 분류심사를 의미하며 양형이 결정된 사람을 대상으로 한다는 점에서 판결 전 조사와 구분된다. ② 종류: 신입심사와 재심사

02 분류개념의 발달

> ★ **핵심정리** 유럽분류 vs 미국분류
>
> | 구분 | 유럽의 분류 | 미국의 분류 |
> |---|---|---|
> | 분류 | 전통적 의미의 분류(수용분류) | 현대적 의미의 분류(처우분류) |
> | 기준 | • 외부적 특성(성별, 연령, 죄질, 범수 등)
• 급별(수직적)·종적 분류 | • 내부적 특성(신상에 관한 개별사안의 조사, 심리·지능·적성검사 등)
• 유별(수평적)·횡적 분류 |
> | 목적 | 수형자의 보호, 교도소의 질서유지·관리와 악성감염 방지(소극적 목적) | 실질적인 개별처우를 위한 분류(적극적 목적) |
> | 분류 방식 | 집단적 분류(동질적 그룹) | 개별적 분류 |
> | 처우의 발전 | 집단별처우에서 누진처우제도로 발전 | 개별처우에서 분류처우제도로 발전 |
> | 대표적 시설 | 암스테르담 노역장 | 포레스트 감옥 |

(1) 전통적 의미의 분류[유럽의 분류: 집단적 분류, 수용(관리)분류에 중점]

① 의의: 근대적 자유형의 탄생과 함께 출발한 것으로 교도소의 질서유지·관리와 악성감염 방지라는 소극적 목적으로 수형자를 특성에 따라 유형별(동질적인 그룹)로 구분하여 수용하고 시설 내에서도 몇 개의 집단으로 세분화하여 처우하는 것을 말한다.

② 수형자에 대한 분류는 1597년 네덜란드의 암스테르담 노역장에서 남녀혼거의 폐해를 막기 위하여 남자로부터 여자를 격리수용한 것에서부터 시작되었다고 한다. [2019. 9급]

③ 연혁

1595년	네덜란드 암스테르담 노역장	㉠ 노동을 통한 개선을 목표로 하는 최초의 자유형 집행시설 ㉡ 1597년: 암스테르담 징치장 內 여자조사장(성별분류의 시초) ㉢ 1603년: 암스테르담 징치장 內 불량청소년 숙식소(연령별 분류의 시초)
1704년	로마 산 미켈레 감화원	㉠ 교황 클레멘스는 소년에 대한 감화교육을 강조하면서 감화원 설치 ㉡ 구금보다는 종교적 개선에 중점을 둔 소년을 위한 감화교육시설로 소년수용자들을 연령 및 범죄성의 정도에 따라 분류수용(연령별 분류의 시초)
1775년	벨기에 간트 교도소	㉠ 분류수용이 보다 과학적으로 시행되었고 시설면에서 가장 모범적인 근대 교도소의 효시로 평가 ㉡ 주간혼거와 야간독거 실시(오번제도의 시초)
1777년	영국 존 하워드	킹즈벤치(Kings Bench)교도소 시찰 후 남녀혼금의 폐해 지적

(2) 현대적 의미의 분류[미국의 분류: 개별적 분류, 처우분류에 중점]

① 의의

㉠ 19C 이후 수용자의 관리 및 재사회화를 목적으로 수용자를 일정한 기준에 따라 과학적으로 구분하여 각 집단에 대한 처우계획을 수립하고 이를 기초로 처우와 지도를 행하는 일련의 절차를 말한다.

㉡ 미국에서 분류란 진단, 지도 및 처우라는 개념으로 사용되는데 이는 결국 개별화를 의미하는바 수형자 개개인의 특성에 따른 개별적 분류방식이다.

㉢ 실질적인 개별처우를 위한 분류로 전통적 분류를 수용분류라고 한다면 현대적 분류를 처우중심의 분류라고 한다.

㉣ 19C 이후 과학의 발달에 힘입어 수형자의 합리적인 처우를 위하여 과학적인 분류의 도입이 주장되었으며, 뉴욕주 싱싱(Sing Sing)교도소에서 운영한 분류센터인 클리어링하우스(Clearing house)가 그 대표적인 예이다. [2019. 7급]

② 연혁

벨기에	1907년 포레스트(Forest) 교도소: 현대적 분류제도를 시행한 대표적 시설로 과학적 인격조사 시도
미국	㉠ 1909년 뉴욕주 싱싱(Sing Sing)교도소: 클리어링하우스 [2019. 7급] ㉡ 1918년 뉴저지주 토렌톤(Trenton)교도소: 분류클리닉 ㉢ 1936년 로벨 빅스비에 의해 뉴저지주에서 분류제도 확립
제12회 국제형법 및 형무회의	1950년 '개별화' 승인, 분류 및 수형제도의 차별화 등 분류의 기본원칙 마련
UN피구금자처우 최저기준규칙	1955년 남·녀, 기·미결, 민사·형사, 성년·소년 분리수용 원칙 마련

(3) 우리나라

① 분류제도 발달

㉠ 「감옥규칙」에 의한 「징역표」(1894): 수형자를 특수기능소지자·보통자·부녀자·노유자의 네 가지 유형으로 분류하고 1~5등급으로 나누어 일정기간이 지나면 상위등급으로 진급시키는 기초적 분류 및 누진처우제도가 마련되었다. [2019. 9급]

㉡ 1923년 소년수형자의 계급제도 실시, 1948년 「우량수형자 석방령」, 1956년 「수형자 상우규정」 등의 실시로 현대적 의미의 분류처우개념이 확립되었다.

ⓒ 1999년 「수형자분류처우규칙」은 분류제와 누진제를 절충한 이원적 입장을 기반으로 하면서 개별적 분류제를 보강하였다.

ⓓ 2008년 「형집행법」은 분류제를 전면실시하고 사실상 누진처우제도를 폐지하는 전부개정이 이루어졌다.

ⓔ 분류원칙은 「형집행법」에, 분류의 구체적 내용은 「동법 시행규칙」에 규정하고 있다.

② **분류전담시설의 운영**

ⓐ **분류심사과**: 최초의 분류전담시설로 1984년 안양교도소를 시작으로 현재 서울구치소 등 18개 교정시설에 분류심사과를 두고 분류심사과가 없는 시설은 보안과의 분류심사실에서 수형자분류업무를 관장하고 있다.

ⓑ **전담교정시설**(분류센터)

> **제61조 【분류전담시설】** 법무부장관은 수형자를 과학적으로 분류하기 위하여 분류심사를 전담하는 교정시설을 지정·운영할 수 있다.
>
> [시행령]
>
> **제86조 【분류전담시설】** 법무부장관은 법 제61조의 분류심사를 전담하는 교정시설을 지정·운영하는 경우에는 지방교정청별로 1개소 이상이 되도록 하여야 한다. [2019. 9급] 총 2회 기출

(4) 수형자분류의 전제조건

① **판결 전 조사제도의 활용**: 판결전 조사는 양형에 합리적인 자료로 제공되며, 더 나아가 수형자 분류 및 수형자의 사회복귀 후의 갱생을 돕기 위한 자료로도 활용된다. 즉 교정운영의 기본이 되는 수형자분류와 처우의 불가결한 전제로 요구되는 것이다.

② **전문시설 및 기구의 조직과 전문인력 확보**: 분류의 목적이 구금과 처우의 개별화에 있는 이상, 체계적인 분류를 위하여 분류심사위원회나 분류센터 등 분류전문기구를 별도로 설치·운영하여야 하며, 분류업무를 전담할 전문직원을 충분히 확보하여야 한다.

③ **보조과학의 조력**: 심리학·사회학·정신의학 등 광범위한 보조과학의 관여로 범죄사상의 집약적이고도 과학적인 관찰과 적절한 처우계획의 수립이 요구된다.

(5) 수형자분류의 목적

① 소극적 목적으로서 악성감염의 방지를 위하여 인정된다.

② 적극적 목적으로서 수형자 처우를 개별적·능률적·합리적으로 운영하기 위하여 인정된다.

③ 수형자분류는 수형자의 개인적 특성에 부합하고 교화개선에 효과가 높은 개별처우를 가능하게 하여 수형자의 교화개선과 원만한 사회복귀에 도움을 준다.

단원별 지문 O/X

01 분류제도는 횡적분류, 처우분류, 유별분류로 부르는 것으로, 처우유형에 따른 처우의 개별화, 수형자 재사회화에 초점을 맞춘 제도이다. (　　)

02 누진처우제도는 수형자의 위험성을 기준으로 처우의 개별화를 목표로 한 제도로 우리나라는 비롯한 대부분의 국가에서 채택하고 있는 수형자 처우제도이다. (　　)

03 우리나라는 「감옥규칙」에 의한 「징역표」(1894)에서 수형자를 특수기능소지자·보통자·부녀자·노유자의 네 가지 유형으로 분류하고 1~5등급으로 나누어 일정기간이 지나면 상위등급으로 진급시키는 기초적 분류 및 누진처우제도가 마련되었다. (　　)　　　[2019. 9급]

04 법무부장관은 법 제61조의 분류심사를 전담하는 교정시설을 지정·운영하는 경우에는 지방교정청별로 1개소 이상이 되도록 하여야 한다. (　　)　　[2019. 9급]

05 수형자에 대한 분류는 1597년 네덜란드의 암스테르담 노역장에서 남녀혼거의 폐해를 막기 위하여 남자로부터 여자를 격리 수용한 것에서부터 시작되었다고 한다. (　　)　　　　　　　　　　　　　　　　　　　　　　　　　　　[2019. 9급]

06 수형자분류는 수형자에 대한 개별적 처우를 가능하게 함으로써 수형자의 교화개선과 원만한 사회복귀에 도움을 준다. (　　)　　　[2019. 7급]

07 19C 이후 과학의 발달에 힘입어 수형자의 합리적인 처우를 위하여 과학적인 분류의 도입이 주장되었으며, 뉴욕주 싱싱(Sing Sing)교도소에서 운영한 분류센터인 클리어링하우스(Clearing house)가 그 대표적인 예이다. (　　)　[2019. 7급]

---

01 ○

02 ✕　누진처우제도는 수형자의 위험성을 기준으로 계호의 정도와 처우 곤란도에 따른 계급처우를 의미한다. 규칙과 질서를 기반으로 한 집단처우의 효율성을 위해 발달한 제도로 오늘날 대부분의 국가는 처우의 개별화를 목적으로 한 분류제도로의 이행 또는 병합형태를 띠고 있다.

03 ○　우리나라에서는 1894년 갑오개혁으로 「징역표」가 제정되면서 수형자 분류사상이 처음으로 도입되었다고 한다. 징역수형자에 대한 일종의 기초적 분류 및 누진처우를 규정한 「징역표」는 1894년 범죄인의 개과천선을 목적으로 제정하였다. 수형자를 특수기능소지자·보통자·부녀자·노유자의 네 가지 유형으로 분류하고, 1~5등급으로 나누어 일정기간이 지나면 상위등급으로 진급시켜 점차 계호를 완화하는 등의 단계적 처우를 실시하였다.

04 ○　형집행법 시행령 제86조

05 ○　1597년 네덜란드의 암스테르담 징치장 내 여자조사장(성별 분류의 시초), 1603년 암스테르담 징치장 내 불량청소년 숙식소(연령별 분류의 시초)에서 분류제도의 시초를 찾는다.

06 ○

07 ○

01 개요

(1) 의의

① 자유형의 기간 내에 수개의 계급을 두고 수형자의 개선정도에 따라 상위계급으로 진급함에 따라 점차 처우를 완화하는 제도를 말한다.

② 수형자 자신의 노력 여하에 따라 누진계급이 올라가고 계급에 따라 혜택도 주어지는 반면, 수형성적이 좋지 못한 수형자에게는 계급과 처우에 있어서 불이익을 감수하도록 함으로써 일종의 동전경제(token economy), 즉 토큰을 보수로 주는 행동요법에 해당하는 제도로 볼 수 있다. [2017. 9급]

③ 상위 계급으로의 진급은 처우상의 특전과 보다 많은 자유를 부여(형벌의 순화)하고 최상급자에게는 가석방 혜택을 주어 사회복귀를 위한 희망과 자력 개선의 의지를 북돋우는 기능을 한다.

(2) 발전: 고사제(심사제)와 점수제

기원	① 1719년 호주에서 조건부 석방 ② 1822년 누진처우 시초(1기~4기 처우)
고사(심사)제	1843년 영국의 식민장관인 스탠리와 내무장관인 그레이엄에 의해 창안
잉글랜드제	1840~1844년 마코노키가 호주 노포크섬에서 점수제를 결합시켜 발전 ▶ 고사제의 계급표시를 숫자화(점수화)한 것(소득점수 일일단위 계산)
아일랜드제	1854년 아일랜드의 크로프톤이 잉글랜드제 수정 ▶ 아일랜드식 점수제: 소득점수 월단위계산, 중간교도소제 시행
엘마이라제	① 1876년 뉴욕주 소년시설 엘마이라(Elmira)감화원에서 처음 실시 ② 1944년 미국 전역으로 확대 보급 ▶ 상대적 부정기형제: 마코노키의 잉글랜드제, 크로프톤의 아일랜드제 및 부정기형제도를 결합한 상대적 부정기형제 채택

(3) 문제점

① 계급별 군별처우이므로 수형자의 인격특성을 고려한 개별처우가 경시되는 경향이 있다.

② 수형자를 공리적 인간으로 만들 우려가 있다.

③ 수형자의 외형적 요령, 즉 위선적이고 기망적인 행위를 자행할 개연성이 있다.

④ 누진심사가 교도관의 주관적 기준과 자의적 판단에 의해 좌우될 수 있다.

⑤ 교도관의 행형성적 채점방식이 소극적이고 형식에 흐르기 쉽다.

⑥ 단기수형자나 정신장애자 등에게는 제도적으로 큰 의미가 없다.

⑦ 누진계급 최상급자라 할지라도 보호관계의 불확실성, 취업보장의 불능, 피해자와의 감정관계 등 재사회화의 장애사유가 존재할 경우 다음 단계인 가석방으로 진전되기 어렵다.

02 고사제(考查制. Probation System. 기간제. 심사제)

(1) 의의

① 1842년 영국의 식민장관인 로드 스탠리(Lord Stanly)와 내무장관인 제임스 그레이엄(James Graham)에 의해 창안 된 제도로 일정기간이 경과하였을 때에 그 기간 내의 행형(교정)성적을 담당교도관의 보고에 의하여 교도위원회가 심사하여 진급을 결정하는 방식이다. [2019. 7급]

② 일정한 기간이 경과되었을 때 행형성적을 상세히 조사하여 진급을 결정하는 것이므로 기간제라고도 하며, 심사에 의한 진급이므로 심사제라고도 한다. [2014. 7급]

③ **장·단점**: 누진처우로 자력개선의 희망을 주는 반면에, 심사에 의하므로 교도관의 주관적 의지가 개입될 가능성과 관계직원이 공평을 저하시킬 우려가 있다. [2014. 7급]

(2) 고사제의 유형

제1류	① 대상: 개선 가능한 7년 이하의 유형에 처해진 자 ② 영국 내의 독거감옥에서 18개월간 구금 후 행장이 양호한 자는 유형을 집행 ③ 유형의 집행과 동시에 가석방 허가증을 부여
제2류	① 대상: 15년 이상 또는 무기의 유형에 처해진 중범죄인 ② 노포크섬에서 강제노동 후 행장이 양호한 자는 제3류와 동일한 누진처우 실시
제3류	제1·2류에 속하지 아니한 모든 수형자, 3단계의 누진처우 시행 ① 제1단계: 고사급 - 강제노동, 교회사의 지도 ② 제2단계: 고사제급 - 개인집에 위탁고용, 임금의 일부를 보증금으로 관에 제출 ③ 제3단계: 가석방급 - 자유노동에 취업, 특정지역 이외 이동 금지, 성적우수자는 영국에 돌아가지 않는다는 조건하에 특사

03 점수제(Mark System)

🔲 잉글랜드제 vs 아일랜드제

구분	잉글랜드제	아일랜드제
창시자	마코노키	크로프톤
소득점수 계산	매일 계산	매월 계산
처우단계	독거(9개월) ⇨ 혼거 ⇨ 가석방	독거(9개월) ⇨ 혼거 ⇨ 중간교도소 ⇨ 가석방
누진계급	5계급 처우: 고사급 ⇨ 제3급 ⇨ 제2급 ⇨ 제1급 ⇨ 최상급(특별급)	
최상급자 처우	가석방	중간교도소 이송
가석방자 경찰감시	불필요	휴가증제도를 시행하여 경찰감시 실시

▶ 마코노키는 석방 후 범죄자에 대한 경찰의 감시는 경찰에 예속을 초래한다고 보아 반대한 반면, 크로프톤은 가석방자에 대한 감시·관찰은 완전한 개선효과를 위해 필요하다고 보았다.

(1) 의의

① 마코노키(A. Machonochie)의 "만일 죄수가 그 자신의 감옥의 열쇠를 얻었다면 곧 그것으로 감옥의 문을 열기 위해 노력할 것이다"라는 사상에 기초한 것으로 각 수형자에게 그 형기를 기준으로 책임점수를 산정하여 부여하고 이를 행장·작업·면학 정도에 따라 소각하여 전 책임점수를 완전히 소각하면 석방하는 제도로, 점수소각제라고도 한다.

② 자력적 개선을 촉진할 수 있는 반면에, 규정점수를 소각만 하면 진급이 되므로 형식에 흐르기 쉽고 부적격자가 진급하는 사례가 발생할 수 있다.

③ 점수제는 시간제(time system)를 노동제(task system)로 대체하고, 그 노동을 측정하는 데에 점수제도를 활용하고 있다는 점에서 고사제와 구별된다.

④ 잉글랜드제 ⇨ 아일랜드제 ⇨ 엘마이라제로 발전하였다.

(2) 잉글랜드제(England System)

① 마코노키가 개발한 점수제를 본국인 영국에서 채택한 데서 비롯되었다.

② **3단계 처우방식** [2014. 7급] 총 3회 기출

1단계: 독거구금	2단계: 혼거 · 작업	3단계: 가석방
9개월 동안 독거구금	㉠ 교도소에 혼거시켜 강제노역 ㉡ 5계급: 고사급 ⇨ 제3급 ⇨ 제2급 ⇨ 제1급 ⇨ 특별급 ㉢ 상급으로 진급할 때 우대처우	가석방 실시

③ 진급을 위한 책임점수는 매일의 작업에 대한 수형자의 노력과 성적에 의하여 결정하고 소득점수를 매일 계산하는 것이 특징이다.

(3) 아일랜드제(Irish System)

① 1854년 마코노키의 점수제를 응용한 아일랜드의 교정국장 크로프톤(Walter Crofton)이 창안하였다(잉글랜드제를 보완 · 수정하여 중간교도소제를 도입 – 중간처우제도의 기원).

② 매월의 소득점수로 미리 정한 책임점수를 소각하는 방법이다. [2017. 9급] 총 2회 기출

③ **4단계 처우방식** [2019. 7급]

1단계: 엄정독거	2단계: 혼거 · 작업	3단계: 중간교도소	4단계: 가석방
9개월 동안 엄정독거	㉠ 혼거상태로 토목공사, 요새공사에 취업 ㉡ 5계급 처우: 고사급 ⇨ 제3급 ⇨ 제2급 ⇨ 제1급 ⇨ 최상급	㉠ 최상급 진급한 자, 중간교도소 이송 ㉡ 사회적응훈련(자치, 자유)	㉠ 크로프톤의 휴가증(ticket of leave)제도 ㉡ 가석방자 경찰감시 ⇨ 보호관찰부 가석방(parole)의 시초

(4) 엘마이라제(Elmira System)

① **의의**

㉠ **19C 행형사상의 결정체**: 일명 감화제라고도 하는데, 누진처우, 부정기형, 보호관찰부 가석방(Parole)제도의 결합이라는 점에서 19C 행형사상의 결정체로 인정받고 있다.

㉡ **브록웨이**(Brockway): 1876년 소년시설인 뉴욕의 엘마이라 감화원(최초의 상대적 부정기형 실시)에서 브록웨이(Brockway)에 의해서 시도된 새로운 누진제도이다. [2017. 9급]

㉢ **누진제와 부정기형제도를 통한 자력개선**: 마코노키의 잉글랜드제, 크로프톤의 아일랜드제 및 부정기형제도를 결합하여 최고 형기를 설정한 일종의 상대적 부정기형하에서 행형성적에 따라 진급하는 누진제를 채택하고 수형자의 발분노력을 통한 자력 개선에 초점을 두었다. [2014. 9급] 총 4회 기출

㉣ 정상 시민으로의 복귀준비를 위해서 학과교육, 직업훈련, 도덕교육 등의 과정을 제공하고 학교와 같은 분위기를 만들고자 하였다.

② **신시내티행형원칙 도입**: 1870년 드와이트(Dwight), 와인즈(Wines), 브록웨이(Brockway), 산본(Sanborn), 후벨(Hubbell) 등이 "그대의 잃어버린 자유는 그대의 근면과 선행에서 찾으라."는 신시내티 행형원칙의 채택에서 그 기원을 찾는다.

③ **초범자 대상**: 16세에서 30세까지의 초범자(소년과 성인 모두 대상)를 대상으로 하였다. [2017. 9급]
④ **3급처우**: 누진계급은 제1급·제2급·제3급으로 구분하였다. [2014. 7급]

신입자 2급으로 편입	진급 또는 강급	보호관찰부 가석방
입소 후 1개월간 건강과 규율유지를 위한 체육 실시	㉠ 매월 소득점수 합산 54점 취득 시 1급 진급 ㉡ 성적이 나쁜 경우 3급으로 강급 ㉢ 매월 최고점(9점)자 6개월 만에 진급가능	㉠ 1급자 중 책임점수 모두 소각한 자 ㉡ 6개월간 가석방 조건 위반하지 않으면 남은 형 면제

단원별 지문 O̶X̶

01 누진계급(점수)의 측정방법인 고사제(기간제)는 일정기간이 경과하였을 때에 그 기간 내의 수형자 교정성적을 담당교도관이 보고하고, 이를 교도위원회가 심사하여 진급을 결정하는 방법이다. (   ) [2019. 7급]

02 누진계급(점수)의 측정방법인 아일랜드제(Irish system)는 수형자를 최초 9개월의 독거구금 후 교도소에서 강제노동에 취업시키고, 수형자를 5계급으로 나누어 이들이 지정된 책임점수를 소각하면 상급으로 진급시키는 방법이다. (   ) [2019. 7급]

03 점수제의 종류 중 하나인 아일랜드제는 매월의 소득점수로 미리 정한 책임점수를 소각하는 방법이며, 독거구금·혼거작업·가석방이라는 3단계에 반자유구금인 중간교도소를 추가한 것이다. (   ) [2021. 7급]

04 점수제에 대해서는 교도관의 자의가 개입되기 쉽고 공평성을 저하시킬 우려가 있다는 비판이 있다. (   ) [2021. 7급]

05 점수제의 종류 중 하나인 잉글랜드제는 수형자를 최초 9개월간 독거구금을 한 후에 공역(公役)교도소에 혼거시켜 강제노역을 시키며, 수형자를 고사급·제3급·제2급·제1급의 4급으로 나누어 책임점수를 소각하면 상급으로 진급시켜 가석방하는 제도이다. (   ) [2021. 7급]

06 점수제의 종류 중 하나인 엘마이라제는 자력적 개선에 중점을 둔 행형제도로 일명 감화제도라고 한다. 엘마이라감화원은 16~30세까지의 재범자들을 위한 시설로서 수형자분류와 누진처우의 점수제, 부정기형과 보호관찰부 가석방 등을 운용하였다. (   ) [2021. 7급]

---

01 ○

02 × 독거구금·혼거작업·가석방의 3단계 처우방식인 잉글랜드제에 대한 설명이다. 아일랜드제는 독거구금·혼거작업·중간교도소 처우·가석방의 4단계 처우방식이며, 가석방자에 대해 경찰감시를 실시하였다. 당시 크로프톤(Crofton)은 휴가증(ticket of leave)제도를 시행했는데, 이것이 보호관찰부 가석방(parole)의 시초가 되었다고 한다.

03 ○ 아일랜드제(Irish System)는 마코노키(Machonochie)의 점수제를 응용하여 1854년 아일랜드의 교정국장인 크로프톤(Crofton)이 창안한 것으로 매월의 소득점수로 미리 정한 책임점수를 소각하는 방법이며, 잉글랜드제의 독거구금·혼거작업·가석방이라는 3단계에 반자유구금인 중간교도소제를 둔 4단계 처우방식으로, 가석방자에 대해 경찰감시를 실시하였다. 당시 크로프톤은 휴가증(ticket of leave)제도를 시행했는데, 이것이 보호관찰부 가석방(parole)의 시초가 되었다고 한다.

04 × 고사제(Probation System. 기간제, 심사제)는 교도관의 자의가 개입되기 쉽고 관계직원이 공평성을 저하시킬 우려가 있다는 비판이 있다. 점수제(Mark System. 점수소각제)는 규정점수를 소각만 하면 진급이 되므로 형식에 흐르기 쉽고, 가석방 부적격자 등이 최상급에 진급하는 단점이 있다.

05 × 잉글랜드제(England System)는 수형자를 최초 9개월간 독거구금을 한 후에 공역(公役)교도소에 혼거시켜 강제노역에 취업시키고, 수형자를 고사급(考査級)·제3급·제2급·제1급·특별급의 5급으로 나누어 책임점수를 소각하면 상급으로 진급시켜 가석방하는 것으로 소득점수를 매일 계산하는 것이 특징이다.

06 × 엘마이라제(Elmira System)는 자력적 개선에 중점을 둔 행형제도로서 일명 감화제라고도 하는데, 1876년 소년시설로 개설된 뉴욕의 엘마이라 감화원에서 브록웨이(Brockway)에 의해서 시도된 새로운 누진제도이다. 엘마이라 감화원은 16~30세까지의 초범자들을 위한 시설로서 수형자 분류, 누진처우의 점수제, 부정기형, 보호관찰부 가석방(Parole) 등을 운용하였다. 범죄자가 판사에 의해서 엘마이라 감화원에 보내지면 교정당국이 당해 범죄에 대해서 법으로 규정된 최고 형기를 초과하지 않는 범위 내에서 재소자의 석방시기를 결정할 수 있었다.

제17장 / 분류심사제도 법제

제1절 처우원칙과 분류심사

01 수형자의 처우원칙

(1) 처우원칙 등

> **제55조【수형자 처우의 원칙】** 수형자에 대하여는 교육·교화프로그램, 작업, 직업훈련 등을 통하여 교정교화를 도모하고 사회생활에 적응하는 능력을 함양하도록 처우하여야 한다. [2018. 8급 승진]
>
> **제56조【개별처우계획의 수립 등】** ① 소장은 제62조의 분류처우위원회의 의결에 따라 수형자의 개별적 특성에 알맞은 교육·교화프로그램, 작업, 직업훈련 등의 처우에 관한 계획(이하 "개별처우계획"이라 한다)을 수립하여 시행한다. [2015. 5급 승진]
> ② 소장은 수형자가 스스로 개선하여 사회에 복귀하려는 의욕이 고취되도록 개별처우계획을 정기적으로 또는 수시로 점검하여야 한다.
>
> **제58조【외부전문가의 상담 등】** 소장은 수형자의 교화 또는 건전한 사회복귀를 위하여 필요하면 교육학·교정학·범죄학·사회학·심리학·의학 등에 관한 학식 또는 교정에 관한 경험이 풍부한 외부전문가로 하여금 수형자에 대한 상담·심리치료 또는 생활지도 등을 하게 할 수 있다.
>
> **[시행령]**
>
> **제82조【수형자로서의 처우 개시】** ① 소장은 미결수용자로서 자유형이 확정된 사람에 대하여는 검사의 집행 지휘서가 도달된 때부터 수형자로 처우할 수 있다.
> ② 제1항의 경우 검사는 집행 지휘를 한 날부터 10일 이내에 재판서나 그 밖에 적법한 서류를 소장에게 보내야 한다.

(2) 이송·재수용 수형자의 개별처우계획 등

> **[시행규칙]**
>
> **제60조【이송·재수용 수형자의 개별처우계획 등】** ① 소장은 해당 교정시설의 특성 등을 고려하여 필요한 경우에는 다른 교정시설로부터 이송되어 온 수형자의 개별처우계획(법 제56조 제1항에 따른 개별처우계획을 말한다. 이하 같다)을 변경할 수 있다. [2017. 9급]
> ② 소장은 형집행정지 중에 있는 사람이 기간만료 또는 그 밖의 정지사유가 없어져 재수용된 경우에는 석방 당시와 동일한 처우등급을 부여할 수 있다. [2019. 7급] 총 3회 기출
> ③ 소장은 형집행정지 중에 있는 사람이 「자유형 등에 관한 검찰집행사무규칙」 제33조 제2항에 따른 형집행정지의 취소로 재수용된 경우에는 석방 당시보다 한 단계 낮은 처우등급(제74조의 경비처우급에만 해당한다)을 부여할 수 있다.
> ④ 소장은 가석방의 취소로 재수용되어 남은 형기가 집행되는 경우에는 석방 당시보다 한 단계 낮은 처우등급(제74조의 경비처우급에만 해당한다)을 부여한다. 다만, 「가석방자관리규정」 제5조 단서(천재지변, 질병, 부득이한 사유로 출석의무를 위반시)를 위반하여 가석방이 취소되는 등 가석방 취소사유에 특히 고려할 만한 사정이 있는 때에는 석방 당시와 동일한 처우등급을 부여할 수 있다. [2017. 9급]

⑤ 소장은 형집행정지 중이거나 가석방기간 중에 있는 사람이 형사사건으로 재수용되어 형이 확정된 경우에는 개별처우계획을 새로 수립하여야 한다. [2020. 6급 승진] 총 4회 기출

제61조【국제수형자 및 군수형자의 개별처우계획】 ① 소장은 「국제수형자이송법」에 따라 외국으로부터 이송되어 온 수형자에 대하여는 개별처우계획을 새로 수립하여 시행한다. 이 경우 해당 국가의 교정기관으로부터 접수된 그 수형자의 수형생활 또는 처우 등에 관한 내용을 고려할 수 있다. [2018. 6급 승진] 총 2회 기출
② 소장은 군사법원에서 징역형 또는 금고형이 확정되거나 그 형의 집행 중에 있는 사람이 이송되어 온 경우에는 개별처우계획을 새로 수립하여 시행한다. 이 경우 해당 군교도소로부터 접수된 그 수형자의 수형생활 또는 처우 등에 관한 내용을 고려할 수 있다. [2018. 6급 승진]

02 분류심사

(1) 의의

제57조【처우】 ① 수형자는 제59조의 분류심사의 결과에 따라 그에 적합한 교정시설에 수용되며, 개별처우계획에 따라 그 특성에 알맞은 처우를 받는다.

제59조【분류심사】 ① 소장은 수형자에 대한 개별처우계획을 합리적으로 수립하고 조정하기 위하여 수형자의 인성, 행동특성 및 자질 등을 과학적으로 조사·측정·평가(이하 "분류심사"라 한다)하여야 한다. 다만, 집행할 형기가 짧거나 그 밖의 특별한 사정이 있는 경우에는 예외로 할 수 있다. [2018. 8급 승진] 총 6회 기출
⑤ 이 법에 규정된 사항 외에 분류심사에 관하여 필요한 사항은 법무부령으로 정한다.

분류심사에 관한 필요한 사항	법무부령으로 정한다.
처우등급에 관한 필요한 사항	법무부령으로 정한다.
경비등급에 관한 필요한 사항	대통령령으로 정한다.

(2) 분류심사 사항

[시행규칙]

제63조【분류심사 사항】 분류심사 사항은 다음 각 호와 같다.

> **[분류심사 사항]**(시행규칙 제63조) [2018. 7급 승진] 총 2회 기출
> 1. 처우등급에 관한 사항
> 2. 작업, 직업훈련, 교육 및 교화프로그램 등의 처우방침에 관한 사항
> 3. 보안상의 위험도 측정 및 거실 지정 등에 관한 사항
> 4. 보건 및 위생관리에 관한 사항
> 5. 이송에 관한 사항
> 6. 가석방 및 귀휴심사에 관한 사항
> 7. 석방 후의 생활계획에 관한 사항
> 8. 그 밖에 수형자의 처우 및 관리에 관한 사항

03 신입심사와 재심사(분류심사 시기)

(1) 신입심사

제59조【분류심사】② 수형자의 분류심사는 형이 확정된 경우에 개별처우계획을 수립하기 위하여 하는 심사와 일정한 형기가 지나거나 상벌 또는 그 밖의 사유가 발생한 경우에 개별처우계획을 조정하기 위하여 하는 심사로 구분한다. [2015. 9급] 총 4회 기출

[시행규칙]

제64조【신입심사 시기】 개별처우계획을 수립하기 위한 분류심사(이하 "신입심사"라 한다)는 매월 초일부터 말일까지 형집행지휘서가 접수된 수형자를 대상으로 하며, 그 다음 달까지 완료하여야 한다. 다만, 특별한 사유가 있는 경우에는 그 기간을 연장할 수 있다. [2019. 9급] 총 4회 기출

(2) 재심사

제59조【분류심사】② 일정한 형기가 지나거나(정기재심사) 상벌 또는 그 밖의 사유가 발생한 경우에(부정기재심사) 개별처우계획을 조정하기 위하여 하는 심사로 구분한다. [2015. 9급] 총 4회 기출

[시행규칙]

제68조【재심사 시기 등】① 소장은 재심사를 할 때에는 그 사유가 발생한 달의 다음 달까지 완료하여야 한다. [2017. 7급] 총 3회 기출

제65조【재심사의 구분】 개별처우계획을 조정할 것인지를 결정하기 위한 분류심사(이하 "재심사"라 한다)는 다음 각 호와 같이 구분한다.

> **[재심사의 구분]**(시행규칙 제65조) [2023. 7급] 총 2회
> 1. **정기재심사**: 일정한 형기가 도달한 때 하는 재심사
> 2. **부정기재심사**: 상벌 또는 그 밖의 사유가 발생한 경우에 하는 재심사

04 정기재심사와 부정기재심사

[시행규칙]

제66조【정기재심사】① 정기재심사는 다음 각 호의 어느 하나에 해당하는 경우에 한다. 다만, 형집행지휘서가 접수된 날부터 6개월이 지나지 아니한 경우에는 그러하지 아니하다.

> **[정기재심사 사유]**(시행규칙 제66조 제1항) [2024. 5급 승진] 총 7회 기출
> 1. 형기의 3분의 1에 도달한 때
> 2. 형기의 2분의 1에 도달한 때
> 3. 형기의 3분의 2에 도달한 때
> 4. 형기의 6분의 5에 도달한 때

② 부정기형의 재심사 시기는 단기형을 기준으로 한다. [2023. 7급] 총 5회 기출

③ 무기형과 20년을 초과하는 징역형·금고형의 재심사 시기를 산정하는 경우에는 그 형기를 20년으로 본다. [2019. 7급] 총 4회 기출

④ 2개 이상의 징역형 또는 금고형을 집행하는 수형자의 재심사 시기를 산정하는 경우에는 그 형기를 합산한다. 다만, 합산한 형기가 20년을 초과하는 경우에는 그 형기를 20년으로 본다. [2019. 7급 승진] 총 4회 기출

제67조【부정기재심사】 부정기재심사는 다음 각 호의 어느 하나에 해당하는 경우에 할 수 있다.

[부정기 재심사 사유](시행규칙 제67조) [2019. 5급 승진] 총 8회 기출

1. 분류심사에 오류가 있음이 발견된 때
2. 수형자가 교정사고(교정시설에서 발생하는 화재, 수용자의 자살·도주·폭행·소란, 그 밖에 사람의 생명·신체를 해하거나 교정시설의 안전과 질서를 위태롭게 하는 사고)의 예방에 뚜렷한 공로가 있는 때
3. 수형자를 징벌하기로 의결한 때
4. 수형자가 집행유예의 실효 또는 추가사건(현재 수용의 근거가 된 사건 외의 형사사건)으로 금고 이상의 형이 확정된 때
5. 수형자가「숙련기술장려법」제20조 제2항에 따른 전국기능경기대회 입상, 기사 이상의 자격취득, 학사 이상의 학위를 취득한 때
6. 그 밖에 수형자의 수용 또는 처우의 조정이 필요한 때

제68조【재심사 시기 등】 ① 소장은 재심사를 할 때에는 그 사유가 발생한 달의 다음 달까지 완료하여야 한다.
② 재심사에 따라 제74조의 경비처우급을 조정할 필요가 있는 경우에는 한 단계의 범위에서 조정한다. 다만, 수용 및 처우를 위하여 특히 필요한 경우에는 두 단계의 범위에서 조정할 수 있다.

⊕ PLUS 단기형 기준

1. 부정기형의 정기재심사 시기는 단기형을 기준(시행규칙 제66조 제2항)
2. 귀휴 기본요건(법 제77조 제1항) 중 '형기의 3분의 1 경과'에서 형기를 계산할 때 부정기형은 단기를 기준(시행규칙 제130조 제1항)
3. **소년**: 부정기형의 경우 가석방요건 - 단기기준[단기의 3분의 1 경과](소년법 제65조)

05 분류심사 제외 및 유예자

[시행규칙]

제62조 【분류심사 제외 및 유예】 ① 다음 각 호의 사람에 대해서는 분류심사를 하지 아니한다.

[분류심사 제외자](시행규칙 제62조 제1항) [2024. 5급 승진] 총 15회 기출

1. 징역형·금고형이 확정된 사람으로서 집행할 형기가 형집행지휘서 접수일부터 3개월 미만인 사람
2. 구류형이 확정된 사람

② 소장은 수형자가 다음 각 호의 어느 하나에 해당하는 사유가 있으면 분류심사를 유예한다.

[분류심사 유예자](시행규칙 제62조) [2023. 7급] 총 7회 기출

1. 질병 등으로 분류심사가 곤란한 때
2. 징벌대상행위(법 제107조 제1호부터 제5호까지의 규정에 해당하는 행위 및 이 규칙 제214조 각 호에 해당하는 행위)의 혐의가 있어 조사 중이거나 징벌집행 중인 때
3. 그 밖의 사유로 분류심사가 특히 곤란하다고 인정하는 때
⇨ 분류심사가 유예된 때에는 인성검사를 하지 아니할 수 있다(시행규칙 제71조 제2항)

③ 소장은 제2항 각 호에 해당하는 사유가 소멸한 경우에는 지체 없이 분류심사를 하여야 한다. 다만, 집행할 형기가 사유 소멸일부터 3개월 미만인 경우에는 분류심사를 하지 아니한다. [2020. 5급 승진] 총 3회 기출

단원별 지문 OX

01 소장은 미결수용자로서 자유형이 확정된 사람에 대하여는 검사의 집행 지휘서가 발송된 때부터 수형자로 처우할 수 있다. ( ) [2022. 6급 승진]

02 신입심사는 매월 초일부터 말일까지 형집행지휘서가 접수된 수형자를 대상으로 하며, 그 다음 달까지 완료하여야 한다. 다만, 특별한 사유가 있는 경우에는 그 기간을 연장할 수 있다. ( ) [2021. 5급 승진]

03 무기형과 20년을 초과하는 징역형·금고형의 재심사 시기를 산정하는 경우에는 그 형기를 20년으로 본다. ( ) [2021. 5급 승진]

04 부정기형의 재심사 시기는 단기형을 기준으로 한다. ( ) [2021. 5급 승진]

05 소장은 형집행정지 중이거나 가석방기간 중에 있는 사람이 형사사건으로 재수용되어 형이 확정된 경우에는 석방 당시보다 한 단계 낮은 처우등급을 부여하여야 한다. ( ) [2023. 6급 승진]

06 소장은 다른 교정시설로부터 이송되어 온 수형자의 개별처우계획을 변경하여야 한다. ( ) [2023. 6급 승진]

07 소장은 형집행정지 중에 있는 사람이 기간만료 또는 그 밖의 정지사유가 없어져 재수용된 경우에는 석방 당시와 동일한 처우등급을 부여할 수 있다. ( ) [2023. 6급 승진]

08 소장은 가석방의 취소로 재수용되어 남은 형기가 집행되는 경우에는 석방 당시와 동일한 처우등급을 부여하여야 한다. ( ) [2023. 6급 승진]

---

01 ✕ 소장은 미결수용자로서 자유형이 확정된 사람에 대하여는 검사의 집행 지휘서가 도달된 때부터 수형자로 처우할 수 있다(형집행법 시행령 제82조).

02 ○ 형집행법 시행규칙 제64조

03 ○ 형집행법 시행규칙 제66조

04 ○ 형집행법 시행규칙 제66조

05 ✕ 소장은 형집행정지 중이거나 가석방기간 중에 있는 사람이 형사사건으로 재수용되어 형이 확정된 경우에는 개별처우계획을 새로 수립하여야 한다(형집행법 시행규칙 제60조 제5항).

06 ✕ 소장은 해당 교정시설의 특성을 고려하여 필요한 경우에는 다른 교정시설로부터 이송되어 온 수형자의 개별처우계획을 변경할 수 있다(형집행법 시행규칙 제60조 제1항).

07 ○ 형집행법 시행규칙 제60조 제2항

08 ✕ 소장은 가석방의 취소로 재수용되어 남은 형기가 집행되는 경우에는 석방 당시보다 한 단계 낮은 처우등급(경비처우급에만 해당)을 부여한다. 다만, 가석방자관리규정 제5조 단서를 위반하여 가석방이 취소되는 등 가석방 취소사유에 특히 고려할만한 사정이 있는 때에는 석방당시와 동일한 처우등급을 부여할 수 있다(형집행법 시행규칙 제60조 제4항).

09 징역형·금고형이 확정된 사람으로서 집행할 형기가 형집행지휘서 접수일부터 3개월 미만인 사람에 대해서는 분류심사를 하지 아니한다. (   )　　　　　　　　　　　[2020. 5급 승진]

10 구류형이 확정된 사람에 대해서는 분류심사를 하지 아니한다. (   )　　　　　　　　　[2020. 5급 승진]

11 노역장 유치명령을 받은 사람에 대해서는 분류심사를 하지 아니한다. (   )　　　　　　[2020. 5급 승진]

12 징벌대상행위의 혐의가 있어 조사 중이거나 징벌집행 중인 때에는 분류심사를 유예한다. (   )　　　　[2020. 5급 승진]

13 소장은 분류심사의 유예 사유가 소멸한 경우에는 지체 없이 분류심사를 하여야 하나, 집행할 형기가 사유 소멸일부터 3개월 미만인 경우에는 분류심사를 하지 아니한다. (   )　　　　　　　[2020. 5급 승진]

14 무기징역형이 확정된 수형자의 정기재심사 시기를 산정하는 경우에는 그 형기를 20년으로 본다. (   )　　　[2022. 9급]

15 부정기형의 정기재심사 시기는 장기형을 기준으로 한다. (   )　　　　　　　　　　[2022. 9급]

16 정기재심사는 일정한 형기가 도달한 때 하는 재심사를 말하고, 형기의 3분의 1에 도달한 때 실시하며, 부정기형의 정기재심사 시기는 장기형을 기준으로 한다. (   )　　　　　　　[2023. 7급]

17 수형자가 질병으로 인해 분류심사가 곤란한 경우, 소장은 그 수형자에 대해서는 분류심사를 하지 아니한다. (   )　　　　　　　[2023. 7급]

---

09 ○　형집행법 시행규칙 제62조 제1항 제1호

10 ○　형집행법 시행규칙 제62조 제1항 제2호

11 ✕　노역장 유치명령을 받은 사람은 분류심사를 한다.

12 ○　형집행법 시행규칙 제62조 제2항 제2호

13 ○　형집행법 시행규칙 제62조 제3항

14 ○　무기형과 20년을 초과하는 징역형·금고형의 정기재심사 시기를 산정하는 경우에는 그 형기를 20년으로 본다(형집행법 시행규칙 제66조 제3항).

15 ✕　부정기형의 정기재심사 시기는 단기형을 기준으로 한다(형집행법 시행규칙 제66조 제2항).

16 ✕　정기재심사는 일정한 형기가 도달한 때 하는 재심사를 말하고(형집행법 시행규칙 제65조 제1호), 정기재심사는 ㉠ 형기의 3분의 1에 도달한 때, ㉡ 형기의 2분의 1에 도달한 때, ㉢ 형기의 3분의 2에 도달한 때, ㉣ 형기의 6분의 5에 도달한 때 실시하며(형집행법 시행규칙 제66조 제1항), 부정기형의 재심사 시기는 단기형을 기준으로 한다(형집행법 시행규칙 제66조 제2항).

17 ✕　분류심사유예자이지 제외자가 아니다. 소장은 수형자가 ㉠ 질병 등으로 분류심사가 곤란한 때, ㉡ 징벌대상행위의 혐의가 있어 조사 중이거나 징벌집행 중인 때, ㉢ 그 밖의 사유로 분류심사가 특히 곤란하다고 인정하는 때에는 분류심사를 유예한다(형집행법 시행규칙 제62조 제2항).

제2절 분류조사와 분류검사

01 분류조사

(1) 의의

> **제59조【분류심사】** ③ 소장은 분류심사를 위하여 수형자를 대상으로 상담 등을 통한 <u>신상에 관한 개별사안의 조사</u>, 심리·지능·적성 검사, 그 밖에 필요한 검사를 할 수 있다. [2019. 9급] 총 3회 기출
> ④ 소장은 분류심사를 위하여 외부전문가로부터 필요한 의견을 듣거나 외부전문가에게 조사를 의뢰할 수 있다. [2017. 5급 승진]
> ⑤ 이 법에 규정된 사항 외에 분류심사에 관하여 필요한 사항은 법무부령으로 정한다.

(2) 분류조사 사항

> **[시행규칙]**
>
> **제69조【분류조사 사항】** ① 신입심사를 할 때에는 다음 각 호의 사항을 조사한다.
> ② 재심사를 할 때에는 제1항 각 호의 사항 중 변동된 사항과 다음 각 호의 사항을 조사한다.

신입심사 시 조사사항(제69조 제1항)	재심사 시 조사사항(제69조 제2항)
1. 성장과정 2. 학력 및 직업경력 3. 생활환경 4. 건강상태 및 병력사항 5. 심리적 특성 6. 마약·알코올 등 약물중독 경력 7. 가족 관계 및 보호자 관계 8. 범죄경력 및 범행내용 9. 폭력조직 가담여부 및 정도 10. 교정시설 총 수용기간 11. 교정시설 수용(과거에 수용된 경우를 포함) 중에 받은 징벌 관련 사항 12. 도주(음모, 예비 또는 미수에 그친 경우를 포함) 또는 자살기도 유무와 횟수 13. 상담관찰 사항 14. 수용생활태도 15. 범죄피해의 회복 노력 및 정도 16. 석방 후의 생활계획 17. 재범의 위험성 18. 처우계획 수립에 관한 사항 [2016. 5급 승진] 19. 그 밖에 수형자의 처우 및 관리에 필요한 사항	1. 교정사고 유발 및 징벌 관련 사항 2. 소득점수를 포함한 교정처우의 성과 3. 교정사고 예방 등 공적 사항 4. 추가사건 유무 5. 재범의 위험성 6. 처우계획 변경에 관한 사항 [2016. 5급 승진] 7. 그 밖에 재심사를 위하여 필요한 사항 ▶ 신입심사시 조사사항 중 변동된 사항 포함

제70조 【분류조사 방법】 분류조사의 방법은 다음 각 호와 같다.

> **[분류조사 방법]**(시행규칙 제70조) [2023. 7급] 총 2회 기출
>
> 1. 수용기록 확인 및 수형자와의 상담
> 2. 수형자의 가족 등과의 면담
> 3. 검찰청, 경찰서, 그 밖의 관계기관에 대한 사실조회
> 4. 외부전문가에 대한 의견조회
> 5. 그 밖에 효율적인 분류심사를 위하여 필요하다고 인정되는 방법

02 분류검사

(1) 의의

[시행규칙]

제71조 【분류검사】 ① 소장은 분류심사를 위하여 수형자의 인성, 지능, 적성 등의 특성을 측정·진단하기 위한 검사를 할 수 있다. [2023. 7급]

② 인성검사는 신입심사 대상자 및 그 밖에 처우상 필요한 수형자를 대상으로 한다. 다만, 수형자가 다음 각 호의 어느 하나에 해당하면 인성검사를 하지 아니할 수 있다.

> **[인성검사 제외가능자]**(시행규칙 제71조 제2항) [2024. 5급 승진] 총 2회 기출
>
> 1. 제62조 제2항에 따라 분류심사가 유예된 때
> 2. 그 밖에 인성검사가 곤란하거나 불필요하다고 인정되는 사유가 있는 때

③ 이해력의 현저한 부족 등으로 인하여 인성검사를 하지 아니한 경우에는 상담 내용과 관련 서류를 토대로 인성을 판정하여 경비처우급 분류지표를 결정할 수 있다.

④ 지능 및 적성 검사는 제2항 각 호의 어느 하나에 해당하지 아니하는 신입심사 대상자로서 집행할 형기가 형집행지휘서 접수일부터 1년 이상이고 나이가 35세 이하인 경우에 한다. 다만, 직업훈련 또는 그 밖의 처우를 위하여 특히 필요한 경우에는 예외로 할 수 있다.

(2) 관계기관 등에 대한 사실조회

제60조 【관계기관등에 대한 사실조회 등】 ① 소장은 분류심사와 그 밖에 수용목적의 달성을 위하여 필요하면 수용자의 가족 등을 면담하거나 법원·경찰관서, 그 밖의 관계 기관 또는 단체(이하 "관계기관등"이라 한다)에 대하여 필요한 사실을 조회할 수 있다.

② 제1항의 조회를 요청받은 관계기관 등의 장은 특별한 사정이 없으면 지체 없이 그에 관하여 답하여야 한다.

객관적 검사	교정심리검사	수용자 심리파악 및 기초 진단용(175문항)
	다면적인성검사(MMPI-2)	정신적 진단분류(타당도척도4, 임상척도10)
	알코올검사(AUDIT-K)	10개 문항으로 된 위험 음주자 선별검사
	기타	직업선호도검사, 한국판 벡우울척도(K-BDI), 한국판 벡불안척도(K-BAI), 공격성척도, 충동성척도, 사회문제해결력척도, 감각추구성향척도, 자기통제력척도
투사 검사	성격평가검사(PAI, PAI-PS)	DSM – 5진단 분류에 가장 가까운 정보, 수용자용 개발
	반사회적 인격장애 검사(PCL-R)	20개 문항의 정신병 또는 정신질환 유무 존재검사
	로르샤검사(Rorschach-T)	10장의 그림의 해석반응
	주제통각검사(TAT)	31장의 그림을 통한 개인적인 통각
	HTP검사	집 – 나무 – 사람 그림을 통해 수검자의 내면 분석
	웩슬러 지능검사	개인의 전반적 지적 능력 평가
	문장완성검사(SCT)	단어연상검사를 통해 수검자의 무의식 태도 분석
	기타	인물화 그림검사(DAP), 가족화 그림검사(KFD), 병적 도벽증상 평가척도(K-SAS), 벤더게슈탈트검사(BGT)
성폭력 검사	Static-99R	성인남성의 재범위험성 측정 척도(정적, 10개 항목)
	HAGSOR-S	성적 일탈 및 피해자관계 평가(정적, 10개 항목)
	HAGSOR-D	13개 항목의 동적 요인 성범죄자 위험성 평가
	강간수용통념검사	20개 문항의 성 기본인식, 여성행동에 대한 오해 측정
	성적상상검사	성적 탐색성, 친밀성, 비인격성, 가학피학성 요인측정

03 교정시설의 분류처우위원회

제62조【분류처우위원회】 ① 수형자의 개별처우계획, 가석방심사신청 대상자 선정, 그 밖에 수형자의 분류처우에 관한 중요 사항을 심의·의결하기 위하여 교정시설에 분류처우위원회(이하 이 조에서 "위원회"라 한다)를 둔다. [2023. 7급] 총 2회 기출
② 위원회는 위원장을 포함한 5명 이상 7명 이하의 위원으로 구성하고, 위원장은 소장이 되며, 위원은 위원장이 소속 기관의 부소장 및 과장(지소의 경우에는 7급 이상의 교도관) 중에서 임명한다. [2023. 9급] 총 9회 기출
③ 위원회는 그 심의·의결을 위하여 외부전문가로부터 의견을 들을 수 있다. [2023. 9급] 총 2회 기출
④ 이 법에 규정된 사항 외에 위원회에 관하여 필요한 사항은 법무부령으로 정한다.

[시행규칙]

제97조【심의·의결 대상】 법 제62조의 분류처우위원회(이하 이 절에서 "위원회"라 한다)는 다음 각 호의 사항을 심의·의결한다.

> **[분류처우위원회 심의·의결사항]**(시행규칙 제97조) [2019. 8급 승진] 총 2회 기출
> 1. 처우등급 판단 등 분류심사에 관한 사항
> 2. 소득점수 등의 평가 및 평정에 관한 사항
> 3. 수형자 처우와 관련하여 소장이 심의를 요구한 사항
> 4. 가석방 적격심사 신청 대상자 선정 등에 관한 사항
> 5. 그 밖에 수형자의 수용 및 처우에 관한 사항

제98조【위원장의 직무】 ① 위원장은 위원회를 소집하고 위원회의 사무를 총괄한다.
② 위원장이 부득이한 사유로 그 직무를 수행할 수 없을 때에는 위원장이 미리 지정한 위원이 그 직무를 대행할 수 있다.

제99조【회의】 ① 위원회의 회의는 매월 10일에 개최한다. 다만, 위원회의 회의를 개최하는 날이 토요일, 공휴일, 그 밖에 법무부장관이 정한 휴무일일 때에는 그 다음 날에 개최한다.
② 위원장은 수형자의 처우와 관련하여 필요한 경우에는 임시회의를 개최할 수 있다.
③ 위원회의 회의는 재적위원 3분의 2이상의 출석으로 개의하고, 출석위원 과반수의 찬성으로 의결한다. [2019. 8급 승진] 총 2회 기출

제100조【간사】 ① 위원회의 사무를 처리하기 위하여 분류심사 업무를 담당하는 교도관 중에서 간사 1명을 둔다. [2019. 8급 승진]
② 간사는 위원회의 회의록을 작성하여 유지하여야 한다.

04 분류전담시설과 정밀분류심사

제61조【분류전담시설】 법무부장관은 수형자를 과학적으로 분류하기 위하여 분류심사를 전담하는 교정시설을 지정·운영할 수 있다. [2015. 9급]

[시행령]

제86조【분류전담시설】 법무부장관은 법 제61조의 분류심사를 전담하는 교정시설을 지정·운영하는 경우에는 지방교정청별로 1개소 이상이 되도록 하여야 한다. [2019. 9급]

[시행규칙]

제96조의2(분류전담시설) ① 법 제61조 및 영 제86조에 따른 분류심사를 전담하는 교정시설(이하 이 절에서 "분류전담시설"이라 한다)의 장은 범죄의 피해가 중대하고 재범의 위험성이 높은 수형자(이하 이 절에서 "고위험군 수형자"라 한다)의 개별처우계획을 수립·조정하기 위해 고위험군 수형자의 개별적 특성과 재범의 위험성 등을 면밀히 분석·평가하기 위한 분류심사(이하 이 절에서 "정밀분류심사"라 한다)를 실시할 수 있다.
② 분류전담시설의 장은 정밀분류심사를 실시한 고위험군 수형자의 개별처우계획 이행 여부를 지속적으로 평가해야 한다.

제100조의2【분류전담시설에 두는 위원회】 제97조부터 제100조까지의 규정에도 불구하고 법무부장관은 분류전담시설에 두는 위원회의 심의·의결 대상 및 개최시기 등을 달리 정할 수 있다.

⚖ 판례

수용자에 대한 분류심사는 수용자의 개별적인 요청이나 희망에 따라 행하여지는 것이 아니라 행형기관의 교정정책 또는 형사정책적 판단에 따라 이루어지는 재량적 조치로서, 청구인이 분류심사에서 어떠한 처우등급을 받을 것인지 여부는 행형기관의 재량적 판단에 달려 있고, 청구인에게 등급의 상향조정을 청구할 권리가 있는 것이 아니다. 따라서 행형기관이 청구인에 대한 분류심사를 함에 있어 청구인의 과거 범죄전력을 반영하여 낮은 처우등급으로 결정하였다고 하더라도 이러한 분류심사행위는 행형기관이 여러 고려 사항들을 반영하여 결정하는 재량적 조치로서, 청구인의 법률관계나 법적지위를 직접적이고 구체적으로 불리하게 변경시키는 것이라고 할 수 없으므로 헌법소원심판의 대상이 되는 공권력의 행사에 해당한다고 할 수 없다 (헌재 2018.5.29. 2018헌마458). [2019. 8급 승진]

단원별 지문 O/X

01 분류조사 방법에는 수용기록 확인 및 수형자와의 상담, 수형자의 가족 등과의 면담, 외부전문가에 대한 의견조회 등이 포함된다. ( )
[2023. 7급]

02 소장은 분류심사를 위하여 수형자의 인성, 지능, 적성 등의 특성을 진단하기 위한 검사를 할 수 있으며, 인성검사는 신입심사 대상자만을 그 대상으로 한다. ( )
[2023. 7급]

03 소장은 분류심사를 위하여 수형자와 그 가족을 대상으로 상담 등을 통해 수형자 신상에 관한 개별사안의 조사, 심리·지능·적성검사, 그 밖에 필요한 검사를 할 수 있다. ( )
[2019. 9급]

04 지능 및 적성 검사는 분류심사가 유예된 때, 그 밖에 인성검사가 곤란하거나 불필요하다 고 인정되는 사유가 있는 때에 해당하지 아니하는 신입심사 대상자로서 집행할 형기가 형집행지휘서 접수일부터 1년 이상이고 나이가 50세 이하인 경우에 한다. 다만, 직업훈련 또는 그 밖의 처우를 위하여 특히 필요한 경우에는 예외로 할 수 있다. ( )
[2021. 5급 승진]

05 법무부장관은 수형자를 과학적으로 분류하기 위하여 분류심사를 전담하는 교정시설을 지정·운영할 수 있다. ( )
[2024. 6급 승진]

06 법무부장관은 분류심사를 전담하는 교정시설을 지정·운영하는 경우에는 지방교정청별로 2개소 이상이 되도록 하여야 한다. ( )
[2019. 9급]

07 분류처우위원회는 위원장을 포함한 7명 이상 9명 이하의 위원으로 구성하고, 위원장은 소장이 된다. ( )
[2021. 5급 승진]

---

01 ○ 분류조사의 방법에는 ㉠ 수용기록 확인 및 수형자와의 상담, ㉡ 수형자의 가족 등과의 면담, ㉢ 검찰청, 경찰서, 그 밖의 관계기관에 대한 사실조회, ㉣ 외부전문가에 대한 의견조회, ㉤ 그 밖에 효율적인 분류심사를 위하여 필요하다고 인정되는 방법이 있다(형집행법 시행규칙 제70조).

02 × 소장은 분류심사를 위하여 수형자의 인성, 지능, 적성 등의 특성을 측정·진단하기 위한 검사를 할 수 있다(동법 시행규칙 제71조 제1항). 인성검사는 신입심사 대상자 및 그 밖에 처우상 필요한 수형자를 대상으로 한다. 다만, 수형자가 ㉠ 분류심사가 유예된 때, ㉡ 그 밖에 인성검사가 곤란하거나 불필요하다고 인정되는 사유가 있는 때에는 인성검사를 하지 아니할 수 있다(형집행법 시행규칙 제71조 제2항).

03 × 소장은 분류심사를 위하여 수형자를 대상으로 상담 등을 통한 신상에 관한 개별사안의 조사, 심리·지능·적성 검사, 그 밖에 필요한 검사를 할 수 있다(형집행법 제59조 제3항).
소장은 분류심사와 그 밖에 수용목적의 달성을 위하여 필요하면 수용자의 가족 등을 면담하거나 법원·경찰관서, 그 밖의 관계 기관 또는 단체(관계기관 등)에 대하여 필요한 사실을 조회할 수 있다(형집행법 제60조 제1항).

04 × 지능 및 적성 검사는 분류심사가 유예된 때, 그 밖에 인성검사가 곤란하거나 불필요하다 고 인정되는 사유가 있는 때에 해당하지 아니하는 신입심사 대상자로서 집행할 형기가 형집행지휘서 접수일부터 1년 이상이고 나이가 35세 이하인 경우에 한다. 다만, 직업훈련 또는 그 밖의 처우를 위하여 특히 필요한 경우에는 예외로 할 수 있다(형집행법 시행규칙 제71조 제4항).

05 ○ 형집행법 제61조

06 × 법무부장관은 분류심사를 전담하는 교정시설을 지정·운영하는 경우에는 지방교정청별로 1개소 이상이 되도록 하여야 한다(형집행법 시행령 제86조).

07 × 분류처우위원회는 위원장을 포함한 5명 이상 7명 이하의 위원으로 구성하고, 위원장은 소장이 된다(형집행법 제62조).

제18장 / 수형자 처우등급제도

제1절 시설등급과 처우등급

★ 핵심정리 경비등급 및 처우등급 정리

시설의 경비등급 (도주방지 시설)		수형자 처우등급(규, 제72조)			기본수용급 (규, 제73조)	개별처우급 (규, 제76조)
		경비처우급(규, 제74조) 도주 등 위험성 + 범죄성향 & 교정성적에 따른 처우수준				
시설기준			처우기준	작업기준		
개방	• 도 · 방 설비 전부 or 일부 × • 자율 활동 가능, 통상적 관리 · 감시 전부 or 일부 ×	개방	• 개방시설 수용 • 가장 높은 수준 처우	외통 및 개방	1. 여성수형자 2. 외국인수형자 3. 금고형수형자 4. 19세 미만 소년 5. 23세 미만 청년 6. 65세 이상 노인 7. 10년 이상 장기 8. 정신질환 또는 장애 9. 신체질환 또는 장애	1. 직업훈련(V) 2. 학과교육(E) 3. 생활지도(G) 4. 작업지도(R) 5. 운영지원작업(N) 6. 의료처우(T) 7. 자치처우(H) 8. 개방처우(O) 9. 집중처우(C)
완화 경비	• 도 · 방 설비 및 수형자 관리 · 감시 • 일반경비보다 완화 시설	완화 경비	• 완화경비시설 수용 • 통상보다 높은 수준 처우	개방 및 필요시 외통 가능		
일반 경비	• 도 · 방 위한 통상적인 설비 • 통상적인 관리 · 감시 시설	일반 경비	• 일반경비시설 수용 • 통상 수준 처우	구내 및 필요시 개방 가능		
중경비	도 · 방 및 수형자 상호 간 접촉차단 설비 강화 · 수형자 관리 · 감시 엄중 시설	중경비	• 중경비시설 수용 • 기본적인 처우 필요	필요시 구내 가능		

01 교정시설 경비등급

제57조【처우】 ① 수형자는 분류심사의 결과에 따라 그에 적합한 교정시설에 수용되며, 개별처우계획에 따라 그 특성에 알맞은 처우를 받는다.

② 교정시설은 도주방지 등을 위한 수용설비 및 계호의 정도(이하 "경비등급"이라 한다)에 따라 다음 각 호로 구분한다. 다만, 동일한 교정시설이라도 구획을 정하여 경비등급을 달리할 수 있다.

1. 개방시설	도주방지를 위한 통상적인 설비의 전부 또는 일부를 갖추지 아니하고 수형자의 자율적 활동이 가능하도록 통상적인 관리·감시의 전부 또는 일부를 하지 아니하는 교정시설
2. 완화경비시설	도주방지를 위한 통상적인 설비 및 수형자에 대한 관리·감시를 일반경비시설보다 완화한 교정시설
3. 일반경비시설	도주방지를 위한 통상적인 설비를 갖추고 수형자에 대하여 통상적인 관리·감시를 하는 교정시설
4. 중경비시설	도주방지 및 수형자 상호 간의 접촉을 차단하는 설비를 강화하고 수형자에 대한 관리·감시를 엄중히 하는 교정시설

③ 수형자에 대한 처우는 교화 또는 건전한 사회복귀를 위하여 교정성적에 따라 상향 조정될 수 있으며, 특히 그 성적이 우수한 수형자는 개방시설에 수용되어 사회생활에 필요한 적정한 처우를 받을 수 있다.
[2015. 5급 승진]
> ▶ 교정성적이란 수형자의 수용생활 태도, 상벌 유무, 교육 및 작업의 성과 등을 종합적으로 평가한 결과를 말한다(시행령 제84조 제1항).

④ 소장은 가석방 또는 형기 종료를 앞둔 수형자 중에서 법무부령으로 정하는 일정한 요건을 갖춘 사람에 대해서는 가석방 또는 형기 종료 전 일정 기간 동안 지역사회 또는 교정시설에 설치된 개방시설에 수용하여 사회적응에 필요한 교육, 취업지원 등의 적정한 처우를 할 수 있다.

⑤ 수형자는 교화 또는 건전한 사회복귀를 위하여 교정시설 밖의 적당한 장소에서 봉사활동·견학, 그 밖에 사회적응에 필요한 처우를 받을 수 있다.

⑥ 학과교육생·직업훈련생·외국인·여성·장애인·노인·환자·소년(19세 미만인 자를 말한다), 제4항에 따른 처우(이하 "중간처우"라 한다)의 대상자, 그 밖에 별도의 처우가 필요한 수형자는 법무부장관이 특히 그 처우를 전담하도록 정하는 시설(이하 "전담교정시설"이라 한다)에 수용되며, 그 특성에 알맞은 처우를 받는다. 다만, 전담교정시설의 부족이나 그 밖의 부득이한 사정이 있는 경우에는 예외로 할 수 있다.

⑦ 제2항 각 호의 시설의 설비 및 계호의 정도에 관하여 필요한 사항은 대통령령으로 정한다.

[시행령]

제83조【경비등급별 설비 및 계호】 법 제57조 제2항 각 호의 수용설비 및 계호의 정도는 다음 각 호의 규정에 어긋나지 않는 범위에서 법무부장관이 정한다.

> **[경비등급별 설비 및 계호의 정도]**(시행령 제83조)
> 1. 수형자의 생명이나 신체, 그 밖의 인권 보호에 적합할 것
> 2. 교정시설의 안전과 질서유지를 위하여 필요한 최소한의 범위일 것
> 3. 법 제56조 제1항의 개별처우계획의 시행에 적합할 것

02 수형자 처우등급(기본수용급, 경비처우급, 개별처우급)

(1) 수형자의 처우등급 부여

[시행령]

제84조【수형자의 처우등급 부여 등】 ② 소장은 수형자의 처우수준을 개별처우계획의 시행에 적합하게 정하거나 조정하기 위하여 교정성적에 따라 처우등급을 부여할 수 있다.

▶ 처우등급이란 수형자의 처우 및 관리와 관련하여 수형자를 수용할 시설, 수형자에 대한 계호의 정도, 처우의 수준 및 처우의 내용을 구별하는 기준을 말한다(시행규칙 제2조 제5호).

③ 수형자에게 부여하는 처우등급에 관하여 필요한 사항은 법무부령으로 정한다.

(2) 처우등급의 구분

[시행규칙]

제72조【처우등급】 수형자의 처우등급은 다음 각 호와 같이 구분한다.

1. 기본수용급	성별·국적·나이·형기 등에 따라 수용할 시설 및 구획 등을 구별하는 기준
2. 경비처우급	도주 등의 위험성에 따라 수용시설과 계호의 정도를 구별하고, 범죄성향의 진전과 개선정도, 교정성적에 따라 처우수준을 구별하는 기준
3. 개별처우급	수형자의 개별적인 특성에 따라 중점처우의 내용을 구별하는 기준

제73조【기본수용급】 기본수용급은 다음 각 호와 같이 구분한다.

제76조【개별처우급】 개별처우급은 다음 각 호와 같이 구분한다.

기본수용급(규칙, 제73조) [2024. 5급 승진]	개별처우급(규칙, 제76조)
1. 여성수형자	1. 직업훈련(V)
2. 외국인수형자	2. 학과교육(E)
3. 금고형수형자	3. 생활지도(G)
4. 19세 미만의 소년수형자	4. 작업지도(R)
5. 23세 미만의 청년수형자	5. 운영지원작업(N)
6. 65세 이상의 노인수형자	6. 의료처우(T)
7. 형기가 10년 이상인 장기수형자	7. 자치처우(H)
8. 정신질환 또는 장애가 있는 수형자	8. 개방처우(O)
9. 신체질환 또는 장애가 있는 수형자	9. 집중처우(C)

제74조【경비처우급】 [2023. 7급] 총 8회 기출

① 경비처우급은 다음 각 호와 같이 구분한다.		② 경비처우급에 따른 작업기준은 다음 각 호와 같다.
1. 개방처우급	법 제57조 제2항 제1호의 개방시설에 수용되어 가장 높은 수준의 처우가 필요한 수형자	1. 외부통근작업 및 개방지역작업 가능
2. 완화경비처우급	법 제57조 제2항 제2호의 완화경비시설에 수용되어 통상적인 수준보다 높은 수준의 처우가 필요한 수형자	2. 개방지역작업 및 필요시 외부통근작업 가능
3. 일반경비처우급	법 제57조 제2항 제3호의 일반경비시설에 수용되어 통상적인 수준의 처우가 필요한 수형자	3. 구내작업 및 필요시 개방지역작업 가능
4. 중(重)경비처우급	법 제57조 제2항 제4호의 중(重)경비시설(이하 "중경비시설"이라 한다)에 수용되어 기본적인 처우가 필요한 수형자	4. 필요시 구내작업 가능

제83조【처우등급별 수용 등】 ① 소장은 수형자를 기본수용급별·경비처우급별로 구분하여 수용하여야 한다. 다만 처우상 특히 필요하거나 시설의 여건상 부득이한 경우에는 기본수용급·경비처우급이 다른 수형자를 함께 수용하여 처우할 수 있다. [2020. 6급 승진] 총 2회 기출

② 소장은 제1항에 따라 수형자를 수용하는 경우 개별처우의 효과를 증진하기 위하여 경비처우급·개별처우급이 같은 수형자 집단으로 수용하여 처우할 수 있다. [2020. 7급]

단원별 지문 O X

01 개방시설에 수용되어 가장 낮은 수준의 처우가 필요한 수형자는 개방처우급으로 구분한다. (   )   [2023. 9급]

02 완화경비시설에 수용되어 통상적인 수준보다 낮은 수준의 처우가 필요한 수형자는 완화경비처우급으로 구분한다. (   )
[2023. 9급]

03 일반경비시설에 수용되어 통상적인 수준의 처우가 필요한 수형자는 일반경비처우급으로 구분한다. (   )   [2023. 9급]

04 중(重)경비시설에 수용되어 가장 높은 수준의 처우가 필요한 수형자는 중(重)경비처우급으로 구분한다. (   )
[2023. 9급]

05 소장은 수형자를 처우등급별 수용하는 경우 개별처우의 효과를 증진하기 위하여 경비처우급 · 개별처우급이 같은 수형자 집단으로 수용하여 처우할 수 있다. (   )   [2020. 7급]

06 도주 등의 위험성에 따라 수용시설과 계호의 정도를 구별하고, 범죄성향의 진전과 개선정도, 교정성적에 따라 처우수준을 구별하는 기준은 기본수용급에 대한 설명이다. (   )   [2015. 9급]

07 성별 · 국적 · 나이 · 형기 등에 따라 수용할 시설 및 구획 등을 구별하는 기준은 경비처우급에 대한 설명이다. (   )
[2015. 9급]

08 수형자의 개별적인 특성에 따라 중점처우의 내용을 구별하는 기준은 개별처우급에 대한 설명이다. (   )   [2015. 9급]

09 형기가 8년 이상인 장기수형자는 기본수용급에 따른 구분이다. (   )   [2015. 7급]

10 24세 미만의 청년수형자는 기본수용급에 따른 구분이다. (   )   [2015. 7급]

11 정신질환 또는 장애가 있는 수형자는 기본수용급에 따른 구분이다. (   )   [2015. 7급]

12 조직폭력 또는 마약류 수형자는 기본수용급에 따른 구분이다. (   )   [2015. 7급]

---

01 ✕   개방시설에 수용되어 가장 높은 수준의 처우가 필요한 수형자는 개방처우급으로 구분한다(형집행법 시행규칙 제74조 제1항 제1호).

02 ✕   완화경비시설에 수용되어 통상적인 수준보다 높은 수준의 처우가 필요한 수형자는 완화경비처우급으로 구분한다(형집행법 시행규칙 제74조 제1항 제2호).

03 ○   형집행법 시행규칙 제74조 제1항 제3호

04 ✕   중경비시설에 수용되어 기본적인 처우가 필요한 수형자는 중경비처우급으로 구분한다(형집행법 시행규칙 제74조 제1항 제4호).

05 ○   형집행법 시행규칙 제83조 제2항

06 ✕   경비처우급(형집행법 시행규칙 제72조).

07 ✕   기본수용급(형집행법 시행규칙 제72조).

08 ○   형집행법 시행규칙 제72조

09 ✕   형기가 10년 이상인 장기수형자(형집행법 시행규칙 제73조)

10 ✕   23세 미만의 청년수형자(형집행법 시행규칙 제73조)

11 ○   형집행법 시행규칙 제194조

12 ✕   엄중관리대상자의 구분에 해당한다(형집행법 시행규칙 제194조).

제2절 경비처우급의 조정과 처우

★ 핵심정리 처우등급조정과 작업장별 평가기준

처우등급 조정을 위한 소득점수			
점수산정 (월 10점)	수형생활 태도	5점 이내	품행·책임감 및 협동심: 매우양호(수, 5점)·양호(우, 4점)·보통(미, 3점)·개선 요망(양, 2점)·불량(가, 1점)
	작업 or 교육	5점 이내	작업·교육 실적+근면성 등: 매우우수(수, 5점)·우수(우, 4점)·보통(미, 3점)· 노력요망(양, 2점)·불량(가, 1점)
조정기준	상향조정	8점 이상	5/6 재심사 경우 7점 이상
	하향조정	5점 이하	* 특히 필요한 경우 장관이 달리 정할 수 있다.
작업장별 평가기준			
일반작업·교육장		수	전체인원의 10% 초과할 수 없다.
		우	전체인원의 30% 초과할 수 없다.
4명 이하의 작업·교육장		수·우 각각 1명으로 채점할 수 있다.	
필수작업장		수는 5%, 우는 10% 이내의 범위 각각 확대가능	
부상이나 질병, 그 밖의 부득이한 사유로 작업 또는 교육을 받지 못한 경우		3점 이내의 범위, 작업 또는 교육 성적 부여가능	

01 경비처우급의 조정과 처우

[시행규칙]

제72조 【처우등급】 수형자의 처우등급은 다음 각 호와 같이 구분한다.
　2. 경비처우급: 도주 등의 위험성에 따라 수용시설과 계호의 정도를 구별하고, 범죄성향의 진전과 개선정
　　도, 교정성적에 따라 처우수준을 구별하는 기준

제81조 【경비처우급 조정】 경비처우급을 상향 또는 하향 조정하기 위하여 고려할 수 있는 평정소득점수의 기
　준은 다음 각 호와 같다. 다만, 수용 및 처우를 위하여 특히 필요한 경우 법무부장관이 달리 정할 수 있
　다. [2020. 7급] 총 4회 기출

1. 상향 조정	8점 이상[제66조 제1항 제4호(형기의 6분의 5에 도달한 때)에 따른 재심사의 경우에는 7점 이상]
2. 하향 조정	5점 이하

제82조 【조정된 처우등급의 처우 등】 ① 조정된 처우등급에 따른 처우는 그 조정이 확정된 다음 날부터 한다.
　이 경우 조정된 처우등급은 그 달 초일부터 적용된 것으로 본다. [2020. 5급 승진] 총 6회 기출
② 소장은 수형자의 경비처우급을 조정한 경우에는 지체 없이 해당 수형자에게 그 사항을 알려야 한다.
　[2020. 7급]

제68조 【재심사 시기 등】 ② 재심사에 따라 제74조의 경비처우급을 조정할 필요가 있는 경우에는 한 단계의
　범위에서 조정한다. 다만, 수용 및 처우를 위하여 특히 필요한 경우에는 두 단계의 범위에서 조정할 수
　있다.

02 조정을 위한 소득점수

[시행규칙]

제77조【소득점수】 소득점수는 다음 각 호의 범위에서 산정한다. [2018. 5급 승진]

1. 수형생활 태도	5점 이내
2. 작업 또는 교육 성적	5점 이내

제78조【소득점수 평가 기간 및 방법】 ① 소장은 수형자(제62조에 따라 분류심사에서 제외되거나 유예되는 사람은 제외한다)의 소득점수를 별지 제1호서식의 소득점수 평가 및 통지서에 따라 매월 평가하여야 한다. 이 경우 대상기간은 매월 초일부터 말일까지로 한다.

② 수형자의 소득점수 평가 방법은 다음 각 호로 구분한다. [2018. 5급 승진] 총 2회 기출

1. 수형생활 태도 (5점 이내)	품행·책임감 및 협동심의 정도에 따라 매우양호(수, 5점)·양호(우, 4점)·보통(미, 3점)·개선요망(양, 2점)·불량(가, 1점)으로 구분하여 채점한다.
2. 작업 또는 교육 성적 (5점 이내)	법 제63조·제65조에 따라 부과된 작업·교육의 실적 정도와 근면성 등에 따라 매우우수(수, 5점)·우수(우, 4점)·보통(미, 3점)·노력요망(양, 2점)·불량(가, 1점)으로 구분하여 채점한다.

③ 제2항에 따라 수형자의 작업 또는 교육 성적을 평가하는 경우에는 작업 숙련도, 기술력, 작업기간, 교육 태도, 시험성적 등을 고려할 수 있다.

④ 보안·작업 담당교도관 및 수용관리팀(교정시설의 효율적인 운영과 수용자의 적정한 관리 및 처우를 위하여 수용동별 또는 작업장별로 나누어진 교정시설 안의 일정한 구역을 관리하는 단위조직을 말한다. 이하 같다)의 팀장은 서로 협의하여 소득점수 평가 및 통지서에 해당 수형자에 대한 매월 초일부터 말일까지의 소득점수를 채점한다.

제79조【소득점수 평가기준】 ① 수형생활 태도 점수와 작업 또는 교육성적 점수는 제78조 제2항의 방법에 따라 채점하되, 수는 소속 작업장 또는 교육장 전체 인원의 10퍼센트를 초과할 수 없고, 우는 30퍼센트를 초과할 수 없다. 다만, 작업장 또는 교육장 전체인원이 4명 이하인 경우에는 수·우를 각각 1명으로 채점할 수 있다. [2020. 6급 승진] 총 4회 기출

② 소장이 작업장 중 작업의 특성이나 난이도 등을 고려하여 필수 작업장으로 지정하는 경우 소득점수의 수는 5퍼센트 이내, 우는 10퍼센트 이내의 범위에서 각각 확대할 수 있다.

③ 소장은 수형자가 부상이나 질병, 그 밖의 부득이한 사유로 작업 또는 교육을 받지 못한 경우에는 3점 이내의 범위에서 작업 또는 교육 성적을 부여할 수 있다. [2018. 9급] 총 2회 기출

제80조【소득점수 평정 등】 ① 소장은 제66조(정기재심사) 및 제67조(부정기재심사)에 따라 재심사를 하는 경우에는 그 때마다 제78조에 따라 평가한 수형자의 소득점수를 평정하여 경비처우급을 조정할 것인지를 고려하여야 한다. 다만, 부정기재심사의 소득점수 평정대상기간은 사유가 발생한 달까지로 한다.

② 제1항에 따라 소득점수를 평정하는 경우에는 평정 대상기간 동안 매월 평가된 소득점수를 합산하여 평정 대상기간의 개월 수로 나누어 얻은 점수(이하 "평정소득점수"라 한다)로 한다. [2015. 7급]

03 경비처우급에 따른 처우

★ 핵심정리   경비처우급별 처우기준

경비처우급	처우 내용
개방처우급	의류를 지급하는 경우: 색상, 디자인 등을 다르게 할 수 있다(규칙 §84②).
개방 · 완화 경비처우급	• 자치생활(규칙 §86①) • 경기 · 오락회 개최(규칙 §91①) • 작업 · 교육 등의 지도보조(규칙 §94) • 개인작업(규칙 §95①) • 외부 직업훈련 대상자(규칙 §96①) (vs. 외부기업체 통근작업은 개방 · 완화, 그 외 가능) • 중간처우 대상자(규칙 §93①)
개방 · 완화(원칙) 일반(필요시 가능)	**[사회적 처우]** • 가족 만남의 날 행사 참여 · 가족 만남의 집 이용(규칙 §89①, ③) • 사회적 처우: 사회견학, 사회봉사, 자신이 신봉하는 종교행사 참석, 연극 · 영화 · 문화공연 관람(규칙 §92①) • 일반귀휴 허가요건(규칙 §129②)
개방 · 완화 · 일반 경비처우급	• 봉사원 선정: 개방 · 완화 · 일반경비처우급만 가능(규칙 §85①) • 대학, 외국어과정[방송통신대학, 전문대학 위탁, 외국어 교육대상자(규칙 §111 ~ §113)]
기타	• 개방지역작업 대상자: 개방 · 완화 · 일반경비처우급, 그 외 가능(규칙 §120②, ③) • 외부기업체 통근작업 대상자: 개방 · 완화(원칙), 그 외 가능(규칙 §120①, ③)

구분	개방	완화	일반	중경비
접견	1일 1회	월 6회	월 5회	월 4회
전화	월 20회 이내	월 10회 이내	월 5회 이내	처우필요시 월 2회
접견장소	차단없는 장소 가능	처우상 특히 필요하다고 인정하는 경우 차단없는 장소 가능		

(1) 경비처우급별 처우

[시행규칙]

제84조【물품지급】 ① 소장은 수형자의 경비처우급에 따라 물품에 차이를 두어 지급할 수 있다. 다만, 주 · 부식, 음료, 그 밖에 건강유지에 필요한 물품은 그러하지 아니하다. [2020. 5급 승진] 총 5회 기출

② 제1항에 따라 의류를 지급하는 경우 수형자가 개방처우급인 경우에는 색상, 디자인 등을 다르게 할 수 있다. [2018. 8급 승진] 총 3회 기출

제85조【봉사원 선정】 ① 소장은 개방처우급 · 완화경비처우급 · 일반경비처우급 수형자로서 교정성적, 나이, 인성 등을 고려하여 다른 수형자의 모범이 된다고 인정되는 경우에는 봉사원으로 선정하여 담당교도관의 사무처리와 그 밖의 업무를 보조하게 할 수 있다. [2019. 6급 승진] 총 7회 기출

② 소장은 봉사원의 활동기간을 1년 이하로 정하되, 필요한 경우에는 그 기간을 연장할 수 있다. [2023. 6급 승진]

③ 소장은 봉사원의 활동과 역할 수행이 부적당하다고 인정하는 경우에는 그 선정을 취소할 수 있다.

④ 제1항부터 제3항까지에서 규정한 사항 외에 봉사원 선정, 기간연장 및 선정취소 등에 필요한 사항은 법무부장관이 정한다. [2023. 6급 승진]

▶ 법무부장관이 정하는 바에 따라 분류처우위원회의 심의 · 의결을 거쳐야 한다. (×)

제86조【자치생활】 ① 소장은 개방처우급·완화경비처우급 수형자에게 자치생활을 허가할 수 있다. [2020. 6급 승진] 총 8회 기출

② 수형자 자치생활의 범위는 인원점검, 취미활동, 일정한 구역 안에서의 생활 등으로 한다. [2023. 6급 승진] 총 2회 기출

③ 소장은 자치생활 수형자들이 교육실, 강당 등 적당한 장소에서 월 1회 이상 토론회를 할 수 있도록 하여야 한다. [2020. 6급 승진] 총 6회 기출

④ 소장은 자치생활 수형자가 법무부장관 또는 소장이 정하는 자치생활 중 지켜야 할 사항을 위반한 경우에는 자치생활 허가를 취소할 수 있다. [2012. 9급]

> ▶ 소장은 외부통근자가 법령에 위반되는 행위를 하거나 법무부장관 또는 소장이 정하는 지켜야 할 사항을 위반한 경우에는 외부통근자 선정을 취소할 수 있다(시행규칙 제121조).

> 1. 자치처우는 개별처우급의 구분에 해당한다(시행규칙 제76조).
> 2. 소장은 외부통근자의 사회적응능력을 기르고 원활한 사회복귀를 촉진하기 위하여 필요하다고 인정하는 경우에는 수형자 자치에 의한 활동을 허가할 수 있다(시행규칙 제123조). [2020. 5급 승진] 총 6회 기출
> 3. 소장은 자치생활 수형자에 대하여 월 2회 이내에서 경기 또는 오락회를 개최하게 할 수 있다(시행규칙 제91조 제1항). [2024. 9급] 총 7회 기출
> 4. 자치생활 수형자는 법무부장관이 정하는 방법에 따라 텔레비전을 시청할 수 있다(시행규칙 제41조 제1항 단서).

제87조【접견】 ① 수형자의 경비처우급별 접견의 허용횟수는 다음 각 호와 같다. [2018. 5급 승진] 총 10회 기출

1. 개방처우급	1일 1회	–
2. 완화경비처우급	월 6회	접견은 1일 1회만 허용한다. 다만, 처우상 특히 필요한 경우에는 그러하지 아니하다.
3. 일반경비처우급	월 5회	
4. 중경비처우급	월 4회	

② 제1항 제2호부터 제4호까지의 경우 접견은 1일 1회만 허용한다. 다만, 처우상 특히 필요한 경우에는 그러하지 아니하다.

③ 소장은 교화 및 처우상 특히 필요한 경우에는 수용자가 다른 교정시설의 수용자와 통신망을 이용하여 화상으로 접견하는 것(이하 "화상접견"이라 한다)을 허가할 수 있다. 이 경우 화상접견은 제1항의 접견 허용횟수에 포함한다. [2016. 7급] 총 2회 기출

제88조【접견 장소】 소장은 개방처우급 수형자에 대하여는 법무부장관이 정하는 바에 따라 접촉차단시설이 설치된 장소 외의 적당한 곳에서 접견을 실시할 수 있다. 다만, 처우상 특히 필요하다고 인정하는 경우에는 그 밖의 수형자에 대하여도 이를 허용할 수 있다. [2013. 9급]

제89조【가족 만남의 날 행사 등】 ① 소장은 개방처우급·완화경비처우급 수형자에 대하여 가족 만남의 날 행사에 참여하게 하거나 가족 만남의 집을 이용하게 할 수 있다. 이 경우 제87조의 접견 허용횟수에는 포함되지 아니한다. [2024. 9급] 총 10회

② 제1항의 경우 소장은 가족이 없는 수형자에 대하여는 결연을 맺었거나 그 밖에 가족에 준하는 사람으로 하여금 그 가족을 대신하게 할 수 있다.

③ 소장은 제1항에도 불구하고 교화를 위하여 특히 필요한 경우에는 일반경비처우급 수형자에 대하여도 가족 만남의 날 행사 참여 또는 가족 만남의 집 이용을 허가할 수 있다.

④ 제1항 및 제3항에서 "가족 만남의 날 행사"란 수형자와 그 가족이 교정시설의 일정한 장소에서 다과와 음식을 함께 나누면서 대화의 시간을 갖는 행사를 말하며, "가족 만남의 집"이란 수형자와 그 가족이 숙식을 함께 할 수 있도록 교정시설에 수용동과 별도로 설치된 일반주택 형태의 건축물을 말한다.

제90조 【전화통화의 허용횟수】 ① 수형자의 경비처우급별 전화통화의 허용횟수는 다음 각 호와 같다. [2024. 7급 승진] 총 7회 기출

1. 개방처우급	2. 완화경비처우급	3. 일반경비처우급	4. 중경비처우급
월 20회 이내	월 10회 이내	월 5회 이내	처우상 특히 필요한 경우 월 2회 이내
<u>소장은 처우상 특히 필요한 경우</u>에는 전화통화 허용횟수를 늘릴 수 있다.			–

미결수용자에게 전화통화를 허가할 경우 허용횟수는 월 2회 이내로 한다(시행규칙 제21조 제1항).

② 소장은 제1항에도 불구하고 처우상 특히 필요한 경우에는 개방처우급·완화경비처우급·일반경비처우급 수형자의 전화통화 허용횟수를 늘릴 수 있다. [2024. 7급 승진]

③ 제1항 각 호의 경우 전화통화는 1일 1회만 허용한다. 다만, 처우상 특히 필요한 경우에는 그러하지 아니하다. [2024. 7급 승진]

제91조 【경기 또는 오락회 개최 등】 ① 소장은 개방처우급·완화경비처우급 또는 자치생활 수형자에 대하여 월 2회 이내에서 경기 또는 오락회를 개최하게 할 수 있다. 다만, 소년수형자에 대하여는 그 횟수를 늘릴 수 있다. [2024. 9급] 총 7회 기출

② 제1항에 따라 경기 또는 오락회가 개최되는 경우 소장은 해당 시설의 사정을 고려하여 참석인원, 방법 등을 정할 수 있다.

③ 제1항에 따라 경기 또는 오락회가 개최되는 경우 소장은 관련 분야의 전문지식과 자격을 가지고 있는 외부강사를 초빙할 수 있다.

제92조 【사회적 처우】 ① 소장은 개방처우급·완화경비처우급 수형자에 대하여 교정시설 밖에서 이루어지는 다음 각 호에 해당하는 활동을 허가할 수 있다. 다만, 처우상 특히 필요한 경우에는 일반경비처우급 수형자에게도 이를 허가할 수 있다.

[사회적 처우 내용](시행규칙 제92조) [2018. 6급 승진] 총 7회 기출
1. 사회견학
2. 사회봉사
3. 자신이 신봉하는 종교행사 참석
4. 연극, 영화, 그 밖의 문화공연 관람

② 제1항 각 호의 활동을 허가하는 경우 소장은 별도의 수형자 의류를 지정하여 입게 한다. 다만, 처우상 필요한 경우에는 자비구매의류를 입게 할 수 있다. [2014. 7급]

③ 제1항 제4호의 활동에 필요한 비용은 수형자가 부담한다. 다만, 처우상 필요한 경우에는 예산의 범위에서 그 비용을 지원할 수 있다. [2023. 7급] 총 2회 기출

제59조의6 【사회적 처우】 제92조 제1항에도 불구하고 소장은 소년수형자등의 나이·적성 등을 고려하여 필요하다고 인정하면 소년수형자 등에게 같은 항 각 호에 해당하는 활동을 허가할 수 있다. 이 경우 소장이 허가할 수 있는 활동에는 발표회 및 공연 등 참가 활동을 포함한다. [2020. 7급]

제93조 【중간처우】 [2018. 5급 승진] 총 4회 기출

교정시설 설치 개방시설 수용	지역사회에 설치된 개방시설 수용 대상자
① 소장은 개방처우급 혹은 완화경비처우급 수형자가 다음 각 호의 사유에 모두 해당하는 경우에는 교정시설에 설치된 개방시설에 수용하여 사회 적응에 필요한 교육, 취업지원 등 적정한 처우를 할 수 있다.	② 소장은 제1항에 따른 처우의 대상자 중 다음 각 호의 사유에 모두 해당하는 수형자에 대해서는 지역사회에 설치된 개방시설에 수용하여 제1항에 따른 처우를 할 수 있다.
1. 형기가 2년 이상인 사람 2. 범죄 횟수가 3회 이하인 사람 3. 중간처우를 받는 날부터 가석방 또는 형기 종료 예정일까지 기간이 3개월 이상 2년 6개월 미만인 사람	1. 범죄 횟수가 1회인 사람 2. 중간처우를 받는 날부터 가석방 또는 형기 종료 예정일까지의 기간이 1년 6개월 미만인 사람

③ 제1항 및 제2항에 따른 중간처우 대상자의 선발절차, 교정시설 또는 지역사회에 설치하는 개방시설의 종류 및 기준, 그 밖에 필요한 사항은 법무부장관이 정한다.

▶ **중간처우 사례:** 교정시설내 중간처우소는 안양교도소 소망의 집이 있고, 지역사회 내 밀양교도소 밀양희망센터, 천안교도소 아산희망센터, 화성직업훈련교도소 평택희망센터 등은 수형자가 외부업체에서 일하고 지역사회 내의 기숙사에서 생활하는 형태로 운영되고 있다.

제94조 【작업·교육 등의 지도보조】 소장은 수형자가 개방처우급 또는 완화경비처우급으로서 작업·교육 등의 성적이 우수하고 관련 기술이 있는 경우에는 교도관의 작업지도를 보조하게 할 수 있다. [2019. 7급 승진] 총 6회 기출

제95조 【개인작업】 ① 소장은 수형자가 개방처우급 또는 완화경비처우급으로서 작업기술이 탁월하고 작업성적이 우수한 경우에는 수형자 자신을 위한 개인작업을 하게 할 수 있다. 이 경우 개인작업 시간은 교도작업에 지장을 주지 아니하는 범위에서 1일 2시간 이내로 한다. [2024. 9급] 총 11회 기출
② 소장은 제1항에 따라 개인작업을 하는 수형자에게 개인작업 용구를 사용하게 할 수 있다. 이 경우 작업용구는 특정한 용기에 보관하도록 하여야 한다. [2024. 9급]
③ 제1항의 개인작업에 필요한 작업재료 등의 구입비용은 수형자가 부담한다. 다만, 처우상 필요한 경우에는 예산의 범위에서 그 비용을 지원할 수 있다. [2024. 9급] 총 2회 기출

제96조 【외부 직업훈련】 ① 소장은 수형자가 개방처우급 또는 완화경비처우급으로서 직업능력 향상을 위하여 특히 필요한 경우에는 교정시설 외부의 공공기관 또는 기업체 등에서 운영하는 직업훈련을 받게 할 수 있다. [2018. 6급 승진] 총 4회 기출
② 제1항에 따른 직업훈련의 비용은 수형자가 부담한다. 다만, 처우상 특히 필요한 경우에는 예산의 범위에서 그 비용을 지원할 수 있다. [2010. 7급]

⊕ PLUS 부부특별면회제도

1. **의의:** 완전한 부부접견을 별도의 장소에서 일정시간 허용하여 원만한 가족관계 유지
2. **연혁:** 1959년 미국 미시시피주의 레드하우스(Red House)에서 유래, 흑인들의 노동력 향상을 위해 창안되었다가 점차 백인 남자수형자로 확대
3. **장점:** 성적 긴장감 해소, 부부관계의 유대감 증대로 안정적 수용생활 유도
4. **단점:** 미혼인 수형자와의 형평성, 국민의 응보적 법 감정에 위배, 교정비용 증대
5. **우리나라:** 1999년 부부만남의 집 도입, 2003년 가족만남의 집으로 개명

⊕ PLUS 처우 등 정리

1. **자치생활의 범위:** 인원점검, 취미활동, 일정한 구역 안에서의 생활, 월 1회 이상 토론회
2. **경기 · 오락회 개최:** 개방 · 완화경비처우급, 자치생활 수형자, 월 2회 이내 - 소년수형자 횟수 증가 가능
3. **개인작업:** 1일 2시간 이내, 개인작업용구 사용가능
4. **봉사원 선정:** 활동기간은 1년 이하, 기간 연장 가능
5. **가족 만남의 날 행사 등:** 접견 허용횟수에 포함되지 않음
6. **사회적 처우:** 별도의 수형자 의류를 지정하여 입게 함 - 자비구매의류 가능, 비용은 수형자부담 원칙

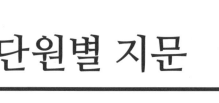

단원별 지문 OX

01 원칙적으로 경비처우급을 하향 조정하기 위하여 고려할 수 있는 평정소득점수의 기준은 5점 이하이다. (　　　)

[2020. 7급]

02 재심사에 따라 경비처우급을 조정할 필요가 있는 경우에는 세 단계의 범위에서 조정할 수 있다. (　　　)　　[2020. 7급]

03 소장은 수형자의 경비처우급을 조정한 경우에는 지체 없이 해당 수형자에게 그 사항을 알려야 한다. (　　　) [2020. 7급]

04 작업 또는 교육성적은 법에 따라 부과된 작업·교육의 실적 정도와 근면성 등에 따라 매우우수(수, 5점), 우수(우, 4점), 보통(미, 3점), 노력요망(양, 2점), 불량(가, 1점)으로 구분하여 채점한다. (　　　)　　　[2022. 5급 승진]

05 수형생활 태도는 품행·책임감 및 협동심의 정도에 따라 매우양호(수, 5점), 양호(우, 4점), 보통(미, 3점), 개선요망(양, 2점), 불량(가, 1점)으로 구분하여 채점한다. (　　　)　　　[2022. 5급 승진]

06 보안·작업 담당교도관 및 수용관리팀의 팀장은 서로 협의하여 소득점수 평가 및 통지서에 해당 수형자에 대한 매월 초일부터 말일까지의 소득점수를 채점한다. (　　　)　　　[2023. 7급 승진]

07 경비처우급을 하향 조정하기 위하여 고려할 수 있는 평정소득점수의 기준은 5점 이하이다. 다만, 수용 및 처우를 위하여 특히 필요한 경우 법무부장관이 달리 정할 수 있다. (　　　)　　　[2023. 7급 승진]

08 소장은 수형자가 부상이나 질병, 그 밖의 부득이한 사유로 작업 또는 교육을 받지 못한 경우에는 5점 이내의 범위에서 작업 또는 교육 성적을 부여할 수 있다. (　　　)　　　[2023. 7급 승진]

09 조정된 처우등급에 따른 처우는 그 조정이 확정된 다음 날부터 한다. 이 경우 조정된 처우등급은 그 달 초일부터 적용된 것으로 본다. (　　　)　　　[2023. 7급 승진]

---

01 ○　형집행법 시행규칙 제81조

02 ×　재심사에 따라 경비처우급을 조정할 필요가 있는 경우에는 한 단계의 범위에서 조정한다. 다만, 수용 및 처우를 위하여 특히 필요한 경우에는 두 단계의 범위에서 조정할 수 있다(형집행법 시행규칙 제68조 제2항).

03 ○　형집행법 시행규칙 제82조 제2항

04 ○　형집행법 시행규칙 제78조 제2항

05 ○　형집행법 시행규칙 제78조 제2항

06 ○　형집행법 시행규칙 제78조 제4항

07 ○　형집행법 시행규칙 제81조 제2호

08 ×　소장은 수형자가 부상이나 질병, 그 밖의 부득이한 사유로 작업 또는 교육을 받지 못한 경우에는 3점 이내의 범위에서 작업 또는 교육 성적을 부여할 수 있다(형집행법 시행규칙 제79조 제3항).

09 ○　형집행법 시행규칙 제82조 제1항

제18장 수형자 처우등급제도　**339**

수형자의 처우

3편

해커스공무원 이준마 교정학 기본서

10 소장은 재심사를 하는 경우에는 그 때마다 평가한 수형자의 소득점수를 평정하여 경비처우급을 조정할 것인지를 고려하여야 한다. 다만, 부정기재심사의 소득점수 평정대상기간은 사유가 발생한 다음 달까지로 한다. (　　) [2022. 5급 승진]

11 사회적 처우 활동 중 사회견학이나 사회봉사에 필요한 비용은 수형자가 부담한다. (　　) [2023. 7급]

12 가족 만남의 집 이용은 완화경비처우급과 개방처우급 수형자에 한하여 그 대상이 될 수 있다. (　　) [2023. 7급]

13 소장은 개방처우급 수형자에 대하여 월 3회 이내에서 경기 또는 오락회를 개최하게 할 수 있다. 다만, 소년수형자에 대하여는 그 횟수를 늘릴 수 있다. (　　) [2024. 9급 교정]

14 완화경비처우급 수형자에 대한 중간처우 대상자의 선발절차는 법무부장관이 정한다. (　　) [2024. 9급 교정]

15 소장은 처우를 위하여 특히 필요한 경우에는 일반경비처우급 수형자에 대하여도 가족 만남의 날 행사 참여를 허가할 수 있다. (　　) [2024. 9급 교정]

16 중(重)경비처우급 수형자에 대해서는 교화 및 처우상 특히 필요한 경우 전화통화를 월 2회 이내 허용할 수 있다. (　　) [2024. 9급 교정]

17 소장은 자치생활 수형자들이 교육실, 강당 등 적당한 장소에서 월 2회 이상 토론회를 할 수 있도록 하여야 한다. (　　) [2023. 5급 승진]

18 소장은 개방처우급·완화경비처우급 또는 자치생활 수형자에 대하여 월 3회 이내에서 경기 또는 오락회를 개최하게 할 수 있다. 다만, 소년수형자에 대하여는 그 횟수를 늘릴 수 있다. (　　) [2023. 5급 승진]

---

10 ✕ 소장은 재심사를 하는 경우에는 그 때마다 평가한 수형자의 소득점수를 평정하여 경비처우급을 조정할 것인지를 고려하여야 한다. 다만, 부정기재심사의 소득점수 평정대상기간은 사유가 발생한 달까지로 한다(형집행법 시행규칙 제80조 제1항).

11 ○ 사회적 처우 활동에는 ㉠ 사회견학, ㉡ 사회봉사, ㉢ 자신이 신봉하는 종교행사 참석, ㉣ 연극, 영화, 그 밖의 문화공연 관람이 있으며(동법 시행규칙 제92조 제1항), ㉣ 연극, 영화, 그 밖의 문화공연 관람 활동에 필요한 비용은 수형자가 부담한다. 다만, 처우상 필요한 경우에는 예산의 범위에서 그 비용을 지원할 수 있다(형집행법 시행규칙 제92조 제3항).

12 ✕ 소장은 개방처우급·완화경비처우급 수형자에 대하여 가족 만남의 날 행사에 참여하게 하거나 가족 만남의 집을 이용하게 할 수 있으며(동법 시행규칙 제89조 제1항), 소장은 교화를 위하여 특히 필요한 경우에는 일반경비처우급 수형자에 대하여도 가족 만남의 날 행사 참여 또는 가족 만남의 집 이용을 허가할 수 있다(형집행법 시행규칙 제89조 제3항).

13 ✕ 소장은 개방처우급·완화경비처우급 또는 자치생활 수형자에 대하여 월 2회 이내에서 경기 또는 오락회를 개최하게 할 수 있다. 다만, 소년수형자에 대하여는 그 횟수를 늘릴 수 있다(형집행법 시행규칙 제91조 제1항).

14 ○ 중간처우 대상자의 선발절차, 교정시설 또는 지역사회에 설치하는 개방시설의 종류 및 기준, 그 밖에 필요한 사항은 법무부장관이 정한다(형집행법 시행규칙 제93조 제3항).

15 ✕ 소장은 교화를 위하여 특히 필요한 경우에는 일반경비처우급 수형자에 대하여도 가족 만남의 날 행사 참여 또는 가족 만남의 집 이용을 허가할 수 있다(형집행법 시행규칙 제89조 제3항).

16 ✕ 중경비처우급 수형자에 대해서는 처우상 특히 필요한 경우 전화통화를 월 2회 이내 허용할 수 있다(형집행법 시행규칙 제90조 제1항 제4호).

17 ✕ 소장은 자치생활 수형자들이 교육실, 강당 등 적당한 장소에서 월 1회 이상 토론회를 할 수 있도록 하여야 한다(형집행법 시행규칙 제86조 제3항).

18 ✕ 소장은 개방처우급·완화경비처우급 또는 자치생활 수형자에 대하여 월 2회 이내에서 경기 또는 오락회를 개최하게 할 수 있다. 다만, 소년수형자에 대하여는 그 횟수를 늘릴 수 있다(형집행법 시행규칙 제91조 제1항).

19 소장은 수형자가 개방처우급 또는 완화경비처우급으로서 작업기술이 탁월하고 작업성적이 우수한 경우에는 수형자 자신을 위한 개인작업을 하게 할 수 있다. 이 경우 개인작업 시간은 교도작업에 지장을 주지 아니하는 범위에서 1일 2시간 이내로 한다. (   )

[2023. 5급 승진]

20 소장은 교화 및 처우상 특히 필요한 경우에는 수용자가 다른 교정시설의 수용자와 통신망을 이용하여 화상으로 접견하는 것(이하 "화상접견"이라 한다)을 허가할 수 있다. 이 경우 화상접견은 접견 허용횟수에 포함하지 아니한다. (   )

[2023. 5급 승진]

---

19 ○ 형집행법 시행규칙 제95조 제1항

20 × 소장은 교화 및 처우상 특히 필요한 경우에는 수용자가 다른 교정시설의 수용자와 통신망을 이용하여 화상으로 접견하는 것(이하 "화상접견"이라 한다)을 허가할 수 있다. 이 경우 화상접견은 접견 허용횟수에 포함한다(형집행법 시행규칙 제87조 제3항).

제19장 / 교육과 교화프로그램

제1절 교정교육과 교화프로그램

01 교정교육

(1) 의의
① 교정시설에서 수형자의 사회적응성을 높이기 위하여 행하는 각종 교육을 총칭하는 것으로 학과교육, 종교교육, 직업훈련 등을 포함한다.
② 교정교육은 목적형주의 중 특별예방주의하에서 시작되었다.

(2) 교정교육의 기본원리
① **인간존중의 원리**: 범죄자를 독립된 인격체로 인정하고, 갱생을 저해하고 있는 문제나 조건을 해결할 수 있는 능력을 가지고 있다는 데 대한 신뢰감에서 교육은 시작되어야 한다.
② **자기인식의 원리**: 지도자는 자기인식을 통하여 범죄자에 대한 편견이나 선입관을 배제하지 않으면 안 된다는 원리이다.
③ **자발성의 원리**(자조원리): 범죄자가 자기의 힘으로 문제를 해결해 나가도록 조력하는 원리이다.
④ **신뢰의 원리**: 문제해결을 위해 지도자와 범죄자 사이에 믿고 신뢰하는 인간관계를 통해서만이 교정교육의 효과를 기대할 수 있다.
⑤ **개인차 존중의 원리**: 교육대상자의 개인적 능력을 고려하여 교육을 실시하여야 소정의 목적을 달성할 수 있다.
⑥ **사회화의 원리**: 교정의 궁극적인 목적은 범죄자를 개선교화하여 사회에 복귀시키는 데 있으므로 사회적 처우확대를 통해서 건전한 사회인으로 육성해야 한다는 원리이다.
⑦ **직관의 원리**: 실습이나 체험을 통해 직접 느끼며 체득하는 교육과정이 가장 효과적이라는 데 착안한 원리이다.
  ▶ 교정교육의 기본원리 중 가장 기본이 되는 것은 인간존중의 원리이고, 가장 효과적인 것은 직관의 원리이다.

(3) 교정교육의 효과
① **성공적인 사회복귀**: 교정교육은 범죄성의 세거뿐만 아니라 그들이 사회생활에 원만하게 적응할 수 있도록 전인적인 교육을 목표로 과학적 프로그램에 의하여 실시함으로써 정신적 안정과 시설내 생활의 명랑화를 가져온다.
② **개선의 동기부여**: 반성을 통한 갱생의욕을 촉구하는 효과를 가져 오며 교정교육의 수용태도와 성적 우수자는 가석방을 허가하는 등 교육의 효과를 증진하기 위한 동기부여가 가능하다.
  ▶ 교육의 효과는 어떤 표준에 의한 측정이 곤란하다는 단점이 있다.

02 현행법상 교육규정

제63조【교육】 ① 소장은 수형자가 건전한 사회복귀에 필요한 지식과 소양을 습득하도록 교육할 수 있다.
(일반교육 - 임의적) [2023. 6급 승진]

② 소장은 「교육기본법」 제8조의 의무교육을 받지 못한 수형자에 대하여는 본인의 의사·나이·지식정도, 그 밖의 사정을 고려하여 그에 알맞게 교육하여야 한다. (의무교육 - 필요적) [2020. 9급] 총 5회 기출

③ 소장은 제1항 및 제2항에 따른 교육을 위하여 필요하면 수형자를 중간처우를 위한 전담교정시설에 수용하여 다음 각 호의 조치를 할 수 있다. [2023. 7급] 총 2회 기출

> **[중간처우로서의 외부교육]**(법 제63조 제3항)
> 1. 외부 교육기관에의 통학
> 2. 외부 교육기관에서의 위탁교육

④ 교육과정·외부통학·위탁교육 등에 관하여 필요한 사항은 법무부령으로 정한다.

[시행령]

제87조【교육】 ① 소장은 법 제63조에 따른 교육을 효과적으로 시행하기 위하여 교육실을 설치하는 등 교육에 적합한 환경을 조성하여야 한다.

② 소장은 교육 대상자, 시설 여건 등을 고려하여 교육계획을 수립하여 시행하여야 한다.

제88조【정서교육】 소장은 수형자의 정서 함양을 위하여 필요하다고 인정하면 연극·영화관람, 체육행사, 그 밖의 문화예술활동을 하게 할 수 있다.

[시행규칙]

제101조【교육관리 기본원칙】 ① 소장은 교육대상자를 소속기관(소장이 관할하고 있는 교정시설을 말한다. 이하 같다)에서 선발하여 교육한다. 다만, 소속기관에서 교육대상자를 선발하기 어려운 경우에는 다른 기관에서 추천한 사람을 모집하여 교육할 수 있다. [2018. 6급 승진]

② 소장은 교육대상자의 성적불량, 학업태만 등으로 인하여 교육의 목적을 달성하기 어려운 경우에는 그 선발을 취소할 수 있다.

③ 소장은 교육대상자 및 시험응시 희망자의 학습능력을 평가하기 위하여 자체 평가시험을 실시할 수 있다.

④ 소장은 교육의 효과를 거두지 못하였다고 인정하는 교육대상자에 대하여 다시 교육을 할 수 있다. [2018. 7급 승진]

⑤ 소장은 기관의 교육전문인력, 교육시설, 교육대상인원 등의 사정을 고려하여 단계별 교육과 자격취득 목표를 설정할 수 있으며, 자격취득·대회입상 등을 하면 처우에 반영할 수 있다.

제102조【교육대상자가 지켜야 할 기본원칙】 ① 교육대상자는 교육의 시행에 관한 관계법령, 학칙 및 교육관리지침을 성실히 지켜야 한다.

② 제110조부터 제113조까지의 규정(독학사, 통신대학, 전문대학위탁교육, 정보화 및 외국어교육)에 따른 교육을 실시하는 경우 소요되는 비용은 특별한 사정이 없으면 교육대상자의 부담으로 한다. [2024. 5급 승진] 총 5회 기출

③ 교육대상자로 선발된 수형자는 소장에게 다음의 선서를 하고 서약서를 제출해야 한다.
"나는 교육대상자로서 긍지를 가지고 제반규정을 지키며, 교정시설 내 교육을 성실히 이수할 것을 선서합니다."

제103조【교육대상자 선발 등】 ① 소장은 각 교육과정의 선정 요건과 수형자의 나이, 학력, 교정성적, 자체 평가시험 성적, 정신자세, 성실성, 교육계획과 시설의 규모, 교육대상인원 등을 고려하여 교육대상자를 선발하거나 추천하여야 한다.

② 소장은 정당한 이유 없이 교육을 기피한 사실이 있거나 자퇴(제적을 포함한다)한 사실이 있는 수형자는 교육대상자로 선발하거나 추천하지 아니할 수 있다. [2018. 7급 승진]

제104조【교육대상자 관리 등】 ① 학과교육대상자의 과정수료 단위는 학년으로 하되, 학기의 구분은 국공립학교의 학기에 준한다. 다만, 독학에 의한 교육은 수업 일수의 제한을 받지 아니한다.

② 소장은 교육을 위하여 필요한 경우에는 외부강사를 초빙할 수 있으며, 카세트 또는 재생전용기기의 사용을 허용할 수 있다. [2014. 7급] 총 2회 기출

③ 소장은 교육의 실효성을 확보하기 위하여 교육실을 설치·관리하여야 하며, 교육목적을 위하여 필요한 경우 신체장애를 보완하는 교육용 물품의 사용을 허가하거나 예산의 범위에서 학용품과 응시료를 지원할 수 있다.

제105조【교육 취소 등】 ① 소장은 교육대상자가 다음 각 호의 어느 하나에 해당하는 경우에는 교육대상자 선발을 취소할 수 있다.

> **[교육대상자 선발 취소 사유]**(시행규칙 제105조 제1항)
> 1. 각 교육과정의 관계법령, 학칙, 교육관리지침 등을 위반한 때
> 2. 학습의욕이 부족하여 구두경고를 하였는데도 개선될 여지가 없거나 수학능력이 현저히 부족하다고 판단되는 때
> 3. 징벌을 받고 교육 부적격자로 판단되는 때
> 4. 중대한 질병, 부상, 그 밖의 부득이한 사정으로 교육을 받을 수 없다고 판단되는 때
> ▶ 교육대상자의 성적불량, 학업태만 등으로 인하여 교육의 목적을 달성하기 어려운 경우(시행규칙 제101조 제2항)

② 교육과정의 변경은 교육대상자의 선발로 보아 제103조를 준용한다.

③ 소장은 교육대상자에게 질병, 부상, 그 밖의 부득이한 사정이 있는 경우에는 교육과정을 일시 중지할 수 있다. [2018. 7급]

제106조【이송 등】 ① 소장은 특별한 사유가 없으면 교육기간 동안에 교육대상자를 다른 기관으로 이송할 수 없다. [2020. 9급] 총 4회 기출

② 교육대상자의 선발이 취소되거나 교육대상자가 교육을 수료하였을 때에는 선발 당시 소속기관으로 이송한다. 다만, 다음 각 호의 어느 하나에 해당하는 경우에는 소속기관으로 이송하지 아니하거나 다른 기관으로 이송할 수 있다.

> **[소속기관으로 이송하지 않거나 다른 기관으로 이송사유]**(시행규칙 제106조 제2항)
> 1. 집행할 형기가 이송 사유가 발생한 날부터 3개월 이내인 때
> 2. 징벌을 받고 교육 부적격자로 판단되어 교육대상자 선발이 취소된 때
> 3. 소속기관으로의 이송이 부적당하다고 인정되는 특별한 사유가 있는 때

제107조【작업 등】 ① 교육대상자에게는 작업·직업훈련 등을 면제한다. [2016. 7급] 총 2회 기출

② 작업·직업훈련 수형자 등도 독학으로 검정고시·학사고시 등에 응시하게 할 수 있다. 이 경우 자체 평가시험 성적 등을 고려해야 한다.

03 교육과정

★ **핵심정리**   **교육의 종류**

과정	선발요건	비용
검정고시반	조건 없음	규정 없음
방송통신고	중학교 졸업 또는 이와 동등한 수준의 학력이 인정되는 자	예산범위 내 지원가능
독학에 의한 학위 (학사고시반)	• 고등학교 졸업 또는 이와 동등한 수준 이상의 학력이 인정될 것 • 교육개시일을 기준으로 형기의 3분의 1(21년 이상의 유기형 또는 무기형의 경우에는 7년)이 지났을 것 • 집행할 형기가 2년 이상일 것	(특별한 사정이 없으면) 자비부담
방송통신대학과정		
전문대학 위탁교육과정		
정보화, 외국어 교육	조건 없음	
경비처우급별 대상제한	▶ **방송대, 전문대위탁, 외국어 과정**: 개방·완화·일반경비처우급 ▶ **기타교육과정**: 경비처우급 적용받지 않음	

[시행규칙]

제108조【검정고시반 설치 및 운영】 ① 소장은 매년 초 다음 각 호의 시험을 준비하는 수형자를 대상으로 검정고시반을 설치·운영할 수 있다.

[매년 초 검정고시반 설치·운영](시행규칙 제108조)

1. 초등학교 졸업학력 검정고시
2. 중학교 졸업학력 검정고시
3. 고등학교 졸업학력 검정고시

② 소장은 교육기간 중에 검정고시에 합격한 교육대상자에 대하여는 해당 교육과정을 조기 수료시키거나 상위 교육과정에 임시 편성시킬 수 있다.
③ 소장은 고등학교 졸업 또는 이와 동등한 수준 이상의 학력이 인정되는 수형자를 대상으로 대학입학시험 준비반을 편성·운영할 수 있다.

제109조【방송통신고등학교과정 설치 및 운영】 ① 소장은 수형자에게 고등학교 과정의 교육기회를 부여하기 위하여 「초·중등교육법」제51조에 따른 방송통신고등학교 교육과정을 설치·운영할 수 있다.
② 소장은 중학교 졸업 또는 이와 동등한 수준 이상의 학력이 인정되는 수형자가 제1항의 방송통신고등학교 교육과정을 지원하여 합격한 경우에는 교육대상자로 선발할 수 있다.
③ 소장은 제1항의 방송통신고등학교 교육과정의 입학금, 수업료, 교과용 도서 구입비 등 교육에 필요한 비용을 예산의 범위에서 지원할 수 있다. [2024. 5급 승진]

제110조【독학에 의한 학위 취득과정 설치 및 운영】 ① 소장은 수형자에게 학위취득 기회를 부여하기 위하여 독학에 의한 학사학위 취득과정(이하 "학사고시반 교육"이라 한다)을 설치·운영할 수 있다. [2020. 9급]
② 소장은 다음 각 호의 요건을 갖춘 수형자가 제1항의 학사고시반 교육을 신청하는 경우에는 교육대상자로 선발할 수 있다. [2023. 7급] 총 5회 기출

[학사고시반 교육신청 대상](시행규칙 제110조) [2024. 5급 승진] 총 2회 기출

1. 고등학교 졸업 또는 이와 동등한 수준 이상의 학력이 인정될 것
2. 교육개시일을 기준으로 형기의 3분의 1(21년 이상의 유기형 또는 무기형의 경우에는 7년)이 지났을 것
3. 집행할 형기가 2년 이상일 것

▶ 선발요건은 독학에 의한 학위취득과정, 방송통신대학과정, 전문대학위탁교육과정에 공통된다.

제111조 【방송통신대학과정 설치 및 운영】 ① 소장은 대학 과정의 교육기회를 부여하기 위하여 「고등교육법」 제2조에 따른 방송통신대학 교육과정을 설치·운영할 수 있다.

② 소장은 제110조 제2항 각 호의 요건을 갖춘 개방처우급·완화경비처우급·일반경비처우급 수형자가 제1항의 방송통신대학 교육과정에 지원하여 합격한 경우에는 교육대상자로 선발할 수 있다. [2013. 9급]

제112조 【전문대학 위탁교육과정 설치 및 운영】 ① 소장은 전문대학과정의 교육기회를 부여하기 위하여 「고등교육법」 제2조에 따른 전문대학 위탁교육과정을 설치·운영할 수 있다.

② 소장은 제110조 제2항 각 호의 요건을 갖춘 개방처우급·완화경비처우급·일반경비처우급 수형자가 제1항의 전문대학 위탁교육과정에 지원하여 합격한 경우에는 교육대상자로 선발할 수 있다. [2013. 9급]

③ 제1항의 전문대학 위탁교육과정의 교과과정, 시험응시 및 학위취득에 관한 세부사항은 위탁자와 수탁자 간의 협약에 따른다.

④ 소장은 제1항부터 제3항까지의 규정에 따른 교육을 위하여 필요한 경우 수형자를 중간처우를 위한 전담 교정시설에 수용할 수 있다.

제113조 【정보화 및 외국어 교육과정 설치 및 운영 등】 ① 소장은 수형자에게 지식정보사회에 적응할 수 있는 교육기회를 부여하기 위하여 정보화 교육과정을 설치·운영할 수 있다. [2024. 5급 승진] 총 2회 기출

② 소장은 개방처우급·완화경비처우급·일반경비처우급 수형자에게 다문화 시대에 대처할 수 있는 교육기회를 부여하기 위하여 외국어 교육과정을 설치·운영할 수 있다.

③ 소장은 외국어 교육대상자가 교육실 외에서의 어학학습장비를 이용한 외국어학습을 원하는 경우에는 계호 수준, 독거 여부, 교육 정도 등에 대한 교도관회의(「교도관 직무규칙」 제21조에 따른 교도관회의를 말한다. 이하 같다)의 심의를 거쳐 허가할 수 있다. [2018. 8급 승진]

④ 소장은 이 규칙에서 정한 교육과정 외에도 법무부장관이 수형자로 하여금 건전한 사회복귀에 필요한 지식과 소양을 습득하게 하기 위하여 정하는 교육과정을 설치·운영할 수 있다.

▶ 소장은 미결수용자에 대하여는 <u>신청에 따라 교육</u>을 실시할 수 있으나(법 제86조 제1항), 이는 교정시설 밖에서 행하는 것은 포함하지 아니한다(시행령 제103조 제1항). 소장은 사형확정자의 심리적 안정 및 원만한 수용생활을 위하여 <u>교육</u>을 실시할 수 있다(법 제90조 제1항).

04 교화프로그램

(1) 의의

① 교화프로그램이란 종교 기타 방법으로 수형자의 덕성을 함양하고 인격을 도야하여 장차 건전한 사회인으로 살아갈 수 있도록 재사회화를 돕는 교화방법을 말한다.

② 최초의 종교 교화프로그램은 1787년 로저스(W. Rogers)가 월넛교도소에서 실시한 것으로 알려져 있다.

(2) 현행법상 교화프로그램

제64조 【교화프로그램】 ① 소장은 수형자의 교정교화를 위하여 상담·심리치료, 그 밖의 교화프로그램을 실시하여야 한다. [2023. 7급] 총 4회 기출

② 소장은 제1항에 따른 교화프로그램의 효과를 높이기 위하여 범죄원인별로 적절한 교화프로그램의 내용, 교육장소 및 전문인력의 확보 등 적합한 환경을 갖추도록 노력하여야 한다. [2023. 7급]

③ 교화프로그램의 종류·내용 등에 관하여 필요한 사항은 법무부령으로 정한다.

[시행령]

제88조【문화예술활동】 소장은 수형자의 정서 함양을 위하여 필요하다고 인정하면 연극·영화관람, 체육행사, 그 밖의 문화예술활동을 하게 할 수 있다. [2020. 9급]

[시행규칙]

제114조【교화프로그램의 종류】 교화프로그램의 종류는 다음 각 호와 같다.

> **[교화프로그램의 종류]**(시행규칙 제114조) [2019. 8급 승진]
> 1. 문화프로그램
> 2. 문제행동예방프로그램
> 3. 가족관계회복프로그램
> 4. 교화상담
> 5. 그 밖에 법무부장관이 정하는 교화프로그램

제115조【문화프로그램】 소장은 수형자의 인성 함양, 자아존중감 회복 등을 위하여 음악, 미술, 독서 등 문화예술과 관련된 다양한 프로그램을 도입하거나 개발하여 운영할 수 있다. [2023. 7급]

제116조【문제행동예방프로그램】 소장은 수형자의 죄명, 죄질 등을 구분하여 그에 따른 심리측정·평가·진단·치료 등의 문제행동예방프로그램을 도입하거나 개발하여 실시할 수 있다.

제117조【가족관계회복프로그램】 ① 소장은 수형자와 그 가족의 관계를 유지·회복하기 위하여 수형자의 가족이 참여하는 각종 프로그램을 운영할 수 있다. 다만, 가족이 없는 수형자의 경우 교화를 위하여 필요하면 결연을 맺었거나 그 밖에 가족에 준하는 사람의 참여를 허가할 수 있다. [2024. 5급 승진]
② 제1항의 경우 대상 수형자는 교도관회의의 심의를 거쳐 선발하고, 참여인원은 5명 이내의 가족으로 한다. 다만, 특히 필요하다고 인정하는 경우에는 참여인원을 늘릴 수 있다. [2023. 7급] 총 2회 기출

제118조【교화상담】 ① 소장은 수형자의 건전한 가치관 형성, 정서안정, 고충해소 등을 위하여 교화상담을 실시할 수 있다.
② 소장은 제1항의 교화상담을 위하여 교도관이나 제33조의 교정참여인사를 교화상담자로 지정할 수 있으며, 수형자의 안정을 위하여 결연을 주선할 수 있다. [2014. 7급]

제119조【교화프로그램 운영 방법】 ① 소장은 교화프로그램을 운영하는 경우 약물중독·정신질환·신체장애·건강·성별·나이 등 수형자의 개별 특성을 고려하여야 하며, 프로그램의 성격 및 시설 규모와 인원을 고려하여 이송 등의 적절한 조치를 할 수 있다. [2018. 8급 승진]
② 소장은 교화프로그램을 운영하기 위하여 수형자의 정서적인 안정이 보장될 수 있는 장소를 따로 정하거나 방송설비 및 방송기기를 이용할 수 있다.
③ 소장은 교정정보시스템(교정시설에서 통합적으로 정보를 관리하는 시스템을 말한다)에 교화프로그램의 주요 진행내용을 기록하여 수형자 처우에 활용하여야 하며, 상담내용 등 개인정보가 유출되지 아니하도록 하여야 한다.
④ 교화프로그램 운영에 관하여는 제101조부터 제107조까지의 규정을 준용한다.

제119조의2【전문인력】 ① 법무부장관은 교화프로그램의 효과를 높이기 위해 소속 공무원 중에서 법 제64조 제2항에 따른 전문인력을 선발 및 양성할 수 있다.
② 제1항에 따른 전문인력 선발 및 양성의 요건, 방법, 그 밖에 필요한 사항은 법무부장관이 정한다.

(3) 미결수용자와 사형확정자 교화프로그램

제86조【작업과 교화】① 소장은 미결수용자에 대하여는 신청에 따라 교육 또는 교화프로그램을 실시하거나 작업을 부과할 수 있다. [2020. 9급] 총 13회 기출

제103조【교육·교화와 작업】① 법 제86조 제1항의 미결수용자에 대한 교육·교화프로그램 또는 작업은 교정시설 밖에서 행하는 것은 포함하지 아니한다. [2019. 6급 승진] 총 7회 기출

제90조【개인상담 등】① 소장은 사형확정자의 심리적 안정 및 원만한 수용생활을 위하여 교육 또는 교화프로그램을 실시하거나 신청에 따라 작업을 부과할 수 있다. [2016. 9급] 총 5회 기출

제154조【교화프로그램】소장은 사형확정자에 대하여 심리상담, 종교상담, 심리치료 등의 교화프로그램을 실시하는 경우에는 전문가에 의하여 집중적이고 지속적으로 이루어질 수 있도록 계획을 수립·시행하여야 한다.

01 소장은 「교육기본법」 제8조(의무교육)의 의무교육을 받지 못한 수형자에 대하여는 본인의 의사·나이·지식정도, 그 밖의 사정을 고려하여 그에 알맞게 교육하여야 한다. (   ) [2023. 7급 승진]

02 소장은 「교육기본법」 제8조의 의무교육을 받지 못한 수형자의 교육을 위하여 필요하면 수형자를 중간처우를 위한 전담교정시설에 수용하여 외부 교육기관에의 통학, 외부 교육기관에서의 위탁교육을 받도록 할 수 있다. (   ) [2020. 9급]

03 소장은 특별한 사유가 없으면 교육기간 동안에는 교육대상자를 다른 기관으로 이송할 수 없다. (   ) [2020. 9급]

04 소장은 수형자에게 학위취득 기회를 부여하기 위하여 독학에 의한 학사학위 취득과정을 설치·운영할 수 있다. 이 교육을 실시하는 경우 소요되는 비용은 특별한 사정이 없으면 국가의 부담으로 한다. (   ) [2020. 9급]

05 소장은 교육을 위하여 필요하면 수형자를 중간처우를 위한 전담교정시설에 수용하여 외부 교육기관에 통학하게 할 수 있다. (   ) [2023. 7급]

06 소장은 집행할 형기가 1년 남은 수형자도 독학에 의한 학사학위 취득과정 대상자로 선발할 수 있다. (   ) [2023. 7급]

07 작업·직업훈련 수형자 등도 독학으로 검정고시·학사고시 등에 응시하게 할 수 있다. 이 경우 자체 평가시험 성적 등을 고려해야 한다. (   ) [2023. 7급 승진]

08 소장은 교육대상자가 징벌을 받고 교육 부적격자로 판단되어 교육대상자 선발이 취소된 때에도 선발 당시 소속기관으로 이송해야 하며, 다른 기관으로 이송할 수 없다. (   ) [2023. 7급 승진]

---

01 ○ 형집행법 제63조 제2항

02 ○ 형집행법 제63조 제2항·제3항

03 ○ 형집행법 시행규칙 제106조 제1항

04 × 독학에 의한 학위 취득과정, 방송통신대학과정, 전문대학 위탁교육과정, 정보화 및 외국어 교육과정을 실시하는 경우 소요되는 비용은 특별한 사정이 없으면 교육대상자의 부담으로 한다(형집행법 시행규칙 제102조 제2항).

05 ○ 형집행법 제63조 제3항

06 × 소장은 ㉠ 고등학교 졸업 또는 이와 동등한 수준 이상의 학력이 인정되고, ㉡ 교육개시일을 기준으로 형기의 3분의 1(21년 이상의 유기형 또는 무기형의 경우에는 7년)이 지났으며, ㉢ 집행할 형기가 2년 이상인 수형자가 독학에 의한 학사학위 취득과정(학사고시반 교육)을 신청하는 경우에는 교육대상자로 선발할 수 있다(형집행법 시행규칙 제110조 제2항).

07 ○ 형집행법 시행규칙 제107조 제2항

08 × 교육대상자의 선발이 취소되거나 교육대상자가 교육을 수료하였을 때에는 선발 당시 소속기관으로 이송한다. 다만, ㉠ 집행할 형기가 이송 사유가 발생한 날부터 3개월 이내일 때, ㉡ 징벌을 받고 교육 부적격자로 판단되어 교육대상자 선발이 취소된 때, ㉢ 소속기관으로의 이송이 부적당하다고 인정되는 특별한 사유가 있는 때에는 소속기관으로 이송하지 아니하거나 다른 기관으로 이송할 수 있다(형집행법 시행규칙 제106조 제2항).

09 소장은 24년의 징역형이 확정되어 수용 중인 수형자(고등학교 졸업자)가 독학에 의한 학사학위 취득과정을 신청하는 경우에 집행할 형기가 2년 이상이더라도 교육 개시일을 기준으로 형기의 3분의 1인 8년이 지나지 않았다면 교육대상자로 선발할 수 없다. ( )　　　　　　　　　　　　　　　　　　　　　　　　　[2023. 7급 승진]

10 소장은 수형자의 교정교화를 위하여 상담·심리치료, 그 밖의 교화프로그램을 실시하여야 하며, 수형자의 정서 함양을 위하여 필요하다고 인정하면 연극·영화관람, 체육행사, 그 밖의 문화예술활동을 하게 할 수 있다. ( )　　[2020. 9급]

11 소장은 수형자의 교정교화를 위하여 상담·심리치료, 그 밖의 교화프로그램을 실시하여야 한다. ( )　　　[2023. 7급]

12 소장은 수형자의 인성 함양 등을 위하여 문화예술과 관련된 다양한 프로그램을 개발하여 운영할 수 있다. ( ) [2023. 7급]

13 소장은 교화프로그램의 효과를 높이기 위하여 범죄유형별로 적절한 교화프로그램의 내용, 교육장소 및 전문인력의 확보 등 적합한 환경을 갖추도록 노력하여야 한다. ( )　　　　　　　　　　　　　　　　　　[2023. 7급]

14 가족관계회복프로그램 대상 수형자는 교도관회의의 심의를 거쳐 선발하고, 참여인원은 5명 이내의 가족으로 하며, 특히 필요하다고 인정하면 참여인원을 늘릴 수 있다. ( )　　　　　　　　　　　　　　　　　　[2023. 7급]

15 소장은 수형자와 그 가족의 관계를 유지·회복하기 위하여 수형자의 가족이 참여하는 각종 프로그램을 운영할 수 있다. ( )　　　　　　　　　　　　　　　　　　　　　　　　　　　　　　　　　[2022. 5급 승진]

16 소장은 가족관계회복프로그램 운영상 가족이 없는 수형자의 경우 교화를 위하여 필요하면 결연을 맺었거나 그 밖에 가족에 준하는 사람의 참여를 허가할 수 있다. ( )　　　　　　　　　　　　　　　[2022. 5급 승진]

17 가족관계회복프로그램 대상 수형자는 교도관회의의 심의를 거쳐 선발한다. ( )　　　　　[2022. 5급 승진]

18 가족관계회복프로그램 참여인원은 3명 이내의 가족으로 한다. 다만, 특히 필요하다고 인정하는 경우에는 참여인원을 늘릴 수 있다. ( )　　　　　　　　　　　　　　　　　　　　　　　　　　[2022. 5급 승진]

---

09 ✕　소장은 ㉠ 고등학교 졸업 또는 이와 동등한 수준 이상의 학력이 인정될 것, ㉡ 교육개시일을 기준으로 형기의 3분의 1(21년 이상의 유기형 또는 무기형의 경우에는 7년)이 지났을 것, ㉢ 집행할 형기가 2년 이상인 수형자가 독학에 의한 학사학위 취득과정(학사고시반 교육)을 신청하는 경우에는 교육대상자로 선발할 수 있다(형집행법 시행규칙 제110조 제2항). ⇨ 24년의 징역형은 21년 이상의 유기형에 해당하므로 7년이 지나면 교육대상자로 선발할 수 있다.

10 ○　형집행법 제64조 제1항, 동법 시행령 제88조

11 ○　형집행법 제64조 제1항

12 ○　소장은 수형자의 인성 함양, 자아존중감 회복 등을 위하여 음악, 미술, 독서 등 문화예술과 관련된 다양한 프로그램을 도입하거나 개발하여 운영할 수 있다(형집행법 시행규칙 제115조).

13 ✕　소장은 제1항에 따른 교화프로그램의 효과를 높이기 위하여 범죄원인별로 적절한 교화프로그램의 내용, 교육장소 및 전문인력의 확보 등 적합한 환경을 갖추도록 노력하여야 한다(형집행법 제64조 제2항).

14 ○　형집행법 시행규칙 제117조 제2항

15 ○　형집행법 시행규칙 제117조 제1항

16 ○　형집행법 시행규칙 제89조 제2항

17 ○　형집행법 시행규칙 제117조 제2항

18 ✕　가족관계회복 프로그램 참여인원은 5명 이내의 가족으로 한다. 다만, 특히 필요하다고 인정하는 경우에는 참여인원을 늘릴 수 있다(형집행법 시행규칙 제117조 제2항).

01 교정상담의 의의와 영역

(1) 의의

① 교정상담이란 수형자가 자신이 처한 문제 상황에 대하여 보다 효율적으로 대처·관리할 수 있게 하고 나아가 잘못된 인생관 및 생활방식을 바람직한 방향으로 변화를 유도하거나 고충을 해소하기 위하여 실시하는 상담을 말한다. 이는 범죄원인을 포함하여 교정현장에서 발생되는 모든 행동과 사고에 대한 심리학적 연구에 기초한다.

② 광의: 시설 안에서의 교정기법으로 교정실무자가 담당하고 있는 범죄인이나 비행청소년을 대상으로 한 교정기법들로, 교도작업, 학과교육, 교도소 내의 수용자의 심신단련과 친목을 위하여 교도소에서 매년 실시하고 있는 체육대회나 가족합동접견, 교화의 목적으로 수행되는 종교집회, 생활지도와 직업훈련 등이 있다.

③ 교화상담

> 제118조【교화상담】 ① 소장은 수형자의 건전한 가치관 형성, 정서안정, 고충해소 등을 위하여 교화상담을 실시할 수 있다.
> ② 소장은 제1항의 교화상담을 위하여 교도관이나 제33조의 교정참여인사를 교화상담자로 지정할 수 있으며, 수형자의 안정을 위하여 결연을 주선할 수 있다. [2014. 7급]

(2) 지역사회 상담과 교정현장상담의 구별

일반상담(지역사회)	교정현장상담
① 보호관찰관 및 가석방담당관, 그 밖에 중간처우시설의 담당직원들에 의해 행해지는 상담을 말하는데, 이외에 정신건강센터, 직업알선기관, 자원봉사자관리센터, 민간치료센터, 각종 종교단체 등은 지역사회 교정상담의 중요한 전문적 자원체계이다. ② 내담자가 문제유발 시 내담자의 복지를 최우선적으로 고려한다. ③ 내담자가 상담자에게 자발적으로 신청하거나 지속적으로 방문하려는 의지가 중요하다. ④ 내담자에 대한 사전정보를 갖지 못한 상태에서 상담이 시작되는 경우가 많아 상대적으로 편견이나 선입견으로 인한 문제점이 적다. ⑤ 일정한 상담횟수와 시간이 정해져서 체계적으로 이루어질 수 있다.	① 소년원이나 성인교도소에서 이루어지는 상담을 말한다. ② 시설의 안전유지에 더 많은 관심을 갖고, 수용자가 문제유발시 내담자 복지에 앞서 수용질서를 최우선적으로 고려한다. [2009. 7급] ③ 내담자 개인의 문제에 초점을 맞추어 진행되는 상담뿐만 아니라, 관리자의 필요에 의한 호출상담도 빈번하게 이루어진다. [2009. 7급] ④ 내담자에 대한 사전정보를 인식한 상태에서 상담이 시작되므로 내담자에 대한 편견이나 선입견 등이 상담의 진행을 방해할 수 있다. [2009. 7급] ⑤ 관리자의 지도력을 중심으로 일회성 또는 단기간의 상담이 이루어지는 경우가 많다. [2009. 7급]

(3) 교정상담의 영역

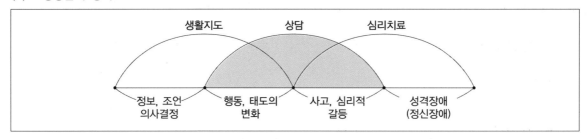

02 교정상담의 연혁

(1) 18세기 이전 유럽국가
① 교정의 중요한 구성요소는 벌을 주는 것이므로 신체적인 고통, 추방, 노동의 동반이 죄에 대한 응징의 대가로서 당연한 것이라 여겨졌다.
② 이런 경향은 오늘날까지도 상당히 많은 부분 유지되고 있는데, 시설 내 교도작업이 전통적인 행형의 관점을 그대로 유지하고 있는 처우라 볼 수 있다.

(2) 1970·80년대
① 기존의 교정기법이 수용자들의 재범률을 낮추는 것에 전혀 효용성이 없다는 사실들이 몇몇 연구들에서 지적되기 시작하면서 전통적인 교정의 개념인 단순한 응징의 차원이 아닌 범죄인의 '정상화'에 목표를 두어야 한다는 점이 부각되기 시작하였다.
② 범죄행동, 나아가 범죄적 사고로부터의 정상화의 목표는 전통적인 행형에 대한 관점을 응징의 '처벌'개념에서 '재활'의 개념으로 변화시켰다.

(3) 우리나라
특수한 목적을 수행하도록 지정된 수용시설을 제외하고는 교도소현장에서 '재활'의 의미로 실시되고 있는 교정기법으로는 직업훈련, 학과교육 등이 있다.

03 교정상담 방법

(1) 상담(Counselling)
① 사람과 사람과의 관계이고, 상담자가 문제를 안고 있는 수용자를 원조하고 그 수용자가 가능한 한 자신의 힘으로 문제를 발견하고 스스로의 힘으로 해결하는 것을 목적으로 한다.
② 상담은 쌍방의 의견과 감정의 일치가 없으면 안 된다는 점에서 단순한 조언과 훈계와는 차원이 다르다.
③ 상담이 목표로 하는 것은 대상자 개인의 특수한 문제를 빨리 해결하는 데 있으며, 장기의 노력의 결과에 의해 대상자의 자기 이해와 내적인 성숙을 촉진하는 것이다.

(2) 교정에 있어서 케이스 워크(Case work)
① 개개의 수용자에 관한 정보의 수집과 정리, 그 사람에 대한 사회와 관련하여 처우를 행하는 것이다.
② 케이스 워크는 한번에 한 명의 대상자에 실시하는 활동이고, 케이스 워크의 기본은 각 수용자의 심리적·사회적 문제를 조사하고 진단하며 처리한다는 것이다.

③ 케이스 워크의 목표
- ㉠ 정확한 개인기록을 작성하고 그에 대한 정보를 정리하는 것이다.
- ㉡ 가족관계 및 그 외의 인간관계를 포함한 가까운 문제를 해결하는 것이다.
- ㉢ 수용자의 사회적응성에 관한 문제점을 분석하고 수용자가 납득할 만한 문제해결이 가능하도록 원조하는 것이다.
- ㉣ 석방이 가까운 수용자에 대해 적절한 지도원조 및 정보를 준비하여주는 것이다.

(3) 임상업무(Clinical service)

① 각종 전문분야의 지식과 기술을 이용하면서 행하는 가장 집중적인 진단 및 치료적 처우활동을 말한다.
② 임상업무의 목적
- ㉠ 개개 수용자의 부적응의 원인을 발견하는 것이다.
- ㉡ 범죄자 행동의 개선을 도모하기 위한 정신의학과 심리학의 지식과 기술을 적용하는 것이다.
- ㉢ 수용자의 처우를 담당하는 다른 직원에 대하여 필요한 전문적인 지도 및 원조를 제공하는 것이다.

04 교정상담의 유형

(1) 지시적 상담이론과 비지시적 상담이론

지시적 상담	비지시적 상담
① 1930년대 윌리엄슨(Williamson)이 개발한 이론으로, 상담자는 상담대상자가 올바른 가치관을 갖도록 영향을 끼치는 데 주저하지 말아야 하고, 정확하고 객관적인 정보를 제공하여야 하며, 합리적으로 문제를 해결할 수 있도록 가르쳐야 한다는 상담기법이다. ② 상담자가 진단·정보제공·문제해결 등에 있어 주도적 역할을 하므로 상담의 지시적 역할이 지나치게 강조되고, 상담대상자의 독립적 결정이 경시된다는 비판이 제기되어 인도적 측면을 강조하는 다른 상담이론이 등장하는 계기가 되었다.	① 지시적 상담이론에 대한 비판과 함께 등장한 이론으로, 상담대상자가 자신의 문제를 스스로 해결할 수 있는 능력을 가진 점을 강조하고, 상담대상자가 주도적 역할을 하는 상담기법이다. ② 비지시적 상담이론의 기본적 기본은 적극적 경청과 감정의 반영 및 명료화이며, 상담자의 주요한 기능은 상담대상자에게 자유로운 분위기를 제공하고, 상담자는 충고·제안·해설 등을 제공하는 것을 삼가야한다. ③ 비지시적 상담기법에서는 정신건강을 이상적 자아와 현실적 자아 간의 일치라고 보고, 부적응을 양자 간의 불일치 결과로 본다.

(2) 개별상담과 집단상담

개별상담	집단상담
개별상담은 수용자들이 심리적 또는 감정적으로 장애가 있다는 기본가정에서 출발하며, 수용자들이 겪고 있는 개인의 특정 문제를 극복하도록 도와주는 기법이다.	집단상담은 3~4명의 수용자들을 대상으로 교도소 내에서의 금주동맹, 심리극, 집단지도상호작용 등을 하는 기법이며, 시간과 비용을 절감할 수 있다는 장점이 있다.

(3) 자발적 상담과 호출상담

자발적 상담	호출상담
자발적 상담은 해결할 문제와 상담목표가 수용자에게 내재되어 있는 경우에 이루어진다.	호출상담은 해결할 문제와 상담목표가 직원에게 존재할 경우에 이루어진다.

05 교정상담의 문제

(1) 조직환경적 측면의 한계

① **관리자의 이해 부족**: 상담에 대한 관리자의 이해수준이 낮아서 충분한 지원을 받지 못하는 경우가 많다.

② **비밀보장의 어려움**: 폐쇄된 공간에서는 상담내용에 대한 소문이 아주 빠르게 퍼지기 때문에 비밀보장이 어렵다. 또한 내담자가 비밀보장을 전제로 말한 탈주계획, 동료 수형자에 대한 폭행계획, 자살예고 등의 문제인 경우에 상담자는 수용관리차원에서 상부에 보고하기 때문에 비밀보장이 어렵다.

③ **상담인원의 과다**: 상담자가 맡아야 할 수형자의 수가 너무 많다.

④ **상담자의 1인 2역**: 상담자는 질서유지 등 보안에도 신경을 써야 하기 때문에 1인 2역을 담당해야 한다.

⑤ 교정상담은 일차적으로 범죄자의 교화에 그 목적을 두고 있지만, 그 일차적 목적 외에 기존 조직의 유지나 효율성 제고라는 이차적 목적도 있다.

⑥ 교도소의 교도관이나 상담자들은 수용자들의 출소 후 사회적응을 돕는 장기적 교화활동보다는 수용자들의 시설 내 적응에 보다 많은 시간을 할애하고 있는데, 이는 소년범의 경우보다는 성인범죄자의 경우에 더욱 심각하여 성인범죄자에 대한 상담 및 치료의 성과와 미래에 대하여 부정적인 시각이 지배하고 있다.

⑦ **교정상담과 팀 접근법**(team approach) **필요**

    ㉠ 교정시설의 인력은 일반적으로 보안담당과 처우담당으로 분류된다.

    ㉡ 미국의 대규모 성인교도소의 경우 대개 60~70%가 보안담당이고, 나머지 30~40% 속에 처우 및 치료담당이 포함되어 있어 상담요원은 전체 인력분포에 있어 비중이 작다.

    ㉢ 교정상담자는 보안담당직원과 원만한 관계를 유지해야한다. 그들은 어떤 관계자들보다 수용자와 함께 보내는 시간이 많기 때문에 특정수용자에 대해 충분한 관찰을 할 수 있기 때문이다.

(2) 내담자의 특성에 기인한 문제

① **비자발적 상담**: 상담자에 의한 비자발적(강압적) 상담이라는 점에서 내담자의 저항이 크다.

② **문제해결의 한계**: 수형자들의 문제가 시설 밖에 있는 사람들과의 관계에서 발생하는 경우가 많기 때문에 현실검증의 기회가 제한된다.

③ **내담자의 속임수**: 수형자들의 속임수를 잘 파악하여야 한다. 그러나 상담자도 몇 번 속았다고 하여 무조건 의심부터 하는 경직된 태도는 경계해야 한다.

④ **변화가능성에 대한 불신**: 재범률의 증가 등 재사회화 실패에 대한 강박관념은 수형자의 변화가능성에 대하여 포기하는 태도를 갖게 하기 쉽다.

06 교정상담자

(1) 상담자의 자세와 요건

① **직업적 전문성**: 보안과 치료라는 대립적 성격의 업무를 효과적으로 수행하기 위하여 내담자를 다루는 기술과 재능, 적절한 개입시기 포착 능력, 효과적인 모험 시도, 겸손한 직업의식 등 고도의 전문지식을 갖추고 있어야 한다.

② **창의성과 책임감**: 교정상담과정에서 발생하는 특별한 문제들을 위협이라기보다는 도전으로 받아들이는 자세와 이상적인 치료환경보다는 열악한 환경에서 일할 의지를 지니고 있어야 한다.

③ **교정상담자에게 요구되는 3대 능력**: 교정상담이 수행되는 과정에서 상담자에게는 다양한 지식과 기술을 포함하는 능력이 요구되는데 특히 다음 3가지는 상담자에게 요구되는 핵심적인 능력이다.

㉠ 적적한 개입시기를 포착할 수 있는 감각(a sence of timing)
  ㉡ 효과적인 모험 시도(effective risking)
  ㉢ 겸손한 직업의식(a sence of professional humility)

(2) 교정상담자의 의무와 책임

① 담당 사례 관리
② 담당 사례의 문제 해결을 위한 치료 계획 수립
③ 대상자의 성취상황 및 변화과정 관찰
④ 다양한 종류의 보고서 작성
⑤ 개별 및 집단 상담 실시
⑥ 의뢰한 기관의 담당자에게 사례의 진행과정에 대한 보고
⑦ 치료·보안 및 그 밖의 문제에 대해 치료적 제의
⑧ 다른 시설의 방문, 시민들과의 모임, 대상자와 관련된 방문 및 연락, 상담위원회 참석 등

07 교정상담의 성공요건

(1) 젠드루와 고긴(Gendreau & Goggin)의 교정상담의 성공요인

① 평가 면에서는 재범위험도가 높은(high-risk) 수감자들을 선정하여 보다 집중적인 상담에 참가하도록 한다.
② 상담기간은 3~4개월 또는 100시간으로 하며, 매일 만나는 상담이 바람직하다.
③ 상담은 다중모델을 기반으로 긍정적인 강화를 즉시 주어야 하며, 가능하면 개별화된 것이라야 효과가
   좋다.
④ 범죄욕구를 줄이는 데에 궁극적인 목표를 두어야 하며, 수용자와 치료자, 상담성격이 서로 맞도록 하여
   동기를 유발해야 하며, 친사회적인 행위를 학습할 수 있도록 조건을 최적화해야 한다.
⑤ 상담이 종료된 후에도 계속적으로 도움을 구할 수 있게 해야 한다.
⑥ 상담지도자는 전문적인 면에서 신뢰가 있어야 하고, 구체적인 설계와 직원 훈련상담평가가 따라야 한다.
⑦ 직원들은 적절한 훈련·경험·상담기술을 익혀야 하며, 상담 시 명료·공감하고, 엄격하면서도 공정한
   문제해결의 능력이 있어야 한다.

(2) 안토노비츠와 로스(Antonowicz & Ross)의 교정상담 효능성과 관련된 성공요인

① 견고한 개념적 모델을 기반으로 한 상담들이 효과적이었다.
② 인지-행동적 이론모형을 기본모델로 한 상담 중 75%가 성공적이었던 데 반해, 인지-행동적 상담이 아
   니었던 상담 중 38%만이 성공적이었다. 금지 또는 사회학적 모델을 기반으로 한 상담들은 가장 성공률
   이 낮았다.
③ 다양한 방법을 통합한 상담들이 단일상담보다 효과적이었다. 범죄자들은 여러 유형이므로 상담도 그들
   의 특성에 맞춰 다양해야 한다.
④ 범죄경향성욕구의 감소를 목표로 한 상담들이 효과적이었다. 상담이 가지는 목표는 특히 재범과 연결
   된 구체적 요인들이어야 한다.
⑤ 반응성 원리를 토대로 한 상담들이 효과적이었다. 상담의 효능성은 범죄자들의 학습스타일과 학습능력
   에 적합한 방법으로 짝을 이룰 때에 가능하다.

단원별 지문 OX

01 교정현장상담에서는 내담자 개인의 문제에 초점을 맞추어 진행되는 상담뿐만 아니라 관리자의 필요에 의한 호출상담도 빈번하게 이루어진다. (　　)　　[2009. 7급]

02 일반상담과는 달리 교정현장상담에서는 내담자의 복지를 최우선적으로 고려해야 되는 것이 아니라 수용질서를 먼저 생각해야 하는 차이점이 있다. (　　)　　　[2009. 7급]

03 교정현장상담은 일반상담과는 달리 이미 내담자에 대한 정보를 가지고 상담이 이루어진다는 점에서 내담자에 대한 편견이나 선입견을 배제할 수 있는 장점을 갖고 있다. (　　)　　　　　　　　　　　　　　　　　　　　　　　　　　　　　　[2009. 7급]

04 교정상담은 일반상담과는 달리 교정현장상담은 상담자의 지도력을 중심으로 하는 단회 또는 단기간의 상담형태가 많다. (　　)　　　[2009. 7급]

---

01 ○
02 ○
03 × 　상담자는 이미 내담자의 정보를 가지고 상담에 임하기 때문에 선입견이나 편견의 문제점이 있다.
04 ○

제3절 교정상담 기법

★ 핵심정리   교정상담의 주요기법

심리요법	개별심리요법	현실요법
		교류분석
	집단심리요법	집단지도상호작용
		심리극
지정행요법(인지)		합리적 정서행동치료
행동수정		행동주의 학습이론
내관법(명상)		명상에 의한 내면 성찰
사회적 요법		환경요법
		긍정적 동료문화
물리요법		약물치료

01 심리요법(치료)

(1) 의의

① 심리요법이란 수용자를 범죄인으로 이끌었던 감정적 · 심리학적 문제를 상담 · 치료하는 처우기법을 말한다.
② 교정처우 중 가장 보편적이고 광범위하게 활용되는 것이 심리학적 처우인데, 이는 범죄성의 일차적 원인이 정신적 결함에 있다는 것에 기인한다.
③ 심리학적 처우는 심리요법(Psychotherapy)이나 상담 등 다양한 형태로 다양한 대상자에게 다양한 여건과 환경에서 이루어지고 있다.
④ 오늘날 범죄의 원인으로 사회환경적 요인이 중시되고 있음에도 대부분의 교정처우가 심리학적 기법에 의존하는 것은 개인의 변화가 전제되어야 사회적응력의 배양을 위한 사회 요법도 가능하고, 환경조정의 혜택도 누릴 수 있다고 믿기 때문이다.

(2) 교도소에서의 심리요법

① 병원 등에서는 환자(내담자) 자신이 자발적으로 자기 부담 하에 상담치료를 받지만, 교도소에서는 상담치료전문가의 서비스를 제공하여 범죄자를 상담치료하는 것이므로 범죄자 자신의 자발적 선택이 아니라 사회와 국가의 강제에 의한 것이다.
② 교도소에서는 심리요법이 강제로 이루어지기 때문에 수용자가 중심이 되지 않고 범죄인이 범죄를 하지 않는 생활형태를 계발하기를 바라는 사회의 요구가 중심이 되는데, 양자는 결코 협상될 수 없는 관계가 된다.
③ 그럼에도 불구하고 범죄자의 감정적 · 정신적 성향을 변화시키고자 하는 심리요법이 매우 대중적인 교정처우의 수단으로 존재하고 있다.
④ 심리요법은 개별심리요법과 집단심리요법으로 구분되는데, 이 구분은 심리요법이 환자(내담자)와 상담치료자가 1대 1로 하느냐, 집단적으로 이루어지느냐의 차이이다.
⑤ 개별적이건 집단적이건 심리요법의 기본기술은 수용자 자신의 문제를 공격적이거나 반사회적인 행동으로 표출되도록 한 과거의 갈등에 관하여 수용자로 하여금 토로하도록 권장하는 것이다.
⑥ 심리요법의 기본적 목표는 수용자로 하여금 자신의 행동에 책임을 질 수 있게 하는 것이다.

(3) 심리요법의 한계

① 교정시설에서 일하는 심리요법전문가는 극히 부족함에도 불구하고 이들에게 요구되는 업무는 대단히 과중한 편이다. 사실상 이들이 수용자를 심사분류하는 등의 일도 맡고 있기 때문에 실제로 진전이 있을 만큼 심리요법처우를 규칙적으로 빈번하게 실시할 수 없는 실정이다.

② 다른 분야의 심리요법에서는 대체로 환자(내담자)가 자발적으로 상담치료를 받기 원하지만, 교정에 있어서는 수용자가 자신을 환자(내담자)로 여기지 않기 때문에 실제로 상담치료를 원하는 사람이 별로 없다는 사실이다.

③ 교정시설이라는 곳은 심리요법을 실시하기에 적절한 환경이 되지 못한다.

④ 심리요법을 비롯한 대부분의 심리적 처우는 일탈이나 비행을 유발 또는 조장하는 사회적 요인을 경시하거나 무시한다는 사실이다.

⑤ 수용자의 문제나 필요에 대해서 상당히 성공적으로 진단할 수 있으나, 실제 그 문제를 상담치료하기 위한 수단, 즉 상담치료방법에 있어서는 선택의 여지가 많지 않다.

02 개별심리요법(Individual Psychotherapy)

(1) 현실요법

① 미국 정신과 의사인 글래저(Glaser)에 의해 1950년대부터 시작되어 1960년대에 발전된 심리치료법으로, 피상담자가 현실적인 행동에 책임성을 갖도록 교육시키는 방법을 말한다.

② 1960년대 이후부터 미국 각주의 학교, 병원, 기업체, 상담소 등에서 널리 활용되고 있으며, 특히 교도소, 소년원 등에서 가장 효과적인 성행 교정방법으로 활용되고 있다.

③ 이 기법은 왜 하는가(why)를 강조하기 보다는 무엇을 하는가(what)를 중시한다. 즉 동기보다 행위를 중시한다.

④ 현실요법의 가정
  ㉠ 모든 사람은 기본적 욕구를 가지고 있으며, 자신의 욕구에 따라 행동할 수 없을 때 무책임하게 행동한다는 가정에 기초하고 있다.
  ㉡ 따라서 현실요법은 현실요법의 3R이라고 할 수 있는 현실적(Rralistic)이고 책임 있는(Responsible) 올바른 행동(Right action)에 의해서 충족될 수 있는 상관성(Relatedness)과 공경(Respect)을 기본적 욕구로 가정한다.

⑤ 글래저(Glaser)는 범죄자에게는 일관성 있는 훈육과 훈훈한 사랑이 필요한데 따뜻한 정이나 훈육이 서로를 대신할 수 있는 것이 아니라 둘 다 동시에 필요한 것이라고 말한다. 즉 수용자가 따뜻한 정과 일관성 있는 훈육을 동시에 받을 때 책임감도 증대될 수 있다는 것이다.

⑥ 상담자의 역할
  ㉠ 범죄자가 자신의 현실을 직시하지 못할 때 문제가 되기 때문에 상담자는 적절치 못한 행위를 유발하였던 문제에 대해서 특별한 관심을 가져야 한다.
  ㉡ 수용자로 하여금 자신의 행위의 현실적 결과를 일관성 있고 확실하게 분석하도록 하여 현실을 있는 그대로 볼 수 있도록 도와야 한다.

⑦ 상담의 과정
  ㉠ 현실요법은 수용자의 내부문제가 아니라 외부세계에 존재하는 현실을 직면하는 데 초점이 모아져야 한다.
  ㉡ 이를 위해서 환자(내담자)는 상담자와 정직한 개인적 관계를 형성해야만 한다.
  ㉢ 다음으로 상담자는 환자(내담자)에게 자신은 환자(내담자)의 무책임한 행위를 이해할 수 없지만, 비난하지는 않는다는 것을 인식시켜야 한다. 즉 환자(내담자)의 행위는 받아들일 수 없지만, 환자(내담자) 자신은 받아들여야 하는 것이다.

ⓔ 마지막으로 상담자는 환자(내담자)에게 사회에 존재하는 현실의 범위 내에서 자신의 욕구를 수행하는 더 좋은 방법을 가르쳐야 한다. [2022. 7급]

ⓜ 환자(내담자)가 책임 있는 행동을 보여 줄 때 조건부석방이 추천된다.

⑧ 장점과 단점

장점	단점
㉠ 현실용법의 기본원리가 쉽게 학습되고 터득될 수 있다. [2019. 5급 승진] ㉡ 수용자의 내부문제보다는 외부세계에, 과거보다는 현재에, 개인적 문제보다는 인간적 잠재성에 초점을 맞추고 있다. ㉢ 상담자에게 관한과 권위를 제공한다. ㉣ 책임과 훈육을 강조한다. ㉤ 보호관찰과 연계되어 지속될 수 있다.	㉠ 인간의 행위를 지나치게 단순화하고 있다. ㉡ 무의식적 심리역동의 영향과 과거의 행동원인을 무시함으로써 개인을 전인적으로 다루지 않는 임시 변통적 해결방법이 되기 쉽다. ㉢ 치료자가 너무 도덕적으로 될 수 있다. ㉣ 내담자가 자신의 행동계획을 수립하는 대신 치료자의 해결책을 일방적으로 받아들이는 위험성이 존재한다. ㉤ 상담자에게 권위적인 태도를 가지게 할 위험이 있다. ㉥ 현실요법이 과거는 잊어버리고 현재에 초점을 맞추고 있는데, 과연 과거를 잊어버리고 무시하는 것이 현명한 일인가는 의문스럽다.

(2) 교류분석(Transactional Analysis)

① 1950년대 미국 정신과 의사인 에릭 번(Eric Berne)에 의해 주장된 것으로, 수용자에게 과거경험이 현재 행위에 미친 영향을 뒤돌아보게 함으로써 이들이 과거의 부정적인 장면들을 지워버리고, 인생의 목표를 성취할 수 있다는 확신을 가지도록 유도하는 처우기법을 말한다.

② 사람들끼리의 관계를 평가하고 해석하는 것을 기초로 세워진 자아(에고, ego) 상태에서 타인과의 상호작용에서 취한 관점에 초점을 맞추고 있다. [2022. 7급]

③ 교류분석은 계약과 (재)결정이라는 치료 방식을 취한다.

④ 내면의 3가지 성격

㉠ 대체로 부모(parents), 성인(adult), 아동(child)이라는 3단계의 자아상태가 함축되어 있다.

㉡ 부모가 판단하고 통제하며, 성인은 성숙하고 현실적이며 윤리적이고, 아동은 유희적이며 때로는 버릇이 없기도 하다.

㉢ 교류분석의 목표는 사람들로 하여금 자신의 문제가 성인으로서보다는 화난 부모나 연약한 아동으로서 세상을 접근할 때 문제가 야기된다는 것을 인식하도록 하는 것이다.

📋 교류분석

에릭 번에 의하면 사람의 내면에는 3가지 성격이 있다.		
부모(parents)	판단과 통제 역할을 하는 성격	super ego(초자아)와 유사
아동(child)	유희적 · 의존적 · 버릇없는 성격	id(본능)와 유사
성인(adult)	성숙 · 윤리적 · 현실적인 성격	ego(자아)와 유사

1. 화난 부모의 성격과 아동의 성격이 합쳐졌을 때 범죄 ⇨ 성인의 성격으로 바꿔주는 것을 교류분석이라 한다.
2. **방법**: 수용자로 하여금 과거경험이 현재 행위에 미친 영향을 녹음을 재생하듯 되돌려 보도록 하는 것

⑤ 상담의 과정
  ㉠ 수용자로 하여금 자신의 과거 경험이 현재 행위에 미친 영향을 보기 위해 일종의 녹음을 재생하듯이 되돌려보도록 한다.
  ㉡ 인간의 기억은 초기 아동기의 사건, 그 사건의 의미, 그 사건에 대한 느낌 등을 기록하는 일종의 녹음테이프처럼 기능을 하기 때문이다. 즉 모든 사람은 자신이 과거에 경험한 유사한 사건을 다시 직면했을 때, 그 사건에 대한 녹화테이프를 돌려보는 경향이 있다.
  ㉢ 당연히 수용자는 그가 범죄라는 자기 파괴적인 행위를 했기 때문에 자신의 과거테이프를 되돌려보면, 그는 일종의 패배자가 되는 것이다.
  ㉣ 그래서 상담자는 이들 수용자로 하여금 과거에 대한 부정적인 장면들을 지워버리고 그들도 승자가 될 수 있으며, 인생의 목표를 성취할 수 있다는 것을 확인하도록 가르치는 것이다. [2016. 7급]
  ㉤ 이렇게 해서 수용자가 교류분석에 대한 동기를 부여받게 되어 상담치료에 참여하게 되면, 그는 타인과의 관계에 있어서 3가지 역할에 따라 행동하도록 배운다.
  ㉥ 여기서 수용자는 아동기의 좋지 않았던 테이프 속에 묻혀진 나쁜 감정을 지우고, 성인의 자아 상태를 보다 빈번히 이용하도록 도와주는 것이다. 그래서 상담자는 대체로 선생님의 역할을 주로 하게 된다.
⑥ 교류분석의 기법

구조분석	개개의 성격의 구조를 분석하여 개별적으로 또는 집단적으로 3개의 자아상태를 알기 쉽고 구체적으로 설명하는 것이다.
교류패턴 분석	㉠ 3개의 자아상태 중 2개의 자아상태 사이에서 일어나는 의사패턴을 분석하는 것이다. ㉡ 자신의 타인에 대한 대처방법이나 타인의 자신에 대한 대처방법을 의식적으로 통제할 수 있게 된다.
게임분석	㉠ 겉으로는 합리적인 메시지를 발신하는 것처럼 보이나, 그 속에는 다른 동기나 목적을 가지고 있는 교류 중에서 정형화되어 있는 것을 분석한다. ㉡ 교정상담자의 역할은 수용자나 소년원생들에게 자신도 모르는 사이에 비생산적인 방법으로 타인을 조작한다거나 타인에게 반응하고 있는 경향이 있음을 깨닫게 해 주어 그러한 것을 통제하도록 유도하는 것이다.
각본분석	㉠ 각본이란 어린 시절에 부모들을 중심으로 한 주위의 영향 하에서 발달하여 그 후의 대인관계를 포함한 인생체험에 의해서 강화된 프로그램이라고 볼 수 있다. ㉡ 각본을 분석함으로써 자기 파괴적인 각본을 이해하고 그로부터 해방되어서 자기를 통제하게 된다는 것이다.

⑦ 장점과 단점

장점	단점
㉠ 현실요법처럼 쉽게 배울 수 있고, 상담자는 대체로 선생님의 입장에서 수용자에게 희망을 줄 수 있다. ㉡ 모든 사람들이 쉽게 이해할 수 있는 직접적이고 간단한 용어를 사용하며, 단기적이다. ㉢ 수용자의 동의와 공식적인 상담치료계약을 맺고 있기 때문에 강제적 상담치료의 문제가 해소될 수 있다.	㉠ 이론의 단순성, 도표의 간결함 등으로 불완전한 상담이 되기 쉽고, 표면 아래에 가려진 부분을 지나치기 쉽다. ㉡ 스스로 변화를 추구하지 않아서 동의하지 않는 범죄자나 자신의 문제를 검토할 의사가 전혀 없는 사람, 현재 행동에 문제가 있는 사람에게는 효과를 거두기 어렵다. [2016. 7급] ㉢ 성숙되지 못한 인성의 소유자, 지능이 낮은 사람, 사회병리적 문제가 있는 사람에게는 도움이 되지 못한다. [2016. 7급]

03 집단심리요법(Group Psychotherapy)

(1) 의의
① 집단심리요법이란 개인적 또는 사회적 문제를 해결할 목적으로 3~4명이 집단적으로 벌이는 상담적·상담치료적 활동이라고 할 수 있는데, 그 목적이나 지도력에 따라 구조적일 수도 있고 비교적 비구조적일 수도 있다.
② 집단심리요법에 참여하는 수용자들은 자신들이 공유하는 문제를 함께 토론한다. 이 경우 상담자가 생활에 대한 참여자의 지향성을 변화시키는 데 도움이 되도록 상호작용을 구조화해준다.
③ 개별심리요법 대신 집단심리요법을 택하는 가장 주요한 이유는 전문인력자원의 부족 때문이다.
④ 집단심리요법은 그 집단이 지나치게 커지지 않는 한 상담치료의 효과를 크게 감소시키지 않으면서도 그 비용은 상당히 줄일 수 있다.
⑤ 개별심리요법에서는 불가능했던 것으로, 상담자는 물론이고 참여 수용자들은 동료 수용자들과 자신의 사상을 집단심리요법을 통해서 비교하고 검증할 수 있다.

(2) 집단지도상호작용(Guided Group Interaction)
① 1950년대 미국 뉴저지주 하이필드(High fields)에서 제시된 집단 토의 방법의 일종으로, 집단 내 상호작용을 중심으로 일탈행위자를 사회에서 허용되는 형태로 변화시키는 것을 목적으로 하는 심리치료방법을 말한다.
② 교정시설 내의 집단심리요법의 가장 대중적인 기법으로서, 대체로 성인보다는 청소년범죄자에게 많이 적용되고 있다.
③ 참여청소년은 성인지도자의 지도와 지시 하에 일반교도소와는 다른 캠퍼스와 같은 환경에서 함께 생활하고 공부하고 놀게 된다.
④ 그 결과 그들 상호간의 상호작용은 격렬하나 분위기 자체는 권위적이지도 않고 적대적이지도 않으며, 집단참여자에게는 상당한 선택권이 주어진다. 경우에 따라서는 집단지도상호작용(GGI)집단이 특정집단 구성원이 언제 석방되거나 귀휴를 갈 것인가 또는 어떻게 처벌할 것인가 등을 결정하기도 한다.
⑤ 집단지도상호작용의 5단계

1단계	새로운 구성원이 들어오게 되면 집단구성원과 지도자에 의해서 그가 경계심을 풀고 느긋해지도록 한다.
2단계	참여자들은 서로 집단을 믿기 시작하므로 자신의 인생사나 문제를 서로 나눈다.
3단계	종종 자신이 문제에 빠지게 된 이유를 밝히고 사실이나 사회생활의 문제를 논의한다.
4단계	재교육을 수용할 정도로 안정감을 느끼게 된다.
5단계	변화를 위한 자신의 계획을 구성하게 된다. 자기 스스로나 집단의 평가에 의해 지도받음으로써 자신의 미래에 관한 이성적 결정에 도달할 수 있게 된다.

⑥ 장점과 단점

장점	단점
㉠ 참여자를 밀집하게 엮어진 대안적 공동체에 합류시킴으로써 비행동료 부문화를 피할 수 있다. ㉡ 부분적인 것이 아니라 가치관·행동·신념을 전혀 새로운 구조로 바꾸는 종합적인 전략이다. ㉢ 자신의 행위에 책임을 지게 하여 비행교우집단에의 의존성을 줄일 수 있도록 가르친다. ㉣ 소내훈련된 보안요원까지도 집단요법을 지도하는 경우가 있기 때문에 큰 추가비용 없이 보다 많은 인력이 처우과정에 참여할 수 있는 경제적 이념도 있다.	㉠ 훈련된 지도자를 확보하기 어렵다. ㉡ 동료집단규범을 강조한 결과 개별처우의 여지가 거의 없다. ㉢ 이 기법을 통한 성과가 실생활에 쉽게 접목되지 않는다.

(3) 심리극(Psychodrama)

① 정신과 의사 모레노(Moreno)에 의해 개발된 처우기법으로, 수용자를 자신의 감정이나 행동을 보여주는 역할연기 상황에 놓이게 하고, 자신이 겪고 있는 갈등을 공개적으로 다루는 것을 학습하게 하여 사회적 상호작용 기술을 배우게 함으로써 타인과의 상호작용과 이해를 가르치는 것을 말한다.

② 소크라테스의 문답법과 아리스토텔레스의 카타르시스에서 힌트를 얻어 심리극적인 탐구방법과 동작의 연극이 행위자에게 미치는 치료효과를 발견한 것으로 자발성이론, 역할이론, 카타르시스이론으로 구분된다.

③ 심리극은 수용시설에서의 수용생활을 자신의 남은 생활을 위한 연습으로 삼게 해 줌으로써 수용자들에게 상당한 호응을 받을 수 있다.

④ 심리극은 대상자가 이해력이나 표현력이 극히 낮아 치료자가 제출하는 문제에 대하여 즉석에서 자발적·즉흥적으로 연기하는 것이 곤란한 경우에 효과적이며, 특히 격정범죄자에게 상당한 효과가 있다는 장점이 있다.

⑤ 전문가의 부족으로 그 이용에 한계가 있다는 단점이 있다.

📋 심리극의 주요 원리(모레노. Moreno)

① 환자(내담자)가 자신과 주변인을 표현하는 **자기 표현**, ② 자신의 인생계획을 연기하는 **자기 실현**, ③ 자신의 생각과 감정을 자유롭게 자신이나 집단에게 말하게 하는 **직접적인 혼잣말**, ④ 숨겨진 감정이나 생각을 나눌 수 있는 **요법상담치료적 혼잣말**, ⑤ 보조자로 하여금 환자(내담자)를 표현하고 그와 동일시하게 하며 그와 같이 행동하게 하는 **이중화**, ⑥ 자신을 흉내내는 여러 명의 보조자와 함께 자신의 또 다른 인성을 표현하게 하는 **복수이중화**, ⑦ 타인이 자기를 모방함으로써 타인이 자기를 보는 것처럼 자신을 비추어 보는 **반사**, ⑧ 환자(내담자)가 상대방의 역할을 하는 **역할전환**, ⑨ 자신이 기대하는 미래상을 행하게 하는 **인생연습**, ⑩ 자신의 환상을 표현하는 **심리극적 환상**, ⑪ 말하는 대신 자신의 꿈을 연기하는 **심리극적 꿈의 기법** 등이 있다.

04 행동수정, REBT, 명상요법

(1) 행동수정(Behavior Modification)

① 행동수정요법은 교정시설에서 가장 보편적으로 활용되고 있는 것으로, 특정한 행위에 대하여 긍정적이고 즉각적이며 체계적인 보상이 이루어진다면 그 행위의 발생빈도는 증대될 것이나, 그 반대의 경우에는 그 행위의 발생빈도가 감소될 것이라는 전제 하에 수용자에게 당근과 채찍을 이용하여 그들의 행동을 통제하고 변화를 도모하는 처우기법을 말한다. [2019. 5급 승진]

② 행동수정은 수용자의 행동을 변화시키기 위한 하나의 기술로서, 현실요법과 마찬가지로 과거에 대해서는 별 관심을 두지 않는다. 단지 행동에 대한 긍정적 강화(정적 강화, positive reinforcement) 또는 부정적 강화(부적 강화, negative reinforcement)를 적용함으로써 그 사람의 행위를 변화시키려는 시도이기 때문에 다분히 미래지향적이라고 할 수 있다. [2022. 7급] 총 2회 기출

③ 따라서 수용자에게 긍정적이고 즉각적이며 체계적으로 특정한 행위에 대해 보상한다면 그 행위의 발생은 증대될 것이고, 반대로 특정 행위에 대해서 부정적 강화가 이루어진다면 그 행위의 발생빈도는 줄어들 것이다.

④ 이러한 속성을 이용해서 행해지고 있는 교정시설 내 행동수정프로그램 중 가장 대표적인 것이 토큰보상(token economy)이다.

⑤ 수용자들이 바라는 긍정적 강화는 관심, 칭찬, 돈, 음식, 특전 등이 있을 수 있으며, 반대로 가급적 회피하려고 하는 부정적 강화는 위협, 구금, 처벌, 조롱 등이 있을 수 있다.

⑥ 행동요법상담자는 바라는 결과, 그 결과를 초래할 수 있는 자극, 바라는 반응을 얻기 위해 필요한 강화를 결정함으로써 수용자의 행위를 변화시키고자 한다. 즉 수용자들에게 당근과 채찍을 이용하여 그들의 행동을 통제하고 변화시키자는 것이다.

⑦ 행동수정은 모든 직원들이 긍정적 강화 또는 부정적 강화를 일관성 있게 제공할 것을 중시한다. 그러나 행동수정의 주장자들은 대개 수용자가 자신이나 동료들에게 위험을 야기하지 않는 한 처벌은 피할 것을 권한다.

⑧ 장점과 단점

장점	단점
⊙ 원리를 이해하고 기억하여 설명하기 쉽고 간단하다. ⓒ 단기간에 효과를 볼 수 있다. ⓒ 사회병리적 범죄자에게 큰 영향을 미칠 수 있다.	⊙ 행동수정에서 겉으로 드러난 행동만을 다루는 것은 지나치게 피상적이다. ⓒ 단기적 효과는 있을지 모르지만, 단기적 효과가 장기간 지속된다는 보장이 없다. ⓒ 수용자를 단순히 돼지와 같은 존재로 취급하고 있다. ⓔ 재강화는 상당한 수준의 일관성과 지속성을 가지고 제공되어야 하는데 이는 교정분야에 있어서 쉽지 않은 일이다.

⑨ 단점에도 불구하고, 긍정적인 행동을 한 수용자에게 긍정적인 보상을 하고, 반면에 부정적인 행동을 한 수용자에게는 부정적인 처벌을 함으로써 수용자들이 시설의 규율과 절차를 지키게 하고, 수용자들에게 특전을 부여하여 보다 긍정적인 태도를 견지하도록 하는 행동수정은 교정시설에서 가장 보편적으로 수용되고 있는 원리가 되고 있다.

(2) 인지정서행동치료법(REBT)

① 엘리스(Ellis)에 의해 개발된 상담기법으로, REBT(Rational Emotive Behavior Therapy)는 인간의 적응 문제가 합리적 사고방식에 좌우된다는 가정 하에 상담대상자의 그릇된 사고방식이나 신념체계를 바로 잡는 데 중점을 두는 방법으로 지정행요법(智精行療法)이라고도 한다.

② 개인의 이성적 생각과 인지적·지성적 사고의 과정을 강조하는 기법으로, 특히 청소년들에게 새로운 신념 체계를 심어주는 데 효과적이며, 기법을 쉽게 익힐 수 있어 보수성이 강한 상담자에게 매우 적합하다는 장점이 있다.

③ 반면에, 상담자가 자신의 틀에 맞추어 상담대상자의 범죄방지만을 강조한 나머지 지시적 경향에 흐를 수 있어 상담자의 조언이 상담대상자에게 또 다른 압박으로 여겨질 가능성이 있다는 단점이 있다.

(3) 내관법(內觀法)

① 격리된 장소에서 불면 또는 단식을 하면서 앉아서 심성 수련을 하는 엄격한 수도법을 요시모토가 종교적인 색채를 배제하고, 심리치료요법으로 발전시킨 자기탐구법이다.

② 지도자의 도움을 받아가며 정좌하고 자신의 과거를 돌아보며 여러 가지 저항을 극복한 후 독자적인 통찰에 이르게 된다는 점에서 작문·일기·독서 등을 하는 다른 내성지도법과 구별된다.

③ 단기간에 탁월한 효과를 나타내는 것으로 알려져 의학·심리요법·정신교육 등에 폭넓게 사용되고 있으며, 우리나라에서는 1979년 교정치료방법으로 교도소 및 소년원에서 이를 도입·시행한 이래 자기성찰방법으로 활용하고 있다.

05 사회적 요법(Social Therapy)

(1) 정의

① 사회적 요법이란 심리요법이나 행동수정요법의 약점을 보완하기 위해 시도된 것으로, 범죄가 범죄자 개인만의 문제가 아니라 주변 환경의 복합적인 상호작용의 산물이므로 범죄자 개인만을 대상으로 하는 교정프로그램만으로는 범죄자의 변화개선에 충분하지 않다는 관념 하에 수용자들을 위해 건전한 사회적 지원유형을 개발하려는 처우 기법을 말한다. [2022. 7급]

② 이 기법은 교정시설 내에서의 친사회적인 환경의 개발을 시도하며, 대표적인 방법으로는 환경요법과 긍정적 동료문화가 있다.

(2) 환경요법(Milieu Therapy)

① 환경요법이란 모든 교정환경을 이용하여 수용자 간 상호작용의 수정과 환경통제를 통하여 개별 수용자의 행동에 영향을 미치고자 하는 처우 기법을 말하며, 대표적인 프로그램으로 요법처우공동체가 있다. [2019. 5급 승진]

② 요법처우공동체(Therapeutic Community)

  ㉠ 다른 요법처우와는 달리 시설 내의 사회환경을 강조한다는 점에서 혁신적인 기법이며, 다른 처우요법을 무시하지 않고 그 속에 포함시키고 있다. 그럼에도 불구하고 처우의 대부분은 사회적 활동에 투자되고 있다.

  ㉡ 수용자 자신이 살아가야 할 사회적 환경을 만들고 유지할 책임감을 가질 때 비로소 진정한 변화가 일어날 수 있다고 가정한다.

  ㉢ 시설 내 모든 관행이 관료적이지 않고 민주적이어야 하며, 모든 프로그램은 구금보다 처우에 초점을 맞추어야 하며, 시설의 일상적 활동이 억압적이기보다는 인본주의에 우선을 두어야 하며, 융통성이 중시되어야 한다.

② 개인적 의사결정기회를 많이 제공할 수 있고, 보안요원과 처우요원 간의 전통적 갈등이 존재하지 않으며, 교도관과 수용자 사이의 대화와 언론의 괴리를 상당부분 메울 수 있다. [2019. 5급 승진]

⑩ 반면에, 현재의 과밀수용은 요법처우공동체의 실현을 어렵게 하며, 대부분의 교정당국에서는 수용자에 대한 통제력을 상실하는 것이 두려워 요법처우공동체를 시행하는 데 필요한 정도의 수형자자치를 허용하기를 꺼려한다.

📋 요법처우공동체의 3가지 원리

> 1. 생산적 작업과 신속한 사회복귀를 지향한다.
> 2. 수용자는 교육의 방법을 통해서 첫 번째 원리가 재강화되어야 하고, 건설적인 목적을 위해서 집단의 역동성과 압력을 적극적으로 활용할 필요가 있다.
> 3. 교도소의 권위는 직원과 수용자에게 폭넓게 분산되고, 단지 권위가 있다면 그것은 지위가 아니라 기술적 능력이나 전문성에 기초하여야 한다.

(3) 긍정적 동료문화(Positive Peer Culture)

① 생산적인 청소년 부문화 형성을 위한 집단적 접근법의 하나로서, 집단지도상호작용(GGI)을 모태로 하기 때문에 시설 내 수용생활의 모든 면을 총동원하는 총체적 처우기법을 말한다.

② 긍정적 동료문화(PPC)의 기본목표는 부정적인 동료집단을 생산적인 방향으로 전환시키는 것이다. 이를 위해서 참여자에게 서로서로를 배려하도록 가르친다.

③ 서로 보살펴 줌으로써 청소년들은 문제를 파악하고, 그 문제를 해결하는 방향으로 노력하게 된다. 따라서 이러한 상호 보살핌이 확산되어 자연스럽게 되면, 상호 해침이란 자연스럽게 사라지게 되는 것이다.

④ 긍정적 동료문화(PPC)는 집단지도상호작용(GGI)과 마찬가지로 비행적 동료문화의 가치를 축소시키며, 청소년 범죄자 처우를 위하여 총체적인 전략을 활용하며, 범죄자에게 책임을 부여한다는 장점이 있다.

⑤ 반면에, 이 제도가 부정적인 수용자지도자의 영향을 과소평가하지는 않았는가라는 의구심을 일으킨다. 이보다 더 큰 의문은 일생 동안 약탈과 착취를 해온 청소년범죄자들에게 상호 보살핌의 관계를 가르치는 것이 과연 가능한가라는 것이다.

06 물리요법(Physical Therapy)

① 상담치료가 효과가 없거나 유전적·생리학적·생화학적 요인으로 인한 범죄자를 대상으로 행하는 약물요법과 같은 화학요법, 충격처우(shock treatment), 거세 등 강제적인 처우기법을 말한다. [2019. 5급 승진]

② 현재 물리요법은 진정제의 투약 같은 약물요법이 주류를 이루고 있으며, 거세나 충격처우와 같은 방법은 거의 활용되고 있지 않다.

③ 약물요법을 필요로 하는 범죄자와 수용자는 극히 일부분에 지나지 않으나, 이 기법은 수형자의 동의와 무관하게 진행되며, 강제적으로 수형자에 대한 처우의 필요성과 목표를 결정한다는 점에서 인권침해의 소지가 존재한다.

⊕ PLUS 심리학에 기초한 상담기법

정신분석	프로이드 (S. Freud)	① 전제: 문제의 원인제거에 초점, 성격구조는 원초아 · 자아 · 초자아로 구분, 원초아와 초자아의 무의식을 강조, 세 요소의 에너지량에 따른 통제력에 의해 인간행동의 특성이 결정됨. ② 상담목표: 무의식의 의식화와 성격구조의 수정 및 자아의 강화 ③ 상담기법: 자유연상, 꿈의 분석, 전이, 저항, 해석, 훈습 등 ④ 공헌: 심리학적 체계수립 ⑤ 비판: 인간의 본능적 추동을 성과 공격적 에너지에만 국한, 성격이 어린시절 결정된다는 결정론
행동주의	스키너 (B.F. Skinner) 반두라 (A. Bandura)	① 전제: 인간의 모든 행동은 학습의 산물이므로 학습을 통해 수정가능 ② 상담기법: 이완, 체계적 둔감법, 노출법, 모델링 등 ③ 공헌: 구체적인 것에 초점, 상담의 과학화 ④ 비판: 감정과 정서 무시, 상담자 역할중시 ▶ 토큰경제: 교정시설 내 행동수정프로그램 중 가장 대표적인 것

정적강화	강화물 제공	합격하면, 시험 잘보면 = 용돈	행동 증가
부적강화	강화물 제거	미착용 – 경고음 – 착용 후 제거	
정적처벌	강화물 제공	지각하면 = 벌금	행동 감소
부적처벌	강화물 제거	용돈 줄이기	

인간중심	로저스 (C. Rogers)	① 전제: 인간은 인생목표와 행동방향을 스스로 결정하고 그에 따른 책임을 수용하는 자유로운 존재 ② 인간성격의 핵심요소: 유기체, 자기, 현상학적 장 ③ 상담목표: 자기개념과 유기체적 경험 간의 불일치를 제거하고 방어기제를 해체함으로써 충분히 기능하는 사람이 되도록 돕는 것 ④ 상담자역할: 진솔성, 무조건적 긍정적 존중과 수용, 공감적 이해의 태도 ⑤ 공헌: 상담을 기법중심에서 관계중심으로 전환 ⑥ 비판: 인지적 요인 무시, 개념이 포괄적이고 모호
인지행동	엘리스 (A. Ellis) 벡 (A. Beck)	① 전제: 인간은 합리적인 존재이지만 비합리적이고 왜곡된 사고도 가능한 존재 ② 상담기술: 행동변화기법, 사고재구성방법의 결합을 통한 인지재구성, 인지행동수정 등 ③ 상담과정: 문제는 사건이나 상황이 아닌 비합리적 신념임을 자각, 자신의 문제목록표 작성, 당위론적 신념 논박, 비합리적 신념을 줄이기 위한 과제 부과 등 ④ 공헌: A – B – C이론 등 간단명료한 상담모형, 상담자의 개입없이 스스로 상담 이행 방법제공 ⑤ 비판: 상담자의 주도로 내담자 무시, 강요로 심리적 상처

게슈탈트	펄스 (F. Perls)	① 전제: 인간은 현재 중심적, 자신의 자유로운 선택에 의해 잠재력을 각성할 수 있는 존재 ② 강조: 지금 – 여기, 현재의 순간을 이해하고 경험하며 음미하는 것을 강조 ③ 상담목표: 내담자의 잠재력을 어떻게 실현할 수 있는가를 깨달아 순간순간을 신선하고 풍요롭게 살 수 있도록 개인의 성장을 도움 ④ 상담자역할: 상담관계를 중시, 긴밀한 상호작용을 통해 내담자는 자신에 대해 배우고 변화 ⑤ 상담기법: 내담자가 자신의 욕구와 감정자각, 신체감각의 자각, 주위환경 체험의 자각을 위해 빈의자기법, 꿈 작업 등 ⑥ 공헌: 실존적 의미 실제 경험, 과거를 현재와 관련되는 사건으로 생생하게 처리 ⑦ 비판: 정교하지 않고, 인지적 측면 무시
교류분석	번 (E. Berne) [2016. 7급]	① 전제: 인간은 출생 후 성장과정에서 자신의 의지와 관계없이 성격이나 행동양식 형성, 그러나 재결단을 통해 변화할 수 있는 자율적인 존재 ② 상담기법: 성격에 대한 구조와 기능분석, 동기요인인 스트로크, 무의식적 인생계획인 각본, 자기 또는 타인에 대한 기본적인 반응태도인 생활자세, 이면교류의 게임 등을 통한 통찰 ③ 공헌: 계약적 접근법 사용, 변화가능에 대한 희망 ④ 비판: 용어가 어렵고, 지적인 이해는 가능하나 느끼거나 체험할 수는 없음
현실치료	글래저 (W. Glasser)	① 전제: 인간은 자신의 욕구를 충족하기 위해 스스로 행동을 선택하고 결정하는 존재(선택이론 또는 통제이론) ② 목표: 내담자가 책임을 질 수 있고, 만족스러운 방법으로 자신의 심리적 욕구인 사랑, 힘, 자유, 재미를 충족하도록 조력하는 것 ③ 상담과정: 상담관계형성 – 욕구탐색 – 내담자가 자신의 행동평가 – 책임있게 행동하는 계획에 상담자는 적극적으로 참여 ④ 상담기법: 질문하기, 동사와 현재형으로 표현하기, 긍정적으로 접근하기, 은유적 표현, 유머, 역설적 기법, 직면 등 ⑤ 공헌: 청소년에 도움, 문제행동의 원인이 내담자 자신에 있음 자각, 비교적 단기간에 효과 ⑥ 비판: 무의식적 동기나 과거 무시, 책임능력이 부족한 사람에게 책임 강요, 내면적이고 근본적 접근 간과

교류분석 표 (within cell):

부모(parents)	판단과 통제 역할을 하는 성격	super ego(초자아)와 유사
아동(child)	유희적 · 의존적 · 버릇없는 성격	id(본능)와 유사
성인(adult)	성숙 · 윤리적 · 현실적인 성격	ego(자아)와 유사

단원별 지문 OX

01 행동수정(behavior modifcation)은 교정시설의 환경을 통제하고 조절하여 재소자들의 행동의 변화를 추구한다. (   )

[2019. 5급 승진]

02 물리요법(physical therapy)은 상담치료를 통하여 일정한 성과를 얻은 후 재소자의 자발적 참여를 전제로 이루어진다. (   )

[2019. 5급 승진]

03 사회요법 중 환경요법(mileu therapy)은 미래 지향적이며, 긍정적 강화와 부정적 강화를 통한 행위의 변화를 시도한다. (   )

[2019. 5급 승진]

04 교류분석(transaction analysis)은 교도소 전체 생활단위에서 이루어지며, 개인적인 의사결정기회를 많이 제공할 수 있다. (   )

[2019. 5급 승진]

05 현실요법(reality therapy)은 기본 원리를 쉽게 터득할 수 있다는 점에서 고도로 훈련된 전문가가 아니어도 사용할 수 있다.

[2019. 5급 승진]

06 행동수정요법 중 정적 강화(positive reinforcement)는 대상자가 어떤 바람직한 행동을 했을 때 그 대상자가 싫어하는 대상물을 제거해 주는 방법이다. (   )

[2022. 7급]

07 현실요법은 상담자와의 유대관계를 바탕으로 내담자가 사회현실의 범위 내에서 자신의 욕구를 실현하도록 하는 방법이다. (   )

[2022. 7급]

---

01 × 사회요법 중 환경요법에 대한 설명이다. 환경요법은 모든 교정환경을 이용하여 수형자들 간의 상호작용의 수정과 환경통제를 통해서 개별 수형자의 행동에 영향을 미치고자 하는 것으로 교정시설의 환경을 통제하고 조절하여 수형자들의 행동의 변화를 추구한다.

02 × 물리요법은 각종 상담치료나 상담에 잘 반응하지 않고 별 효과가 없는 재소자에게 이용 가능한 강제적 기법으로, 진정제 투약과 같은 약물요법 등이 있다.

03 × 행동수정에 대한 설명이다.

04 × 사회요법 중 환경요법의 대표적 프로그램인 '요법처우공동체'에 대한 설명이다.

05 × 현실요법은 글래저(Glaser)가 주장한 것으로, 모든 사람은 기본적 욕구를 가지고 있으며, 자신의 욕구에 따라 행동할 수 없을 때 무책임하게 행동한다는 가정에 기초하고 있다. 현실요법은 ① 현실요법의 기본원리가 쉽게 학습되고 터득될 수 있고, ⓒ 재소자의 내부문제보다 외부세계에, 과거보다는 현재에, 개인적 문제보다는 인간적 잠재성에 초점을 맞추고 있으며, ⓒ 상담자에게 권한과 권위를 제공하고 보호관찰과 연계되어 지속될 수도 있다.

06 × 부적 강화에 대한 설명이다. 강화물(reinforcement)은 행동의 빈도를 증가시키는 역할을 하는 모든 자극물을 의미하며, 강화물은 음식, 공기, 물 등 일차적 강화물과 사회적 인정, 칭찬, 지위 등의 이차적 강화물로 구분된다.
강화는 정적 강화(positive reinforcement)와 부적 강화(negative reinforcement)로 구성되며, 정적 강화는 행동의 지속성을 강화시키는 것으로써 특정 행동에 대해 보상이 주어질 때 그 행동을 지속할 가능성이 높아진다.

07 ○

08 교류분석요법은 타인과의 교류상태에서 자신의 상호작용에 대한 중요한 피드백을 교환하도록 함으로써 적절한 행동변화를 이끌어 내는 방법이다. (　　)　　　　　　　　　　　　　　　　　　　　　　　　　　　　　　　　　　[2022. 7급]

09 사회적 요법은 심리적 또는 행동수정요법의 약점을 보완하며 재소자들을 위하여 건전한 사회적 지원 유형을 개발하는 방법이다.　　[2022. 7급]

10 1950년대 에릭 번(Eric Berne)에 의하여 주장된 교류분석은 계약과 결정이라는 치료 방식을 취한다. (　　)[2016. 7급]

11 재소자로 하여금 자신의 과거 경험이 현재 행위에 미친 영향을 보도록 녹화테이프를 재생하듯이 되돌려 보게 한다. 이 과정을 통해 재소자가 과거에 대한 부정적인 장면들은 지워 버리고 올바른 인생의 목표를 성취할 수 있다는 것을 확신하도록 도와주는 상담기법은 교류분석이다. (　　)　　　　　　　　　　　　　　　　　　　　　　　　　[2016. 7급]

12 교류분석은 자신의 문제를 검토할 의사가 전혀 없는 사람이나 사회 병리적 문제가 있는 사람에게는 도움이 되지 않는다. (　　)　　　　　　　　　　　　　　　　　　　　　　　　　　　　　　　　　　　　　　　[2016. 7급]

---

08 ○

09 ○

10 ○　에릭 번(Eric Bern)에 의해 창안된 것으로, 보다 성숙한 자아 발달을 유도하는 상담기법으로 과거의 경험을 회상하게 하고 반성하게 하며 스스로 과거의 부정적인 장면을 삭제하게 하여 새로운 삶에 대한 확신을 주는 처우기법이다.

11 ○

12 ○　교류분석은 에릭 번(Eric Bern)에 의해 창안된 것으로, 보다 성숙한 자아 발달을 유도하는 상담기법으로 과거의 경험을 회상하게 하고 반성하게 하며 스스로 과거의 부정적인 장면을 삭제하게 하여 새로운 삶에 대한 확신을 주는 처우기법이다. 다만, 자신의 문제를 검토할 의사가 전혀 없는 경우 도움을 줄 수 없다는 한계가 있다.

해커스공무원 이언담 교정학 기본서

제19장 교육과 교화프로그램　**369**

제20장 교도작업과 직업훈련

제1절 교도작업 개요

01 의의와 목적

(1) 의의

① 교도작업이란 교도소 등 교정시설에서 수형자에 대하여 교정작용의 일환으로 부과하는 노역으로 형법에 의한 징역형 수형자의 정역의무를 지칭한다.

② 교육형주의하에서 교도작업은 형벌가중적 성격이 아닌 교육적 수단으로 인식되고 있다.

③ 교도작업은 형법 제67조(징역은 교정시설에 수용하여 집행하며, 정해진 노역에 복무하게 한다)와 형집행법 제66조(수형자는 자신에게 부과된 작업과 그 밖의 노역을 수행하여야 할 의무가 있다)에 따른 의무적 작업이므로, 민법·근로기준법 등 사회일반인의 계약이나 고용과 관련된 법령은 그 적용이 배제된다. [2024. 9급]

④ **일에 의한 훈련과 일을 위한 훈련**: 일에 의한 훈련(training by work)은 규칙적인 작업을 통해 계발된 근로습관은 지속될 수 있다는 것이고, 일을 위한 훈련(training for work)은 교도작업을 통해서 수형자의 직업기술을 터득할 수 있다는 것이다. [2021. 7급]

▤ 교육 · 교화프로그램 · 작업

구분	교육	교화프로그램	작업
징역수형자	○	○	○
노역장유치자	×	×	○
금고 · 구류수형자	○	○	신청
사형확정자	○	○	신청
미결수용자	신청	신청	신청

(2) 목적

① **윤리적 목적**: 노동혐오감과 무위도식하는 수형자의 습벽을 교정하고 기술습득을 통하여 석방 후 생계유지에 도움을 줄 수 있고, 수형생활의 고독감과 번민을 제거하여 정신적·육체적 건강을 증진시킬 수 있다.

② **경제적 목적**: 작업수입으로 교정시설경비의 일부를 충당할 수 있고, 「교도작업의 운영 및 특별회계에 관한 법률」상의 수입금으로 편입되어 국고수입을 늘릴 수 있다.

③ **행정적 목적**: 교도소 내의 질서유지에 도움을 주며 교정사고 예방에 유용하다.

④ **사회교육적 목적**: 수용자의 근로정신함양과 생활지도, 직업지도 등에 유용하다.

⑤ **행형적 효과**: 잠재적 범죄인에 대한 위하로 일반예방 목적에 기여한다.

> ▶ 교도작업이 너무 수익성에 치중하면 민간기업 압박의 문제를 야기할 수 있으므로 이를 해결하기 위해 관용(官用)주의가 원칙적으로 운영되고 있다(교도작업의 운영 및 특별회계에 관한 법률 제정).

(3) 교도작업의 문제점

① 지나치게 이윤을 추구하는 부분이 있다.

② 수형자의 적성을 무시하는 경향이 있다.

③ 작업위주 교정운영은 개별처우를 곤란하게 한다.

④ **최소자격의 원칙**(principle of less eligibility): 수용자에 대해서는 일반사회의 최저 임금 수준의 비범죄자에 비해서 훈련과 취업상 조건이 더 나빠야 한다는 형집행기준에 의한 제약이다. [2021. 7급]

(4) 교도작업의 과제

① 전문적이고 생산적이어야 한다.

② 석방 후의 전업적인 작업이어야 한다.

③ 수형자의 정신적 · 육체적 장애를 초래해서는 아니 된다.

④ 안정적인 작업운영이 되도록 적정한 작업량의 확보가 요구된다.

⑤ 시설 및 운영의 낙후성을 해결하고 기술전문요원 등을 확보해야 한다.

02 교도작업 특징

(1) 자급자족주의(Self - Supporting System)

① **의의**: 교정자족의 원칙, 즉 교도작업 수익으로 교정비용을 완전 충당시키는 것을 의미한다. [2011. 7급]

② **발전**: 교도작업 운영에 민간기업 압박의 문제가 제기되면서 그 해결책으로 교도작업 생산품을 교도소 자체에서 소비하는 자급자족주의가 강조되어 점차 일반국가기관에서 구입하는 관용주의로 발전하였다.

③ **효과**: 관용주의와 표리일체적 관계로 사회기업과의 경쟁과 계열화를 방지하고 교도소의 전체적 운영상 작업과 타관계부문 간에 상호협력 체제를 유지 · 형성하는 효과가 있다.

④ **국제적 결의**: 1905년 헝가리 부다페스트에서 개최된 국제교도소회의에서 농업작업의 생산물은 먼저 교도소의 사용에 충당할 것을, 1923년 독일의 자유형집행원칙 제77조에서는 작업수익으로서 행형경비의 전액을 지불하도록 노력할 것을 규정하였다.

(2) 교도작업 관용주의

① **의의**: 교도작업으로 인하여 민간업체에 피해가 가지 않도록 하기 위하여 교도작업에 의하여 생산되는 물건 및 자재를 국가 또는 지방공공단체의 기관이나 국영기업체 등에 우선적으로 공급 · 사용하도록 하는 제도이다.

② **연혁**: 1962년에 교도작업관용법을 제정하고, 2008년에 교도작업관용법과 교도작업특별회계법을 폐지 · 통합하여 「교도작업의 운영 및 특별회계에 관한 법률」을 제정하여 현재에 이르고 있다.

③ **관용주의의 장 · 단점**

장점	단점
㉠ 경기변동에 관계없이 장기계획 하에 작업을 계속할 수 있어 작업경영이 안정적이다.	㉠ 제품제작에 정성이 부족하여 제품의 질이 일반사회제품에 비하여 떨어질 우려가 있다.
㉡ 교도소제품의 국가기관의 소비로 민간기업 압박의 문제를 제거할 수 있다.	㉡ 제품의 공급이 적기에 공급되지 않을 가능성이 있다.
㉢ 생산품을 원가공급하므로 교정비용이 절약되고 수주활동이 불필요하다.	㉢ 권고와 주의 등에 신중성이 결여되기 쉽다.
㉣ 자체설비 및 계획생산 등 자급경영의 합리화가 용이하다.	㉣ 작업경영에 열의가 없고 타성에 젖을 우려가 있다.

📖 외국의 교도작업제도 특징

1. **미국**
   ① 연방교도작업공사(UNICOR) 설치 ⇨ 법무부장관을 대표이사로 하는 법인체
   ② 관용주의와 임금제 실시
2. **일본**
   ① 임금수입 작업으로 민간기업에 위탁작업 실시
   ② 형무작업 협력사업부(CAPIC)에서 총괄
3. **싱가포르**: 갱생작업공사(SCORE)가 관장
   ▶ 현재 우리나라는 미국, 일본, 싱가포르와 달리 교도작업을 운영하기 위한 별개의 독립된 위원회나 법인체가 없다.

(3) 교도작업 특별회계

① **의의**: 특별회계란 일반회계와는 별도로 특정한 재원을 가지고 특정한 목적의 세출에 충당하는 회계를 말하는 것이다.
② **교도작업 특별회계**: 우리나라는 교도작업의 효율적이고 합리적인 운영을 위해 「교도작업의 운영 및 특별회계에 관한 법률」을 통해 교도작업으로 인한 수입과 지출을 일반회계와 분리하여 운영하고 있다.

03 교도작업 분류

(1) 작업의 강제성 유무에 따른 분류

일반작업	신청작업
징역수형자에게 과하는 작업으로 형벌로 과해진 노역을 말한다.	금고·구류·미결·사형확정자 중에서 작업 의사가 있는 수용자가 교도소장에게 신청하는 작업을 말한다.

(2) 작업의 목적(생산 vs 비생산)에 따른 분류

구분		작업종목	
생산작업	외부통근	외부통근, 개방지역, 건설공사반	행형비용과 수형자 출소 후 사회복귀에 필요한 시장성 있는 상품생산 및 서비스 종사 목적의 작업
	집중근로	집중근로 직영작업 및 위탁작업	
	일반생산작업	일반 직영작업 및 위탁작업	
비생산작업	운영지원작업	시설보수, 청소, 세탁, 취사장 등	수용자의 수용 및 시설의 유지·관리 등 교도소 자체의 기능유지를 위해 행해지는 내부작업으로 세입증대와는 무관하지만, 세출예산의 절감에 기여하는 효과가 있다. [2017. 7급]
	직업훈련	직업훈련 보조요원	
		공공직업훈련 및 일반직원훈련	

▶ 운영지원작업은 작업의 목적에 따른 분류이지, 경영방식에 따른 분류가 아님에 유의해야 한다.

04 경영방식에 따른 분류

(1) 직영(관사)작업(public account system)

① 민간기업의 참여없이 교도소가 국가예산으로 일체의 시설·기계·기구·재료·노무 및 경비 등을 부담하여 생산·판매하는 직접 경영방식으로 교도작업관용주의에 가장 적합한 제도이다. [2017. 7급]

② 우리나라는 직영작업을 원칙으로 하고 있으며 교화개선의 목적에 가장 적합한 방식이다.

③ **직영작업의 장·단점** [2016. 9급] 총 5회 기출

장점	단점
㉠ 교도작업관용주의에 가장 적합하다. ㉡ 형벌집행의 통일과 작업에 대한 통제가 용이하다. ㉢ 사인의 관여를 금지할 수 있다. ㉣ 수형자의 적성에 맞는 작업을 부과할 수 있다. ㉤ 국고수입을 증대시키면서 자급자족할 수 있다. ㉥ 자유로이 작업종목을 선택할 수 있으므로 직업훈련이 용이하다. ㉦ 엄격한 규율을 유지(질서유지)하며 작업이 가능하다. ㉧ 자급자족으로 경기변동에 영향을 많이 받지 않는다. ㉨ 작업의 통일성을 유지할 수 있다.	㉠ 기계·기구의 설비자금, 재료구입자금 등 많은 예산의 소요와 사무가 번잡하다. ㉡ 관계법규의 제약으로 적절한 시기에 기계·기구·원자재 구입이 곤란하다. ㉢ 시장개척 및 경쟁의 곤란으로 제품판매가 용이치 않은 점 때문에 손실우려가 있다(일반사회와 경제경쟁에 불리). ㉣ 자유시장에 대량출하를 할 경우 민간기업체를 압박할 수 있다.

(2) 위탁(단가)작업

① 외부 민간기업체 또는 개인위탁자로부터 작업에 사용할 주요 재료, 즉 시설·기계·기구 및 재료의 전부 또는 일부를 제공받아 취업자로 하여금 물건 및 자재를 가공·생산하거나 수선하여 위탁자에게 교부하고, 그 대가를 받는 작업방식이다. [2017. 7급]

② 자동차부품, 전자부품 등 다양한 제품을 위탁생산하는데, 대부분 단순작업이고, 낮은 생산성을 보이고 있으나 작업시간의 확보 등의 노력으로 작업장려금이 인상되는 추세에 있다.

③ **위탁작업의 장·단점** [2013. 9급] 총 4회 기출

장점	단점
㉠ 기계·기구의 설비자금, 원자재의 구입자금이 필요 없어 사무가 단순하다. ㉡ 직영작업과 노무작업에 비하여 사기업의 압박이 덜하다. ㉢ 적은 비용으로 행할 수 있다. ㉣ 경제사정의 변화에 따른 직접적인 영향을 받지 않아 위험이 적다(생산해서 납품만 하면 되므로). ㉤ 재료의 구입, 제품의 판매와 관계없이 납품만 하면 되므로 제품처리에 문제가 없다. ㉥ 다수의 인원을 취업시킬 수 있어 불취업자를 해소할 수 있고 교정행정(행형)의 통일성을 유지할 수 있다. ㉦ 직영작업의 간격을 이용하여 시행할 수 있으므로 취업비의 부족으로 인한 작업중단을 방지할 수 있다.	㉠ 부당경쟁의 사례가 생기기 쉽다. ㉡ 업종이 다양하지 못하여 직업훈련에 부적합하다. ㉢ 위탁자의 경영사정에 따라 일시적 작업이 보통으로 교도작업의 목적과 부합하지 않을 수 있다. ㉣ 위탁업자의 잦은 공장출입으로 보안상의 문제점이 있다. ㉤ 경제적 이윤이 적다.

(3) 노무(수부 · 임대)**작업**(contract labor system)

① 교도소와 사인과의 계약에 의하여 교도소는 사인에게 노무만을 제공하고, 그 대가로 사인으로부터 임금을 지급받는 작업방식을 말한다. 과거 우리나라는 수형자들이 단기간 동안 정지작업(땅 고르는 작업), 모내기, 추수 등에 취업한 사례가 있으나 현재는 활발하지 못하다.

② 교도소는 노무만을 제공하고 계약자는 원료구입, 기계 · 기구의 설비 등 일체를 부담하면서 수형자에 대하여 완전한 통제력을 행사할 수 있기 때문에 사인의 관여가 가장 많다.

③ **노무작업의 장 · 단점** [2013. 7급 승진] 총 3회 기출

장점	단점
㉠ 설비투자 등에 따른 부담이 없어 자본이 없어도 경제적인 효과(상당한 수익)가 크다. ㉡ 경기변동에 큰 영향을 받지 않는다. ㉢ 취업비가 필요 없고 자본이 없어도 시행이 가능하다. ㉣ 제품처리의 문제가 없다.	㉠ 사인관여 등으로 외부와의 부정가능성이 높다. ㉡ 단순노동으로 기술습득 및 직업훈련에 적당치 못하다. ㉢ 교정행정(행형)의 통일성을 유지하기 곤란하여 수형자의 교화목적이 외면될 우려가 있다. ㉣ 외부인의 수용자에 대한 통제력 행사가 가장 크다.

(4) 도급작업

① 교도소와 사인 간의 계약에 의하여 어느 공사를 완성할 것을 약정하고 교도소가 전담하여 관리 · 감독하는 방식으로 그 공사의 결과에 따라 약정금액을 지급받는 작업이다. [2017. 7급]

② 도급작업은 구외작업이 대부분이나 노무작업은 구내작업이 대부분이다.

③ 도급작업은 노동력의 제공 · 재료비용 등을 전부 부담함이 원칙이나 노무작업은 노동력만을 제공하는 것이 보통이다.

④ **도급작업의 장 · 단점** [2012. 9급] 총 3회 기출

장점	단점
㉠ 작업의 대형성으로 높은 수익을 가능케 한다. ㉡ 대량작업을 전제로 하므로 수형자의 대규모 취업을 가능케 하여 불취업자 해소에 유리하다.	㉠ 전문지식과 경험부족으로 큰 손실을 입을 수 있다. ㉡ 구외작업으로 인한 계호부담이 크고 민간기업 압박의 우려가 크다. ㉢ 작업수준에 맞는 기술자의 확보가 곤란하다.

사기업 압박이 큰 순서	직영 > 도급 > 노무 > 위탁
직업훈련에 적합한 순서	직영 > 도급 > 위탁 > 노무

단원별 지문 O/X

01 교도작업은 일에 의한 훈련(training by work)과 일을 위한 훈련(training for work)으로 구분할 수 있는데 일에 의한 훈련은 직업기술을 터득하는 것이고 일을 위한 훈련은 근로습관을 들이는 것이다. ( ) [2021. 7급]

02 운영지원작업은 교도소 운영에 필요한 취사, 청소, 간호 등 대가 없이 행하는 작업이다. ( ) [2017. 7급]

03 도급작업은 일정한 공사의 완성을 약정하고 그 결과에 따라 약정금액을 지급받는 작업이다. ( ) [2017. 7급]

04 위탁작업은 사회 내의 사업주인 위탁자로부터 작업에 사용할 시설, 기계, 재료의 전부 또는 일부를 제공받아 물건 및 자재를 생산, 가공, 수선하여 위탁자에게 제공하고 그 대가를 받는 작업이다. ( ) [2017. 7급]

05 직영작업은 교도소에서 일체의 시설, 기계, 재료, 노무 및 경비 등을 부담하여 물건 및 자재를 생산·판매하는 작업으로서 수형자의 기술 습득 면에서는 유리하지만 제품의 판매가 부진할 경우 문제가 된다. ( ) [2017. 7급]

06 교도작업에 있어서 최소자격의 원칙(principle of less eligibility)은 일반 사회의 최저임금 수준의 비범죄자에 비해서 훈련과 취업상 조건이 더 나빠야 한다는 것이다. ( ) [2021. 7급]

07 계약노동제도(contract labor system)는 교도작업을 위한 장비와 재료를 제공하는 민간사업자에게 재소자의 노동력을 제공하는 것으로 열악한 작업환경과 노동력의 착취라는 비판이 있다. ( ) [2021. 7급]

---

01 ✕ 수형자에게 일을 시키는 것은 크게 두 가지 목적이 있다. 하나는 범죄자를 처벌하는 것의 일환이고, 다른 하나는 범죄자의 개선을 위한 것이다. 노동을 통한 교화개선은 일에 의한 훈련(training by work)과 일을 위한 훈련(training for work)으로 구분할 수 있는데, 일에 의한 훈련은 규칙적인 작업을 통해 계발된 근로습관이 지속될 수 있다는 것이고, 일을 위한 훈련은 교도작업을 통해서 수형자가 직업기술을 터득할 수 있다는 것이다.

02 ○ 교도작업의 목적에 따른 분류 중 운영지원작업(이발·취사·간병, 그 밖에 교정시설의 시설운영과 관리에 필요한 작업)에 대한 설명이다(형집행법 시행규칙 제5조 제10호).

03 ○ 도급작업은 교도소와 사인 간의 계약에 의하여 어느 공사를 완성할 것을 약정하고 교도소가 전담하여 관리·감독하는 방식으로 그 공사의 결과에 따라 약정금액을 지급받는 작업으로, 구외작업이 대부분이며, 노동력의 제공·재료비용 등을 전부 부담함이 원칙이다.

04 ○ 위탁(단가)작업에 대한 설명이다.

05 ○ 직영(관사)작업에 대한 설명이다.

06 ○ 최소자격의 원칙(principle of less eligibility)이란 교도작업에 있어서도 일반 사회의 최저임금 수준의 비범죄자에 비해서 훈련과 취업상 조건이 더 나빠야 한다는 것이다. 이후 이 원칙은 조금 개선되어 일반사회의 최저임금 수준의 비범죄자보다 좋아서는 안 된다는 비우월성의 원칙(principle of nonsuperiority)으로 바뀌었지만, 교도작업에 있어서 선진기술의 교육, 취업, 교도작업임금제 등 교도작업 발전과 개선에 있어서 큰 장애요인이다.

07 ○ 초기 교도작업은 교도작업을 위한 장비와 재료를 제공하는 민간사업자에게 재소자의 노동력을 파는 계약노동제도(contract labor system)였고, 이 제도에 의해서 만들어진 상품은 자유시장에서 판매되었다. 계약노동의 대안으로 계약자가 작업재료를 제공하고 재소자에 의해서 생산된 상품을 단가로 구매하는 단가제도(piece-price system)가 시행되기도 하였다. 단가제도의 변형인 임대제도(lease system)는 재소자를 임대한 업자가 작업재료, 음식, 의복을 제공하는 것뿐만 아니라 관리·감독도 하였다.
그런데 이들 제도 하에서는 재소자들은 일만하고 노동의 대가는 교도소에 지불되어 재소자를 극단적으로 착취하는 결과를 초래하였다.

08 관사직영제도(public account system)는 교도소 자체가 기계장비를 갖추고 작업재료를 구입하여 재소자들의 노동력으로 제품을 생산하고 판매하는 것으로 민간분야로부터 공정경쟁에 어긋난다는 비판이 있다. (   )   [2021. 7급]

09 노무작업은 경기변동에 큰 영향을 받지 않으며 제품판로에 대한 부담이 없다. (   )   [2022. 9급]

10 노무작업은 설비투자 없이 시행이 가능하며 행형상 통일성을 기하기에 유리하다. (   )   [2022. 9급]

11 도급작업은 불취업자 해소에 유리하고 작업수준에 맞는 기술자 확보가 용이하다. (   )   [2022. 9급]

12 도급작업은 구외작업으로 인한 계호부담이 크지만 민간기업을 압박할 가능성이 없다. (   )   [2022. 9급]

---

08 ○   열악한 작업환경과 노동력의 착취, 재소자의 처우와 보안상의 문제점 등의 비판에 대한 대안으로 나온 것이 공공청구제도(public account system. 관사직영제도)인데, 우리나라의 교도작업직영제 형태로 교도소 자체가 기계장비를 갖추고 작업재료를 구입하여 재소자들의 노동력으로 제품을 생산하고 판매하는 것이다. 그러나 이 제도는 민간분야로부터 자유시장경제 하의 공정경쟁에 어긋난다는 비판을 야기하게 되었다. 그래서 교정당국에서는 공공청구제도의 문제에 대한 대안으로 재소자들의 노동력은 오로지 관용물품과 서비스의 생산에만 이용하는 관용제도(state use system)를 시도하게 되었다. 이 제도도 비판을 받아 재소자의 노동력을 공공작업(public works)에만 투입하는 제도가 시도되었다.

09 ○   노무작업은 경기변동에 큰 영향을 받지 않으며 제품처리의 문제가 없고, 취업비가 필요 없고 자본이 없어도 시행이 가능하다.

10 ×   노무작업은 설비투자 등에 따른 부담이 없어 자본이 없어도 경제적인 효과(상당한 수익)가 크지만, 교정행정(행형)의 통일성을 유지하기 곤란하여 수형자의 교화목적이 외면될 우려가 있다.

11 ×   도급작업은 대량작업을 전제로 하므로 수형자의 대규모 취업을 가능하게 하여 불취업자 해소에 유리하지만, 작업수준에 맞는 기술자의 확보가 곤란하다.

12 ×   도급작업은 구외작업으로 인한 계호부담이 크고, 민간기업 압박의 우려가 크다.

제2절 교도작업 법제

01 개요

(1) 작업의무

제65조【작업의 부과】 ① 수형자에게 부과하는 작업은 건전한 사회복귀를 위하여 기술을 습득하고 근로의욕을 고취하는 데에 적합한 것이어야 한다. [2011. 9급] 총 2회 기출
② 소장은 수형자에게 작업을 부과하려면 나이·형기·건강상태·기술·성격·취미·경력·장래생계, 그 밖의 수형자의 사정을 고려하여야 한다. [2016. 5급 승진] 총 5회 기출

제66조【작업의무】 수형자는 자신에게 부과된 작업과 그 밖의 노역을 수행하여야 할 의무가 있다. [2015. 5급 승진]

> ⚖️ **판례**
>
> 징역형 수형자에게 정역의무를 부과하는 것은 수형자의 교정교화와 건전한 사회복귀를 도모하고, 노동의 강제를 통하여 범죄에 대한 응보 및 일반예방에 기여하기 위한 것으로서 신체의 자유를 침해하지 아니한다(헌재 2012.11.29. 2011헌마318).

제67조【신청에 따른 작업】 소장은 금고형 또는 구류형의 집행 중에 있는 사람에 대하여는 신청에 따라 작업을 부과할 수 있다. [2023. 9급] 총 14회 기출

1. 소장은 미결수용자에 대하여는 신청에 따라 작업을 부과할 수 있으나(법 제86조 제1항), 작업은 교정시설 밖에서 행하는 것은 포함하지 아니한다(시행령 제103조 제1항). [2020. 9급] 총 13회 기출
2. 소장은 사형확정자의 심리적 안정 및 원만한 수용생활을 위하여 신청에 따라 작업을 부과할 수 있으나(법 제90조 제1항), 교정시설 안에서 실시하는 작업을 부과할 수 있다(시행규칙 제153조 제1항). [2020. 7급] 총 5회 기출
3. 노인수용자(장애인, 소년)가 작업을 원하는 경우에는 나이·건강상태 등을 고려하여 해당 수용자가 감당할 수 있는 정도의 작업을 부과한다. 이 경우 <u>의무관의 의견</u>을 들어야 한다(시행규칙 제48조 등).
   ▶ **신청작업 취소 신청 시:** 교도관의 의견 필요

제72조【작업의 면제】 ① 소장은 수형자의 가족 또는 배우자의 직계존속이 사망하면 2일간, 부모 또는 배우자의 제삿날에는 1일간 해당 수형자의 작업을 면제한다. 다만, 수형자가 작업을 계속하기를 원하는 경우는 예외로 한다. [2023. 9급] 총 16회 기출
② 소장은 수형자에게 부상·질병, 그 밖에 작업을 계속하기 어려운 특별한 사정이 있으면 그 사유가 해소될 때까지 작업을 면제할 수 있다. [2018. 9급] 총 2회 기출

1. 교육대상자에게는 작업·직업훈련 등을 면제한다(시행규칙 제107조 제1항). [2016. 7급]
2. 소장은 신입자거실에 수용된 사람에게는 작업을 부과해서는 아니 된다(시행령 제18조 제2항).

[시행령]

제89조【작업의 종류】 소장은 법무부장관의 승인을 받아 수형자에게 부과하는 작업의 종류를 정한다. [2018. 9급] 총 3회 기출

제90조【소년수형자의 작업 등】 소장은 19세 미만의 수형자에게 작업을 부과하는 경우에는 정신적·신체적 성숙 정도, 교육적 효과 등을 고려하여야 한다. [2014. 9급] 총 3회 기출

제91조【작업의 고지 등】 ① 소장은 수형자에게 작업을 부과하는 경우에는 작업의 종류 및 작업과정을 정하여 고지하여야 한다. [2020. 9급]

② 제1항의 작업과정은 작업성적, 작업시간, 작업의 난이도 및 숙련도를 고려하여 정한다. 작업과정을 정하기 어려운 경우에는 작업시간을 작업과정으로 본다. [2020. 9급]

제92조【작업실적의 확인】 소장은 교도관에게 매일 수형자의 작업실적을 확인하게 하여야 한다. [2020. 9급]
총 5회 기출

제93조【신청 작업의 취소】 소장은 법 제67조(금고형 또는 구류형 집행중인 자의 신청 작업)에 따라 작업이 부과된 수형자가 작업의 취소를 요청하는 경우에는 그 수형자의 의사(意思), 건강 및 교도관의 의견 등을 고려하여 작업을 취소할 수 있다. [2014. 9급] 총 3회 기출

1. **미결수용자:** 소장은 작업이 부과된 미결수용자가 작업의 취소를 요청하는 경우에는 그 <u>미결수용자의 의사, 건강 및 교도관의 의견</u> 등을 고려하여 작업을 취소할 수 있다(시행령 제103조 제2항). [2020. 9급]
   총 3회 기출
2. **사형확정자:** 소장은 작업이 부과된 사형확정자가 작업의 취소를 요청하면 <u>사형확정자의 의사·건강, 담당교도관의 의견</u> 등을 고려하여 작업을 취소할 수 있다(시행규칙 제153조 제3항).

[시행규칙]

제94조【작업·교육 등의 지도보조】 소장은 수형자가 개방처우급 또는 완화경비처우급으로서 작업·교육 등의 성적이 우수하고 관련 기술이 있는 경우에는 교도관의 작업지도를 보조하게 할 수 있다. [2019. 7급 승진]
총 6회 기출

제95조【개인작업】 ① 소장은 수형자가 개방처우급 또는 완화경비처우급으로서 작업기술이 탁월하고 작업성적이 우수한 경우에는 수형자 자신을 위한 개인작업을 하게 할 수 있다. 이 경우 개인작업 시간은 교도작업에 지장을 주지 아니하는 범위에서 1일 2시간 이내로 한다. [2024. 9급] 총 11회 기출

② 소장은 제1항에 따라 개인작업을 하는 수형자에게 개인작업 용구를 사용하게 할 수 있다. 이 경우 작업용구는 특정한 용기에 보관하도록 하여야 한다. [2024. 9급]

③ 제1항의 개인작업에 필요한 작업재료 등의 구입비용은 수형자가 부담한다. 다만, 처우상 필요한 경우에는 예산의 범위에서 그 비용을 지원할 수 있다. [2024. 9급] 총 2회 기출

▶ 개인작업은 강제노역의 성격을 지니지 아니하므로 엄밀한 의미의 교도작업에 해당하지 않는다. [2011. 7급]
▶ 개인작업에 의한 수입 또한 국고수입이 아닌 개인의 수입으로 한다.

02 집중근로작업 등

(1) 집중근로작업과 자립형 교도작업

① **집중근로작업:** 집중근로작업이란 취업수용자로 하여금 작업시간 중 접견, 운동, 전화사용, 교육, 교화활동 등을 시행하지 않고 휴게시간 외에는 작업에만 전념토록 하여 생산성 향상 및 근로정신 함양으로 출소 후 재사회화를 촉진시키는 작업제도를 말한다(교도작업운영지침 제3조 제6호).

② **자립형 교도작업:** 수형자의 근로의욕 향상과 출소 후 생활정착금 마련을 위하여 1일 실제 작업시간 7시간 확보 및 공임책정을 수량과정으로 산정하여 작업생산량 증가실적에 따라 작업장려금이 인상되도록 하는 집중근로제의 한 유형이다(교도작업운영지침 제3조 제16호).

(2) 집중근로에 따른 처우 제한

> **제70조【집중근로에 따른 처우】** ① 소장은 수형자의 신청에 따라 제68조의 작업, 제69조 제2항의 훈련, 그 밖에 집중적인 근로가 필요한 작업을 부과하는 경우에는 접견·전화통화·교육·공동행사 참가 등의 처우를 제한할 수 있다. 다만, 접견 또는 전화통화를 제한한 때에는 휴일이나 그 밖에 해당 수용자의 작업이 없는 날에 접견 또는 전화통화를 할 수 있게 하여야 한다. [2023. 9급] 총 7회 기출
> ② 소장은 제1항에 따라 작업을 부과하거나 훈련을 받게 하기 전에 수형자에게 제한되는 처우의 내용을 충분히 설명하여야 한다.
>
> [시행령]
>
> **제95조【집중근로】** 법 제70조 제1항에서 "집중적인 근로가 필요한 작업"이란 수형자의 신청에 따라 1일 작업시간 중 접견·전화통화·교육 및 공동행사 참가 등을 하지 아니하고 휴게시간을 제외한 작업시간 내내 하는 작업을 말한다. [2020. 7급] 총 2회 기출

03 개방지역작업과 외부기업 통근작업

(1) 의의 등

① **개방지역작업**: 개방지역작업이란 교정시설 주벽 밖 별도의 작업장에서 이루어지는 작업을 말한다.
② **외부기업통근작업**: 외부기업통근이란 외부기업체와 취업계약을 체결하고 작업조건 등에 따라 일정한 공임(인건비)을 받으며 수용자가 외부기업으로 출퇴근하는 방식의 작업을 말한다.

> **제68조【외부 통근 작업 등】** ① 소장은 수형자의 건전한 사회복귀와 기술습득을 촉진하기 위하여 필요하면 외부기업체 등에 통근 작업하게 하거나 교정시설의 안에 설치된 외부기업체의 작업장에서 작업하게 할 수 있다. [2014. 7급] 총 5회 기출
> ② 외부 통근 작업 대상자의 선정기준 등에 관하여 필요한 사항은 법무부령으로 정한다. [2016. 5급 승진] 총 3회 기출
>
> [시행규칙]
>
> **제120조【선정기준】** ① 외부기업체에 통근하며 작업하는 수형자는 다음 각 호의 요건을 갖춘 수형자 중에서 선정한다. [2022. 7급] 총 15회 기출
> ② 교정시설 안에 설치된 외부기업체의 작업장에 통근하며 작업하는 수형자는 제1항 제1호부터 제4호까지의 요건(같은 항 제3호의 요건의 경우에는 일반경비처우급에 해당하는 수형자도 포함한다)을 갖춘 수형자로서 집행할 형기가 10년 미만이거나 형기기산일부터 10년 이상이 지난 수형자 중에서 선정한다.

교정시설 안 외부기업체 통근(시행규칙 제120조 제2항)	외부기업체 통근(시행규칙 제120조 제1항)
1. 18세 이상 65세 미만일 것	1. 18세 이상 65세 미만일 것
2. 해당 작업 수행에 건강상 장애가 없을 것	2. 해당 작업 수행에 건강상 장애가 없을 것
3. 개방처우급·완화경비처우급에 해당할 것(일반경비처우급 포함)	3. 개방처우급·완화경비처우급에 해당할 것
4. 가족·친지 또는 법 제130조의 교정위원(이하 "교정위원"이라 한다) 등과 접견·편지수수·전화통화 등으로 연락하고 있을 것	4. 가족·친지 또는 법 제130조의 교정위원(이하 "교정위원"이라 한다) 등과 접견·편지수수·전화통화 등으로 연락하고 있을 것
5. 집행할 형기가 10년 미만이거나 형기기산일부터 10년 이상이 지난 수형자	5. 집행할 형기가 7년 미만이고 가석방이 제한되지 아니할 것

③ 소장은 제1항 및 제2항에도 불구하고 작업 부과 또는 교화를 위하여 특히 필요하다고 인정하는 경우에는 제1항 및 제2항의 수형자 외의 수형자에 대하여도 외부통근자로 선정할 수 있다.

▶ **외부직업훈련:** 개방처우급 또는 완화경비처우급으로서 **직업능력 향상을 위하여 특히 필요**한 경우에는 교정시설 외부의 공공기관 또는 기업체 등에서 운영하는 직업훈련을 받게 할 수 있다(시행규칙 제96조 제1항).

제121조【선정 취소】 소장은 외부통근자가 법령에 위반되는 행위를 하거나 법무부장관 또는 소장이 정하는 지켜야 할 사항을 위반한 경우에는 외부통근자 선정을 취소할 수 있다. [2020. 5급 승진] 총 3회 기출

제122조【외부통근자 교육】 소장은 외부통근자로 선정된 수형자에 대하여는 자치활동·행동수칙·안전수칙·작업기술 및 현장적응훈련에 대한 교육을 하여야 한다. [2019. 7급] 총 2회 기출

제123조【자치활동】 소장은 외부통근자의 사회적응능력을 기르고 원활한 사회복귀를 촉진하기 위하여 필요하다고 인정하는 경우에는 수형자 자치에 의한 활동을 허가할 수 있다. [2020. 5급 승진] 총 6회 기출

(2) 작업시간 등(미결수용자·사형확정자 준용) [2024. 7급 승진] 총 11회 기출

제71조【작업시간 등】 ① 1일의 작업시간(휴식·운동·식사·접견 등 실제 작업을 실시하지 않는 시간을 제외한다. 이하 같다)은 8시간을 초과할 수 없다. [2023. 7급]

② 제1항에도 불구하고 취사·청소·간병 등 교정시설의 운영과 관리에 필요한 작업의 1일 작업시간은 12시간 이내로 한다.

③ 1주의 작업시간은 52시간을 초과할 수 없다. 다만, 수형자가 신청하는 경우에는 1주의 작업시간을 8시간 이내의 범위에서 연장할 수 있다.

④ 제2항 및 제3항에도 불구하고 19세 미만 수형자의 작업시간은 1일에 8시간을, 1주에 40시간을 초과할 수 없다.

⑤ 공휴일·토요일과 대통령령으로 정하는 휴일에는 작업을 부과하지 아니한다. 다만, 다음 각 호의 어느 하나에 해당하는 경우에는 작업을 부과할 수 있다. [2024. 5급 승진] 총 2회 기출

[공휴일·토요일·대통령령이 정하는 휴일에 작업을 부과할 수 있는 경우](법 제71조 제5항)

1. 제2항(취사·청소·간병 등)에 따른 교정시설의 운영과 관리에 필요한 작업을 하는 경우
2. 작업장의 운영을 위하여 불가피한 경우
3. 공공의 안전이나 공공의 이익을 위하여 긴급히 필요한 경우
4. 수형자가 신청하는 경우

[시행령]

제96조【휴업일】 법 제71조에서 "그 밖의 휴일"이란 「각종 기념일 등에 관한 규정」에 따른 교정의 날 및 소장이 특히 지정하는 날을 말한다. [2019. 7급] 총 2회 기출

04 작업장려금과 임금제

(1) 작업장려금제

① **의의:** 수형자의 근로의욕 고취와 작업능률의 향상 그리고 출소 후의 생활자금을 조성해 주기 위해 작업의 종류·성적과 그 행장을 참작하여 국가가 수형자의 작업장려를 위한 정책적 급부로, 청구권이 인정되지 않는 공법적·은혜적 급부의 성격을 가진다.

제73조 【작업수입 등】① 작업수입은 국고수입으로 한다. [2024. 7급 승진] 총 10회 기출
② 소장은 수형자의 근로의욕을 고취하고 건전한 사회복귀를 지원하기 위하여 법무장관이 정하는 바에 따라 작업의 종류, 작업성적, 교정성적, 그 밖의 사정을 고려하여 수형자에게 작업장려금을 지급할 수 있다. [2023. 6급 승진] 총 10회 기출
③ 제2항의 작업장려금은 석방할 때에 본인에게 지급한다. 다만, 본인의 가족생활 부조, 교화 또는 건전한 사회복귀를 위하여 특히 필요하면 석방 전이라도 그 전부 또는 일부를 지급할 수 있다. [2022. 9급] 총 11회 기출
▶ 경비처우급에 차별이 없다. cf. 위로금은 본인에게 지급(가족 생활부조 등 단서 ×)

(2) 작업임금제

① **의의**: 수형자가 작업에 취업하여 노무를 제공한 대가로 보수를 권리로써 국가에 청구할 수 있는 제도로 교육형주의와 인권존중사상에 기초하여 작업임금에 대한 노동의 대가를 권리로써 인정하는 제도이다. 우리나라는 형사정책적 논의대상이다.
② 작업임금제는 16C 중엽 영국의 노역장(work house)에서 처음 시작되었으며, 18세기 중엽에는 영국과 프랑스 교도소에 도입되었으며, 18세기 말에는 미국 대부분의 주에서 인정하기에 이르렀다. [2016. 5급 승진]
③ 1884년 독일의 월버그(Wahlberg)가 임금제를 실시하였고, 「UN 피구금자 처우 최저기준 규칙」에 "수형자의 작업에 있어서는 적절한 보수제도가 있어야 한다."라고 규정하여 임금제를 권장하고 있다.
④ **작업임금제의 찬반론** [2016. 5급 승진] 총 2회 기출

찬성론	반대론
㉠ 보수 지급은 개선의 희망을 증대시킬 수 있다.	㉠ 형집행상 노동은 국가와의 계약관계가 아니므로 대가지불의 의무가 없고 국가에 손해를 끼친 자에게 임금을 지불함은 오히려 이율배반이다.
㉡ 노동에 대한 흥미와 의욕을 고취하며 즐거움을 줄 수 있다.	㉡ 노임을 받음으로써 심리적으로 의뢰심이 생기고 사회의 실업자와의 균형상에도 불합리하다.
㉢ 근로의욕 고취로 작업수입 증대에 유리하다.	㉢ 사회정의나 일반시민의 법감정에 위배될 소지가 있다.
㉣ 가족의 생활비 등 가계에 기여하며 피해자에게는 손해배상의 기회를 제공할 수 있다.	㉣ 임금 지급을 위한 추가적 예산 배정은 교정 경비의 과다한 증가를 초래할 수 있다.
㉤ 수용생활 중 자기용도에 사용하거나 저축하게 하여 경제적 생활에 익숙하게 할 수 있다.	㉤ 형벌 집행 과정에서 임금이 지급된다면 형벌의 억제효과를 감퇴시킬 우려가 있다.
㉥ 근로를 국민의 권리이자 의무로 파악하는 헌법의 태도와 일치한다.	
㉦ 교도작업에 임금을 지급하지 않는 것은 작업을 형벌로 보기 때문이며, 비자발적인 봉사와 속죄를 강요하는 것과 같다.	
㉧ 석방 후 경제적 자립기반을 제공한다.	
㉨ 수형자의 재사회화에 실질적으로 기여한다.	

(3) 근로보상금

① **의의**: 근로보상금이란 구 사회보호법(법률 제7656, 2005.8.4.폐지) 제7조에 의하여 취업중인 피보호감호자에게 지급하는 보상금을 말한다(교특 제3조 제4호).
② 피보호감호자에 대하여 사회보호법 폐지법률 부칙 제2조, 구 사회보호법 제7조 및 피보호감호자 분류처우업무지침 제52조의 규정에 의하여 근로보상금을 지급한다(교특 제97조).

05 위로금과 조위금

제74조 【위로금 · 조위금】 ① 소장은 수형자가 다음 각 호의 어느 하나에 해당하면 법무부장관이 정하는 바에 따라 위로금 또는 조위금을 지급한다. [2019. 8급 승진] 총 3회 기출

> **[위로금 · 조위금 지급사유]**(법 제74조 제1항)
> 1. 작업 또는 직업훈련으로 인한 부상 또는 질병으로 신체에 장해가 발생한 때
> 2. 작업 또는 직업훈련 중에 사망하거나 그로 인하여 사망한 때

② 위로금은 본인에게 지급하고, 조위금은 그 상속인에게 지급한다. [2023. 7급] 총 7회 기출

제75조 【다른 보상 · 배상과의 관계】 위로금 또는 조위금을 지급받을 사람이 국가로부터 동일한 사유로 「민법」이나 그 밖의 법령에 따라 제74조의 위로금 또는 조위금에 상당하는 금액을 지급받은 경우에는 그 금액을 위로금 또는 조위금으로 지급하지 아니한다. [2018. 7급 승진]

제76조 【위로금 · 조위금을 지급받을 권리의 보호】 ① 제74조의 위로금 또는 조위금을 지급받을 권리는 다른 사람 또는 법인에게 양도하거나 담보로 제공할 수 없으며, 다른 사람 또는 법인은 이를 압류할 수 없다. [2024. 7급 승진] 총 4회 기출

② 제74조에 따라 지급받은 금전을 표준으로 하여 조세와 그 밖의 공과금(公課金)을 부과하여서는 아니 된다. [2019. 8급 승진] 총 2회 기출

⚖ 판례

[1] 징역형 수형자가 소장에게 작업을 신청할 경우 소장이 징역형 수형자에게 작업을 부과할 의무가 헌법상 명문으로 규정되어 있다거나 헌법의 해석상 그와 같은 작위의무가 도출된다고 볼 수 없고, 형법 제67조 및 형집행법 제66조에 의하면, 징역형의 수형자의 경우 자신에게 부과된 작업과 그 밖의 노역을 수행할 의무가 있다고만 규정되어 있을 뿐, 수형자의 신청에 따라 소장이 수형자에게 작업을 부과해야 할 의무가 형집행법 등 관련 법령에 구체적으로 규정되어 있다고 볼 수도 없다(헌재 2018.1.23. 2018헌마10). [2023. 5급 승진]

[2] **작업수입, 위로금 · 조위금 규정의 합헌성**
수형자들에게 부과되는 교도작업은 경제적 이윤추구보다는 교화차원에서 이루어지는 기술습득에 목표가 있고 경제성을 따지지 아니하고 실시하는 것이므로 작업상여금은 급료가 될 수 없는 은혜적 금전인데다 석방 시 본인에게 또는 석방 전 가족에게 지급되는 것으로서 헌법에 위반되지 아니하고, 작업 중 재해에 대하여도 수용자는 사법상의 계약관계를 맺고 작업하는 것이 아니라 형집행의 일부로서 정역에 복무하는 것이므로 각종 산재보험 등에 상당한 보험료를 지불하는 대가로 받는 사회일반인의 재해보상과 동일한 보상을 할 수 없는 이치로서 정상을 참작하여 위로금이나 조위금을 지급한다고 하여도 이는 헌법에 위반되지 아니한다(헌재 1998.7.16. 96헌마268).

단원별 지문 O X

01 취사 · 청소 · 간병 등 교정시설의 운영과 관리에 필요한 작업을 하는 경우는 수형자에 대한 휴일의 작업부과 사유에 해당한다. (　　) 　　　　　　　　　　　　　　　　　　　　　　　　　　　　　　[2023. 7급]

02 교도관이 신청하는 경우는 수형자에 대한 휴일의 작업부과 사유에 해당한다. (　　) 　　　　　　　　[2023. 7급]

03 장애인수형자 전담교정시설의 장은 장애인수형자에 대한 직업훈련이 석방 후의 취업과 연계될 수 있도록 그 프로그램의 편성 및 운영에 특히 유의하여야 한다. (　　) 　　　　　　　　　　　　　　　　　　[2020. 7급]

04 소장은 교도관에게 매월 수형자의 작업실적을 확인하게 하여야 한다. (　　) 　　　　　　　　　　[2020. 7급]

05 소장은 수형자의 가족이 사망하면 1일간 작업을 면제한다. (　　) 　　　　　　　　　　　　　　[2023. 9급]

06 소장은 구류형의 집행 중에 있는 수형자가 작업 신청을 하더라도 작업을 부과할 수 없다. (　　) 　　　[2023. 9급]

07 소장은 수형자의 신청에 따라 집중적인 근로가 필요한 작업을 부과하는 경우에도 접견을 제한할 수 없다. (　　) 　　　　　　　　　　　　　　　　　　　　　　　　　　　　　　　　　　　　　　[2023. 9급]

08 소장은 외부통근자에게 수형자 자치에 의한 활동을 허가할 수 있다. (　　) 　　　　　　　　　　[2022. 9급]

09 소장은 수형자의 건전한 사회복귀와 기술습득을 촉진하기 위하여 필요하면 수형자에게 외부통근작업을 하게 할 수 있다. 　　　　　　　　　　　　　　　　　　　　　　　　　　　　　　　　　　　　　[2022. 9급]

---

01 ○ 형집행법 제71조 제5항

02 × 수형자가 신청하는 경우는 휴일 작업부과 사유에 해당한다(형집행법 제71조 제5항).

03 ○ 형집행법 시행규칙 제53조

04 ○ 소장은 교도관에게 매월 수형자의 작업실적을 확인하게 하여야 한다(형집행법 시행령 제92조).

05 × 소장은 수형자의 가족 또는 배우자의 직계존속이 사망하면 2일간, 부모 또는 배우자의 제삿날에는 1일간 해당 수형자의 작업을 면제한다. 다만, 수형자가 작업을 계속하기를 원하는 경우는 예외로 한다(형집행법 제72조 제1항).

06 × 소장은 금고형 또는 구류형의 집행 중에 있는 사람에 대하여는 신청에 따라 작업을 부과할 수 있다(형집행법 제67조).

07 × 소장은 수형자의 신청에 따라 외부통근작업, 외부직업훈련, 그 밖에 집중적인 근로가 필요한 작업을 부과하는 경우에는 접견 · 전화통화 · 교육 · 공동행사 참가 등의 처우를 제한할 수 있다. 다만, 접견 또는 전화통화를 제한한 때에는 휴일이나 그 밖에 해당 수용자의 작업이 없는 날에 접견 또는 전화통화를 할 수 있게 하여야 한다(형집행법 제70조 제1항).

08 ○ 소장은 외부통근자의 사회적응능력을 기르고 원활한 사회복귀를 촉진하기 위하여 필요하다고 인정하는 경우에는 수형자 자치에 의한 활동을 허가할 수 있다(형집행법 시행규칙 제123조).

09 ○ 소장은 수형자의 건전한 사회복귀와 기술습득을 촉진하기 위하여 필요하면 외부기업체 등에 통근 작업하게 하거나 교정시설의 안에 설치된 외부기업체의 작업장에서 작업하게 할 수 있다(형집행법 제68조 제1항).

10 소장은 외부통근자가 법령에 위반되는 행위를 하거나 법무부장관 또는 소장이 정하는 지켜야 할 사항을 위반한 경우에는 외부통근자 선정을 취소할 수 있다. (   )　　　　　　　　　　　　　　　　　　　　　　　　　　　　[2022. 9급]

11 소장은 일반경비처우급에 해당하는 수형자를 외부기업체에 통근하며 작업하는 대상자로 선정할 수 없다. (   )

[2022. 9급]

12 개인작업 시간은 교도작업에 지장을 주지 아니하는 범위에서 1일 2시간 이내로 한다. (   )　　　　　[2024. 9급]

13 소장은 개인작업을 하는 수형자에게 개인작업 용구를 사용하게 할 수 있다. 이 경우 작업용구는 특정한 용기에 보관하도록 하여야 한다.　　　　　　　　　　　　　　　　　　　　　　　　　　　　　　　　　　　　　　　[2024. 9급]

14 소장은 장인(丈人)이 사망하였다는 소식을 접한 수형자에 대하여, 본인이 작업을 계속하기를 원하지 않는 것을 확인하고 2일간 작업을 면제하였다. (   )　　　　　　　　　　　　　　　　　　　　　　　　　　　　[2022. 9급]

15 소장은 수형자에 대하여 교화목적 상 특별히 필요하다고 판단되어, 작업장려금을 석방 전에 전액 지급하였다. (   )

[2022. 9급]

16 작업임금제는 영국의 노역장에서 처음 시작되었으며, 이후 프랑스와 미국 등에서 인정되었다. (   )　[2016. 5급 승진]

17 작업임금제는 수형자의 작업에 대해 보상을 제공함으로써 노동에 대한 흥미와 노동의 의욕을 높일 수 있는 장점이 있다. (   )　　　　　　　　　　　　　　　　　　　　　　　　　　　　　　　　　　　　　[2016. 5급 승진]

18 작업임금제는 국가에 대하여 손해를 끼친 수형자에게 보상을 제공한다는 것은 이율배반이란 비판이 제기된다. (   )

[2016. 5급 승진]

19 작업임금제는 석방 후의 생계준비금의 기반이 될 수 있지만, 피해자에 대한 손해배상에는 도움이 되지 않는다. (   )

[2016. 5급 승진]

---

10 ○　형집행법 시행규칙 제121조

11 ×　소장은 제1항(외부기업체에 통근하며 작업하는 수형자의 선정기준) 및 제2항(교정시설 안에 설치된 외부기업체의 작업장에 통근하며 작업하는 수형자의 선정기준)에도 불구하고 작업 부과 또는 교화를 위하여 특히 필요하다고 인정하는 경우에는 제1항 및 제2항의 수형자 외의 수형자에 대하여도 외부통근자로 선정할 수 있다(형집행법 시행규칙 제120조 제3항).

12 ○　형집행법 시행규칙 제95조 제1항 후단

13 ○　형집행법 시행규칙 제95조 제2항

14 ○　소장은 수형자의 가족(배우자, 직계존속·비속, 형제자매) 또는 배우자의 직계존속이 사망하면 2일간, 부모 또는 배우자의 제삿날에는 1일간 해당 수형자의 작업을 면제한다. 다만, 수형자가 작업을 계속하기를 원하는 경우는 예외로 한다(형집행법 제72조 제1항).

15 ○　작업장려금은 석방할 때에 본인에게 지급한다. 다만, 본인의 가족생활 부조, 교화 또는 건전한 사회복귀를 위하여 특히 필요하면 석방 전이라도 그 전부 또는 일부를 지급할 수 있다(형집행법 제73조 제3항).

16 ○　16C 중엽 영국의 노역장(Work House)에서 처음 채용되었고 18C 중엽에는 영국과 프랑스의 교도소에 도입되었으며, 18C 말에는 미국 대부분의 주에서 인정하기에 이르렀다.

17 ○　작업임금제의 찬성론에 해당한다.

18 ○　작업임금제의 반대론에 해당한다.

19 ×　작업임금제의 찬성론으로, 석방 후 경제적 자립기반을 제공하며 피해자에게는 손해배상의 기회를 제공할 수 있다.

01 개요

(1) 의의와 연혁
① **의의**: 직업훈련은 수형자의 건전한 사회복귀를 위하여 기술을 습득시키고, 가지고 있는 기술을 향상시켜 보다 경쟁력을 갖춘 성공적인 사회복귀를 위한 교육훈련을 말한다.
② **연혁**: 1967년 직업훈련법 공포·시행, 2009년 영등포·청주·청송직업훈련·순천·청주여자교도소·화성직업훈련교도소에서 직업훈련소를 운영하고 있다.

(2) 직업훈련의 기능과 문제점

기능	문제점
① 근로의욕의 고취 ② 1인 1기의 기술습득 등 기능인력 양성 ③ 출소 후 생활안정을 통한 재범방지 ④ 훈련을 통해 교도소 내 질서유지	① 현대적 장비와 훈련된 기술진의 부족 ② 직업훈련분야가 외부노동시장에서 유용성 부족

02 현행법상 직업능력개발훈련(직업훈련)

> ★ **핵심정리** 직업훈련 비교·구분
>
> | 직업훈련 대상자 선정기준 | 직업훈련 대상자 선정 제한사유 | 직업훈련 보류사유 |
> |---|---|---|
> | • 집행할 형기 중에 해당 훈련과정을 이수할 수 있을 것(기술숙련과정 집체직업훈련 대상자는 제외)
• 직업훈련에 필요한 기본소양을 갖추었다고 인정될 것
• 해당 과정의 기술이 없거나 재훈련을 희망할 것
• 석방 후 관련 직종에 취업할 의사가 있을 것 | • 15세 미만인 경우
• 교육과정을 수행할 문자해독능력 및 강의 이해능력이 부족한 경우
• 징벌대상행위의 혐의가 있어 조사 중이거나 징벌집행 중인 경우
• 작업, 교육·교화프로그램 시행으로 인하여 직업훈련의 실시가 곤란하다고 인정되는 경우
• 질병·신체조건 등으로 인하여 직업훈련을 감당할 수 없다고 인정되는 경우 | • 징벌대상행위의 혐의가 있어 조사를 받게 된 경우
• 심신이 허약하거나 질병 등으로 훈련을 감당할 수 없는 경우
• 소질·적성·훈련성적 등을 종합적으로 고려한 결과 직업훈련을 계속할 수 없다고 인정되는 경우
• 그 밖에 직업훈련을 계속할 수 없다고 인정되는 경우 |

제69조【직업능력개발훈련】 ① 소장은 수형자의 건전한 사회복귀를 위하여 기술 습득 및 향상을 위한 직업능력개발훈련(이하 "직업훈련"이라 한다)을 실시할 수 있다.
② 소장은 수형자의 직업훈련을 위하여 필요하면 외부의 기관 또는 단체에서 훈련을 받게 할 수 있다. [2015. 7급]
③ 직업훈련 대상자의 선정기준 등에 관하여 필요한 사항은 법무부령으로 정한다. [2015. 7급]

[시행령]

제94조【직업능력개발훈련 설비 등의 구비】 소장은 법 제69조에 따른 직업능력개발훈련을 하는 경우에는 그에 필요한 설비 및 실습 자재를 갖추어야 한다.

▶ 장애인수형자 전담교정시설의 장은 장애인수형자에 대한 직업훈련이 석방 후의 취업과 연계될 수 있도록 그 프로그램의 편성 및 운영에 특히 유의하여야 한다(시행규칙 제53조).

[시행규칙]

제96조【외부 직업훈련】 ① 소장은 수형자가 개방처우급 또는 완화경비처우급으로서 직업능력 향상을 위하여 특히 필요한 경우에는 교정시설 외부의 공공기관 또는 기업체 등에서 운영하는 직업훈련을 받게 할 수 있다. [2010. 7급]

② 제1항에 따른 직업훈련의 비용은 수형자가 부담한다. 다만, 처우상 특히 필요한 경우에는 예산의 범위에서 그 비용을 지원할 수 있다. [2016. 7급] 총 2회 기출

제124조【직업훈련 직종 선정 등】 ① 직업훈련 직종 선정 및 훈련과정별 인원은 법무부장관의 승인을 받아 소장이 정한다. [2018. 9급] 총 5회 기출

② 직업훈련 대상자는 소속기관의 수형자 중에서 소장이 선정한다. 다만, 집체직업훈련(직업훈련 전담 교정시설이나 그 밖에 직업훈련을 실시하기에 적합한 교정시설에 수용하여 실시하는 훈련을 말한다) 대상자는 집체직업훈련을 실시하는 교정시설의 관할 지방교정청장이 선정한다. [2024. 7급 승진] 총 7회 기출

제125조【직업훈련 대상자 선정기준】 ① 소장은 수형자가 다음 각 호의 요건을 갖춘 경우에는 수형자의 의사, 적성, 나이, 학력 등을 고려하여 직업훈련 대상자로 선정할 수 있다.

[직업훈련 대상자 선정기준](시행규칙 제125조 제1항)
1. 집행할 형기 중에 해당 훈련과정을 이수할 수 있을 것(기술숙련과정 집체직업훈련 대상자는 제외)
2. 직업훈련에 필요한 기본소양을 갖추었다고 인정될 것
3. 해당 과정의 기술이 없거나 재훈련을 희망할 것
4. 석방 후 관련 직종에 취업할 의사가 있을 것

② 소장은 소년수형자의 선도를 위하여 필요한 경우에는 제1항의 요건을 갖추지 못한 경우에도 직업훈련 대상자로 선정하여 교육할 수 있다. [2018. 9급] 총 3회 기출

제126조【직업훈련 대상자 선정의 제한】 소장은 제125조에도 불구하고 수형자가 다음 각 호의 어느 하나에 해당하는 경우에는 직업훈련 대상자로 선정해서는 아니 된다.

[직업훈련 대상 선정 제한사유](시행규칙 제126조) [2023. 9급] 총 10회 기출
1. 15세 미만인 경우
2. 교육과정을 수행할 문자해독능력 및 강의 이해능력이 부족한 경우
3. 징벌대상행위의 혐의가 있어 조사 중이거나 징벌집행 중인 경우
4. 작업, 교육·교화프로그램 시행으로 인하여 직업훈련의 실시가 곤란하다고 인정되는 경우
5. 질병·신체조건 등으로 인하여 직업훈련을 감당할 수 없다고 인정되는 경우

제127조【직업훈련 대상자 이송】 ① 법무부장관은 직업훈련을 위하여 필요한 경우에는 수형자를 다른 교정시설로 이송할 수 있다. [2017. 7급] 총 2회 기출

② 소장은 제1항에 따라 이송된 수형자나 직업훈련 중인 수형자를 다른 교정시설로 이송해서는 아니 된다. 다만, 훈련취소 등 특별한 사유가 있는 경우에는 그러하지 아니하다. [2019. 5급 승진] 총 2회 기출

제128조【직업훈련의 보류 및 취소 등】① 소장은 직업훈련 대상자가 다음 각 호의 어느 하나에 해당하는 경우에는 직업훈련을 보류할 수 있다.

> **[직업훈련 보류자]**(시행규칙 제128조 제1항) [2018. 9급]
> 1. 징벌대상행위의 혐의가 있어 조사를 받게 된 경우
> 2. 심신이 허약하거나 질병 등으로 훈련을 감당할 수 없는 경우
> 3. 소질·적성·훈련성적 등을 종합적으로 고려한 결과 직업훈련을 계속할 수 없다고 인정되는 경우
> 4. 그 밖에 직업훈련을 계속할 수 없다고 인정되는 경우

② 소장은 제1항에 따라 직업훈련이 보류된 수형자가 그 사유가 소멸되면 본래의 과정에 복귀시켜 훈련하여야 한다. 다만, 본래 과정으로 복귀하는 것이 부적당하다고 인정하는 경우에는 해당 훈련을 취소할 수 있다.

03 취업지원협의회

[시행령]

제85조【수형자 취업알선 등 협의기구】① 수형자의 건전한 사회복귀를 지원하기 위하여 교정시설에 취업알선 및 창업지원에 관한 협의기구를 둘 수 있다. [2019. 7급 승진]
② 제1항의 협의기구의 조직·운영, 그 밖에 활동에 필요한 사항은 법무부령으로 정한다.

[시행규칙]

제144조【기능】영 제85조 제1항에 따른 수형자 취업지원협의회(이하 이 장에서 "협의회"라 한다)의 기능은 다음 각 호와 같다.

> **[취업지원협의회 기능]**(시행규칙 제144조) [2017. 5급 승진]
> 1. 수형자 사회복귀 지원 업무에 관한 자문에 대한 조언
> 2. 수형자 취업·창업 교육
> 3. 수형자 사회복귀 지원을 위한 지역사회 네트워크 추진
> 4. 취업 및 창업 지원을 위한 자료제공 및 기술지원
> 5. 직업적성 및 성격검사 등 각종 검사 및 상담
> 6. 불우수형자 및 그 가족에 대한 지원 활동
> 7. 그 밖에 수형자 취업알선 및 창업지원을 위하여 필요한 활동

제145조【구성】① 협의회는 회장 1명을 포함하여 3명 이상 5명 이하의 내부위원과 10명 이상의 외부위원으로 구성한다. [2024. 7급 승진] 총 3회 기출
② 협의회의 회장은 소장이 되고, 부회장은 2명을 두되 1명은 소장이 내부위원 중에서 지명하고 1명은 외부위원 중에서 호선한다. [2019. 7급 승진] 총 2회 기출
③ 내부위원은 소장이 지명하는 소속기관의 부소장·과장(지소의 경우에는 7급 이상의 교도관)으로 구성한다.
④ 회장·부회장 외에 협의회 운영을 위하여 기관실정에 적합한 수의 임원을 둘 수 있다.

제146조【외부위원】① 법무부장관은 협의회의 외부위원을 다음 각 호의 사람 중에서 소장의 추천을 받아 위촉한다. [2024. 5급 승진]

> **[협의회 외부위원 위촉대상자]**(시행규칙 제146조 제1항)
>
> 1. 고용노동부 고용센터 등 지역 취업·창업 유관 공공기관의 장 또는 기관 추천자
> 2. 취업컨설턴트, 창업컨설턴트, 기업체 대표, 시민단체 및 기업연합체의 임직원
> 3. 변호사, 「고등교육법」에 따른 대학에서 법률학을 가르치는 전임강사 이상의 직에 있는 사람
> 4. 그 밖에 교정에 관한 학식과 경험이 풍부하고 수형자 사회복귀 지원에 관심이 있는 외부인사

② 외부위원의 임기는 3년으로 하며, 연임할 수 있다. [2024. 5급 승진] 총 4회 기출
③ 법무부장관은 외부위원이 다음 각 호의 어느 하나에 해당하는 경우에는 소장의 건의를 받아 해당 위원을 해촉할 수 있다.

> **[협의회 외부위원 해촉 대상자]**(시행규칙 제146조 제3항)
>
> 1. 심신장애로 직무수행이 불가능하거나 현저히 곤란하다고 인정되는 경우
> 2. 직무와 관련된 비위사실이 있는 경우
> 3. 직무태만, 품위손상, 그 밖의 사유로 인하여 위원으로 적합하지 아니하다고 인정되는 경우
> 4. 위원 스스로 직무를 수행하는 것이 곤란하다고 의사를 밝히는 경우

제147조【회장의 직무】 ① 회장은 협의회를 소집하고 협의회 업무를 총괄한다.
② 회장이 부득이한 사유로 직무를 수행할 수 없을 때에는 소장이 지정한 부회장이 그 직무를 대행한다.

제148조【회의】 ① 협의회의 회의는 반기마다 개최한다. 다만, 다음 각 호의 어느 하나에 해당하는 경우에는 임시회의를 개최할 수 있다.

> **[임시회의 개최사유]**(시행규칙 제148조 제1항) [2024. 5급 승진] 총 3회 기출
>
> 1. 수형자의 사회복귀 지원을 위하여 협의가 필요할 때
> 2. 회장이 필요하다고 인정하는 때
> 3. 위원 3분의 1 이상의 요구가 있는 때

② 협의회의 회의는 회장이 소집하고 그 의장이 된다.
③ 협의회의 회의는 재적위원 과반수의 출석으로 개의하고, 출석위원 과반수의 찬성으로 의결한다. [2024. 7급 승진] 총 3회 기출

제149조【간사】 ① 협의회의 사무를 처리하기 위하여 수형자 취업알선 및 창업지원 업무를 전담하는 직원 중에서 간사 1명을 둔다.
② 간사는 별지 제8호서식에 따른 협의회의 회의록을 작성하여 유지하여야 한다.

⚖ 판례

[1] 수형자에 대한 직업훈련대상선발 등은 수형자의 교정교화와 건전한 사회복귀 등의 목적에 따라 구체적인 사항을 참작하여 교정시설의 장이 결정하는 것이고, 수형자가 직업훈련대상선발을 요청하는 경우에 소장이 이를 반드시 허용하여야 하는 것이 아니다. 즉, 청구인과 같은 수형자에게는 직업훈련교육 등을 신청할 권리가 있다고 할 수 없고, 소장에게는 직업훈련 대상자를 선정할 재량권이 있을 뿐이다(헌재 2022.2.22. 2022헌마182). [2022. 5급 승진]

[2] 교도소장은 엄중관리대상자로 지정되어 있었고, 개방작업장에 취업하여 교육활동에 제한이 있으며, 성폭력사범 기본교육과정을 이수하지 아니한 청구인을 직업훈련대상에서 제외하였는바, 이는 교도소장이 적절하게 재량권을 행사한 것으로 보이고 달리 청구인을 집체직업훈련대상에 포함시켜야 할 법적 의무가 존재한다고 볼 만한 사정이 없다(헌재 2013.2.5. 2013헌마6).

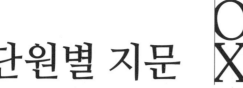

단원별 지문

01 소장은 수형자가 15세 미만인 경우에는 직업훈련 대상자로 선정해서는 아니 된다. (   )   [2022. 9급]

02 소장은 직업훈련 대상자가 심신이 허약하거나 질병 등으로 훈련을 감당할 수 없는 경우에는 직업훈련을 보류할 수 있다. (   )   [2022. 9급]

03 법무부장관은 직업훈련을 위하여 필요한 경우에는 수형자를 다른 교정시설로 이송할 수 있다. (   )   [2022. 9급]

04 직업훈련 대상자는 소속기관의 수형자 중에서 소장이 선정한다. 다만, 집체직업훈련(직업훈련 전담 교정시설이나 그 밖에 직업훈련을 실시하기에 적합한 교정시설에 수용하여 실시하는 훈련을 말한다) 대상자는 집체직업훈련을 실시하는 교정시설의 관할 지방교정청장이 선정한다. (   )   [2019. 7급 승진]

05 소장은 법무부장관의 승인을 받아 직업훈련의 직종과 훈련과정별 인원을 정하였다. (   )   [2022. 9급]

06 수형자 취업지원협의회 회의는 재적위원 과반수 출석으로 개의하고, 출석위원 과반수 찬성으로 의결한다. (   )   [2017. 7급]

07 수형자의 건전한 사회복귀를 지원하기 위하여 교정시설에 취업알선 및 창업지원에 관한 협의기구를 두어야 한다. (   )   [2021. 6급 승진]

08 취업지원협의회는 회장 1명을 포함하여 3명 이상 5명 이하의 내부위원과 10명 이상의 외부위원으로 구성한다. (   )   [2024. 6급 승진]

01 ○ 소장은 직업훈련 대상자 선정기준(동법 시행규칙 제125조)에도 불구하고 수형자가 ㉠ 15세 미만인 경우, ㉡ 교육과정을 수행할 문자해독능력 및 강의 이해능력이 부족한 경우, ㉢ 징벌대상행위의 혐의가 있어 조사 중이거나 징벌집행 중인 경우, ㉣ 작업, 교육·교화프로그램 시행으로 인하여 직업훈련의 실시가 곤란하다고 인정되는 경우, ㉤ 질병·신체조건 등으로 인하여 직업훈련을 감당할 수 없다고 인정되는 경우에는 직업훈련 대상자로 선정해서는 아니 된다(형집행법 시행규칙 제126조).

02 ○ 소장은 직업훈련 대상자가 ㉠ 징벌대상행위의 혐의가 있어 조사를 받게 된 경우, ㉡ 심신이 허약하거나 질병 등으로 훈련을 감당할 수 없는 경우, ㉢ 소질·적성·훈련성적 등을 종합적으로 고려한 결과 직업훈련을 계속할 수 없다고 인정되는 경우, ㉣ 그 밖에 직업훈련을 계속할 수 없다고 인정되는 경우에는 직업훈련을 보류할 수 있다(형집행법 시행규칙 제128조 제1항).

03 ○ 형집행법 시행규칙 제127조 제1항

04 ○ 형집행법 시행규칙 제124조 제2항

05 ○ 직업훈련 직종 선정 및 훈련과정별 인원은 법무부장관의 승인을 받아 소장이 정한다(형집행법 시행규칙 제124조 제1항).

06 ○ 형집행법 시행규칙 제148조 제3항

07 × 수형자의 건전한 사회복귀를 지원하기 위하여 교정시설에 취업알선 및 창업지원에 관한 협의기구를 둘 수 있다(형집행법 시행령 제85조).

08 ○ 형집행법 시행규칙 제145조 제1항

09 취업지원협의회의 회장은 소장이 되고, 부회장은 2명을 두되 1명은 소장이 내부위원 중에서 지명하고 1명은 외부위원 중에서 호선(互選)한다. (　　) [2024. 6급 승진]

10 수형자 취업지원협의회의 외부위원 임기는 2년으로 하고 연임할 수 없다. (　　) [2021. 6급 승진]

11 수형자 취업지원협의회 회의는 반기마다 개최한다. 다만, 수형자의 사회복귀지원을 위하여 협의가 필요하거나 회장이 필요하다고 인정하는 때 또는 위원 3분의 1 이상의 요구가 있는 때에는 임시회의를 개최할 수 있다. (　　) [2021. 6급 승진]

---

09 ○　형집행법 시행규칙 제145조 제2항
10 ×　수형자 취업지원협의회의 외부위원 임기는 3년으로 하고 연임할 수 없다(형집행법 시행규칙 제146조).
11 ○　형집행법 시행규칙 제148조

제21장 / 귀휴 등 사회적 처우(개방처우)

제1절 사회적 처우 개요

01 의의와 연혁

(1) 의의

① 사회적 처우(개방처우)의 기초는 수형자에 대한 신뢰와 수형자 각자의 자율에 두는 것으로, 시설내 처우에 기반을 두면서 시설의 패쇄성을 완화하여 구금의 폐해를 최소화하고 그 생활조건을 일반 사회생활에 접근시킴으로써 수형자의 재사회화 내지 개선효과를 얻고자 하는 처우방법이다. [2010. 7급]

② **법적 근거:** 수형자는 교화 또는 건전한 사회복귀를 위하여 교정시설 밖의 적당한 장소에서 봉사활동 · 견학, 그 밖에 사회적응에 필요한 처우를 받을 수 있다(법 제57조 제5항). [2015. 5급 승진]

(2) 사회적 처우와 사회 내 처우

사회적 처우 [2020. 5급 승진]	사회 내 처우 [2020. 5급 승진]
① 보안 상태나 행동의 자유에 대한 제한 등이 완화된 시설 또는 폐쇄시설이라도 시설내 처우와 연계되면서 사회생활의 준비가 필요한 수형자를 대상으로 사회적응력을 배양시키려는 개방된 처우 형태이다. ② 귀휴제도, 외부통근제도, 가족만남의 집, 가족만남의 날, 사회견학, 봉사활동, 주말구금제도 등이 있다.	① 범죄자를 교정시설에 수용하지 않고 사회 내에서 통상의 생활을 영위하도록 하면서 지도 · 개선 등에 의해 그 범죄자의 개선 · 사회복귀를 도모하는 제도를 말한다. ② 보호관찰제도, 가석방제도, 전자감시, 가택구금, 외출제한명령, 갱생보호제도, 사회봉사 · 수강명령, 선도조건부 기소유예, 판결 전 조사제도 등이 있다.

(3) 연혁

1854년 아일랜드 크로프톤이 독거구금 ⇨ 혼거구금 ⇨ 가석방의 단계별 처우인 마코노키의 점수제를 수정하여 중간교도소를 가석방 이전 단계에 추가하여 구금의 완화 및 가능한 한 많은 자유를 부여한 것에 기원을 찾고 있다.

02 개념의 변화와 형사정책적 의의

(1) 개념의 변화

제12회 국제형법 및 형무회의(1950)	탈옥방지 방법으로 주벽, 자물쇠, 철격자나 교도관 등이 없는 시설과 같이 어떠한 물리적 수단에 의해서 도주방지를 위한 보안체제가 이루어지지 않는 교도소(물리적 측면을 강조)
제1회 UN범죄방지 및 범죄인처우 회의(1955)	유형적·물리적 도주방지장치(주벽, 자물쇠, 철격자, 무장교도관)가 없이 수용자의 집단생활에 대한 자율성과 책임성을 근거로 한 시설로 물적 설비와 정신적 요소 중시
형집행법의 정의 (제57조 제2항)	도주방지를 위한 통상적인 설비의 전부 또는 일부를 갖추지 아니하고 수형자의 자율적 활동이 가능하도록 통상적인 관리·감시의 전부 또는 일부를 하지 아니하는 교정시설

(2) 형사정책적 의의

형벌의 인도화	현대 행형의 사조는 불필요한 고통을 의도적으로 가하는 것을 금지하는 것으로 구금완화를 통한 개방처우는 형벌인도화의 발현
사회복귀능력의 향상	사회복귀에 필요한 자주성 신장을 위해 구금확보기능을 최소화하고 교화개선기능을 극대화 필요
형벌집행의 경제성	도주방지를 위한 각종 보안설비를 설치할 필요가 없다는 점, 수형자의 감시를 위한 계호인력을 절감할 수 있다는 점, 농업형 개방시설인 경우에는 합리적 경작으로 높은 수익을 거둘 수 있다는 점에서 경제적
처우의 다양화	개방제도의 확대는 수형자 상호 간의 교류를 활성화시키고 처우활동의 폭을 확장시켜 교정처우의 다양화에 기여

03 운영형태

(1) 요건

형식적 요건	① 도주를 방지하기 위한 담장이나 철조망이 없을 것 ② 거실의 창문에는 쇠창살이 없고 출입문에는 자물쇠가 없을 것
실질적 요건	① 개방시설의 직원은 계호자 내지 감시자로서가 아니라 수용자의 개선, 갱생 및 사회적응을 돕기 위한 처우직원 내지 교육자로서의 기능을 가질 것 ② 수형자에 대하여 주어지는 신뢰, 즉 수형자가 개방처우를 받고 있다는 것을 믿도록 할 것

(2) 운영유형

① **전통적 교정시설의 일부로 운영**: 처우의 지속성을 유지하고 개방시설에서 사고나 위험성의 발견 시 폐쇄시설로의 복귀에 용이하다는 장점이 있다.

② **시설전체를 개방시설로 운영**: 관리의 편의를 위해 주객이 전도되는 것을 예방하고 일관된 시설·정책·자원 운용으로 철저한 개방처우가 가능하다는 장점이 있다.

③ **우리나라의 개방교도소**: 천안개방교도소는 가석방예정자에 대한 훈련시설과 과실범의 사회적응훈련전담교도소, 대규모 사회적응훈련원으로 기능을 수행해 오다가 현재 여성수용자 개방시설로 활용되고 있다.

04 개방처우의 장·단점

(1) 장점 [2011. 9급] 총 4회 기출

① 완화된 시설과 감시가 수형자의 신체적·정신적 건강에 유리하게 작용한다.

② 교정당국에 대한 신뢰감 증가로 자발적 개선의욕을 촉진시킨다.

③ 가족이나 친지 등과의 유대감 지속으로 정서적 안정을 도모할 수 있다.

④ 통제와 감시에 소요되는 비용을 절감할 수 있다는 점에서 경제적이다.

⑤ 수형자의 사회적응력 향상에 적합하며 사회복귀를 촉진시킨다.

⑥ 형벌의 인도화에 기여한다.

(2) 단점

① 통상적 형벌관념이나 일반국민의 법감정에 부합하지 않는다.

② 도주의 위험이 증가하며 완화된 계호와 감시를 이용하여 외부인과의 부정한 거래를 꾀할 수 있다.

③ 대상자 선정에 있어 사회의 안전을 지나치게 강조할 경우 수용의 필요성이 없는 수형자를 개방처우하게 되어 결과적으로 형사사법망의 확대를 초래할 수 있다.

단원별 지문 O X

01 사회적 처우제도로 귀휴제도, 외부통근제도, 가족만남의 집, 주말구금제도 등이 있다. (　　) [2020. 5급 승진]

02 사회적 처우제도로 가석방, 보호관찰, 사회봉사 · 수강명령, 갱생보호, 전자감시, 가택구금, 외출제한명령 등이 있다. (　　)
[2020. 5급 승진]

03 개방처우의 유형으로는 외부통근제도, 주말구금제도, 부부접견제도 그리고 민영교도소제도 등을 들 수 있다. (　　)
[2013. 7급]

04 개방시설에서의 처우는 유형적 · 물리적 도주방지장치가 전부 또는 일부가 없고 수용자의 자율 및 책임감에 기반을 둔 처우제도이다. (　　) [2013. 7급]

05 외부통근제도는 수형자를 주간에 외부의 교육기관에서 교육을 받게 하거나, 작업장에서 생산작업에 종사하게 하는 것으로 사법형, 행정형 그리고 혼합형으로 구분된다. (　　) [2013. 7급]

06 우리나라는 가족만남의 집 운영을 통해 부부접견제도를 두고 있다고 해석할 수 있고, 외부통근제도도 시행하고 있으나 주말구금제도는 시행하고 있지 않다. (　　) [2013. 7급]

---

01 ○
02 ✕　가석방, 보호관찰, 사회봉사 · 수강명령, 갱생보호, 전자감시, 가택구금, 외출제한명령 등은 사회내 처우에 해당한다.
03 ✕　민영교도소는 개방처우를 위한 시설이 아니므로 개방처우의 유형에 포함되지 않는다. 민영교도소는 그 운영의 주체가 국가가 아닌 민간일 뿐, 국가교정시설과 동일한 시설이다.
04 ○
05 ○
06 ○

제2절 개방처우 종류

개방처우	시행 여부
귀휴제도	○
외부통근제도	○(행정형)
가족만남의 집(부부특별접견제)	○
주말구금제	×
사회견학과 봉사활동	○
가족만남의 날(합동접견)	○

01 외부통근제도

(1) 의의

① **의의**: 외부통근제도(Works Release)란 수형자를 주간에는 교도관의 계호 없이 교정시설 밖의 외부기업체에서 사회일반근로자와 같은 조건에서 작업하도록 하고, 야간과 휴일에는 교정시설에서 생활하도록 하는 제도로 주간가석방제도(Day Parole), 반구금제, 반자유처우제라고도 한다.

② **호스텔제**: 영국에서는 외부통근 수형자를 호스텔(Hostel)이라 하는 특수한 시설에 수용하기 때문에 이 제도를 호스텔제(Hostel System)라고 부르며 그 수형자를 Hosteler라고 한다.

(2) 차이점

개방지역작업	교정시설 밖에서 작업을 하는 점에서 동일하나 외부통근은 교도관의 계호를 받지 않는다는 점에서 다르다.
자유노역제	시설 밖에서 작업하되 야간에는 교정시설로 복귀해야 한다는 점에서 구금을 전제로 하지 않는 자유노역제와 구별된다.

▶ **자유노역제**: 수형자가 기관 또는 직원의 감사를 받지 않고 자신의 집에서 시설 외의 작업장에 출퇴근하며 노역하는 제도로 자유형에 복역한 것으로 간주된다.

(3) 연혁

① **미국의 사법형**: 1913년 위스콘신주의 후버법(Hoober Law)에서는 경범죄자 및 단기수용자에 대하여 법원의 판결로서 수용 초기부터 외부통근을 명할 수 있도록 규정하여 사법형 외부통근제도가 도입되었다.

▶ **후버법**(Hoober Law): 귀휴제도, 외부통근제도

② **영국의 행정형**: 1954년 외부통근 수형자를 수용하는 호스텔(Hostel)이라는 개방시설을 일반교도소의 개방구역이나 교도소 외의 시가지에 특별히 설치하여 호스텔제의 형태로 행정형 외부통근제를 실시하였다.

(4) 외부통근제도의 유형(사법형 · 행정형 · 혼합형) [2016. 7급] 4회 기출
① 사법형과 행정형

구분	사법형	행정형
처분	법원	행정기관
발전	미국	영국, 우리나라
목적	형벌의 일종: 통근형	㉠ 석방 전 사회복귀 일환 ㉡ 반구금제(반자유제): 주간 취업, 야간 또는 공휴일 시설 내 수용
시기	수형 초기	수형 말기
대상	경범죄자나 단기수형자로, 본인동의, 직업 有, 출퇴근 가능, 고용주의 협력의사 필요	㉠ 장기수형자, 누진 최상급자 ㉡ 단기수형자도 가능
감독	카운티(군)의 보안관, 보호관찰관	
장점	㉠ 단기구금형으로 인한 직장상실 등 폐해 방지 ㉡ 주말구금이나 야간구금제 등 반구금제와 병행 가능	㉠ 장기수형자 사회 접촉기회부여 ㉡ 출소 후 관련 직종 계속 종사가능 ㉢ 가족과의 유대강화 ㉣ 신기술 습득 기회 ㉤ 주간 수용경비절감
단점	국민의 응보감정 위배	㉠ 도주발생 가능성 ㉡ 국민의 응보적 법감정에 배치 ㉢ 일반 근로자와의 부조화 및 마찰 ㉣ 불경기 취업직종 선정에 곤란 ㉤ 직장경영상태에 따라 취업불안정

[미국 사법형 제도 발달과정]
㉠ 1880년 플래밍햄 교도소에서 연말 자원봉사형태로 최초 실시(행정형)
㉡ 1913년 후버법 제정으로 경범죄자 및 단기수용자 대상(사법형) ← 사법형 외부통근제 법제화

② 혼합형 외부통근제: 사법적 외부통근제와 행정적 외부통근제를 병행한 제도인데, 법원은 형벌의 일종으로서 통근형을 선고하고, 교도소가 가석방위원회 등의 허가를 얻어 외부통근을 실시하는 형태(미국의 노스캐롤라이나주)이다.

(5) 우리나라 외부통근 제도(제18장 교도작업과 직업훈련에서 상술)

02 귀휴제도(Furlough System)

(1) 의의 및 기능

① 의의: 귀휴제도란 일정기간을 복역하고 교정성적이 양호하며 도주의 위험성이 없는 수형자에 대하여 교도소장의 권한으로 일정한 기간과 행선지를 정하여 가사를 돌보게 하거나 사회복귀의 준비를 할 수 있도록 외출·외박을 허용하는 제도로 형벌휴가제 또는 외박제라고도 한다. 형의 집행을 정지시키지 않는다는 점에서 형사사법상의 형집행정지제도와 구별된다.

② 기능: 근친자 중병시의 방문 등 수형기간 중 가정의 방문은 사회와 단절된 수형자의 가족적·사회적 유대를 유지하고 나아가 사회적응력을 배양할 수 있다.

▶ 현대에 와서는 귀휴를 교정기관의 은전이나 상우의 측면에서만 이해하는 것은 귀휴 본래의 취지에 어긋나는 것이다.

(2) 귀휴제도의 연혁

① 귀휴의 시초: 1913년 미국의 위스콘신주에서 통과된 후버법(Huber Law)에서 비롯되어 1918년 미국의 미시시피주에서 최초로 실시하였다(다수설).

② 우리나라

　㉠ 보방(保放): 고려시대부터 죄수가 친상을 당했을 때 상을 치를 수 있도록 일정한 기간을 정하여 귀가시키는 일종의 귀휴제도가 시행되었고, 조선시대의 경우 대전회통이나 형법대전에 규정된 보방은 귀휴제도의 일종이라고 할 수 있다.

　㉡ 광복 이후 1961년까지 귀휴제도는 시행되지 않다가 제1차 행형법 개정(1961.12.23)으로 현대적 귀휴제도가 신설(일반귀휴)되었으며, 제7차 행형법 개정(1999.12.28)으로 특별귀휴가 신설되었다.

(3) 현행법령상 귀휴제도

제77조【귀휴】① 소장은 6개월 이상 형을 집행받은 수형자로서 그 형기의 3분의 1(21년 이상의 유기형 또는 무기형의 경우에는 7년)이 지나고 교정성적이 우수한 사람이 다음 각 호의 어느 하나에 해당하면 1년 중 20일 이내의 귀휴를 허가할 수 있다. [2024. 5급 승진] 총 18회 기출

[일반귀휴 허가사유](법 제77조 제1항)

1. 가족 또는 배우자의 직계존속이 위독한 때
　▶ 사망한 때: 특별귀휴 사유
2. 질병이나 사고로 외부의료시설에의 입원이 필요한 때
3. 천재지변이나 그 밖의 재해로 가족, 배우자의 직계존속 또는 수형자 본인에게 회복할 수 없는 중대한 재산상의 손해가 발생하였거나 발생할 우려가 있는 때
4. 그 밖에 교화 또는 건전한 사회복귀를 위하여 법무부령으로 정하는 사유가 있는 때

② 소장은 다음 각 호의 어느 하나에 해당하는 사유가 있는 수형자에 대하여는 제1항에도 불구하고 5일 이내의 특별귀휴를 허가할 수 있다.

③ 소장은 귀휴를 허가하는 경우에 법무부령으로 정하는 바에 따라 거소의 제한이나 그 밖에 필요한 조건을 붙일 수 있다.
④ 제1항 및 제2항의 귀휴기간은 형 집행기간에 포함한다. [2023. 7급] 총 12회 기출

제78조【귀휴의 취소】 소장은 귀휴 중인 수형자가 다음 각 호의 어느 하나에 해당하면 그 귀휴를 취소할 수 있다.

[시행령]

제97조【귀휴자에 대한 조치】 ① 소장은 법 제77조에 따라 2일 이상의 귀휴를 허가한 경우에는 귀휴를 허가 받은 사람(이하 "귀휴자"라 한다)의 귀휴지를 관할하는 경찰관서의 장에게 그 사실을 통보하여야 한다. [2018. 7급] 총 3회 기출
② 귀휴자는 귀휴 중 천재지변이나 그 밖의 사유로 자신의 신상에 중대한 사고가 발생한 경우에는 가까운 교정시설이나 경찰관서에 신고하여야 하고 필요한 보호를 요청할 수 있다. [2023. 7급]
③ 제2항의 보호 요청을 받은 교정시설이나 경찰관서의 장은 귀휴를 허가한 소장에게 그 사실을 지체 없이 통보하고 적절한 보호조치를 하여야 한다.

[시행규칙]

제129조【귀휴 허가】 ① 소장은 법 제77조에 따른 귀휴를 허가하는 경우에는 제131조의 귀휴심사위원회의 심사를 거쳐야 한다. [2019. 6급 승진] 총 2회 기출

② 소장은 개방처우급·완화경비처우급 수형자에게 법 제77조 제1항에 따른 귀휴를 허가할 수 있다. 다만, 교화 또는 사회복귀 준비 등을 위하여 특히 필요한 경우에는 일반경비처우급 수형자에게도 이를 허가할 수 있다. [2019. 9급] 총 7회 기출

제130조【형기기준 등】 ① 법 제77조 제1항의 형기를 계산할 때 부정기형은 단기를 기준으로 하고, 2개 이상의 징역 또는 금고의 형을 선고받은 수형자의 경우에는 그 형기를 합산한다. [2013. 9급 경채]
② 법 제77조 제1항의 "1년 중 20일 이내의 귀휴" 중 "1년"이란 매년 1월 1일부터 12월 31일까지를 말한다.

제139조【귀휴허가증 발급 등】 소장은 귀휴를 허가한 때에는 별지 제4호서식의 귀휴허가부에 기록하고 귀휴 허가를 받은 수형자(이하 "귀휴자"라 한다)에게 별지 제5호서식의 귀휴허가증을 발급하여야 한다.

제140조【귀휴조건】 귀휴를 허가하는 경우 법 제77조 제3항에 따라 붙일 수 있는 조건(이하 "귀휴조건"이라 한다)은 다음 각 호와 같다.

[귀휴자 준수사항](시행규칙 제140조) [2019. 5급 승진] 총 3회 기출

1. 귀휴지 외의 지역 여행 금지
2. 유흥업소, 도박장, 성매매업소 등 건전한 풍속을 해치거나 재범 우려가 있는 장소 출입 금지
3. 피해자 또는 공범·동종범죄자 등과의 접촉금지
4. 귀휴지에서 매일 1회 이상 소장에게 전화보고[제141조 제1항(동행귀휴)는 제외한다.]
5. 그 밖에 귀휴 중 탈선 방지 또는 귀휴 목적 달성을 위하여 필요한 사항

제141조【동행귀휴 등】 ① 소장은 수형자에게 귀휴를 허가한 경우 필요하다고 인정하면 교도관을 동행시킬 수 있다. [2018. 7급] 총 2회 기출
② 소장은 귀휴자의 가족 또는 보호관계에 있는 사람으로부터 별지 제6호서식의 보호서약서를 제출받아야 한다.
③ 영 제97조 제1항에 따라 경찰관서의 장에게 귀휴사실을 통보하는 경우에는 별지 제7호서식에 따른다.

제142조【귀휴비용 등】 ① 귀휴자의 여비와 귀휴 중 착용할 복장은 본인이 부담한다. [2023. 7급] 총 4회 기출
② 소장은 귀휴자가 신청할 경우 작업장려금의 전부 또는 일부를 귀휴비용으로 사용하게 할 수 있다. [2020. 6급 승진] 총 4회 기출

제143조【귀휴조건 위반에 대한 조치】 소장은 귀휴자가 귀휴조건을 위반한 경우에는 법 제78조에 따라 귀휴를 취소하거나 이의 시정을 위하여 필요한 조치를 하여야 한다. [2018. 7급]
▶ 귀휴·외부통근, 그 밖의 사유로 소장의 허가를 받아 교도관의 계호 없이 교정시설 밖으로 나간 후에 정당한 사유 없이 기한까지 돌아오지 아니하는 행위를 한 수용자는 1년 이하의 징역에 처한다(법 제134조 제2호).

⊕ PLUS 귀휴요건 유의사항

1. 특별귀휴는 교정성적이 우수하지 않아도 그 요건에 해당하면 허가할 수 있다. [2014. 7급]
2. 특별귀휴는 경비처우급에 따른 제한이 없다. 그러므로 특별귀휴 사유만 있다면 중경비처우급 수형자도 특별귀휴가 가능하다.
3. 특별귀휴는 귀휴심사위원회 심사 거치지 않는 예외인정
4. 일반귀휴의 기간(1년 중 20일 이내)에는 특별귀휴 기간(5일 이내)이 포함되지 않는다. 즉 1년 중 일반귀휴 기간 20일을 모두 사용한 수형자라도 특별귀휴의 사유가 발생하면 특별귀휴가 가능하다.
5. 일반귀휴는 귀휴사유가 여러 번 발생하더라도 1년 중 20일 이내로 한정되지만 특별귀휴는 한번의 사유로 5일 이내의 귀휴가 가능하므로 만약 3번의 사유가 발생한다면 최다 15일의 특별귀휴가 가능하다. [2019. 7급]

(4) 귀휴심사위원회

[시행규칙]

제131조【설치 및 구성】 ① 법 제77조에 따른 수형자의 귀휴허가에 관한 심사를 하기 위하여 교정시설에 귀휴심사위원회(이하 이 절에서 "위원회"라 한다)를 둔다. [2023. 6급 승진]

② 위원회는 위원장을 포함한 6명 이상 8명 이하의 위원으로 구성한다. [2024. 7급 승진] 총 3회 기출

③ 위원장은 소장이 되며, 위원은 소장이 소속기관의 부소장·과장(지소의 경우에는 7급 이상의 교도관) 및 교정에 관한 학식과 경험이 풍부한 외부인사 중에서 임명 또는 위촉한다. 이 경우 외부위원은 2명 이상으로 한다. [2024. 7급] 총 6회 기출

제132조【위원장의 직무】 ① 위원장은 위원회를 소집하고 위원회의 업무를 총괄한다.

② 위원장이 부득이한 사유로 직무를 수행할 수 없을 때에는 부소장인 위원이 그 직무를 대행하고, 부소장이 없거나 부소장인 위원이 사고가 있는 경우에는 위원장이 미리 지정한 위원이 그 직무를 대행한다. [2024. 7급 승진]

제133조【회의】 ① 위원회의 회의는 위원장이 수형자에게 법 제77조 제1항 및 제2항에 따른 귀휴사유가 발생하여 귀휴심사가 필요하다고 인정하는 때에 개최한다.

② 위원회의 회의는 재적위원 과반수의 출석으로 개의하고, 출석위원 과반수의 찬성으로 의결한다. [2024. 7급 승진] 총 5회 기출

제134조【심사의 특례】 ① 소장은 토요일, 공휴일, 그 밖에 위원회의 소집이 매우 곤란한 때에 법 제77조 제2항 제1호의 사유(수형자의 가족 또는 배우자의 직계존속이 사망)가 발생한 경우에는 제129조 제1항에도 불구하고 위원회의 심사를 거치지 아니하고 귀휴를 허가할 수 있다. 다만, 이 경우 다음 각 호에 해당하는 부서의 장의 의견을 들어야 한다.

1. 수용관리를 담당하고 있는 부서
2. 귀휴업무를 담당하고 있는 부서

② 제1항 각 호에 해당하는 부서의 장은 제137조 제3항의 서류(귀휴심사부, 수용기록부, 그 밖에 귀휴심사에 필요하다고 인정되는 서류)를 검토하여 그 의견을 지체 없이 소장에게 보고하여야 한다.

제135조【심사사항】 위원회는 귀휴심사대상자(이하 이 절에서 "심사대상자"라 한다)에 대하여 다음 각 호의 사항을 심사해야 한다.

1. 수용관계	2. 범죄관계	3. 환경관계
1. 건강상태 2. 징벌유무 등 수용생활 태도 3. 작업·교육의 근면·성실 정도 4. 작업장려금 및 보관금 5. 사회적 처우의 시행 현황 6. 공범·동종범죄자 또는 심사대상자가 속한 범죄단체 구성원과의 교류 정도	1. 범행 시의 나이 2. 범죄의 성질 및 동기 3. 공범관계 4. 피해의 회복 여부 및 피해자의 감정 5. 피해자에 대한 보복범죄의 가능성 6. 범죄에 대한 사회의 감정	1. 가족 또는 보호자 2. 가족과의 결속 정도 3. 보호자의 생활상태 4. 접견·전화통화의 내용 및 횟수 5. 귀휴예정지 및 교통·통신 관계 6. 공범·동종범죄지 또는 심사대상자가 속한 범죄단체의 활동상태 및 이와 연계한 재범 가능성

▶ **비교**: 가석방 적격심사 신청시 소장의 사전조사

신원에 관한 사항 (1개월 이내)	범죄에 관한 사항 (2개월 이내)	보호에 관한 사항 (형기1/3지나기 전)

제136조【외부위원】① 외부위원의 임기는 2년으로 하며, 연임할 수 있다.

② 소장은 외부위원이 다음 각 호의 어느 하나에 해당하는 경우에는 해당 위원을 해촉할 수 있다.

> **[외부위원의 해촉사유]**(시행규칙 제136조 제2항)
> 1. 심신장애로 직무수행이 불가능하거나 현저히 곤란하다고 인정되는 경우
> 2. 직무와 관련된 비위사실이 있는 경우
> 3. 직무태만, 품위손상, 그 밖의 사유로 인하여 위원으로 적합하지 아니하다고 인정되는 경우
> 4. 위원 스스로 직무를 수행하는 것이 곤란하다고 의사를 밝히는 경우

③ 외부위원에게는 예산의 범위에서 수당과 여비를 지급할 수 있다.

제137조【간사】① 위원회의 사무를 처리하기 위하여 귀휴업무를 담당하는 교도관 중에서 간사 1명을 둔다.

② 간사는 위원장의 명을 받아 위원회의 사무를 처리한다.

③ 간사는 다음 각 호의 서류를 위원회에 제출하여야 한다.

> **[간사의 위원회 제출서류]**(시행규칙 제137조 제3항)
> 1. 별지 제2호서식의 귀휴심사부
> 2. 수용기록부
> 3. 그 밖에 귀휴심사에 필요하다고 인정되는 서류

④ 간사는 별지 제3호서식에 따른 위원회 회의록을 작성하여 유지하여야 한다.

제138조【사실조회 등】① 소장은 수형자의 귀휴심사에 필요한 경우에는 법 제60조제1항에 따라 사실조회를 할 수 있다.

② 소장은 심사대상자의 보호관계 등을 알아보기 위하여 필요하다고 인정하는 경우에는 그의 가족 또는 보호관계에 있는 사람에게 위원회 회의의 참석을 요청할 수 있다.

03 주말구금제도

(1) 의의

① **의의**: 형의 집행을 가정이나 직장생활을 하는 데 지장이 없는 토요일과 일요일인 주말에 실시하는 제도로 매 주말마다 형이 집행되는 형의 분할집행방법을 의미한다.

② **대상**: 장기형의 수형자에게는 부적당한 제도로 단기형 및 경범자를 대상으로 한다.

(2) 구별

주말에 시설수용되는 형의 집행이란 점에서 시설수용이 없는 가택구금과 구별되고, 주말 외의 봄·여름휴가 등을 이용하여 형의 분할집행을 하는 단속구금과 구별된다.

> **⊕ PLUS** 단속구금(斷續拘禁) 또는 계속구금(繼續拘禁)
> 휴일구금의 일종으로 비교적 장기의 휴가기간을 이용하거나 주말 이외의 휴일에 범죄인을 시설 내에 수용하고 형을 집행하는 구금방법이다.

(3) 연혁

① **독일:** 1943년 소년재판에서 주말구금제도를 최초로 시행하고, 1956년 주말구금과 휴일구금제도를 운영하다가 1960년 휴일구금은 폐지하였다.

② **영국:** 1948년 형사재판법은 경범죄인에게 직장에 지장이 없는 휴일에 출두하여 체재하게 하였다.

③ **벨기에:** 1963년 단기자유형의 대체형 집행수단으로 주말구금제를 반구금제와 함께 채용하였다.

▶ 종래의 소년에 대한 단기자유형의 폐해를 제거하기 위하여 새로이 채택된 제도로 휴일구금 · 주말구금 · 단속구금 등의 형태가 있다.

장점	단점
㉠ 경범죄자에 대한 명예감정을 자각	㉠ 국민의 응보적 법감정에 부적합
㉡ 단기자유형 악성감염 등 폐해 제거	㉡ 장기수형자에게 부적합
㉢ 기존의 직장생활과 가족과의 생활유지	㉢ 피해자와의 접촉 가능
㉣ 피해자에 대한 손해배상 가능	㉣ 계속 집행보다 가혹할 가능
	㉤ 원거리자 교통상 불편
	㉥ 주중 자유로운 생활 중 도주 우려

04 보스탈(Borstal)제도

(1) 의의

① **의의:** 보스탈이란 보호 또는 피난시설이란 뜻을 갖고 있으며 영국 켄트지방의 Borstal이란 곳에서 이런 시설이 있었던 것에서 일반화되었다. [2020. 9급]

② **대상:** 주로 16세부터 21세까지의 범죄소년을 1년 이상 3년 이하의 부정기간 수용하고 직업훈련 · 학과 교육 등을 실시하여 교정 · 교화하는 것이다. [2020. 9급]

(2) 제도의 발전

① **1897년 브라이스**(E. R. Brise): 군대식 엄격한 통제방식에서 출발하였다.

② **1906년 법제화:** 청소년과 성인을 격리하는 것을 근간으로 법제화하여 영국의 가장 효과적인 시설내 처우로 주목받았다. 16세 이상 21세 미만으로서 초범자에 한정되지 않고 징역형 선고 대신 1년 이상 3년 이하의 보스탈처우가 선고된 자를 수용하였다.

▶ 자치제는 인정되지 않음.

③ **1920년 보스탈:** 피터슨(A. Peterson)은 종래의 강압적 훈련과 기계적 복종심을 비판하고 직원들의 자상함과 완화된 훈련으로 보스탈제도를 개선 · 발전시켰다. 소년의 심리변화를 목적으로 하는 각종 처우방식을 적용하고, 15명 정도의 소그룹 생활단위를 편성하여 개별지도 하는 등 기숙사 · 사감제도를 활용하였다.

④ **1930년대 보스탈:** 개방처우 하에서 생산활동, 인근지역과의 관계, 수용자 간의 토의 등을 중시한 소년교정시설의 선구적 모델이 되었다.

단원별 지문 O/X

01 영국은 호스텔(Hostel)이라는 개방시설을 설치하여 행정형 외부통근제를 실시한다. ( ) [2009. 9급]

02 우리나라는 사법형 외부통근제를 원칙으로 하면서 행정형을 예외로 인정하고 있다. ( ) [2009. 9급]

03 행정형 외부통근제의 경우 장기수형자의 사회적 접촉기회를 제공하여 성공적인 사회복귀를 도모할 수 있다. ( ) [2009. 9급]

04 사법형 외부통근제는 수형자의 수형생활 적응에 도움이 되고, 국민의 응보적 법감정에 부합한다. ( ) [2016. 7급]

05 사법형 외부통근제는 수형자가 판결 전의 직업을 그대로 유지할 수 있으므로 직업이 중단되지 않고 가족의 생계를 유지시킬 수 있다. ( ) [2016. 7급]

06 사법형 외부통근제는 수형자에게 자율능력을 가진 노동을 허용하여 개인의 존엄을 유지하게 하는 심리적 효과가 있다. ( ) [2016. 7급]

07 사법형 외부통근제는 주말구금이나 야간구금과 같은 반구금제도와 함께 활용할 수 있다. ( ) [2016. 7급]

08 소장은 6개월 이상 형을 집행받은 수형자로서 그 형기의 3분의 1이 지나고 교정성적이 우수한 사람이 가족 또는 배우자의 직계존속이 위독한 때에는 형기 중 20일 이내의 귀휴를 허가할 수 있다. ( ) [2023. 7급]

09 귀휴자는 귀휴 중 천재지변이나 그 밖의 사유로 자신의 신상에 중대한 사고가 발생한 경우에는 가까운 교정시설이나 경찰관서에 신고하여야 한다. ( ) [2023. 7급]

10 귀휴기간은 형 집행 기간에 포함되나 특별귀휴기간은 형 집행 기간에 포함되지 않는다. ( ) [2023. 7급]

---

01 ○ 영국은 1954년 외부통근 수형자를 수용하는 호스텔(Hostel)이라는 개방시설을 일반교도소의 개방구역이나 교도소 외의 시가지에 특별히 설치하여 호스텔제의 형태로 행정형 외부통근제를 실시하였다.

02 × 우리나라는 행정형 외부통근제를 실시하고 있다.

03 ○ 행정형 외부통근제는 장기수형자들에게 사회의 접촉기회를 증가시켜 타성적인 습성을 교정하고 사회인으로서의 자율성 배양을 가능하게 한다.

04 ○ 행정형 외부통근제보다는 국민의 응보적 법감정에 부합하지 않는다.

05 ○ 사법형 외부통근제의 장점에 해당한다.

06 ○ 사법형 외부통근제의 장점에 해당한다.

07 ○ 사법형 외부통근제의 장점에 해당한다.

08 × 소장은 6개월 이상 형을 집행받은 수형자로서 그 형기의 3분의 1(21년 이상의 유기형 또는 무기형의 경우에는 7년)이 지나고 교정성적이 우수한 사람이 가족 또는 배우자의 직계존속이 위독한 때에는 1년 중 20일 이내의 귀휴를 허가할 수 있다(동법 제77조 제1항 제1호).

09 ○ 형집행법 시행령 제97조 제2항

10 × 일반귀휴와 특별귀휴의 기간은 형 집행기간에 포함한다(동법 제77조 제4항).

11 귀휴자의 여비는 본인이 부담하지만, 귀휴자가 신청할 경우 소장은 예산의 범위 내에서 지원할 수 있다. (　　　)

[2023. 7급]

12 귀휴심사위원회는 위원장을 포함한 5명 이상 7명 이하의 위원으로 구성한다. (　　　)　　　[2023. 6급 승진]

13 귀휴심사위원회의 회의는 재적위원 과반수의 출석으로 개의하고 출석위원 과반수의 찬성으로 의결한다. (　　　)

[2023. 6급 승진]

14 소장은 귀휴 중인 수형자가 귀휴의 허가사유가 존재하지 아니함이 밝혀진 때, 거소의 제한이나 그 밖에 귀휴허가에 붙인 조건을 위반한 때에 해당하면 귀휴를 취소하여야 한다. (　　　)　　　[2023. 6급 승진]

15 소장은 18년의 징역형이 확정되어 5년의 형을 집행받은 교정성적이 우수한 완화경비처우급 수형자 B에 대하여 배우자가 위독하다는 사유로 일반귀휴를 허가할 수 없다. (　　　)　　　[2023. 5급 승진]

16 소장은 서로 다른 두 개의 범죄로 3년의 징역형과 10년의 징역형이 확정되어 4년의 형을 집행받은 완화경비처우급 수형자 D에 대하여 국내기능경기대회 참가를 사유로 일반귀휴를 허가할 수 없다. (　　　)　　　[2023. 5급 승진]

17 주말구금제도는 형의 집행을 가정이나 직장생활을 하는 데 지장이 없는 토요일과 일요일인 주말에 실시하는 제도로 매 주말마다 형이 집행되는 형의 분할집행방법을 의미한다. (　　　)

18 주말구금제도의 주요 대상은 단기형의 수형자에게는 부적당한 제도로 장기형 및 중범자를 대상으로 한다. (　　　)

19 보스탈제도는 '보호' 또는 '피난시설'이란 뜻을 갖고 있으며, 영국 켄트지방의 지역 이름을 따 시설을 운영했던 것에서 일반화되어 오늘날 소년원의 대명사로 사용되곤 한다. 주로 16세에서 21세까지의 범죄소년을 수용하여 직업훈련 및 학과교육 등을 실시함으로써 교정, 교화하려는 제도이다. (　　　)　　　[2020. 9급]

---

11 ✕　귀휴자의 여비와 귀휴 중 착용할 복장은 본인이 부담한다(형집행법 시행규칙 제142조 제1항). 소장은 귀휴자가 신청할 경우 작업장려금의 전부 또는 일부를 귀휴비용으로 사용하게 할 수 있다(형집행법 시행규칙 제142조 제2항).

12 ✕　귀휴심사위원회는 위원장을 포함한 6명 이상 8명 이하의 위원으로 구성한다(형집행법 시행규칙 제131조).

13 ○　형집행법 시행규칙 제133조

14 ✕　소장은 귀휴 중인 수형자가 귀휴의 허가사유가 존재하지 아니함이 밝혀진 때, 거소의 제한이나 그 밖에 귀휴허가에 붙인 조건을 위반한 때에 해당하면 귀휴를 취소할 수 있다(형집행법 제78조).

15 ○　완화경비처우급 수형자(형집행법 시행규칙 제129조 제2항)에게 일반귀휴 사유(가족이 위독한 때)가 있으면 허가할 수 있으나(형집행법 제77조 제1항), 형기의 3분의 1(6년)이 지나지 않았으므로 일반귀휴를 허가할 수 있는 대상이 아니다(형집행법 제77조 제1항).

16 ○　완화경비처우급 수형자(형집행법 시행규칙 제129조 제2항)에게 일반귀휴 사유(국내기능경기대회의 참가)가 있으면 허가할 수 있으나(형집행법 시행규칙 제129조 제3항 제4호), 2개 이상의 징역 또는 금고의 형을 선고받은 수형자의 경우에는 그 형기를 합산(13년)하므로(형집행법 시행규칙 제130조 제1항) 형기의 3분의 1(4년 4개월)이 지나지 않아 일반귀휴를 허가할 수 있는 대상이 아니다(형집행법 제77조 제1항).

17 ○

18 ✕　주말구금제도의 주요 대상은 장기형의 수형자에게는 부적당한 제도로 단기형 및 경범자를 대상으로 한다.

19 ○　보스탈은 1897년 러글스 브라이스(Ruggles Brise)에 의해 창안된 것인데, 초기에는 군대식의 통제방식으로 엄격한 규율·분류수용·중노동 등이 처우의 기본원칙으로 적용되었다. 그 후 1906년 범죄방지법에 의해 보스탈제도가 법제화되면서 영국의 가장 효과적인 시설 내 처우로 주목받고 있다. 1920년 보스탈 감옥의 책임자 피터슨(Peterson)은 종래의 군대식 규율에 의한 강압적 훈련을 비판하고, 소년의 심리변화를 목적으로 하는 각종 처우방식을 적용하였다. 1930년대의 보스탈 제도는 개방처우 하에서 생산활동, 인근지역과의 관계, 수용자 간의 토의 등을 중시한 소년교정시설의 선구적 모델이 되었다.

제22장 / 수용자의 석방과 사망

제1절 수용자 석방

01 개요

(1) 의의
형집행법에 의한 수형자와 미결수용자, 소년법에 의한 보호처분대상자(소년원·소년분류심사원), 구 사회보호법에 의한 피보호감호대상자, 치료감호 등에 관한 법률에 의한 피치료감호대상자 등이 당해 시설에서 처우를 모두 마치고 구금 또는 보호처분이 해제되어 시설로부터 사회로 합법적으로 복귀하거나 시설처우 중 사망 또는 사형이 집행되는 것을 말한다.

(2) 시설 내 처우의 종료형태

구분	법정사유	기타사유
수형자	형기종료	가석방, 사면, 형의 집행정지 및 면제
미결수용자	① 구속기간의 종료, 무죄 ② 구속영장의 효력상실	구속취소, 보석, 불기소, 구속집행정지, 면소, 공소기각
소년분류심사원 위탁처우자	위탁기간 종료	심리불개시 또는 불처분 결정
보호소년·위탁소년	수용기간 종료(퇴원)	처분의 변경·취소, 임시퇴원
피치료감호대상자	기각 등의 선고	가종료, 치료위탁, 종료

▶ **상대적 부정기형**: 선고받은 소년의 형기종료일에 대하여 학설은 단기가 기준이지만, 현행법상으로는 장기를 형기종료일로 본다.

02 석방 전 준비제도

> **제57조 【처우】** ④ 소장은 가석방 또는 형기 종료를 앞둔 수형자 중에서 법무부령으로 정하는 일정한 요건을 갖춘 사람에 대해서는 가석방 또는 형기 종료 전 일정 기간 동안 지역사회 또는 교정시설에 설치된 개방시설에 수용하여 사회적응에 필요한 교육, 취업지원 등의 적정한 처우를 할 수 있다.
>
> **[시행령]**
>
> **제141조 【석방예정자 상담 등】** 소장은 수형자의 건전한 사회복귀를 위하여 필요하다고 인정하면 석방 전 3일 이내의 범위에서 석방예정자를 별도의 거실에 수용하여 장래에 관한 상담과 지도를 할 수 있다. [2020. 6급 승진] 총 4회 기출
>
> **제142조 【형기종료 석방예정자의 사전조사】** 소장은 형기종료로 석방될 수형자에 대하여는 석방 10일 전까지 석방 후의 보호에 관한 사항을 조사하여야 한다. [2024. 7급 승진] 총 4회 기출

📋 신입자 거실 vs 석방예정자 거실

신입자 거실수용 (시행령 제18조)	① 구금에 따른 충격완화 ② 시설내 적응훈련	① 수용된 날부터 3일 동안 (필요적 수용) ② 19세 미만, 특히 필요한 수형자 ⇨ 30일까지 연장 가능	작업부과 ×
석방예정자 거실 (시행령 제141조)	① 석방에 따른 충격완화 ② 사회적응훈련	① 석방前 3일 이내(임의적 수용) ② 연장 규정 없음	작업부과하지 않는다는 규정 없음

03 수용이력 등 통보

> **제126조의2 【석방예정자의 수용이력 등 통보】** ① 소장은 석방될 수형자의 재범방지, 자립지원 및 피해자 보호를 위하여 필요하다고 인정하면 해당 수형자의 수용이력 또는 사회복귀에 관한 의견을 그의 거주지를 관할하는 경찰관서나 자립을 지원할 법인 또는 개인에게 통보할 수 있다. 다만, 법인 또는 개인에게 통보하는 경우에는 해당 수형자의 동의를 받아야 한다.
> ② 제1항에 따라 통보하는 수용이력 또는 사회복귀에 관한 의견의 구체적인 사항은 대통령령으로 정한다.
>
> [시행령]
> **제143조 【석방예정자의 수용이력 등 통보】** ① 법 제126조의2 제1항 본문에 따라 통보하는 수용이력에는 다음 각 호의 사항이 포함되어야 한다.

> **[경찰관서 등에 통보하는 수용이력]**(시행령 제143조 제1항)
> 1. 성명
> 2. 주민등록번호 또는 외국인등록번호
> 3. 주민등록 상 주소 및 석방 후 거주지 주소
> 4. 죄명
> 5. 범죄횟수
> 6. 형명
> 7. 형기
> 8. 석방종류
> 9. 최초입소일
> 10. 형기종료일
> 11. 출소일
> 12. 범죄개요
> 13. 그 밖에 수용 중 특이사항으로서 석방될 수형자의 재범방지나 관련된 피해자 보호를 위해 특히 알릴 필요가 있는 사항

② 법 제126조의2 제1항 본문에 따라 통보하는 사회복귀에 관한 의견에는 다음 각 호의 사항이 포함되어야 한다.

> **[경찰관서 등에 통보하는 사회복귀에 관한 의견]**(시행령 제143조 제2항)
>
> 1. 성명
> 2. 생년월일
> 3. 주민등록상 주소 및 석방 후 거주지 주소
> 4. 수용기간 중 받은 직업훈련에 관한 사항
> 5. 수용기간 중 수상이력
> 6. 수용기간 중 학력변동사항
> 7. 수용기간 중 자격증 취득에 관한 사항
> 8. 그 밖에 석방될 수형자의 자립지원을 위해 특히 알릴 필요가 있는 사항

③ 법 제126조의2 제1항 본문에 따른 통보를 위한 수용이력 통보서와 사회복귀에 관한 의견 통보서의 서식은 법무부령으로 정한다.

④ 법 제126조의2 제1항 본문에 따라 석방될 수형자의 수용이력 또는 사회복귀에 관한 의견을 그의 거주지를 관할하는 경찰관서에 통보하는 경우에는 「형사사법절차 전자화 촉진법」 제2조 제4호에 따른 형사사법정보시스템을 통해 통보할 수 있다.

제144조【석방예정자의 보호조치】 소장은 수형자를 석방하는 경우 특히 필요하다고 인정하면 한국법무보호복지공단에 그에 대한 보호를 요청할 수 있다.

04 수용자의 석방사유

(1) 의의
수용자의 구금상태를 적법하게 해제하여 사회에 복귀시키는 것을 말하며 시설 내 처우의 최후단계이자 사회복귀의 최초단계를 의미한다.

(2) 법정사유
① **수형자**: 형기의 종료
② **미결수용자**: 구속기간의 종료 및 무죄 등의 선고

(3) 권한 있는 자의 명령에 의한 석방사유
① 가석방 결정으로 인한 석방
② 사면과 감형
   ㉠ **일반사면**: 죄를 범한 모든 자를 대상으로 하여 일반적으로 형의 전부를 사면하는 제도로서 대통령령으로 행하며, 국회의 동의를 요한다. 일반사면은 죄의 종류를 정하여야 한다. [2023. 보호 7급]
   ㉡ **특별사면**: 형의 선고를 받은 특정의 자를 대상으로 국회의 동의 없이 대통령이 행하며, 일반적으로는 형의 집행만을 면제하지만 특별한 경우에는 형의 선고효력도 상실하게 할 수 있다. [2023. 보호 7급]
   ㉢ **감형**: 형의 선고를 받을 자를 대상으로 하여 형의 양을 경감시켜 주는 제도로 형을 변경하는 일반감형과 형을 경감하는 특별감형이 있다.

⊕ PLUS 사면제도(사면법 제3조, 제5조)

구분	일반사면	특별사면	감형	복권
대상 (제3조)	죄를 범한 자	형을 선고 받은 자	형을 선고받은 자	형의 선고로 자격이 상실되거나 정지된 자
효과 (제5조 제1항)	형 선고의 효력이 상실되며, 형을 선고받지 아니한 자에 대하여는 공소권이 상실된다. 다만, 특별한 규정이 있는 경우 예외로 한다. [2023. 보호 7급]	형의 집행이 면제된다. 다만, 특별한 사정이 있을 때에는 이후 형 선고의 효력을 상실하게 할 수 있다.	**일반감형** 특별한 규정이 없는 경우에는 형을 변경한다. **특정한 자 감형** 형의 집행을 경감한다. 다만, 특별한 사정이 있는 경우 형을 변경할 수 있다.	형 선고의 효력으로 인하여 상실되거나 정지된 자격을 회복한다.

① 형의 집행유예를 선고받은 자에 대하여는 형 선고의 효력을 상실하게 하는 특별사면 또는 형을 변경하는 감형을 하거나 그 유예기간을 단축할 수 있다(제7조).
② 일반사면, 죄 또는 형의 종류를 정하여 하는 감형 및 일반에 대한 복권은 대통령령으로 한다. 이 경우 일반사면은 죄의 종류를 정하여야 한다(제8조).
③ 특별사면, 특정한 자에 대한 감형 및 복권은 대통령이 한다(제9조).
▶ 형의 선고에 따른 기성(旣成)의 효과는 사면, 감형 및 복권으로 인하여 변경되지 아니한다(제5조 제2항).

③ **형의 집행면제**: 형의 선고를 받았으나 형의 집행을 하지 않거나 집행받을 의무를 소멸시키는 제도로 판결 자체에 있어서 형의 선고를 받지 않는 형의 면제와 구별된다.

④ **형의 집행정지**
  ⊙ **사형의 집행정지**: 사형의 선고를 받은 자가 심신의 장애로 의사능력이 없는 상태에 있거나 잉태 중에 있는 여자인 때에는 법무부장관의 명령으로 집행을 정지한다. 형의 집행을 정지한 경우에는 심신장애의 회복 또는 출산 후 법무부장관의 명령에 의하여 형을 집행한다(형사소송법 제469조). [2018. 5급 승진]
  ⓒ **자유형의 집행정지**(형사소송법 제470조·제471조)

필요적 집행정지	징역, 금고 또는 구류의 선고를 받은 자가 심신의 장애로 의사능력이 없는 상태에 있는 때에는 형을 선고한 법원에 대응한 검찰청검사 또는 형의 선고를 받은 자의 현재지를 관할하는 검찰청검사의 지휘에 의하여 심신장애가 회복될 때까지 형의 집행을 정지한다.
임의적 집행정지	징역, 금고 또는 구류의 선고를 받은 자에 대하여 다음에 해당하는 사유가 있는 때에는 형을 선고한 법원에 대응한 검찰청검사 또는 형의 선고를 받은 자의 현재지를 관할하는 검찰청검사의 지휘에 의하여 형의 집행을 정지할 수 있다. [임의적 형집행정지 사유] 1. 형의 집행으로 인하여 현저히 건강을 해하거나 생명을 보전할 수 없을 염려가 있는 때 2. 연령 70세 이상인 때 3. 잉태 후 6월 이상인 때 4. 출산 후 60일을 경과하지 아니한 때 5. 직계존속이 연령 70세 이상 또는 중병이나 장애인으로 보호할 다른 친족이 없는 때 6. 직계비속이 유년으로 보호할 다른 친족이 없는 때 7. 기타 중대한 사유가 있는 때

(4) 미결수용자의 석방사유

① **무죄 등의 선고**: 무죄, 면소, 형의 면제, 형의 선고유예, 형의 집행유예, 공소기각 또는 벌금이나 과료를 과하는 판결이 선고된 때에는 구속영장은 효력을 잃는다(형사소송법 제331조).

② **구속의 취소**: 법원 또는 수사기관이 구속의 사유가 없거나 소멸된 때에 직권 또는 검사, 피고인, 변호인과 법정대리인 등의 청구에 의하여 구속된 피고인 또는 피의자를 석방하는 것을 말한다(형사소송법 제93조·제209조).

③ **불기소**: 검사는 양형의 조건(형법 제51조)을 참작하여 기소편의주의에 입각하여 공소권을 행사하지 아니하는 처분을 할 수 있다. 검사의 불기소처분이 있으면 구속되었던 자는 석방된다.

④ **보석**: 구속된 피고인에 대하여 보증금 납입 등을 조건으로 구속의 집행을 정지하여 피고인을 석방하는 제도이다. 보석에는 필요적 보석과 임의적 보석이 있으며 필요적 보석을 원칙으로 한다.

⑤ **구속의 집행정지**

　㉠ 법원 또는 수사기관이 상당한 이유가 있는 때에 결정으로 구속된 피고인·피의자를 친족, 보호단체 기타 적당한 자에게 부탁하거나 피고인·피의자의 주거를 제한하여 구속의 집행을 정지시키고 석방하는 제도이다.

　㉡ 구속의 집행정지결정에 대해서 검사는 즉시항고를 할 수 없고 보통항고의 방법으로 불복하여야 한다 (헌재 2012.6.27. 2011헌가36).

05 현행법상 석방규정

제123조 【석방】 소장은 사면·형기종료 또는 권한이 있는 사람의 명령에 따라 수용자를 석방한다.

제124조 【석방시기】 ① 사면, 가석방, 형의 집행면제, 감형에 따른 석방은 그 서류가 교정시설에 도달한 후 12시간 이내에 하여야 한다. 다만, 그 서류에서 석방일시를 지정하고 있으면 그 일시에 한다. [2024. 5급 승진] 총 13회 기출

② 형기종료에 따른 석방은 형기종료일에 하여야 한다. [2024. 7급 승진]

③ 권한이 있는 사람의 명령에 따른 석방은 서류가 도달한 후 5시간 이내에 하여야 한다. [2024. 7급 승진]

　▶ **권한 있는 사람의 명령**: 보석, 구속의 취소, 불기소, 구속의 집행정지, 형의 집행정지 등의 사유로 석방되는 경우를 말한다.

제125조 【피석방자의 일시수용】 소장은 피석방자가 질병이나 그 밖에 피할 수 없는 사정으로 귀가하기 곤란한 경우에 본인의 신청이 있으면 일시적으로 교정시설에 수용할 수 있다. [2024. 5급 승진] 총 4회 기출

제126조 【귀가여비의 지급 등】 소장은 피석방자에게 귀가에 필요한 여비 또는 의류가 없으면 법무부장관이 정하는 범위에서 이를 지급하거나 빌려 줄 수 있다. [2024. 5급 승진] 총 2회 기출

[시행령]

제145조 【귀가여비 등의 회수】 소장은 법 제126조에 따라 피석방자에게 귀가 여비 또는 의류를 빌려준 경우에는 특별한 사유가 없으면 이를 회수한다. [2020. 6급 승진]

제145조의2 【증명서의 발급】 소장은 다음 각 호에 해당하는 사람의 신청에 따라 교정시설에 수용된 사실 또는 수용되었다가 석방된 사실에 관한 증명서를 발급할 수 있다.

> **[수용 및 석방증명서 신청 대상자]**(시행령 제145조의2)
> 1. 수용자
> 2. 수용자가 지정한 사람
> 3. 피석방자
> 4. 피석방자가 지정한 사람

제145조의3【고유식별정보의 처리】 소장은 제145조의2에 따른 사무를 수행하기 위하여 불가피한 경우 「개인정보 보호법 시행령」 제19조에 따른 주민등록번호, 여권번호, 운전면허의 면허번호 또는 외국인등록번호가 포함된 자료를 처리할 수 있다.

> ▶ 소장은 수용자가 석방될 때 보관하고 있던 수용자의 휴대금품을 본인에게 돌려주어야 한다. 다만, 보관품을 한꺼번에 가져가기 어려운 경우 등 특별한 사정이 있어 수용자가 석방 시 소장에게 일정 기간 동안(1개월 이내의 범위로 한정한다) 보관품을 보관하여 줄 것을 신청하는 경우에는 그러하지 아니하다(법 제29조 제1항). [2024. 9급]

⚖ 판례 |

[1] 무죄 등 판결선고 후 석방대상 피고인이 교도소에서 지급한 각종 지급품의 회수, 수용시의 휴대금품 또는 수용 중 영치된 금품의 반환 내지 환급문제 때문에 임의로 교도관과 교도소에 동행하는 것은 무방하나 피고인의 동의를 얻지 않고 의사에 반하여 교도소로 연행하는 것은 허용될 수 없다(헌재 1997.12.24. 95헌마247). [2024. 6급 승진] [2023. 6급 승진]

[2] 형법 및 형집행법의 관련 규정을 종합하여 볼 때 수형자가 형기종료일의 24:00 이전에 석방을 요구할 권리를 가진다고는 볼 수 없고, 위 법률조항 때문에 노역장 유치명령을 받은 청구인이 원하는 특정한 시간에 석방되지 못하여 귀가에 어려움을 겪었다거나 추가 비용을 지출하는 등으로 경제적 불이익을 겪었다고 하더라도 이는 간접적, 반사적 불이익에 불과하고 그로 인하여 청구인의 헌법상 기본권이 직접 침해될 여지가 있다고 보기 어렵다(헌재 2013.5.21. 2013헌마301). [2019. 6급 승진] 총 2회 기출

단원별 지문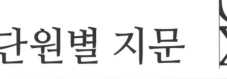

01 사면, 가석방, 형의 집행면제, 감형에 따른 석방은 그 서류가 교정시설에 도달한 후 5시간 이내에 하여야 한다. (   )

02 권한이 있는 사람의 명령에 따른 석방은 서류가 도달한 후 12시간 이내에 하여야 한다. (   )   [2021. 6급 승진]

03 소장은 수형자의 건전한 사회복귀를 위하여 필요하다고 인정하면 석방 전 5일 이내의 범위에서 석방예정자를 별도의 거실에 수용하여 장래에 관한 상담과 지도를 할 수 있다. (   )   [2021. 6급 승진]

04 소장은 형기종료로 석방될 수형자에 대하여는 석방 7일 전까지 석방 후의 보호에 관한 사항을 조사하여야 한다. (   )
[2021. 6급 승진]

05 소장은 사면·형기종료 또는 권한이 있는 사람의 명령에 따라 수용자를 석방한다. (   )   [2022. 6급 승진]

06 사면, 가석방, 형의 집행면제, 감형에 따른 석방은 그 서류가 교정시설에 도달한 후 24시간 이내에 하여야 한다. (   )
[2022. 6급 승진]

07 형기종료에 따른 석방은 형기종료일에 하여야 한다. (   )   [2022. 6급 승진]

08 소장은 형기종료로 석방될 수형자에 대하여는 석방 10일 전까지 석방 후의 보호에 관한 사항을 조사하여야 한다. (   )
[2022. 5급 승진]

09 소장은 피석방자가 질병이나 그 밖에 피할 수 없는 사정으로 귀가하기 곤란한 경우에 본인의 신청이 있으면 일시적으로 교정시설에 수용할 수 있다. (   )   [2022. 5급 승진]

10 소장은 피석방자에게 귀가에 필요한 여비 또는 의류가 없으면 법무부장관이 정하는 범위에서 이를 지급하거나 빌려 줄 수 있다. (   )   [2022. 5급 승진]

11 소장은 수형자를 석방하는 경우 특히 필요하다고 인정하면 한국법무보호복지공단에 그에 대한 보호를 요청할 수 있다. (   )   [2022. 5급 승진]

---

01 ✕   사면, 가석방, 형의 집행면제, 감형에 따른 석방은 그 서류가 교정시설에 도달한 후 12시간 이내에 하여야 한다(형집행법 제124조).

02 ✕   권한이 있는 사람의 명령에 따른 석방은 서류가 도달한 후 5시간 이내에 하여야 한다(형집행법 제124조).

03 ✕   소장은 수형자의 건전한 사회복귀를 위하여 필요하다고 인정하면 석방 전 3일 이내의 범위에서 석방예정자를 별도의 거실에 수용하여 장래에 관한 상담과 지도를 할 수 있다(형집행법 시행령 제141조).

04 ✕   소장은 형기종료로 석방될 수형자에 대하여는 석방 10일 전까지 석방 후의 보호에 관한 사항을 조사하여야 한다(형집행법 시행령 제142조).

05 ○   형집행법 제123조

06 ✕   사면, 가석방, 형의 집행면제, 감형에 따른 석방은 그 서류가 교정시설에 도달한 후 12시간 이내에 하여야 한다(형집행법 제124조).

07 ○   형집행법 제124조

08 ○   형집행법 시행령 제142조

09 ○   형집행법 제125조

10 ○   형집행법 제126조

11 ○   형집행법 제144조

제2절 사망

01 개요

(1) 사망
인위적인 사형집행에 의한 사망과 수용사고의 일종으로서의 자연사(병사)와 변사(자살, 타살, 사고사)를 포함한다.

(2) 검시
① 검시라 함은 변사자 또는 변사의 의심이 있는 시체에 대하여 범죄의 혐의 유무를 판단하기 위하여 시체 및 그 주변 환경을 종합적으로 조사하는 것으로 행정검시와 사법검시로 구분된다.
② 행정검시와 사법검시

행정검시	교정시설의 장 (소장)	범죄와 관계없는 변사체에 대해 사인규명, 감염병 예방, 시체처리 등 행정적 목적을 위해 시행하는 것이다.	질병으로 사망 - 의무관: 사망장 기록 자살·변사 - 소장 ┬ 검사·법원 통보 └ 사망장 기록
사법검시	수사기관	범죄와 관련 있는 변사체를 검사하는 것을 말한다.	

02 사망 후의 조치

제127조【사망 알림】 소장은 수용자가 사망한 경우에는 그 사실을 즉시 그 가족(가족이 없는 경우에는 다른 친족)에게 알려야 한다. [2016. 7급]

제128조【시신의 인도 등】 ① 소장은 사망한 수용자의 친족 또는 특별한 연고가 있는 사람이 그 시신 또는 유골의 인도를 청구하는 경우에는 인도하여야 한다. 다만, 제3항에 따라 자연장을 하거나 집단으로 매장을 한 후에는 그러하지 아니하다.

② 소장은 제127조에 따라 수용자가 사망한 사실을 알게 된 사람이 다음 각 호의 어느 하나에 해당하는 기간 이내에 그 시신을 인수하지 아니하거나 시신을 인수할 사람이 없으면 임시로 매장하거나 화장 후 봉안하여야 한다. 다만, 감염병 예방 등을 위하여 필요하면 즉시 화장하여야 하며, 그 밖에 필요한 조치를 할 수 있다. [2016. 7급]

[인수가 없을 시 임시매장과 화장하여 봉안 기일](법 제128조 제2항)
1. **임시로 매장하려는 경우:** 사망한 사실을 알게 된 날부터 3일
2. **화장하여 봉안하려는 경우:** 사망한 사실을 알게 된 날부터 60일

③ 소장은 제2항에 따라 시신을 임시로 매장하거나 화장하여 봉안한 후 2년이 지나도록 시신의 인도를 청구하는 사람이 없을 때에는 다음 각 호의 구분에 따른 방법으로 처리할 수 있다.

[2년 경과 후 조치](법 제128조 제3항)
1. **임시로 매장한 경우:** 화장 후 자연장을 하거나 일정한 장소에 집단으로 매장
2. **화장하여 봉안한 경우:** 자연장

④ 소장은 병원이나 그 밖의 연구기관이 학술연구상의 필요에 따라 수용자의 시신인도를 신청하면 본인의 유언 또는 상속인의 승낙이 있는 경우에 한하여 인도할 수 있다. [2016. 7급]

⑤ 소장은 수용자가 사망하면 법무부장관이 정하는 범위에서 화장·시신인도 등에 필요한 비용을 인수자에게 지급할 수 있다. [2016. 7급]

[시행령]

제146조【사망 알림】 소장은 법 제127조에 따라 수용자의 사망 사실을 알리는 경우에는 사망 일시·장소 및 사유도 같이 알려야 한다.

> 1. 소장은 미결수용자가 위독하거나 사망한 경우에는 그 사실을 검사에게 통보하고, 기소된 상태인 경우에는 법원에도 지체 없이 통보하여야 한다(시행령 제105조).
> 2. 소장은 사망자의 유류금품이 있으면 사망자의 경우에는 그 상속인에게 그 내용 및 청구절차 등을 알려 주어야 한다. 다만, 썩거나 없어질 우려가 있는 것은 폐기할 수 있다. 소장은 상속인이 유류금품을 내어달라고 청구하면 지체 없이 내어주어야 한다. 다만, 알림을 받은 날(알려줄 수가 없는 경우에는 청구사유가 발생한 날)부터 1년이 지나도 청구하지 아니하면 그 금품은 국고에 귀속된다(법 제28조). [2024. 9급]

제147조【검시】 소장은 수용자가 사망한 경우에는 그 시신을 검사하여야 한다.

> ▶ 소장은 사형을 집행하였을 경우에는 시신을 검사한 후 5분이 지나지 아니하면 교수형에 사용한 줄을 풀지 못한다(시행령 제111조).

제148조【사망 등 기록】 ① 의무관은 수용자가 질병으로 사망한 경우에는 사망장에 그 병명·병력·사인 및 사망일시를 기록하고 서명하여야 한다.
② 소장은 수용자가 자살이나 그 밖에 변사한 경우에는 그 사실을 검사에게 통보하고, 기소된 상태인 경우에는 법원에도 통보하여야 하며 검시가 끝난 후에는 검시자·참여자의 신분·성명과 검시 결과를 사망장에 기록하여야 한다.
③ 소장은 법 제128조에 따라 시신을 인도, 화장(火葬), 임시 매장, 집단 매장 또는 자연장을 한 경우에는 그 사실을 사망장에 기록하여야 한다.

제150조【임시 매장지의 표지 등】 ① 소장은 시신을 임시 매장하거나 봉안한 경우에는 그 장소에 사망자의 성명을 적은 표지를 비치하고, 별도의 장부에 가족관계 등록기준지, 성명, 사망일시를 기록하여 관리하여야 한다.
② 소장은 시신 또는 유골을 집단 매장한 경우에는 집단 매장된 사람의 가족관계 등록기준지, 성명, 사망일시를 집단 매장부에 기록하고 그 장소에 묘비를 세워야 한다.

사망자 조치	인수자 대기	인도청구기간	기간경과후 조치
임시매장하려는 경우	사망을 알게 된 날부터 3일	2년 경과	화장 후 자연장 또는 집단매장
화장후 봉안하려는 경우	사망을 알게 된 날부터 60일		자연장

▶ 감염병 예방을 위해 필요한 경우 즉시 화장, 필요한 조치

⊕ PLUS [용어의 정의](장사 등에 관한 법률 제2조)

1. **매장**: 시신(임신 4개월 이후에 죽은 태아를 포함)이나 유골을 땅에 묻어 장사하는 것
2. **화장**: 시신이나 유골을 불에 태워 장사하는 것
3. **자연장**: 화장한 유골의 골분을 수목·화초·잔디 등의 밑이나 주변에 묻어 장사하는 것
4. **봉안**: 유골을 봉안시설에 안치하는 것

단원별 지문 OX

01 소장은 수용자가 사망한 경우에는 그 사실을 즉시 그 가족(가족이 없는 경우에는 다른 친족)에게 알려야 한다. 이 경우 사망 일시 · 장소 및 사유도 같이 알려야 한다. (　　) [2022. 5급 승진]

02 소장은 수용자가 질병으로 사망한 경우에는 사망장에 그 병명 · 병력 · 사인 및 사망일시를 기록하고 서명하여야 한다. (　　) [2022. 5급 승진]

03 소장은 법 제128조에 따라 시신을 인도, 화장, 임시 매장, 집단 매장 또는 자연장으로 한 경우에는 그 사실을 사망장에 기록하여야 한다. (　　) [2022. 5급 승진]

04 소장은 시신을 임시 매장하거나 봉안한 경우에는 그 장소에 사망자의 성명을 적은 표지를 비치하고, 별도의 장부에 주민등록지, 성명, 사망일시를 기록하여 관리하여야 한다. (　　) [2022. 5급 승진]

05 소장은 사망한 수용자를 임시로 매장하려는 경우, 수용자가 사망한 사실을 알게 된 사람이 그 사실을 알게 된 날부터 3일 이내에 서신을 인수하지 아니하거나 시신을 인수할 사람이 없으면 임시로 매장하여야 한다. (　　) [2024. 6급 승진]

06 소장은 시신을 임시로 매장한 후 2년이 지나도록 시신의 인도를 청구하는 사람이 없을 때에는 일정한 장소에 집단으로 매장하여 처리할 수 있다. (　　) [2024. 6급 승진]

07 소장은 사망한 수용자를 화장하여 봉안하려는 경우, 수용자가 사망한 사실을 알게 된 사람이 그 사실을 알게 된 날부터 30일 이내에 시신을 인수하지 아니하거나 시신을 인수할 사람이 없으면 화장 후 봉안하여야 한다. (　　) [2024. 6급 승진]

08 소장은 시신을 화장하여 봉안한 후 2년이 지나도록 시신의 인도를 청구하는 사람이 없을 때에는 자연장으로 처리할 수 있다. (　　) [2024. 6급 승진]

---

01 ○ 형집행법 제127조, 동법 시행령 제146조

02 × 의무관은 수용자가 질병으로 사망한 경우에는 사망장에 그 병명 · 병력 · 사인 및 사망일시를 기록하고 서명하여야 한다(형집행법 시행령 제148조 제1항).

03 ○ 형집행법 시행령 제148조 제3항

04 × 소장은 시신을 임시 매장하거나 봉안한 경우에는 그 장소에 사망자의 성명을 적은 표지를 비치하고, 별도의 장부에 가족관계등록기준지, 성명, 사망일시를 기록하여 관리하여야 한다(형집행법 시행령 제150조).

05 ○ 형집행법 제128조 제2항

06 ○ 소장은 시신을 임시로 매장하거나 화장하여 봉안한 후 2년이 지나도록 시신의 인도를 청구하는 사람이 없을 때에는 ㉠ 임시로 매장한 경우에는 화장 후 자연장을 하거나 일정한 장소에 집단으로 매장할 수 있고, ㉡ 화장하여 봉안한 경우에는 자연장을 할 수 있다(형집행법 제128조 제3항).

07 × 소장은 수용자가 사망한 사실을 알게 된 사람이 ㉠ 임시로 매장하려는 경우에는 사망한 사실을 알게 된 날부터 3일 이내, ㉡ 화장하여 봉안하려는 경우에는 사망한 사실을 알게 된 날부터 60일 이내에 그 시신을 인수하지 아니하거나 시신을 인수할 사람이 없으면 임시로 매장하거나 화장 후 봉안하여야 한다. 다만, 감염병 예방 등을 위하여 필요하면 즉시 화장하여야 하며, 그 밖에 필요한 조치를 할 수 있다(형집행법 제128조 제2항).

08 ○ 형집행법 제128조 제3항

제23장 / 민간인의 교정참여와 가석방제도

제1절 민간인사의 교정참여

★ 핵심정리 교정자문위원회 vs 교정위원

구분	교정자문위원회(법 제129조)	교정위원(법 제130조)
목적	수용자의 관리 · 교정교화 등 사무에 관한 지방교정청장의 자문	수용자의 교육 · 교화 · 의료 그 밖에 수용자의 처우 후원
구성	• 10명 이상 15명 이하의 외부위원(여성 4명 이상) • 임기 2년, 연임가능	명예직
위촉절차	지방교정청장의 추천을 받아 법무부장관이 위촉	소장의 추천을 받아 법무부장관이 위촉
지켜야 할 사항	활동 중에 알게 된 교정시설의 안전과 질서 및 수용자의 신상에 관한 사항을 외부에 누설하거나 공개해서는 안 된다.	

01 교정자문위원회

(1) 의의
외부인사만으로 구성되는 교정자문위원회를 설치하여 외부자원을 수용자의 교정교화에 활용하고 교정행정의 투명성을 제고함으로써 교정행정의 발전을 도모하고 국민의 신뢰를 확보하고 있다.

(2) 설치 및 구성

제129조【교정자문위원회】 ① 수용자의 관리 · 교정교화 등 사무에 관한 지방교정청장의 자문에 응하기 위하여 지방교정청에 교정자문위원회(이하 이 조에서 "위원회"라 한다)를 둔다. [2024. 5급 승진] 총 4회 기출
② 위원회는 10명 이상 15명 이하의 위원으로 성별을 고려하여 구성하고, 위원장은 위원 중에서 호선하며, 위원은 교정에 관한 학식과 경험이 풍부한 외부인사 중에서 지방교정청장의 추천을 받아 법무부장관이 위촉한다. [2021. 9급] 총 3회 기출
③ 이 법에 규정된 사항 외에 위원회에 관하여 필요한 사항은 법무부령으로 정한다.

[시행규칙]

제264조【기능】 법 제129조 제1항의 교정자문위원회(이하 이 편에서 "위원회"라 한다)의 기능은 다음 각 호와 같다.

[교정자문위원회의 기능](시행규칙 제264조) [2024. 7급 승진]
1. 교정시설의 운영에 관한 자문에 대한 응답 및 조언
2. 수용자의 음식 · 의복 · 의료 · 교육 등 처우에 관한 자문에 대한 응답 및 조언
3. 노인 · 장애인수용자 등의 보호, 성차별 및 성폭력 예방정책에 관한 자문에 대한 응답 및 조언
4. 그 밖에 지방교정청장이 자문하는 사항에 대한 응답 및 조언

제23장 민간인의 교정참여와 가석방제도 **415**

제265조 【구성】 ① 위원회에 부위원장을 두며, 위원 중에서 호선한다. [2018. 8급 승진]

② 위원 중 4명 이상은 여성으로 한다. [2021. 9급] 총 3회 기출

③ 지방교정청장이 위원을 추천하는 경우에는 별지 제29호서식의 교정자문위원회 위원 추천서를 법무부장관에게 제출하여야 한다. 다만, 재위촉의 경우에는 지방교정청장의 의견서로 추천서를 갈음한다.

제266조 【임기】 ① 위원의 임기는 2년으로 하며, 연임할 수 있다. [2024. 7급 승진]

② 지방교정청장은 위원의 결원이 생긴 경우에는 결원이 생긴 날부터 30일 이내에 후임자를 법무부장관에게 추천해야 한다.

③ 결원이 된 위원의 후임으로 위촉된 위원의 임기는 전임자 임기의 남은 기간으로 한다.

제267조 【위원장의 직무】 ① 위원장은 위원회를 소집하고 위원회의 업무를 총괄한다.

② 위원장이 부득이한 사유로 직무를 수행할 수 없을 때에는 부위원장이 그 직무를 대행하고, 부위원장도 부득이한 사유로 직무를 수행할 수 없을 때에는 위원장이 미리 지명한 위원이 그 직무를 대행한다. [2021. 9급]

제268조 【회의】 ① 위원회의 회의는 위원 과반수의 요청이 있거나 지방교정청장이 필요하다고 인정하는 경우에 개최한다. [2024. 7급 승진]

② 위원회는 재적위원 과반수의 출석으로 개의하고 출석위원 과반수의 찬성으로 의결한다.

③ 위원회의 회의는 공개하지 아니한다. 다만, 위원회의 의결을 거친 경우에는 공개할 수 있다.

제269조 【지켜야 할 사항】 ① 위원은 다음 사항을 지켜야 한다.

> **[교정자문위원이 지켜야 할 사항]**(시행규칙 제269조 제1항)
> 1. 직위를 이용하여 영리 행위를 하거나 업무와 관련하여 금품·접대를 주고받지 아니할 것
> 2. 자신의 권한을 특정인이나 특정 단체의 이익을 위하여 행사하지 아니할 것
> 3. 업무 수행 중 알게 된 사실이나 개인 신상에 관한 정보를 누설하거나 개인의 이익을 위하여 이용하지 아니할 것

② 위원은 별지 제30호서식의 서약서에 규정된 바에 따라 제1항의 내용을 지키겠다는 서약을 해야 한다.

제270조 【위원의 해촉】 법무부장관은 외부위원이 다음 각 호의 어느 하나에 해당하는 경우에는 지방교정청장의 건의를 받아 해당 위원을 해촉할 수 있다.

> **[교정자문위원 해촉사유]**(시행규칙 제270조)
> 1. 심신장애로 직무수행이 불가능하거나 현저히 곤란하다고 인정되는 경우
> 2. 직무와 관련된 비위사실이 있는 경우
> 3. 제269조에 따라 지켜야 할 사항을 위반하였을 경우
> 4. 직무태만, 품위 손상, 그 밖의 사유로 인하여 위원으로서 직무를 수행하기 적합하지 아니하다고 인정되는 경우
> 5. 위원 스스로 직무를 수행하는 것이 곤란하다고 의사를 밝히는 경우

제271조 【간사】 ① 위원회의 사무를 처리하기 위하여 위원회에 간사 1명을 둔다. 간사는 해당 지방교정청의 총무과장 또는 6급 이상의 교도관으로 한다.

② 간사는 회의에 참석하여 위원회의 심의사항에 대한 설명을 하거나 필요한 발언을 할 수 있으며, 별지 제31호서식의 교정자문위원회 회의록을 작성하여 유지하여야 한다.

제272조 【수당】 지방교정청장은 위원회의 회의에 참석한 위원에게는 예산의 범위에서 수당을 지급할 수 있다.

02 교정위원제도

(1) 의의
① 수용자의 교정ㆍ교화활동은 교정당국에 의해 주도되고 있으나 전문인력의 부족, 다양한 교화프로그램의 한계 등의 어려움이 있어 민간자원의 참여가 확대되는 추세에 있다.
② 교화위원, 종교위원, 교육위원, 의료위원, 취업ㆍ창업위원 등이 있다.

(2) 교정위원의 활동

제130조【교정위원】 ① 수용자의 교육ㆍ교화ㆍ의료, 그 밖에 수용자의 처우를 후원하기 위하여 교정시설에 교정위원을 둘 수 있다. [2024. 7급 승진]
② 교정위원은 명예직으로 하며 소장의 추천을 받아 법무부장관이 위촉한다. [2023. 6급 승진] 총 2회 기출

[시행령]

제151조【교정위원】 ① 소장은 법 제130조에 따라 교정위원을 두는 경우 수용자의 개선을 촉구하고 안정된 수용생활을 하게 하기 위하여 교정위원에게 수용자를 교화상담하게 할 수 있다.
② 교정위원은 수용자의 고충 해소 및 교정ㆍ교화를 위하여 필요한 의견을 소장에게 건의할 수 있다. [2024. 7급 승진]
③ 교정위원의 임기, 위촉 및 해촉, 지켜야 할 사항 등에 관하여 필요한 사항은 법무부장관이 정한다.

제152조【외부인사가 지켜야 할 사항】 교정위원, 교정자문위원, 그 밖에 교정시설에서 활동하는 외부인사는 활동 중에 알게 된 교정시설의 안전과 질서 및 수용자의 신상에 관한 사항을 외부에 누설하거나 공개해서는 안 된다. [2024. 7급 승진]

⊕ **PLUS** 분야별 외부위원 명칭

형의 집행 및 수용자의 처우에 관한 법률	① 교정위원(종교ㆍ교화ㆍ의료ㆍ교육)제도 ② 교정자문위원회(순수 외부인사만의 조직)
보호관찰 등에 관한 법률	범죄예방위원
소년법	자원보호자
보호소년 등의 처우에 관한 법률	소년보호위원

---

03 기부금품의 접수와 사용

제131조【기부금품의 접수】 소장은 기관ㆍ단체 또는 개인이 수용자의 교화 등을 위하여 교정시설에 자발적으로 기탁하는 금품을 받을 수 있다.

[시행령]

제153조【기부금품의 접수 등】 ① 소장은 법 제131조의 기부금품을 접수하는 경우에는 기부한 기관ㆍ단체 또는 개인(이하 이 장에서 "기부자"라 한다)에게 영수증을 발급하여야 한다. 다만, 익명으로 기부하거나 기부자를 알 수 없는 경우에는 그러하지 아니하다.
② 소장은 기부자가 용도를 지정하여 금품을 기부한 경우에는 기부금품을 그 용도에 사용하여야 한다. 다만, 지정한 용도로 사용하기 어려운 특별한 사유가 있는 경우에는 기부자의 동의를 받아 다른 용도로 사용할 수 있다.
③ 교정시설의 기부금품 접수ㆍ사용 등에 관하여 필요한 사항은 법무부장관이 정한다.

단원별 지문 O̷X̷

01 수용자의 관리·교정교화 등 사무에 관한 소장의 자문에 응하기 위하여 교도소에 교정자문위원회를 둔다. (   )
[2021. 9급]

02 교정자문위원회는 5명 이상 7명 이하의 위원으로 성별을 고려하여 구성하고, 위원장은 위원 중에서 호선하며, 위원은 교정에 관한 학식과 경험이 풍부한 외부인사 중에서 소장의 추천을 받아 법무부장관이 위촉한다. (   ) [2021. 9급]

03 교정자문위원회 위원장이 부득이한 사유로 직무를 수행할 수 없을 때에는 부위원장이 그 직무를 대행하고, 부위원장도 부득이한 사유로 직무를 수행할 수 없을 때에는 위원 중 연장자인 위원이 그 직무를 대행한다. (   ) [2021. 9급]

04 교정자문위원회 위원 중 4명 이상은 여성으로 한다. (   )
[2021. 9급]

05 교정자문위원회는 교정시설의 운영과 노인·장애인수용자 등의 보호, 성차별 및 성폭력 예방정책에 관한 자문에 대한 응답 및 조언을 한다. (   )
[2012. 7급]

06 교정자문위원회의 위원은 교정에 관한 학식과 경험이 풍부한 외부인사 중에서 지방교정청장이 위촉한다. (   )
[2012. 7급]

07 교정자문위원회의 회의는 공개하지 아니한다. 다만, 위원회의 의결을 거친 경우에는 공개할 수 있다. (   ) [2012. 7급]

08 교정자문위원회의 회의는 위원 과반수의 요청이 있거나 지방교정청장이 필요하다고 인정하는 경우에 개최한다. (   )
[2012. 7급]

09 교정위원은 명예직으로 하며 소장의 추천을 받아 법무부장관이 위촉한다. (   )   [2024. 6급 승진]

10 교정위원은 수용자의 고충 해소 및 교정·교화를 위하여 필요한 의견을 소장에게 건의할 수 있다. (   ) [2024. 6급 승진]

---

01 ✕ 수용자의 관리·교정교화 등 사무에 관한 지방교정청장의 자문에 응하기 위하여 지방교정청에 교정자문위원회를 둔다(형집행법 제129조 제1항).

02 ✕ 위원회는 10명 이상 15명 이하의 위원으로 성별을 고려하여 구성하고, 위원장은 위원 중에서 호선하며, 위원은 교정에 관한 학식과 경험이 풍부한 외부인사 중에서 지방교정청장의 추천을 받아 법무부장관이 위촉한다(형집행법 제129조 제2항).

03 ✕ 위원장이 부득이한 사유로 직무를 수행할 수 없을 때에는 부위원장이 그 직무를 대행하고, 부위원장도 부득이한 사유로 직무를 수행할 수 없을 때에는 위원장이 미리 지명한 위원이 그 직무를 대행한다(형집행법 시행규칙 제267조 제2항).

04 ○ 형집행법 시행규칙 제265조 제2항

05 ○ 교정자문위원회의 기능은 ㉠ 교정시설의 운영에 관한 자문에 대한 응답 및 조언, ㉡ 수용자의 음식·의복·의료·교육 등 처우에 관한 자문에 대한 응답 및 조언, ㉢ 노인·장애인수용자 등의 보호, 성차별 및 성폭력 예방정책에 관한 자문에 대한 응답 및 조언, ㉣ 그 밖에 지방교정청장이 자문하는 사항에 대한 응답 및 조언이다(형집행법 시행규칙 제264조).

06 ✕ 위원은 교정에 관한 학식과 경험이 풍부한 외부인사 중에서 지방교정청장의 추천을 받아 법무부장관이 위촉한다(형집행법 제129조 제2항).

07 ○ 형집행법 시행규칙 제268조 제3항

08 ○ 형집행법 시행규칙 제268조 제1항

09 ○ 형집행법 제130조 제1항

10 ○ 형집행법 시행령 제151조 제2항

제2절 가석방제도

01 형사정책적 의의

(1) 의의
① **행정처분**: 가석방이란 수형자의 사회복귀를 촉진하기 위하여 징역 또는 금고의 집행 중에 있는 사람이 교정성적이 우수하고 재범의 위험성이 없다고 인정될 때 그 형기가 만료되기 전에 조건부로 석방을 하는 행정처분이다.
② **형집행종료**: 가석방이 취소 또는 실효됨이 없이 일정기간을 경과하면 형집행이 종료된 것으로 간주된다.
③ **구별**: 선시제도는 요건이 충족되면 반드시 석방해야 하고 보호관찰을 받지 않는다는 점에서 가석방심사위원회의 심사와 보호관찰을 받는 가석방과 구별된다.

(2) 법적 성격
① **은사설**: 성실한 수용생활에 대한 국가의 시혜·은혜의 일종으로 보는 것으로, 포상설이라고도 한다.
② **구체적 정의설**: 법률상 형식적 정의를 지양하고, 개선된 수형자를 조기석방 등 구체적 정의를 실현하는 것으로 본다.
③ **권리설**: 수형자의 신청권에 의한 권리적 성질로 보는 견해이다.
④ **사회방위설**: 임시석방기간 동안 사회에 부적응하는 자는 재수용하는 사회방위의 일환으로 보는 견해이다. 형법(제73조의2 제2항)에서 가석방자에게 원칙적으로 보호관찰을 부과하도록 규정하고 있는 것은 사회방위적 성격을 나타낸 것이다.
⑤ **행정처분설**: 사회적응능력이 있고 재범우려가 없는 수형자는 가석방해야 한다는 형벌개별화를 강조한 것으로, 형법(제72조)은 가석방이 행정처분임을 명시하고 있다. [2018. 9급]
⑥ **행형제도설**: 형집행단계의 일환으로 이해하는 것으로, 가석방제도가 구(舊) 누진처우제도와 결합하여 행해진 사실은 이를 뒷받침 하는 것이라 할 수 있다.
⑦ **결론**: 어느 한 견해만으로 해석할 수 없고, 현행법상으로는 행정처분으로 되어 있지만 여기에는 사회방위 및 행형제도의 성격도 포함되어 있다고 볼 수 있고, 나아가 포상적 성격도 전혀 없다고는 볼 수 없다.

(3) 목적
① **자기 개선노력의 촉구**: 가석방은 수형자로 하여금 자신의 노력에 따라 석방기일을 앞당길 수 있다는 동기와 희망을 부여함으로써 스스로의 교화개선을 촉구하게 한다.
② **수용질서의 유지**: 가석방의 혜택을 받기 위해 모범적인 수용생활을 하게 되므로 수용질서가 확립되는 바람직한 효과를 거둘 수 있다.
③ **사회적응과 재범방지**: 형기만료 전 임시 석방으로 그 잔여 형기 동안 사회적응력을 길러 재범을 범하지 않도록 예방할 수 있다.
④ **수용경비의 절감**: 가석방은 구금에 따르는 소요경비 절감에 기여한다.
⑤ **과밀수용의 해소**: 가석방은 교정시설의 수용인원을 감축하는 효과를 가져와 과밀수용에 따르는 부작용을 해소하는 효과를 거둘 수 있다.
⑥ **정기형제도의 결함 보충**: 가석방은 정해진 형기의 만기일 이전에 석방하는 기능을 수행함으로써 정기형의 경직성을 완화하고 상대적 부정기형의 장점을 살릴 수 있다.
▶ 상대적 부정기형화(유기형+가석방), 절대적 부정기형화(무기형+가석방)

(4) 문제점

① **재량권 남용**: 보호관찰부 가석방(parole)은 일종의 행정처분적 성격을 갖는 것으로 운영상에 있어서 재량권 남용의 우려가 있다.

② **범죄예측의 어려움**: 재범예측의 기술상 어려움으로 인하여 재범 우려가 없는 대상자 선정이 어렵다.

③ 보호관찰관의 기능적 갈등, 즉 보호와 감독의 갈등이 발생할 가능성이 있다.

02 연혁

(1) 영국

① 1790년 식민지이자 유형지였던 호주의 노포크(Norfolk)섬에서 수형자들이 과잉구금과 가혹한 강제노역에 반발하여 폭동을 일으키는 문제가 발생하자 호주의 주지사 필립(Philip)이 폭동에 대한 대처방안으로 누진제도와 결합된 조건부 사면성격의 가석방제도를 실시한 것에서 비롯되었다.

② 1842년 노포크섬의 총독인 마코노키(A. Machonochie)는 제3기를 가석방 허가자 그룹으로 하여 야간에는 주거지에서 안주하도록 하고 잔형기간 동안은 영국본토에 귀국하지 않는 것을 조건으로 사면하는 것으로 개선되었으며, 1854년 아일랜드 교도소장인 크로프톤(W. Crofton)에 의해 더욱 발전되었다.

(2) 미국

1876년 뉴욕의 엘마이라 감화원을 시작으로 1944년 미시시피주까지 미국 전역에 보급되었다.

03 형법 및 소년법상 가석방관련 규정

> **[형법]**
>
> **제72조【가석방의 요건】** ① 징역이나 금고의 집행 중에 있는 사람이 행상이 양호하여 뉘우침이 뚜렷한 때에는 무기형은 20년, 유기형은 형기의 3분의 1이 지난 후 행정처분으로 가석방을 할 수 있다. [2020. 7급] 총 8회 기출
>
> ② 제1항의 경우에 벌금이나 과료가 병과되어 있는 때에는 그 금액을 완납하여야 한다. [2011. 9급] 총 2회 기출
>
> **제73조【판결선고 전 구금과 가석방】** ① 형기에 산입된 판결선고 전 구금일수는 가석방을 하는 경우 집행한 기간에 산입한다. [2020. 7급] 총 3회 기출
>
> ② 제72조 제2항의 경우에 벌금이나 과료에 관한 노역장 유치기간에 산입된 판결선고 전 구금일수는 그에 해당하는 금액이 납입된 것으로 본다.
>
> **제73조의2【가석방의 기간 및 보호관찰】** ① 가석방의 기간은 무기형에 있어서는 10년으로 하고, 유기형에 있어서는 남은 형기로 하되, 그 기간은 10년을 초과할 수 없다. [2020. 7급] 총 4회 기출
>
> ② 가석방된 자는 가석방기간중 보호관찰을 받는다. 다만, 가석방을 허가한 행정관청이 필요가 없다고 인정한 때에는 그러하지 아니하다. [2016. 7급] 총 5회 기출
>
> **제74조【가석방의 실효】** 가석방 기간 중 고의로 지은 죄로 금고 이상의 형을 선고받아 그 판결이 확정된 경우에 가석방 처분은 효력을 잃는다. [2019. 5급 승진]
>
> **제75조【가석방의 취소】** 가석방의 처분을 받은 자가 감시에 관한 규칙을 위배하거나, 보호관찰의 준수사항을 위반하고 그 정도가 무거운 때에는 가석방처분을 취소할 수 있다. [2020. 7급] 총 3회 기출
>
> **제76조【가석방의 효과】** ① 가석방의 처분을 받은 후 그 처분이 실효 또는 취소되지 아니하고 가석방기간을 경과한 때에는 형의 집행을 종료한 것으로 본다. [2019. 5급 승진] 총 5회 기출
>
> ② 전2조의 경우에는 가석방중의 일수는 형기에 산입하지 아니한다.

[소년법]

제65조【가석방】 징역 또는 금고를 선고받은 소년에 대하여는 다음 각 호의 기간이 지나면 가석방을 허가할 수 있다. [2019. 5급 승진] 총 6회 기출

1. 무기형의 경우에는 5년
2. 15년 유기형의 경우에는 3년
3. 부정기형의 경우에는 단기의 3분의 1

제66조【가석방 기간의 종료】 징역 또는 금고를 선고받은 소년이 가석방된 후 그 처분이 취소되지 아니하고 가석방 전에 집행을 받은 기간과 같은 기간이 지난 경우에는 형의 집행을 종료한 것으로 한다. 다만, 제59조의 형기 또는 제60조 제1항에 따른 장기의 기간이 먼저 지난 경우에는 그 때에 형의 집행을 종료한 것으로 한다. [2024. 9급]

[예시]

1. 15년형 소년수형자가 9년 만에 가석방: 가석방 기간은 6년(15년 경과 시점)
2. 단기 5년, 장기 10년형 소년수형자가 6년 만에 가석방: 가석방 기간은 4년(10년 경과 시점)
3. 단기 3년, 장기 6년형 소년수형자가 4년 만에 가석방: 가석방 기간은 2년(장기 6년 경과 시점)

★ 핵심정리 가석방자의 허가와 취소

구분	보호관찰 조건 가석방자	가석방자(보호관찰 제외)
적격 결정	가석방심사위원회(소년 제외) ▶ 보호관찰심사위원회: 보호관찰 필요여부 결정, 소년가석방 적격결정	가석방심사위원회(성인) ▶ 보호관찰 비(非)대상
가석방 허가	법무부장관	
준수법령	보호관찰 등에 관한 법률 제32조, 동법 시행령 제16조~제19조	가석방자 관리규정
취소 결정	보호관찰소의 장의 신청 또는 보호관찰심사위원회의 직권으로 취소심사 결정가능(동법 제48조)	소장의 취소심사 신청에 따라 가석방심사위원회 결정, 긴급한 경우 법무부장관에 직접 취소신청 가능
취소 허가	법무부장관	

04 형집행법상 가석방의 심사와 허가 절차

🔲 가석방 절차

〈순서〉	〈내용〉	〈근거〉
소장 (분류처우위원회)	• 사전조사 및 적격심사신청 대상자 선정 • 5일 이내 가석방심사위원회에 적격심사신청	시행규칙 제249조, 제250조
▼		
가석방심사위원회	• 가석방 적격결정 • 5일 이내 법무부장관에 허가신청 • 보호관찰심사위원회: 보호관찰 필요성 여부 심사결정	형집행법 제119조
▼		
법무부장관	허가(임의적)	형집행법 제122조
▼		
선고 및 석방	가석방증 발급, 12시간 이내 석방	형집행법 제124조

⊕ PLUS 소년의 가석방 · 퇴원 · 임시퇴원 절차

〈순서〉	〈내용〉
기간 경과자 통보	• 기간경과자에 대한 교도소장 등의 통보(소년법 제65조) • 수용 후 6월 경과한 때 소년원장의 통보
▼	
보호관찰심사위원회	• 신청 또는 직권에 의한 적부심사결정 • 보호관찰의 필요성 여부 심사 • 본인의 인격 · 교정성적 · 직업 · 생활태도 · 가족관계 및 재범위험성 등 모든 사정 고려
▼	
법무부장관	허가(임의적)

(1) 심사기구(가석방심사위원회)

제119조【가석방심사위원회】「형법」제72조에 따른 가석방의 적격 여부를 심사하기 위하여 법무부장관 소속으로 가석방심사위원회(이하 이 장에서 "위원회"라 한다)를 둔다. [2023. 9급]

제120조【위원회의 구성】 ① 위원회는 위원장을 포함한 5명 이상 9명 이하의 위원으로 구성한다. [2023. 9급]
총 9회 기출
② 위원장은 법무부차관이 되고, 위원은 판사, 검사, 변호사, 법무부 소속 공무원, 교정에 관한 학식과 경험이 풍부한 사람 중에서 법무부장관이 임명 또는 위촉한다. [2023. 9급] 총 9회 기출
③ 위원회의 심사과정 및 심사내용의 공개범위와 공개시기는 다음 각 호와 같다. 다만, 제2호 및 제3호의 내용 중 개인의 신상을 특정할 수 있는 부분은 삭제하고 공개하되, 국민의 알권리를 충족할 필요가 있는 등의 사유가 있는 경우에는 위원회가 달리 의결할 수 있다.

④ 위원회의 위원 중 공무원이 아닌 사람은 「형법」 제127조(공무상 비밀의 누설) 및 제129조부터 제132조(수뢰·사전수뢰, 제3자 뇌물제공, 수뢰후 부정처사·사후수뢰, 알선수뢰)까지의 규정을 적용할 때에는 공무원으로 본다. [2017. 5급 승진]

⑤ 그 밖에 위원회에 관하여 필요한 사항은 법무부령으로 정한다.

제121조【가석방 적격심사】 ① 소장은 「형법」 제72조 제1항의 기간(무기형은 20년, 유기형은 형기의 3분의 1)이 지난 수형자에 대하여는 법무부령으로 정하는 바에 따라 위원회에 가석방 적격심사를 신청하여야 한다. [2024. 7급 승진]

② 위원회는 수형자의 나이, 범죄동기, 죄명, 형기, 교정성적, 건강상태, 가석방 후의 생계능력, 생활환경, 재범의 위험성, 그 밖에 필요한 사정을 고려하여 가석방의 적격 여부를 결정한다.

제122조【가석방 허가】 ① 위원회는 가석방 적격결정을 하였으면 5일 이내에 법무부장관에게 가석방 허가를 신청하여야 한다. [2024. 7급 승진]

② 법무부장관은 제1항에 따른 위원회의 가석방 허가신청이 적정하다고 인정하면 허가할 수 있다. [2023. 9급] 총 8회 기출

▶ 보호관찰심사위원회는 가석방되는 사람에 대하여 보호관찰의 필요성을 심사하여 결정한다(보호관찰 등에 관한 법률 제24조 제1항).

[시행규칙]

제236조【심사대상】 법 제119조의 가석방심사위원회(이하 이 편에서 "위원회"라 한다)는 법 제121조에 따른 가석방 적격 여부 및 이 규칙 제262조에 따른 가석방 취소 등에 관한 사항을 심사한다.

제237조【심사의 기본원칙】 ① 가석방심사는 객관적 자료와 기준에 따라 공정하게 하여야 하며, 심사 과정에서 알게 된 비밀은 누설해서는 아니 된다.

제238조【위원장의 직무】 ① 위원장은 위원회를 소집하고 위원회의 업무를 총괄한다.

② 위원장이 부득이한 사정으로 직무를 수행할 수 없을 때에는 위원장이 미리 지정한 위원이 그 직무를 대행한다.

제239조【위원의 임명 또는 위촉】 법무부장관은 다음 각 호의 사람 중에서 위원회의 위원을 임명하거나 위촉한다.

제239조의2【위원의 해촉】 법무부장관은 위원회의 위원이 다음 각 호의 어느 하나에 해당하는 경우에는 해당 위원을 해촉할 수 있다.

[**위원의 해촉**](시행규칙 제239조의2)

1. 심신장애로 직무수행이 불가능하거나 현저히 곤란하다고 인정되는 경우
2. 직무와 관련된 비위사실이 있는 경우
3. 직무태만, 품위손상, 그 밖의 사유로 인하여 위원으로 적합하지 아니하다고 인정되는 경우
4. 위원 스스로 직무를 수행하는 것이 곤란하다고 의사를 밝히는 경우

제240조【위원의 임기】 제239조 제2호 및 제3호의 위원의 임기는 2년으로 하며, 한 차례만 연임할 수 있다.
[2019. 6급 승진] 총 2회 기출

제241조【간사와 서기】 ① 위원장은 위원회의 사무를 처리하기 위하여 소속 공무원 중에서 간사 1명과 서기 약간 명을 임명한다.
② 간사는 위원장의 명을 받아 위원회의 사무를 처리하고 회의에 참석하여 발언할 수 있다.
③ 서기는 간사를 보조한다.

제242조【회의】 ① 위원회의 회의는 재적위원 과반수의 출석으로 개의하고, 출석위원 과반수의 찬성으로 의 결한다. [2023. 7급]
② 간사는 위원회의 결정에 대하여 결정서를 작성하여야 한다.

제243조【회의록의 작성】 ① 간사는 별지 제20호서식의 가석방심사위원회 회의록을 작성하여 유지하여야 한다.
② 회의록에는 회의의 내용을 기록하고 위원장 및 간사가 기명날인 또는 서명하여야 한다.

제244조【수당 등】 위원회의 회의에 출석한 위원에게는 예산의 범위에서 수당과 여비를 지급할 수 있다.

(2) 소장의 가석방 적격심사 신청대상자 선정 등

[시행규칙]

제245조【적격심사신청 대상자 선정】 ① 소장은 「형법」 제72조 제1항의 기간을 경과한 수형자로서 교정성적 이 우수하고 뉘우치는 빛이 뚜렷하여 재범의 위험성이 없다고 인정하는 경우에는 분류처우위원회의 의 결을 거쳐 가석방 적격심사신청 대상자를 선정한다. [2024. 9급]
② 소장은 가석방 적격심사신청에 필요하다고 인정하면 분류처우위원회에 수형자를 출석하게 하여 진술하 도록 하거나 담당교도관을 출석하게 하여 의견을 들을 수 있다.

▶ 분류처우위원회는 가석방적격심사 신청 대상자 선정 등에 관한 사항을 심의·의결한다(시행규칙 제97조). [2018. 8급 승진]

제246조【사전조사】 소장은 수형자의 가석방 적격심사신청을 위하여 다음 각 호의 사항을 사전에 조사해야 한다. 이 경우 조사의 방법에 관하여는 제70조(분류조사방법)를 준용한다. [2018. 7급] 총 2회 기출

1. 신원에 관한 사항	2. 범죄에 관한 사항	3. 보호에 관한 사항
수용한 날부터 1개월 이내 조사	수용한 날부터 2개월 이내 조사	형기의 3분의 1이 지나기 전에 조사
1. 건강상태 2. 정신 및 심리 상태 3. 책임감 및 협동심 4. 경력 및 교육 정도 5. 노동 능력 및 의욕 6. 교정성적 7. 작업장려금 및 작업상태 8. 그 밖의 참고사항	1. 범행 시의 나이 2. 형기 3. 범죄횟수 4. 범죄의 성질·동기·수단 및 내용 5. 범죄 후의 정황 6. 공범관계 7. 피해 회복 여부 8. 범죄에 대한 사회의 감정 9. 그 밖의 참고사항	1. 동거할 친족·보호자 및 고용할 자의 성명·직장명·나이·직업·주소·생활 정도 및 수형자와의 관계 2. 가정환경 3. 접견 및 전화통화 내역 4. 가족의 수형자에 대한 태도·감정 5. 석방 후 돌아갈 곳 6. 석방 후의 생활계획 7. 그 밖의 참고사항

제247조【사전조사 유의사항】 제246조에 따른 사전조사 중 가석방 적격심사신청과 관련하여 특히 피해자의 감정 및 합의여부, 출소 시 피해자에 대한 보복성 범죄 가능성 등에 유의하여야 한다.

제248조【사전조사 결과】 ① 소장은 제246조에 따라 조사한 사항을 매월 분류처우위원회의 회의 개최일 전날까지 분류처우심사표에 기록하여야 한다. [2024. 9급] 총 2회 기출
② 제1항의 분류처우심사표는 법무부장관이 정한다.

제249조【사전조사 시기 등】 ① 제246조 제1호의 사항에 대한 조사는 수형자를 수용한 날부터 1개월 이내에 하고, 그 후 변경할 필요가 있는 사항이 발견되거나 가석방 적격심사신청을 위하여 필요한 경우에 한다. [2024. 9급] 총 2회 기출
② 제246조 제2호의 사항에 대한 조사는 수형자를 수용한 날부터 2개월 이내에 하고, 조사에 필요하다고 인정하는 경우에는 소송기록을 열람할 수 있다.
③ 제246조 제3호의 사항에 대한 조사는 형기의 3분의 1이 지나기 전에 하여야 하고, 그 후 변경된 사항이 있는 경우에는 지체 없이 그 내용을 변경하여야 한다.

제250조【적격심사신청】 ① 소장은 법 제121조 제1항에 따라 가석방 적격심사를 신청할 때에는 별지 제21호서식의 가석방 적격심사신청서에 별지 제22호서식의 가석방 적격심사 및 신상조사표를 첨부하여야 한다.
② 소장은 가석방 적격심사신청 대상자를 선정한 경우 선정된 날부터 5일 이내에 위원회에 가석방 적격심사신청을 하여야 한다.
③ 소장은 위원회에 적격심사신청한 사실을 수형자의 동의를 받아 보호자 등에게 알릴 수 있다. [2015. 5급 승진]

제251조【재신청】 소장은 가석방이 허가되지 아니한 수형자에 대하여 그 후에 가석방을 허가하는 것이 적당하다고 인정하는 경우에는 다시 가석방 적격심사신청을 할 수 있다. [2024. 9급] 총 3회 기출

(3) 가석방심사위원회의 중점 심사

[시행규칙]

제252조【누범자에 대한 심사】 위원회가 동일하거나 유사한 죄로 2회 이상 징역형 또는 금고형의 집행을 받은 수형자에 대하여 적격심사할 때에는 뉘우치는 정도, 노동 능력 및 의욕, 근면성, 그 밖에 정상적인 업무에 취업할 수 있는 생활계획과 보호관계에 관하여 중점적으로 심사하여야 한다. [2024. 7급 승진]

제253조【범죄동기에 대한 심사】 ① 위원회가 범죄의 동기에 관하여 심사할 때에는 사회의 통념 및 공익 등에 비추어 정상을 참작할 만한 사유가 있는지를 심사하여야 한다.
② 범죄의 동기가 군중의 암시 또는 도발, 감독관계에 의한 위협, 그 밖에 이와 유사한 사유로 인한 것일 때에는 특히 수형자의 성격 또는 환경의 변화에 유의하고 가석방 후의 환경이 가석방처분을 받은 사람(「보호관찰 등에 관한 법률」에 따른 보호관찰대상자는 제외한다. 이하 "가석방자"라 한다)에게 미칠 영향을 심사하여야 한다.

제254조【사회의 감정에 대한 심사】 다음 각 호에 해당하는 수형자에 대하여 적격심사할 때에는 특히 그 범죄에 대한 사회의 감정에 유의하여야 한다.
1. 범죄의 수단이 참혹 또는 교활하거나 극심한 위해(危害)를 발생시킨 경우
2. 해당 범죄로 무기형에 처해진 경우
3. 그 밖에 사회적 물의를 일으킨 죄를 지은 경우

제255조【재산범에 대한 심사】 ① 재산에 관한 죄를 지은 수형자에 대하여는 특히 그 범행으로 인하여 발생한 손해의 배상 여부 또는 손해를 경감하기 위한 노력 여부를 심사하여야 한다.
② 수형자 외의 사람이 피해자의 손해를 배상한 경우에는 그 배상이 수형자 본인의 희망에 따른 것인지를 심사하여야 한다.

제255조의2(심층면접) ① 위원회는 가석방 적격심사에 특히 필요하다고 인정하면 심층면접(수형자 면담·심리검사, 수형자의 가족 또는 보호관계에 있는 사람 등에 대한 방문조사 등을 통해 재범의 위험성, 사회복귀 준비 상태 등을 파악하는 것을 말한다. 이하 이 조에서 같다)을 실시할 수 있다.
② 심층면접의 방법, 절차, 그 밖에 필요한 사항은 법무부장관이 정한다.

제256조【관계기관 조회】 ① 위원회는 가석방 적격심사에 필요하다고 인정하면 수형자의 주소지 또는 연고지 등을 관할하는 시·군·구·경찰서, 그 밖에 학교·직업알선기관·보호단체·종교단체 등 관계기관에 사실조회를 할 수 있다.
② 위원회는 가석방 적격심사를 위하여 필요하다고 인정하면 위원이 아닌 판사·검사 또는 군법무관에게 의견을 묻거나 위원회에 참여시킬 수 있다.

제257조【감정의 촉탁】 ① 위원회는 가석방 적격심사를 위하여 필요하다고 인정하면 심리학·정신의학·사회학 또는 교육학을 전공한 전문가에게 수형자의 정신상태 등 특정 사항에 대한 감정을 촉탁할 수 있다.
② 제1항에 따른 촉탁을 받은 사람은 소장의 허가를 받아 수형자와 접견할 수 있다.

제258조【가석방 결정】 위원회가 법 제121조 제2항에 따라 가석방의 적격 여부에 대한 결정을 한 경우에는 별지 제23호서식의 결정서를 작성하여야 한다.

제259조【가석방증】 소장은 수형자의 가석방이 허가된 경우에는 주거지, 관할 경찰서 또는 보호관찰소에 출석할 기한 등을 기록한 별지 제24호서식의 가석방증을 가석방자에게 발급하여야 한다.

[시행령]

제140조【가석방자가 지켜야 할 사항의 알림 등】 소장은 법 제122조 제2항의 가석방 허가에 따라 수형자를 가석방하는 경우에는 가석방자 교육을 하고, 지켜야 할 사항을 알려준 후 증서를 발급해야 한다.

(4) 가석방의 취소와 남은 형기 집행

[시행규칙]

제260조【취소사유】 가석방자는 가석방 기간 중 「가석방자관리규정」 제5조부터 제7조까지, 제10조, 제13조 제1항, 제15조 및 제16조에 따른 지켜야 할 사항 및 관할 경찰서장의 명령 또는 조치를 따라야 하며 이를 위반하는 경우에는 「형법」 제75조에 따라 가석방을 취소할 수 있다. [2023. 6급 승진]

제261조【취소신청】 ① 수형자를 가석방한 소장 또는 가석방자를 수용하고 있는 소장은 가석방자가 제260조의 가석방 취소사유에 해당하는 사실이 있음을 알게 되거나 관할 경찰서장으로부터 그 사실을 통보받은 경우에는 지체 없이 별지 제25호서식의 가석방 취소심사신청서에 별지 제26호서식의 가석방 취소심사 및 조사표를 첨부하여 위원회에 가석방 취소심사를 신청하여야 한다.

② 위원회가 제1항의 신청을 받아 심사를 한 결과 가석방을 취소하는 것이 타당하다고 결정한 경우에는 별지 제23호서식의 결정서에 별지 제26호서식의 가석방 취소심사 및 조사표를 첨부하여 지체 없이 법무부장관에게 가석방의 취소를 신청하여야 한다.

③ 소장은 가석방을 취소하는 것이 타당하다고 인정하는 경우 긴급한 사유가 있을 때에는 위원회의 심사를 거치지 아니하고 전화, 전산망 또는 그 밖의 통신수단으로 법무부장관에게 가석방의 취소를 신청할 수 있다. 이 경우 소장은 지체 없이 별지 제26호서식의 가석방 취소심사 및 조사표를 송부하여야 한다. [2023. 6급 승진]

제262조【취소심사】 ① 위원회가 가석방 취소를 심사하는 경우에는 가석방자가 「가석방자관리규정」 등의 법령을 위반하게 된 경위와 그 위반이 사회에 미치는 영향, 가석방 기간 동안의 생활 태도, 직업의 유무와 종류, 생활환경 및 친족과의 관계, 그 밖의 사정을 고려하여야 한다.

② 위원회는 제1항의 심사를 위하여 필요하다고 인정하면 가석방자를 위원회에 출석하게 하여 진술을 들을 수 있다.

제263조【남은 형기의 집행】 ① 소장은 가석방이 취소된 경우에는 지체 없이 남은 형기 집행에 필요한 조치를 취하고 법무부장관에게 별지 제27호서식의 가석방취소자 남은 형기 집행보고서를 송부해야 한다.

② 소장은 가석방자가 「형법」 제74조에 따라 가석방이 실효된 것을 알게 된 경우에는 지체 없이 남은 형기 집행에 필요한 조치를 취하고 법무부장관에게 별지 제28호서식의 가석방실효자 남은 형기 집행보고서를 송부해야 한다.

③ 소장은 가석방이 취소된 사람(이하 "가석방취소자"라 한다) 또는 가석방이 실효된 사람(이하 "가석방실효자"라 한다)이 교정시설에 수용되지 아니한 사실을 알게 된 때에는 관할 지방검찰청 검사 또는 관할 경찰서장에게 구인하도록 의뢰하여야 한다. [2023. 6급 승진]

④ 제3항에 따라 구인 의뢰를 받은 검사 또는 경찰서장은 즉시 가석방취소자 또는 가석방실효자를 구인하여 소장에게 인계하여야 한다.

⑤ 가석방취소자 및 가석방실효자의 남은 형기 기간은 가석방을 실시한 다음 날부터 원래 형기의 종료일까지로 하고, 남은 형기 집행 기산일은 가석방의 취소 또는 실효로 인하여 교정시설에 수용된 날부터 한다. [2018. 9급] 총 3회 기출

⑥ 가석방 기간 중 형사사건으로 구속되어 교정시설에 미결수용 중인 자의 가석방 취소 결정으로 남은 형기를 집행하게 된 경우에는 가석방된 형의 집행을 지휘하였던 검찰청 검사에게 남은 형기 집행지휘를 받아 우선 집행해야 한다.

제60조【이송·재수용 수형자의 개별처우계획 등】 ④ 소장은 가석방의 취소로 재수용되어 남은 형기가 집행되는 경우에는 석방 당시보다 한 단계 낮은 처우등급(제74조의 경비처우급에만 해당한다)을 부여한다. 다만, 「가석방자관리규정」 제5조 단서(천재지변, 질병, 부득이한 사유로 출석의무를 위반시)를 위반하여 가석방이 취소되는 등 가석방 취소사유에 특히 고려할 만한 사정이 있는 때에는 석방 당시와 동일한 처우등급을 부여할 수 있다. [2017. 9급]

⑤ 소장은 형집행정지 중이거나 가석방기간 중에 있는 사람이 형사사건으로 재수용되어 형이 확정된 경우에는 개별처우계획을 새로 수립하여야 한다. [2020. 6급 승진] 총 4회 기출

⊕ PLUS 「보호관찰 등에 법률」상 가석방 및 임시퇴원의 취소와 재수용

1. 가석방 및 임시퇴원의 취소(제48조)
  ① **취소의 심사결정**: 보호관찰심사위원회는 가석방 또는 임시퇴원된 사람이 보호관찰기간 중 준수사항을 위반하고 위반 정도가 무거워 보호관찰을 계속하기가 적절하지 아니하다고 판단되는 경우에는 보호관찰소의 장의 신청을 받거나 직권으로 가석방 및 임시퇴원의 취소를 심사하여 결정할 수 있다.
  ② **장관의 허가**: 보호관찰심사위원회는 심사 결과 가석방 또는 임시퇴원을 취소하는 것이 적절하다고 결정한 경우에는 결정서에 관계 서류를 첨부하여 법무부장관에게 이에 대한 허가를 신청하여야 하며, 법무부장관은 심사위원회의 결정이 정당하다고 인정되면 이를 허가할 수 있다.

2. 재수용(시행령 제34조)
  ① 수용기관의 장은 가석방 또는 임시퇴원이 취소된 보호관찰대상자를 지체 없이 수용기관에 재수용하여야 한다.
  ② 재수용을 위하여 필요한 때에는 수용기관 소재지를 관할하는 지방검찰청 또는 지청의 검사에게 구인을 의뢰할 수 있다.

⚖ 판례 |

[1] 가석방의 권리성 인정 여부(소극)

가석방이란 수형자의 사회복귀를 촉진하기 위하여 형을 집행 중에 있는 자 가운데서 행장이 양호하고 개전의 정이 현저한 자를 그 형의 집행종료 전에 석방함으로써 갱생한 수형자에 대한 무용한 구금을 피하고 수형자의 윤리적 자기형성을 촉진하고자 하는 의미에서 취해지는 형사정책적 행정처분이다.

가석방은 수형자의 개별적인 요청이나 희망에 따라 행하여지는 것이 아니라 행형기관의 교정정책 혹은 형사정책적 판단에 따라 수형자에게 주어지는 은혜적 조치일 뿐이므로, 어떤 수형자가 형법 제72조 제1항에 규정된 요건을 갖추었다고 하더라도 그것만으로 당국에 대하여 가석방을 요구할 주관적 권리를 취득하거나 행형당국이 그에게 가석방을 하여야 할 법률상의 의무를 부담하게 되는 것이 아니다. 수형자는 동조에 근거한 행형당국의 가석방이라는 구체적인 행정처분이 있을 때 비로소 형기만료 전 석방이라는 사실상의 이익을 얻게 될 뿐이다(헌재 1995.3.23. 93헌마12).

[2] 오직 교도소장만을 가석방 적격심사의 신청권자로 규정하고 있어 수형자 자신 또는 그 가족이나 법정대리인 등은 애초에 가석방 적격심사 자체를 신청할 수 없게 되어 있는 것이 평등권, 행복추구권 등을 침해하여 헌법에 위반되는 것인지의 여부(소극)

가석방은 수형자의 개별적인 요청이나 희망에 따라 행하여지는 것이 아니라 행형기관의 교정정책 혹은 형사정책적 판단에 따라 수형자에게 주어지는 은혜적 조치일 뿐으로 가석방신청이 이루어지지 않는다 하더라도 법원의 유죄판결을 통해 확정된 청구인의 법적 지위에 보다 불리한 어떠한 결과가 초래된다고 볼 수 없다. 그렇다면 가석방 적격심사 신청자격을 청구인에게 부여하지 않는다 하더라도 이것이 청구인의 기본권에 어떠한 영향을 준다고 할 수 없으므로 이 사건 심판청구는 부적법하다(헌재 2009.3.24. 2009헌마119).

[3] 가석방은 형기만료 전에 조건부로 수형자를 석방하는 제도로서 수형자의 원활한 사회복귀를 주된 목적으로 하고 있으며, 간접적으로는 수용질서를 유지하는 기능도 수행한다(헌재 2017.4.4. 2017헌마260). [2018. 8급 승진]

[4] 헌법재판소는 「가석방심사 등에 관한 규칙」에 규정된 준법서약서의 제출이 반드시 법적으로 강제되어 있는 것이 아니며, 수형자는 가석방심사위원회의 판단에 따라 준법서약서의 제출을 요구받았다고 하더라도 자신의 의사에 의하여 그 제출을 거부할 수 있으므로, 수형자의 양심의 자유를 침해하는 것이 아니라고 판단한 바 있다(헌재 2002.4.25. 98헌마425). [2024. 5급 승진]

단원별 지문 O X

01 가석방자는 가석방 기간 중 「가석방자관리규정」에 따른 지켜야 할 사항 및 관할 경찰서장의 명령 또는 조치를 따라야 하며 이를 위반하는 경우에는 「형법」 제75조에 따라 가석방을 취소할 수 있다. (   )　　　　　[2023. 6급 승진]

02 소장은 가석방을 취소하는 것이 타당하다고 인정하는 경우 긴급한 사유가 있을 때에는 위원회의 심사를 거치지 아니하고 전화, 전산망 또는 그 밖의 통신수단으로 법무부장관에게 가석방의 취소를 신청할 수 있다. (   )　　　　　[2023. 6급 승진]

03 소장은 가석방이 취소된 사람 또는 가석방이 실효된 사람이 교정시설에 수용 되지 아니한 사실을 알게 된 때에는 관할 지방 검찰청 검사 또는 관할 경찰서장에게 구인하도록 의뢰하여야 한다. (   )　　　　　[2023. 6급 승진]

04 가석방취소자 및 가석방실효자의 남은 형기 기간은 가석방을 실시한 날부터 원래 형기의 종료일까지로 하고, 남은 형기 집행 기산일은 가석방의 취소 또는 실효로 인하여 교정시설에 수용된 날부터 한다. (   )　　　　　[2023. 6급 승진]

05 소장은 가석방 적격심사신청에 필요하다고 인정하면 분류처우위원회에 수형자를 출석하게 하여 진술하도록 하거나 담당교도관을 출석하게 하여 의견을 들을 수 있다. (   )　　　　　[2022. 6급 승진]

06 소장은 수형자의 가석방 적격심사신청을 위하여 신원에 관한 사항, 범죄에 관한 사항, 보호에 관한 사항을 사전에 조사해야 한다. (   )　　　　　[2022. 6급 승진]

07 소장은 가석방이 허가되지 아니한 수형자에 대하여 그 후에 가석방을 허가하는 것이 적당하다고 인정하는 경우에는 다시 가석방 적격심사신청을 할 수 있다. (   )　　　　　[2022. 6급 승진]

08 가석방 적격심사신청을 위한 범죄에 관한 사항에 대한 조사는 수형자를 수용한 날로부터 6개월 이내에 하고, 조사에 필요하다고 인정하는 경우에는 소송기록을 열람할 수 있다. (   )　　　　　[2022. 6급 승진]

09 가석방심사위원회는 위원장을 포함한 7명 이상 9명 이하의 위원으로 구성한다. (   )　　　　　[2022. 7급 승진]

---

01 ○　형집행법 시행규칙 제260조
02 ○　형집행법 시행규칙 제261조
03 ○　형집행법 시행규칙 제263조
04 ×　가석방취소자 및 가석방실효자의 남은 형기 기간은 가석방을 실시한 다음 날부터 원래 형기의 종료일까지로 하고, 남은 형기집행 기산일은 가석방의 취소 또는 실효로 인하여 교정시설에 수용된 날부터 한다(형집행법 시행규칙 제263조).
05 ○　형집행법 시행규칙 제245조 제2항
06 ○　소장은 수형자의 가석방 적격심사신청을 위하여 다음 각 호의 사항(신원, 범죄, 보호에 관한 사항)을 사전에 조사해야 한다. 이 경우 조사의 방법에 관하여는 제70조(분류조사방법)를 준용한다(형집행법 시행규칙 제246조).
07 ○　형집행법 시행규칙 제251조
08 ×　가석방 적격심사신청을 위한 범죄에 관한 사항에 대한 조사는 수형자를 수용한 날로부터 2개월 이내에 하고, 조사에 필요하다고 인정하는 경우에는 소송기록을 열람할 수 있다(형집행법 시행규칙 제249조).
09 ×　가석방심사위원회는 위원장을 포함한 5명 이상 9명 이하의 위원으로 구성한다(형집행법 제120조 제1항).

10 가석방심사위원회는 가석방 적격결정을 하였으면 5일 이내에 법무부장관에게 가석방 허가를 신청하여야 한다. (　　)

[2022. 7급 승진]

11 가석방에 따른 석방은 그 서류가 교정시설에 도달한 후 24시간 이내에 하여야 한다. 다만, 그 서류에서 석방일시를 지정하고 있으면 그 일시에 한다. (　　)

[2022. 7급 승진]

12 가석방실효자의 남은 형기 집행 기산일은 가석방의 실효로 인하여 교정시설에 수용된 다음날부터 한다. (　　)

[2022. 7급 승진]

13 가석방심사위원회의 위원장이 부득이한 사정으로 직무를 수행할 수 없을 때에는 법무부장관이 미리 지정한 위원이 그 직무를 대행한다. (　　)

[2023. 5급 승진]

14 소장은 가석방 적격심사신청 대상자를 선정한 경우 선정된 날부터 5일 이내에 가석방심사위원회에 가석방 적격심사신청을 하여야 하며, 가석방심사위원회에 적격심사신청한 사실을 수형자의 동의를 받아 보호자 등에게 알릴 수 있다. (　　)

[2023. 5급 승진]

15 범죄의 수단이 참혹 또는 교활하거나 극심한 위해(危害)를 발생시킨 경우, 해당 범죄로 무기형에 처해진 경우, 그 밖에 사회적 물의를 일으킨 죄를 지은 경우에 해당하는 수형자에 대하여 가석방 적격심사할 때에는 특히 피해자의 감정에 유의하여야 한다. (　　)

[2023. 5급 승진]

---

10 ○　형집행법 제119조

11 ✕　가석방에 따른 석방은 그 서류가 교정시설에 도달 한 후 12시간 이내에 하여야 한다. 다만, 그 서류에서 석방일시를 지정하고 있으면 그 일시에 한다(형집행법 제124조).

12 ✕　가석방실효자의 남은 형기 집행 기산일은 가석방의 실효로 인하여 교정시설에 수용된 날부터 한다(형집행법 시행규칙 제263조).

13 ✕　위원장이 부득이한 사정으로 직무를 수행할 수 없을 때에는 위원장이 미리 지정한 위원이 그 직무를 대행한다(형집행법 시행규칙 제238조 제2항).

14 ○　형집행법 시행규칙 제250조 제2항·제3항

15 ✕　범죄의 수단이 참혹 또는 교활하거나 극심한 위해(危害)를 발생시킨 경우, 해당 범죄로 무기형에 처해진 경우, 그 밖에 사회적 물의를 일으킨 죄를 지은 경우에 해당하는 수형자에 대하여 가석방 적격심사할 때에는 특히 그 범죄에 대한 사회의 감정에 유의하여야 한다(형집행법 시행규칙 제254조).

제24장 / 보호관찰과 지역사회교정

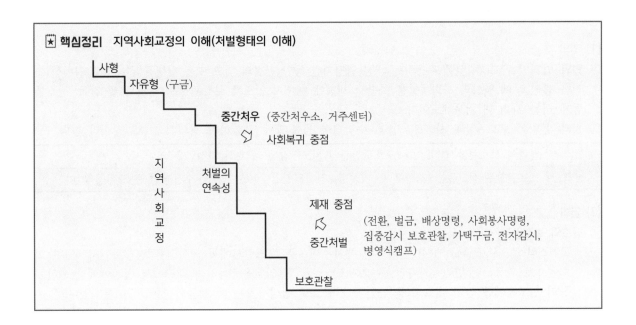

★ **핵심정리** 지역사회교정의 이해(처벌형태의 이해)

제1절 보호관찰과 갱생보호제도

01 사회내처우 개관

(1) 개요

① **의의:** 사회 내에서 보호관찰관 등의 지도·감독·원조를 통해 재범을 방지하고 개선을 도모하는 제도이다. 진정한 자유의 학습은 자유 가운데에서 이루어져야 한다는 이념에 기초하고 있다.

② **유형:** 가석방, 보호관찰, 사회봉사·수강명령, 갱생보호, 전자감시, 가택구금, 외출제한명령 등이 있다. [2015. 7급] 총 3회 기출

③ **주대상자:** 원칙적으로 비행청소년이나 경미범죄자 또는 과실범을 대상으로 한다. [2013. 7급]

④ **구별:** 교정시설 수용을 전제로 사회적응을 용이하게 하려는 사회적 처우와 구별된다.

(2) 장점

① 구금에 따른 범죄배양효과 내지 낙인효과 방지, 형사사법기관의 부담을 경감할 수 있다.

② 지역사회 자원의 참여로 교정에 대한 시민의 관심이 높아지고, 참여의식이 강화된다. [2014. 7급]

③ 범죄인의 경제활동 등 지역사회에서 일상생활이 가능하므로, 사회적 관계성 유지가 가능하다. [2014. 7급]

④ 알코올중독자, 마약사용자, 경범죄인 등 통상의 형사재판절차에서 전환방안으로 활용이 가능하다. [2019. 9급]

(3) 단점

① 사회 내 처우시설은 지역사회의 이기주의로 반대에 직면할 가능성이 있다.

② 신종의 사회통제전략(형사사법망의 확대)으로 과잉구금 문제의 회피전략이다.

▶ **형사사법망의 확대**(Net-widening effect): 국가에 의해 통제되고 규제되는 시민의 비율이 증가한다는 것을 의미한다.

02 보호관찰제도

(1) 의의

① **협의**: 범죄인을 교정시설에 수용하는 대신 일정기간 동안 판결의 선고 또는 집행을 유예하고 일정한 조건을 붙인 후에 일상의 사회생활을 하면서 재범에 빠지지 않도록 보호관찰관의 지도 및 감독, 원호를 받게 하는 사회 내 처우제도이다.

② **광의**: 협의의 보호관찰과 사회봉사명령, 수강명령 등을 모두 포함하여 광의의 보호관찰이라 한다.

협의	법관의 보호관찰 결정 이후 보호관찰관의 지도·감독·원호의 과정만을 의미
광의	보호관찰부 선고유예·집행유예·가석방·임시퇴원·사회봉사명령·수강명령 등 모두를 의미

(2) 연혁

① **최초의 보호관찰**

㉠ **오거스터스**(John Augustus): 1841년 미국의 매사추세츠주 보스턴시에서 제화점을 경영하면서 금주협회 회원으로 활동하던 민간독지가인 존 오거스터스가 한 알코올중독자의 재판에서 법관에게 청원하여 형의 선고유예를 얻어 내고 그를 근면한 시민으로 갱생시키는 데 성공한 것에서 비롯되었다.

㉡ 최초로 프로베이션(Probation)이라는 용어를 사용하고 케이스웍(Case work)의 방법을 첨가하여 보호관찰 제도의 원형을 완성하였다.

⊕ **PLUS** 보호관찰 실시 방법: 케이스 워크제도와 집중접근제도

1. **케이스 워크제도**(case work System)
   ① 보호관찰관 1인이 대상자를 1 대 1로 접촉하여 요구사항이나 문제점을 분석하여 그를 갱생시키기에 적합한 처우방법을 찾는 방식이다.
   ② 케이스 워크 방법이 그룹상담과 같은 기법을 배제하는 것은 아니다.
2. **집중접근제도**(집단지도방식)(Team Approach System)
   ① 보호관찰관 1인이 대상자의 모든 사항을 점검하고 원호·보호하는 케이스 워크의 문제점을 극복하기 위한 방법으로 등장했다.
   ② 보호관찰관들을 각 분야의 전문가들로 구성하여 자신의 전문지식이나 기술을 전제로 하여 자신의 책임영역 안에서 대상자를 원호·보호하고 적절한 처우방법을 찾는 방식이다.

---

② **현대적 의미의 Probation**: 1878년 매사추세츠주에서 국가가 채용한 보호관찰관이 시행하는 강제적(공식적) 보호관찰제도가 최초로 입법화(여기에 처음으로 Probation이라는 용어가 규정됨)되면서 보호관찰제도의 권리장전으로 불리었다.

▶ **보호관찰제도**: 처음 시작은 민간인(John Augustus)에 의해 도입 ⇨ 국가 중심으로 운영

(3) 보호관찰제도의 유형

① **영미법계**(Probation): 영미법계에서 발전된 보호관찰제도의 유형으로 유죄가 인정되는 범죄인에 대하여 그 형의 선고를 유예하거나 형의 집행을 유예하면서 그 유예기간 중 재범방지 및 재사회화를 달성하기 위해서 보호관찰을 행하는 것을 말한다.

② **대륙법계**(Parole): 대륙법계에서 발전된 보호관찰제도의 유형으로 교정성적이 양호한 자를 가석방 또는 임시퇴원 시키면서 그 목적을 달성하기 위하여 그 기간 중 필요적으로 보호관찰을 행하는 것을 말한다.

(4) 보호관찰의 기능과 법적 성격

① **기능**: 처벌기능, 재활기능, 범죄통제기능, 억제기능, 지역사회통합기능을 가진다.

② 보호관찰의 법적 성격

구분	내용
보안처분설 [통설과 판례입장]	범죄의 특별예방을 목적으로 하는 보안처분이다. 다만 보안처분이 시설 내 처우를 원칙으로 한 책임무능력자에 대한 사회방위처분인 데 반하여, 보호관찰제도는 사회 내 처우를 원칙으로 한 범죄인의 갱생보호를 목적으로 한다는 점에서 양자는 구별된다.
변형된 형벌집행설	범죄가 발생한 것을 전제로 하여 준수사항을 부여하고 이를 위반하면 재구금하는 등 시설 내 수용처분과 자유로운 상태와의 중간형태로 파악할 수 있기 때문에 자유형의 변형이라고 본다.
독립된 제재수단설	형벌도 보안처분도 아닌 제3의 형법적 제재방법이라고 보는 설로 단기자유형의 폐단을 예방하면서 범죄자의 장래 범행의 위험으로부터 보호함으로써 재사회화를 실현하는 데에 현실적으로 최상의 방법이기 때문에 제3의 제재수단이라는 것이다.

03 갱생보호제도

(1) 의의

① 갱생보호란 출소자들의 사회재적응을 보다 용이하게 함으로써 범죄의 위협으로부터 사회를 보호하고 재범을 방지하며 범죄자 개인의 복리도 증진시키는 사회 내에서의 보호활동을 말한다.

② 정신적 · 물질적 원조를 제공하여 건전한 사회인으로 복귀할 수 있는 기반을 조성할 수 있다. [2011. 9급]

(2) 연혁

① 갱생보호제도는 18C를 전후하여 신파형벌이론(교육형주의와 목적형주의)과 기독교 박애사상의 영향을 받아 등장하였는데 영미법계 국가에서는 주로 민간인 운영형태로 발달하였고 대륙법계 국가에서는 국가적 차원의 정책적 성격으로 발달하였다.

② 미국
　㉠ 1776년 리차드 위스터(R. Wister)는 민간보호단체인 '불행한 수형자를 돕기 위한 필라델피아협회'를 조직하여 출소자보호활동을 전개하였는데 영국군의 점령으로 그 활동이 잠시 중단되었다.
　㉡ 1789년 '교도소의 열악한 상태를 완화하기 위한 필라델피아협회'로 명칭을 변경하여 존 어거스터스 (J. Augustus)를 중심으로 행형개량과 갱생보호활동을 하였다.

⊕PLUS 리차드 위스터와 존 어거스터스

1. **리차드 위스터**(R. Wister): 출소자 갱생보호사업의 개척자
2. **존 어거스터스**(J. Augustus): 보호관찰제도의 창시자, 갱생보호 발전에 기여

---

③ 영국
   ㉠ 보호관찰부 선고유예(Probation)나 보호관찰부 가석방(Parole)이라는 유권적(필요적·강제적) 갱생보호 형태
     로 발달하였다.
   ㉡ 1862년 「갱생보호법」이 제정되었고, 1907년에는 「범죄자보호관찰법」에 의해 유권적 갱생보호에 해
     당하는 보호관찰을 실시하였고, 1936년에는 '전국석방수형자협회'가 창설되었다.

(3) 갱생보호의 종류
① 보호형태에 따른 분류

사후보호 (After-care)	형기만료 등으로 석방된 출소자에 대하여 본인의 신청이나 동의에 의하여 물질적·정신적인 지원을 통하여 사회복귀를 도와주는 제도(가장 고전적인 형태)
보호관찰부 집행유예 (Probation)	형의 선고나 집행을 유예하고 사회 내에서 유예기간 중 국가기관 등에 의하여 원조·지도·감독 등 보호관찰을 받게 하는 제도
보호관찰부 가석방 (Parole)	교정처우를 받고 있는 자로 형기만료 전에 가석방 또는 임시퇴원으로 출소시켜 사회 내에서 일정기간 국가기관 등에 의해 원조·지도·감독 등 보호관찰을 받게 하는 제도

② 보호방법에 따른 분류

임의적 (자선적)	출소자 본인의 신청이나 동의를 전제로 하여 물질적·정신적인 원조를 제공하는 방법으로 사회사업적 보호방법(보호관찰법상 갱생보호)
유권적 (필요적·강제적)	형의 선고유예나 집행유예를 받은 자 또는 가석방자에게 본인의 신청이나 동의 없이 국가 권한과 필요에 따라 일정기간 강제적으로 보호하는 것(보호관찰법상 보호관찰)

(4) 갱생보호의 문제점과 개선방안

문제점	개선방안
① 국가의 재정지원이 취약 ② 전문직원이 절대 부족 ③ 사회일반인의 관심 부족 ④ 중간처우 내지 사회 내 처우와 연결되지 못함	① 중간처우 내지 사회 내 처우와 결합 필요 ② 전문직원 양성 등 전문화 필요 ③ 재정지원 확충 필요 ④ 직업훈련과 취업지원 필요

단원별 지문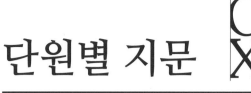

01 사회내 처우의 주대상자는 중누범자를 비롯한 모든 범죄자를 그 대상으로 할 수 있다. (   )   [2013. 7급]

02 사회 내 처우는 교정시설 수용을 전제로 사회적응을 용이하게 하려는 사회적 처우와 구별된다. (   )

03 사회 내 처우는 구금에 따른 범죄배양효과 내지 낙인효과 방지, 형사사법기관의 부담을 경감할 수 있다. (   )

04 사회 내 처우는 지역사회 자원의 참여로 교정에 대한 시민의 관심이 높아지고, 참여의식이 강화된다. (   ) [2014. 7급]

05 사회 내 처우는 범죄인의 경제활동 등 지역사회에서 일상생활이 가능하지만,, 사회적 관계성 유지는 여전히 어렵다는 비판이 있다. (   )   [2014. 7급]

06 사회 내 처우는 알코올중독자, 마약사용자, 경범죄인 등 통상의 형사재판절차에서 전환방안으로 활용이 가능하다. (   )   [2019. 9급]

07 사회 내 처우시설은 지역사회의 이기주의로 반대에 직면할 가능성이 있다. (   )

08 사회 내 처우는 신종의 사회통제전략(형사사법망의 확대)으로 과잉구금 문제의 회피전략이라는 비판이 있다. (   )

09 최초의 보호관찰제도는 1841년 미국의 매사추세츠주 보스턴시에서 제화점을 경영하면서 금주협회 회원으로 활동하던 민간 독지가인 존 오거스터스가 한 알코올중독자의 재판에서 법관에게 청원하여 형의 선고유예를 얻어 내고 그를 근면한 시민으로 갱생시키는 데 성공한 것에서 비롯되었다. (   )

10 갱생보호는 「형의 집행 및 수용자의 처우에 관한 법률」에서 규정하고 있다. (   )   [2019. 5급 승진]

---

01 ✕   사회내 처우의 주대상자는 원칙적으로 비행청소년이나 경미범죄자 또는 과실범을 대상으로 한다.
02 ○
03 ○
04 ○   사회 내 처우의 장점에 속한다.
05 ✕   사회 내 처우는 범죄인의 경제활동 등 지역사회에서 일상생활이 가능하므로, 사회적 관계성 유지가 가능하다.
06 ○
07 ○
08 ○
09 ○
10 ○   갱생보호는 「보호관찰 등에 관한 법률」에서 규정하고 있다(동법 제5장).

11 보호처분을 받은 자는 갱생보호의 대상이 될 수 없다. (   )   [2019. 5급 승진]

12 보호관찰소의 장에 대하여 갱생보호를 신청할 수 없다. (   )   [2019. 5급 승진]

13 갱생보호 대상자가 친족 등으로부터 충분한 도움을 받을 수 있는 경우 갱생보호를 행하지 않는다. (   )

           [2019. 5급 승진]

11 ×   갱생보호를 받을 사람(갱생보호 대상자)은 형사처분 또는 보호처분을 받은 사람으로서 자립갱생을 위한 숙식 제공, 주거 지원, 창업 지원, 직업훈련 및 취업 지원 등 보호의 필요성이 인정되는 사람으로 하며(동법 제3조 제3항), 갱생보호의 방법으로는 숙식 제공, 주거 지원, 창업 지원, 직업훈련 및 취업 지원, 출소예정자 사전상담, 갱생보호 대상자의 가족에 대한 지원, 심리상담 및 심리치료, 사후관리, 그 밖에 갱생보호 대상자에 대한 자립 지원이 있다(보호관찰 등에 관한 법률 제65조 제1항).

12 ×   갱생보호 대상자와 관계 기관은 보호관찰소의 장, 갱생보호사업 허가를 받은 자 또는 한국법무보호복지공단에 갱생보호 신청을 할 수 있다(보호관찰 등에 관한 법률 제66조 제1항).

13 ○   갱생보호는 갱생보호를 받을 사람(갱생보호 대상자)이 친족 또는 연고자 등으로부터 도움을 받을 수 없거나 이들의 도움만으로는 충분하지 아니한 경우에 한하여 행한다(보호관찰 등에 관한 법률 시행령 제40조 제1항).

제2절 지역사회교정의 발전

01 개요

(1) 의의

① 지역사회교정(community based correction)이란 지역사회와 범죄자와의 상호 의미 있는 유대라는 개념을 바탕으로 지역사회에서 행해지는 범죄자에 대한 다양한 제재와 비시설 내 교정프로그램을 말한다. [2016. 5급 승진]

② **재통합모델**: 지역사회교정은 범죄에 대한 사회적 책임을 강조하고 재통합 모델의 관점에서 사회내 처우 형태를 선호하며, 처우의 과학화보다는 처우의 사회화를 실현하는 제도이다. [2024. 9급]

③ **필요성**: 범죄자에 대한 인도주의적 처우, 사회복귀의 긍정적 효과 그리고 교정경비의 절감과 재소자관리상 이익의 필요성 등의 요청에 의해 대두되었다. [2024. 9급] 총 2회 기출

④ 현대 교정의 궁극적 목표는 범죄인의 교화개선과 사회재통합을 통한 사회복귀에 두고 있으므로 교정처우도 사회화 내지 개방화의 경향으로 변화하고 있다.

(2) 출현배경(1950년대 후반~1960년대. 미국)

① 재범률의 증가와 신종범죄 및 범죄의 양적 급증은 교정시설의 과밀수용으로 나타났고, 이는 형사사법기관의 업무량 증가와 비효율화를 초래하게 되었다(⇨ 과밀수용의 해결방안으로 선별적 무능력화와 함께 지역사회 교정에 관심이 모아졌다).

② 낙인이론의 영향을 받아 범죄자를 낙인찍지 않고 지역사회와 유대를 지속하도록 하는 사회적 추세의 변화도 그 요인이 되었다.

③ 전통적 교정에 대한 새로운 대안의 모색으로 지역사회의 책임이 요구되었다. [2020. 7급]

④ 과밀수용과 교정비용의 증가에 따른 대책으로 지역사회교정이 재차 대두되었으며 중간처벌의 확대, 사법단계에서의 부정기형의 재도입, 선별적 무능화 활용 등이 시도되었다. [2024. 9급]

(3) 지역사회교정의 목표

지역사회의 보호	① 각 단계별 모든 처벌프로그램의 중요한 공동목표가 된다. ② 지역사회 보호를 위해 대상자의 범주와 자격기준을 적절히 지정하고 과학적으로 선발하면서 제약의 유형과 통제수단을 적절히 강구해야 한다.
처벌의 연속성 제공	① 구금과 보호관찰의 양극적인 처벌에 더한 다양한 처벌방식을 제공하여 범죄뿐만 아니라 범죄자에 따라 처벌을 의미 있게 차별화하여야 한다. ② 범죄에 상응한 다양한 처벌로 범죄뿐만 아니라 범죄자에게도 적합한 연속적 처벌과 다양한 프로그램을 제공한다. [2024. 9급] ③ 전통적인 보호관찰이나 구금형에 대한 대안인 중간처벌로서의 기능과 보호관찰이나 가석방 철회 시 교도소에 재구금시키는 양형대안으로 사용한다.
사회복귀와 재통합	① 범죄자의 사회내처우를 통해 기존의 사회적 유대관계를 지속시키고 나아가 새롭고 보다 긍정적인 사회관계를 개발하도록 원조하는 데 그 목표가 있다. ② 1970년대 이후 재통합에 대한 열망은 상당히 감소되었다.
비용효과	① 최소비용으로 지역사회의 보호와 사회복귀를 달성할 수 있다. ② 비구금적인 지역사회교정의 가장 적절한 목표이다.
목표들 간의 갈등해소	① 지역사회교정 프로그램의 여러 목표 간에는 갈등요소들이 내재되어 있다. ② 이는 각 프로그램의 구체적인 목표달성 여부를 확인하기 어렵게 한다는 문제가 있다.

02 지역사회교정의 실현 형태

지역사회교정은 대체로 전환·옹호·재통합의 형태로 시행되고 있다. [2021. 9급] 총 3회 기출

전환 (diversion)	① 낙인의 영향을 최소화하고 범죄자의 사회복귀를 용이하게 하기 위해서 범죄자를 공식적인 형사사법절차와 과정으로부터 비공식적인 절차와 과정으로 우회시키는 제도이다. ② 대부분의 지역사회교정은 최소한 이러한 전환을 전제로 한다. [2016. 5급 승진]
옹호 (advocacy)	① 범죄자의 변화보다는 사회의 변화를 더 강조하는 것이다. ② 단순히 기존의 자원에 범죄자를 위탁하는 것만으로는 충분치 못하고 필요한 자원이 부적절하다면 그 자원을 개발하고 기존의 자원이 활용하기 어려운 것이라면 이용 가능하도록 만들어야 한다.
재통합 (reintegration)	① 범죄와 사회의 공동의 변화를 추구하는 것이다. ② 대표적으로 중간처우소(Halfway house)와 집단가정(group house)이 있다. ③ 지역사회와 교정프로그램의 연계, 프로그램에 대한 범죄자의 참여 등과 같은 지역사회와 교정프로그램의 상호작용을 극대화하는 노력이 중요한 가치로 평가된다. [2020. 5급 승진] 총 2회 기출

03 지역사회교정의 장·단점 [2024. 9급] 총 4회 기출

장점	단점
① 시설 내 처우로 인한 사회단절과 악풍감염의 폐해를 줄이고 범죄배양효과 내지는 낙인효과를 피하게 해준다. ② 전환제도로 이용되면 교정시설 등 형사시설의 과밀화 방지에 기여하여 형사사법기관의 부담을 감소시킬 수 있다. ③ 대상자에게 가족, 지역사회, 집단 등과 유대관계를 유지하게 하여 범죄자의 지역사회 재통합 가능성을 높여 줄 수 있다. ④ 단기자유형의 폐해극복 및 범죄인 처우를 위한 국가비용을 절감할 수 있다. ⑤ 통상의 형사재판절차에 처해질 알코올중독자, 마약사용자, 경범죄자 등의 범죄인에 대한 전환 방안으로 활용할 수 있다. ⑥ 사회 내 재범가능지들을 감시하고 지도함으로써 지역사회의 안전과 보호에 기여한다. ⑦ 법의 권위를 옹호하고 일반시민들을 또 다른 범죄로부터 보호함과 동시에 개개인의 자유를 극대화시킨다. ⑧ 재범률 감소와 보호감호와 치료감호의 대체수단으로 이용되고 범죄인의 자기책임의식을 촉진·강화하여 자신의 능력의 적극화를 통한 변화를 추구한다. ⑨ 소년초범 및 부녀자에 대한 실효성 있는 처우수단이고 시민의 직접적 협동이 가능하다. ⑩ 선고유예·집행유예제도와 병행하여 시행함으로써 효과를 상승시킬 수 있다.	① 지역사회의 반대로 사회 내 처우시설의 유치가 곤란하고, 국민법감정과 배치되며, 사회방위를 침해할 수 있다. ② 시설 내 구금의 한계를 극복하기 위한 신종의 사회통제전략으로 형사사법망의 확대에 불과하다. ③ 형식적으로는 구금이 아니나, 사회내 처우 관련기관들이 개입하므로 실질적으로 구금기능을 할 수 있다. ④ 대상자가 너무 많아 대상자에 대한 충분한 지도, 원호, 감시, 통제가 유명무실하게 되어 실효를 거두기 어렵고 실질적으로 사회복귀라는 목적보다는 처벌적으로 운영된다. ⑤ 대상자 선별에 있어서 자의와 독선이 개입할 우려가 적지 않고, 보호관찰조건이 가혹하거나 엄격한 경우 또는 자의적이거나 애매한 경우가 적지 않다. ⑥ 보호관찰이 동시에 요구하는 자발성과 강제성 사이에는 모순이 존재하며, 오히려 대상자에게 심리적 구금감을 들게 할 우려가 있다. ⑦ 미국의 랜드(Rand)연구소의 연구결과에 의하면 거의 모든 보호관찰대상자가 다시 체포된 것으로 밝혀져 이 제도가 재범방지에 효과적인가에 대한 의문이 있다.

04 지역사회교정의 비판: 형사사법망의 확대

지역사회교정의 확대는 과거에는 범죄통제의 대상이 되지 않았던 대상자를 범죄의 통제대상이 되게 함으로써 형사사법망 확대(net widening)를 초래한다는 비판을 받고 있다. [2024. 9급] 총 4회 기출

📋 지역사회교정으로 인한 형사사법망의 확대 유형

망의 확대(wider nets)	국가에 의해서 통제되고 규제되는 시민의 비율이 증가 현상, 즉 더 많은 사람을 잡을 수 있도록 그물망 확대
망의 강화(stronger nets)	범죄자에 대한 개입의 강도를 높임으로써 범죄자에 대한 통제강화
상이한 망(different nets)의 설치	범죄자를 사법기관이 아닌 다른 기관으로 위탁하여 실제로는 더 많은 사람을 범죄의 통제대상화

단원별 지문 OX

01 교정개혁에 초점을 둔 인간적 처우를 증진하며 범죄자의 책임을 경감시키는 시도이다. (　　) [2020. 7급]

02 지역사회교정으로 중간처우소, 수형자자치제, 집단가정은 지역사회교정의 대표적인 프로그램이다. (　　) [2016. 5급 승진]

03 지역사회교정은 국가에 의해서 통제되고 규제되는 시민의 비율이 증가하여 형사사법의 그물망 확대라는 문제점이 대두된다. (　　) [2016. 5급 승진]

04 지역사회교정은 교정시설의 과밀수용 문제를 해소하기 위한 방안 중 하나이다. (　　) [2024. 9급]

05 지역사회교정은 범죄자의 처벌·처우에 대한 인도주의적 관점이 반영된 것이다. (　　) [2024. 9급]

06 지역사회교정은 형사제재의 단절을 통해 범죄자의 빠른 사회복귀와 재통합을 실현하고자 한다. (　　) [2024. 9급]

07 지역사회교정은 실제로는 범죄자에 대한 통제를 증대시켰다는 비판이 있다. (　　) [2024. 9급]

---

01 ✕ 지역사회교정은 범죄자에 대한 인도주의적 처우, 사회복귀의 긍정적 효과 그리고 교정경비의 절감과 재소자관리상 이익의 필요성 등의 요청에 의해 대두되었으며, 지역사회의 보호, 처벌의 연속성 제공, 사회복귀와 재통합 등을 목표로 하므로, 범죄자의 책임을 경감시키는 시도와는 관계가 없다.

02 ✕ 재통합적 지역사회교정의 대표적인 프로그램으로 중간처우소(halfway house), 집단가정(group home) 등이 있다. 수형자자치제는 시설 내 처우에 해당한다.

03 ○ 지역사회교정의 확대는 과거에는 범죄통제의 대상이 되지 않았던 대상자를 범죄의 통제대상이 되게 함으로써 형사사법망의 확대(net widening)를 초래한다는 비판을 받고 있다.

04 ○ 현대교정이 안고 있는 가장 큰 문제 중의 하나가 과밀수용인데, 지역사회교정이 있음으로써 상당수 범죄자를 교도소에 수용하지 않고도 처우할 수 있기 때문에 과밀수용을 해소할 수 있고, 따라서 수용자의 수용관리도 그만큼 쉬워지며 더불어 교정경비 또한 절감될 수 있다.

05 ○ 지역사회교정은 범죄자에 대한 인도주의적 처우, 사회복귀의 긍정적 효과 그리고 교정경비의 절감과 수용자관리상 이익의 필요성 등의 요청에 의해 대두되었다.

06 ✕ 지역사회교정이란 지역사회와 범죄자와의 상호 의미 있는 유대라는 개념을 바탕으로 지역사회에서 행해지는 범죄자에 대한 다양한 제재와 비시설 내 교정프로그램을 말한다. 이는 지역사회의 보호, 처벌의 연속성 제공, 사회복귀와 재통합 등을 목표로 한다.

07 ○ 과거에는 범죄통제의 대상이 되지 않았던 대상자를 범죄의 통제대상이 되게함으로써 형사사법망 확대를 초래한다는 비판을 받고 있다.

제3절 중간처우

01 의의와 연혁

(1) 의의

① **의의**: 중간처우는 수형자 처우의 인도화와 합리화라는 관점에서 나온 제도로서, 시설 내 처우와 사회 내 처우의 중간형태 내지 결합형태라고 할 수 있다.

광의	교정시설 내의 범죄자를 지역사회에 연계시키기 위하여 재사회화의 필요에 따라 수형자에 대한 통제를 완화함과 동시에 자율을 강조하는 개방처우를 포함하는 개념으로 쓰인다.
협의	처우의 장소를 교정시설로부터 지역사회로 전환하는, 즉 폭넓은 자유를 허용하는 중간시설을 이용하여 사회내 처우의 효과적인 운영을 도모하는 방식을 말한다. ▶ 중간처우의 집, 석방전 지도센터, 보호관찰 호스텔, 다목적센터 등

② **전제**: 수형자에 대한 과학적 분류가 전제되어야 한다.
③ **기능**: 형사제재의 연속성을 가져올 수 있고, 시설수용 내지 석방의 충격을 완화할 수 있으며, 지역사회 보호의 목표를 달성할 수 있다.
④ **문제점**: 국민의 응보적 법감정에 부합하지 않는다.
⑤ **사례**: 대표적 유형은 미국의 중간처우의 집(Halfway house), 영국의 호스텔(Hostel)이다.

(2) 연혁

1854년 아일랜드의 교도소장이었던 크로프톤이 누진제를 실시하면서 가석방의 전단계로 중간교도소를 설치한 것이 시초이다.

(3) 중간처우시설의 구분

교정시설 내 처우의 사회화 (시설 내 중간처우)		외부방문, 귀휴, 외부통근작업 및 외부통학제도 등 개방처우
지역사회 내 주거시설 (사회 내 중간처우)	구금 전	보석대상자, 피해자 없는 범죄자 등을 중간처우시설에 단기간 강제거주
	구금 후	만기 혹은 가석방에 의해 출소되기 전까지 잔여형기 동안의 과도기적 장소

⊕PLUS 중간처우소의 이해

1. 교도소 출소로 인한 혼란·불확실성·스트레스를 완화해 주는 감압실로 불리기도 한다. [2018. 7급]
2. 정신질환자 또는 마약중독자들이 겪는 구금으로 인한 충격을 완화해 주는 역할을 한다. 입소 전 중간처우소는 대체로 정신질환범죄자나 마약중독범죄자 등에게 유용한 것으로, 수형자가 겪고 있는 정신질환이나 중독증상이 치유된 이후에 수형생활을 하는 것이 교정의 효과를 높일 수 있기 때문이다. [2021. 7급] 총 2회 기출
3. 과도기적 시설과 서비스를 필요로 하는 교도소에서 출소할 재소자, 구금의 대안으로서 보호관찰부 형의 유예자들에게 제공된다. [2018. 7급]
4. 법원의 양형결정에 필요한 분류심사서비스로서도 활용되고 있다.
5. 출소자들에게는 외부통근이나 통학 또는 석방 전 처우센터로서도 이용되고, 특히 아동보호시설이나 재판전 구치시설이나 소년원의 대안으로서도 이용되기도 한다.
6. 직접적인 하나의 형벌의 대안으로서 이용되기도 한다. 일반적인 보호관찰이나 집중감시보호관찰 대상자들보다 좀 더 강한 통제와 체계가 필요하다고 판단되는 경우에 적용할 수 있고, 보호관찰 또는 가석방 규칙을 위반한 경우에도 중간처우소 제도를 적용하기도 한다.

02 중간처우의 종류

(1) 중간처우의 집(Halfway house)

① 의의
- ⊙ 교정시설 밖에 설치된 소규모 독립생활공간을 말하며 이곳에는 출소일이 가까운 수형자를 대상으로 구금생활과 사회생활의 중간에 해당하는 처우를 실시한다.
- ⓒ 미국에서 가장 일반적인 중간처우의 집 유형은 수형자가 가석방 등 조건부 석방이 결정된 후 초기에 중간처우의 집에 거주하는 것이다. [2021. 7급]
- ⓒ 영국에서는 일반적으로 호스텔형태로 운영된다. 보호관찰대상자에게는 교도소로서의 성격을 가지는 반면, 가석방자에게는 非교도소로서의 성격을 가진다.
- ② 점진적 사회복귀뿐만 아니라 수형자의 적성에 맞는 직업알선, 교육수준 및 사회적응능력을 향상시켜 줌으로써 자력갱생을 촉진한다.
- ⓜ 재범률을 감소시키고 사회의 교정참여를 유도하는 기능을 갖는다.

② 종류

석방 전 중간처우의 집 (Halfway - out House)	⊙ 1950년 최초로 미시간주와 콜로라도주의 교도소에서 채택되어 교도소로부터 떨어진 독립된 시설을 두고 석방준비단계의 수형자들을 수용한다. 일반적으로 중간처우라 함은 석방 전 중간처우소를 말한다. ⓒ 교도소에서 지역사회로 전환하는 데 필요한 도움과 지도를 제공한다. [2021. 7급]
입소 전 중간처우의 집 (Halfway - in House)	범죄인이 교정시설에 입소하기 전에 일정기간 중간시설에 수감된 후 교정시설에 수용하여 구금의 충격을 완화시켜 주는 제도이다.

③ 연혁
- ⊙ 1817년 매사추세츠주에서 범죄인의 중간거주지에 관한 계획을 세웠다는 기록이 있기는 하나 실제로 1864년 보스톤에 설립된 여성출소자를 위한 감시보호수용소를 미국 최초의 중간처우의 집으로 보고 있다.
- ⓒ 1920년대부터 미국의 중요한 교정제도로 정착되기 시작하여 1960년대 미국의 교정제도가 교도소 중심에서 사회 중심으로 전환하게 되는 원동력을 제공하였다.

④ 대상 및 운영

대상	성인 수형자 중 조기 출소자나 가석방대상자 등 석방예정자들로서 석방 3~4개월 전에 수용되는 것이 보통이다.
운영	⊙ 소규모로 운영되고 있으며, 통상 50명 이하의 수형자를 수용한다. ⓒ 대체로 교정시설 밖의 독립된 시설이지만, 교정시설 내의 일정구획을 사용하는 경우도 있다. ⓒ 중간처우의 집은 그룹지도가 가능하다는 장점이 있으며 시설싱 여건이 많은 제약이 따르는 시설 내 처우에 비해 비교적 자유로운 처우환경을 제공할 수 있다. ② 중간처우의 집은 대상자의 결점을 보완하는 등 개인적 처우를 행하고 석방을 앞둔 수형자의 사회적응을 돕기 위한 재훈련에 역점을 둔다. ⓜ 남자를 위한 것이 대부분이었으나 남녀공용인 시설도 있으며, 보호소나 지역사회교정센터 등에서도 이와 같은 기능을 수행한다.

(2) 사회 내 처우센터(Community Treatment Center)

① 의의: 중간처우의 집과 마찬가지로 석방 이전에 수형자의 사회복귀를 준비시키기 위하여 교정시설과 사회의 중간에 설치한 처우시설이다.

② **기원**: 1953년 영국에서 시작된 호스텔제도가 그 기원이라 할 수 있으며, 미국의 경우 석방자의 반수 이상이 이 센터에서 90~120일간의 특별한 석방지도를 받고 출소한다.
③ **적용대상**: 가석방 예정자, 보호관찰을 받고 있는 자 중에서 문제가 있는 자, 소년수형자를 대상으로 한다.
④ **유형과 내용**

유형	내용
① 석방 전 지도센터 (Prerelease Guidance Center)	⊙ 수형자인 동시에 지역사회의 일원으로 형기만료 수 주일 전에 수용되어 전문상담가의 상담·지도·보호를 통해 취업, 작업훈련 등 교정시설과 일반사회 중간처우 실시하는 곳 ⓒ 1953년 영국의 호스텔제도가 선구 ⓒ 1961년 미국의 뉴욕 등 여러 주에서 실시 ⓔ 20명 내외의 소규모 인원 수용
② 석방 전 호스텔 (Pre-discharged Hostel)	⊙ 1954년 영국에서 시작 교도소 외곽에 별도 설치·운영 ⓒ 기업체 취업으로 사회복귀 재원마련, 사회환경 적응
③ 보호관찰부 가석방 및 보호관찰 호스텔 (Parole & Probation Hostel)	⊙ 가석방 호스텔(Parole Hostel): 가석방자 사회생활적응, 미국에서 주로 종교단체나 자선단체에 의해 운영 ⓒ 보호관찰부 거주호스텔: 카운티나 주에서 운영, 대표적인 단기집중처우제로 소집단 토론방식의 하이필드계획(Highfield project) ⓒ 보호관찰부 비거주호스텔: 유타주 프라보(Provo)의 파인힐스계획(Pinehills Project), 15~17세 소년 대상 4~6개월 주간에는 학업이나 잡역 하고 센터에 모여 토론, 오후 7시 귀가
④ 다목적센터 (Community Diagnostic and Treatment Center)	⊙ 영세한 군정부(카운티)가 재정적 부담을 덜기 위해 주로 소년 대상 여러가지 목적의 시설 운영(소년분류심사원과 유사) ⓒ 법원 등 판단을 돕기 위하여 다양한 전문가에 의해 대상자 관찰, 진단, 처우 이들 기관과 상호 협조적 관계 유지 ⓒ 캘리포니아주 청소년교정센터가 대표적 제1단계: 약 1개월 시설 내, 상담·학과교육, 직업훈련 등 제2단계: 약 3개월 시설 내, 외부취업·학업 등 사회활동 제3단계: 약 20개월 사회 내, 주기적 보고나 특별프로그램 참여
⑤ 엠마우스 하우스 (Emmaus House)	여성의 사회복귀 도움을 위한 소규모 주거식 처우시설
⑥ 개방센터 (Opening Center)	비거주식 취업알선 위주의 소극적 처우시설

⊕ PLUS 맥코클(McCokle)과 빅스비(Bixby)의 하이필드계획(Highfield project)

1. 하이필드는 뉴저지주에 설치된 것으로 전 미국의 사설 청소년시설의 모범이 되었다.
2. 16~17세의 소년 20명을 수용할 수 있는 거주시설을 만들어 약 4개월간 거주시키면서 주간에는 병원·농장에서 일하거나 학교에 출석하고, 저녁에는 약 10명의 집단으로 90분간 매일 치료회합을 가진다.
3. 토론을 통해 비행동기의 정당성을 제거하고 비행청소년들에게 자기 재활의 기회를 제공한다.
4. 지도된 집단 상호작용 프로그램을 통해 그들의 문제에 대한 이해를 돕게되며 공식적인 규율이 없다.
5. 단기집중처우제도로 운용되는 소집단규모의 토의방식으로 집단상호작용지도법이라고도 한다.

단원별 지문 O/X

01 석방 전 중간처우소는 교도소에서 지역사회로 전환하는데 필요한 도움과 지도를 제공한다. (   )   [2021. 7급]

02 석방 전 중간처우소는 정신질환 범죄자나 마약중독자에 유용하며 석방의 충격을 완화해주는 역할을 한다. (   )   [2021. 7급]

03 우리나라의 중간처우소 사례인 밀양희망센터는 외부업체에서 일하고 지역사회 내의 기숙사에서 생활하는 형태로 운영된다. (   )   [2021. 7급]

04 미국에서 가장 일반적인 중간처우소 유형은 수형자가 가석방 등 조건부 석방이 결정된 후 초기에 중간처우소에 거주하는 것이다. (   )   [2021. 7급]

05 중간처우제도는 교도소 수용이나 출소를 대비하는 시설로 보호관찰 대상자에게는 적용되지 않는다. (   )   [2018. 7급]

06 교정시설 내 중간처우로는 외부방문, 귀휴, 외부통근작업 및 통학제도 등을 들 수 있다. (   )   [2018. 7급]

07 중간처우제도는 교도소 출소로 인한 혼란·불확실성·스트레스를 완화해 주는 감압실로 불리기도 한다. (   )   [2018. 7급]

---

01 ○ 석방 전 중간처우소(halfway-out house)는 출소와 지역사회에서의 독립적인 생활사이의 과도기적 단계로서 주거서비스를 제공하여 가족과 지역사회의 유대관계를 회복할 수 있도록 도와주며, 취업 알선 프로그램이나 사회복귀 문제요인을 해결책으로 제시함으로서 사회에 적응을 할 수 있도록 도와준다.

02 × 입소 전 중간처우소(halfway-in house)는 대체로 정신질환 범죄자나 마약중독 범죄자 등에게 유용한 것으로, 수형자가 겪고 있는 정신질환이나 중독증상이 치유된 이후에 수형생활을 하는 것이 교정의 효과를 높일 수 있기 때문이다.

03 ○ 밀양교도소 밀양희망센터는 출소예정자의 사회적응력 향상을 위해 지역사회 내에 설치된 중간처우시설로, 평일에는 중간처우시설에서 기업체 등으로 자율 출·퇴근을 실시하고, 취업시간 이후에는 중간처우시설에서 취·창업교육, 문화프로그램, 집단상담, 자치활동, 취미생활 등을 받는다.

04 ○ 미국의 중간처우소(halfway house)는 주로 교도소로부터 멀리 떨어진 곳에 독립된 시설을 두고 그 곳에 석방준비단계의 수용자들을 수용한다. 민간인 위주로 운영하고 있으며, 가석방자를 대상으로 조기석방을 전제로 하고, 시설수용과 지역사회교정 모두에 대한 대안으로써 쓰이고 있다.

05 × 중간처우소는 과도기적 시설과 기능 외에 직접적인 하나의 형벌의 대안으로서 이용되기도 한다. 즉 시설수용과 거주 지역사회교정 모두에 대안으로서 쓰이고 있다는 것이다. 다시 말해서 지금까지의 형벌이 사실상 완전한 구금과 완전한 자유라는 극단적인 두 가지로만 이루어져 왔으나, 이제는 극단적 두 처분의 중간에 위치할 수 있는 대안도 필요하다는 인식을 한 것이다.
따라서 일반적인 보호관찰이나 집중감시보호관찰 대상자들보다 좀 더 강한 통제와 체계가 필요하다고 판단되는 경우에 적용할 수 있고, 보호관찰 또는 가석방 규칙을 위반한 경우에도 중간처우소 제도를 적용하기도 한다.

06 ○

07 ○ 중간처우소와 같은 과도기적 시설이 있음으로써 출소자들이 겪게 될지도 모를 혼란·불확실성·스트레스 등을 점차적으로 경험하게 하고 해결하게 하여 지역사회에서의 독립적인 생활에 재적응할 수 있는 적절한 시간적 여유를 제공할 수 있는 것이다. 이러한 관점에서 중간처우소(Halfway house)를 출소자들을 위한 감압실이라고도 한다.

제4절 중간처벌제도

01 개요

(1) 의의

① **의의**: 중간처벌은 보호관찰의 무용론과 구금형의 유용론이 결합되면서 대두된 제도로서, 일반보호관찰 처분이 아니면 구금형을 판결하는 양극적 결정을 탈피하여 양극을 연결하는 중간선상에 새로운 처벌형 태를 개발하는 것이다.

② **처벌중점**: 중간처벌이란 구금형과 일반보호관찰 사이에 존재하는 대체처벌로서, 중간처우가 사회복귀에 중점을 두는 것이라면 중간처벌은 제재에 보다 중점을 둔 제도이다. [2019. 7급] 총 2회 기출

③ **형사제재의 연속성**: 범죄인에 대하여 범행의 정도에 기초하여 일정수준의 형사제재를 가하고, 보호관찰 에 대한 반응 및 추후행동에 따라 제한받는 정도를 결정하는 일련의 과정을 말하는데 중간처벌제도는 이러한 형사제재의 연속성에 기여한다.

④ **완충적 형벌단계 제공**: 중간처벌은 구금형과 보호관찰 사이에 완충적 형벌단계를 제공함으로써 형벌의 적정성을 기할 수 있다.

⑤ 다양한 중간처벌제도의 개발은 형사사법망의 확대라는 비판을 받고 있는 사회 내 처우에 대하여 새로 운 활로를 제공한다.

⑥ **생산적 교정프로그램**: 중간처벌은 구금이나 자유라는 양 극단보다 생산적인 교정프로그램이라는 평가를 받고 있다.

⑦ **이분법적 처벌형태의 독단성 억제**: 중간처벌은 교정시설 구금과 일반보호관찰의 이분법적 처벌형태에서 존재할 수 있는 불공정성과 독단성을 억제할 수 있다.

⑧ 지역사회교정의 확대는 교정시설의 과밀수용 해소에 기여하고, 이는 수용자의 개별처우 및 수용관리에 도 도움을 준다.

⑨ 교정의 민영화 확산 및 지역사회교정의 활성화에도 기여한다.

(2) 발달배경

① **대체처벌의 필요**: 1980년대 이후 과밀수용의 문제와 보호관찰대상자들의 높은 재범률에 따라 일정한 범 죄인(구금형은 너무 엄격하고 일반보호관찰은 너무 관대한 범법자)에 대한 새로운 대체처벌방안의 필요성 대두되었다.

② **구금의 폐해**: 구금에 의한 특별예방적 효과 외에는 오히려 범죄의 학습과 낙인이라는 부정적 결과만을 초래할 뿐 아니라 사회경제적 비용만을 증가시키므로 구금에 의한 형벌집행이라는 전통적 방식에 변화 가 요구되었다.

③ **보호관찰 강화필요**: 보호관찰대상자가 점차 증가하게 되면 사법기관의 통제영역에서 경미한 범죄가 제 외되는 현상이 발생되고 이는 경력범죄자를 양산하여 누범률을 더욱 증가시키는 악순환이 되풀이될 것 이라는 우려가 제기되었다.

1. **긴장/기회이론**: 범죄자가 준법적인 사회인으로서 생활하기 위해서는 합법적인 목표를 달성할 수 있는 기회와 기술이 필요한데, 이러한 기회와 기술은 교정시설에 구금된 상태로서는 충분하지 못하다고 주장한다.

2. **차별적 접촉이론**: 구금은 악풍감염과 범죄의 학습의 폐해를 유발하는데, 범죄적 집단과의 친근한 접촉 때문에 이런 폐해가 유발된다는 차별적 접촉이론은 범죄자로 하여금 범죄집단이 아닌 관습적인 집단과의 접촉이 필요하고 이를 위해서는 구금보다는 그 대안이 바람직하다고 주장한다.

3. **사회통제이론**
   ① 관습적인 사회와 사람들과의 유대관계가 약화되거나 차단된 사람은 그 사회로부터 그만큼 범죄에 대한 통제를 적게 받기 때문에 그만큼 쉽게 일탈할 수 있다.
   ② 따라서 사회와의 유대가 약화되어 범행한 재소자를 사회로부터 완전히 격리구금한다면 사회와의 관계는 더욱 악화되어 일탈의 위험성은 더 높아지므로 구금을 대신할 수 있는 대안적 정책이 필요하다고 주장한다.

(3) 유형

재판단계 중간처벌	벌금형, 판결전 전환 등
보호관찰관련 중간처벌	집중감시보호관찰, 배상제도, 가택구금, 사회봉사·수강명령제도, 전자감시 등
교정관련 중간처벌	충격구금, 병영식 캠프 등

(4) 중간처벌의 문제점

① **적용대상의 한계**: 중간처벌제도는 성질상 주로 경미한 범죄를 대상으로 하므로 강력범죄자에게는 적용하기 곤란하다는 점에서 모든 범죄자에게 활용할 수 없고 시설 내 구금인구 중 강력범의 비율이 높아진다.

② **종류선택 및 집행기관 선정의 곤란**: 어떤 종류의 중간처벌을 선택하느냐에 따라 대상자가 체감하는 제재의 정도가 달라질 수 있으므로 종류별 형평성이 문제될 수 있다.

③ **형사사법망의 확대 및 강화**: 전자감시와 같은 중간처벌은 범죄인의 활동경로를 세세히 감시하게 되므로 이러한 경우 범죄인에 대한 통제력을 약화시키기보다는 오히려 강화시키는 결과가 된다는 지적이 있다.

④ 처벌의 완화라는 인식을 주어 국민의 응보적 법감정과 배치될 수 있다.

02 중간처벌의 종류

(1) 배상명령

① **의의**: 범죄인으로 하여금 피해자에 대하여 금전적으로 배상을 명령하는 제도이다. [2017. 9급]

② **장 · 단점**

장점	단점
㉠ 범죄인 개인의 전적인 책임으로 이행되므로 국민이나 교정당국에 아무런 비용을 부담시키지 않는다. [2019. 7급] ㉡ 사법업무의 과중을 완화시킬 수 있으며 형벌의 응징적 역할을 감소시킨다. ㉢ 사회로부터 격리수용하지 않으므로 가족과의 유대관계 및 종전 직업을 유지할 수 있다. [2019. 7급] ㉣ 피해자를 형사사법과정에 참여하게 함으로써 형사사법에 대한 인식의 개선과 피해자 지원을 용이하게 한다.	㉠ 경제적 능력이 없는 가해자에게는 가혹한 처벌이 될 수 있다. ㉡ 경제적 능력이 있는 사람에게는 형벌적 효과를 거둘 수 없게 되어 차별적 형사정책이라는 비판이 있다.

③ **효율적 운영**: 배상제도의 단점을 보완하기 위해서는 가해자의 경제적 능력에 따라 배상액을 차등화하고 경제적 능력이 없는 가해자를 위하여 연불이나 후불이 가능하도록 할 필요가 있다.

(2) 집중감시보호관찰

① **의의**
   ㉠ 구금과 보호관찰에 대한 대체방안으로, 감독의 강도가 일반보호관찰보다는 엄격하고 교도소의 구금에 비해서는 관대한 중간처벌을 말한다. [2020. 5급 승진] 총 3회 기출
   ㉡ 집중적인 접촉관찰로 대상자의 욕구와 문제점을 보다 정확히 파악하고, 이에 알맞은 지도 · 감독 및 원호를 실시하여 재범방지의 효과를 높일 수 있다. [2017. 9급]
   ㉢ 집중감시보호관찰은 보호관찰부 가석방(parole)이나 보호관찰부 선고유예(probation) 두 가지 경우 모두 활용가능한 제도이다.
   ㉣ 과밀수용의 해소방안으로서 중요한 의미를 가진다. [2020. 5급 승진]
   ㉤ 집중보호관찰의 대상자는 재범의 위험성이 높은 보호관찰대상자가 보편적이다. [2020. 5급 승진]
   ㉥ 일반보호관찰보다는 비용이 많이 들지만 구금형보다는 적게 들며 대상자의 재범률을 저하시키는 효과를 거두고 있는 것으로 나타나고 있다.
   ㉦ 보호관찰이 지나치게 관대한 처벌이라는 느낌을 주지 않으면서 범죄자를 사회 내에서 처우할 수 있는 기회를 제공한다. [2016. 9급]
   ㉧ 범법자의 가족관계를 유지시켜주는 데 도움이 되고 고용을 계속적으로 유지시킬 수 있으며 사회적으로 낙인효과를 줄일 수 있는 것으로 평가되고 있다.

② **구별**: 일반보호관찰은 주로 경미범죄인이나 초범자 등을 대상으로 과중한 업무량 등을 이유로 간헐적인 직접접촉과 전화접촉에 그치지만, 집중보호관찰은 어느 정도의 강력범죄자까지도 대상으로 하며 10명 내외의 대상자를 상대로 매주 수회에 걸쳐 대면접촉을 한다. [2019. 7급] 총 2회 기출

③ **배경**: 범죄의 양적 · 질적 증가에 따른 기존 일반보호관찰의 한계를 극복하기 위해 그 대체방안으로 집중감시보호관찰이 등장하게 되었다. 1980년대 초부터 보호관찰관과 대상자 간의 접촉을 강화함으로써 사회복귀와 공공안전을 목표로 설계되었지만 이후 국가재정부담과 과잉수용을 감소시키는 목적이 추가되었다.

④ 대상 및 방법

대상	범죄인의 위험성을 기준으로 약물남용경험, 소년비행경력, 가해자와 피해자의 관계, 피해자에 대한 피해, 과거 보호관찰 파기 여부, 초범 당시의 나이 등을 고려하여 위험성이 높은 보호관찰대상자를 대상자로 정한다. [2020. 5급 승진] 총 2회 기출
방법	주중 수차례의 대상자 및 친지와의 접촉, 야간이나 주말동안의 무작위 방문, 약물복용에 대한 불시검사, 규칙의 엄격한 적용 등을 포함하며 사회봉사명령이나 전자감시, 즉 대상자의 신체에 전자추적 장치를 부착하여 제한 구역을 이탈하면 즉시 감응장치가 작동하도록 하는 추적관찰방법을 병행한다. [2020. 5급 승진]

(3) 충격구금(Shock Incarceration)

① **의의**

  ㉠ 충격구금은 범죄인의 구금기간이 장기화됨에 따라 부정적 낙인의 골이 깊어지고 범죄적 악풍감염정도는 심화되지만 구금에 따른 박탈과 그로 인한 고통은 점차 줄어들게 된다는 점과 구금의 고통은 입소 후 6~7개월에 최고조에 달하다가 그 이후 급격히 떨어진다는 점을 근거로 구금의 고통이 가장 큰 기간만 구금하여 범죄제지효과를 극대화하자는 데 제도적 의의가 있다. [2015. 7급]

  ㉡ 보호관찰에 앞서 일시적인 구금의 고통이 미래 범죄행위에 대한 억지력을 발휘할 것이라고 가정하는 처벌형태로, 이는 장기구금에 따른 폐해와 부정적 요소를 해소하거나 줄이는 대신 구금이 가질수 있는 긍정적 측면을 강조하기 위한 것이다. [2019. 7급] 총 2회 기출

  ㉢ 형의 유예 및 구금의 일부 장점들을 결합한 것으로 구금 이후 형의 집행을 유예하면서 보호관찰과결합되는 형태로 운영되고 있다. [2015. 7급]

  ㉣ 짧은 기간 구금되지만 범죄자가 악풍에 감염될 우려가 있다. [2015. 7급]

② **평가**: 범죄인의 3분의 1이 이미 구금된 경력이 있는 사람이었지만 이들에게는 충격구금이 큰 의미를 주지 못하였다고 하며, 충격구금을 받은 사람과 그렇지 않은 사람 간의 행위변화에 있어서 별다른 차이점이 없었다고 한다.

② 유형과 내용

유형	내용
충격가석방 (shock parole)	보호관찰에 회부하기 전에 단기간의 구금을 통해 교정시설의 실상을 인식하게 하여 다시는 범죄를 하지 않도록 제지하자는 제도
분할구금 (split sentence)	보호관찰과 충격구금과 같은 단속적인 구금에 처하는 두 가지의 처벌형태
충격보호관찰 (Shock probation)	㉠ 병영식 캠프의 전신, 1965년 오하이오에서 시작, 구금경력이 없는 청소년 대상으로 1~4개월 단기간 구금 후 보호관찰조건부 석방 ㉡ 목적: 보호관찰을 받기 전 충격을 가하여 보호관찰의 억제기능 보완, 동시에 시설수용으로 인한 부정적 폐해 방지효과 ㉢ 장점: 교도소 수용기간 감축, 대상자 사회복귀 유리, 가족관계 유지, 수용인원감소로 교정비용 절감효과 등 ㉣ 단점: 일단 구금의 악영향을 경험하므로 보호관찰 본래의 의미를 상실, 구금의 낙인효과 등
병영식 캠프 (boot camp)	㉠ 1983년 미국 조지아주에서 구금형과 일반보호관찰에 대한 대체방안으로 개발 ㉡ 3~4개월간 군대식 엄격한 규율과 규칙적인 생활습관 및 책임의식 강조하는 단기 훈련기간을 갖는 시설 ㉢ 수형자의 자원에 의해 실시, 과밀수용해소와 형기감소 목표 달성, 1990년대 가장 보편적인 중간처벌로 정착 ㉣ 운영주체: 주로 민간이 맡으며, 엄격한 규율아래 마약이나 알코올과의 접촉을 차단시키는 단기교정프로그램 ㉤ 군대식 훈련에 노동, 작업, 직업교육, 상담 등 다양한 교화적 측면도 강조 ㉥ 충격보호관찰과 유사하나 주교정국 관할이 아니고 보호관찰소 관할이라는 점에서 구별

(4) 가택구금제도

① **의의**: 범죄인을 교정시설에 수용하는 대신 가택에 둔 상태에서 자유형의 전부 또는 일부를 집행하는 제도이다. 통상 전자감시제도와 결합하여 시행된다. 1960년대 후반 교정시설 과밀수용 해소방안의 하나로 채택되었다.

② **대상 및 운영**

대상	폭력범죄자나 알코올·약물중독자가 아닌 자로서 재범위험성이 높지 않은 범죄자를 그 대상으로 하며, 타인에게 위해의 가능성이 비교적 적은 재산범이나 음주운전자 등이 여기에 해당된다.
운영	㉠ 가택구금은 원상회복명령, 사회봉사명령 등과 결합하여 시행되기도 하고, 감시비용을 부담할 것을 조건으로 하기도 한다. ㉡ 대상자는 원칙적으로 가택을 벗어나지 못하며, 정해진 시간에만 가택을 벗어날 수 있는 준수사항이 부과된다.

③ 장·단점

장점	단점
⊙ 구금비용의 절감과 교정시설의 과밀수용 해소에 유리하다.	⊙ 범죄인이 자택을 마약거래, 사기, 성매매 등과 같은 범죄의 거점으로 이용할 수 있다.
ⓛ 교도관이나 보호관찰관의 업무부담을 경감시킨다.	ⓛ 국가공권력이 개인 가정에 대한 간섭을 증대시킨다.
ⓒ 임산부, 에이즈 환자 등 특수한 수형자의 처우에 적합하다.	ⓒ 대상자의 행동을 세세히 감시하게 되므로 프라이버시를 지나치게 침해할 수 있다.
ⓔ 시설내 수용에 비해 인도적이고 사회복귀를 용이하게 한다.	ⓔ 전자감시장비의 설치와 유지에 많은 비용이 소요된다.
ⓜ 형사사법의 각 단계에서 또는 재판과 병행하여 탄력적으로 운용할 수 있다.	ⓜ 적용할 수 있는 대상자에 제한이 있어 보편적인 제도로 활용함에 한계가 있다.
ⓗ 병과된 피해보상이나 사회봉사명령을 통해서 피해자가 지역사회와 화해할 수 있다.	ⓗ 범죄문제의 해결을 국가가 가정으로 전가시키는 결과가 될 수 있다.
	ⓢ 사회복귀를 위한 원조보다 감시에 중점을 두었고, 교정시설 수용일수와 가택구금일수가 동등하게 환산되지 않으므로(시설수용 1일을 가택구금 3일로 환산하는 등) 형기가 장기화될 수 있다.
	ⓞ 가택구금의 확대는 보호관찰대상을 축소하게 되어 형사사법망이 확대될 염려가 있다.

(5) 전자감시제도

① 의의

  ⊙ 보호관찰대상자가 지정된 장소에 있는지의 여부를 확인하기 위한 원격감시시스템으로, 보통 손목이나 발목에 휴대용 전자발신장치를 부착시키고 감시대상자의 주택에 현장감시장치를 설치하여 대상자가 감시장치로부터 일정거리 이상을 벗어나거나 휴대용 발신기를 풀면 즉시 중앙통제소에 경보가 울리도록 한 재택수감방식이다.

  ⓛ 처벌프로그램의 종류라기보다는 대상자의 위치를 파악할 수 있는 감시기술로서, 구금으로 인한 폐해를 줄일 수 있고 대상자가 교화·개선에 도움이 되는 각종 교육훈련과 상담을 받을 수 있다. [2017. 9급]

  ⓒ 교정시설의 과밀수용과 사회 내 처우의 신뢰할 만한 처우방법이 발견되지 않는 상황하에서 양쪽 처우의 한계를 극복하는 대안이 될 수 있다.

  ⓔ 사회의 안전확보, 구금비용의 절감뿐 아니라 신응보적 형벌개념이 대두되는 오늘날의 시민 감정에 어느 정도 부응할 수 있다.

  ⓜ 보호관찰관의 감시업무부담을 경감시켜 대상자의 원조활동에 전념할 수 있게 한다.

  ⓗ 구금에 필요한 경비를 절감할 수 있고, 과밀수용을 방지할 수 있다. [2023. 9급]

  ⓢ 특별한 시설을 필요로 하지 않으며, 미결·기결에 관계없이 형사사법의 각 단계에 있어서 폭넓게 이용이 가능하다. [2016. 9급]

  ⓞ 가족관계 및 종전 직장을 유지할 수 있어 생계유지와 피해자 배상이 유리하다.

  ⓩ 직장과 집 이외에는 외출이 통제되므로 자유형의 집행효과를 거둘 수 있다.

  ⓧ 시설수용에 따른 사회적 낙인과 단기자유형에 따르는 폐해를 제거할 수 있다. [2016. 9급]

  ⓣ 임산부 등 특별한 처우가 필요한 범죄자에게도 실시할 수 있다. [2016. 9급]

② 법적 쟁점

인간의 존엄성 침해 여부	기계를 통해 인간을 감시하는 점에서 인간의 존엄성을 침해한다는 비판이 있으나 자유형의 대체물이자 통상 대상자의 동의에 의해 선택되고 있다는 점에서 보다 많은 자유제공의 기회로 보아야 한다.
평등권 침해여부	통상 전자감시의 조건으로 확실한 주거지와 전화를 소유하고 있어야 하고 전자감시비용을 부담할 경제적 능력이 요구된다는 점에서 경제적 능력에 따라 형벌의 경중이 결정되는 결과를 초래하여 평등권을 침해한다는 문제가 제기되고 있다.
사생활 침해여부	전자장비는 24시간 모든 행동과 대화를 영상으로 녹화하고 전송하는 것으로 발달되어 필요이상의 사생활이 노출될 우려가 있으며 대상자 동거가족의 사생활 침해도 문제될 수 있다. [2023. 9급]

③ **대상**: 소년이나 성인을 포함하지만, 폭력범죄자, 중대한 전과자, 약물남용경력자는 제외된다.

④ **문제점**

  ㉠ 대상자 선정에 있어 재량권 남용 등의 문제로 공정성을 기하기가 용이하지 않다. [2014. 7급]

  ㉡ 대상자가 장치를 조작하여 적발을 피할 수 있으며, 기계장치에 결함이 생긴 경우 대상자가 구역 내에 있더라도 명령위반으로 체크될 수 있다.

  ㉢ 감시장치를 통해 얻은 정보는 소재만을 파악할 수 있을 뿐 감시구역 내에서 대상자가 어떤 행동(마약복용 등)을 하고 있는지 파악할 수 없다. [2023. 9급]

  ㉣ 전자감시에는 집과 전화가 필요하기에 이것들이 없는 자는 감시대상이 될 수 없어 빈부의 차에 의한 불평등을 조장할 우려가 있다.

  ㉤ 범죄인을 시설구금이 아닌 사회 내에서 처우하는 것이므로 공공의 안전이 위협받으며, 국민의 법감정에 부합하지 않는다.

  ㉥ 전체수형자에 비해 전자감시 대상자의 비율이 극히 적어 과밀수용문제의 해결을 위한 근본적인 대책이 되기 어렵다.

  ㉦ 전자감시가 종전의 감시방법과 비교하여 재범방지에 효과적인가 여부도 불명확하다.

  ㉧ 범죄자가 가정에 머물러 있게 됨으로써 아동학대나 가정 내 폭력이 대두될 수 있다.

(6) 벌금형

① **의의**: 가장 오래된 처벌형태이지만 현재에도 보호관찰과 구금형 간에 하나의 대안으로서 많은 지지를 받고 있다.

② **장·단점**

장점	단점
㉠ 범죄의 심각도에 따라 효과적인 처벌과 억제기능이 가능하며, 특히 불법적인 재물획득의 경우 이를 반환시킬 수 있다. ㉡ 다른 처벌수단과 연계하여 부가적 형식으로 사용할 수 있다. ㉢ 범죄자 개인의 여건에 맞게 처벌을 조절할 수 있다. ㉣ 기존의 조직과 절차를 이용할 수 있기 때문에 행정비용의 부담이 적다. ㉤ 구금형이나 보호관찰과는 달리 벌금의 수거를 통해 국가재원이 마련될 수 있다.	㉠ 범죄자 격리목적을 달성할 수 없고 공공의 안전에 위협이 될 수 있다. ㉡ 벌금이 일반적으로 낮은 경향이 있어 무거운 처벌을 내리는 데에는 한계가 있다. ㉢ 벌금을 높이 책정하면 수거하는 데 어렵고 행정업무의 과다를 초래할 수 있다. ㉣ 경제적 능력에 따라 부유한 자에게 유리하고 빈곤한 범법자는 벌금을 낼 수 없어 결국 구금형을 받게 되는 형평성 문제가 존재한다.

(7) 사회봉사명령과 수강명령제도

① 의의

사회봉사명령	범죄인을 교도소나 소년원에 구금하는 대신에 정상적인 사회생활을 영위하게 하면서 일정한 기간 내에 지정된 시간 동안 무보수로 근로에 종사하도록 명하는 것을 말한다.		
	처벌적 기능 (Punishment)		육체적인 고된 작업과 훈련과 무보수의 의무적인 작업을 실시함으로써 처벌의 성격을 지니고 있다.
	배상의 기능 (Reparation)		피해자나 지역사회에 봉사작업을 함으로써 사회에 대한 보상기능이 있다.
	사회와의 화해기능 (Reconciliation)		범죄자를 사회에 재통합 내지 재사회화에 기여하여 범죄자와 사회와의 화해를 가능하게 한다. '보호관찰 이래 최대의 형벌개혁'으로 평가받고 있다.
수강명령	범죄인이나 보호소년을 교화·개선목적의 강의나 교육을 받도록 명하는 것으로 여가박탈로 처벌 효과와 교육훈련을 통한 자기 개선적 효과를 기대한다. [2017. 9급]		

② 연혁

영국	㉠ 1960년 영국에서 과잉구금 해결방안으로 당사자의 동의를 전제로 자유노동을 통해 자유형을 대체하려는 시도로 출발하였다. ㉡ 1970년 보호관찰보다 형벌의 성격이 강하면서 단기구금형을 대체할 수 있다는 장점에 따라 사회봉사명령제도를 도입하였다. ㉢ 1972년 형사재판법을 통해 시험운영되다가 영국의 전역 및 각국에서 채택되었다.
우리나라	㉠ 보호관찰 등에 관한 법률, 형법, 소년법, 성매매알선 등 행위의 처벌에 관한 법률, 아동·청소년의 성보호에 관한 법률, 성폭력범죄의 처벌 등에 관한 특례법, 가정폭력범죄의 처벌 등에 관한 특례법에서 사회봉사명령·수강명령을 규정하고 있다. ㉡ 특징: 사회봉사명령 시 당사자의 동의를 전제로 하지 않으며, 그 집행을 보호관찰관이 담당하여 지역사회에 기반을 둔 민간 독지가에 의한 처우의 성격이 없다.

단원별 지문 O X

01 중간처벌은 중간처우에 비해 사회복귀에 더욱 중점을 둔 제도이다. ( ) [2019. 7급]

02 배상제도는 범죄자로 하여금 범죄로 인한 피해자의 경제적 손실을 금전적으로 배상하게 하는 것으로, 범죄자의 사회복귀를 도울 수 있으며 범죄자에게 범죄에 대한 속죄의 기회를 제공한다. ( ) [2017. 9급]

03 배상명령은 시민이나 교정당국에 비용을 부담시키지 않고, 범죄자로 하여금 지역사회에서 가족과 인간관계를 유지하며 직업활동에 전념할 수 있게 한다. ( ) [2019. 7급]

04 사회봉사명령은 유죄가 인정된 범죄인이나 비행소년을 교화·개선하기 위해 이들로부터 일정한 여가를 박탈함으로써 처벌의 효과도 얻을 수 있고, 동시에 교육훈련을 통하여 자기 개선적 효과를 기대할 수 있다. [2017. 9급]

05 전자감시(감독)제도는 처벌프로그램의 종류라기보다는 대상자의 위치를 파악할 수 있는 감시(감독)기술로서, 구금으로 인한 폐해를 줄일 수 있고 대상자가 교화·개선에 도움이 되는 각종 교육훈련과 상담을 받을 수 있다. ( ) [2017. 9급]

06 충격구금은 보호관찰의 집행 중에 실시하는 것으로, 일시적인 구금을 통한 고통의 경험이 미래 범죄행위에 대한 억지력을 발휘할 것이라는 가정을 전제로 한다. ( ) [2019. 7급]

07 집중감독보호관찰(intensive supervision probation)은 주로 경미범죄자나 초범자에게 실시하는 것으로, 일반보호관찰에 비해 많은 수의 사람을 대상으로 한다. ( ) [2019. 7급]

---

01 ✕ 중간처벌이란 구금형과 일반보호관찰 사이에 존재하는 대체처벌로서, 중간처우가 사회복귀에 중점을 두는 것이라면 중간처벌은 제재에 보다 중점을 둔 제도이다.

02 ○ 배상명령(restitution)은 시민이나 교정당국에 아무런 비용을 부담시키지 않으며, 범죄자를 사회로부터 격리수용하지 않고 지역사회에서 가족과 인간관계를 유지하며 직업활동에 전념할 수 있다는 장점이 있으며, 그 결과 수용으로 인한 낙인과 범죄학습 등의 폐해가 없다.

03 ○ 배상명령은 범죄자로 하여금 자신의 범죄로 인해 피해를 입은 범죄피해자에게 금전적으로 배상시키는 제도로, 피해자에 대한 단순한 금전적 배상이라는 점에서 하나의 처벌인 동시에 금전 마련을 위해서 일을 하거나 피해자를 배려한다는 등의 차원에서는 교화개선적 기능도 가지고 있다.

04 ✕ 수강명령에 대한 설명이다. 수강명령은 유죄가 인정된 범죄인이나 보호소년을 교화·개선하기 위하여 일정한 강의나 교육을 받도록 명하는 것을 말한다. 사회봉사명령은 유죄가 인정된 범죄인이나 보호소년을 교도소나 소년원에 구금하는 대신에 정상적인 사회생활을 영위하면서 일정한 기간 내에 지정된 시간 동안 무보수로 근로에 종사하도록 명하는 것을 말한다.

05 ○

06 ○ 충격구금은 보호관찰에 앞서 일시적인 구금의 고통이 미래 범죄행위에 대한 억지력을 발휘할 것이라고 가정하는 처벌형태로, 이는 장기구금에 따른 폐해와 부정적 요소를 해소하거나 줄이고 대신 구금이 가질 수 있는 긍정적 측면을 강조하기 위한 것이다.

07 ✕ 일반보호관찰은 주로 경미범죄자나 초범자 등을 대상으로 보호관찰관의 과중한 업무량 등을 이유로 간헐적인 직접접촉과 전화접촉에 그치지만, 집중보호관찰은 어느 정도의 강력범죄자까지도 대상으로 하며 10명 내외의 대상자를 상대로 매주 수회에 걸쳐 직접 대면접촉을 보호관찰대상자의 직장이나 가정에서 수행하고 있다.

08 집중보호관찰(intensive probation)제도는 과밀수용의 해소방안으로서 중요한 의미를 가진다. (　　) [2020. 5급 승진]

09 집중보호관찰(intensive probation)제도에서 집중보호관찰 대상자 선정 시 약물남용경험, 가해자 − 피해자 관계, 초범 시 나이 등을 고려하지 않는다. (　　) [2020. 5급 승진]

10 집중보호관찰(intensive probation)제도는 일반보호관찰보다는 감독의 강도가 높고, 구금에 비해서는 그 강도가 낮다. (　　) [2020. 5급 승진]

11 집중보호관찰은 대개의 경우 야간 통행금지시간을 정하고, 일정시간의 사회봉사를 행하게 한다. (　　) [2020. 5급 승진]

12 집중보호관찰의 대상자는 재범의 위험성이 높은 보호관찰대상자가 보편적이다. (　　) [2020. 5급 승진]

13 전자감독제도는 프라이버시 침해 우려가 없다. (　　) [2023. 9급]

14 전자감독제도는 교정시설 수용인구의 과밀을 줄일 수 있다. (　　) [2023. 9급]

15 전자감독제도는 사법통제망이 지나치게 확대될 우려가 있다. (　　) [2023. 9급]

16 전자감독제도는 대상자의 위치는 확인할 수 있으나 구체적인 행동은 통제할 수 없다. (　　) [2023. 9급]

---

08 ○ 집중보호관찰은 수용인구의 폭증에 직면하여 구금하지 않고도 범죄자를 통제하고, 그들의 행위를 효과적으로 감시할 수 있는 장치가 필요하다는 인식에 기초하고 있다. 집중보호관찰은 과밀수용의 해소방안으로서 중요한 의미를 가진다.

09 × 대상자의 선정은 대체로 범죄자의 위험성을 기준으로 이루어지는데, 약물남용경험, 소년비행경력, 가해자와 피해자의 관계, 피해자에 대한 피해, 과거 보호관찰 파기 여부, 초범 당시의 나이 등을 고려하여 위험성이 높은 보호관찰대상자를 집중보호관찰의 대상자로 정하는 것이 보편적이다.

10 ○ 집중보호관찰은 어느 정도의 강력범죄자까지도 대상으로 한다는 점에서 일반보호관찰보다는 감독의 강도가 높고, 지역사회 활동이 가능하다는 점에서 구금에 비해서는 그 강도가 낮다.

11 ○ 집중보호관찰은 대개의 경우 야간 통행금지시간을 정하고, 일정시간의 사회봉사를 행하게 하고, 취업을 증명할 수 있는 봉급명세서를 제출하게 하며, 보호관찰관의 감시·감독을 도울 수 있는 지역사회 후원자를 두도록 하기도 한다. 또한 경우에 따라서는 보호관찰 비용과 피해자에 대한 배상을 명하기도 하고, 알코올이나 마약에 대한 검사도 받게 한다.

12 ○ 대상자의 선정은 대체로 범죄자의 위험성을 기준으로 이루어지는데, 약물남용경험, 소년비행경력, 가해자와 피해자의 관계, 피해자에 대한 피해, 과거 보호관찰 파기 여부, 초범 당시의 나이 등을 고려하여 위험성이 높은 보호관찰대상자를 집중보호관찰의 대상자로 정하는 것이 보편적이다.

13 × 대상자의 신체에 송신기를 부착하고 행동의 세세한 부분까지 감시하게 되므로 인간의 존엄성에 배치되며, 지나치게 사생활을 침해한다는 비판이 있다.

14 ○ 구금에 필요한 경비를 절감할 수 있고, 과밀수용을 방지할 수 있다는 장점이 있다.

15 ○ 형사제재를 받지 않아도 되는 자에게 전자감시라는 형사제재가 부과되는 결과를 초래하므로, 국가형벌권 또는 형사사법에 의한 사회통제망의 확대라는 비판이 있다.

16 ○ 감시장치를 통해 얻은 정보는 소재만을 파악할 수 있을 뿐 감시구역 내에서 대상자가 어떤 행동(마약복용 등)을 하고 있는지 파악할 수 없다는 단점이 있다.

MEMO

해커스공무원
이언담 교정학 기본서

제4편

교정일반이론

제25장 / 자유형의 제문제

★ 핵심정리   자유형제도

1. 자유형구분

구분	내용	기간
징역	노역에 복무하게 한다.	1월 이상 30년 이하(가중시 50년 이하),
금고	신청에 의해 작업부과 가능	무기의 경우 기간 제한 없음
구류	주로 경범죄처벌법 등, 신청에 의해 작업부과 가능	1일 이상 30일 미만(이하가 아님)

2. 자유형 개선논의

(1) 자유형의 단일화논의: 징역, 금고

단일화 논거	세분화 논거
노동에 따른 구분은 노동천시 사상, 파렴치범 개념이 상대적, 부정적 낙인효과	노동의 형벌성 인정, 파렴치범 구별은 가능, 교정 분류처우 낙후성 극복

(2) 단기자유형의 폐지 논의: 6개월 이하

문제점	개선방안
악성감염 위험성, 형벌의 예방 효과 위협, 누범가중, 집행유예 결격 사유가 될 수 있다.	벌금형 활용, 선고유예 · 집행유예 · 기소유예제도의 활용, 구금제도의 완화

▶ 교통범죄나 소년범죄의 경우 경고적 의미의 단기자유형이 반드시 부정적 효과만을 초래하는 것은 아니라는 주장이 있다.

(3) 부정기형제도 도입

찬성논거	반대논거
범죄자 개선목적을 위한 가장 적당한 방법, 개선정도에 따른 수형기간은 사회, 수형자 모두이익	부당한 장기화 등 사회적 불공정 야기, 죄형법정주의 이념에 위배

제1절 자유형의 3대 논의

01 자유형의 단일화

(1) 의의

① 목적형 · 교육형주의의 입장에서 자유형의 내용에 따른 구별을 폐지하고, 자유형을 자유박탈을 내용으로 하는 형벌로 단일화하여 행형의 통일을 기하고자 하는 노력이다.

② 협의로는 징역과 금고를, 광의로는 징역 · 금고 · 구류를 징역으로의 단일화를 의미한다.

(2) 연혁

① 역사적으로 금고형은 비파렴치범(사상범 · 정치범 · 확신범 · 과실범 등)에게 명예존중의 목적으로 정역을 면제하는 형벌로 이해되었고, 징역형은 파렴치범에게 강제노역을 부과하는 형벌로 평가되었다.

② 모든 자유형은 교육·개선에 목적을 두고 있으므로 형벌의 내용에 따른 구별은 의미가 없다는 인식에 따라 자유형 단일화의 주장은 제2회 국제형법 및 형무회의에서 처음으로 주장되었다.

(3) 단일화 및 세분화 논거

단일화 논거	세분화 논거
① 정역에 따른 구분은 교육수단으로서 노동의 효과를 도외시한 전근대적인 노동천시 사상에 지나지 않다. ② 징역형자에게 파렴치범이라는 개념자체가 상대적이고, 이는 낙인효과로 사회복귀를 어렵게 한다. ③ 노역에 따른 구분은 응보형사고의 잔재로 인도적이지도, 합리적이지도 않다. ④ 실제에 있어서도 금고수형자의 대부분이 신청에 의한 작업을 하고 있다. ⑤ 자유형의 목적은 수형자의 교육·개선에 있으므로 형식적인 구별은 의미가 없다.	① 노동이 형벌과 함께 강제된다는 사실만으로도 노동의 형벌성을 인정할 수 있다. ② 파렴치범의 여부는 다소 상대적이긴 하지만 그 구별이 불가능한 것은 아니다. ③ 형벌의 개별화는 교정행정의 분류처우의 낙후성을 극복할 수 있다. ④ 자유형은 교육뿐 아니라 응보적 징벌의 의미도 있기 때문에 그 구분은 필요하다. ⑤ 비파렴치범에 대한 대우는 국민의 법적 확신이다.

(4) 논의
① 현실적으로 금고수형자 대부분이 신청에 의한 작업을 실시하고 있고, 노동 고유의 교정·개선기능을 살리고, 행형(교정)을 통한 형벌의 개별화취지에서 자유형을 단일화하는 것이 요청된다.
② 수형자에 대한 과학적 분류체계의 발전에 기초하여 수형자의 개성에 따른 과학적인 분류를 하고 이를 기초로 범죄자의 개선과 재사회화라는 관점에서 교도작업 기타 필요한 처우가 탄력적으로 운용되어야 한다.

02 단기자유형의 폐지

(1) 단기자유형의 폐해 주장
① **뽀레스타**(Poresta): 수형자의 개선을 위해서는 너무나 짧은 기간이지만, 그를 부패시키는 데는 충분한 기간이다.
② **리스트**(Liszt): 단기자유형(6주 이하)에 맞서 싸우는 십자군임을 자칭하면서, 단기자유형은 형사정책상 무용할 뿐만 아니라 해롭기까지 한 형벌이라고 하였다.
③ 비교적 경미한 범죄, 초범자 등이 적용대상이 된다.

(2) 단기의 기준
3월 이하, 6월 이하, 1년 이하 등 다양하나 일반적으로 6월 이하를 단기로 본다. 현행법상 단기의 기준은 규정되어 있지 않다.

(3) 문제점
① 직업훈련·성격개선 등 처우프로그램을 실행할 시간적 여유가 없다.
② 수형자에 대한 정신적 고통이 적어 위하력이 약하다.
③ 비록 짧은 기간이지만 자유박탈에 따른 폐해는 그대로 내포하고 있다. 즉 구금의 충격이 크고 사회화의 단절로 직업의 상실 등 정신적 부담이 크다. [2012. 9급]
④ 범죄의 정도에 비해 가족이 겪는 고통이 너무 크다.
⑤ 누범가중이나 집행유예결격의 사유가 될 수 있다. [2017. 7급]

⑥ 전과자라는 낙인의 결과를 가져와 재범가능성이 커진다.
⑦ 수형시설 내 범죄자들의 범죄성향에 오염(악성감염)될 위험성이 높아 형벌의 예방적 효과를 위태롭게 한다.
　　[2017. 7급] 총 2회 기출
⑧ 교정기관의 업무가 가중되고 교정시설의 생활환경을 열악하게 한다.
⑨ 수형시설의 부족현상을 가중한다. [2017. 7급]

(4) 개선방안 [2017. 9급] 총 6회 기출
① **벌금형의 활용**: 단기자유형을 대체하는 수단으로 가장 빈번하게 논의되는 대안이다.
② **선고 · 집행 · 기소유예제도의 활용**: 단기자유형 대체수단으로 실무에서 가장 활발하게 이용되며, 범죄인의 정서에 충격을 주면서 동시에 재사회화 가능성을 높일 수 있다는 장점이 있다. 그러나 대체형벌로서 정당성이 있는가 하는 문제점이 있다.
③ **구금제도의 완화**: 자유형제도를 유지하면서 신체구금을 완화하는 다양한 방법을 말한다. 주말구금, 휴일구금, 단속구금, 반구금제도 등과 무구금노역제도, 선행보증, 가택구금, 거주제한 등을 수반하는 독자적인 보호관찰(probation) 등 [2017. 7급]
④ **기타**: 불간섭주의, 원상회복, 사회봉사명령제도 등

(5) 구류형의 문제와 개선방안
① 구류(1일 이상 30일 미만)는 단기자유형에 해당하여, 단기자유형의 문제점과 구류 자체의 문제점을 내포하고 있다.
② **문제점**
　㉠ 자유형임에도 불구하고 현행법상 집행유예나 선고유예를 할 수 없다.
　㉡ 경미한 위법행위에 대해 자유형 부과는 지나친 형법의 개입이다.
　㉢ 피고인의 방어권이 제약받는 즉결심판절차에 의한 구류형은 법치국가적 요청에 반한 것이다.
　㉣ 구류형의 집행 장소가 대부분 경찰서 유치장으로 분류미흡, 범죄학습 등의 문제가 있다.
③ **개선방안**
　㉠ 경미한 위법행위에 대해 과태료를 부과하여 비범죄화하여야 한다.
　㉡ 벌금 또는 과료로 대체하는 방법을 고려하여야 한다.
　㉢ 즉결심판절차를 통해서는 구류를 선고할 수 없도록 하여야 한다.
　㉣ 자유형의 단일화와 재산형의 단일화를 통해 해결하여야 한다.

(6) 단기자유형의 효용성
① 단기자유형의 폐해에도 불구하고 현실에서는 단기자유형을 선고하지 않을 수 없는 사건들이 많은 것이 현실이다. 따라서 단기자유형의 폐해를 가능한 한 줄이고 단기자유형을 효과적으로 활용하기 위한 방안을 모색할 필요가 있다.
② 특히 최근에는 경고적 의미의 단기자유형이 반드시 부정적인 효과만을 초래하는 것은 아니라는 주장이 있다. 교통범죄나 소년범죄 · 경제범죄 등에 대해서는 제한적으로 단기자유형을 효과적으로 활용하는 방안으로 단기교정요법을 개발 · 실시하자는 논의이다.

▤ 경고적 의미의 단기자유형

미국	단기자유형 집행 후 보호관찰(shock probation), 단기자유형 집행 후 가석방(shock parole), 형의 일부에 대한 집행유예(split sentencing) 등
영국	청소년에 단기수용소(3개월 수용)에서 작업과 스포츠로 훈련시키는 3S주의(shot, sharp,shock)적용
독일	소년구금에 대해서는 자각형으로서 단기형 인정

(7) 논의

① 부정기형제도나 혼합양형제도는 단기자유박탈을 전제로 하고 있기 때문에 단기자유형의 대체방안이 아니다. 다만, 혼합양형제도는 구금제도의 완화라는 측면에서 단기자유형의 대체방안 중의 하나로 보는 견해도 있다.

② 최근에는 경고적 의미의 단기자유형이 반드시 부정적인 효과만을 초래하는 것은 아니라는 주장을 주목하여야 한다. 미국의 경우 단기구금을 할 수 있는 단기자유형 집행 후 보호관찰, 단기자유형 집행 후 가석방, 형의 일부에 대한 집행유예를 허용하는 것이 그 예이다.

③ 단기자유형을 벌금형으로 대체하더라도 총액벌금제를 취하고 있는 우리나라에서는 실효성이 없는 것으로 사료된다. 벌금형으로 대체하더라도 자유형을 부과하는 것과 동일한 형벌효과가 기대되어야 하는데 통상의 경제능력을 기준으로 하는 벌금액만으로는 일반인, 특히 경제적으로 부유한 사람에 대하여 형벌 효과를 기대하기 어렵기 때문이다. 벌금형으로의 대체제도는 독일과 같이 일수벌금제도를 취할 때 비로소 실효성이 있을 것이다. [2017. 7급]

03 부정기형제도의 도입문제

(1) 의의

① 정기형은 재판에서 일정한 자유형의 기간을 확정하여 형을 선고하는 것을 말하고, 부정기형은 자유형을 선고할 때 형기를 확정하지 않는 것으로서 형기는 형집행단계에서 결정된다.

② 절대적 부정기형과 상대적 부정기형이 있으며, 절대적 부정기형은 전혀 형기를 정하지 않는 것으로 죄형법정주의의 명확성의 원칙에 반한다.

절대적 부정기형	형의 기간에 대한 일체의 언급이 없는 경우
상대적 부정기형	기간을 장기와 단기로 정하여 일정한 범위로 형벌을 선고하는 경우

③ 현행 「형법」은 정기형을 원칙으로 하고 있지만, 「소년법」은 상대적 부정기형을 규정하고 있다(소년법 제60조 제1항).

(2) 연혁

① 19세기 말 미국의 드와이트(Dwight), 와인즈(Wines), 브록웨이(Brockway) 등이 아메리카 감옥협회를 조직하여 부정기형 운동을 전개하였다.

② 1877년 뉴욕 주의 엘마이라 감화원에서 최초로 상대적 부정기형을 실시하였다.

③ **런던 국제감옥회의**(1925): 부정기형은 형벌 개별화의 필연적 결과이며, 범죄로부터의 사회방위에 있어 가장 유력한 방법 중의 하나이다.

④ 소년범을 제외하고 거의 채택하지 않는 것이 일반적이다.

(3) 부정기형 도입 찬성 논거

① 부정기형은 범죄자 개선목적을 달성하기 위한 가장 적당한 방법이다.

② 개선되지 않은 자의 사회복귀를 막을 수 있고, 형의 감경은 개선의욕을 촉진시킨다.

③ 자율적 개선노력이 요구되는 소년범의 경우에는 상대적 부정기형이 적절하다.

④ 성인범의 경우 위험범죄자나 상습적 누범자에 대하여 장기간의 구금확보로 사회방위에 유리하다.

⑤ 사회적 위험성이 큰 범죄인에게 위하효과가 있다.

⑥ 행형단계에서 수형자를 더욱 면밀히 관찰하고 범죄성을 다시 평가하여 형량을 정하는 등 형의 불균형을 시정할 수 있다.

⑦ 수형기간을 개선정도에 따라 결정할 수 있으므로 사회나 수형자 모두에 대하여 이익이 된다.

(4) 부정기형 도입 반대 논거

① 부정기형의 개선효과를 입증하기 곤란하다.
② 부정기형은 주로 사회적 약자에게 과해지므로 부당한 장기화 등 사회적 불공정을 야기하기 쉽다.
③ 운용상 교도관과 수형자 간 인간관계를 왜곡하고, 인권을 침해할 수 있다.
④ 교활한 수형자에게는 유리하지만, 정직한 수형자에게는 오히려 준엄한 형벌이 될 수 있다.
⑤ 석방기일이 분명하지 않기 때문에 가족에 대해서도 상당한 압박이 될 수 있다.
⑥ 부정기형에서 형의 정도를 판단할 수 있는 객관적인 기준이 없다.
⑦ 부정기형은 행위 당시의 책임을 넘어서는 처벌을 가능하게 할 수 있어 형의 판단은 행위 당시의 책임을 기준으로 하여야 한다는 죄형법정주의 이념에 위배된다. [2022(72) 경위]

(5) 검토

① 책임에 상응한 형벌상한과 일반예방에 상응한 형벌하한 사이에서 상대적 부정기형이 부과되는 경우에는 이를 거부할 이유가 없다. 책임원칙의 보장기능과 일반예방의 형벌 목적의 범위에서 자율적인 개선·교화라는 특별예방의 형벌목적을 실현할 수 있기 때문이다.
② 책임에 성인범의 경우 가석방제도를 통해 사실상 상대적 부정기형제도의 기능을 가지고 있다. 가석방제도의 실질적 운용이 필요하다.

단원별 지문 O/X

01 형벌의 단일화는 목적형·교육형주의의 입장에서 자유형의 내용에 따른 구별을 폐지하고, 자유형을 자유박탈을 내용으로 하는 형벌로 단일화하여 행형의 통일을 기하고자 하는 노력이다. (　　)

02 형벌의 단일화 논의로 협의로는 징역과 금고를, 광의로는 징역·금고·구류를 징역으로의 단일화를 의미한다. (　　)

03 단기자유형의 개선방안으로 주말구금, 휴일구금 등을 통한 탄력적인 구금제도의 활용이 있다. (　　)　　　[2017. 5급 승진]

04 단기자유형의 대체방안으로 벌금형의 활용, 선고유예나 집행유예제도의 활용 등이 거론된다. (　　)　　　　　[2015. 사시]

05 현행법은 단기자유형의 폐단을 방지하기 위해 충격구금(Shock Probation), 주말구금, 휴일구금을 도입하고 있다. (　　)
[2015. 사시]

06 단기자유형의 경우 수형시설 내 범죄자들의 범죄성향에 오염될 위험성이 높아 형벌의 예방적 효과를 위태롭게 한다는 문제점이 지적된다. (　　)　　　　　　　　　　　　　　　　　　　　　　　　　　　　[2017. 5급 승진]

07 부정기형제도는 수형자의 개선의욕을 촉진할 수 있다. (　　)　　　　　　　　　　　　[2022(72) 경위]

08 소년법은 부정기형을 선고할 수 있도록 규정하고 있다. (　　)　　　　　　　　　　　　[2022(72) 경위]

09 부정기형은 범죄인의 개선에 필요한 기간을 판결선고시에 정확히 알 수 없기 때문에 형을 집행하는 단계에서 이를 고려한 탄력적 형집행을 위한 제도로 평가된다. (　　)　　　　　　　　　　　　　　　　　[2022. 보호 7급]

10 부정기형은 범죄자에 대한 위하효과가 인정되고, 수형자자치제도의 효과를 높일 수 있으며, 위험한 범죄자를 장기구금하게 하여 사회방위에도 효과적이다. (　　)　　　　　　　　　　　　　　　　　[2022. 보호 7급]

01 ○

02 ○

03 ○

04 ○

05 ×　현행법은 도입하고 있지 않으며 주말구금, 휴일구금 등은 단기자유형의 개선방안으로 제시되고 있다.

06 ○

07 ○　부정기형 도입 찬성 논거에 해당한다.

08 ○　소년이 법정형으로 장기 2년 이상의 유기형에 해당하는 죄를 범한 경우에는 그 형의 범위에서 장기와 단기를 정하여 선고한다. 다만, 장기는 10년, 단기는 5년을 초과하지 못한다(소년법 제60조 제1항).

09 ○

10 ○

제2절 벌금형의 환형처분(노역장유치)

01 의의

(1) 의의
① 대체자유형(환형처분)이란 법관의 자유재량으로 벌금형을 자유형으로 바꾸어 부과하는 것을 말한다.
② **노역장유치**: 벌금을 완납할 때까지 노역장에 유치함으로써 벌금의 납입을 강제하거나 벌금·과료 미납자를 노역장에 유치하여 작업에 복무하게 함으로써 납입을 대체하도록 하고 있다.

(2) 문제점
① 대체자유형은 단기자유형의 문제점을 그대로 가질 뿐만 아니라 악용될 염려도 있다. 벌금이 지나치게 높은 경우 집행 불가로 노역장에 유치되는 것이 범죄자에게 더 유리한 결과가 될 수 있다.
② 노역장 유치자를 전담하여 수용하는 독립된 전문시설이 없이 일반 교정시설에서 집행되고 있고, 체계적인 전문프로그램도 미비되어 있다.
③ 아무리 많은 벌금이라도 노역장 유치기간이 3년을 초과할 수 없어 형사제재의 실효성을 확보하기 어렵다.
④ 대체자유형은 일수벌금제도와 결합될 때 비로소 범죄인의 불법과 책임에 상응하는 형벌의 의미를 갖는다고 할 수 있다.

02 관련법령

[형법]

제69조【벌금과 과료】①벌금과 과료는 판결확정일로부터 30일내에 납입하여야 한다. 단, 벌금을 선고할 때에는 동시에 그 금액을 완납할 때까지 노역장에 유치할 것을 명할 수 있다.
② 벌금을 납입하지 아니한 자는 1일 이상 3년 이하, 과료를 납입하지 아니한 자는 1일 이상 30일 미만의 기간 노역장에 유치하여 작업에 복무하게 한다.

제70조【노역장 유치】① 벌금이나 과료를 선고할 때에는 이를 납입하지 아니하는 경우의 노역장 유치기간을 정하여 동시에 선고하여야 한다.
② 선고하는 벌금이 1억원 이상 5억원 미만인 경우에는 300일 이상, 5억원 이상 50억원 미만인 경우에는 500일 이상, 50억원 이상인 경우에는 1천일 이상의 노역장 유치기간을 정하여야 한다.

제71조【유치일수의 공제】벌금이나 과료의 선고를 받은 사람이 그 금액의 일부를 납입한 경우에는 벌금 또는 과료액과 노역장 유치기간의 일수(日數)에 비례하여 납입금액에 해당하는 일수를 뺀다.

[소년법]

제62조【환형처분의 금지】18세 미만인 소년에게는 「형법」제70조에 따른 유치선고를 하지 못한다. 다만, 판결선고 전 구속되었거나 제18조 제1항 제3호의 조치(소년분류심사원위탁)가 있었을 때에는 그 구속 또는 위탁의 기간에 해당하는 기간은 노역장에 유치된 것으로 보아 「형법」제57조(판결전 구금일수 산입)를 적용할 수 있다.

단원별 지문 OX

01 선고하는 벌금이 1억원 이상 5억원 미만인 경우에는 300일 이상, 5억원 이상 50억원 미만인 경우에는 500일 이상, 50억원 이상인 경우에는 1천일 이상의 노역장 유치기간을 정하여야 한다. 다만, 그 상한은 3년으로 제한된다. (   )

[2015. 5급 승진]

02 벌금과 과료는 판결확정일로부터 15일 이내에 납입하여야 한다. 단, 벌금 또는 과료를 선고할 때에는 동시에 그 금액을 완납할 때까지 노역장에 유치할 것을 명할 수 있다. (   )

[2015. 5급 승진]

03 과료의 선고를 받은 사람이 그 금액의 일부를 납입한 경우에는 과료액과 노역장 유치기간의 일수에 비례하여 납입금액에 해당하는 일수를 뺀다. (   )

[2020. 5급 승진]

04 1천만원 이하의 벌금의 형을 선고할 경우에 「형법」 제51조의 사항을 참작하여 그 정상에 참작할 만한 사유가 있는 때에는 1년 이상 5년 이하의 기간 형의 집행을 유예할 수 있다. (   )

[2020. 5급 승진]

---

01 ○ 형법 제70조 제2항, 벌금을 납입하지 아니한 자는 1일 이상 3년 이하의 기간 노역장에 유치하여 작업에 복무하게 한다(형법 제69조 제2항).

02 × 벌금과 과료는 판결확정일로부터 30일내에 납입하여야 한다. 단, 벌금을 선고할 때에는 동시에 그 금액을 완납할 때까지 노역장에 유치할 것을 명할 수 있다(형법 제69조 제1항).

03 ○ 형법 제71조

04 × 500만원 이하의 벌금의 형을 선고할 경우에 형법 제51조의 사항을 참작하여 그 정상에 참작할 만한 사유가 있는 때에는 1년 이상 5년 이하의 기간 형의 집행을 유예할 수 있다(형법 제62조 제1항).

제26장 / 우리나라 교정의 역사

제1절 고대의 행형

01 고대: 응보주의

(1) 고조선

① **팔조법금**: 고조선은 공동사회의 질서와 생활을 유지하기 위한 기본법으로 팔조지교(팔조법금)를 갖고 있었다. 총 8개조 중 3개조의 내용이 한서지리지의 연조(燕條)에 전해지고 있다.

② **내용**: 살인자는 즉시 사형에 처하였고, 남에게 상해를 입힌 자는 곡물로 배상하였다. 남의 물건을 도둑질한 자는 소유주의 노비로 삼고 이를 면하려면 50만 전을 내야 하는 등 상해죄와 절도죄에 대한 배상법으로, 고대 함무라비 법전의 '눈에는 눈, 이에는 이'라는 탈리오의 원칙으로 대표되는 보복적 관념에서 진일보한 법률로 평가할 수 있다.

(2) 부여

① **1책12법**: 절도죄는 1책12법을 적용하여 훔친 물건의 12배를 배상하도록 하고, 살인죄를 범한 죄인은 사형에 처하고 그 가족은 노비로 삼은 것으로 보아 고조선의 법속보다 더 가혹하고 엄격하였다.

② 부녀의 간음과 투기에 대해서는 극형에 처하고 시체를 산 위에 버려서 썩게 하였다. 다만, 그 여자의 집에서 시체를 가져가려면 소와 말을 바쳐야 했다.

③ **사면**: 영고와 같은 공동 대제일에 형옥을 중단하고 죄수들을 석방하는 풍습을 가지고 있었다.

④ **원형옥**: 한국 전통의 원형옥은 신라 · 고려로 이어져 왔고 조선시대 한양의 전옥서를 포함하여 일제가 주권을 침탈한 직후인 1914년경까지 2천 년 이상 원형의 형태로 전래되었다. [2020. 5급 승진]

(3) 삼한

① **소도**: 제정이 분리되어 족장 외에 천군이라는 제사장이 따로 있었으며, 소도라는 특별구역(치외법권지역. 문화적 충격 완화)이 있었다. 이곳은 일종의 신성지역으로 법률의 힘이 미치지 못하여 죄인이 이 지역 안으로 도망하여 오더라도 그를 붙잡아 가지 못하게 되어 있었다.

② 삼국지 위지 변진조(弁辰條)에는 '삼한에는 법질서가 엄연하였다'라고 기록하고 있어서 당시 사회분위기를 짐작할 수 있다.

02 삼국시대의 행형

(1) 개관
① **형벌의 다양화**: 강력한 중앙집권적인 국가체제의 확립으로 행형제도에 있어서도 국가권력이 점차 크게 작용하게 되었고 형벌의 종류가 사형, 유형, 장형, 재산형 등으로 다양해졌다.
② **감옥명칭**: 영어(囹圄)·뇌옥(牢獄)·형옥(刑獄)·수옥(囚獄) 등이 사용되었다.

(2) 고구려
① 삼국 중에서 가장 준엄하고 가혹한 응보형주의에 입각한 위하적 형벌이었다.
② **일반예방 위주**: 모반(謀反)죄는 화형 후 목을 베어 사형에 처하고, 그 가족은 노비로 삼았으며, 재산을 몰수하는 등 가혹한 처벌이 이루어졌다.
③ **1책12법**: 감옥이 없이 죄인은 제가회의 의결로 즉결처분하였는데 패전자·투항자·살인자·강간자는 사형에 처하고, 절도죄는 12배를 배상하게 하였으며 배상치 못하게 되면 그 자녀를 노비로 삼아 갚게 하였다.
④ **노비몰입**: 우마(牛馬)를 임의로 도살한 자(우마도살죄)는 노비로 삼았다.
⑤ **형벌**: 사형, 노비몰입, 재산몰수, 배상 등이 있다. [2020. 5급 승진]
⑥ **사면**: 삼국사기 등에 죄수 석방의 기록이 있다.

(3) 백제
① **행형제도 발달**: 삼국 중에서 행형제도가 가장 발달하였으며, 국가공권력에 의한 행형을 중시하였으나 고구려와 마찬가지로 응보적 수준의 행형이 주류였다.
② **완화된 형률**: 반역·살인·패전자는 사형에 처하였으나 잔혹한 화형제도는 볼 수 없으며, 간음죄를 지으면 남편의 집에서 종으로 살게 하였다.
③ **형벌**: 사형, 노비몰입, 재산몰수, 배상 이외에도 유형, 금고 등이 있다.
④ **복심제도**: 사형수는 경옥(京獄)에서 복심(覆審)하고 왕의 재가를 얻어 집행하게 하였다.
⑤ **사면**: 가뭄에 대사(大赦)를 시행하고, 전쟁에서 이기거나 태자의 탄생 등 국가적인 경사가 있을 때 사면을 실시하였다.
⑥ **절도죄**: 도둑질한 자는 귀양 보냄과 동시에 2배를 배상하게 하였다.
⑦ **뇌물죄**: 관리가 뇌물을 받거나 횡령했을 때에는 3배를 배상하고, 종신토록 금고형에 처하였다.

📋 금고형의 차이

백제	거주제한·주거제한 처분
조선	관리가 되는 자격을 정지·박탈
현재	노역의 의무가 없는 자유형

(4) 신라
① **율령제도**: 6세기 법흥왕 때에 율령제도가 반포되었고, 율령 및 행형은 진덕여왕 때에 설치된 이방부(理方府)에서 관장하였다.
② **형벌**: 사형, 장형, 유형, 노비몰입, 재산몰수, 배상 등이 있다.
③ 반역죄는 극형에 처하였고 그 가족도 멸족시켰다. 패전자, 살인죄 등은 사형에 처하였으며, 절도죄에 배상책임을 지게 하였으나 고구려의 12배, 백제의 2배와 같은 무거운 배상을 부과하지 않았다.
④ **사면제도**: 주로 왕의 즉위, 세자탄생, 전승 등 국가적인 경사가 있거나 한재(旱災)가 심할 때 축원의 뜻에서 대사면을 실시하였다.
⑤ **원형옥**: 경주에서 발굴된 원형옥지는 원형옥이 사용되었다는 사실을 뒷받침해 주고 있다.

03 고려시대의 행형

(1) 개관

① **죄형법정주의**: 응보주의의 형벌에서 종교적인 인애사상이 가미되고 정형주의를 확립시켰으며, 11대 문종 때에는 고유법과 중국법을 조화한 고려의 형법체계를 완성하였다.

② **전옥서**: 고려 초기 태조가 우리 역사상 최초의 독립된 형무기관인 전옥서를 설치하였다.

③ **보방제도**: 형 집행 중 상을 당하거나 임부인 경우 일시석방제도로 오늘날 특별귀휴와 유사한 제도를 시행하였다.

④ **삼복제**: 사형의 경우에는 삼복제로 중앙에 품의하여 최종적으로 왕의 재가를 받아야만 집행할 수 있었고, 사형에 해당하는 범죄에는 3명 이상의 관원이 함께 재판에 관여하게 하였다.

(2) 형벌의 종류

① **5형의 정립**: 태형(笞刑), 장형(杖刑), 도형(徒刑), 유형(流刑), 사형(死刑) 등 5종으로 형벌제도를 정비하고 체계화하여 입법으로 정례화하였다(조선시대에서 상술).

② **대체형인 속전제도**(속동제도): 일정한 범위에서 속전을 내고 형을 대체할 수 있었다.

③ **부가형**: 삽루형, 경면형, 노비몰입 등이 있다.

기본형	태형 (笞刑)	㉠ 5형 중 가장 가벼운 형벌로 10대에서 50대까지 5등급으로 나누었다. ㉡ 태의 규격과 태형을 대체할 수 있는 속전의 한계가 규정되어 있었다.
	장형 (杖刑)	㉠ 태형보다 중죄일 때 과하는 형벌로써 장 60대에서 100대까지 5등급으로 나누어 범죄의 경중에 따라 척장과 둔장으로 구분하여 집행하였다. ㉡ 장형도 속동(贖銅)으로 체벌을 대신할 수 있도록 할 수 있었으며, 단과(單科)로 집행되는 경우도 있으나 도·유형에 처해진 자들에게 병과했던 사실이 고려사지(高麗史志)에 나타나고 있다.
	도형 (徒刑)	㉠ 고려형법에서부터 도입되었다. ㉡ 자유형의 일종으로서 도형 기간 동안 어느 일정한 장소에 구금되어 있고, 형기별로 속동과 장(杖)으로 대체할 수 있도록 되어 있었다.
	유형 (流刑)	㉠ 고려형벌 중에서 사형 다음으로 중한 형벌 ㉡ 오늘날의 무기형에 해당하며 일정한 형기가 없이 왕의 은사가 없으면 유형지에서 일생을 마쳐야 하는 종신형에 속한다.
	사형 (死刑)	㉠ 고려형법에 명시된 사형은 집행방법에 따라 교형(絞刑)과 참형(斬刑) 두 가지로 나누어져 있다. ㉡ 죄의 내용이 상대적으로 가벼운 경우 교형으로 다스렸고, 역모·대역죄·존속살인 등 중한 죄는 참형에 처하였다. ㉢ 고려사의 기록에 의하면 참형을 집행하고 저자(시장터)에 효수(梟首)하기도 하였는데 이는 주로 일반인에게 위하감을 주어 사회질서 유지를 위한 일반예방의 효과를 거두려는 조치였다.
부가형	삽루형 (鈒鏤刑)	특별한 범죄에 대하여 범죄인의 얼굴에 칼로 새겨 흉터를 남기는 형벌 [2020. 5급 승진]
	경면형 (黥面刑)	자자형(刺字刑)이라 하여 범죄인의 얼굴에 묵침(墨針)으로 글자를 새겨 넣는 형벌
	기타	모반·대역죄 등 국사범에 대하여 노비몰입(奴婢沒入), 재산몰수 등

(3) 구금시설

① **전옥서**(典獄署): 태조가 설치한 독립된 행형기관으로서, 전옥서는 옥수(獄囚)만을 전담하는 유일한 중앙관서로 개경에만 설치되었다.

② **부설옥**: 노비안검법으로 급격히 늘어난 노비를 구금하기 위해 가옥(假獄)을 설치하고, 지방에는 시옥(市獄)을 두는 등 부설옥이 있었다.

단원별 지문 $\overset{O}{X}$

01 부족국가인 부여국에 원형옥이 있었다. (　　) [2020. 5급 승진]

02 고구려에는 5종의 형벌 외에도 죄인의 얼굴에 죄명을 먹물로 새겨 넣는 삽루형이 있었다. (　　) [2020. 5급 승진]

---

01 ○ 부족국가로 알려진 부여국에 원형옥이 있었던 것으로 전해지는데, 이러한 원형옥은 신라 · 고려로 이어져 왔고, 조선시대 한양의 전옥서를 포함하여 일제가 주권을 침탈한 직후인 1914년경까지 2천년 이상 원형의 형태로 전래되었다.

02 ✕ 고려시대 형벌제도에 대한 설명이다. 고려시대의 형벌로는 태형, 장형, 도형, 유형, 사형 등 5종이 근간을 이루고, 여기에 부가형으로 삽루형, 경면형, 노비몰입, 가산몰수 등이 있었다. 또한 일정한 조건 아래 형을 대신하여 속전을 받는 제도가 있었다. 고구려의 형벌의 종류로는 사형, 노비몰입, 재산몰수, 배상 등이 있었으며, 법 외의 형벌이 존재하였고, 신체형으로 장형이 존재하였다.

제2절 조선시대의 행형

01 개관

(1) 성리학

① 정치윤리의 기본을 민본위민의 덕치와 인정을 실현하는 왕도정치에 두었으며 사회적으로 엄격한 신분제를 바탕으로 한 유교적 봉건사회를 이루고 있었다.

② 성리학은 행형제도에도 많은 영향을 끼쳐 외형적으로 고려의 법제를 답습하면서도 그와는 차별적인 진일보한 제도로 발전시켰다.

(2) 관제와 사법제도 정비

① **법제**: 경제육전(태조), 경제속육전(태종) 등을 반포하여 법전의 체제를 갖추고 성종 대에 이르러 조선의 기본 통치규범인 경국대전을 완성하여 관제와 사법제도를 정비하였다.

② **형벌**: 고려와 같이 오형(五刑)을 기본으로 하였으나, 도형·유형과 같은 자유형이 확대되고 형구(形具)의 규격과 사용방법, 절차 등이 성문화되어 전국적인 통일을 기하였다.

③ **직수아문**: 남형(濫刑)을 방지하고 인권을 보호하려는 취지에서 인신을 구속할 수 있는 기관을 직수아문(直守衙門)이라 하여 경국대전 등에 명시하여 인신구속을 함부로 하지 못하게 하는 제도적 장치를 마련하였다.

④ **휼형제도**: 대부분의 형사법전에 휼수의 규정을 두어 죄수의 인권보호를 위한 법적 제도를 마련하였으며, 역대 임금들은 인정(仁政)의 상징으로서 휼형을 중시하였다.

⑤ **삼복제**: 사형은 삼복제를 시행하여 국왕의 재결에 의해서만 집행하였고, 사형수를 수용하는 시설로 남간(南間)을 두었다.

(3) 행형관장기관

중앙	형조 (刑曹)	조선 초기 설치된 육조(六曹)의 하나로, 사법업무와 노예에 관한 사무총괄	
		4사 (司)	상이사(詳履司)	중죄에 대한 복심업무의 주관 부서
		고율사(考律司)	율령에 관한 사항 관장
		장금사(掌禁司)	감옥과 범죄수사 업무처리
		장예사(掌隷司)	노예의 호적과 소송, 포로에 관한 업무 담당
		전옥서(典獄署)	죄수의 구금 담당
	사헌부	감찰기관	
	의금부	왕명에 의한 특수범죄 담당: 왕족범죄	
	한성부	수도의 행정, 전국의 토지·가옥·묘지소송 담당	
지방	관찰사	유형 이하의 사건만을 처리, 행형에 관하여 군·현을 감독	
	수령	지방 군·현의 수령은 장형 이하 사건 처리	

02 형벌의 종류(기본 5형)

기본형	태형(笞刑)	가장 가벼운 형벌, 10대에서 50대까지 5등급	
	장형(杖刑)	태형보다 중죄, 60대에서 100대까지 5등급	수령(장형 이하)
	도형(徒刑)	자유형의 일종	
	유형(流刑)	오늘날의 무기형에 해당	관찰사(유형 이하)
	사형(死刑)	교형(絞刑)과 참형(斬刑)	

(1) 태형(笞刑)

① **5등급 구분**: 가장 가벼운 형벌로서 작은 가시나무 회초리로 죄인의 볼기를 10대에서 50대까지 때렸으며, 5등급으로 구분되었다. [2020. 5급 승진] 총 2회 기출

② **집행방법**: 죄수를 형대(刑臺)에 묶은 다음 하의를 내리고 둔부를 노출시켜 대수를 세어가면서 집행하는데 부녀자는 옷을 벗기지 않으나 간음한 여자에 대해서는 옷을 벗기고 집행하였다.

③ **속전제도**: 나이가 70세 이상인 자, 15세 미만인 자, 폐질환자, 임신한 여자 등은 태형을 집행치 않고 대신 속전을 받았다. [2016. 7급]

④ **폐지**: 태형은 조선말 장형이 폐지(1895년, 징역처단례)된 뒤에도 오랫동안 존속되다가 1920년(소위 문화통치기)에 가서야 완전히 폐지되었다.

⑤ 1912년 「조선태형령(朝鮮笞刑令)」에 의하면 태형은 16세 이상 60세 이하의 남자가 아니면 이를 부과할 수 없도록 했다. [2024. 7급]

(2) 장형(杖刑)

① **5등급 구분**: 태형보다 중한 형벌로서 큰 가시나무 회초리로 60대에서 100대까지 때렸으며, 5등급으로 구분되었다. 태, 장의 법정규격과 집행방법이 대명률직해에 규정되어 있다. [2016. 7급] [2019. 5급 승진]

② **도·유형에 병과**: 형률에 있어서 장형은 별도로 집행하는 경우도 있지만 도·유형에 대하여 이를 병과하는 것이 보통이었다. [2024. 9급] 총 2회 기출

③ **남형의 폐해**: 행형에 있어서 남형(濫刑)의 폐해가 가장 많았던 것이 장형이었는데, 그것은 집행관의 자의가 개입하기 쉽기 때문이었다. [2016. 7급]

④ **갑오개혁 시 폐지**: 장형의 집행방법은 대체로 태형과 같고 매의 규격만 달리할 뿐이었으며, 갑오개혁 이듬해인 1895년에 「징역처단례」에 의해 행형제도를 개혁하면서 폐지되었다. [2018. 7급]

(3) 도형(徒刑): 자유형

① **5종 구분, 장형병과**: 관아에 구금하여 소금을 굽거나 쇠를 달구는 노역을 부과하는 형벌로 오늘날의 자유형(유기징역형)에 해당하며, 단기 1년에서 장기 3년까지 5종(1/1.6/2/2.6/3)으로 구분하였고, 반드시 장형이 병과되었다. [2024. 9급] 총 6회 기출

② **대체형 충군(充軍)**: 도형(도역) 대신 군역에 복무시키는 충군제도는 일종의 대체형벌로 주로 군인이나 군사 관련 범죄에 대하여 적용하였다. 충군에 대하여 경국대전·대전통편·대전회통은 군복무기간이 도형기간을 경과하면 석방할 것을 규정하고 있다. [2024. 9급] 총 2회 기출

③ **도형의 집행**: 군·현 등의 관아에서 행하였으며, 형조에서 전국 도형수의 명부를 비치하여 총괄 관리하였고, 지방 관아에서는 도형수가 새로 도착하거나 석방 등의 변동 상황을 형조로 즉시 보고하였다.

(4) 유형(流刑)**: 무기금고**

① **장형병과**: 중죄를 범한 자에 대하여 먼 지방으로 귀양 보내어 죽을 때까지 고향으로 돌아오지 못하게 하는 형벌로 장형이 병과되었다. [2013. 7급] [2015. 9급]

② **무기금고**: 도형과 함께 자유형(무기금고형)에 속하였지만 도형과는 달리 기간이 정하여지지 않았고 왕명에 의해서만 석방될 수 있었다. [2013. 7급] [2018. 7급]

③ **대상**: 주로 정치범이 유형으로 처벌되었고, 유배죄인에 대한 계호 및 처우 등의 책임은 그 지방의 수령에게 있다. [2018. 7급]

④ **가족동행**: 유형수 중 정치범에게는 식량 등의 생활필수품을 관에서 공급하였고 유배지에 처와 첩은 따라가며, 직계존속은 본인의 희망에 따라 동행을 허가해 주었다. [2020. 5급 승진] 총 2회 기출

⑤ **유형의 등급**: 2,000리 · 2,500리 · 3,000리의 3등급이 있었으나 우리 국토의 실정에 적합하지 않아 세종 12년 유배지에 대한 원칙을 지역별 · 등급별로 마련하여 적용하였다.

⑥ **갑오개혁**(1895)**:** 유형은 갑오개혁 이듬해 형벌개혁에 따라 정치범(국사범)에 한해서 적용하는 등 자유형 중심의 근대 행형체계로 전환시키는 계기가 되었다. [2024. 9급]

🔲 유형의 종류

---

1. **중도부처**(中途付處)**:** 관원(일반관원)에 대하여 과하는 형으로 일정한 지역을 지정하여 그곳에서만 거주하도록 하는 것으로 유생에 대해서도 적용되었다. [2019. 5급 승진]

2. **안치**(安置)**:** 유형 중에서도 행동의 제한을 가장 많이 받는 형벌로서 유형지에서도 다시 일정한 지역 내로 유거하게 하는 것이다. 주로 왕족이나 고관현직자에 적용되었다. [2019. 5급 승진] 총 3회 기출

   [안치의 종류]

   ① **본향안치**: 죄인의 고향에 안치시키는 것, 죄인에게 은전(안치의 종류 중 가장 인도적)이다.

   ② **위리안치**: 유배죄인의 가옥 주위에 가시나무 울타리로 외출을 못하게 하여 연금에 해당, 가족과의 거주가 허용되지 않아, 통상의 유형에 비해 가혹한 형벌이다.

   ③ **절도안치**: 외딴 섬에 격리시키는 것으로 심히 가혹했기 때문에 많은 제한을 두었다.
   ---

3. **천사**(遷徙)**:** 일반 상민을 대상으로 죄인을 1000리 밖으로 강제 이주시키는 형벌로 조선 초 북변개척을 위한 이민정책의 일환으로 범죄자와 그의 가족을 강제 이주시키거나 연변지역으로 이주시키는 것을 제도화한 것이다. [2019. 5급 승진]

   [천사(遷徙)**= 천도**(遷徙)**]**

   ① 조선 초기 북변개척과 함께 이민정책이 추진되었다.

   ② 일단 이주 후에는 일반양민과 동등한 생활을 유지할 수 있도록 하였다.

   ③ 신분에 있어서의 변화는 없이 양인의 신분을 그대로 유지토록 한 것이 특징이다.

   ④ 일반유형의 효력이 죄인 당사자에 한하는 데 비하여 전가천도(전가사변)는 전 가족에게 영향을 미치는 것(전 가족을 이주시킴)으로 가혹한 것이었다.
   ---

(5) 사형(死刑)

① **삼복제**: 사형제도를 신중하게 하기 위해 초복·재복·삼복의 심리단계를 두고 최종적으로 왕의 재결이 있어야만 사형을 집행하게 하는 삼복제(三覆制)를 시행하였는데, 형조의 4사(司)중의 하나인 상이사(詳覆司, 상복사)에서 전담하였다.

② **사형의 집행**

교형(絞刑)	신체를 온전한 상태로 두고 목을 졸라 생명을 박탈하는 것으로 오늘날의 교수형에 해당한다.
참형(斬刑)	죄인의 목을 칼로 쳐서 죽이는 것으로 가장 많이 행하던 사형의 방법이다.
능지처참 (陵遲處斬)	대역죄나 유교적 윤리에 근본적으로 반하는 범죄에 적용하는 것으로 신체를 여러 부분으로 절단하는 사형 중에서도 가장 극형에 해당되는 것이다.
부관참시 (剖棺斬屍)	이미 죽은 자의 무덤을 파헤쳐 시체를 꺼내 참형에 처하는 것이다.
사사(賜死)	왕명으로 독약을 마시고 죽게 하는 것으로 왕족이나 현직자로서 역모에 관련되었을 때 주로 행하여졌다.

③ **대시집행과 부대시집행**: 대시집행은 사형 확정 후 일정기간 대기하였다가 집행하는 것으로 일반 사형수에게 적용하였다. 부대시집행은 사형이 확정되면 즉시 사형에 처하는 것으로 보통 모반 등 10악의 범죄에 적용되었다.

④ **일반예방**: 능지처사의 경우 대역사건이나, 반도덕적 범죄인에게 행하여 민중에 대한 위하의 목적으로 오살(五殺), 육시(戮屍), 거열(車裂) 등 여러 가지 잔혹한 방법으로 집행되었다.

03 부가형 등

(1) 부가형(附加刑)

자자형 (刺字刑)	① 신체의 일부에 글씨를 새겨 넣는 형벌로 주로 도적으로서 장·도·유형에 처해진 자에게 부과하였는데, 죄질이 심한 경우 얼굴에 글을 새기는 경면(黥面)도 시행되었다. [2019. 5급 승진] 총 2회 기출 ② 자자형은 평생 전과로 낙인을 찍는 가혹성으로 영조 16년(1740년)에 자자도구를 소각하고 전국에 엄명을 내려 완전히 폐지하였다. [2019. 5급 승진]
노비몰입 (奴婢沒入)	범죄인이나 그 가족을 노비에 편입시키는 것인데, 절도전과자로서 다시 범죄를 하거나 대역, 모반 등 10악에 해당하는 죄인, 강상죄인(綱常罪人: 삼강오륜의 도덕을 해친 죄인)에게 적용되었다.
재산몰수	역모 등 일정한 범죄에 대해 5형 등 형사적 처벌 이외에도 부과하였다.
피해배상	가해자의 재산을 강제로 징발하여 피해자에게 피해에 비례하여 배상하였다.
윤형(閏刑)	신분을 박탈하는 형벌로서 관리의 신분에 과하는 형과 도사(道士)나 승려(僧侶)의 신분에 과하는 것이 있다(권리박탈적 명예형).
금고(禁錮)	일정기간 동안 관리가 되는 자격을 정지 또는 박탈하는 명예형의 일종이다.

(2) 법 외의 형(사형벌)

사(私)형벌의 종류

	주리(周牢)	양 다리를 결박하여 주리를 트는 것
관습적으로 관(官)에서 행하던 형벌	압슬(壓膝)	무릎 위를 압력으로 고문하는 것
	낙형(烙刑)	불에 달군 쇠로 낙인
	난장(亂杖)	여러 명이 장으로 난타
권문세도가에서 행하던 사(私)형벌 (대부분 노비를 대상으로 함)	의비(劓鼻)	코를 벰
	월형(刖刑)	아킬레스건을 제거(힘줄을 끊어 버림)
	비공입회수(鼻孔入灰水)	코에 잿물을 주입
	팽형(烹刑)	삶아 죽임
	고족(刳足)	발을 쪼갬

(3) 속전(贖錢)제도

① **의의**: 모반, 대역, 불효 등 특별히 정한 범죄를 제외하고는 형 대신 금전으로 납부할 수 있는 속전제도가 있었다.

② **신체형의 대체형**: 오늘날 벌금과도 유사하지만 벌금이 형의 선고 자체가 재산형인 데 비해 속전은 신체형을 선고받은 후 본형을 재산형으로 대신한다는 점에서 구별된다.

③ **종류**: 속전은 신분에 의한 속전, 휼형으로서의 속전, 공장·악공·천문생 등 숙련기술자에 대한 속전, 부녀·노유·질병자에 대한 속전, 상자(喪者)·양친(養親)을 위한 속전 등이 있었다. 이러한 제도는 신분질서와 효(孝)를 중시하는 유교사상의 영향에서 비롯된 것으로 보인다.

04 구금시설

(1) 직수아문(인신구속 제한)

① 조선시대 인신을 직접 구속할 수 있는 권한이 부여된 기관을 직수아문(直守衙門)이라고 하여 형조·병조·한성부·승정원·장예원·종적사·관찰사·수령·비변사, 포도청과 관찰사, 수령 등으로 한정하였다.

② 그 외의 관사에서 구금할 죄인이 있을 때는 모두 형조에 이송하여 수금(囚禁)하게 하였다. 이는 관청의 권력남용으로부터 백성을 보호하려는 취지에서 정한 법령이었다. 직수아문에는 옥(獄)이 부설(附設)되어 있었고, 지방에도 도옥(道獄)·부옥(府獄)·군옥(郡獄) 등이 있었다. [2024. 9급]

(2) 전옥서

① **전옥서**: 고려의 제도를 계승하여 건국 초부터 형조에 소속되어 옥수(獄囚)를 맡아하던 관서로서 옥시설로는 대표적인 기관이다.

② **감옥서**: 전옥서는 갑오개혁 이후 경무청 감옥서로 변경되었다가 1907년 감옥사무가 법부(法部)로 이관된 후 경성감옥으로 개칭되었다. 전옥서는 고려 이래 같은 관서 명으로 가장 오래 동안 존속해 온 행형시설로써 520여 년간 존속하였다(전옥서 - 경무청감옥서 - 경성감옥 - 형무소-교도소).

05 휼형(恤刑)제도

(1) 의의

① 휼형이란 범죄인에 대한 수사·신문·재판·형집행 과정을 엄중하고 공정하게 진행하되, 처리를 신중하게 하고 죄인을 진실로 불쌍히 여겨 성심껏 보살피며 용서하는 방향으로 고려해주는 일체의 행위를 말하며, 삼국시대에서 비롯되어 고려를 거쳐 조선시대에도 폭넓게 시행되었다. [2013. 7급]

② 조선의 형사법에는 죄수를 보호하는 휼수(恤囚)의 규정을 두어 구금된 자라 할지라도 법적 보호를 받을 수 있도록 하였다.

(2) 종류

① **보방제도**(保放制度): 구금중인 죄인의 건강이 좋지 않거나 구금 중 친상을 당한 때엔 죄인을 옥에서 석방하여 불구속상태로 재판을 받게 하거나 상을 치르고 난 후 다시 구금하는 것으로 오늘날의 구속집행정지, 형집행정지, 귀휴제도와 유사한 제도이다. [2024. 9급] 총 2회 기출

② **감강종경**(減降從輕): 사형에 해당하는 죄는 유형으로, 유형은 도형으로, 도형은 장형으로 강등하여 처리하는 오늘날의 감형제도에 해당한다(사형 ⇨ 유형, 유형 ⇨ 도형, 도형 ⇨ 장형). [2024. 9급] 총 2회 기출

③ **인권보호책**: 남형을 방지하고 인권을 보호하기 위해 인신구속기관인 직수아문을 경국대전에 특별히 규정하고, 죄수를 보호하는 휼수의 규정을 두어 구금된 자의 법적 보호제도를 마련하였다.

④ **사면**: 죄를 용서하여 형벌을 면제하는 것이다.

단원별 지문 O X

01 인신을 직접 구속할 수 있는 권한이 부여된 기관인 직수아문(直囚衙門)에 옥(獄)이 부설되어 있었다. (   ) [2024. 9급]

02 휼형제도(恤刑制度, 또는 휼수제도(恤囚制度))는 조선시대에 들어와서 더욱 폭넓게 사용되었으며, 대표적으로 감강종경(減降從輕)과 보방제도(保放制度)가 있었다. (   ) [2024. 9급]

03 도형(徒刑)에는 태형(笞刑)이 병과되었으며, 도형을 대신하는 것으로 충군(充軍)이 있었다. (   ) [2024. 9급]

04 조선의 태형은 가장 가벼운 형벌로서 10대에서 50대까지 5등급으로 나뉜다. (   ) [2020. 5급 승진]

05 조선의 도형의 복역기간은 1년에서 최장기 3년까지 5종으로 구분된다. (   ) [2020. 5급 승진]

06 조선의 유형수 중에는 유배지에 처와 첩이 동행하는 경우가 있었다. (   ) [2020. 5급 승진]

07 고려와 조선시대에는 일정한 조건 아래 형을 대신하여 속전을 받는 제도가 있었다. (   ) [2022. 7급]

01 ○ 조선시대 인신을 직접 구속할 수 있는 권한이 부여된 기관을 직수아문이라고 하여 형조·병조·한성부·승정원·장예원·종적사·관찰사·수령·비변사, 포도청과 관찰사, 수령 등으로 한정하였다. 직수아문에는 옥이 부설되어 있었고, 지방에도 도옥·부옥·군옥 등이 있었다. 직수아문에 부설되어 있었던 옥은 갑오개혁(1894)으로 모두 폐지되었다.

02 ○ 휼형이란 범죄인에 대한 수사·신문.재판·형집행 과정을 엄중하고 공정하게 진행하되, 처리를 신중하게 하고 죄인을 진실로 불쌍히 여겨 성심껏 보살피며 용서하는 방향으로 고려해주는 일체의 행위를 말하며, 삼국시대에서 비롯되어 고려를 거쳐 조선시대에도 폭 넓게 시행되었다. 대표적으로 보방제도, 감강종경, 인신구속기관인 직수아문을 경국대전에 규정, 죄수를 보호하는 휼수의 규정, 사면 등이 있다.

03 ✕ 도형은 관아에 구금하여 소금을 굽거나 쇠를 달구는 노역을 부과하는 형벌로 오늘날의 자유형(유기징역형)에 해당하며, 단기 1년에서 장기 3년까지 5종으로 구분하였고, 반드시 장형이 병과되었다. 도형을 대신하는 것으로 충군이 있었는데, 이는 도역에 복역하는 대신 군역에 복무시키는 것으로 일종의 대체형벌이라 할 수 있다.

04 ○ 조선의 태형은 가장 가벼운 형벌로서 작은 가시나무 회초리로 죄인의 볼기를 10대에서 50대까지 때렸으며, 5등급으로 구분되었다.

05 ○ 조선시대 도형의 기간은 최단기 1년에서 최장기 3년까지 5종으로 구분되고, 도형에는 반드시 장형이 병과되었다.

06 ○ 유형수 중 정치범에게는 식량 등의 생활필수품을 관에서 공급하였고, 유배지에 처와 첩은 따라가며, 직계존속은 본인의 희망에 따라 동행을 허가해 주었다.

07 ○ 고려시대에는 속전(속동)제도가 있어서 일정한 범위에서 속전을 내고 형을 대체할 수 있었으며, 조선시대에는 모반, 대역, 불효 등 특별히 정한 범죄를 제외하고는 형 대신 금전으로 납부할 수 있는 속전제도가 있었다. 속전은 오늘날의 벌금과도 유사하지만, 벌금이 형의 선고 자체가 재산형인데 비해 속전은 신체형을 선고받은 후 본형을 재산형으로 대신한다는 점에서 구별된다.

제3절 근대적 행형

01 조선후기

(1) 근대적 행형개혁(갑오개혁: 1894~1895)

① **사법권 독립**: 「재판소 구성법」 제정(1895년)

② **형벌의 근대화**: 1896년 법률 제3호 「형률명례(刑律名例)」는 형률을 사형, 유형, 역형(도형), 태형의 4종류로 규정하였다. [2024. 7급]

> 1. 생명형(사형)·신체형 위주에서 자유형 체제로 전환
> 2. 5형 중 장형 폐지(태형은 1920년 폐지)
>   ▶ 1912년 「조선태형령」: 16세 이상 60세 이하의 남자만 부과
> 3. 도형을 징역(역형)으로 대체하는 등 자유형 중심의 근대행형 체계로 전환
> 4. 유형은 정치범(국사범)에 한해서 적용(폐지 ×)
> 5. 불법감금 및 불법형벌 금지
> 6. 연좌제, 고형금지

③ **감옥사무의 변화**

> 1. 형조소속 전옥서를 경무청 감옥서로 변경
> 2. 직수아문 부설 옥을 모두 폐지하고, 감옥사무를 감옥서로 일원화
> 3. 미결수와 기결수 구분, 징역형은 감옥서에서 노역에 종사
> 4. 징역처단례의 제정과 감옥규칙, 감옥세칙 제정

④ **징역형**(역형)**의 변화**

> **[징역처단례]**(1895.5): **범죄의 경중에 따라 징역 기간을 명확히 규정**
>
> **[감옥규칙]**(1894.12.)
> 1. 감옥사무 지침으로, 근대적 형집행법의 효시 [2017. 7급]
> 2. **주요내용**: 미결수와 기결수 구분수용, 판·검사의 감옥순시 명시, 재감자 준수사항 제정
>
> **[징역표]**(1894) [2018. 7급]
> 1. 징역수형자에 대한 기초적 분류 및 누진처우규정, 개과천선 목적
> 2. **수형자 4분류**: 특수기능소지자·보통자·부녀자·노유자의 네 가지 유형으로 분류
> 3. **누진처우**: 1~5등급으로 나누어 일정기간이 지나면 상위등급으로 진급시켜 점차 계호를 완화하는 등의 단계적 처우 실시
>
> **[감옥세칙]**(1898): **감옥규칙의 시행령, 처우규정**
> 1. 지급물품 급여기준, 위생과 청결, 운동시간, 질병예방과 치료, 접견, 상여(賞與)자에 대한 우대, 징벌 등 규정
> 2. 작업은 체력에 따라 부과하여 공전 지급, 그중 10분의 8은 감옥비용에 충당하고 10분의 2는 만기 석방 시에 지급
> ▶ 일제강점(1910)으로 일본에 의한 사법권 장악으로 개혁 퇴색

(2) 광무시대의 행형(1897~1907)

① 갑오개혁에 따른 행형개혁을 정착화시킨 시대로, 갑오개혁이 전통적인 5형 제도를 자유형 중심의 행형으로 전환시키는 계기를 만들었지만 실제적으로 근대 자유형이 확립된 시기는 광무시대부터이다.

② **보방규칙과 가석방제도**(형법대전): 죄수의 일시석방제도인 보방(保放)규칙(1905), 종신형 수형자를 포함하여 모든 수형자를 대상으로 조건 없는 가석방제도(1908)를 실시하였다.

(3) 융희시대의 행형(1907~1910)

① 감옥사무는 일제에 의해 박탈당하여 통감부 사법청에서 관장하게 되었다.

② **법무관할**: 1907년 12월 13일 '법부관제'와 함께 '감옥관제'가 제정되어 감옥사무는 내부관할에서 법부관할로 이관되면서 경무청관제에서 독립하여 감옥관계의 조직과 법령이 대폭적으로 개편되었다.

③ **경성감옥서 등 설치**: '경성감옥서를 설치하는 건'(1907)을 반포, 이듬해 전국 8개 감옥의 명칭과 위치를 정하여 공포하였고, '감옥분감의 설치령'이 제정되어 8개소의 분감이 전국에 설치되었다.

02 일제강점기와 미군정기

(1) 일제강점기

① **간수교습소규정**: '간수교습소규정'(1917)에 의거 교도관학교 설치 · 운영 근거를 마련하였다.

② **형무소 개칭**: 1923년 감옥을 형무소로 개칭하였다. [2018. 7급] 총 5회 기출

> ▶ 전옥서(고려시대) – 감옥(갑오개혁) – 형무소(일제강점) – 교도소(1961)
> ▶ 형무소로의 개칭이 일제강점기(1910~)부터 시작된 것은 아니다.

③ **소년형무소**: 1924년 김천지소를 김천소년형무소로 개편하였고, 1936년 인천소년형무소 설치를 통한 소년행형을 실시하였다.

④ **응보적 · 위하적 행형정책**: 감옥법을 비롯한 일본의 행형법규를 의용하여 외형상 근대적인 모습을 보여주었지만, 실제로는 응보적이고 위하적인 행형정책으로 일관하였다.

⑤ **조선감옥령**: 조선감옥령을 제정하여 이에 근거하여 총독의 명령으로 행형에 관한 별도의 규정을 둘 수 있게 하였다.

(2) 미군정기

① **조선감옥령 의용**: 일제의 조선총독부 행형조직을 그대로 인수하여 운영하였기 때문에 일제의 잔재를 완전히 불식시키지는 못하였다.

② **선시제, 석방청원제**: 미국교정의 이념에 근거를 둔 수형자의 인권을 보호하고 처우를 개선하려는 노력으로 선시제도, 수용자 석방청원제, 형구사용의 제한과 징벌제도의 개선이 이루어졌다.

⊕ PLUS 우량수형자 석방령 – 선시제도의 성격 [2024. 7급] 총 4회 기출

1. 1948년 3월 31일 남조선 과도정부 법령 제172호
2. **선시제도**: 교도소의 규칙을 준수하고 작업에 자발적으로 참여하며 선행을 행하는 수형자에게 그 대가로 수형기간의 일정부분을 감축시켜 주는 제도로 형기자기단축제도라고도 하며, 실질적 형기단축의 성격을 지닌다.
3. 선시제도는 1953년 신형법상 가석방이 실시되면서 폐지되었다.

⊕ PLUS 갑오개혁과 일제강점기의 형벌의 변화 [2024. 7급]

1. 「재판소구성법」 제정(1895): 사법권 독립
2. 「징역처단례」 제정(1895): 도형과 유형을 폐지하고 징역형 도입
3. 「적도처단례(賊盜處斷例)」(1896.4.)
4. 「형률명례」(1896.4.)

조선구제(舊制)의 형벌제도를 근간으로 하면서 근대적 법률체계를 갖춘 과도기적 형법의 형태를 보여준다. 여기서는 장형을 없애고, 형의 종류를 사형, 유형, 도형, 태형의 4종으로 구분하고, 사형은 교수, 유형은 종신·15년·10년의 3등급, 도형은 17등급, 태형은 10등급으로 구분하였다. 도형·태형은 국사범 외에는 범죄의 종류나 경중을 참작하여 속전으로 대신할 수 있었고, 가(枷)와 쇄체는 도주우려자에게 사용했으나, 노약자와 부녀자에게는 이의 사용을 금하였다. 그 밖에 재판관에게 형벌을 완화할 수 있는 재량이 인정되었다.

5. 조선감옥령 및 조선감옥령 시행규칙(1912)
6. 「조선태형령」(1912.3): 1920년 폐지

일제강점기 조선인에게 한해 일상의 경범죄 처벌 방식으로 태형을 가할 수 있도록 공인한 법률이다. 태형의 집행 대상은 16세 이상 60세 이하의 남자로서 3개월 이하의 징역 또는 구류에 처해야 할 자, 100원 이하의 벌금 또는 과태료에 처해야 할 자 중 조선 내에 일정한 주소를 갖고 있지 않거나 무자산으로 인정되는 자, 5일 이내에 완납하지 않은 자로 규정되었다. 집행방식은 집행자와 수형자 외 관계자의 집행장 출입을 금지시키거나 2인 이상 집행 시에는 1인씩 입장하게 하는 등 비밀주의 원칙을 내세웠다.

7. 「간수교습규정」(1917): 1925년 형무관훈련소로 개명
8. 감옥을 형무소로 명칭변경(1923)

시대구분	명칭변천	행정기관	법규변천
삼국시대	영어(囹圄)·뇌옥(牢獄)·형옥(刑獄)·수옥(囚獄)		
고려·조선	전옥서(典獄署)	형부·형조	경국대전
갑오개혁 이후	감옥서(監獄署) 경성감옥(1907)	경무청	감옥규칙 (1894)
일제강점기	형무소(刑務所), 형무관	형정국	조선감옥령 (1912)
1950년	형무소(刑務所), 형무관	형정국	행형법 (1950)
1961년	교도소(矯導所), 교도관 1961년 12월 23일 행형법 1차 개정		
1991년	4개 지방교정청 신설	교정국	
2000년	민영교도소 등의 설치·운영에 관한 법률 제정	교정국	
2007년	교정본부로 조직 확대	교정본부	형집행법 (2007)

▶ **교정관계법령의 변화**: 「조선감옥령」, 「감옥규칙」, 「행형법」, 「형의 집행 및 수용자의 처우에 관한 법률」의 순으로 변천되었다. [2024. 7급]

▶ **교도소 명칭의 변화**: 전옥서, 감옥서, 형무소, 교도소 순으로 변화되었다.

단원별 지문 OX

01 1896년 법률 제3호 「형률명례(刑律名例)」는 형률(刑律)을 사형(死刑), 유형(流刑), 역형(役刑), 태형(笞刑)의 4종류로 규정하였다. (　　) [2024. 7급]

02 1912년 「조선태형령(朝鮮笞刑令)」에 의하면 태형(笞刑)은 16세 이상 60세 이하의 남자가 아니면 이를 부과할 수 없다. (　　) [2024. 7급]

03 미군정하에서 실시된 「우량한수형자석방령」은 선시제(Good Time system)의 성격을 가진다. (　　) [2024. 7급]

04 교정관계법령은 「조선감옥령」, 「감옥규칙」, 「행형법」, 「형의 집행 및 수용자의 처우에 관한 법률」의 순으로 변천되었다. (　　) [2024. 7급]

05 1895년 「징역처단례」를 통하여 장형(杖刑)과 유형(流刑)을 전면적으로 폐지하였다. (　　) [2024. 9급]

06 조선시대 죄인의 수감을 담당하던 전옥서는 갑오개혁 이후 경무청 감옥서로 변경되었다. (　　) [2022. 7급]

07 갑오개혁 시 근대적 행형제도의 도입으로 '간수교습규정'이 제정되어 교도관학교를 설치 · 운영할 근거가 마련되었다. (　　) [2022. 7급]

---

01 ○ 형률명례는 1896년 4월 4일 법률 제3호로 제정 · 공포되었는데, 조선구제(舊制)의 형벌제도를 근간으로 하면서 근대적 법률체계를 갖춘 과도기적 형법의 형태를 보여준다. 여기서는 장형을 없애고, 형의 종류를 사형, 유형, 도형, 태형의 4종으로 구분하고, 사형은 교수, 유형은 종신 · 15년 · 10년의 3등급, 도형은 17등급, 태형은 10등급으로 구분하였다. 도형 · 태형은 국사범 외에는 범죄의 종류나 경중을 참작하여 속전으로 대신할 수 있었고, 가(枷)와 쇄체는 도주우려자에게 사용했으나, 노약자와 부녀자에게는 이의 사용을 금하였다. 그 밖에 재판관에게 형벌을 완화할 수 있는 재량이 인정되었다.

02 ○ 조선태형령은 1912년 3월 18일에 공포된 법률로, 조선인에게 한해 일상의 경범죄 처벌 방식으로 태형을 가할 수 있도록 공인한 법률이다. 태형의 집행 대상은 16세 이상 60세 이하의 남자로서 3개월 이하의 징역 또는 구류에 처해야 할 자, 100원 이하의 벌금 또는 과료에 처해야 할 자 중 조선 내에 일정한 주소를 갖고 있지 않거나 무자산으로 인정되는 자, 5일 이내에 완납하지 않은 자로 규정되었다. 집행방식은 집행자와 수형자 외 관계자의 집행장 출입을 금지시키거나 2인 이상 집행 시에는 1인씩 입장하게 하는 등 비밀주의 원칙을 내세웠다.

03 ○ 우량수형자석방령은 미군정시대인 1948년 3월 31일 남조선 과도정부 법령 제172호로 제정되었는데, 선시제의 성격을 가진다. 그 후 1953년 10월 신형법의 실시와 함께 폐지되었다.

04 × 교정관계법령은 감옥규칙 ⇨ 조선감옥령 ⇨ 행형법 ⇨ 형의 집행 및 수용자의 처우에 관한 법률의 순으로 변천되었다. ㉠ 감옥규칙은 1894년 12월 25일(고종 31년)에 제정된 감옥사무의 지침으로, 근대적 형집행법의 효시이며, 5형 중심의 형벌체계를 자유형 중심으로 전환하였다. ⇨ ㉡ 조선감옥령은 일제강점기인 1912년에 제정되었고, 이에 근거하여 총독의 명령으로 행형에 관한 별도의 규정을 둘 수 있게 하고, 태형제도 · 예방구금을 인정하는 등의 민족적 차별과 응보주의적인 행형을 시행하였다. ⇨ ㉢ 행형법은 1950년 3월 2일에 제정되었다. ⇨ ㉣ 형의 집행 및 수용자의 처우에 관한 법률은 2007년 12월 21일에 제정되었다.

05 × 1895년 5월 「징역처단례」를 제정하여 형벌에 있어서도 조선의 기본형이었던 5형(태 · 장 · 도 · 유 · 사) 중 장형을 폐지하고, 도형은 징역으로 바꾸고, 유형은 정치범(국사범)에 한해서 적용하도록 하였다(징역형이 보편적인 형벌로 정착됨. 즉 신체형 · 생명형 ⇨ 자유형).

06 ○ 갑오개혁으로 형조에 소속되었던 전옥서를 경무청 감옥서로 변경함과 동시에 직수아문(형조 · 의금부 · 한성부 · 포도청 등)에 부설되어 있었던 옥(獄)을 모두 폐지함으로써 감옥사무를 일원화하였다.

07 × 일제시대에는 1917년 '간수교습규정' 등에 의거 교도관학교를 설치 · 운영할 근거를 마련하였다.

08 광무시대에 제정된 감옥규칙의 징역수형자 누진처우를 규정한 징역표는 범죄인의 개과촉진을 목적으로 수용자를 4종으로 분류하였다. (   ) [2022. 7급]

09 미군정기에는 선시제도가 실시되고 간수교습규정이 마련되었다. (   ) [2018. 7급]

10 1894년에 마련된 징역표는 수형자의 단계적 처우에 관한 내용을 담고 있었다. (   ) [2018. 7급]

11 「감옥규칙」의 제정 – 4개 지방교정청의 신설 – 「행형법」의 제정 – 「민영교도소 등의 설치 · 운영에 관한 법률」의 제정 – 교정국을 교정본부로 확대 개편 순으로 발달해왔다. (   ) [2017. 7급]

---

08 ○ 감옥규칙의 제정(1894)에 따라 징역수형자의 누진처우를 규정한 징역표는 범죄인의 개과촉진을 목적으로 수용자를 4등급(특수기예자 · 보통자 · 부녀자 · 노유자)으로 분류하고, 1~5등급으로 나누어 일정기간이 지나면 상위등급으로 진급시켜 점차 계호를 완화하는 등의 단계적 처우를 실시하였는데, 이는 조선의 전통적 행형에서 근대적 행형으로 전환하는 과도기적 특징을 지닌다. 다만, 광무시대는 1897년부터인 점을 감안하면 감옥규칙이 광무시대에 제정되었다는 표현은 잘못된 것으로 보인다. 그러나 갑오개혁에 의한 제도의 정착기라는 점에서 상대적으로 오류라고 보기는 어렵다.

09 × 간수를 채용하고 교육하기 위한 간수교습규정은 일제강점기에 마련되었다(1917년).

10 ○

11 ○ ㉠ 1894년 12월 25일에 제정된 「감옥규칙」은 감옥사무의 지침으로, 근대적 형집행법의 효시이다.
　　 ㉡ 1950년 3월 2일 「행형법」이 제정 · 공포되고, 3월 18일 시행되었다.
　　 ㉢ 1991년 9월 30일 서울, 대구, 대전, 광주의 4개 지방교정청이 신설되었다.
　　 ㉣ 2000년 1월 28일 「민영교도소 등의 설치 · 운영에 관한 법률」이 제정되었다.
　　 ㉤ 2007년 11월 30일 법무부 교정국이 교정본부로 확대 · 개편되었다.

제27장 / 수형자사회의 연구와 교도소화

제1절 수형자사회의 연구와 교도소화

> ★ **핵심정리** 교도소화 개관
>
> 교도소화란 직원에 반대하는 행동과 태도를 신봉하는 정도: 반교정적, 반사회적 규범과 가치의 내재화 정도

수형기간	사회적 역할	지향하는 문화	보안정도
[클레머] 기간경과에 따라 강화	[슈랙(사회적)] 친(고지식), 반(정의), 가(정치), 비(무법)	[서덜랜드와 크레시](1974) 범죄적, 수형, 합법	[사이크스] 박탈(자유주의) 박탈＋제도적 지위강등
[휠러(U)] 친－반－친 변화	[사이크스] 사이클을 탄 중·고·상이, 생 쥐와 늑대를 진짜·악·어라 고, 떠벌리고 다녀!!	**여성재소자 부문화**: 친밀재소 자사이 가족화 경향	[아윈과 크레시] 입소 전 경험유입(보수주의)
	[슈멜레거] 현·종왈, 과·식·은 신·기 하게 쾌·변으로 이어져!!	–	[라미레즈] 통합(비총체화)

01 수형자사회의 의의와 연구

(1) 의의

① 교도소는 일반사회와 격리된 폐쇄시설에서 다양한 유형의 수형자들이 공동생활을 하게 되므로 교도소만의 독특한 사회가 형성되고, 그들만의 문화가 조성된다.

② 교도소화(prisonization)란 수형자가 교도소에 입소 후 교도소 사회의 규범과 가치에 동화 또는 교도소의 행위유형을 학습하는 과정을 말한다. 즉 교정당국과 교도관에 대해 적대적인 태도를 학습하는 것을 말한다. [2021. 7급]

③ 클레머는 교도소화란 교정시설의 일반적 문화, 관습, 규범 그리고 민속 등을 나소간 취하는 것, 즉 신입 수형자가 교정시설의 규범과 가치에 익숙해지고 그것을 내재화하는 행위유형을 학습하는 과정으로 보았다. [2018. 7급]

④ 이는 점차 직원에 반대하는 행동과 태도를 신봉하는 정도를 일컫는 것으로 그 의미가 변화되고 있다.

(2) 수형자사회의 연구

① **클레머의 「교도소 사회**(The prison community)」(1940): 클레머(Clemmer)는 수형자들의 반사회적이고 도전적인 독특한 문화체계를 분석한 후 그것을 개조·극복할 수 있는 체제를 갖추지 않으면 교도소는 오히려 범죄학교로 변할 우려가 있다고 지적하였다.

② **사이크스의 「수인의 사회**(The society of captives)」(1958): 사이크스(Sykes)는 교도소는 교도관과 수용자간 상호의존적인 사회집단으로 복종과 권력으로서가 아니라 수용자에 의한 암묵적 동조와 순응에 의해 통제되고 있다고 보았다.

02 수용기간에 따른 교도소화

(1) 클레머의 주장

① 수형자의 수용기간이 길수록 반교정적·반사회적·친범죄적 부문화에의 재현이 더 커진다고 보고, 수용기간의 장기화에 따라 수형자의 교도소화 정도도 강화된다고 주장했다.

② 그러나 단순히 수형기간이 아니라 수형자의 역할(슈랙. Schrag)이나 수형단계(휠러의 U형곡선)에 따라 교도소화의 정도가 달라진다는 사실이 밝혀지게 되었다. [2021. 7급] 총 2회 기출

(2) 휠러

휠러는 클레머의 가설을 검증하였는데, 수용기간에 따라 점진적으로 부문화가 파생된다는 클레머의 가정을 부정하고 교도소화는 수용단계에 따라 U형곡선으로 설명된다고 주장하였다. [2021. 7급] 총 2회 기출

형기 초기단계	가장 높은 친교도관적 태도 견지
형기 중기단계	친교도관적 태도가 가장 낮음(교도관에 대해 가장 적대적).
형기 말기단계	친교도관적 태도를 견지하고 수형자강령 거부

03 수형자의 사회적 역할유형

(1) 슈랙(Schrag)의 역할유형 분류

유형	특성
친사회적(prosocial) 고지식자 (square Johns)	① 친사회적 수형자로서 교정시설의 규율에 동조하고 법을 준수하는 생활을 긍정적으로 지향하며, 교도소 문화에 거의 가담하지 않고 직원들과 가깝게 지내는 유형의 수형자이다. [2019. 9급] ② 중산층 출신의 화이트칼라범죄자나 격정범죄자가 많다.
반사회적(antisocial) 정의한(right guys)	① 반사회적 수형자로서 범죄자의 세계를 지향하며 부문화적 활동에 깊이 관여하고 사회를 부정적으로 보며 직원들과도 거의 관계를 갖지 않는다. ② 하류계층 출신자가 많고 범죄도 폭력성 강력범죄인 경우가 많다. ③ 수형자들 세계에서 통용되는 계율을 엄격히 준수하며 동료수형자들의 이익을 깊이 생각하고 그 이익증진을 위해 앞장서서 싸우면서도 약한 수형자를 괴롭히는 일이 없기 때문에 동료 수형자들로부터는 진정한 리더로 인정된다.
가사회적(pseudosocial) 정치인(politicians)	① 가사회적 수형자로서 교정시설 내의 각종 재화와 용역을 위한 투쟁에서 이점을 확보하기 위해 직원과 동료 수형자를 모두 이용하는 자이다. [2019. 5급 승진] ② 사기나 횡령 등 경제범죄로 수용된 경우가 많다. ③ 수형자 부문화나 교도관에 의해 주도되는 합법적인 사회 어디에도 깊은 유대를 가지지 않는 교활한 자들이다.
비사회적(asocial) 무법자(outlaws)	① 비사회적 수형자로서 자신의 목적을 위하여 폭력을 이용하고 동료 수형자와 직원 모두를 피해자화하므로 교도관이나 수형자 모두로부터 배척받는다. ② 이들은 일종의 조직 속의 패배자들이며 보통 폭력 또는 강력범죄자 중에서 비정상적·비공리적 범행을 한 자가 많다.

[결론]
① 슈랙은 수형자의 교정시설 내 부문화적 역할에 따라 사회복귀 경향이 현저한 차이를 보인다고 주장한다.
② 고지식자는 수형기간의 장단에 관계없이 보호관찰조건 위반율이 가장 낮다.
③ 정의한은 일반적으로 매우 높은 보호관찰조건 위반율을 보이고 기간이 경과할수록 위반율이 경감한다.
④ 무법자는 보호관찰조건 위반율이 매우 높고, 수형기간이 증가함에 따라 위반율도 증가하였다.
⑤ 정치인의 경우는 형기가 짧은 때에는 위반율이 낮으나 형기가 길어지면 위반율도 높아진다.

(2) 사이크스(Sykes)의 역할유형 분류 [2019. 5급 승진]

유형	특성
생쥐(rats)	약삭빠른, 얌체, 교도관과 내통하면서 동료를 배신하는 유형, 재소자들 간의 융화를 거부함으로써 재소자사회 전체를 배신하는 재소자
중심인(centerman)	교도관의 의견, 태도, 신념을 취하는 재소자로 이들은 선처를 얻기 위해 권력을 가진 교도관들에게 아첨하는 것으로 알려져 있다.
고릴라(gorillas)	자신이 필요로 하는 것으로 다른 사람으로부터 무력으로 취하는 재소자이다.
상인(merchants)	필요한 재화가 박탈당한 관계로 재소자들은 재화를 파는 것과 주는 것을 분명하게 구분하고 있으며, 재화를 주어야 될 경우에 파는 재소자를 상인이라고 부른다.
늑대(wolves)	동성애자 중 능동적·공격적 역할을 수행하는 사람
어리석은 파괴자(ball busters)	공개적으로 교도관에게 대들고 항거하는 재소자들
진짜남자(real men)	수형생활을 인간의 존엄성을 가지고 참아내는 재소자들
악당(tough)	잔인함과 폭력성으로 동료 재소자들과 언쟁을 벌이는 재소자 폭력
떠벌이(hipsters)	실제보다 자신이 더 강한 척하고 말로만 강한 척하며, 공격의 피해자를 조심스럽게 선택하는 재소자

(3) 프랭크 슈멜레거(Frank Schmalleger)의 분류

유형	특성
깔끔이 신사(the mean dude)	얄미울 정도로 멋있는 능력의 소유자, 싸움은 격렬하게, 깨끗한 매너로 냉정하고 조용하게 생활하면서 거래를 하지 않는 신사
쾌락주의자(the hedonist)	쾌락주의 추구자, 물건의 암거래, 도박, 동성연애, 마약취급 등을 통해 현실적 쾌락을 즐기고 미래를 생각하지 않는 자
기회주의자(the opportunist)	교도소 프로그램을 긍정적으로 잘 활용하는 자로 모범수 역할자
은둔자(the retreatist)	처한 환경에 적응하지 못하여 다소 정신적으로 이상증세를 보이는 자
변호인(the legalist)	교도소 내의 변호사, 깔끔이 신사와 비슷한 특징
과격주의자(the radical)	정치범으로 표현하면서 일반사회의 현실체제나 법을 신봉하는 상류층과 그들이 주도하는 사회체제 자체를 부정하는 사람들
식민자(the colonist)	교도소를 자기 집 또는 가정으로 생각하는 사람
종교인(the religious)	강한 신앙심을 가진 종교인
현실주의자(the realist)	구금 그 자체는 범죄행위로부터 오는 당연한 귀결로 받아들이는 사람

> ⊕ **PLUS** 모의교도소
>
> 1962년 짐바르도(Zimbardo), 하니(Haney), 뱅스(Banks) 등이 스탠포드대학교의 심리학과 건물 지하에 모의교도소를 만들어 놓고 교정시설의 수형환경과 수형자들의 적응심리, 교도관들의 양태에 관하여 연구를 시도하였으나 참가자 모두에게 심각한 심리적 문제가 발생하여 도중에 중단하였다.
> ▶ **교정행정의 통제력 강화방안**: 교정의 명확한 목표설정, 형벌집행의 엄중성과 공정성 확보, 교도관들의 전문화

(4) 가라비디안(Garabedian)의 분류

가라비디안은 교도소화의 정도를 수형자의 사회적 역할에 따라 분류하였다.

고지식자 · 정의한	U형곡선을 따름(석방일이 다가옴에 따라 교정시설의 부정적 영향을 떨침).
무법자	형기가 진행됨에 따라 교도소 문화에 점진적으로 동화됨.
정치인	합법적(수용기간 내내 직원의 규범에 동조하는 경향)

04 교도소화와 수형자 문화(inmate culture)

★ 핵심정리 부문화에의 차별적 참여

구분	수형자 부문화		비범죄적 부문화
	범죄지향적 부문화	수형지향적 부문화	합법지향적 부문화
준거집단	사회 + 교정시설	교정시설	합법적
목표	범죄생활에 전념	소내 지위확보에 전념	지위에 관심 없음
행동강령	범죄자 강령	수형자 강령	–
관심	합리적 · 계산된 행위로 규정, 오락과 특전 결합	동료 수형자에 대한 영향력과 권한을 행사할 수 있는 지위 추구	합법적 · 공식적 절차 준수
재범률	높다.	가장 높다.	낮다.

(1) 서덜랜드와 크레세이(Sutherland & Cressey)의 연구 [2023. 9급]

① 수형자 문화(수형자 사회의 부문화)는 수형자들이 가지고 있는 문화적 성향이나 지향성 또는 가치와 규범에 관한 것으로 교도소 문화라고도 부른다.
② 서덜랜드와 크레세이(Sutherland & Cressey)는 수형자들이 지향하는 가치를 기준으로 범죄지향적 부문화, 수형지향적 부문화, 합법지향적 부문화로 구분하였다. [2023. 9급] 총 2회 기출
③ 합법생활지향적 수형자보다는 범죄생활지향적 수형자가, 범죄생활지향적 수형자보다는 수형생활지향적 수형자가 교도소화가 더 빨리, 더 쉽게, 더 많이 되는 것으로 알려지고 있다(합법생활지향적 수형자 < 범죄생활지향적 수형자 < 수형생활지향적 수형자).

(2) 범죄지향적 부문화(Thief - oriented Subculture)

① 부문화를 교정시설 내로 유입한 결과로 인식되고 있는데, 이들은 외부에서 터득한 반사회적인 범죄자의 부문화를 고집하고 장래 사회에 나가서도 계속 그러한 범죄생활을 행할 것을 지향하며, 그들 나름대로의 권력조직과 인간관계를 계속 유지한다.
② 교도소 내에서는 어떤 공식적 지위를 얻고자 하는 일 없이 그냥 반교도소적이거나 조용한 수형생활을 보낼 뿐이다.
③ 슈랙이 분류한 수형자의 역할유형 중 '정의한'들이 속해 있는 부문화이다. [2023. 9급]
④ 범죄지향적 부문화에서 정의한으로서의 신분은 교정시설 내의 행동 외에 교정시설 외부에 존재하는 범죄적 또는 절도적 부문화에의 참여에 의해 크게 좌우되고 있다.

(3) 수형지향적 부문화(Convict - oriented Subculture)

① 교도소 사회에서의 모든 생활방식을 수용하고 적응하려고 하며, 자신의 수용생활을 보다 쉽고 편하게 보내기 위해 교도소 내에서의 지위 획득에만 몰두하며 출소 후의 생활에 대해서는 관심을 두지 않는다. [2021. 7급] 총 2회 기출

② 수형지향적 부문화의 핵심적인 구성원은 청소년범죄자 출신으로서 많은 수용경력을 소유한 사람일 가능성이 높다. 이들과 같은 경우 수용경력이 길기 때문에 일반사회의 범죄지향적 부문화를 접할 기회가 많지 않기 때문이다.

③ 수형자 사회의 부문화집단 중에서 교도소화가 가장 쉽게, 빨리 그리고 많이 되며(교정시설에 가장 빨리 적응), 출소 후 재입소율(재범률)이 가장 높은 유형이다.

(4) 합법지향적 부문화(Legitimacy - oriented Subculture)

① 수형자의 역할 중 '고지식자'에 해당되는 경우로 이들은 교정시설에 입소할 때도 범죄지향적 부문화에 속하지 않았고, 수용생활 동안에도 범죄나 수형생활지향적 부문화를 받아들이지 않는 수형자를 말한다. [2023. 9급]

② 가급적 교정시설의 규율을 따르려고 하며, 교정당국이나 직원과도 긍정적인 관계를 유지하는 편이다.

③ 수형자들 중에서 가장 많은 비율을 차지하고 있으나 재범률은 가장 낮은 유형이다(교정시설에 가장 잘 순응하는 수형자 유형).

(5) 수형자문화의 수정을 위한 노력

① **보안수준의 조정**: 교정시설의 농장화, 캠프화 등을 통해 보안수준을 낮추면 박탈감을 줄이고, 수용의 고통이 감소하여 수형자조직도 완화될 것이라는 가정이다. 다만, 수형자 문화가 외부문화의 영향을 받는다는 측면에서 보면 수용의 고통을 줄이는 것만으로 수형자의 가치관을 수정할 수 없다는 비판이 있다.

② **의사소통과정과 절차의 개선**: 수형자와 직원 간 원활한 의사소통과정과 유연한 절차는 전체적인 시설의 경직된 분위기를 완화하여 수형자의 조직을 변화할 수 있다.

05 보안수준에 따른 교도소화의 설명모형

조직의 특성, 즉 처우중심의 교정시설에서는 수형자의 태도가 보안위주의 교정시설에 비해 보다 긍정적인데 반해 보안위주의 교정시설은 중앙집권적이며 공식적인 권위를 강조하여 그에 따른 박탈의 정도가 심화되기 때문에 이와 적대적인 비공식적 조직의 발전에 많은 영향을 미친다는 측면에서 설명하는 모형이다.

(1) 사이크스의 박탈모형(deprivation model)

수형자의 교도소화는 수용으로 인한 고통, 각종 권익의 박탈 등 수용이 직접적인 원인이라고 보는 설명체계이다. [2018. 7급]

① **박탈**

ㄱ 수형자의 교도소화가 수용의 직접적 결과라고 보는 가정에서 출발한다.

ㄴ 수형자는 생존을 위한 수단으로 수형자 문화를 개발하고 그 문화에 적응하는 등 교도소화하게 되는데 이는 수용으로 인한 고통과 박탈을 최소화할 수 있기 때문으로 본다.

ㄷ 교도소화를 수용으로 인한 고통과 박탈을 최소화하기 위한 기능으로 설명하고 있어 기능적 모형(functional model)이라고도 한다.

수용으로 인한 고통과 박탈(Sykes)		
1. 자유의 박탈	2. 자율성의 박탈	3. 이성관계의 박탈
4. 안전성의 박탈	5. 재화와 용역의 박탈	

② 지위 강등
　　㉠ 수형자는 입소로 인해 거의 모든 권익이 박탈되고 과거 자신이 가지고 있었던 신분 대신 숫자로 표현되는 새로운 신분을 가지게 된다.
　　㉡ 이러한 제도적 지위강등은 자기증오와 자기소외로 이어져 자존감 저하와 자기 파괴적인 행동을 초래하게 되는 것이다.
③ **집합적 적응**(응집): 박탈과 지위강등을 통해 자신의 약함과 불안정성을 의식하고 자신의 보전과 안정을 위해 크고 작은 비공식적인 집단을 형성시키면서 서로 응집화되고 교도소화된다.

⊕ PLUS 사이크스와 메신저(Sykes & Messinger)가 제시한 수형자강령

1. 수형자들의 이익을 침해하지 말 것(동료방해 금지)
2. 동료수형자들과 시비하지 말 것(동료와의 싸움 금지)
3. 다른 수형자를 착취하지 말 것(사익추구 금지)
4. 스스로를 지킬 것(자기보전)
5. 교도관을 믿지 말 것(직원이나 그들 세계에 대한 존경심이나 권위인정 금지)

---

④ 범죄학교의 논거
　　㉠ 박탈모형은 재범률을 설명함에 있어 교정시설을 범죄학교라고 비판하는 사람들의 논리적 근거가 된다.
　　㉡ 박탈모형은 수용에 따른 박탈의 정도를 줄이는 것이 석방 후 성공률을 높일 수 있는 대안이라는 자유주의자들의 주장에 대해서 그 근거를 마련해 주고 있다.
⑤ 개선대책
　　㉠ 보다 인간적인 처우를 받을 기회의 증대
　　㉡ 교도관과 수형자의 인격적인 교류증대
　　㉢ 수형자 문화 자체를 반사회적 · 배타적 성격을 띠지 않도록 개선
　　㉣ 교도소의 규모를 줄이고 동질적인 수형자들이 작업과 여가 시간을 함께 할 수 있도록 배려하는 등의 노력이 필요하다.

📊 **박탈모형의 도식**

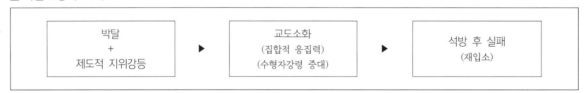

(2) **어윈과 크레시의 유입모형**(importation model)
① 어윈과 크레시(Irwin & Cressey)는 사회과학자들은 교정시설의 수형자 문화를 설명하는 데 있어서 교정시설의 내부영향을 지나치게 강조한다(박탈모형)고 비판하였다.
② 대부분의 수형자 부문화가 결코 수용시설에만 있는 독특한 것이 아니라고 주장하고, 교정시설 내 수형자의 행위유형은 수형자가 사회로부터 함께 들여 온 것이라는 유입모형을 제시하였다. [2018. 7급]
③ 어윈과 크레세이는 교도소 부문화와 범죄자 부문화를 구분할 필요성을 강조하면서 수형생활지향 · 범죄생활지향 · 합법생활지향의 세 가지 부문화를 제시하였다. 이 세 가지 부문화 중에서 범죄생활지향 부문화와 수형생활지향 부문화의 결합이 수형자 부문화를 형성한다고 보았다.

④ 입소 전 경험의 중요성
　㉠ 수형자 부문화의 형성에 일차적인 역할을 하는 것은 수형자가 입소 전 가지고 있던 다양한 태도와 행위유형이라는 주장이다.
　㉡ 수형생활지향적 수형자는 수용에 따른 박탈과 고통에 대한 반응의 결과라는 주장에 적합할 수 있지만, 합법생활지향자와 범죄생활지향자는 박탈에 대한 반응이 중요한 역할을 하지 못한다고 보았다(박탈에 대한 반응보다는 유입에 의한 부문화 형성).
　㉢ 합법생활지향자와 범죄생활지향자는 자신이나 자기(self)라는 것이 쉽게 지워지지 않기 때문에 입소하는 수형자들의 초기 사회화를 완전히 제거할 수 없다고 확신한다.
⑤ 수형자의 교도소 적응에 중요한 결정요인
　㉠ 입소 전 사회·경제적 지위, 교육의 정도, 취업관계 등 개인적요인
　㉡ 전과경력과 수형횟수 및 기간 등 범죄관련요인
　㉢ 사법제도에 대한 범죄적 태도와 가치관에 대한 동일시, 개인의 자기관념 그리고 광범위한 사회적·경제적·정치적·종교적 신념 등
⑥ 평가
　㉠ 교정시설의 역할에 대해 유입모형은 박탈모형보다 더 비관적으로 교정시설에서의 경험(교육·교화프로그램 등)은 출소 후 미래의 범죄활동에는 별로 관련성이 없는 것으로 이해되고 있다.
　㉡ 유입모형의 주장은 교정시설이 적절하게 고안되고 운영되면 개선을 이룰 수 있다는 개선론자들에게는 매우 부정적이라고 할 수 있다.

　▤ 유입모형의 도식

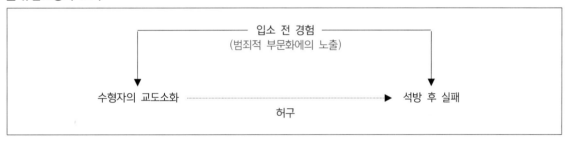

(3) 통합모형(integration model)
대체로 자유주의자(진보주의자)들은 박탈모형을 지지하는 반면 보수주의자들은 유입모형을 지지하고 있다. [2018. 7급] 하지만 유입모형이건 박탈모형이건 하나로는 현대 교정시설의 사회체계를 설명하기에 단순하다는 비판이 수많은 연구결과를 통해 제기되고 있다.
① 교정시설의 권한의 재분배
　㉠ 교정시설의 권력은 원래 소장에게 있었으나 처우에 관한 상당부분이 수형자의 권리로 전환되었고, 이제는 법원이나 시민운동단체 등 외부의 기타 제3자와도 나누어 가지게 되었다.
　㉡ 이러한 권력의 분파와 외부영향력의 증대로 교도소 부문화는 유입되거나 토착적인 것이라기보다는 상호작용적인 것으로 간주되고 있다.
② 교정시설과 수용자의 특성에 따른 차이: 박탈의 정도가 높은 보안수준이 상급인 중(重)구금교정시설에는 일반적으로 범죄적 성향이 강한 그리고 수용의 경험이 있는 사람들이 주로 수용될 것인 반면, 경(輕)구금시설에는 경미한 초범자들이 많이 수용될 가능성이 높기 때문에 교도소화의 정도도 교정시설의 유형에 따라 차이가 날 수밖에 없는 것이지 결코 시설의 보안수준의 차이만으로 생기는 차이는 아니라는 것이다.

③ **결론**
　ⓐ 교도소화를 이해하기 위해서는 유입모형과 박탈모형을 통합하는 것이 바람직하다는 것이다. 즉 수형자 부문화의 형성에는 시설적응의 영향을 크게 받지만(박탈모형), 교도소화되는 경향은 입소 전의 경험과 조건에 크게 좌우된다(유입모형)고 보는 설명체계이다.

　ⓑ **통합모형의 예**: 교정시설 내의 마약남용의 경우 교정시설의 형태, 즉 경비등급 등의 처우수준이 결정하지만 어느 수형자가 마약에 손을 대는가는 누가 입소 전에 마약경험이 있었느냐에 달려 있다는 것이다. 따라서 출소 후 재범률 결정은 수용시설 내에서의 경험 및 입소전의 경험, 양자로부터 영향을 받는다는 것이다.

⊕ PLUS 박탈모형과 유입모형

1. **박탈모형**: 교도소화는 수용에 따른 고통, 각종 권익의 박탈에 대한 수형자들의 저항이므로, 이러한 문제점을 해소하고자 자유주의자들은 시설내 처우를 피하고 사회내 처우를 실시할 것을 주장한다. 그러므로 자유주의자들은 박탈모형을 지지한다.

2. **유입모형**: 교정시설 내 수형자의 행위유형은 수형자가 사회로부터 함께 들여 온 것이므로, 사회에서 나쁜 문화를 가지고 있는 범죄자들을 교도소에 수용함으로써 사회의 부문화가 교도소로 유입되는 것을 방지하고자 하는 보수주의자들은 시설내 처우를 실시할 것을 주장한다. 그러므로 보수주의자들은 유입모형을 지지한다.

단원별 지문 O X

01 교도소화란 교정당국과 교도관에 대해 적대적인 태도를 학습하는 것을 말한다. ( )　　　　[2021. 7급]

02 클레머(Clemmer)는 수형기간이 증가함에 따라 수형자의 교도소화가 강화된다고 보았다. ( )　　　[2021. 7급]

03 수형지향적 하위문화에 속하는 수형자는 교도소 내의 지위획득에 관심이 없다. ( )　　　　[2021. 7급]

04 휠러(Wheeler)는 형기의 중간단계에서 수형자가 교도관에 대해 가장 적대적으로 된다고 보았다. ( )　　[2021. 7급]

05 교정시설에서 문화, 관습, 규범 등을 학습하는 과정을 의미한다. ( )　　　　[2018. 7급]

06 박탈모형은 수형자의 문화를 사회로부터 수형자와 함께 들어온 것으로 파악한다. ( )　　　[2018. 7급]

07 유입모형은 교도소화의 원인을 수용으로 인한 고통 및 각종 권익의 상실로 본다. ( )　　　[2018. 7급]

08 자유주의자들은 박탈모형을, 보수주의자들은 유입모형을 지지하는 경향이 있다. ( )　　　[2018. 7급]

---

01 ○ 　교도소화(prisonization)란 수형자가 교도소 안에서 비공식적인 사회화를 통해 교도소의 반문화에 적응함으로써 범죄행위가 악화되고 조장되는 과정을 말한다. 처음으로 교도소화에 대한 논의를 시작한 클레머(Clemmer)는 "교정시설의 일반적 문화, 관습, 규범 그리고 민속 등을 다소간 취하는 것"으로 교도소화를 규정하고 있다. 교도소화는 ⊙ 신입 수형자가 교정시설의 규 범과 가치에 익숙해지고, 그것을 내재화하는 과정으로, ⓒ 수형자가 교도소화되면 대부분은 관습적 가치체 계의 영향으로부터 벗어나게 되고, ⓒ 수형자는 수형자강령에의 동화에 초점을 맞추게 되며, ⓔ 이는 교도 관에 반대하는 행동과 태도를 신봉하는 정도를 의미한다.

02 ○ 　클레머는 수형자의 수용기간이 길수록 반교정적 · 반사회적 · 친범죄적 부문화에의 재현이 더 커진다고 보고, 수용기간의 장기화에 따라 수형자의 교도소화 정도도 강화된다고 주장했다.

03 ✕ 　수형지향적 하위문화(convict-oriented subculture)에 속하는 수형자는 교도소 사회에서의 모든 생활방식을 수용하고 적응하려고 하며, 자신의 수용생활을 보다 쉽고 편하게 보내기 위해 교도소 내에서의 지위획득에만 몰두하며 출소 후의 생활에 대해서는 관심을 두지 않는다.

04 ○ 　휠러(Wheeler)는 클레머의 가설을 검증하기 위해서 수형자표본을 형기의 초기단계에 있는 수형자, 형기의 중간단계에 있는 수형자, 형기의 마지막 단계에 있는 수형자로 구분하였다. 초기단계의 수형자가 가장 높은 친교도관적 태도를 견지하였고, 중기단계의 수형자가 친교도관적 태도가 가장 낮았으며, 말기단계의 수형자는 친교도관적 태도를 견지하고 수형자강령을 거부하는 것으로 나타났다. 그래서 이를 U형 곡선이라고 한다.

05 ○

06 ✕ 　유입모형에 대한 설명이다.

07 ✕ 　박탈모형에 대한 설명이다.

08 ○ 　박탈모형에 따르면 교도소화는 수용에 따른 고통, 각종 권익의 박탈에 대한 수형자들의 저항이므로, 이러한 문제점을 해소하고자 자유주의자들은 시설 내 처우를 피하고 사회 내 처우를 실시할 것을 주장한다. 그러므로 자유주의자들은 박탈모형을 지지한다. 유입모형에 따르면 교정시설 내 수형자의 행위유형은 수형자가 사회로부터 함께 들여 온 것이므로, 사회에서 나쁜 문화를 가지고 있는 범죄자들을 교도소에 수용함으로써 사회의 부문화가 교도소로 유입되는 것을 방지하고자 하는 보수주의자들은 시설 내 처우를 실시할 것을 주장한다. 그러므로 보수주의자들은 유입모형을 지지한다.

09 서덜랜드와 크레시(Sutherland & Cressey)는 수형자들이 지향하는 가치를 기준으로 하위문화를 구분했다. (   )

[2023. 9급]

10 서덜랜드와 크레시(Sutherland & Cressey)에 의하면 범죄 지향적 하위문화를 수용하는 수형자들은 교도소 내에서의 지위 확보에 관심을 가진다. (   )

[2023. 9급]

11 서덜랜드와 크레시(Sutherland & Cressey)에 의하면 수형 지향적 하위문화를 수용하는 수형자들은 모범적으로 수형생활을 하며 성공적인 사회복귀의 가능성이 높다. (   )

[2023. 9급]

12 서덜랜드와 크레시(Sutherland & Cressey)에 의하면 합법 지향적 하위문화를 수용하는 수형자들은 수형자의 역할 중 '정의한'에 가깝고, 교도관보다는 재소자와 긍정적인 관계를 유지하며 가급적 교정시설의 규율에 따른다. (   ) [2023. 9급]

13 사이크스(Sykes)가 구분한 재소자의 역할 유형 중 진짜 남자(real men) – 교도관의 부당한 처사에 저항하고 교도관에게 공격적 행위를 일삼는 자 (   )

[2019. 5급 승진]

14 사이크스(Sykes)가 구분한 재소자의 역할 유형 중 중심인(centerman) – 교도관으로부터 특혜를 얻기 위해 교도관에게 아첨하고 교도관 편에 서는 자 (   )

[2019. 5급 승진]

15 사이크스(Sykes)가 구분한 재소자의 역할 유형 중 은둔자(retreatist) – 교정시설의 구금 환경에 적응을 못하여 정신적으로 이상증세를 보이는 자 (   )

[2019. 5급 승진]

---

09 ○ 수형자 문화(수형자 사회의 부문화)는 수형자들이 가지고 있는 문화적 성향이나 지향성 또는 가치와 규범에 관한 것으로 교도소 문화라고도 부른다. 서덜랜드와 크레세이는 수형자들이 지향하는 가치를 기준으로 범죄지향적 부문화, 수형지향적 부문화, 합법지향적 부문화로 구분하였다.

10 × 수형지향적 부문화를 수용하는 수형자에 대한 설명이다. 범죄지향적 부문화를 수용하는 수형자들은 교도소 내에서의 어떤 공식적 지위를 얻고자 하는 일 없이 그냥 반교도소적이거나 조용한 수형생활을 보낸다.

11 × 합법지향적 부문화를 수용하는 수형자에 대한 설명이다. 수형지향적 부문화를 수용하는 수형자들은 교도소 사회에서의 모든 생활방식을 수용하고 적응하려고 하며, 자신의 수용생활을 보다 쉽고 편하게 보내기 위해 교도소 내에서의 시위획득에만 몰두하며 출소 후의 생활에 대해서는 관심을 두지 않는다.

12 × 수형자의 역할유형 중 '정의한'에 가까운 것은 수형지향적 부문화를 수용하는 수형자이다. 합법지향적 부문화를 수용하는 수형자들은 수형자의 역할 중 '고지식자'에 해당되는 경우로 이들은 교정시설에 입소할 때도 범죄지향적 부문화에 속하지 않았고, 수용생활 동안에도 범죄나 수형생활지향적 부문화를 받아들이지 않는다. 가급적 교정시설의 규율을 따르려고 하며, 교정당국이나 직원과도 긍정적인 관계를 유지하는 편이다.

13 × 어리석은 파괴자에 대한 설명이다.

14 ○ 중심인은 교도관의 의견·태도·신념을 취하는 수형자들이다. 이들은 선처를 얻기 위하여 권력을 가진 교도관들에게 아첨하는 것으로 알려지고 있다. 그러나 때로는 자신의 압제자를 눈가림할 수 있다고 생각하기 때문이 아니라 그들과 견해를 공유하기 때문에 교도관들의 편에 서는 수형자들이라고 한다. 즉 생쥐(rats)는 수형자의 편인 것처럼 하면서 그들을 배신하는 반면, 중심인(centerman)은 그들이 누구에게 동정심을 갖고 누구의 편을 들고 있는가를 굳이 비밀로 하지 않는 수형자들이다.

15 × 프랭크 쉬멜레걸의 수형자의 역할 유형 중 은둔자에 대한 설명이다.

16 사이크스(Sykes)가 구분한 재소자의 역할 유형 중 상인(merchants) – 개인적 이득을 취하기 위해 교도관과 내통하고 동료를 배신하는 행위를 하는 자 (   )　　　　　　　　　　　　　　　　　　　　　　[2019. 5급 승진]

17 사이크스(Sykes)가 구분한 재소자의 역할 유형 중 떠벌이(hipsters) – 재화나 서비스를 쟁취하는 데 이점을 얻기 위해 교도관과 동료를 이용하려는 자 (   )　　　　　　　　　　　　　　　　　　　　[2019. 5급 승진]

18 쉬랙(C. Schrag)이 제시한 수용자의 역할유형 중 고지식자(square Johns) – 교정시설의 규율에 동조하고 법을 준수하는 생활을 하며, 교도소문화에 거의 가담하지 않는 유형 (   )　　　　　　　　　　　　[2018. 5급 승진]

19 쉬랙(C. Schrag)이 제시한 수용자의 역할유형 중 정의한(right guys) – 반사회적 수용자로서 교도소 부문화적 활동에 깊이 개입하며, 동료 수용자들로부터 범죄적 전문성으로 인해 존경받는 유형 (   )　　　　[2018. 5급 승진]

20 쉬랙(C. Schrag)이 제시한 수용자의 역할유형 중 생쥐(rats) – 실제보다 더 강한 척하고, 허풍을 떨며 말로만 강한 척하는 유형 (   )　　　　　　　　　　　　　　　　　　　　　　　　　　　[2018. 5급 승진]

21 쉬랙(C. Schrag)이 제시한 수용자의 역할유형 중 무법자(outlaws) – 자신의 목적을 위해서 폭력을 이용하고, 동료 수용자와 교도관 모두를 피해자로 만드는 유형 (   )　　　　　　　　　　　　　[2018. 5급 승진]

22 쉬랙(C. Schrag)이 제시한 수용자의 역할유형 중 정치인(politicians) – 교정시설 내의 각종 재화와 용역을 위한 투쟁에서 이점을 확보하기 위하여 교도관과 동료 수용자 모두를 이용하는 유형 (   )　　　　[2018. 5급 승진]

---

16 ×　생쥐에 대한 설명이다.

17 ×　슈랙의 수형자의 역할 유형 중 가사회적 정치인에 대한 설명이다.

18 ○

19 ○

20 ×　사이크스(Sykes)는 수형자 역할유형을 정보통인 생쥐, 교도관과 내통하는 중심인, 공격적 약탈자인 고릴라, 밀거래자인 상인, 성적 폭압자인 늑대, 폭력적 대치자인 어리석은 파괴자, 고전적 수형자인 진짜 남자, 폭력범죄와 관련된 악당, 마약관련 범죄자인 떠벌이로 수형자의 역할 유형을 구분하고 있다.
　　　생쥐(rats)는 교도소사회에서도 교도관 등과 내통함으로써 동료들을 배신하는 유형이고, 떠벌이(hipsters)는 실제보다 자신을 더 강한 척하고 말로만 강한 척하며 공격의 피해자를 조심스럽게 선택하는 유형이다.

21 ○

22 ○

제2절 교도관의 사회

01 교도관의 임무

(1) 교도관과 수형자

① 교도관과 수형자는 상당한 공통점을 가진 것처럼 보이지만 그렇다고 서로 밀착되어 있다는 의미는 아니다.

② 교도관은 수형자로부터 이용당할 수 있다는 두려움에, 수형자는 동료 수형자로부터 협잡꾼으로 낙인찍히지 않으려고 서로 밀착을 꺼리게 된다.

하킨스(Hawkins)	롬바르도(Lombardo)	윅스(Wicks)
또 다른 수형자 (the other prisoner)	구금된 교도관 (guards imprisoned)	사회의 전문적 수형자 (professional prisoner)

(2) 교도관의 어려움

① **관리와 처우의 이중성**: 교정의 조직목표로서 교화개선사상은 보안업무와 인본주의적 처우라는 두 가지 상반된 절차와 목표를 동시에 수행할 것을 요구하는 모순에 빠지게 하였다.

② **처우직원과의 관계**: 수형자들은 처우직원을 자신들의 편으로 생각하고 보안직원은 자신의 반대에 선 사람이라고 보고 있다. 더불어 교도관은 수형자, 처우전문가 심지어 일반인들로부터 교정처우의 실패에 대해 책임이 있다는 비난을 받기도 한다.

③ **과밀수용**: 과밀수용은 교도관이 보다 많은 수용자를 통제하고 감독해야 하는 결과를 초래하고, 수형자가 주로 장기 누범 수형자나 개선곤란자이기 때문에 수형자사회가 안정되지 못하여 교도관에게 더 많은 긴장을 야기시키고 있다.

④ **법원의 개입**: 법원의 교정에 대한 개입(hands-on)정책은 수형자에 대한 제반 권익의 신장과 보호를 가져온 반면 교도관의 입지를 상당히 좁히는 결과를 초래하였다.

⑤ **통제력의 상실**[사이크스(Gresham Sykes)]

친분에 의한 타락	교도관이 수형자와 친밀한 관계로 인정에 끌려 규율을 제대로 집행할 수 없게 되어 권위가 손상되고 통제력을 상실하게 된다는 것
상호성에 의한 타락	수형자는 교도관에게 협조하는 대신 보상을 요구하게 되고, 교도관은 약간의 규율위반에 대해서 눈감아 주거나 자신이 할 일을 그 수형자에게 위임함으로써 보상하는 것
태만에 의한 타락	애매한 규율을 집행하는 과정에서 상황에 따라 제대로 처리하지 않고 규율집행을 태만히 함으로써 야기되는 권위의 상실

02 교도관의 의식과 권위

(1) 교도관의 의식

소외감	① 동료와의 부정적 관계: 자기 소외감 증대 ② 상사와의 부정적 관계: 무의미, 무력감 유발
싫증	① 업무가 과다한데 충분한 지원을 받지 못하고 있다는 생각 ② 대부분의 사람들이 자신들의 노력에 감사할 줄 모른다는 생각

무력감(powerlessness) · 무규범성(normlessness) · 무의미성(meaninglessness) · 격리(isolation) · 자기소원(selfestrangement)의 다섯 가지 측면에서 파악하고 있다.

(2) 교도관의 권위

보상적 힘	수형자에게 보상(상)을 줌으로써 교도관을 따르게 하는 힘
강압적 힘	수형자에게 처벌을 함으로써 교도관을 따르게 하는 힘
합법적 힘	합법적인 권한에 순응함으로서 교도관을 따르게 하는 힘
신용적 힘	수형자에게 호감을 얻어 교도관을 따르게 하는 힘
전문적 힘	법률적 지식이나 상담기술을 통해 교도관을 따르게 하는 힘

▶ 수형자가 교도관의 지시에 순응하는 이유는 합법적, 전문적 힘이 크게 작용하고, 신용적 힘은 큰 영향력이 없는 것으로 나타났다.

03 교도관의 부문화

(1) 의의
① 수형자 처우와 프로그램에 대해 교도관의 부정적인 문화가 있는가에 대한 논의이다.
② 교도관이 항상 조직의 목표와 가치에 동조 또는 순응하지 않아 교정조직의 공식적 규범과 구별되는 부문화를 가지고 있다면 교정직원을 일련의 교정목표를 중심으로 통합하기 매우 어렵기 때문에 중요하다고 할 수 있다.
③ 결론적으로 교도관의 부문화는 존재하지 않는다.

(2) 교도관의 부문화에 대한 견해
① **두피**(Duffee): 교도관이 분명한 그들만의 부문화를 가지고 있는지는 확실하지 않으며, 오히려 소외와 무규범성으로 이해하는 것이 바람직하다고 주장하였다.
② **롬바르도**(Lombardo): 교도관이 단단하게 짜여진 규범을 가진 응집적인 집단을 형성하지는 않는다고 주장하였다. 교도관들은 상호 동일시하지도 않으며, 그들의 업무는 집단으로보다는 독립된 개인으로 수행하는 것으로 알려지고 있다.

(3) 다원적 무지(Pluralistic Ignorance)
① 교도관들이 가지고 있는 수형자에 대한 부정적 태도를 설명하기 위해서 '다원적 무지' 개념을 도입하고, 교도관들의 수형자에 대한 부정적인 태도는 교도관의 부문화의 결과라기보다는 다원적 무지의 결과이다.
② 교도관들은 수형자와 처우프로그램에 대해 긍정적인 동료 교도관들의 비율을 과소평가하는 경향이 있는데, 이는 다원적 무지의 결과이다.
③ 가장 냉소적인 교도관이 그들의 생각이 지지받고 있다고 믿으며 존재하지도 않는 반수형자 부문화를 강력히 확신하는 것도 다원적 무지의 결과이다.

단원별 지문 O X

01 수형자가 교도관의 지시에 순응하는 이유는 신용적 힘과 전문적 힘이 크게 작용하고, 합법적 힘은 큰 영향력이 없는 것으로 나타났다. (　　)

02 시만(Melvin Seeman)은 교도관의 근무소외감 요소로 무력감(powerlessness) · 무규범성(normlessness) · 무의미성(meaninglessness) · 격리(isolation) · 자기소원(selfestrangement)의 다섯 가지 측면에서 파악하고 있다. (　　)

03 교도관의 수형자에 대한 부정적 태도는 교도관의 부문화가 있다는 증거가 되고 있다. (　　)

---

01 × 　수형자가 교도관의 지시에 순응하는 이유는 합법적, 전문적 힘이 크게 작용하고, 신용적 힘은 큰 영향력이 없는 것으로 나타났다.

02 ○

03 × 　교도관들이 가지고 있는 수형자에 대한 부정적 태도를 설명하기 위해서 '다원적 무지' 개념을 도입하고, 교도관들의 수형자에 대한 부정적인 태도는 교도관의 부문화의 결과라기보다는 다원적 무지의 결과이다.

제28장 / 수형자 처우제도 (자치제와 선시제도, 과밀수용)

제1절 수형자 자치제도와 카티지 제도

01 수형자 자치제도(Inmate Self-Government System)

(1) 의의

① **계호주의 흠결 보정**: 수형자의 책임감과 자치심으로 교도소의 질서를 유지하고, 계호주의의 흠결을 보정하며 그들 스스로 사회에 복귀할 준비를 하도록 유도하는 교도 민주주의의 실험이라 할 수 있는 자치생활제도를 의미한다.

② **자기통제원리**: 직업적 노동의 부과가 수형자의 사회적(시민성) 훈련에 중점을 둔 것이라면 자치생활은 자유에 상응한 책임을 부여하는 자기통제의 원리에 입각한 교육·훈련이라고 할 수 있다. [2024. 9급]

(2) 연혁 [2011. 7급] 총 8회 기출

보스턴 소년감화원	1826~1833년까지 웰즈(Wells)가 보스턴 소년감화원에서 처음 시도한 것이 효시
뉴욕주 프리빌	① 1895년 윌리엄 조지(William George)가 뉴욕주 프리빌(Freeville)에 사설 소년원인 '조지 소년공화국' 창설(불량소년 100명, 불량소녀 50명) ② 권력분립을 모방한 자치제 실시
오번감옥	① 행형시설 최초의 수형자자치제: 1914년 미국의 오스본(Osborne)이 '조지 소년공화국' 제도를 오번감옥에 도입 [2024. 9급] ② 수형자 체험(지원수)을 바탕으로 '수형자들의 상호부조연맹'이라는 자치제 조직 ③ 오스본은 글래드스톤(Gladstone)의 "사람을 자유에 적합하게 하는 것은 오직 자유뿐이다."를 신념으로 선량한 수형자가 아닌 선량한 시민양성을 목표
싱싱교도소	과학적 수형자분류방법을 전제로 한 자치제 성립

(3) 수형자 자치제도의 전제조건 [2011. 7급] 총 8회 기출

① **혼거제**: 혼거제를 전제로 한다. 따라서 상습범·누범자 등 악풍감염의 우려가 있는 자는 제외되어야 한다. [2011. 7급]

② **과학적 분류**: 자치제에 적합한 자를 선정하기 위해서는 수형자에 대한 과학적 조사 및 분류가 선행되어야 한다. [2024. 9급] 총 2회 기출

③ **부정기형제도**: 정기형제도하에서는 자치심이 형성되지 않은 수형자라도 형기가 종료되면 반드시 사회에 복귀시켜야 되므로 부정기형제도하에서 운영되어야 한다. [2024. 9급] 총 8회 기출

④ **가석방제도**: 자치제의 실시로 사회적응능력이 갖추어져 있는 자는 조속히 사회 내로 복귀시킬 수 있는 가석방제도하에서 운영되어야 한다. [2024. 9급]

⑤ **소규모시설**: 대규모 교정시설보다 소규모 교정시설에서 더욱 효과적이다. [2011. 7급]

⑥ **인간적 유대관계**: 민주적 사회와 건전한 시민의식을 고양시키기 위해서는 교도관과 수형자 간의 인간적 유대관계의 형성이 필요하다.

(4) 수형자 자치제도의 장·단점 [2024. 9급] 총 8회 기출

장점	단점
① 수형자의 자립심 및 독립심 고취로 흠결된 자치통제력을 회복시켜 줄 수 있다.	① 자제심이 결여된 수형자에게 자유 허용은 위험·부당하다.
② 수형자의 사회적응능력을 함양할 수 있다.	② 시설 내 자유허용은 오히려 수형자의 범죄상태의 연장에 불과하다.
③ 엄격한 계호주의의 폐단을 극복함으로써 교정사고를 미연에 방지할 수 있다.	③ 형벌의 위하력과 존엄성 훼손으로 엄격한 형벌집행을 바라는 국민감정에 위배된다.
④ 상부상조 정신과 단체 책임의식을 함양할 수 있다.	④ 힘 있는 소수 수형자에 의해 다수 수형자가 고통을 받게 될 가능성이 높다. [2024. 9급]
⑤ 수형자와 교도관의 인간적 관계로 교정행정의 효율성을 높일 수 있다.	⑤ 전문인력과 자치제에 적합한 설비를 요한다는 점에서 교정비용이 증가할 수 있다.
⑥ 수형자의 명예심과 자존심을 자극하여 사회적응능력을 유도한다.	⑥ 선량한 시민보다는 선량한 수형자를 만드는 데 그치기 쉽다는 우려가 있다.
⑦ 교정시설의 계호부담을 경감할 수 있다(계호비용 절감). [2011. 7급]	⑦ 교도관의 권위를 하락시킬 수 있다. [2024. 9급]

02 카티지 제도(Cottage System)

(1) 의의
① **소집단처우**: 기존의 대다수 처우제도가 대규모 시설에서의 획일적이고 기계적인 운영의 결과로 나타난 문제점을 보완하기 위한 대안으로, 소집단으로 가족적인 분위기에서 처우하는 제도이다. [2014. 9급] 총 4회 기출
② **자치제 결합**: 카티지 제도는 혼거제를 전제로 하며 수형자 자치제도와 결합하여 운영되는 것이 보통이다.
③ 과학적 분류제도 및 부정기형이 전제될 때 효과적이며 수형자 자치제도의 한 형태라고 볼 수 있다.

(2) 연혁
① 1854년 최초로 메사추세츠주에 설립되었다.
② 1858년 미국 오하이오주 랭커스터(Lancaster)의 오하이오(Ohio) 학교에서 실시하였다.
③ 1904년 뉴욕주의 청소년수용소(Juvenile Asylum)에서 채택하였다.
④ 1913년 캘빈 데릭에 의해 카티지 제도는 수형자 자치제도와 결합하여 운영되었고, 이는 카티지의 가정적인 공동생활 측면과 자치제의 사회복귀 측면의 효과를 기대할 수 있게 되어 결국 누진처우와도 연결되는 형태로 발전하였다(소집단적인 카티지 내에서 자치제 허용 ⇨ 누진처우).
⑤ 1922년 영국 보스탈(Borstal) 감화원은 개인적 점수제(개별계산방식)를 지양하고 카티지 형태인 가족적인 단체제도(집단적 누진처우제도, 집단계산방식) 실시하였다.

(3) 처우방법
① 수형자를 특성에 따라 각개(各個)의 카티지(소집단)로 분류하고, 카티지별로 자치활동을 보장하되 엄격한 행동제한과 적절한 처우방법이 강구되었다.
② 카티지의 인원은 20~40명 정도이며 독립된 가옥에 분류수용하고 가족적인 분위기 속에서 생활하도록 한다.

> **⊕ PLUS** 벨기에에서 운영된 소년 카티지
> 1. A단계: 개별처우를 위한 심사와 직업훈련 관계 결정
> 2. B단계: 가족적인 분위기에서 처우 실시
> 3. C단계: 전면적 자치적 처우
> 4. D단계: 자유적 처우(교도소 밖 출입허용)를 실시

(4) 장·단점

장점	단점
① 점수제·독거제 및 혼거제의 단점을 보완할 수 있다. ② 수형자에게 상부상조 정신을 함양시킬 수 있다. ③ 누진제 및 자치제와 결합, 분류와 처우를 가족적으로 소형화하여 개별처우에 적합하다. ④ 독립적인 자치심을 배양시킬 수 있다. ⑤ 진정한 행형규율의 확립과 교화에 유익하다.	① 시설의 소규모화를 이루기 위해서는 막대한 경비가 소요되므로 재정부담이 증가한다. ② 카티지를 담당할 전문요원을 확보하기가 어렵다. ③ 범죄인 배려는 상대적으로 피해자의 감정을 해치는 등 사회 법감정상 맞지 않는다. ④ 과학적인 분류제도가 전제되지 않으면 효과를 거두기 어렵다.

★ 핵심정리 카티지 제도와 보스탈 제도 비교

구분	카티지 제도(Cottage System)	보스탈 제도
의의	대규모 시설의 획일적·기계적인 운영의 결함 보완을 위해 소집단 가족적 분위기 구현	오늘날 소년원의 대명사
특징	• 혼거제를 전제로 자치제와 결합 • 과학적 분류제도 및 부정기형이 전제될 때 효과적	소년 보호처분 성격(보호, 피난처)
국가	미국	영국
발전	• 1854는 최초 메사추세츠주 설립 • 1858년 오하이오주 랭커스터 오하이오 학교 • 1904년 뉴욕주 청소년수용소 채택 • 1913년 캘빈데릭: 자치제와 결합운영 = 가정적 공동생활 + 자치제의 사회복귀측면 효과 ▶ 소집단적 카티지 내에서 자치 허용 ⇨ 누진처우 ▶ 영국 1922년 보스탈감화원(소그룹 생활) 개인점수제를 지양하고 카티지 형태인 가족적인 단체제도(집단누진처우제도) 실시	• 켄트지방의 보스탈 지역에서 유래 • 1897년 러글스 브라이스 군대식 통제 • 1906년 범죄방지법 제정: 성년과 소년 분리 ▶ 16세 이상 21세 미만 초범자에 한정하지 않고, 징역형 대신 2년 이하의 부정기(1년 이상 3년 이하) 보스탈(소년원) 처우 • 1920년 피터슨 처우방식 완화 ▶ 15명 정도의 소그룹 생활단위 편성 • 1930년대 개방처우 실시 ▶ 생산활동, 인근지역과의 관계, 수용자 간 토의 등
내용	• 수형자 특성에 따라 각개(各個)의 카티지(소집단)로 분류하고, 카티지별로 자치활동보장 • 엄격한 행동제한과 적절한 처우방법 강구 • 카티지 인원: 20-30명(20-40명) 정도	소년처우 - 소그룹 생활단위
처우 분류	시설내 처우(이백철) 또는 개방처우(이윤호) ▶ 자치제는 시설내 처우	개방처우

제28장 수형자 처우제도(자치제와 선시제도, 과밀수용) **501**

단원별 지문 O/X

01 수형자자치제는 부정기형제도보다 정기형제도 하에서 더욱 효과적으로 운영될 수 있는 반면, 소수의 힘 있는 수형자에게 권한이 집중될 수 있어서 수형자에 의한 수형자의 억압과 통제라는 폐해를 유발할 수 있다. (　　) [2019. 7급]

02 수형자자치제는 부정기형제도하에서 효과적인 것으로, 수형자에 대한 과학적 분류심사를 전제로 한다. (　　) [2024. 9급]

03 수형자자치제는 수형자의 처우에 있어서 자기통제원리에 입각한 자기조절 훈련과정을 결합한 것으로, 수형자의 사회적응력을 키울 수 있다. (　　) [2024. 9급]

04 오스본(T. Osborne)은 1914년 싱싱교도소(Sing Sing Prison)에서 행형시설 최초로 수형자자치제를 실시하였다. (　　) [2024. 9급]

05 수형자자치제는 교도관의 권위를 저하시킬 수 있고, 소수의 힘 있는 수형자에 의해 대다수의 일반수형자가 억압·통제되는 폐단을 가져올 수 있다. (　　) [2024. 9급]

06 선시제도(god time system)는 대규모 시설에서의 획일적인 수용처우로 인한 문제점을 해소하기 위해 가족적인 분위기에서 소집단으로 처우하는 제도이다. (　　) [2019. 7급]

01 ✕ 수형자자치제는 정기형제도보다 부정기형제도 하에서 더욱 효과적으로 운영될 수 있으며, 소수의 힘 있는 수형자에게 권한이 집중될 수 있어서 수형자에 의한 수형자의 억압과 통제라는 폐해를 유발할 수 있다는 점이 문제로 지적되고 있다.

02 ◯ 정기형제도 하에서는 자치심이 형성되지 않은 수형자라도 형기가 종료되면 반드시 사회에 복귀시켜야 되므로 부정기형제도 하에서 운영되어야 하며, 자치제에 적합한 자를 선정하기 위해서는 수형자에 대한 과학적 조사 및 분류가 선행되어야 한다.

03 ◯ 자치생활은 자유에 상응한 책임을 부여하는 자기통제의 원리에 입각한 교육·훈련이라고 할 수 있으며, 수형자의 책임과 자율성을 강조하여 사회적응력을 함양하고, 건전한 사회인으로의 복귀를 용이하게 한다..

04 ✕ 1914년 미국의 오스본은 오번교도소(Auburn Prison)에서 행형시설 최초로 수형자자치제를 실시하였다.

05 ◯ 교도관의 권위를 하락시킬 수 있고, 수형자 중 소수의 힘 있는 수형자에게 권한이 집중될 수 있어 수형자에 의한 수형자의 억압과 통제라는 폐해를 유발할 수 있다.

06 ✕ 카티지 제도에 대한 설명이다. 카티지 제도는 소집단 처우제도로서 기존의 대집단 처우제도가 대규모시설에서의 획일적인 수용처우라는 단점을 보완하기 위한 대안적 제도이다. 이 제도는 미국의 오하이오주에서 처음 시작되었으며, 대부분 수형자자치제도와 유기적으로 운영되고 있는데, 그 이유는 수형자자치제도는 사회생활훈련에 용이하고, 카티지 제도는 가족적인 공동생활을 영위할 수 있도록 하기 때문이다. 선시제도는 수형자가 교도소 내에서 선행을 유지하고 작업에 자발적으로 참여함으로써 자기 스스로의 노력에 따라 일정한 법률적 기준 하에 석방의 시기가 단축되는 제도이다.

제2절 선시제도(Good Time System)

★ **핵심정리** 선시제도와 가석방의 차이

구분	선시제도	가석방제도
성격	시설내 처우	사회내 처우
판단기준	선행과 근면	행상 양호와 개전의 정 현저
위원회 심사	×	○
보호관찰 부과	임의적 부과	필요적 부과(예외○)
조건 충족시	필요적 석방	임의적 석방
효력	형기단축	형의 집행 방법 변경

01 의의와 연혁

(1) 의의

① 수형자가 교도소 내에서 선행을 유지하고 작업에 자발적으로 참여함으로써 자기 스스로의 노력에 따라 일정한 법률적 기준하에 석방의 시기가 단축되는 제도로 선행감형제, 선행보상제, 형기자기단축제도라고 한다(시설내 처우 ○, 사회적 처우 ×, 개방처우 ×).

② 수형자자치제도가 수형자 스스로 개선하여 사회에 복귀하는 준비를 하게 함으로써 사회적응능력을 키워주는데 그 목적이 있다면, 선시제도는 자기의 노력으로 형기를 단축(형기의 실질적 단축)시키는 제도로서 수형자자치제도와 그 성격이 다르다.

③ 획일적 기준에 의한 형기단축을 내용으로 하므로 개별처우에 기여하는 것이라고 보기 어렵다.

선시제도	감형	가석방
석방 시기 단축 (형기 자체의 단축 ×)	형기 자체 단축 (형식적 형기단축)	석방 시기 단축 (형기 단축 ×)
수형기간의 단축	–	사회내 처우로의 형 집행방법 변경

(2) 연혁

① 1817년 미국 뉴욕주에서 선시법(선행보상법. Good Time Law)이 최초로 제정되어 행장이 양호한 자를 대상으로 형기의 4분의 1을 단축하는 방식으로 시행하였다.

② 1868년까지 미국의 24개 주로 확대·시행되었고, 그 후 호주, 뉴질랜드, 캐나다 등 영미법계 국가에서 이를 채용하여 다양한 형태로 운영되고 있다.

③ 우리나라는 1948년 미군정하에서 우량수형자석방령으로 시행되다가 1953년 10월 3일 신형법의 실시와 함께 폐지되었다.

02 요건과 효과

(1) 선시제도의 요건과 대상

요건	일반 요건	① 수형생활의 태도가 양호해야 한다. ② 선행의 지속성과 지시된 의무를 효과적으로 수행해야 한다. ③ 근면·성실해야 하며 타의 모범적 행위를 하여야 한다
	특수 요건	생산성 향상을 위한 제안, 생산목표의 초과달성, 외박작업 또는 구외작업 등의 경우이다.
대상		① 유기형 수형자로서 특정한 작업에 출역하는 사람을 대상으로 한다. ② 무기형 수형자나 단기형 수형자는 선시제 운영상 적합한 대상이 아니다.

(2) 효과

형기단축	형기 자체가 단축되는 것이 아니라 단지 선행을 통하여 석방시기를 앞당기는 것으로 조기석방을 염원하는 수형자의 일반적 심리를 교도소 관리 및 소내 규율유지에 이용하여 수형자의 자력에 의한 발분노력으로 교화개선을 촉진하고 형기를 단축하는 효과를 거둘 수 있다.
재사회화 촉진	교육개선 행형에서 수형자를 열악한 시설 내 생활로부터 가능한 한 빨리 사회에 내보내어 재사회화를 촉진시킨다는 형사정책적 의미를 가진다는 점에서 가석방과 유사점이 있다.

03 장·단점과 도입논의

(1) 선시제도 장·단점

장점	단점
① 개선·갱생을 촉진시켜 시설 내의 행장이 우수한 수형자는 조기에 석방되므로 수형자의 선행을 장려할 수 있다. ② 수형자의 일반적 심리작용을 이용하여 교도소의 질서유지, 작업능률의 향상으로 수익증대 효과를 거둘 수 있다. ③ 가석방과는 달리 본인의 노력만 있으면 다른 어떤 부가적인 요건이 없어도 석방예정일을 앞당길 수 있는 자기단축제도로 정기형의 엄격성을 완화할 수 있다.	① 형기계산이 복잡해진다. ② 행정권에 의하여 형기를 변경시킴은 사법권의 침해이다(3권분립의 원칙 위반). ③ 교도소 생활에 익숙한 교활한 수형자가 외면상 행장양호로 조기에 석방되어 누범자가 선시를 얻을 수 있다는 점에서 형사정책상 불합리하다. ④ 직업훈련 등 사회적응 준비가 안된 상태로 석방되는 등 수형자에 필요한 처우의 개별화를 어렵게 하여 오히려 사회적응에 곤란을 가져올 수 있다. ⑤ 교화개선의 효과보다는 수용사관리 위주로 운영될 수 있다. ⑥ 궁극적 동기부여보다 처벌의 부정적 형태로 변화할 수 있다.

(2) 제도의 도입논의

① 선행보상제도의 경우에도 교정시설의 형집행자에게 석방결정에 대한 재량을 허용할 수밖에 없는데 그렇게 되면 가석방의 경우와 다른 점이 없다.
② 재범의 위험성과 관계없이 석방되기 때문에 사회방위의 관점에서 가석방보다 오히려 부정적이다.
③ 교화개선을 수형자 자신에게 부담시키는 것으로 국가의 개선의무를 포기하는 것이다.
   ▶ 누진제도는 개선노력을 거양하지만 스스로의 노력에 의해 형기가 단축되는 것은 아니라는 점에서 선시제도와 다르다.

단원별 지문 O/X

01 선시제도는 사회 내 처우에 해당한다. ( )　　　　　　　　　　　　　　　　　　[2004. 5급 승진]

02 수형자가 교도소에서 선행을 함으로써 스스로 노력과 행장에 따라 법률적 기준 하에 석방 시기가 단축되는 제도이다.
( )　　　　　　　　　　　　　　　　　　　　　　　　　　　　　　　　　　　　[2004. 5급 승진]

03 개선갱생을 촉진시켜 시설 내의 행장이 우수한 수형자는 조기에 석방되므로 수형자의 선행을 장려할 수 있다. ( )
　　　　　　　　　　　　　　　　　　　　　　　　　　　　　　　　　　　　　　[2004. 5급 승진]

04 교도소의 질서유지, 작업능률의 향상으로 수익증대 효과를 거둘 수 있다. ( )　　　　[2004. 5급 승진]

05 교화개선의 효과보다는 수용자관리 위주로 운영될 수 있다는 비판이 있다. ( )　　　[2004. 5급 승진]

06 선시제도(good time system)는 대규모 시설에서의 획일적인 수용처우로 인한 문제점을 해소하기 위해 가족적인 분위기
에서 소집단으로 처우하는 제도이다. ( )　　　　　　　　　　　　　　　　　　　[2019. 7급]

07 선시제도는 현재 우리나라에서 채택 운영되고 있다. ( )

---

01 ×　선시제도는 시설 내 처우에 해당한다.

02 ○

03 ○

04 ○

05 ○

06 ×　카티지 제도에 대한 설명이다. 선시제도는 수형자가 교도소 내에서 선행을 유지하고 작업에 자발적으로 참여함으로써 자기 스스로
의 노력에 따라 일정한 법률적 기준 하에 석방의 시기가 단축되는 제도이다.

07 ×　우리나라는 1948년 미군정하에서 우량수형자석방령으로 시행되다가 1953년 10월 3일 신형법의 실시와 함께 폐지되었다.

제3절 과밀수용의 문제

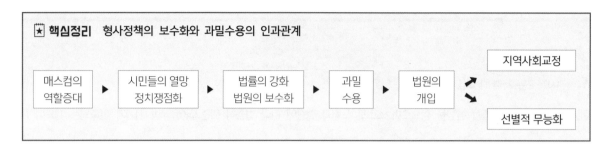

핵심정리 형사정책의 보수화와 과밀수용의 인과관계

매스컴의 역할증대 ▶ 시민들의 열망 정치쟁점화 ▶ 법률의 강화 법원의 보수화 ▶ 과밀 수용 ▶ 법원의 개입 ↗ 지역사회교정 ↘ 선별적 무능화

01 과밀수용의 원인

(1) 인구학적 측면
1960년 전후에 태어난 베이비붐 세대가 1970년대 후반부터 범죄연령기에 도달하여 1980년대 초반 구금연령기로 진입하면서 수용인원 증가의 주요 원인이 되었다.

(2) 형사정책의 보수화(1970~1980년대)
① **국민들의 열망과 정치적 쟁점화**: 처우 중심의 교정정책(의료모델과 개선모델) 실패와 그로 인한 시민들의 불만, 범죄에 대한 언론의 집중보도와 진상왜곡으로 인한 공포의 증가, 선거 때마다 여론과 유권자의 요구를 의식하여 범죄와의 전쟁, 마약과의 전쟁, 사회안전망 확대 등을 선포하거나 공약하여 범죄에 대한 강경대응 정책이 가속화되었다.
② **법원의 보수화**: 범죄에 대한 강경책을 요구하는 시민의 여론에 따라 양형제도의 일대 변혁이 일어났는데 '강제적 최소 양형법(mandatory sentencing laws)' 제정이 그것이다. 그 결과 1980년 이후 강력사범의 구금비율과 구금의 형량이 대폭 증가하였고, 일부 형의 경우에는 강제적 구금형 제도, 정기형 제도 등이 도입되기에 이르렀다.

(3) 시설확충 실패
교도소 건축을 위한 예산안 반영은 경제적 어려움을 이유로 거부되고, 님비현상으로 불리는 지역이기주의로 교도소 신축 또는 확충에 어려움을 겪게 되었다.

⊕**PLUS** 법원의 개입

1. **1960년대**: 인권문제로 개입
2. **1990년대**: 과밀수용문제로 개입[과밀수용 ⇨ 인권침해 ⇨ 각종 소송↑ ⇨ 법원의 과밀수용 시정명령(1990년대)]

---

02 과밀수용의 결과

(1) 교도관의 사기저하
시설 및 직원 부족으로 인한 과다한 업무로 직원의 사기가 저하되었다.

(2) 교정처우 후퇴
예산과 자원의 부족으로 직업훈련과 교육의 기회, 여가, 의료 및 정신건강, 식사, 위생 등의 각종 서비스가 악화되어 교화프로그램 참여자가 줄어들게 되었다.

(3) 재범률의 증가
교도소 내에 긴장과 갈등이 고조되어 소내 규율위반, 폭력, 수용자의 스트레스 증가, 발병, 심리적 불안정, 자살 등 각종 사고나 사건을 초래하였고 이는 교정시설의 안전에도 큰 위협이 되어 결과적으로 교정교화 효과를 약화시켜 재범률의 증가로 이어지게 되었다.

(4) 법원의 개입(hands-on)과 개선명령
① 과밀수용에 대한 수용자들의 집단소송에 대해 미국 대부분의 주들이 잔인하고도 비인간적인 처우를 금지하는 헌법조항에 위배된다고 판시하였다.
② 법원은 구금환경을 1년 이내에 개선할 것과 수용인원 상한선을 준수할 것, 조건을 충족시키지 못하면 일정한 벌금을 부과하고 수용인원이 상한선 이하로 떨어질 때까지 교정기관에의 신규 입소를 금하는 등 엄격한 조치의 시정명령이 이어졌다.
   ▶ 법원의 개입은 교도소 과밀상황을 개선하기 위한 노력에 가장 큰 영향을 미치게 되었다.

(5) 선별전 무능화 전략과 지역사회교정
① 과밀수용 해소를 위해 강력사범이나 누범의 가능성이 높은 것으로 예측되는 일부 범죄자에 대하여 구금을 통해 선별적으로 무능력화(selective incapacition)시키는 양형정책이 채택되었다.
② 대다수의 초범자나 재산범에 대해서는 보호관찰을 부과하는 등 지역사회 교정프로그램의 확대실시로 연결되는 계기가 되었다.

03 과밀수용의 해소방안[브럼스타인(Blumstein)] [2016. 9급] 총 7회 기출

(1) 무익한 전략(Null Strategy)
아무런 대책을 세우지 않고 그냥 교정시설이 증가되는 수용자만큼 더 소화시킬 수밖에 없다는 수용전략이다.

(2) 선별적 무능력화(Selective Incapacitation)
교정시설의 증설이 어렵기 때문에 강력범죄의 대부분은 일부 중누범자들에 의해서 행해지고 있으므로 이들을 선별하여 수용함으로써 전체 강력범죄 중 상당부분을 예방할 수 있으므로 전체적으로 범죄감소효과를 거둘 수 있고 결과적으로 과밀수용을 해소할 수 있다는 전략이다(집합적 무능력화는 과밀수용의 원인이 될 수 있다).

(3) 정문정책(Front-door)
① 교정 이전 단계에서 경미범죄자나 초범자를 대상으로 보호관찰, 가택구금, 벌금형, 배상처분, 사회봉사명령, 선도조건부 기소유예 등의 비구금적 제재로 전환시킴으로써 교정시설에 수용되는 인구 자체를 줄이자는 전략이다.
② 비판: 강력범죄자에게 적용이 어렵고 오히려 형사사법망 확대의 결과를 초래하여 더 많은 사람을 교정의 대상으로 삼게 된다는 점이다. [2019. 9급]

(4) 후문정책(Back-door)

① 일단 수용된 범죄자를 대상으로 보호관찰부 가석방, 선시제도 등을 이용하여 새로운 입소자들을 위한 공간확보를 위해 그들의 형기종료 이전에 미리 출소시키는 전략이다.

② 형벌의 제지효과는 구금 초기에 가장 크고, 형벌의 엄중성보다 확실성에 더 크게 좌우되기 때문에 지나친 장기구금은 사실상 의미가 없다는 점에 근거한 것이다.

③ 비판: 가석방이나 선시제 등의 조기 석방제도는 과밀수용에 대한 신속하고 용이한 임시방편적 대안으로 이용되었으나 '회전식 교도소문 증후군(revolving prison door syndrome)'이라는 비판이 있다.

  ▶ 정문정책과 후문정책에 모두 유용하게 사용될 수 있는 제도는 보호관찰이다.
  ▶ 과밀수용 해소방안 중 정문정책은 형사사법망의 확대와 관계가 있지만 후문정책의 경우 관계가 없다.

(5) 사법절차와 과정의 개선

① 형의 선고 시 수용능력 고려, 과밀의 경우 석방 허용 정책, 검찰의 기소나 법원의 양형결정 시에 수용능력과 현황에 관한 자료의 참고 등을 통한 과밀수용 해소전략이다.

② 경찰, 검찰, 법원 그리고 교정당국의 협의체를 통한 협의와 협조체제를 의미하는 것으로 교정의 주체성·주관성·능동성을 제고할 필요성을 강조하고 있다.

(6) 교정시설의 증설(Capacity Expansion)

① 가장 단순하면서도 쉽게 생각할 수 있는 전략이지만 경비부담의 문제가 크다.

② 시설이 증설되더라도 교정당국의 관료제적 성향으로 인하여 금방 과밀수용 현상이 재연될 것이라는 비판이 있다.

  ▶ 외부통근제도는 근본적인 과밀수용 해소방안이 되지 못한다.
  ▶ 법과 질서의 확립은 범죄자를 증가시킴으로서 수용인원의 증대를 가져온다.

04 기타 과밀수용 해소를 위한 교정정책

(1) 지역사회화(지역사회교정)

전환, 재판 전 석방, 벌금, 배상명령, 지역사회봉사, 보호관찰, 집중감시프로그램, 가택구금, 전자감시, 주간출근소(Day Reporting Center), 병영식 캠프(Boot Camps), 거주센터(Residential Centers), 일시석방(Temporary Release), 가석방 및 기타 교도소로부터의 석방 프로그램을 통칭하는 것으로 구금과 보호관찰 사이의 다양한 중간처벌 기능의 제공, 범죄의 성격과 개인의 필요에 적합한 다양한 처우의 제공, 교정효과 증진 및 예산절약, 과밀수용 완화를 위한 구금의 대안으로 평가되고 있다.

(2) 교정의 민영화

민간의 전문적 지식·기술·자본의 활용으로 서비스 빛 성책의 실효성을 증진시키고자 하는 정책을 밀한다. 정부조직의 관료화·비효율화·비전문화·경직화·서비스질의 저하를 해소하기 위한 방안모색이다.

(3) 회복 위주의 사법처우

처벌 위주의 처우방식에서 범죄로 인해 손상된 각종 관계를 회복하는 데 역점을 둔 원상회복적 처우제도는 구금정책의 또 다른 대안이 될 수 있다.

(4) 현실적 대안

불구속수사제도의 정착, 다양한 재판 전 석방 프로그램 도입, 가석방 정책의 탄력적 운영, 만성적 음주운전자 및 일부 재산사범에 대한 전자감시 가택구금의 선별적 실시, 단기자유형 폐지와 벌금형의 확대 등을 들 수 있다.

⚖ 판례

[1] 구치소 내 과밀수용행위가 수형자인 청구인의 인간의 존엄과 가치를 침해하는지 여부(적극)

수형자가 인간 생존의 기본조건이 박탈된 교정시설에 수용되어 인간의 존엄과 가치를 침해당하였는지 여부를 판단함에 있어서는 1인당 수용면적뿐만 아니라 수형자 수와 수용거실 현황 등 수용시설 전반의 운영 실태와 수용기간, 국가 예산의 문제 등 제반 사정을 종합적으로 고려할 필요가 있다. 그러나 교정시설의 1인당 수용면적이 수형자의 인간으로서의 기본 욕구에 따른 생활조차 어렵게 할 만큼 지나치게 협소하다면, 이는 그 자체로 국가형벌권 행사의 한계를 넘어 수형자의 인간의 존엄과 가치를 침해하는 것이다(헌법재판소 2016.12.29. 2013헌마142). [2021. 5급 승진] [2017. 7급]

[2] 수용자가 하나의 거실에 다른 수용자들과 함께 수용되어 거실 중 화장실을 제외한 부분의 1인당 수용면적이 인간으로서의 기본적인 욕구에 따른 일상생활조차 어렵게 할 만큼 협소하다면, 그러한 과밀수용 상태가 예상할 수 없었던 일시적인 수용률의 폭증에 따라 교정기관이 부득이 거실 내 수용 인원수를 조정하기 위하여 합리적이고 필요한 정도로 단기간 내에 이루어졌다는 등의 특별한 사정이 없는 한, 그 자체로 수용자의 인간으로서의 존엄과 가치를 침해한다(대법원 2022.7.14. 2017다266771).

▶ 수용자 1인당 도면상 면적이 2㎡ 미만인 거실에 수용되었는지를 위법성 판단의 기준으로 삼아 국가배상책임을 인정하였다.

단원별 지문 O/X

01 블럼스타인(Blumstein)이 주장한 과밀수용 해소방안 중 교정시설의 증설: 재정부담이 크고 증설 후 단기간에 과밀수용이 재연될 수 있다는 점에서 주의가 요망된다. ( ) [2022. 9급]

02 블럼스타인(Blumstein)이 주장한 과밀수용 해소방안 중 구금인구 감소전략: 형벌의 제지효과는 형벌의 확실성보다 엄중성에 더 크게 좌우된다는 논리에 근거하고 있다. ( ) [2022. 9급]

03 블럼스타인(Blumstein)이 주장한 과밀수용 해소방안 중 사법절차와 과정의 개선: 검찰의 기소나 법원의 양형결정 시 교정시설의 수용능력과 현황을 고려하여 과밀수용을 조정해야 한다는 전략이다. ( ) [2022. 9급]

04 블럼스타인(Blumstein)이 주장한 과밀수용 해소방안 중 선별적 무력화: 재범 위험이 높은 수형자를 예측하여 제한된 공간에 선별적으로 구금함으로써 교정시설의 공간을 보다 효율적으로 운영하려는 방안이다. ( ) [2022. 9급]

05 정문(Front-Door) 전략은 구금 이전의 단계에서 범죄자를 보호관찰, 가택구금, 사회봉사명령 등의 비구금적 제재로 전환시킴으로써 수용인원을 줄이자는 것으로 강력범죄자들에게는 적용이 적절하지 않다. ( ) [2017. 5급 승진]

06 후문(Back-Door) 전략은 일단 수용된 수용자를 대상으로 보호관찰부 가석방, 선도조건부 기소유예, 선시제도 등을 적용하여 새로운 입소자를 위한 공간을 확보하자는 것으로 형사사법망의 확대를 초래한다. ( ) [2017. 5급 승진]

07 사법절차와 과정의 개선은 형의 선고 시에 수용능력을 고려하고 검찰의 기소나 법원의 양형결정 시에 수용능력과 현황에 관한 자료를 참고하는 전략이며, 형사사법협의체의 구성과 형사사법체제 간의 협조를 강조한다. ( ) [2017. 5급 승진]

---

01 ○

02 ✕ 구금인구 감소전략 중 후문정책(Back-door)에 대한 설명으로, 형벌의 제지효과는 형벌의 엄중성보다 확실성에 더 크게 좌우되기 때문에 지나친 장기구금은 사실상 의미가 없으며, 오히려 일종의 낭비에 불과하다는 주장이다. 또한 형벌의 제지효과는 구금 초기에 가장 크다는 사실도 장기형보다 단기형이 더 효과적인 수단일 수 있다는 것이다.

03 ○

04 ○

05 ○

06 ✕ 정문정책 전략은 형사사법망의 확대와 관계가 있지만, 후문정책 전략의 경우 관계가 없다. 또한 선도조건부 기소유예는 비구금적 제재로 정문정책 전략과 관계가 있다. 후문정책 전략은 일단 수용된 범죄자를 대상으로 보호관찰부 가석방, 선시제도 등을 이용하여 새로운 입소자들을 위한 공간을 확보하기 위해 그들의 형기종료 이전에 미리 출소시키는 전략이다.

07 ○

08 소극적 전략(Null-Strategy)은 수용인구가 증가하더라도 교정시설에서는 그만큼의 인구를 수용할 수밖에 없다는 전략으로 단기적으로 교정시설의 증설을 회피할 수 있으나 장기적으로는 과잉수용으로 인해 직원들의 재소자에 대한 통제력이 약화될 수 있다. (　　) [2017. 5급 승진]

09 선별적 무능력화(Selective Incapacitation)는 교정시설의 공간을 확보하는 데 비용이 과다하고 이용할 수 있는 공간이 제한되어 있기 때문에 재범의 위험성이 높은 수형자를 예측하여 선별적으로 구금함으로써 교정시설 공간을 효율적으로 운영하자는 것이다. (　　) [2017. 5급 승진]

08 ○
09 ○

제2부

9·7급 공채 영역<승진시험 제외>

제5편

교정관련 기타법령

제29장 기타 교정관련 법령
제30장 민영교도소

제29장 / 기타 교정관련 법령

제1절 교도작업운영 및 특별회계에 관한 법률

01 교도작업의 운영

(1) 목적과 용어의 정의

> **제1조【목적】** 이 법은 교도작업의 관리 및 교도작업특별회계의 설치·운용에 관한 사항을 규정함으로써 효율적이고 합리적인 교도작업의 운영을 도모함을 목적으로 한다.
>
> **제2조【정의】** 이 법에서 사용하는 용어의 정의는 다음과 같다.
> 1. "교도작업"이란 교정시설의 수용자에게 부과하는 작업을 말한다.
> 2. "공공기관"이란 「공공기관의 운영에 관한 법률」 제4조부터 제6조까지의 규정에 따라 지정·고시된 기관을 말한다.
>
> **제3조【다른 법률의 적용】** 교도작업에 관하여 이 법에 규정된 것을 제외하고는 「형의 집행 및 수용자의 처우에 관한 법률」을 적용한다.
>
> **제5조【교도작업제품의 우선구매】** 국가, 지방자치단체 또는 공공기관은 그가 필요로 하는 물품이 제4조에 따라 공고된 것인 경우에는 공고된 제품 중에서 우선적으로 구매하여야 한다. [2017. 7급]

(2) 생산공급계획의 보고

> **[시행령]**
>
> **제3조【생산공급계획의 보고】** 교도작업으로 생산되는 제품(이하 "교도작업제품"이라 한다)을 생산하는 교정시설의 장(이하 "소장"이라 한다)은 국가, 지방자치단체 또는 공공기관(이하 "수요기관"이라 한다)의 수요량과 해당 지역의 생산실태 등을 조사하여 법무부령으로 정하는 사항이 포함된 다음 연도의 생산공급계획을 수립하여 매년 10월 30일까지 법무부장관에게 보고하여야 한다.
>
> **[시행규칙]**
>
> **제3조【생산공급계획의 보고】** 교정시설의 장(이하 "소장"이라 한다)이 「교도작업의 운영 및 특별회계에 관한 법률 시행령」(이하 "영"이라 한다) 제3조에 따라 법무부장관에게 보고하는 다음 연도의 생산공급계획서에는 다음 각 호의 사항이 포함되어야 한다.
>
> > **[생산공급계획서 포함사항]**(시행규칙 제3조)
> > 1. 교정시설의 생산 가능량
> > 2. 교정시설의 자체 수요량
> > 3. 해당 연도 수요기관의 수 및 수요량
> > 4. 해당 지역의 생산실태와 수요량
> > 5. 생산공급계획량
> > 6. 그 밖에 교도작업제품의 생산과 관련하여 필요한 사항

(3) 법무부장관의 교도작업제품 공고

제4조【교도작업제품의 공고】 법무부장관은 교도작업으로 생산되는 제품의 종류와 수량을 회계연도 개시 1개월 전까지 공고하여야 한다. [2020. 6급 승진] 총 6회 기출

[시행령]

제4조【공고에 필요한 조사】 ① 법무부장관은 수요기관에 대하여 법 제4조에 따른 공고에 필요한 자료의 제출을 요청할 수 있다.
② 제1항에 따른 요청을 받은 수요기관은 지정된 기간 내에 필요한 자료를 성실하게 작성하여 제출하여야 한다.

제5조【교도작업제품의 종류 및 수량의 공고】 ① 법무부장관은 제3조에 따라 제출된 생산공급계획과 제4조에 따라 제출된 자료를 검토하고 다음 각 호의 사항을 고려하여 법 제4조에서 정한 기한까지 다음 연도에 생산할 교도작업제품의 종류와 수량을 결정하여 공고하여야 한다. [2019. 5급 승진]

[교도작업제품의 종류와 수량결정 시 고려사항](시행령 제5조 제1항)

1. 교정시설의 자체 수요품이 우선적으로 포함될 것
2. 국민생활에 도움이 될 것
3. 특별회계의 건전한 운영에 도움을 줄 수 있을 것

② 법무부장관은 교도작업제품을 공급할 수 없을 때에는 해당 지역 또는 해당 수요기관을 미리 공고하여야 한다.

(4) 교도작업의 종류

[시행령]

제6조【교도작업의 종류】 ① 소장은 다음 각 호의 사항을 고려하여 법무부장관의 승인을 받아 교도작업의 시행방법에 따른 교도작업의 종류를 교도작업제품별로 정한다. 교도작업의 종류를 변경하는 경우에도 또한 같다.

[교도작업 종류결정 및 변경 시 고려사항](시행령 제6조 제1항)

1. 교도작업의 운영 여건에 적합할 것
2. 수용자의 근로의식을 함양할 수 있을 것
3. 수용자의 안정적 사회복귀와 기술 습득에 도움을 줄 수 있을 것

② 제1항에 따른 교도작업의 종류 및 그 승인 절차는 법무부령으로 정한다.

[시행규칙]

제6조【교도작업의 종류】 ① 영 제6조에 따른 교도작업의 종류는 다음 각 호와 같다

[교도작업의 종류](교도작업법 시행규칙 제6조 제1항) [2019. 9급]

1. **직영작업**: 법 제6조에 따른 민간기업의 참여 없이 교도작업제품을 생산하는 작업
2. **위탁작업**: 법 제6조에 따라 교도작업에 참여한 민간기업을 통하여 교도작업제품을 생산하는 작업
3. **노무작업**: 수용자의 노무를 제공하여 교도작업제품을 생산하는 작업
4. **도급작업**: 국가와 제3자 간의 공사 도급계약에 따라 수용자에게 부과하는 작업

② 소장은 제1항에 따른 작업을 중지하려면 지방교정청장의 승인을 받아야 한다. [2019. 9급]

(5) 교도작업에의 민간참여

> **제6조 【교도작업에의 민간참여】** ① 법무부장관은 「형의 집행 및 수용자의 처우에 관한 법률」 제68조(외부통근작업 등)에 따라 수형자가 외부기업체 등에 통근 작업하거나 교정시설의 안에 설치된 외부기업체의 작업장에서 작업할 수 있도록 민간기업을 참여하게 하여 교도작업을 운영할 수 있다. [2018. 5급 승진] 총 3회 기출
>
> ② 교정시설의 장은 제1항에 따라 민간기업이 참여할 교도작업(이하 이 조에서 "민간참여작업"이라 한다)의 내용을 해당 기업체와의 계약으로 정하고 이에 대하여 법무부장관의 승인(재계약의 경우에는 지방교정청장의 승인)을 받아야 한다. 다만, 법무부장관이 정하는 단기의 계약에 대하여는 그러하지 아니하다. [2020. 6급 승진] 총 4회 기출
>
> ③ 제1항 및 제2항에 따른 민간기업의 참여 절차, 민간참여작업의 종류, 그 밖에 민간참여작업의 운영에 필요한 사항은 「형의 집행 및 수용자의 처우에 관한 법률」 제68조 제1항의 사항을 고려하여 법무부장관이 정한다. [2011. 7급]
>
> **제7조 【교도작업제품의 민간판매】** 교도작업으로 생산된 제품은 민간기업 등에 직접 판매하거나 위탁하여 판매할 수 있다. [2020. 9급] 총 6회 기출
>
> **[시행령]**
>
> **제7조 【교도작업제품의 판매방법】** 법무부장관은 교도작업제품의 전시 및 판매를 위하여 필요한 시설을 설치·운영하거나 전자상거래 등의 방법으로 교도작업제품을 판매할 수 있다.
>
> **[시행규칙]**
>
> **제4조 【교도작업 참여 신청 등】** ① 법 제6조 제1항에 따라 교도작업에 참여하려는 민간기업은 별지 서식의 참여신청서를 법무부장관에게 제출하여야 한다.
>
> ② 교도작업에 참여하려는 민간기업은 경영상태가 양호하고, 취업지원을 하는 등 수형자의 사회복귀에 도움이 될 수 있어야 한다.
>
> **제5조 【단기계약】** ① 법 제6조 제2항 단서에서 "법무부장관이 정하는 단기의 계약"이란 계약기간이 2개월 이하인 계약을 말한다. [2019. 9급]
>
> ② 소장은 제1항에 따른 계약을 체결한 경우에는 지체 없이 법무부장관에게 보고하여야 한다.

(6) 일반경쟁계약 및 수의계약

> **[시행령]**
>
> **제9조 【일반경쟁계약】** 특별회계의 세입·세출의 원인이 되는 계약을 담당하는 공무원(이하 "계약담당자"라 한다)은 다음 각 호의 어느 하나에 해당하는 계약으로서 추정가격[추정가격 = 예정가격 − 부가가치세]이 「국가를 당사자로 하는 계약에 관한 법률 시행령」 제26조 제1항 제5호 가목에 따른 추정가격의 2배를 초과하는 계약을 하려는 경우에는 일반경쟁에 부쳐야 한다. [2017. 5급 승진]
>
> > **[수의계약 대상임에도 추정가격의 2배를 초과하여 일반경쟁계약의 대상이 되는 경우]**(시행령 제9조)
> > 1. 고정자산에 속하거나 속하게 될 재산의 매매
> > 2. 유동자산에 속하는 물건의 구입
> > 3. 잡수입 과목으로 처리되는 물건의 매도
> > 4. 손실 과목으로 처리되는 물건의 구입

제10조【수의계약】계약담당자는 제9조에도 불구하고 다음 각 호의 어느 하나에 해당하는 경우에는 수의계약으로 할 수 있다.

> **[추정가격의 2배를 초과하더라도 수의계약이 가능한 경우]**(시행령 제10조)
> 1. 계약의 성질 또는 목적이 특정된 조건을 필요로 하거나 특정인의 기술 또는 지능이 계약의 성취요건이 되어 대체할 수 없어 경쟁을 할 수 없는 경우
> 2. 수요기관과 계약을 하는 경우
> 3. 예산 또는 자금의 배정 지연으로 인하여 경쟁에 부칠 시간적 여유가 없어 교도작업 및 사업상 지장이 초래된다고 인정되는 경우

[시행규칙]

제7조【계약서 작성요령】특별회계의 세입·세출의 원인이 되는 계약을 담당하는 공무원(이하 "계약담당자"라 한다)은 계약서를 작성할 때에는 다음 각 호의 사항을 유의하여야 한다.
1. 계약의 목적은 그 내용을 구성하는 품명·산지·규격·형상·수량·단가 및 금액을 구체적으로 적을 것
2. 이행 기한은 해당 회계연도로 하되, 이행의 난이도, 수량의 많고 적음, 계절 및 시장의 상황, 그 밖의 여건 및 자금사정을 고려하여 사업 운영에 적합하도록 할 것
3. 이행 장소는 계약금액을 고려하여 결정한 후 계약서 본문에 명시할 것
4. 계약서는 계약서·명세서·예정가격조서·설계사양서·도면·설계설명서·주의서·입찰서·입찰단가명세서, 그 밖의 부속서류 순으로 철하여 양쪽 당사자가 간인하고 이를 계약서의 원본으로 할 것

제8조【낙찰가격과 예정가격 명세의 재조정】계약의 목적을 구성하는 내용이 두 종류 이상일 경우에는 낙찰자 또는 계약의 상대방으로 하여금 낙찰총액에 부합되는 명세서를 제출하게 하여, 그 명세서상 금액과 예정가격의 명세금액을 낙찰액과 예정가격과의 비율에 해당하는 금액의 범위 내로 조정한 금액을 계약금액의 명세로 하여야 한다.

제9조【수의계약의 절차】① 계약담당자는 계약을 수의계약으로 하려면 「교도관직무규칙」 제21조에 따른 교도관회의의 심의를 거쳐야 한다. [2018. 5급 승진][2019. 9급]
② 계약담당자가 계약을 수의계약으로 한 경우에는 법무부장관에게 보고하여야 한다.

제10조【계약불이행】계약담당자는 상대방의 계약불이행으로 인한 손해배상금·지체상금 또는 계약보증금 등을 지출액과 상계하여야 할 때에는 그 관계 서류와 산출계산명세서를 관계 지출관 또는 출납공무원에게 제출하여야 한다.

02 교도작업특별회계

제8조【교도작업특별회계의 설치·운용】① 교도작업의 효율적인 운영을 위하여 교도작업특별회계(이하 "특별 회계"라 한다)를 설치한다. [2020. 9급] 총 2회 기출

② 특별회계는 법무부장관이 운용·관리한다. [2020. 6급 승진] 총 4회 기출

제9조【특별회계의 세입·세출】① 특별회계의 세입은 다음 각 호와 같다. [2019. 6급 승진] 총 2회 기출

② 특별회계의 세출은 다음 각 호와 같다.

특별회계의 세입(제1항)	특별회계의 세출(제2항)
1. 교도작업으로 생산된 제품 및 서비스의 판매, 그 밖에 교도작업에 부수되는 수입금 2. 제10조에 따른 일반회계로부터의 전입금 3. 제11조에 따른 차입금	1. 교도작업의 관리, 교도작업 관련 시설의 마련 및 유지·보수, 그 밖에 교도작업의 운영을 위하여 필요한 경비 2. 형집행법 제73조의 2항의 작업장려금 3. 형집행법 제74조의 위로금 및 조위금 4. 수용자의 교도작업 관련 직업훈련을 위한 경비

제10조【일반회계로부터의 전입】특별회계는 세입총액이 세출총액에 미달된 경우 또는 시설 개량이나 확장에 필요한 경우에는 예산의 범위에서 일반회계로부터 전입을 받을 수 있다. [2020. 9급] 총 2회 기출

제11조【일시 차입 등】① 특별회계는 지출할 자금이 부족할 경우에는 특별회계의 부담으로 국회의 의결을 받은 금액의 범위에서 일시적으로 차입하거나 세출예산의 범위에서 수입금 출납공무원 등이 수납한 현금을 우선 사용할 수 있다. [2020. 9급]

② 제1항에 따라 일시적으로 차입하거나 우선 사용한 자금은 해당 회계연도 내에 상환하거나 지출금으로 대체납입하여야 한다.

제11조의2【잉여금의 처리】특별회계의 결산상 잉여금은 다음 연도의 세입에 이입한다. [2020. 9급] 총 4회 기출

제12조【예비비】특별회계는 예측할 수 없는 예산 외의 지출 또는 예산을 초과하는 지출에 충당하기 위하여 세출예산에 예비비를 계상(計上)할 수 있다.

[시행령]

제8조【특별회계의 회계기준】① 특별회계의 회계처리는 「국가회계법」 제11조에 따른 국가회계기준에 따른다.

② 법무부장관은 특별회계 재무구조의 건전화와 효율적인 경영성과의 분석을 위하여 필요하다고 인정하면 별도의 회계기준을 마련하여 특별회계 운영의 분석에 활용할 수 있다.

단원별 지문 OX

01 교도작업의 운영 및 특별회계에 관한 법령상 법무부장관은 교도작업으로 생산되는 제품의 종류와 수량을 회계연도 개시 3개월 전까지 공고하여야 한다. (　　) [2022. 7급]

02 교도작업의 운영 및 특별회계에 관한 법령상 교도작업시설의 개량이나 확장에 필요한 경우로 예산의 범위에서 일반회계로부터의 전입된 금액은 교도작업특별회계의 세입에서 제외되어야 한다. (　　) [2022. 7급]

03 교도작업의 운영 및 특별회계에 관한 법령상 법무부장관은 교도작업으로 생산된 제품을 전자상거래 등의 방법으로 민간기업 등에 직접 판매할 수 있지만 위탁하여 판매할 수는 없다. (　　) [2022. 7급]

04 교도작업의 운영 및 특별회계에 관한 법령상 수용자의 교도작업 관련 직업훈련을 위한 경비는 교도작업특별회계의 세출에 포함된다. (　　) [2022. 7급]

05 「교도작업의 운영 및 특별회계에 관한 법률」상 교정시설의 장은 민간기업이 참여할 교도작업의 내용을 해당 기업체와의 계약으로 정하고 이에 대하여 지방교정청장의 승인을 받아야 한다. 다만, 법무부장관이 정하는 단기의 계약에 대하여는 그러하지 아니하다. (　　) [2020. 6급 승진]

06 「교도작업의 운영 및 특별회계에 관한 법률」상 특별회계는 지출할 자금이 부족할 경우에는 특별회계의 부담으로 국회의 의결을 받은 금액의 범위에서 일시적으로 차입하거나 세출예산의 범위에서 수입금 출납공무원 등이 수납한 현금을 우선 사용할 수 있다. (　　) [2020. 9급]

---

01 × 법무부장관은 교도작업으로 생산되는 제품의 종류와 수량을 회계연도 개시 1개월 전까지 공고하여야 한다(동법 제4조).

02 × 교도작업특별회계는 세입총액이 세출총액에 미달된 경우 또는 시설 개량이나 확장에 필요한 경우에는 예산의 범위에서 일반회계로부터 전입을 받을 수 있으며(동법 제10조), 일반회계로부터의 전입금은 교도작업특별회계의 세입에 포함된다(동법 제9조 제1항 제2호).

03 × 교도작업으로 생산된 제품은 민간기업 등에 직접 판매하거나 위탁하여 판매할 수 있으며(동법 제7조), 법무부장관은 교도작업제품의 전시 및 판매를 위하여 필요한 시설을 설치·운영하거나 전자상거래 등의 방법으로 교도작업제품을 판매할 수 있다(동법 시행령 제7조).

04 ○ 교도작업의 운영 및 특별회계에 관한 법률 동법 제9조 제2항 제4호

05 × 교정시설의 장은 민간기업이 참여할 교도작업(민간참여작업)의 내용을 해당 기업체와의 계약으로 정하고 이에 대하여 법무부장관의 승인(재계약의 경우에는 지방교정청장의 승인)을 받아야 한다. 다만, 법무부장관이 정하는 단기의 계약(계약기간이 2개월 이하인 계약)에 대하여는 그러하지 아니하다(교도작업의 운영 및 특별회계에 관한 법률 제6조 제2항).

06 ○ 교도작업의 운영 및 특별회계에 관한 법률 제11조 제1항

07 「교도작업의 운영 및 특별회계에 관한 법률」상 특별회계는 세출총액이 세입총액에 미달된 경우 또는 교도작업 관련 시설의 신축·마련·유지·보수에 필요한 경우에는 예산의 범위에서 일반회계로부터 전입을 받을 수 있다. (   )　　[2020. 9급]

08 「교도작업의 운영 및 특별회계에 관한 법률」상 특별회계의 결산상 잉여금은 일시적으로 차입한 차입금의 상환, 작업장려금의 지급, 검정고시반·학사고시반 교육비의 지급 목적으로 사용하거나 다음 연도 일반회계의 세출예산에 예비비로 계상한다. (   )　　　　　　　　　　　　　　　　　　　　　　　　　　　　　　　　　　　　　[2020. 9급]

09 「교도작업의 운영 및 특별회계에 관한 법률」상 b교도작업으로 생산된 제품은 민간기업 등에 직접 판매하거나 위탁하여 판매할 수 있으며, 교도작업의 효율적인 운영을 위하여 교도작업특별회계를 설치한다. (   )　　[2020. 9급]

---

07 ×　특별회계는 세입총액이 세출총액에 미달된 경우 또는 시설 개량이나 확장에 필요한 경우에는 예산의 범위에서 일반회계로부터 전입을 받을 수 있다(동법 제10조).

08 ×　특별회계의 결산상 잉여금은 다음 연도의 세입에 이입한다(동법 제11조의2).

09 ○　동법 제7조, 동법 제8조 제1항

> **근거:** 이 법에 규정된 사항 외에 교도관의 직무에 관하여는 따로 법률로 정한다(형집행법 제10조).

01 통칙

제1조【목적】 이 규칙은 「형의 집행 및 수용자의 처우에 관한 법률」의 시행을 위하여 교도관의 직무에 관한 사항을 정함을 목적으로 한다.

제2조【정의】 이 규칙에서 사용하는 용어의 뜻은 다음과 같다.

구분	정의
1. 교도관	교도관이란 다음 각 목의 어느 하나에 해당하는 업무를 담당하는 공무원을 말한다. 가. 수용자의 구금 및 형의 집행 나. 수용자의 지도, 처우 및 계호(戒護) 다. 수용자의 보건 및 위생 라. 수형자의 교도작업 및 직업능력개발훈련 마. 수형자의 교육 · 교화프로그램 및 사회복귀 지원 바. 수형자의 분류심사 및 가석방 사. 교도소 · 구치소 및 그 지소(교정시설)의 경계 및 운영 · 관리 아. 그 밖의 교정행정에 관한 사항
2. 교정직 교도관	「공무원임용령」 별표 1에 따른 교정직렬공무원을 말한다. ▶ **일반직공무원:** 직군(행정) - 직렬(교정) - 직류(교정)
3. 직업훈련교도관	전문경력관 임용절차에 따라 임용된 사람으로서 「국민평생직업능력 개발법」 제33조에 따른 직업능력개발훈련교사를 말한다.
4. 보건위생직교도관	공무원임용령」 별표 1에 따른 의무 · 약무 · 간호 · 의료기술 · 식품위생직렬공무원을 말하며, 해당 직렬에 따라 각각 의무직교도관, 약무직교도관, 간호직교도관, 의료기술직교도관, 식품위생직교도관으로 한다.
5. 기술직 교도관	「공무원임용령」 별표 1에 따른 공업 · 농업 · 시설 · 전산 · 방송통신 · 운전직렬공무원을 말한다.
6. 관리운영직교도관	공무원임용령」 별표 1에 따른 관리운영직군공무원을 말한다.
7. 상관	직무수행을 할 때 다른 교도관을 지휘 · 감독할 수 있는 직위나 직급에 있는 교도관을 말한다.
8. 당직간부	교정시설의 장(이하 "소장"이라 한다)이 지명하는 교정직교도관으로서 보안과의 보안업무 전반에 걸쳐 보안과장을 보좌하고, 휴일 또는 야간(당일 오후 6시부터 다음날 오전 9시까지를 말한다. 이하 같다)에 소장을 대리하는 사람을 말한다. [2021. 7급]

제3조 【기본강령】 교도관은 다음의 기본강령에 따라 근무해야 한다.

[교도관 기본강령](직무규칙 제3조)
1. 교도관은 법령을 준수하고 상관의 직무상 명령에 복종하며, 일사불란한 지휘체계와 엄정한 복무기강을 확립한다.
2. 교도관은 상관에 대한 존경과 부하에 대한 믿음과 사랑을 바탕으로 직무를 수행하고 주어진 임무를 완수하기 위하여 모든 역량을 기울인다.
3. 교도관은 창의와 노력으로써 과학적 교정기법을 개발하고 교정행정의 능률을 향상시킨다.
4. 교도관은 청렴결백하고 근면성실한 복무자세를 지니며 직무수행의 결과에 대하여 책임을 진다.
5. 교도관은 풍부한 식견과 고매한 인격이 교정행정 발전의 원천임을 명심하고 인격을 닦기 위하여 끊임없이 노력한다.

제4조 【다른 법령과의 관계】 교도관의 직무에 관하여는 다른 법령에 특별한 규정이 있는 경우가 아니면 이 규칙에 따른다.

02 근무의 일반원칙

제5조 【근무의 구분】 ① 교도관의 근무는 그 내용에 따라 보안근무와 사무근무로 구분하고, 보안근무는 근무방법에 따라 주간근무와 주·야간 교대 근무(이하 "교대근무"라 한다)로 구분한다.
② 보안근무는 수용자의 계호를 주된 직무로 하고, 사무근무는 수용자의 계호 외의 사무처리를 주된 직무로 한다.
③ 보안근무와 사무근무의 구분에 필요한 세부사항은 소장이 해당 교정시설의 사정이나 근무내용 등을 고려하여 따로 정한다.

제6조 【직무의 우선순위】 수용자의 도주, 폭행, 소요, 자살 등 구금목적을 해치는 행위에 관한 방지 조치는 다른 모든 직무에 우선한다. [2020. 7급] 총 5회 기출

제7조 【직무의 처리】 교도관은 직무를 신속·정확·공정하게 처리하고, 그 결과를 지체 없이 상관에게 문서 또는 구두로 보고하여야 한다. 다만, 상관으로부터 특별히 명령받은 직무로서 그 직무처리에 많은 시일이 걸리는 경우에는 그 중간 처리상황을 보고하여야 한다. [2024. 7급 승진] 총 3회 기출

제8조 【근무장소 이탈금지】 교도관은 상관의 허가 없이 또는 정당한 사유 없이 근무장소를 이탈하거나 근무장소 외의 장소에 출입하지 못한다. [2024. 7급 승진]

제9조 【교도관의 공동근무】 소장은 2명 이상의 교도관을 공동으로 근무하게 하는 경우에는 책임자를 지정하고 직무를 분담시켜 책임한계를 분명히 하여야 한다. [2018. 6급 승진]

제10조 【교도관의 지휘·감독】 교도관은 직무수행을 위하여 특히 필요하다고 인정되는 경우에는 그 직무수행에 참여하는 하위직급의 다른 직군 교도관을 지휘·감독할 수 있다. [2019. 7급 승진] 총 2회 기출

제11조 【교도관에 대한 교육 등】 소장은 교도관에 대하여 공지사항을 알리고, 포승을 사용하는 방법, 폭동진압훈련, 교정장비의 사용·조작훈련 등 직무수행에 필요한 교육·훈련을 실시하여야 한다.

제12조 【수용자에 대한 호칭】 수용자를 부를 때에는 수용자 번호를 사용한다. 다만, 수용자의 심리적 안정이나 교화를 위하여 필요한 경우에는 수용자 번호와 성명을 함께 부르거나 성명만을 부를 수 있다. [2020. 7급] 총 3회 기출

제13조【수용기록부 등의 관리 등】① 교도관은 수용자의 신상에 변동사항이 있는 경우에는 지체 없이 수용기록부(부속서류를 포함한다), 수용자명부 및 형기종료부 등 관계 서류를 바르게 고쳐 관리·보존하여야 한다.

② 교도관은 제1항에 따른 수용자의 신상 관계 서류를 공무상으로 사용하기 위하여 열람·복사 등을 하려면 상관의 허가를 받아야 한다.

③ 수용자의 신상에 관한 전산자료의 관리·보존, 열람·출력 등에 관하여는 제1항과 제2항을 준용한다.

제13조의2【고유식별정보의 처리】소장은 교정시설의 외부에 있는 사람에게 수용자에 관한 수용 및 출소 증명서를 발급하는 사무를 수행하기 위하여 불가피한 경우 「개인정보 보호법 시행령」 제19조에 따른 주민등록번호, 여권번호, 운전면허의 면허번호 또는 외국인등록번호가 포함된 자료를 처리할 수 있다. [2018. 6급 승진]

제14조【수용자의 손도장 증명】① 수용자가 작성한 문서로서 해당 수용자의 날인이 필요한 것은 오른손 엄지손가락으로 손도장을 찍게 한다. 다만, 수용자가 오른손 엄지손가락으로 손도장을 찍을 수 없는 경우에는 다른 손가락으로 손도장을 찍게 하고, 그 손도장 옆에 어느 손가락인지를 기록하게 한다. [2020. 7급]

② 제1항의 경우에는 문서 작성 시 참여한 교도관이 서명 또는 날인하여 해당 수용자의 손도장임을 증명하여야 한다.

제15조【비상소집 응소】교도관은 천재지변이나 그 밖의 중대한 사태가 발생하여 비상소집 명령을 받은 경우에는 지체 없이 소집에 응하여 상관의 지시를 받아야 한다. [2024. 7급 승진]

제16조【소방기구 점검 등】소장은 교도관으로 하여금 매월 1회 이상 소화기 등 소방기구를 점검하게 하고 그 사용법의 교육과 소방훈련을 하게 하여야 한다. [2021. 7급]

제17조【이송 시 수용기록부 등의 인계】소장은 다른 교정시설로 수용자를 이송(移送)하는 경우에는 수용기록부(부속서류를 포함한다) 등 개별처우에 필요한 자료를 해당 교정시설로 보내야 한다.

03 근무시간

제18조【보안근무자의 근무시간】① 보안근무자의 근무시간은 다음과 같다.

[보안근무자의 근무시간](직무규칙 제18조 제1항)
1. **주간근무**: 1일 주간 8시간
2. **교대근무**: 제1부, 제2부, 제3부 및 제4부의 4개 부로 나누어 서로 교대하여 근무하게 한다. 다만, 소장은 교정직교도관의 부족 등 근무의 형편상 부득이한 경우에는 교대근무자를 제1부와 제2부의 2개 부 또는 제1부, 제2부 및 제3부의 3개 부로 나누어 근무하게 할 수 있다.

② 보안근무자는 소장이 정하는 바에 따라 근무시간 중에 식사 등을 위한 휴식을 할 수 있다.

③ 소장은 계절, 지역 여건 및 근무 내용 등을 고려하여 필요하다고 인정하는 경우에는 보안근무자의 근무 시작시간·종료시간을 조정할 수 있다.

제19조【사무근무자의 근무시간】사무근무자의 근무시간은 「국가공무원 복무규정」 제9조에 따른다.

제20조【근무시간 연장 등】① 소장은 교도관의 부족, 직무의 특수성 등 근무의 형편에 따라 특히 필요하다고 인정하는 경우에는 제18조와 제19조에도 불구하고 근무시간을 연장하거나 조정할 수 있고 휴일 근무를 명할 수 있다.

② 제1항에 따라 휴일에 근무를 한 교도관의 휴무에 관하여는 「국가공무원 복무규정」 제11조 제2항에 따른다.

04 교도관회의

제21조【교도관회의의 설치】소장의 자문에 응하여 교정행정에 관한 중요한 시책의 집행 방법 등을 심의하게
하기 위하여 소장 소속의 교도관회의(이하 이 절에서 "회의"라 한다)를 둔다.

제22조【회의의 구성과 소집】① 회의는 소장, 부소장 및 각 과의 과장과 소장이 지명하는 6급 이상의 교도관
(지소의 경우에는 7급 이상의 교도관)으로 구성된다.

② 소장은 회의의 의장이 되며, 매주 1회 이상 회의를 소집하여야 한다.

제23조【심의】① 회의는 다음 사항을 심의한다.

> **[교도관회의 심의사항]**(직무규칙 제23조 제1항)
> 1. 교정행정 중요 시책의 집행방법
> 2. 교도작업 및 교도작업특별회계의 운영에 관한 주요사항
> 3. 각 과의 주요 업무 처리
> 4. 여러 과에 관련된 업무 처리
> 5. 주요 행사의 시행
> 6. 그 밖에 소장이 회의에 부치는 사항

② 소장은 제1항의 심의사항 중 필요하다고 인정하는 경우에는 6급 이하의 교도관을 참석시켜 그 의견 등을
들을 수 있다.

③ 소장은 회의에서 자문에 대한 조언과 그에 따른 심의 외에 필요한 지시를 하거나 보고를 받을 수 있다.

제24조【서기】① 소장은 회의의 사무를 원활히 처리하기 위하여 총무과(지소의 경우에는 총무계) 소속의
교도관 중에서 서기 1명을 임명하여야 한다.

② 서기는 회의에서 심의 · 지시 · 보고된 사항 등을 회의록에 기록하고 참석자의 서명 또는 날인을 받아야
한다.

05 교정직교도관의 직무

제1절 직무통칙

제25조【교정직교도관의 직무】① 교정직교도관은 다음 각 호의 사무를 담당한다.

> **[교정직 교도관의 직무]**(직무규칙 제25조 제1항)
> 1. 수용자에 대한 지도 · 처우 · 계호
> 2. 교정시설의 경계
> 3. 교정시설의 운영 · 관리
> 4. 그 밖의 교정행정에 관한 사항

② 소장은 제1항에도 불구하고 교정시설의 운영을 위하여 특히 필요하다고 인정하는 경우에는 교정직교도
관으로 하여금 그 밖의 교도관의 직무를 수행하게 할 수 있다.

제26조【생활지도 등】① 교정직교도관은 수용자가 건전한 국민정신과 올바른 생활자세를 가지도록 생활지
도 및 교육에 노력하여야 한다.

② 교정직교도관이 수용자의 교육 · 교화프로그램 및 직업훈련 등에 참여하는 경우에는 교육 등이 원활히
진행될 수 있도록 수용자를 감독하여야 한다.

제27조【공평 처우】 교정직교도관은 접견, 물품지급 등에서 수용자를 공평하게 처우하고, 그 처우가 수용자의 심리적 안정 및 교화에 이바지할 수 있도록 하여야 한다.

제28조【수용자의 행실 관찰】 ① 교정직교도관은 직접 담당하는 수용자의 행실을 계속하여 관찰하고, 그 결과를 지도·처우 및 계호의 자료로 삼아야 한다.

② 제1항에 따른 관찰결과 중 특이사항은 개요를 기록하여 상관에게 보고하여야 한다.

제29조【작업 감독】 ① 교정직교도관은 수용자가 작업을 지정받은 경우에는 성실하게 작업하도록 감독하여야 한다.

② 교정직교도관은 수용자의 작업실적 등이 교정성적에 반영될 수 있도록 작업일과표를 매일 작성하는 등 작업관계 서류를 철저히 작성하여야 한다.

제30조【안전사고 예방】 교정직교도관은 수용자가 작업을 할 때에는 사전에 안전교육을 하는 등 사고 예방에 노력하여야 한다.

제31조【수용자의 의류 등의 관리】 ① 교정직교도관은 수용자가 지급받은 의류, 침구, 그 밖의 생활용품(이하 이 조에서 "의류등"이라 한다)을 낭비하지 아니하도록 지도하여야 한다.

② 교정직교도관은 수용자의 의류등이 오염되거나 파손된 경우에는 상관에게 보고하고, 상관의 지시를 받아 교환·수리·세탁·소독 등 적절한 조치를 하여야 한다. [2023. 9급 경채]

제32조【수용자의 청원 등 처리】 ① 교정직교도관은 수용자가 「형의 집행 및 수용자의 처우에 관한 법률」(이하 "법"이라 한다) 제117조에 따른 청원, 「국가인권위원회법」 제31조에 따른 진정 및 「공공기관의 정보공개에 관한 법률」에 따른 정보공개청구 등을 하는 경우에는 지체 없이 상관에게 보고하여야 한다.

② 수용자가 상관 등과의 면담을 요청한 경우에는 그 사유를 파악하여 상관에게 보고하여야 한다. [2010. 9급]

제33조【위생관리 등】 ① 교정직교도관은 수용자로 하여금 자신의 신체와 의류를 청결하게 하고, 두발 및 수염을 단정하게 하는 등 위생관리를 철저히 하도록 지도하여야 한다.

② 교정직교도관은 수용자가 부상을 당하거나 질병에 걸린 경우에는 즉시 적절한 조치를 하고 지체 없이 상관에게 보고하여야 한다.

제34조【계호의 원칙】 교정직교도관이 수용자를 계호할 때에는 수용자를 자신의 시선 또는 실력지배권 밖에 두어서는 아니 된다.

제35조【인원점검 등】 ① 소장은 당직간부의 지휘 아래 교정직교도관으로 하여금 전체 수용자를 대상으로 하는 인원점검을 매일 2회 이상 충분한 사이를 두고 하게 하여야 한다. [2024. 7급 승진] 총 2회 기출

② 제1항에 따라 인원점검을 한 당직간부는 그 결과를 소장에게 보고하여야 한다.

③ 교정직교도관은 자신이 담당하는 수용자를 대상으로 작업을 시작하기 전과 마친 후, 인원변동 시 등에 수시로 인원점검을 하여야 한다.

④ 교정직교도관은 수용자가 작업·운동 등 동작 중인 경우에는 항상 시선으로 인원에 이상이 있는지를 파악하여야 한다.

제36조【야간 거실문의 개폐】 ① 교정직교도관은 일과종료(작업·교육 등 일과를 마치고 수용자를 거실로 들여보낸 다음 거실문을 잠그는 것을 말한다. 이하 같다) 후부터 그 다음날 일과시작(작업·교육 등 일과를 위하여 수용자를 거실에서 나오게 하기 위하여 거실문을 여는 것을 말한다. 이하 같다) 전까지는 당직간부의 허가를 받아 거실문을 여닫거나 수용자를 거실 밖으로 나오게 할 수 있다. 다만, 자살, 자해, 응급환자 발생 등 사태가 급박하여 당직간부의 허가를 받을 시간적 여유가 없는 경우에는 그러하지 아니하다.

② 제1항에 따라 거실문을 여닫거나 수용자를 거실 밖으로 나오게 하는 경우에는 사전에 거실 내 수용자의 동정을 확인하여야 하고, 제1항 단서의 경우가 아니면 2명 이상의 교정직교도관이 계호하여야 한다.

제37조【징벌대상행위의 보고 등】 ① 교정직교도관은 수용자가 법 제107조 각 호의 어느 하나에 해당하는 행위(이하 "징벌대상행위"라 한다)를 하는 경우에는 지체 없이 상관에게 보고하여야 한다. 다만, 수용자가 도주, 소요, 폭동 등 특히 중대한 징벌대상행위를 한 경우에는 지체 없이 비상신호나 그 밖의 방법으로 보안과에 알리는 등 체포 및 진압을 위한 모든 수단을 동원함과 동시에 상관에게 보고하여야 한다.

② 교정직교도관은 제1항에도 불구하고 도주하는 수용자를 체포할 기회를 잃을 염려가 있는 경우에는 지체 없이 그를 추격하여야 한다.

③ 소장은 수용자의 징벌대상행위에 관하여는 이를 조사하여 사안의 경중에 따라 사건송치, 징벌, 생활지도 교육 등 적절한 조치를 하여야 한다.

제38조【재난 시의 조치】교정직교도관은 천재지변이나 그 밖의 재해가 발생한 경우에는 수용자의 계호를 특히 엄중하게 하고, 상관의 지휘를 받아 적절한 피난 준비를 하여야 한다. 다만, 상관의 지휘를 받을 시간적 여유가 없는 경우에는 수용자의 생명과 안전을 위한 대피 등의 조치를 최우선적으로 하여야 한다.

제39조【물품 정리 등】교정직교도관은 수용자가 사용하는 모든 설비와 기구가 훼손되거나 없어졌는지를 확인하고, 수용자로 하여금 자신이 사용하는 물품 등을 정리하도록 지도하여야 한다.

제40조【수용자의 호송】① 교정직교도관이 수용자를 교정시설 밖으로 호송하는 경우에는 미리 호송계획서를 작성하여 상관에게 보고하여야 한다. [2021. 7급]

② 교정직교도관은 수용자의 호송 중 도주 등의 사고가 발생하지 아니하도록 수용자의 동정을 철저히 파악하여야 한다.

제41조【접견 참여 등】① 교정직교도관이「형의 집행 및 수용자의 처우에 관한 법률 시행령」(이하 이 조에서 "영"이라 한다) 제62조 제1항에 따라 수용자의 접견에 참여하는 경우에는 수용자와 그 상대방의 행동·대화내용을 자세히 관찰하여야 한다. [2020. 7급]

② 교정직교도관이 영 제71조에 따라 참고사항을 수용기록부에 기록하는 경우에는 지체 없이 상관에게 보고하여야 하며, 상관의 지시를 받아 관계 과에 통보하는 등 적절한 조치를 하여야 한다.

③ 수용자의 접견에 관한 기록은 수용자의 처우나 그 밖의 공무수행상 필요하여 상관의 허가를 받은 경우를 제외하고는 관계 교도관이 아닌 교도관은 열람이나 복사 등을 해서는 아니 된다.

제42조【정문 근무】① 정문에 근무하는 교정직교도관(이하 이 조에서 "정문근무자"라 한다)은 정문 출입자와 반출·반입 물품을 검사·단속하여야 한다.

② 정문근무자는 제1항의 검사·단속을 할 때 특히 필요하다고 인정하는 경우에는 출입자의 신체와 휴대품을 검사할 수 있다. 이 경우 검사는 필요한 최소한도의 범위에서 하여야 하며, 출입자 중 여성에 대한 검사는 여성교도관이 하여야 한다.

③ 정문근무자는 제1항 또는 제2항의 검사 도중 이상하거나 의심스러운 점을 발견한 경우에는 출입 등을 중지함과 동시에 상관에게 이를 보고하여 상관의 지시를 받아 적절한 조치를 하여야 한다.

④ 정문근무자는 수용자의 취침 시간부터 기상 시간까지는 당직간부의 허가 없이 정문을 여닫을 수 없다.
[2023. 9급 경채] 총 2회 기출

제43조【교정시설의 경계 등】① 교정직교도관은 교정시설의 중요시설 등을 경계하고 자기가 담당하는 구역을 순찰하여야 한다.

② 교정직교도관이 제1항에 따라 경계 또는 순찰 근무를 하는 경우에는 그의 시선 내에 있는 구역·시설 등을 감시하여 수용자의 도주 등 교정사고, 수용자의 징벌대상행위, 외부로부터의 침입 등을 예방·단속하여야 한다.

제44조【사형 집행】사형집행은 상관의 지시를 받은 교정직교도관이 하여야 한다.

제45조【업무 인계】보안근무 교정직교도관은 근무시간의 종료, 휴식시간의 시작, 그 밖의 사유에도 불구하고 다음 근무자에게 업무를 인계한 후가 아니면 근무장소를 떠나서는 아니 된다.

제46조【근무결과 보고】보안근무 교정직교도관은 근무를 마치거나 다음 근무자에게 업무를 인계할 때에는 근무 중 이상이 있었는지 등을 상관에게 보고하여야 한다.

제47조【상황 및 의견의 보고】 교정직교도관은 다음 각 호의 어느 하나에 해당하는 경우에는 그에 관한 상황 및 의견을 지체 없이 상관에게 보고하고, 상관의 지시를 받아 처리하여야 한다.

> **[교정직 교도관의 상관 보고사항]**(직무규칙 제47조)
> 1. 직무의 집행에 착오가 있는 경우
> 2. 수용자 처우의 방법을 변경할 필요가 있는 경우
> 3. 수용자의 심경에 특이한 동요나 변화가 있는 경우
> 4. 수용자가 처우에 관하여 불복하는 경우
> 5. 수용자의 처우에 필요한 정보를 얻은 경우
> 6. 그 밖에 직무와 관련된 사고가 발생한 경우

제48조【교정직교도관의 계호근무】 이 규칙에 규정된 사항 외에 교정직교도관의 계호근무에 관하여는 법무부장관이 정하는 바에 따른다.

제2절 당직간부의 직무

제49조【당직간부의 편성】 ① 당직간부는 교대근무의 각 부별로 2명 이상 편성한다. 이 경우 정(正)당직간부는 1명, 부(副)당직간부는 1명 이상으로 한다. [2024. 7급 승진] 총 2회 기출
② 당직간부는 교정관 또는 교감으로 임명한다. 다만, 교정시설의 사정에 따라 결원의 범위에서 교위 중 적임자를 선정해 당직간부에 임명할 수 있다. [2024. 7급 승진] 총 2회 기출
③ 정당직간부 및 부당직간부의 업무분담에 관하여는 소장이 정한다.

제50조【교정직교도관 점검 등】 ① 당직간부는 교정직교도관을 점검하여야 하며, 점검이 끝나면 그 결과를 보안과장(이하 이 절에서 "과장"이라 한다)에게 보고하여야 한다.
② 교정직교도관은 점검 면제 통지를 받은 경우가 아니면 점검을 받아야 한다.
③ 교정직교도관 점검 등에 필요한 사항은 법무부장관이 정한다.

제51조【근무상황 순시·감독】 당직간부는 보안근무 교정직교도관의 근무배치를 하고, 수시로 보안근무 교정직교도관의 근무상황을 순시·감독하여야 하며, 근무배치 및 순시·감독결과를 과장에게 보고하여야 한다.

제52조【임시 배치】 당직간부는 수용자가 수용된 거실을 여닫거나 여러 명의 수용자를 이동시키는 등 계호를 강화할 필요가 있다고 판단되는 경우에는 휴식 중인 교정직교도관 등을 특정 근무지에 임시로 증가시켜 배치하여야 한다. [2024. 7급 승진]

제53조【일과시작·종료의 진행】 ① 당직간부는 수용자의 기상시간에 인원점검을 하고 이상이 없으면 수용자가 일과활동을 하는 작업장 등에 교정직교도관을 배치한 후 일과시작을 명한다.
② 당직간부는 수용자의 작업 등 일과활동이 끝나면 교정직교도관으로 하여금 수용자가 일과활동을 한 작업장 등에서 인원 및 도구를 점검하게 하고 그 결과를 과장에게 보고한 후 수용자를 거실로 들어가게 하여야 한다. 수용자가 거실로 들어가면 다시 인원점검을 하고 그 결과를 소장에게 보고한 후 일과종료를 명한다. [2024. 7급 승진]

제54조【보안점검 등】 당직간부는 매일 총기·탄약·보호장비·보안장비, 그 밖의 교정장비에 이상이 없는지를 확인하고, 각 사무실 등의 화기·전기기구·잠금장치 등에 대한 점검감독을 철저히 하여야 한다.

제55조【비상소집망 점검】 당직간부는 매주 1회 이상 교도관의 비상소집망을 확인하여 정확하게 유지하도록 하여야 한다. [2018. 7급 승진]

제56조【수용·석방사무의 감독】 ① 당직간부는 교정시설에 수용되거나 교정시설에서 석방되는 사람의 신상을 직접 확인하는 등 수용 및 석방에 관한 사무를 감독하여야 한다.
② 출정감독자는 법원에서 무죄판결 등 구속영장이 실효되는 판결이 선고되어 즉시 석방되는 사람의 신상을 직접 확인하는 등 석방에 관한 사무를 감독하여야 한다. [2018. 7급 승진]

제57조【행정처리】당직간부는 수용·계호 등에 관한 문서의 처리와 수용자 물품의 관리상태 등을 확인하고 감독하여야 한다.

제58조【당직결과 보고 및 인계】당직간부는 당직근무 중에 발생한 수용자의 인원변동 사항 및 중요사항을 소장·부소장·과장에게 보고한 후 다음 당직간부에게 인계하여야 한다.

06 사회복귀 및 분류심사업무 교도관의 직무

[사회복귀업무 교도관의 직무]

제59조【사회복귀업무 교도관의 직무】교정직교도관 중 사회복귀업무를 수행하는 자(이하 "사회복귀업무 교도관"이라 한다)는 이 장 제1절의 직무 외에 다음 각 호의 사무를 겸하여 담당한다.

[사회복귀업무 교도관의 직무](직무규칙 제59조)
1. 수용자의 서신·집필
2. 수용자의 종교·문화
3. 수형자의 교육 및 교화프로그램
4. 수형자의 귀휴, 사회 견학, 가족 만남의 집 또는 가족 만남의 날 행사
5. 수형자의 사회복귀 지원

제60조【교육과정 개설계획 수립 및 시행】사회복귀업무 교도관은 수형자의 학력 신장에 필요한 교육과정 개설계획을 수립하여 소장에게 보고하고, 소장의 지시를 받아 교육을 하여야 한다.

제61조【교화프로그램 운영】사회복귀업무 교도관은 수형자의 정서함양 등을 위하여 심리치료·문화·예술·체육프로그램, 그 밖의 교화프로그램 운영계획을 수립하여 소장에게 보고하고, 소장의 지시를 받아 교화프로그램을 시행하여야 한다.

제62조【종교】사회복귀업무 교도관은 수용자가 자신이 신봉하는 종교의식이나 종교행사에 참석하기를 원하는 경우에는 특별한 사정이 없으면 허락하여야 한다. 다만, 수용자가 신봉하는 종교 또는 그에 따른 활동이 법 제45조 제3항 각 호의 어느 하나에 해당하는 경우에는 소장에게 보고하고, 소장의 지시를 받아 적정한 조치를 하여야 한다.

제63조【교화상담】① 사회복귀업무 교도관은 수형자 중 환자, 계호상 독거수용자 및 징벌자에 대하여 처우상 필요하다고 인정하는 경우에는 수시로 교화상담(수형자 특성을 고려하여 적당한 장소와 시기에 하는 개별적인 교화활동을 말한다. 이하 같다)을 하여야 한다. 다만, 해당 수형자가 환자인 경우에는 의무직교도관(공중보건의를 포함한다)의 의견을 들어야 한다.
② 사회복귀업무 교도관은 신입수형자와 교화상담을 하여야 한다. 다만, 다른 교정시설로부터 이송되어 온 수형자는 필요하다고 인정되는 경우에 할 수 있다. [2018. 8급 승진]
③ 사회복귀업무 교도관은 사형확정자나 사형선고를 받은 사람의 심리적 안정을 위하여 수시로 상담을 하여야 하며, 필요하다고 인정하는 경우에는 외부인사와 결연을 주선하여 수용생활이 안정되도록 하여야 한다.
④ 사회복귀업무 교도관은 제1항부터 제3항까지의 규정에 해당하지 아니하는 수형자에 대하여도 다음 각 호의 어느 하나에 해당하는 경우에는 적절한 교화상담을 하여야 한다.

> **[교화상담 필요]**(제63조 제4항)
> 1. 성격형성 과정의 결함으로 인하여 심리적 교정이 필요한 경우
> 2. 대인관계가 원만하지 못하고 상습적으로 규율을 위반하는 경우
> 3. 가족의 이산, 재산의 손실 등으로 가정에 문제가 있는 때
> 4. 가족 등 연고자가 없는 경우
> 5. 본인의 수용생활로 가족의 생계가 매우 어려운 경우

⑤ 사회복귀업무 교도관이 제1항부터 제4항까지의 규정에 따른 교화상담을 할 때에는 미리 그 수용자의 죄질, 범죄경력, 교육정도, 직업, 나이, 환경, 그 밖의 신상을 파악하여 활용하여야 한다.

제64조 【귀휴등 대상자 보고】 사회복귀업무 교도관은 수형자가 귀휴등의 요건에 해당하고 귀휴등을 허가할 필요가 있다고 인정하는 경우에는 그 사실을 상관에게 보고하여야 한다.

제65조 【사회복귀 지원】 사회복귀업무 교도관은 수형자의 사회복귀에 필요한 지식과 정보를 제공하고, 석방 후 원활한 사회적응을 위한 상담을 하여야 하며, 공공기관·단체 등과 연계하여 사회정착에 필요한 사항을 지원할 수 있다.

제66조 【상황 및 의견의 보고】 사회복귀업무 교도관은 다음 각 호의 어느 하나에 해당하는 경우에는 그에 관한 상황 및 의견을 지체 없이 상관에게 보고하고, 상관의 지시를 받아 처리하여야 한다.

> **[사회복귀업무 교도관의 상관보고사항]**(직무규칙 제66조)
> 1. 수형자의 뉘우치는 정도 등에 따라 수용 및 처우의 방법을 변경할 필요가 있는 경우
> 2. 교화프로그램 시행 등의 과정에서 수형자에게 심경변화 등 특별한 상황이 발생한 경우
> 3. 석방예정자를 특별히 보호하여야 할 사유가 발생한 경우
> 4. 수용자가 처우에 불복하는 경우
> 5. 수용자의 처우에 필요한 정보를 얻은 경우
> 6. 그 밖에 직무의 집행에 착오가 있는 경우

[분류심사업무 교도관의 직무]

제67조 【분류심사업무 교도관의 직무】 교정직교도관 중 분류심사업무를 수행하는 자(이하 "분류심사업무 교도관"이라 한다)는 이 장 제1절의 직무 외에 다음 각 호의 사무를 겸하여 담당한다.

> **[분류심사업무 교도관의 고유업무]**(직무규칙 제67조)
> 1. 수형자의 인성, 행동특성 및 자질 등의 조사·측정·평가("분류심사")
> 2. 교육 및 작업의 적성 판정
> 3. 수형자의 개별처우계획 수립 및 변경
> 4. 가석방

제68조 【분류검사】 분류심사업무 교도관은 개별처우계획을 수립하기 위하여 수형자의 인성, 지능, 적성 등을 측정·진단하기 위한 검사를 한다. [2018. 7급 승진]

제69조 【교정성적 평가】 분류심사업무 교도관은 매월 수형자의 교정성적을 평가하고 일정 기간마다 개별처우계획을 변경하기 위하여 필요한 평가자료를 확보하여야 한다.

제70조 【분류처우위원회 준비 등】 분류심사업무 교도관은 법 제62조의 분류처우위원회의 심의에 필요한 자료와 회의록 등을 작성·정리하여 상관에게 보고하여야 한다.

제71조 【수형자분류처우심사표 기록】 분류심사업무 교도관은 수형자분류처우심사표에 수형자의 처우등급 변경 등 처우변동사항을 지체 없이 기록해야 한다.

제72조 【분류상담】 분류심사업무 교도관은 분류심사, 처우등급 부여 및 가석방 신청 등을 위하여 필요한 경우에는 수형자와 상담하고, 그 결과를 상관에게 보고하여야 한다.

제73조 【가석방 적격자 등에 대한 조치】 분류심사업무 교도관은 수형자가 교정성적이 우수하고 재범의 우려가 없는 등 가석방 요건을 갖추었다고 인정되는 경우에는 상관에게 보고하는 등 적절한 조치를 하여야 한다.

제74조 【상황 및 의견의 보고】 분류심사업무 교도관은 다음 각 호의 어느 하나에 해당하는 경우에는 그에 관한 상황 및 의견을 지체 없이 상관에게 보고하고, 상관의 지시를 받아 처리하여야 한다.

> **[분류심사업무 교도관의 상황보고]**(직무규칙 제74조)
> 1. 분류심사에 잘못이 있음이 발견된 경우
> 2. 개별처우계획을 변경하거나 재검토할 필요가 있는 경우
> 3. 가석방 심사에 영향을 미칠 만한 사항이 발견된 경우
> 4. 그 밖에 직무의 집행에 착오가 있는 경우

07 보건위생교도관의 직무

제1절

제75조 【보건위생직교도관의 직무】 ① 보건위생직교도관이 담당하는 사무는 다음 각 호와 같다.

보건위생직 교도관의 구분	직무
1. 의무직교도관 (의무관: 공중보건의 포함)	가. 수용자의 건강진단, 질병치료 등 의료 나. 교정시설의 위생 다. 그 밖의 교정행정에 관한 사항
2. 약무직교도관	가. 약의 조제 나. 의약품의 보관 및 수급(受給) 다. 교정시설의 위생 보조 라. 그 밖의 교정행정에 관한 사항
3. 간호직교도관	가. 환자 간호 나. 의무관의 진료 보조 다. 교정시설의 위생 보조 라. 「형의 집행 및 수용자의 처우에 관한 법률」 제36조 제2항에 따른 의료행위 마. 그 밖의 교정행정에 관한 사항
4. 의료기술직 교도관	가. 의화학적 검사 및 검사장비 관리업무 나. 의무관의 진료 보조 다. 교정시설의 위생 보조 라. 그 밖의 교정행정에 관한 사항
5. 식품위생직교도관	가. 식품위생 및 영양관리 나. 교정시설의 위생 보조 다. 그 밖의 교정행정에 관한 사항

② 보건위생직교도관은 직무상 필요한 경우에 수용자를 동행·계호할 수 있다.

③ 제2항에 따라 보건위생직교도관이 수용자를 동행·계호하는 경우에는 제34조, 제37조 제1항·제2항을 준용한다.

제76조【환자의 진료】 의무관이 환자를 진료하는 경우에는 진료기록부에 그 병명, 증세, 병력(病歷), 처방 등을 기록하여야 한다.

제77조【감염병 환자 및 응급환자의 진료】 ① 의무관은 감염병 환자가 발생했거나 발생할 우려가 있는 경우에는 지체 없이 소장에게 보고해야 하며, 그 치료와 예방에 노력해야 한다.

② 의무관은 응급환자가 발생한 경우에는 정상 근무시간이 아니더라도 지체 없이 출근하여 진료해야 한다.

제78조【수술의 시행】 의무관은 환자를 치료하기 위하여 수술을 할 필요가 있는 경우에는 미리 소장에게 보고하여 허가를 받아야 한다. 다만, 긴급한 경우에는 사후에 보고할 수 있다.

제79조【수용자의 의사에 반하는 의료조치】 ① 의무관은 법 제40조 제2항의 조치를 위하여 필요하다고 인정하는 경우에는 의료과에 근무하는 교정직교도관(의료과에 근무하는 교정직교도관이 없거나 부족한 경우에는 당직간부)에게 법 제100조에 따른 조치를 하도록 요청할 수 있다.

② 제1항의 요청을 받은 교정직교도관 또는 당직간부는 특별한 사정이 없으면 요청에 응하여 적절한 조치를 하여야 한다.

제80조【의약품의 관리】 ① 약무직교도관은 의약품을 교도관용, 수용자용 등으로 용도를 구분하여 보관해야 한다.

② 제1항에 따른 수용자용 의약품은 예산으로 구입한 것과 수용자 또는 수용자 가족 등이 구입한 것으로 구분하여 보관해야 한다.

③ 유독물은 잠금장치가 된 견고한 용기에 넣어 출입문 잠금장치가 이중으로 되어 있는 장소에 보관·관리해야 한다. 다만, 보관장소의 부족 등 부득이한 경우에는 이중 잠금장치가 된 견고한 용기에 넣어 보관·관리할 수 있다.

④ 약무직교도관은 천재지변이나 그 밖의 중대한 사태에 대비해 필요한 약품을 확보해야 하며, 월 1회 이상 그 수량 및 보관상태 등을 점검한 후 점검 결과를 상관에게 보고해야 한다. [2023. 9급 경채]

제81조【교정직교도관 등에 대한 의료교육】 ① 의무관은 의료과 및 의료수용동 등에 근무하는 교정직교도관에 대해 월 1회 이상 감염병 예방, 소독, 그 밖의 의료업무 수행에 필요한 소양교육을 해야 한다. [2021. 6급 승진]

② 의무관은 간병수용자에 대해 간호방법, 구급요법 등 간호에 필요한 사항을 훈련시켜야 한다.

③ 의무관은 교도관에 대해 연 1회 이상 간호방법, 심폐소생술, 응급처치 등의 교육을 해야 한다.

제82조【사망진단서 작성】 의무관은 수용자가 교정시설에서 사망한 경우에는 검시를 하고 사망진단서를 작성하여야 한다. [2023. 9급 경채]

제83조【부식물의 검사】 ① 식품위생직교도관은 부식물 수령에 참여하여 그 신선도 등 품질을 확인하여 물품을 검사하는 교도관에게 의견을 제시하여야 한다. 이 경우 물품을 검사하는 교도관은 식품위생직교도관의 의견에 따라 적절한 조치를 하여야 한다.

② 의무관은 수용자에게 지급하는 주식, 부식 등 음식물 검사에 참여하여 식중독 등을 예방하여야 한다.

제84조【위생검사】 ① 의무관은 매일 1회 이상 의료수용동의 청결, 온도, 환기, 그 밖의 사항을 확인하여야 한다. [2023. 9급 경채]

② 의무관은 교정시설의 모든 설비와 수용자가 사용하는 물품 또는 급식 등에 관하여 매주 1회 이상 전반적으로 그 위생에 관계된 사항을 확인하여야 하고, 그 결과 특히 중요한 사항은 소장에게 보고하여야 한다.

제85조【상황 및 의견의 보고】 ① 의무관은 다음 각 호의 어느 하나에 해당하는 경우에는 그에 관한 상황 및 의견을 지체 없이 상관에게 보고하고, 상관의 지시를 받아 처리하여야 한다.

> **[의무관의 상관 보고사항]**(직무규칙 제85조 제1항)
>
> 1. 작업, 운동, 급식 등에서 수용자의 건강유지에 부적당한 것을 발견한 경우
> 2. 정신이상이 의심되는 수용자, 「형사소송법」 제471조 제1항 제1호부터 제4호까지의 규정 중 어느 하나에 해당하는 수용자 또는 폐질환에 걸렸거나 위독한 상태에 빠진 수용자를 발견한 경우
> 3. 수용자의 체질·병증(病症), 그 밖의 건강상태로 인하여 작업, 급식 등 처우의 방법을 변경할 필요가 있는 경우
> 4. 질병으로 인하여 징벌의 집행 또는 석방에 지장이 있는 경우
> 5. 질병을 숨기거나 꾀병을 앓는 수용자가 있는 경우
> 6. 환자를 의료수용동에 수용할 필요가 있는 경우
> 7. 환자를 외부 의료시설에 이송할 필요가 있거나 교정시설 밖에 있는 의료시설에서 근무하는 의사로 하여금 직접치료나 보조치료를 하게 할 필요가 있는 경우
> 8. 그 밖에 직무의 집행에 착오가 있는 경우

② 의무관을 제외한 보건위생직교도관은 직무의 집행에 착오가 있는 경우에는 상관에게 보고하고, 상관의 지시를 받아 지체 없이 처리하여야 한다.

08 기술직교도관의 직무

제86조【기술직교도관의 직무】 ① 기술직교도관은 다음 각 호의 사무를 담당한다.

> **[기술직 교도관의 사무]**(직무규칙 제86조 제1항)
>
> 1. 건축·전기·기계·화공·섬유·전산·통신 및 농업 등 해당 분야의 시설공사
> 2. 수형자에 대한 기술지도
> 3. 교정시설의 안전 및 유지 관리
> 4. 차량의 운전·정비
> 5. 그 밖의 교정행정에 관한 사항

② 기술직교도관은 직무를 수행하기 위하여 필요한 경우에는 수용자를 동행·계호할 수 있다.
③ 제2항에 따라 기술직교도관이 수용자를 동행·계호하는 경우에는 제34조, 제37조 제1항·제2항을 준용한다.

제87조【시설공사 및 기술지도】 ① 기술직교도관은 교정시설의 신축·증축 및 보수공사가 필요할 경우에는 공사계획을 수립히여 상관에게 보고하여야 한다.
② 기술직교도관은 공사를 시행할 때에는 발주계획을 수립하고 법무부장관이 정하는 바에 따라 감독업무를 수행하여야 한다.
③ 작업현장에서 기술지도를 수행하는 기술직교도관은 수형자의 기술향상에 노력하여야 하며, 위험이 따르는 기술작업 등을 하는 경우에는 수형자를 그 작업에 참여시켜서는 아니 된다. 다만, 수형자의 참여가 불가피하여 소장이 허가한 경우에는 그러하지 아니하다.
④ 제3항에 따른 작업은 특히 안전에 주의하여야 하며, 작업을 마친 후에는 기계·기구를 점검하고 그 결과를 지체 없이 상관에게 보고하여야 한다.

제88조【시설 안전점검 및 유지관리】 ① 기술직교도관은 안전사고 예방을 위하여 시설물에 대한 자체 안전점검 계획을 수립·시행하고, 법령에 따라 정기적으로 결함 검사를 하여야 한다.

② 기술직교도관은 토지·건물 및 전기·통신·기계설비 등 해당 시설이 기능을 적절하게 유지할 수 있도록 관리하여야 하며, 연차적으로 보수계획을 수립·시행하여야 한다.

제88조의2【차량 관리 및 차량의 취급】① 운전직렬공무원은 차량을 취급할 때 안전사고에 유의하여야 하며, 부득이한 경우를 제외하고는 관련 자격 취득자가 직접 조작하여야 한다.

② 운전직렬공무원은 직무상 취급하는 차량에 관하여는 청결을 유지하고, 수시로 점검·수리 등을 하여야 한다.

제89조【상황 및 의견의 보고】기술직교도관은 다음 각 호의 어느 하나에 해당하는 경우에는 그에 관한 상황 및 의견을 지체 없이 상관에게 보고하고, 상관의 지시를 받아 처리하여야 한다.

  1. 시설공사 및 기술지도, 그 밖의 해당 직무에 관한 기획·시행방법·공정 및 작업에 관하여 의견이 있는 경우
  2. 시설물 구조의 안전을 위하여 보수, 보강이 긴급하게 필요한 경우
  3. 작업을 하는 수형자가 징벌대상행위를 한 경우
  4. 차량의 정기점검 등 정기검사가 필요한 경우
  5. 그 밖에 직무의 집행에 착오가 있는 경우

09 관리운영직교도관의 직무

제90조【관리운영직교도관의 직무】① 관리운영직교도관은 다음 각 호의 사무를 담당한다.

  [관리운영직 교도관의 담당업무](직무규칙 제90조 제1항)
  1. 보일러·전기·통신 및 오수정화 시설 등 기계·기구의 취급·설비 관리
  2. 그 밖의 교정행정에 관한 사항

② 관리운영직교도관은 직무를 수행하기 위하여 필요한 경우에는 수용자를 동행·계호할 수 있다.

③ 제2항에 따라 관리운영직교도관이 수용자를 동행·계호하는 경우에는 제34조 및 제37조제1항·제2항을 준용한다.

제91조【시설 관리 및 기계의 취급】① 관리운영직교도관은 기계·설비, 보일러, 전기·통신시설 및 오수정화 시설 등 취급할 때 기술이 필요하거나 위험한 기구를 조작하는 경우에는 안전사고에 유의하여야 하며, 부득이한 경우를 제외하고는 관련 자격 취득자인 관리운영직교도관이 직접 조작하여야 한다.

② 관리운영직교도관은 직무상 취급하는 시설 및 장비에 관하여는 청결을 유지하고, 수시로 점검·수리 등을 하여야 한다.

제92조【상황 및 의견의 보고】관리운영직교도관은 다음 각 호의 어느 하나에 해당하는 경우에는 그에 관한 상황 및 의견을 지체 없이 상관에게 보고하고, 상관의 지시를 받아 처리하여야 한다.

  1. 담당 직무에 관한 작업공정 및 운용방법에 관하여 의견이 있는 경우
  2. 기계·보일러설비, 전기·통신 및 오수 정화시설 등 기계와 기구의 설치, 수리 및 보충이 필요한 경우
  3. 보일러설비 또는 통신장비 등의 정기점검 등 정기검사가 필요한 경우
  4. 그 밖에 직무의 집행에 착오가 있는 경우

10 직업훈련교도관의 직무

제93조【직업훈련교도관의 직무】① 직업훈련교도관은 수형자의 직업능력개발훈련(이하 이 절에서 "훈련"이라 한다)에 관한 사무와 그 밖의 교정행정에 관한 사항을 담당하며, 직무수행상 필요한 경우에는 수용자를 동행·계호할 수 있다.

② 제1항에 따라 직업훈련교도관이 수용자를 동행·계호하는 경우에는 제34조, 제37조 제1항·제2항을 준용한다.

제94조【훈련】직업훈련교도관은 훈련계획을 수립하고 교안을 작성하여 훈련을 받는 수형자(이하 이 절에서 "훈련생"이라 한다)에게 이론교육과 실습훈련을 실시하여야 하며, 그 결과를 일지에 기록하여 상관에게 보고하여야 한다.

제95조【실습훈련】직업훈련교도관은 제94조의 실습훈련을 할 때에는 사전에 상관의 허가를 받아야 한다.

제96조【훈련시설 등의 점검】직업훈련교도관은 훈련에 사용하는 시설, 장비 또는 기계 등의 상태를 훈련을 시작하기 전과 마친 후에 각각 점검하여야 한다.

제97조【훈련 평가】① 직업훈련교도관은 훈련기간 중 훈련생을 대상으로 이론 및 실기 평가를 하고 그 결과를 상관에게 보고하여야 한다.

② 직업훈련교도관은 제1항의 평가결과가 불량한 훈련생에게 재훈련을 하게 할 수 있다.

제98조【상황 및 의견의 보고】직업훈련교도관은 다음 각 호의 어느 하나에 해당하는 경우에는 그에 관한 상황 및 의견을 지체 없이 상관에게 보고하고, 상관의 지시를 받아 처리하여야 한다.
1. 훈련생이 훈련을 거부하거나 평가결과가 극히 불량한 경우
2. 훈련의 종류를 변경할 필요가 있는 경우
3. 훈련시설·장비 또는 기계 등에 이상이 있는 경우
4. 훈련생이 징벌대상행위를 하거나 안전사고를 일으킨 경우
5. 그 밖에 직무의 집행에 착오가 있는 경우

⊕ PLUS 업무영역

교정직 교도관 직무(제25조)	사회복귀업무 교도관(제59조)	분류업무 교도관
1. 수용자 지도·처우·계호 2. 교정시설의 경계 3. 교정시설의 운영·관리 4. 그 밖의 교정행정에 관한 (+) 사항	1. 수용자의 편지·집필 2. 수용자의 종교·문화 3. 수형자 교육 및 교화프로그램 4. 수형자 귀휴, 사회 견학, 가족 만남의 집 또는 가족 만남의 날 행사 5. 수형자 사회복귀 지원	1. 수형자 인성, 행동특성 및 자질 등의 조사·측정·평가(분류심사) 2. 교육 및 작업 적성 판정 3. 수형자 개별처우계획 수립 및 변경 4. 가석방

⊕ PLUS 직무를 수행하기 위하여 필요한 경우 수용자를 동행·계호권

[보건위생직, 관리운영직, 기술직, 직업훈련 교도관]

제34조(시선 또는 실력지배권 내 계호), 제37조 제1항·제2항(징벌대상행위자 상관보고, 도주 등 중대한 징벌대상행위자 체포 및 진압을 위한 수단동원과 동시에 상관보고, 도주차 추격)을 준용한다(직무규칙 제93조 제2항).

단원별 지문 O/X

01 「교도관직무규칙」상 교정시설에는 소장의 자문에 응하여 교정행정에 관한 중요한 시책의 집행방법 등을 심의하게 하기 위하여 소장 소속의 교도관회의를 둘 수 있다. (　　) [2022. 5급 승진]

02 「교도관 직무규칙」상 소장은 교도관으로 하여금 매주 1회 이상 소화기 등 소방기구를 점검하게 하고 그 사용법의 교육과 소방훈련을 하게 하여야 한다. (　　) [2021. 7급]

03 「교도관 직무규칙」상 당직간부란 보안과장이 지명하는 교정직교도관으로서 보안과의 보안업무 전반에 걸쳐 보안과장을 보좌하고, 휴일 또는 야간에 소장을 대리하는 사람을 말한다. (　　) [2021. 7급]

04 당직간부는 매월 1회 이상 교도관의 비상소집망을 확인하여 정확하게 유지하도록 하여야 한다. (　　) [2022. 6급 승진]

05 「교도관 직무규칙」상 교정직교도관이 수용자를 교정시설 밖으로 호송하는 경우에는 미리 호송계획서를 작성하여 상관에게 보고하여야 한다. (　　) [2021. 7급]

06 「교도관 직무규칙」상 정문근무자는 수용자의 취침 시간부터 기상 시간까지는 보안과장의 허가 없이 정문을 여닫을 수 없다. (　　) [2021. 7급]

07 「교도관 직무규칙」제80조(의약품의 관리) ④약무직교도관은 천재지변이나 그 밖의 중대한 사태에 대비해 필요한 약품을 확보해야 하며, 월 1회 이상 그 수량 및 보관상태 등을 점검한 후 점검 결과를 상관에게 보고해야 한다. (　　) [2023. 5급 승진]

08 「교도관직무규칙」제81조(교정직교도관 등에 대한 의료교육) ② 교도관은 간병수용자에 대해 간호방법, 구급요법 등 간호에 필요한 사항을 훈련시켜야 한다. (　　) [2023. 5급 승진]

---

01 × 교정시설에는 소장의 자문에 응하여 교정행정에 관한 중요한 시책의 집행방법 등을 심의하게 하기 위하여 소장 소속의 교도관회의를 둔다(교도관직무규칙 제21조).

02 × 소장은 교도관으로 하여금 매월 1회 이상 소화기 등 소방기구를 점검하게 하고 그 사용법의 교육과 소방훈련을 하게 하여야 한다(동 규칙 제16조).

03 × 당직간부란 교정시설의 장(소장)이 지명하는 교정직교도관으로서 보안과의 보안업무 전반에 걸쳐 보안과장을 보좌하고, 휴일 또는 야간(당일 오후 6시부터 다음날 오전 9시까지를 말한다.)에 소장을 대리하는 사람을 말한다(동 규칙 제2조 제8호).

04 × 당직간부는 매주 1회 이상 교도관의 비상소집망을 확인하여 정확하게 유지하도록 하여야 한다(교도관직무규칙 제55조).

05 ○ 교도관직무규칙 제40조 제1항

06 × 정문근무자는 수용자의 취침 시간부터 기상 시간까지는 당직간부의 허가 없이 정문을 여닫을 수 없다(동 규칙 제42조 제4항).

07 ○

08 × 의무관의 직무이다.

09 「교도관 직무규칙」 제84조(위생검사) ① 약무관은 매일 1회 이상 의료수용동의 청결, 온도, 환기, 그 밖의 사항을 확인하여야 한다. (   )

[2023. 5급 승진]

10 「교도관 직무규칙」상 의료과장은 교정시설의 모든 설비와 수용자가 사용하는 물품 또는 급식 등에 관하여 매주 1회 이상 전반적으로 그 위생에 관계된 사항을 확인하여야 하고, 그 결과 특히 중요한 사항은 소장에게 보고하여야 한다. (   )

[2023. 5급 승진]

---

09 ✕ 의무관의 직무이다.
10 ✕ 의무관의 직무이다.

제3절 수형자 등 호송 규정(대통령령, 2021.1.5. 시행)

제1조【목적】 이 영은 수형자나 그 밖에 법령에 따라 구속된 사람의 호송에 필요한 사항을 규정함을 목적으로 한다.

제2조【호송공무원】 교도소·구치소 및 그 지소(이하 "교정시설"이라 한다) 간의 호송은 교도관이 행하며, 그 밖의 호송은 경찰관 또는 「검찰청법」 제47조에 따라 사법경찰관리로서의 직무를 수행하는 검찰청 직원이 행한다.

제3조【호송방법】 ① 호송은 피호송자를 받아야 할 관서 또는 출두하여야 할 장소와 유치할 장소에 곧바로 호송한다.

② 호송은 필요에 의하여 차례로 여러곳을 거쳐서 행할 수 있다.

제4조【호송장등】 ① 발송관서는 호송관에게 피호송자를 인도하는 동시에 별지 서식의 호송장 기타 필요한 서류를 내어주어야 한다.

② 교도관이 호송하는 때에는 신분장 및 영치금품 송부서를 호송장으로 대용할 수 있다.

제5조【수송관서에의 통지】 발송관서는 미리 수송관서에 대하여 피호송자의 성명·발송시일·호송사유 및 방법을 통지하여야 한다. [2013. 9급]

제6조【영치금품의 처리】 피호송자의 영치금품은 다음과 같이 처리한다.

1. 영치금은 발송관서에서 수송관서에 전자금융을 이용하여 송금한다. 다만, 소액의 금전 또는 당일 호송을 마칠 수 있는 때에는 호송관에게 탁송할 수 있다.
2. 피호송자가 법령에 의하여 호송 중에 물품 등을 자신의 비용으로 구매할 수 있는 때에 그 청구가 있으면 필요한 금액을 호송관에게 탁송하여야 한다.
3. 영치품은 호송관에게 탁송한다. 다만, 위험하거나 호송관이 휴대하기 적당하지 아니한 영치품은 발송관서에서 수송관서에 직송할 수 있다.
4. 송치중의 영치금품을 호송관에게 탁송한 때에는 호송관서에 보관책임이 있고, 그러하지 아니한 때에는 발송관서에 보관책임이 있다. [2021. 9급]

제7조【호송시간】 호송은 일출전 또는 일몰후에는 행할 수 없다. 다만, 열차·선박·항공기를 이용하는 때 또는 특별한 사유가 있는 때에는 예외로 한다.

제8조【피호송자의 숙박】 ① 피호송자의 숙박은 열차·선박 및 항공기를 제외하고는 경찰관서 또는 교정시설을 이용하여야 하며, 숙박의뢰를 받은 경찰관서의 장 또는 교정시설의 장은 부득이 한 경우를 제외하고는 이를 거절할 수 없다.

② 제1항에 의하기 곤란한 때에는 다른 숙소를 정할 수 있다.

제9조【물품구매등의 허가】 ① 피호송자가 법령에 의하여 필요한 물품을 자신의 비용으로 구입할 수 있는 때에는 호송관은 물품의 구매를 허가할 수 있다.

② 제1항의 구매품의 대가를 제6조 제2호의 금전중에서 지출할 때에는 호송관은 본인의 확인서를 받아야 한다.

제10조【피호송자의 도주 등】 ① 피호송자가 도주한 때에는 호송관은 즉시 그 지방 및 인근 경찰관서와 호송관서에 통지하여야 하며, 호송관서는 관할 지방검찰청, 사건소관 검찰청, 호송을 명령한 관서, 발송관서 및 수송관서에 통지하여야 한다. [2021. 9급] 총 2회 기출

② 제1항의 경우에는 서류와 금품은 발송관서에 반환하여야 한다.

제11조【피호송자의 질병등】 ① 피호송자가 질병에 걸렸을 때에는 적당한 치료를 하여야 하며, 호송을 계속할 수 없다고 인정한 때에는 피호송자를 그 서류 및 금품과 함께 인근 교정시설 또는 경찰관서에 일시 유치할 수 있다.

② 제1항에 따라 피호송자를 유치한 관서는 피호송자의 치료 등에 적극 협조하여야 한다.

③ 질병이 치유된 때에는 제1항의 관서는 즉시 호송을 계속 진행하고 발송관서에 통지해야 한다.

제12조【피호송자의 사망 등】 ① 피호송자가 사망한 경우 호송관서는 사망지 관할 검사의 지휘에 따라 그 인근 경찰관서 또는 교정시설의 협조를 얻어 피호송자의 사망에 따른 업무를 처리한다.

② 피호송자가 열차·선박 또는 항공기에서 사망한 경우 호송관서는 최초 도착한 곳의 관할 검사의 지휘에 따라 그 인근 경찰관서 또는 교정시설의 협조를 얻어 제1항에 따른 업무를 처리한다. [2013. 9급]

③ 호송관서는 피호송자가 사망한 즉시 발송관서·수송관서 및 사망자의 가족(가족이 없는 경우 다른 친족을 말한다. 이하 이 조에서 같다)에게 사망일시, 장소 및 원인 등을 통지하여야 한다.

④ 제3항에 따른 통지를 받을 가족이 없거나, 통지를 받은 가족이 통지를 받은 날부터 3일 내에 그 시신을 인수하지 않으면 임시로 매장하여야 한다.

제13조【예비·호송비용의 부담】 ① 호송관의 여비나 피호송자의 호송비용은 호송관서가 부담한다. 다만, 피호송자를 교정시설이나 경찰관서에 숙식하게 한 때에는 그 비용은 교정시설이나 경찰관서가 부담한다. [2021. 9급] 총 3회 기출

② 제11조와 제12조에 의한 비용은 각각 그 교부를 받은 관서가 부담한다. [2019. 5급 승진]

제14조【호송비용】 피호송자를 교정시설이나 경찰관서가 아닌 장소에서 숙식하게 한 때의 비용은 「공무원 여비 규정」 제30조 및 별표 9 제5호를 준용한다.

제15조【예외규정】 천재지변이나 그 밖의 특별한 사정이 있는 때에는 호송할 그 관서의 장은 법무부장관의 허가를 받아 제2조(호송공무원), 제4조부터 제7조(호송장, 수송관서에의 통지, 영치금품의 처리, 호송시간)까지, 제11조(피호송자의 질병) 및 제12조(피호송자의 사망 등)에 따르지 아니할 수 있다.

단원별 지문

01 「수형자 등 호송 규정」상 피호송자가 도주한 때에 서류와 금품은 수송관서로 송부하여야 한다. (　　) [2021. 9급]

02 「수형자 등 호송 규정」상 교도소·구치소 및 그 지소 간의 호송은 교도관이 행한다. (　　) [2021. 9급]

03 「수형자 등 호송 규정」상 송치 중의 영치금품을 호송관에게 탁송한 때에는 호송관서에 보관책임이 있고, 그러하지 아니한 때에는 발송관서에 보관책임이 있다. (　　) [2021. 9급]

04 「수형자 등 호송 규정」상 호송관의 여비나 피호송자의 호송비용은 호송관서가 부담하나, 피호송자를 교정시설이나 경찰관서에 숙식하게 한 때에는 그 비용은 교정시설이나 경찰관서가 부담한다. (　　) [2021. 9급]

05 「수형자 등 호송 규정」상 교정시설 간의 호송은 교도관, 경찰관, 검찰청 직원이 행한다. (　　) [2019. 5급 승진]

06 「수형자 등 호송 규정」상 호송관의 여비나 피호송자의 호송비용은 수송관서가 부담한다. (　　) [2019. 5급 승진]

07 「수형자 등 호송 규정」상 피호송자의 질병이나 사망으로 인한 비용은 발송관서가 부담한다. (　　) [2019. 5급 승진]

08 「수형자 등 호송 규정」상 V열차를 이용할 경우에는 일출 전 또는 일몰 후에도 호송할 수 있다. (　　) [2019. 5급 승진]

09 「수형자 등 호송 규정」상 피호송자가 도주하면 호송관은 즉시 발송관서와 수송관서에 통지하여야 한다. (　　) [2019. 5급 승진]

---

01 ✕ 피호송자가 도주한 때에는 서류와 금품은 발송관서에 반환하여야 한다(수형자 등 호송 규정 제10조 제2항).

02 ○ 동 규정 제2조

03 ○ 동 규정 제6조 제4항

04 ○ 동 규정 제13조 제1항

05 ✕ 교도소·구치소 및 그 지소(교정시설) 간의 호송은 교도관이 행하며, 그 밖의 호송은 경찰관 또는 사법경찰관리로서의 직무를 수행하는 검찰청 직원이 행한다(동 규정 제2조).

06 ✕ 호송관의 여비나 피호송자의 호송비용은 호송관서가 부담한다. 다만, 피호송자를 교정시설이나 경찰관서에 숙식하게 한 때에는 그 비용은 교정시설이나 경찰관서가 부담한다(동 규정 제13조 제1항).

07 ✕ 피호송자의 질병이나 사망에 의한 비용은 각각 그 교부를 받은 관서가 부담한다(동 규정 제13조 제2항).

08 ○ 호송은 일출 전 또는 일몰 후에는 행할 수 없다. 다만, 열차·선박·항공기를 이용하는 때 또는 특별한 사유가 있는 때에는 예외로 한다(수형자 등 호송 규정 제7조).

09 ✕ 피호송자가 도주한 때에는 호송관은 즉시 그 지방 및 인근 경찰관서와 호송관서에 통지하여야 하며, 호송관서는 관할 지방검찰청, 사건소관 검찰청, 호송을 명령한 관서, 발송관서 및 수송관서에 통지하여야 한다(동 규정 제10조).

제4절 가석방자관리규정(대통령령, 2022.7.1. 시행)

제1조【목적】 이 영은 가석방자에 대한 가석방 기간 중의 보호와 감독에 필요한 사항을 규정함을 목적으로 한다.

제2조【정의】 이 영에서 "가석방자"란 징역 또는 금고 형의 집행 중에 있는 사람으로서 「형법」 제72조 및 「형의 집행 및 수용자의 처우에 관한 법률」 제122조에 따라 가석방된 사람(「보호관찰 등에 관한 법률」에 따른 보호관찰 대상자는 제외한다)을 말한다.

제3조【가석방자의 보호와 감독】 가석방자는 그의 주거지를 관할하는 경찰서(경찰서의 지구대를 포함한다. 이하 같다)의 장의 보호와 감독을 받는다.

제4조【가석방 사실의 통보】 ① 교도소·구치소 및 그 지소(支所)(이하 "교정시설"이라 한다)의 장은 가석방이 허가된 사람을 석방할 때에는 그 사실을 가석방될 사람의 주거지를 관할하는 지방검찰청의 장(지방검찰청 지청의 장을 포함한다. 이하 같다)과 형을 선고한 법원에 대응하는 검찰청 검사장 및 가석방될 사람을 보호·감독할 경찰서(이하 "관할경찰서"라 한다)의 장에게 미리 통보하여야 한다.

② 교정시설의 장은 가석방이 허가된 사람에게 가석방의 취소 및 실효사유와 가석방자로서 지켜야 할 사항 등을 알리고, 주거지에 도착할 기한 및 관할경찰서에 출석할 기한 등을 적은 가석방증을 발급하여야 한다. [2022. 7급]

제5조【가석방자의 출석의무】 가석방자는 제4조 제2항에 따른 가석방증에 적힌 기한 내에 관할경찰서에 출석하여 가석방증에 출석확인을 받아야 한다. 다만, 천재지변, 질병, 그 밖의 부득이한 사유로 기한 내에 출석할 수 없거나 출석하지 아니하였을 때에는 지체 없이 그 사유를 가장 가까운 경찰서의 장에게 신고하고 별지 제1호서식의 확인서를 받아 관할경찰서의 장에게 제출하여야 한다. [2022. 7급]

제6조【가석방자의 신고의무】 ① 가석방자는 그의 주거지에 도착하였을 때에는 지체 없이 종사할 직업 등 생활계획을 세우고 이를 관할경찰서의 장에게 서면으로 신고하여야 한다. [2022. 7급] 총 2회 기출

② 가석방자의 보호를 맡은 사람은 제1항의 신고서에 기명날인 또는 서명하여야 한다.

제7조【관할경찰서의 장의 조치】 ① 관할경찰서의 장은 가석방자가 가석방 기간 중 정상적인 업무에 종사하고 비행을 저지르지 아니하도록 적절한 지도를 할 수 있다.

② 관할경찰서의 장은 제1항에 따른 지도 중 가석방자의 재범방지를 위해 특히 필요하다고 인정하는 경우에는 특정 장소의 출입제한명령 등 필요한 조치를 할 수 있다.

③ 관할경찰서의 장은 제2항에 따른 조치를 할 경우 그 사실을 관할 지방검찰청의 장 및 가석방자를 수용하였다가 석방한 교정시설(이하 "석방시설"이라 한다)의 장(이하 "관계기관의 장"이라 한다)에게 통보하여야 한다.

제8조【가석방자에 대한 조사】 관할경찰서의 장은 6개월마다 가석방자의 품행, 직업의 종류, 생활 정도, 가족과의 관계, 가족의 보호 여부 및 그 밖의 참고사항에 관하여 조사서를 작성하고 관계기관의 장에게 통보하여야 한다. 다만, 변동 사항이 없는 경우에는 그러하지 아니하다. [2022. 7급] 총 2회 기술

제9조【보호와 감독의 위임】 ① 관할경찰서의 장은 석방시설의 장의 의견을 들어 가석방자의 보호와 감독을 적당한 사람에게 위임할 수 있다.

② 제1항에 따라 보호와 감독을 위임받은 사람은 매월 말일 제8조에서 정한 사항을 관할경찰서의 장에게 보고하여야 한다.

제10조【국내 주거지 이전 및 여행】 ① 가석방자는 국내 주거지 이전 또는 1개월 이상 국내 여행(이하 "국내주거지 이전등"이라 한다)을 하려는 경우 관할경찰서의 장에게 신고하여야 한다. [2016. 7급]

② 제1항에 따른 신고를 하려는 사람은 별지 제2호서식의 신고서(전자문서로 된 신고서를 포함한다)를 관할경찰서의 장에게 제출하여야 한다.

제11조【국내주거지 이전등의 신고에 따른 조치】① 관할경찰서의 장은 가석방자가 제10조에 따라 국내주거지 이전등을 신고한 경우에는 제7조 제1항 및 제2항에 따른 지도 및 조치를 하여야 한다. 다만, 관할경찰서의 관할 구역에서 주거지를 이전하거나 여행하는 경우에는 그러하지 아니하다.

② 제1항의 경우에는 제7조 제3항을 준용한다.

제12조【국내주거지 이전등 신고 사실의 통보】관할경찰서의 장은 제10조에 따라 국내주거지 이전등의 신고를 받은 경우에는 가석방자의 새 주거지를 관할하는 지방검찰청의 장 및 경찰서의 장에게 신고 사실을 통보하고, 해당 경찰서의 장에게 관계서류를 송부하여야 한다.

제13조【국외 이주 및 여행】① 가석방자는 국외 이주 또는 1개월 이상 국외 여행(이하 "국외 이주등"이라 한다)을 하려는 경우 관할경찰서의 장에게 신고하여야 한다.

② 제1항에 따른 신고를 하려는 사람은 별지 제3호서식의 신고서(전자문서로 된 신고서를 포함한다)에 다음 각 호의 서류(전자문서를 포함한다)를 첨부하여 관할경찰서의 장에게 제출하여야 한다. 이 경우 담당 공무원은 「전자정부법」제36조 제1항에 따른 행정정보의 공동이용을 통하여 가석방자의 주민등록표 초본을 확인하여야 하며, 가석방자가 확인에 동의하지 아니하는 경우에는 이를 제출하도록 하여야 한다.

 1. 가석방증 사본 또는 수용증명서 1부
 2. 초청장 등 사본 1부
 3. 귀국서약서 1부(국외여행자만 해당한다)

제14조 삭제 <2016.1.22.>

제15조【국외 이주등 중지의 신고】제13조에 따라 신고한 가석방자는 국외 이주등을 중지하였을 때에는 지체 없이 그 사실을 관할경찰서의 장에게 신고하여야 한다.

제16조【국외 여행자의 귀국신고】국외 여행을 한 가석방자는 귀국하여 주거지에 도착하였을 때에는 지체 없이 그 사실을 관할경찰서의 장에게 신고하여야 한다. 국외 이주한 가석방자가 입국하였을 때에도 또한 같다.

제17조【신고사항의 통보】제13조, 제15조 및 제16조에 따른 신고를 받은 관할경찰서의 장은 그 사실을 관계기관의 장에게 통보하여야 한다.

제18조【가석방의 실효 등 보고】각 지방검찰청의 장, 경찰서의 장 및 교정시설의 장은 가석방자가 「형법」제74조 또는 제75조에 해당하게 된 사실을 알았을 때에는 지체 없이 석방시설의 장에게 통보하여야 하며, 통보를 받은 석방시설의 장은 지체 없이 법무부장관에게 보고하여야 한다.

제19조【가석방의 취소 등】① 법무부장관은 가석방 처분을 취소하였을 때에는 가석방자의 주거지를 관할하는 지방검찰청의 장 또는 교정시설의 장이나 가석방 취소 당시 가석방자를 수용하고 있는 교정시설의 장에게 통보하여 남은 형을 집행하게 하여야 한다.

② 제1항의 경우 제4조제2항에 따라 발급한 가석방증은 효력을 잃는다.

제20조【사망 통보】① 가석방자가 사망한 경우 관할경찰서의 장은 그 사실을 관계기관의 장에게 통보하여야 한다. [2016. 7급]

② 제1항의 통보를 받은 석방시설의 장은 그 사실을 법무부장관에게 보고하여야 한다.

제21조【준용규정】군사법원에서 형의 선고를 받은 사람에 대한 법무부장관의 직무는 국방부장관이 수행하고, 검사의 직무는 형을 선고한 군사법원에 대응하는 군검찰부의 군검사가 수행한다.

단원별 지문 O X

01 교정시설의 장은 가석방이 허가된 사람에게 가석방의 취소 및 실효사유와 가석방자로서 지켜야 할 사항 등을 알리고, 주거지에 도착할 기한 및 관할경찰서에 출석할 기한 등을 적은 가석방증을 발급하여야 한다. (　　) [2022. 7급]

02 가석방자는 가석방증에 적힌 기한 내에 관할경찰서에 출석하여 출석확인과 동시에 종사할 직업 등 생활계획을 세워 이를 관할경찰서의 장에게 서면으로 신고하여야 한다. (　　) [2022. 7급]

03 관할경찰서의 장은 변동사항이 없는 경우를 제외하고, 6개월마다 가석방자의 품행 등에 관하여 조사서를 작성하고 관할 지방검찰청의 장 및 가석방자를 수용하였다가 석방한 교정시설의 장에게 통보하여야 한다. (　　) [2022. 7급]

04 가석방자가 1개월 이상 국내 및 국외 여행 후 귀국하여 주거지에 도착한 때에는 관할경찰서의 장에게 신고하여야 한다. (　　) [2022. 7급]

05 「가석방자관리규정」상 가석방자는 가석방 후 그의 주거지에 도착하였을 때에 지체 없이 종사할 직업 등 생활계획을 세우고, 이를 관할경찰서의 장에게 서면으로 신고하여야 한다. (　　) [2016. 7급]

06 「가석방자관리규정」상 관할경찰서의 장은 6개월마다 가석방자의 품행, 직업의 종류, 생활 정도, 가족과의 관계, 가족의 보호 여부 및 그 밖의 참고사항에 관하여 조사서를 작성하고 관할 지방검찰청의 장 및 가석방자를 수용하였다가 석방한 교정시설의 장에게 통보하여야 한다. 다만, 변동 사항이 없는 경우에는 그러하지 아니하다. (　　) [2016. 7급]

07 「가석방자관리규정」상 가석방자는 국내 주거지 이전 또는 10일 이상 국내 여행을 하려는 경우 관할경찰서의 장에게 신고하여야 한다. [2016. 7급]

08 「가석방자관리규정」상 가석방자가 사망한 경우 관할경찰서의 장은 그 사실을 관할 지방검찰청의 장 및 가석방자를 수용하였다가 석방한 교정시설의 장에게 통보하여야 하고, 통보를 받은 석방시설의 장은 그 사실을 법무부장관에게 보고하여야 한다. (　　) [2016. 7급]

---

01 ○ 가석방자관리규정 제4조 제2항

02 × 가석방자는 가석방증에 적힌 기한 내에 관할경찰서에 출석하여 가석방증에 출석확인을 받아야 하며(가석방자관리규정 제5조 본문), 가석방자는 그의 주거지에 도착하였을 때에는 지체 없이 종사할 직업 등 생활계획을 세우고 이를 관할경찰서의 장에게 서면으로 신고하여야 한다(가석방자관리규정 제6조 제1항).

03 ○ 관할경찰서의 장은 6개월마다 가석방자의 품행, 직업의 종류, 생활 정도, 가족과의 관계, 가족의 보호 여부 및 그 밖의 참고사항에 관하여 조사서를 작성하고 관계기관의 장에게 통보하여야 한다. 다만, 변동 사항이 없는 경우에는 그러하지 아니하다(가석방자관리규정 제8조).

04 × 가석방자는 ㉠ 국내 주거지 이전 또는 1개월 이상 국내 여행을 하려는 경우, ㉡ 국외 이주 또는 1개월 이상 국외 여행을 하려는 경우 관할경찰서의 장에게 신고하여야 하며(가석방자관리규정 제10조 제1항·제13조 제1항), 국외 여행을 한 가석방자는 귀국하여 주거지에 도착하였을 때에는 지체 없이 그 사실을 관할경찰서의 장에게 신고하여야 한다. 국외 이주한 가석방자가 입국하였을 때에도 또한 같다(가석방자관리규정 제16조).

05 ○ 가석방자관리규정 제6조 제1항

06 × 가석방자는 국내 주거지 이전 또는 1개월 이상 국내 여행을 하려는 경우 관할경찰서의 장에게 신고하여야 한다(가석방자관리규정 제10조 제1항).

07 ○ 가석방자관리규정 제8조

08 ○ 가석방자관리규정 제20조

제30장 / 민영교도소

제1절 개요

01 의의 및 출현배경

(1) 의의
교도소 등 교정시설을 민간기업이나 민간단체가 건설, 재정, 행정 등 국가를 대신하여 운영하거나 교정시설의 일부 프로그램을 지원하는 것이다. 이는 사설교도소라고도 하는 것으로 민간분야로부터 각종 재화와 용역을 구매하는 정부지원기업을 지칭한다.

(2) 출현배경
① 범죄발생의 증가와 과밀수용으로 인한 수용능력의 증대 필요성
② 교정경비의 증대와 효율성에 대해 비용 – 편익분석에 의한 경영기법 도입의 필요성
③ 재범률을 낮추는 데 실패한 국가 독점적 교정의 한계
④ 정부기관의 민영화 추세와 양질의 교정처우프로그램의 필요성 [2012. 7급]

02 민영교도소 유형 구분

(1) 민영교도소의 유형
① COCOS(COntractor owned and COntractor operated): 교정시설을 민간기업이나 단체가 직접소유하여 운영하며 그에 소요되는 자본도 민간자본으로 투자된 형태의 민영교도소이다.
② GOCOS(GOvernment owned and COntractor operated): 교정시설은 기존의 교정당국에 의해 운영되지만 재정적인 영역, 즉 투자와 소유권은 민간에 귀속되어 있는 형태의 교도소 또는 정부가 소유하고 있는 시설을 민간이 참여하여 교정서비스를 제공하는 업무를 전담하는 경우의 교도소이다.

(2) 민영교도소의 운영방식(영리성에 따른 분류)
① 미국식: 영리성을 목적으로 출발한 기업형태로 현재 미국의 민영교도소 시장의 70%를 점유하는 CCA와 WCC는 영국과 호주 등에 자사망을 갖춘 다국적 교정회사로 미국에서는 민영교도소 사업이 '황금알을 낳는 거위'로 불릴 정도로 많은 이윤을 얻고 있다.
② 브라질식: 비영리성 대표적 모델로 1984년 설립된 휴마이타(Humaita) 종교교도소이다. 현재 우리나라의 민영교도소인 소망교도소는 미국식보다 브라질식을 추구하고 있다.

(3) 민영화의 형태

교도작업	임대방식·위탁방식·도급방식 등을 통한 작업의 민간과의 교류
서비스	대규모 전문회사로부터 양질의 서비스를 저렴한 비용으로 구매함으로써 경비를 절감하는 형태
비시설수용	중간처우소와 같은 사회내 처우시설이나 보안등급이 낮은 청소년범죄자 수용시설 등을 민간에 위탁·운영하는 형태

03 외국의 운영실태

국가	운영실태
미국	1957년 최초의 민영시설로 펜실베니아의 위버스빌 RCA Corporation이 비행청소년을 위한 보안수준이 높은 기숙사형 집중처우형태의 소년원으로 출발하여 현재 다국적 기업형태인 14개 교정회사가 180여 개의 교정시설 운영
영국	1991년 최초의 시범 민영교도소 '올스'가 운영되었고, 1994년 잉글랜드 험버사이드에 '돈카스터'민영교도소가 건설
호주	보랄린 민영교도소(Borallin Correction Centre)와 아더고리 민영구치소(Arthur Gorrie Correctional Centre)가 대표적인데 건물과 부지는 정부소유이고 관리와 운영만 민간업체가 담당 [2010. 9급]
브라질	휴마이타(Humaita)교도소가 대표적인데 기독교 민영교도소의 세계적 표본이다.
일본	2007년 야마구치현 미네시에 '미네 사회복지촉진센터'를 열고, 초범으로 형량이 가벼운 남녀 기결수 각 500명씩 관리하는 민간의 자금과 경영노하우를 활용한 최첨단 민간교도소

04 민영화의 쟁점

법률적	징벌, 배상책임, 수용자권리, 무력사용 등의 소재는 어디에 있는가
경제적	우수한 시설의 설계와 건축, 운영과 행정의 융통성, 권력의 분산과 분권화, 직원의 사기·열정, 소유의식의 고조, 경험과 지도력, 엄격한 수용자관리로 비용을 절감할 수 있는가
윤리적	국가가 아닌 민간인이 타인의 자유를 박탈할 수 있는가, 형의 집행이라는 국가권력작용을 민간에 위임할 수 있는가, 형벌을 이용한 이윤의 추구가 가능한가

05 민영화의 장·단점

(1) 장점

① 민간기업가들은 납세자에게 보다 적은 비용으로 정부에서 운영하던 것보다 효과적으로, 안전하게, 인간적으로 교정시설을 운영하고 이익을 남길 수 있다. [2012. 7급]

② 정부운영교도소보다 민간운영교도소가 수용자처우의 비용면에서 경제적인 것으로 분석되었다.

(2) 단점

① 공공기관에서는 기업이 계약을 준수하는가를 끊임없이 관찰해야 할 의무가 있고 민간소유 및 민간운영의 사설교도소에 대한 정치적·재정적·윤리적·행정적 논점에 대한 검토가 필요하다.

② 형벌집행권이라는 국가고유 공권력의 민간이양 문제, 민간기업의 이윤추구를 위한 수형자 노동착취의 가능성, 교도소산업으로 인한 산업의 피해문제 등이 단점으로 지적되고 있다. [2012. 7급]

③ 수용처우의 증대를 초래하여 결과적으로 형사사법망의 확대로 이어질 수 있다.

06 우리나라의 민영교도소

(1) 우리나라 민영교도소의 연혁 및 근거규정

① 1999년 12월 28일 제7차 「행형법」 개정에 "법무부장관은 교도소 등의 설립 및 운영의 일부를 법인 또는 개인에게 위탁할 수 있다"는 근거규정 신설 [2010. 9급]

② 2000년 1월 28일 「민영교도소 등의 설치·운영에 관한 법률」 제정 [2017. 7급]

> **[교정시설 설치·운영의 민간위탁]**(형집행법 제7조)
> 1. 법무부장관은 교정시설의 설치 및 운영에 관한 업무의 일부를 법인 또는 개인에게 위탁할 수 있다.
>   [2018. 9급] 총 5회 기출
> 2. 위탁을 받을 수 있는 법인 또는 개인의 자격요건, 교정시설의 시설기준, 수용대상자의 선정기준, 수용자 처우의 기준, 위탁절차, 국가의 감독, 그 밖에 필요한 사항은 따로 법률로 정한다.

▶ **민영화**: 법률이 위임하는 범위 안에서 그 운영을 위탁하는 것이지 국가의 형벌권을 위임하는 것으로는 보지 않는다. [2012. 7급]

(2) 민영교도소 운영상황

① 2010년 12월 경기도 여주에 국내 최초의 민영교도소인 소망교도소가 개설되어 운영 중에 있다.

② 아가페의 민영교도소 설립목적에 따르면 경제성이나 생산성 증대의 목표보다는 정신적·도덕적 개선작용을 증진시켜 건강한 사회인의 양성에 목적을 두고 있다(브라질식 추구).

단원별 지문 O X

01 범죄발생의 증가와 과밀수용으로 인한 수용능력의 증대 필요성은 민영교도소 발전의 계기가 되었다. (　　)

02 교정경비의 증대와 효율성에 대해 비용 – 편익분석에 의한 경영기법 도입의 필요성은 민영교도소 발전의 계기가 되었다. (　　)

03 재범률을 낮추는 데 실패한 국가 독점적 교정의 한계와 양질의 교정처우프로그램의 필요성은 민영교도소 발전의 계기가 되었다. (　　)　　　　　　　　　　　　　　　　　　　　　　　　　　　　　　　　　　　　[2012. 7급]

04 형벌집행권이라는 국가고유 공권력의 민간이양 문제, 민간기업의 이윤추구를 위한 수형자 노동착취의 가능성, 교도소산업으로 인한 산업의 피해문제 등은 민영교도소 출현의 배경이 되었다. (　　)　　　　　　　　　　　　　　　　　[2012. 7급]

05 민영교도소는 수용처우의 증대를 초래하여 결과적으로 형사사법망의 확대로 이어질 수 있다는 우려가 있다. (　　)

06 1999년 12월 28일 제7차 「행형법」에 "법무부장관은 교도소 등의 설립 및 운영의 일부를 법인 또는 개인에게 위탁할 수 있다"는 근거규정을 마련하고, 2000년 1월 28일 「민영교도소 등의 설치 · 운영에 관한 법률」이 제정되었다. (　　)　　[2017. 7급]

---

01 ○
02 ○
03 ○
04 ✕　형벌집행권이라는 국가고유 공권력의 민간이양 문제, 민간기업의 이윤추구를 위한 수형자 노동착취의 가능성, 교도소산업으로 인한 산업의 피해문제 등이 단점으로 지적되고 있다.
05 ○
06 ○

제2절 민영교도소 등의 설치·운영에 관한 법률

01 목적과 용어 정의

제1조【목적】 이 법은 「형의 집행 및 수용자의 처우에 관한 법률」 제7조에 따라 교도소 등의 설치·운영에 관한 업무의 일부를 민간에 위탁하는 데에 필요한 사항을 정함으로써 교도소 등의 운영의 효율성을 높이고 수용자의 처우 향상과 사회 복귀를 촉진함을 목적으로 한다.

제2조【정의】 이 법에서 사용하는 용어의 뜻은 다음과 같다.

1. 교정업무	수용자의 수용·관리, 교정·교화, 직업교육, 교도작업, 분류·처우, 그 밖에 형의 집행 및 수용자의 처우에 관한 법률에서 정하는 업무를 말한다.
2. 수탁자	교정업무를 위탁받기로 선정된 자를 말한다.
3. 교정법인	법무부장관으로부터 교정업무를 포괄적으로 위탁받아 교도소·소년교도소 또는 구치소 및 그 지소를 설치·운영하는 법인을 말한다.
4. 민영교도소 등	교정법인이 운영하는 교도소 등을 말한다.

02 민간위탁

제3조【교정업무의 민간 위탁】 ① 법무부장관은 필요하다고 인정하면 이 법에서 정하는 바에 따라 교정업무를 공공단체 외의 법인·단체 또는 그 기관이나 개인에게 위탁할 수 있다. 다만, 교정업무를 포괄적으로 위탁하여 한 개 또는 여러 개의 교도소 등을 설치·운영하도록 하는 경우에는 법인에만 위탁할 수 있다.
[2023. 7급] 총 5회 기출
② 법무부장관은 교정업무의 수탁자를 선정하는 경우에는 수탁자의 인력·조직·시설·재정능력·공신력 등을 종합적으로 검토한 후 적절한 자를 선정하여야 한다.
③ 제2항에 따른 선정방법, 선정절차, 그 밖에 수탁자의 선정에 관하여 필요한 사항은 법무부장관이 정한다.

제4조【위탁계약의 체결】 ① 법무부장관은 교정업무를 위탁하려면 수탁자와 대통령령으로 정하는 방법으로 계약(이하 "위탁계약"이라 한다)을 체결하여야 한다.
② 법무부장관은 필요하다고 인정하면 민영교도소등의 직원이 담당할 업무와 민영교도소등에 파견된 소속 공무원이 담당할 업무를 구분하여 위탁계약을 체결할 수 있다.
③ 법무부장관은 위탁계약을 체결하기 전에 계약 내용을 기획재정부장관과 미리 협의하여야 한다. [2023. 7급]
④ 위탁계약의 기간은 다음 각 호와 같이 하되, 그 기간은 갱신할 수 있다. [2023. 7급] 총 2회 기출

> **[위탁기간의 갱신](법 제4조 제4항)**
> 1. **수탁자가 교도소등의 설치비용을 부담하는 경우:** 10년 이상 20년 이하
> 2. **그 밖의 경우:** 1년 이상 5년 이하

제5조【위탁계약의 내용】 ① 위탁계약에는 다음 각 호의 사항이 포함되어야 한다.

[위탁계약의 내용](법 제5조 제1항)

1. 위탁업무를 수행할 때 수탁자가 제공하여야 하는 시설과 교정업무의 기준에 관한 사항
2. 수탁자에게 지급하는 위탁의 대가와 그 금액의 조정 및 지급 방법에 관한 사항
3. 계약기간에 관한 사항과 계약기간의 수정·갱신 및 계약의 해지에 관한 사항
4. 교도작업에서의 작업장려금·위로금 및 조위금 지급에 관한 사항
5. 위탁업무를 재위탁할 수 있는 범위에 관한 사항
6. 위탁수용 대상자의 범위에 관한 사항
7. 그 밖에 법무부장관이 필요하다고 인정하는 사항

② 법무부장관은 제1항 제6호에 따른 위탁수용 대상자의 범위를 정할 때에는 수탁자의 관리능력, 교도소등의 안전과 질서, 위탁수용이 수용자의 사회 복귀에 유용한지 등을 고려하여야 한다.

제6조【위탁업무의 정지】 ① 법무부장관은 수탁자가 이 법 또는 이 법에 따른 명령이나 처분을 위반하면 6개월 이내의 기간을 정하여 위탁업무의 전부 또는 일부의 정지를 명할 수 있다. [2023. 7급] 총 3회 기출

② 법무부장관은 제1항에 따른 정지명령을 한 경우에는 소속 공무원에게 정지된 위탁업무를 처리하도록 하여야 한다.

③ 법무부장관은 제1항에 따른 정지명령을 할 때 제2항을 적용하기 어려운 사정이 있으면 그 사정이 해결되어 없어질 때까지 정지명령의 집행을 유예할 수 있다.

제7조【위탁계약의 해지】 ① 법무부장관은 수탁자가 다음 각 호의 어느 하나에 해당하면 위탁계약을 해지할 수 있다.

[위탁계약 해지사유](법 제7조 제1항)

1. 제22조 제2항에 따른 보정명령을 받고 상당한 기간이 지난 후에도 이행하지 아니한 경우
2. 이 법 또는 이 법에 따른 명령이나 처분을 크게 위반한 경우로서 위탁업무의 정지명령으로는 감독의 목적을 달성할 수 없는 경우
3. 사업 경영의 현저한 부실 또는 재무구조의 악화, 그 밖의 사유로 이 법에 따른 위탁업무를 계속하는 것이 적합하지 아니하다고 인정되는 경우

② 법무부장관과 수탁자는 위탁계약으로 정하는 바에 따라 계약을 해지할 수 있다.

제8조【위탁계약 해지 시의 업무 처리】 위탁계약이 해지된 경우 국가가 부득이한 사정으로 위탁업무를 즉시 처리할 수 없을 때에는 수탁자나 그의 승계인은 국가가 업무를 처리할 수 있을 때까지 종전의 위탁계약에 따라 업무 처리를 계속하여야 한다.

제9조【청문】 법무부장관이 제7조 제1항에 따라 위탁계약을 해지하려면 청문을 하여야 한다.

03 법인의 임원과 재산

(1) 교정법인과 임원

제10조【교정법인의 정관 변경 등】 ① 제3조 제1항 단서에 따라 교정업무를 위탁받은 법인은 위탁계약을 이행하기 전에 법인의 목적사업에 민영교도소등의 설치·운영이 포함되도록 정관을 변경하여야 한다.

② 제1항에 따른 정관 변경과 교정법인의 정관 변경은 법무부장관의 인가를 받아야 한다. 다만, 대통령령으로 정하는 경미한 사항의 변경은 법무부장관에게 신고하여야 한다.

제11조【임원】 ① 교정법인은 이사 중에서 위탁업무를 전담하는 자를 선임하여야 한다. [2024. 9급]

② 교정법인의 대표자 및 감사와 제1항에 따라 위탁업무를 전담하는 이사(이하 "임원"이라 한다)는 법무부장관의 <u>승인을 받아</u> 취임한다. [2024. 9급]

③ 교정법인 이사의 과반수는 대한민국 국민이어야 하며, 이사의 5분의 1 이상은 교정업무에 종사한 경력이 5년 이상이어야 한다. [2019. 6급 승진] 총 5회 기출

④ 다음 각 호의 어느 하나에 해당하는 자는 교정법인의 임원이 될 수 없으며, 임원이 된 후 이에 해당하게 되면 임원의 직을 상실한다.

> **[임원직 상실사유]**(법 제11조 제4항)
>
> 1. 「국가공무원법」 제33조 각 호의 어느 하나에 해당하는 자
> 2. 제12조에 따라 임원취임 승인이 취소된 후 2년이 지나지 아니한 자
> 3. 제36조에 따른 해임명령으로 해임된 후 2년이 지나지 아니한 자

⑤ 교정법인 임원의 임기, 직무, 결원 보충 및 임시이사 선임에 필요한 사항은 대통령령으로 정한다.

제12조【임원취임의 승인 취소】 임원이 다음 각 호의 어느 하나에 해당하는 행위를 하면 법무부장관은 취임 승인을 취소할 수 있다.

1. 제13조를 위반하여 겸직하는 경우
2. 제25조 제2항을 위반하여 수용을 거절하는 경우
3. 제42조에 따라 징역형 또는 벌금형의 선고를 받아 그 형이 확정된 경우
4. 임원 간의 분쟁, 회계부정, 법무부장관에게 허위로 보고하거나 허위자료를 제출하는 행위 또는 정당한 사유 없이 위탁업무 수행을 거부하는 행위 등의 현저한 부당행위 등으로 해당 교정법인의 설립목적을 달성할 수 없게 한 경우

제13조【임원 등의 겸직 금지】 ① 교정법인의 대표자는 그 교정법인이 운영하는 민영교도소등의 장을 겸할 수 없다. [2019. 9급] 총 4회 기출

② 이사는 감사나 해당 교정법인이 운영하는 민영교도소등의 직원(민영교도소등의 장은 제외한다)을 겸할 수 없다. [2019. 9급] 총 3회 기출

③ 감사는 교정법인의 대표자·이사 또는 직원(그 교정법인이 운영하는 민영교도소등의 직원을 포함한다)을 겸할 수 없다. [2019. 6급 승진]

[시행령]

제5조【교정법인의 정관변경】 법 제10조 제2항 단서에서 "대통령령으로 정하는 경미한 사항"이란 다음 각 호의 어느 하나에 해당하는 사항을 말한다.

> **[경미한 정관변경의 신고사항]**(시행령 제5조)
>
> 1. 명칭
> 2. 사무소의 소재지
> 3. 공고와 그 방법에 관한 사항

제6조【교정법인 임원의 임기 등】 ① 교정법인의 임원의 임기는 해당 법인의 정관에서 정하는 바에 따르고, 정관에서 특별히 정하지 않은 경우에는 3년으로 하며, 연임할 수 있다.

② 교정법인은 해당 법인의 이사(위탁업무를 전담하는 이사만 해당한다. 이하 이 조에서 같다) 또는 감사 중에 결원이 생겼을 때에는 그 사유가 발생한 날부터 2개월 이내에 보충하여야 한다.

③ 법무부장관은 교정법인이 제2항에 따라 이사의 결원을 보충하지 않아 해당 교정법인의 목적을 달성할 수 없거나 손해가 생길 우려가 있다고 인정되면 이해관계인의 청구나 직권에 의하여 임시이사를 선임할 수 있다.

제7조【임원의 직무】 ① 교정법인의 대표자(이하 "대표자"라 한다)는 교정법인을 대표하며, 법인의 업무를 총괄한다.

② 대표자가 공석이 되거나 부득이한 사유로 직무를 수행할 수 없을 때에는 정관에서 미리 정한 사람이 그 직무를 대행하되, 정관에서 특별히 정하지 않은 경우에는 이사 중에서 호선한 사람이 그 직무를 대행한다.

③ 이사는 이사회에 출석하여 교정법인의 업무에 관한 사항을 심의·의결하며, 이사회나 대표자로부터 위임받은 사항을 처리한다.

④ 감사는 다음 각 호의 직무를 수행한다.

[감사의 직무](시행령 제7조 제4항)
1. 교정법인의 재산 상황과 회계를 감사하는 일
2. 이사회의 운영과 그 업무에 관한 사항을 감사하는 일
3. 제1호 또는 제2호의 감사 결과 부정 또는 부당한 점을 발견한 경우 이사회와 법무부장관에게 보고하는 일
4. 제3호의 보고를 하기 위하여 이사회의 소집을 요구하는 일
5. 교정법인의 재산 상황 또는 이사회의 운영과 그 업무에 관한 사항에 대하여 대표자 또는 이사에게 의견을 진술하는 일

제8조【이사회의 회의 등】 ① 대표자는 이사회를 소집하고, 그 의장이 된다.

② 이사회는 다음 각 호의 사항을 심의·의결한다.

[이사회의 심의·의결사항](시행령 제8조 제2항)
1. 교정법인의 예산, 결산, 차입금 및 재산의 취득·처분과 관리에 관한 사항
2. 정관의 변경에 관한 사항
3. 교정법인의 합병 또는 해산에 관한 사항
4. 임원의 임면에 관한 사항
5. 교정법인이 운영할 민영교도소등의 장과 정관에서 정한 직원의 임면에 관한 사항
6. 위탁업무의 처리에 관한 중요사항
7. 그 밖에 법령이나 정관에 따라 그 권한에 속하는 사항

(2) 교정법인의 기본재산

제14조【재산】 ① 교정법인은 대통령령으로 정하는 기준에 따라 민영교도소등의 운영에 필요한 기본재산을 갖추어야 한다.

② 교정법인은 기본재산에 대하여 다음 각 호의 행위를 하려면 법무부장관의 허가를 받아야 한다. 다만, 대통령령으로 정하는 경미한 사항은 법무부장관에게 신고하여야 한다. [2020. 9급]

> **[법무부장관의 허가, 경미한 사항 신고]**(법 제14조 제2항)
> 1. 매도·증여 또는 교환
> 2. 용도 변경
> 3. 담보 제공
> 4. 의무의 부담이나 권리의 포기

③ 교정법인의 재산 중 교도소등 수용시설로 직접 사용되고 있는 것으로서 대통령령으로 정하는 것은 국가 또는 다른 교정법인 외의 자에게 매도·증여 또는 교환하거나 담보로 제공할 수 없다.

[시행령]

제9조【재산의 구분 등】 ① 교정법인의 재산 중 다음 각 호의 어느 하나에 해당하는 재산은 법 제14조 제1항에 따른 기본재산으로 한다.

> **[교정법인의 기본재산]**(시행령 제9조 제1항)
> 1. 부동산(위탁계약에서 위탁업무 수행에 필요한 재원으로 사용하거나 제공하기로 한 부동산으로 한정한다)
> 2. 정관에서 기본재산으로 정한 재산
> 3. 총회나 이사회의 결의에 의하여 기본재산에 편입되는 재산
> 4. 세계잉여금(歲計剩餘金) 중 적립금

② 교정법인의 재산 중 제1항 각 호 외의 재산은 보통재산으로 한다.

③ 제1항에 따른 기본재산은 교도소·소년교도소 또는 구치소 및 그 지소(이하 "교도소등"이라 한다)의 부지 매입, 설계 및 건축에 필요한 재원(교정법인이 교도소등의 설치비용을 부담하는 경우만 해당한다)과 직원교육, 손해배상 등 교도소등의 운영에 드는 경비를 충당할 수 있어야 한다.

제10조【기본재산의 처분】 법 제14조 제2항 단서에서 "대통령령으로 정하는 경미한 사항"이란 다음 각 호의 어느 하나에 해당하는 경우를 말한다. 다만, 법 제14조 제2항 본문에 따른 허가를 받지 아니할 목적으로 기본재산을 분할하거나 법, 이 영 또는 관계 법령을 위반하는 경우는 제외한다.
1. 가액 5천만원 미만인 기본재산의 매도, 증여, 교환, 용도 변경 또는 담보의 제공
2. 가액 5천만원 미만의 의무의 부담 또는 권리의 포기

제11조【처분할 수 없는 재산의 범위】 법 제14조 제3항에서 "대통령령으로 정하는 것"이란 다음 각 호의 것을 말한다.

> **[처분할 수 없는 재산의 범위]**(시행령 제11조)
> 1. 교도소등의 부지(운동장을 포함한다)
> 2. 수용동
> 3. 작업장(재료창고와 직업훈련시설을 포함한다)
> 4. 접견실 및 그 부대시설
> 5. 취사장 및 그 부대시설
> 6. 체육관, 목욕탕, 이발관 등 수용자의 후생복지시설

7. 교육·집회시설
8. 청사(구내 업무용 사무실을 포함한다)
9. 그 밖에 수용자의 수용관리, 교정교화 등 교정업무에 직접 사용되는 시설·설비, 보안장비 및 교재·교구

(3) 회계의 구분

제15조【회계의 구분】① 교정법인의 회계는 그가 운영하는 <u>민영교도소등의 설치·운영에 관한 회계</u>와 <u>법인의 일반업무에 관한 회계</u>로 구분한다.
② 제1항에 따른 민영교도소등의 설치·운영에 관한 회계는 교도작업회계와 일반회계로 구분하며, 각 회계의 세입·세출에 관한 사항은 대통령령으로 정한다. [2020. 9급]
③ 제1항에 따른 법인의 일반업무에 관한 회계는 일반업무회계와 수익사업회계로 구분할 수 있다.
④ 제2항에 따른 민영교도소등의 설치·운영에 관한 회계의 예산은 민영교도소등의 장이 편성하여 교정법인의 이사회가 심의·의결하고 민영교도소등의 장이 집행한다.

제16조【예산 및 결산】① 교정법인의 회계연도는 정부의 회계연도에 따른다.
② 교정법인은 대통령령으로 정하는 바에 따라 법무부장관에게 매 회계연도가 시작되기 전에 다음 회계연도에 실시할 사업계획과 예산을 제출하고, 매 회계연도가 끝난 후에 사업 실적과 결산을 보고하여야 한다.
③ 법무부장관은 교정법인이 제2항에 따라 결산서를 제출하는 경우 교정법인으로부터 독립된 공인회계사나 회계법인의 감사증명서를 첨부하게 할 수 있다.
④ 교정법인의 회계규칙이나 그 밖에 예산 또는 회계에 관하여 필요한 사항은 법무부장관이 정한다.

제17조【합병 및 해산의 인가】① 교정법인이 다음 각 호의 어느 하나에 해당하는 행위를 하려면 법무부장관의 인가를 받아야 한다.

[합병 및 해산의 인가](법 제17조 제1항)
1. 다른 법인과의 합병
2. 회사인 경우 분할 또는 분할합병
3. 해산

② 법무부장관은 제1항에 따른 인가에 조건을 붙일 수 있다.

제18조【잔여재산의 귀속】① 해산한 교정법인의 잔여재산 귀속은 합병하거나 파산한 경우가 아니면 정관으로 정하는 바에 따른다.
② 제1항에 따라 처분되지 아니한 교정법인의 재산은 국고에 귀속한다.
③ 국가는 제2항에 따라 국고에 귀속된 재산을 다른 민영교도소등의 사업에 사용할 수 있다.
④ 제2항에 따라 국고에 귀속된 재산은 법무부장관이 관리한다.

제19조【다른 법률과의 관계】교정법인에 관하여는 이 법에 규정된 것 외에는 그 법인의 설립 형태에 따라 「민법」 중 사단법인이나 재단법인에 관한 규정, 「상법」 중 회사에 관한 규정, 그 밖의 설립 근거 법률을 적용한다.

[시행령]

제12조【일반회계와 교도작업회계의 세입·세출】 ① 법 제15조 제2항에 따른 민영교도소 등의 설치·운영에 관한 회계 중 일반회계의 세입은 다음 각 호의 수입으로 한다.

② 일반회계의 세출은 다음 각 호의 경비로 한다.

민영교도소 일반회계세입(시행령 제12조 제1항)	민영교도소 일반회계세출(시행령 제12조 제2항)
1. 위탁계약에 의하여 지급받은 교도소 등 운영 경비 2. 다른 회계로부터 전입되는 전입금 3. 일반회계의 운용 과정에서 생기는 이자수입 4. 교도소 등 시설·설비 등의 불용품 매각수입 5. 일반회계의 세출에 충당하기 위한 차입금 6. 그 밖에 교정법인의 수입으로서 다른 회계에 속하지 아니하는 수입	1. 교도소 등 운영에 드는 인건비 및 물건비 2. 수용관리, 교정교화 등 교정업무에 직접 필요한 시설·설비비 3. 제1항 제5호의 차입금의 상환원리금 4. 그 밖에 수용관리, 교정교화 등 교정업무에 필요한 경비

③ 법 제15조 제2항에 따른 민영교도소등의 설치·운영에 관한 회계 중 교도작업회계의 세입은 다음 각 호의 수입으로 한다.

④ 교도작업회계의 세출은 교도작업을 위하여 필요한 모든 경비로 한다.

교도작업회계의 세입(시행령 제12조 제3항)	교도작업회계의 세출(시행령 제12조 제4항)
1. 교도작업회계의 세출에 충당하기 위한 차입금 2. 일반회계로부터 전입되는 전입금 3. 그 밖에 교도작업에 따른 각종 수입	교도작업을 위하여 필요한 모든 경비

제13조【예산·결산 등의 제출】 ① 교정법인은 법 제16조 제2항에 따라 법무부장관에게 법 제15조 제2항에 따른 민영교도소등의 설치·운영에 관한 회계의 사업계획과 예산을 매 회계연도가 시작되기 8개월 이전에 제출하고, 사업실적과 결산을 매 회계연도가 끝난 후 2개월 이내에 제출하여야 한다.

② 교정법인은 연도 중에 해당 예산을 추가하거나 경정할 때에는 추가하거나 경정한 날부터 15일 이내에 해당 예산을 법무부장관에게 제출하여야 한다.

③ 법 제16조 제3항에 따른 공인회계사 등의 감사증명서를 제출하여야 할 교정법인의 범위는 다음 각 호와 같다.

1. 해당 회계연도의 수용 정원이 300명 이상인 교도소등을 설치·운영하는 교정법인
2. 해당 회계연도의 수용 정원이 300명 미만인 교도소등을 설치·운영하는 교정법인으로서 회계부정, 결산서의 허위작성과 그 밖에 현저히 부당한 회계처리 등으로 회계질서를 문란하게 하여 법무부장관이 특별히 감사증명서를 제출하게 할 필요가 있다고 인정하는 교정법인

04 민영교도소 등의 설치·운영

제20조【민영교도소등의 시설】 교정법인이 민영교도소등을 설치·운영할 때에는 대통령령으로 정하는 기준에 따른 시설을 갖추어야 한다. [2015. 7급]

제21조【민영교도소등의 조직 등】 ① 민영교도소등은 「형의 집행 및 수용자의 처우에 관한 법률」 제2조 제4호에 규정된 교도소등에 준하는 조직을 갖추어야 한다.

② 교정법인은 민영교도소등을 운영할 때 시설 안의 수용자를 수용·관리하고 교정서비스를 제공하기에 적합한 직원을 확보하여야 한다.

제22조【민영교도소등의 검사】 ① 교정법인은 민영교도소등의 시설이 이 법과 이 법에 따른 명령 및 위탁계약의 내용에 적합한지에 관하여 법무부장관의 검사를 받아야 한다. [2015. 5급 승진]

② 법무부장관은 제1항에 따른 검사를 한 결과 해당 시설이 이 법에 따른 수용시설로서 적당하지 아니하다고 인정되면 교정법인에 대하여 보정(補正)을 명할 수 있다.

③ 제1항과 제2항에 따른 시설의 검사 방법·절차 등에 관하여 필요한 사항은 법무부장관이 정한다.

제23조【운영 경비】 ① 법무부장관은 사전에 기획재정부장관과 협의하여 민영교도소등을 운영하는 교정법인에 대하여 매년 그 교도소등의 운영에 필요한 경비를 지급한다. [2024. 9급] 총 3회 기출

② 제1항에 따른 연간 지급 경비의 기준은 다음 각 호의 사항 등을 고려하여 예산의 범위에서 법무부장관이 정한다.

> **[연간지급경비 기준]**(법 제23조 제2항)
> 1. 투자한 고정자산의 가액
> 2. 민영교도소등의 운영 경비
> 3. 국가에서 직접 운영할 경우 드는 경비

[시행령]

제14조【민영교도소등의 시설기준】 ② 교정법인은 「형의 집행 및 수용자의 처우에 관한 법률」 제45조에 따른 종교행사를 치르기 위하여 마련된 장소를 제외하고는 그 법인이 운영하는 교도소등의 시설에서 수용자가 항상 출입하거나 접근할 수 있는 장소에 특정종교의 상징물을 설치해서는 아니 된다. 다만, 법무부장관이 국가의 종교적 중립성과 종파간의 형평성을 해치지 아니하는 범위에서 특별히 허가한 경우에는 그러하지 아니하다.

05 수용자의 처우

제24조【수용 의제】 민영교도소등에 수용된 수용자는 「형의 집행 및 수용자의 처우에 관한 법률」에 따른 교도소등에 수용된 것으로 본다.

제25조【수용자의 처우】 ① 교정법인은 위탁업무를 수행할 때 같은 유형의 수용자를 수용·관리하는 국가운영의 교도소등과 동등한 수준 이상의 교정서비스를 제공하여야 한다. [2018. 7급] 총 3회 기출

② 교정법인은 민영교도소등에 수용되는 자에게 특별한 사유가 있다는 이유로 수용을 거절할 수 없다. 다만, 수용·작업·교화, 그 밖의 처우를 위하여 특별히 필요하다고 인정되는 경우에는 법무부장관에게 수용자의 이송을 신청할 수 있다. [2020. 6급 승진] 총 5회 기출

③ 교정법인의 임직원과 민영교도소등의 장 및 직원은 수용자에게 특정 종교나 사상을 강요하여서는 아니 된다.

제26조【작업 수입】 민영교도소등에 수용된 수용자가 작업하여 생긴 수입은 국고수입으로 한다. [2020. 9급]

총 10회 기출

제27조【보호장비의 사용 등】 ① 민영교도소등의 장은 제40조에 따라 준용되는 「형의 집행 및 수용자의 처우에 관한 법률」 제37조 제1항·제2항, 제63조 제3항, 제68조 제1항, 제77조 제1항, 제97조, 제100조부터 제102조까지 및 제107조부터 제109조까지의 규정에 따른 처분 등을 하려면 제33조 제2항에 따라 법무부장관이 민영교도소등의 지도·감독을 위하여 파견한 소속 공무원(이하 이 조에서 "감독관"이라 한다)의 승인을 받아야 한다. 다만, 긴급한 상황으로 승인을 받을 만한 시간적 여유가 없을 때에는 그 처분 등을 한 후 즉시 감독관에게 알려서 승인을 받아야 한다.

[감독관의 사전 승인사항](법 제27조 제1항)

1. 외부의료시설 진료
2. 정신질환 치료목적의 치료감호시설 이송
3. 수형자를 외부 교육기관에 통학하게 하거나 위탁하여 교육받게 하는 경우
4. 외부기업체 통근작업이나 교정시설 안에 설치된 외부기업체의 작업장에서 작업
5. 일반귀휴를 보내려고 할 경우
6. 보호장비를 사용할 경우
7. 강제력을 행사할 경우
8. 무기를 사용할 경우
9. 재난시의 조치에 따른 처분시
10. 징벌, 징벌의 종류, 징벌의 부과에 따른 처분시

② 민영교도소 등의 장은 제40조에 따라 준용되는 「형의 집행 및 수용자의 처우에 관한 법률」 제121조 제1항에 따른 가석방 적격심사를 신청하려면 감독관의 의견서를 첨부하여야 한다.

③ 민영교도소 등의 장은 제40조에 따라 준용되는 「형의 집행 및 수용자의 처우에 관한 법률」 제123조에 따른 석방을 하려면 관계 서류를 조사한 후 감독관의 확인을 받아 석방하여야 한다.

[시행령]

제15조【수용자의 처우】 ① 민영교도소등의 장과 직원은 수용자에게 특정 종교의 교리·교의에 따른 교육·교화·의식과 그 밖에 행사의 참가를 강요해서는 아니 된다.

② 민영교도소등의 장과 직원은 수용자가 특정 종교를 신봉하지 아니한다는 이유로 불리한 처우를 해서는 아니 된다.

06 민영교도소 등의 직원

제28조【결격사유】다음 각 호의 어느 하나에 해당하는 자는 민영교도소 등의 직원으로 임용될 수 없으며, 임용 후 다음 각 호의 어느 하나에 해당하는 자가 되면 당연히 퇴직한다.

> **[민영교도소 직원 결격사유]**(법 제28조)
> 1. 대한민국 국민이 아닌 자
> 2. 「국가공무원법」 제33조 각 호의 어느 하나에 해당하는 자
> 3. 제12조에 따라 임원취임 승인이 취소된 후 2년이 지나지 아니한 자
> 4. 제36조에 따른 해임명령으로 해임된 후 2년이 지나지 아니한 자

제29조【임면 등】① 교정법인의 대표자는 민영교도소등의 직원을 임면한다. 다만, 민영교도소등의 장 및 대통령령으로 정하는 직원을 임면할 때에는 미리 법무부장관의 승인을 받아야 한다. [2016. 7급] 총 2회 기출
② 교정법인의 대표자는 민영교도소등의 장 외의 직원을 임면할 권한을 민영교도소등의 장에게 위임할 수 있다. [2024. 9급]
③ 민영교도소등의 직원의 임용 자격, 임용 방법, 교육 및 징계에 관하여는 대통령령으로 정한다.

제30조【직원의 직무】① 민영교도소등의 직원은 대통령령으로 정하는 바에 따라 「형의 집행 및 수용자의 처우에 관한 법률」에 따른 교도관의 직무를 수행한다.
② 민영교도소등의 직원의 복무에 관하여는 「국가공무원법」 제56조부터 제61조까지, 제63조, 제64조 제1항, 제65조 제1항부터 제3항까지 및 제66조 제1항 본문을 준용한다.

제31조【제복 착용과 무기 구입】① 민영교도소 등의 직원은 근무 중 법무부장관이 정하는 제복을 입어야 한다. [2020. 9급]
② 민영교도소 등의 운영에 필요한 무기는 해당 교정법인의 부담으로 법무부장관이 구입하여 배정한다. [2016. 7급]
③ 민영교도소 등의 무기 구입·배정에 필요한 사항은 법무부장관이 정한다.

[시행령]

제16조【직원의 임면 승인 범위】법 제29조 제1항 단서에서 "대통령령으로 정하는 직원"이란 「법무부와 그 소속기관 직제」에 따라 교도소등에 두는 과의 과장 이상의 직에 준하는 직위의 직원을 말한다.

제17조【직원의 임용 자격 등】① 법 제29조 제3항에 따른 민영교도소등의 직원의 임용 자격은 다음 각 호와 같다.

> **[민영교도소 임용자격]**(시행령 제17조 제1항)
> 1. 18세 이상인 사람
> 2. 법무부령으로 정하는 신체조건에 해당하는 사람

② 교정법인은 민영교도소등의 직원을 임용하였을 때에는 10일 이내에 그 임용사항을 법무부장관에게 보고하여야 한다. 민영교도소등의 직원이 퇴직하였을 때에도 또한 같다.

제18조【직무교육】① 교정법인은 민영교도소등의 직원으로 임용된 사람에 대하여 민영교도소등에 배치하기 전에 자체 교육기관이나 교정공무원 교육기관에서 직무수행에 필요한 교육을 받게 하여야 한다. 다만, 자체 교육기관이나 교정공무원 교육기관의 교육계획상 부득이 하다고 인정되는 경우에는 임용 후 1년 이내에 교육을 받게 할 수 있다.
② 교정공무원이나 민영교도소등의 직원으로 근무하다가 퇴직한 사람이 퇴직한 날부터 2년 이내에 민영교도소등의 직원으로 임용된 경우에는 제1항에 따른 교육을 면제할 수 있다.
③ 제1항의 교육기간, 교육과목, 수업시간과 그 밖에 교육 실시에 필요한 사항은 법무부장관이 정한다.

제19조【직원의 직무】 민영교도소등의 직원은 「형의 집행 및 수용자의 처우에 관한 법률」에 따른 교도관의 직무 중 위탁계약에서 정하는 범위에서 그 직무를 수행한다.

[시행규칙]

제20조【제복 및 사복 착용】 ① 민영교도소 등의 직원이 착용할 제복의 종류 및 제작 양식과 그 착용 방법은 교정공무원 복제에 관한 규정을 준용하여 해당 민영교도소등의 장이 정하되, 법무부장관의 승인을 받아야 한다.

② 민영교도소 등의 장은 제1항에 따른 복제를 정하는 경우 계급 및 소속 기관의 표시 등을 교정직공무원의 것과 구별되도록 하여야 한다.

③ 민영교도소등의 장은 교화 · 분류심사 · 교육훈련 등 직무상 필요한 경우와 근무지역의 여건상 필요하다고 인정되는 경우에는 소속 직원에게 근무 중 사복을 착용하게 할 수 있다.

07 지원 및 지도 · 감독

제32조【지원】 법무부장관은 필요하다고 인정하면 직권으로 또는 해당 교정법인이나 민영교도소등의 장의 신청을 받아 민영교도소등에 소속 공무원을 파견하여 업무를 지원하게 할 수 있다.

제33조【감독 등】 ① 법무부장관은 민영교도소등의 업무 및 그와 관련된 교정법인의 업무를 지도 · 감독하며, 필요한 경우 지시나 명령을 할 수 있다. 다만, 수용자에 대한 교육과 교화프로그램에 관하여는 그 교정법인의 의견을 최대한 존중하여야 한다. [2022. 7급] 총 3회 기출

② 법무부장관은 제1항에 따른 지도 · 감독상 필요하다고 인정하면 민영교도소등에 소속 공무원을 파견하여 그 민영교도소등의 업무를 지도 · 감독하게 하여야 한다.

③ 교정법인 및 민영교도소등의 장은 항상 소속 직원의 근무 상황을 감독하고 필요한 교육을 하여야 한다.

제34조【보고 · 검사】 ① 민영교도소등의 장은 대통령령으로 정하는 바에 따라 매월 또는 분기마다 다음 각 호의 사항을 법무부장관에게 보고하여야 한다.

[법무부장관 보고사항](법 제34조 제1항)

1. 수용 현황
2. 교정 사고의 발생 현황 및 징벌 현황
3. 무기 등 보안장비의 보유 · 사용 현황
4. 보건의료서비스와 주식 · 부식의 제공 현황
5. 교육 · 직업훈련 등의 실시 현황
6. 외부 통학, 외부 출장 직업훈련, 귀휴, 사회 견학, 외부 통근 작업 및 외부 병원 이송 등 수용자의 외부 출입 현황
7. 교도작업의 운영 현황
8. 직원의 인사 · 징계에 관한 사항
9. 그 밖에 법무부장관이 필요하다고 인정하는 사항

② 법무부장관은 필요하다고 인정하면 수시로 교정법인이나 민영교도소등에 대하여 그 업무 · 회계 및 재산에 관한 사항을 보고하게 하거나, 소속 공무원에게 장부 · 서류 · 시설, 그 밖의 물건을 검사하게 할 수 있다. 이 경우 위법 또는 부당한 사실이 발견되면 이에 따른 필요한 조치를 명할 수 있다.

제35조【위탁업무의 감사】① 법무부장관은 위탁업무의 처리 결과에 대하여 매년 1회 이상 감사를 하여야 한다.

② 법무부장관은 제1항에 따른 감사 결과 위탁업무의 처리가 위법 또는 부당하다고 인정되면 해당 교정법인 이나 민영교도소등에 대하여 적절한 시정조치를 명할 수 있으며, 관계 임직원에 대한 인사 조치를 요구 할 수 있다.

제36조【징계처분명령 등】① 법무부장관은 민영교도소등의 직원이 위탁업무에 관하여 이 법 또는 이 법에 따른 명령이나 처분을 위반하면 그 직원의 임면권자에게 해임이나 정직·감봉 등 징계처분을 하도록 명 할 수 있다. [2020. 9급]

② 교정법인 또는 민영교도소등의 장은 제1항에 따른 징계처분명령을 받으면 즉시 징계처분을 하고 법무부 장관에게 보고하여야 한다.

[시행령]

제20조【직권면직】① 교정법인은 민영교도소등의 직원이 신체적·정신적 이상으로 직무를 감당하지 못하거 나 인원의 감축으로 정원이 초과되었을 때 또는 위탁업무의 정지명령을 받았거나 위탁계약이 해지되었 을 때에는 직권으로 면직시킬 수 있다.

② 교정법인이 제1항에 따라 민영교도소등의 직원을 직권으로 면직시켰을 때에는 5일 이내에 그 사실을 법 무부장관에게 보고하여야 한다.

제21조【징계처분】① 교정법인은 민영교도소등의 직원이 다음 각 호의 어느 하나에 해당하는 경우에는 그 에 대하여 징계처분을 하여야 한다.

직권면직 사유(시행령 제20조 제1항)	징계처분 사유(시행령 제21조 제1항)
1. 민영교도소 등의 직원이 신체적·정신적 이상으로 직무를 감당하지 못할 때 2. 인원의 감축으로 정원이 초과되었을 때 3. 위탁업무의 정지명령을 받았을 때 4. 위탁계약이 해지되었을 때	1. 법 제36조 제1항에 따라 징계처분의 명을 받은 경우 2. 법 및 이 영의 규정 또는 이에 따른 명령을 위반한 경우 3. 직무상의 의무를 위반하거나 직무를 태만히 한 경우 4. 품위를 손상하는 행위를 한 경우

② 민영교도소등의 직원에 대한 징계의 종류는 해임·정직·감봉·견책으로 하되, 정직은 1개월 이상 3개월 이하의 기간 동안 직무에 종사하지 못하게 하고 보수의 3분의 2를 줄이며, 감봉은 1개월 이상 3개월 이하 의 기간 동안 보수의 3분의 1을 줄인다.

[시행규칙]

제19조【교육 등】① 법무부장관은 법 제33조 제2항에 따라 파견한 소속공무원에게 민영교도소등의 직원에 대하여 매주 1시간의 범위에서 직무수행에 필요한 교육을 실시하게 할 수 있다.

② 민영교도소 등의 장은 소속 직원에 대히어 법 제33조 제3항에 따른 직무수행에 필요한 교육을 매주 1시 간 이상 실시하여야 한다.

③ 법무부장관은 직원연수·업무협조 등을 위하여 민영교도소등의 장이 요청하는 경우에는 민영교도소 등 의 직원을 국가가 운영하는 교도소등에 일정기간 근무하게 할 수 있다.

08 보칙

> **제37조【공무원 의제 등】** ① 민영교도소등의 직원은 법령에 따라 공무에 종사하는 것으로 본다.
> ② 교정법인의 임직원 중 교정업무를 수행하는 자와 민영교도소등의 직원은 「형법」이나 그 밖의 법률에 따른 벌칙을 적용할 때에는 공무원으로 본다.
> ③ 민영교도소등의 장 및 직원은 「형사소송법」이나 「사법경찰관리의 직무를 수행할 자와 그 직무범위에 관한 법률」을 적용할 때에는 교도소장·구치소장 또는 교도관리로 본다.
> **제38조【손해배상】** ① 교정법인의 임직원과 민영교도소등의 직원이 위탁업무를 수행할 때 고의 또는 과실로 법령을 위반하여 국가에 손해를 입힌 경우 그 교정법인은 손해를 배상하여야 한다.
> ② 교정법인은 제1항에 따른 손해배상을 위하여 대통령령으로 정하는 기준에 따라 현금·유가증권 또는 물건을 공탁하거나 이행보증보험에 가입하여야 한다.
> **제39조【권한의 위임】** 법무부장관은 이 법에 따른 권한의 일부를 관할 지방교정청장에게 위임할 수 있다.
> [2024. 9급]
> **제40조【「형의 집행 및 수용자의 처우에 관한 법률」의 준용】** 민영교도소등에 수용된 자에 관하여 성질상 허용되지 아니하는 경우와 이 법 및 위탁계약으로 달리 정한 경우 외에는 「형의 집행 및 수용자의 처우에 관한 법률」을 준용한다.
> **제41조【부분위탁】** 국가가 운영하는 교도소등의 업무 중 직업훈련·교도작업 등 일부 교정업무를 특정하여 위탁하는 경우 그 수탁자에 관하여는 성질상 허용되지 아니하는 경우와 위탁계약으로 달리 정한 경우 외에는 교정법인에 관한 규정을 준용한다.

09 벌칙

> **제42조【벌칙】** ① 다음 각 호의 어느 하나에 해당하는 자는 3년 이하의 징역 또는 3천만원 이하의 벌금에 처한다.
> 1. 위탁계약을 위반하여 다른 사람에게 민영교도소 등을 운영하도록 하거나 위탁업무를 처리하도록 한 자 또는 이에 따라 민영교도소 등을 운영하거나 위탁업무를 처리한 자
> 2. 제6조나 제7조에 따라 위탁업무의 정지명령을 받거나 위탁계약이 해지된 후에 권한 없이 위탁업무의 처리를 계속한 자
> 3. 제14조 제2항 본문 또는 같은 조 제3항을 위반하여 매도 등의 행위를 한 자
> ② 다음 각 호의 어느 하나에 해당하는 자는 2년 이하의 징역 또는 2천만원 이하의 벌금에 처한다.
> 1. 제8조에 따른 위탁계약 해지 시의 업무 처리를 하지 아니한 자
> 2. 제22조 제1항에 따른 검사를 거부하거나 기피 또는 방해한 자
> 3. 제25조 제3항을 위반하여 수용자에게 특정 종교나 사상을 강요한 자
> 4. 제27조 제1항에 따른 처분 등에 관하여 감독관의 승인을 받지 아니한 자
> 5. 제27조 제3항을 위반하여 감독관의 확인을 받지 아니하고 수용자를 석방한 자
> 6. 제33조 제1항 본문이나 제34조제2항에 따른 법무부장관의 지시 또는 명령에 따르지 아니한 자
> 7. 제35조 제1항에 따른 감사를 거부하거나 기피 또는 방해한 자
> 8. 제35조 제2항에 따른 법무부장관의 시정조치명령이나 인사 조치 요구에 따르지 아니한 자
> 9. 제36조 제2항을 위반하여 징계처분을 하지 아니한 자
> 10. 정당한 사유 없이 위탁업무의 수행을 거부하거나 위탁업무를 유기한 자

제43조 【양벌규정】 교정법인의 임직원(교정법인이 운영하는 민영교도소등의 직원을 포함한다)이 그 법인의 업무에 관하여 제42조의 위반행위를 하면 그 행위자를 벌하는 외에 그 법인에도 해당 조문의 벌금형을 과(科)한다. 다만, 법인이 그 위반행위를 방지하기 위하여 해당 업무에 관하여 상당한 주의와 감독을 게을리하지 아니한 경우에는 그러하지 아니하다.

제44조 【과태료】 ① 다음 각 호의 어느 하나에 해당하는 자에게는 1천만원 이하의 과태료를 부과한다.
  1. 제10조 제2항 본문을 위반하여 법무부장관의 인가를 받지 아니한 자
  2. 제17조 제1항을 위반하여 법무부장관의 인가를 받지 아니한 자
  3. 제29조 제1항 단서에 따른 법무부장관의 승인을 받지 아니하고 민영교도소등의 장과 직원을 임면한 자
② 다음 각 호의 어느 하나에 해당하는 자에게는 500만원 이하의 과태료를 부과한다.
  1. 제10조 제2항 단서를 위반하여 신고를 하지 아니한 자
  2. 제14조 제2항 각 호 외의 부분 단서를 위반하여 신고를 하지 아니한 자
  3. 제15조 제1항을 위반하여 회계를 구분하지 아니한 자
  4. 제16조 제2항 또는 제3항을 위반하여 사업계획과 예산의 제출 및 사업 실적과 결산의 보고를 하지 아니한 자 또는 결산서에 공인회계사나 회계법인의 감사증명서를 첨부하지 아니한 자
③ 다음 각 호의 어느 하나에 해당하는 자에게는 300만원 이하의 과태료를 부과한다.
  1. 제34조 제1항 및 제2항에 따른 보고를 게을리하거나 부실한 보고를 한 자
  2. 제36조 제2항에 따른 보고를 게을리하거나 부실한 보고를 한 자
④ 제1항부터 제3항까지의 규정에 따른 과태료는 대통령령으로 정하는 기준에 따라 법무부장관이 부과·징수한다.

단원별 지문 O/X

01 「민영교도소 등의 설치·운영에 관한 법률」상 법무부장관은 교정업무를 포괄적으로 위탁하여 교도소를 설치·운영하도록 하는 경우 개인에게 위탁할 수 있다. (   ) [2023. 7급]

02 「민영교도소 등의 설치·운영에 관한 법률」상 수탁자가 교도소의 설치비용을 부담하는 경우가 아니라면 위탁계약의 기간은 6년 이상 10년 이하로 하며, 그 기간은 갱신이 가능하다. (   ) [2023. 7급]

03 「민영교도소 등의 설치·운영에 관한 법률」상 법무부장관은 위탁계약을 체결하기 전에 계약 내용을 기획재정부장관과 미리 협의하여야 한다. (   ) [2023. 7급]

04 「민영교도소 등의 설치·운영에 관한 법률」상 법무부장관은 수탁자가 「민영교도소 등의 설치·운영에 관한 법률」에 따른 처분을 위반한 경우 1년 동안 위탁업무 전부의 정지를 명할 수 있다. (   ) [2023. 7급]

05 「민영교도소 등의 설치·운영에 관한 법률」상 교정법인은 이사 중에서 위탁업무를 전담하는 자를 선임(選任)하여야 하며, 위탁업무를 전담하는 이사는 법무부장관의 승인을 받아 취임한다. (   ) [2024. 9급]

06 「민영교도소 등의 설치·운영에 관한 법률」상 법무부장관은 사전에 기획재정부장관과 협의하여 민영교도소를 운영하는 교정법인에 대하여 매년 그 교도소의 운영에 필요한 경비를 지급한다. (   ) [2024. 9급]

07 「민영교도소 등의 설치·운영에 관한 법률」상 교정법인의 대표자는 민영교도소의 장 외의 직원을 임면할 권한을 민영교도소의 장에게 위임할 수 있다. (   ) [2024. 9급]

08 「민영교도소 등의 설치·운영에 관한 법률」상 법무부장관은 「민영교도소 등의 설치·운영에 관한 법률」에 따른 권한의 일부를 교정본부장에게 위임할 수 있다. (   ) [2024. 9급]

---

01 ○ 법무부장관은 필요하다고 인정하면 「민영교도소 등의 설치·운영에 관한 법률」에서 정하는 바에 따라 교정업무를 공공단체 외의 법인·단체 또는 그 기관이나 개인에게 위탁할 수 있다. 다만, 교정업무를 포괄적으로 위탁하여 한 개 또는 여러 개의 교도소 등을 설치·운영하도록 하는 경우에는 법인에만 위탁할 수 있다(동법 제3조 제1항).

02 ○ 위탁계약의 기간은 수탁자가 교도소 등의 설치비용을 부담하는 경우에는 10년 이상 20년 이하로 하고, 그 밖의 경우에는 1년 이상 5년 이하로 하되, 그 기간은 갱신할 수 있다(동법 제4조 제4항).

03 ○ 민영교도소 등의 설치·운영에 관한 법률 제4조 제3항

04 ○ 법무부장관은 수탁자가 이 법 또는 이 법에 따른 명령이나 처분을 위반하면 6개월 이내의 기간을 정하여 위탁업무의 전부 또는 일부의 정지를 명할 수 있다(동법 제6조 제1항).

05 ○ 교정법인은 이사 중에서 위탁업무를 전담하는 자를 선임하여야 하며, 교정법인의 대표자 및 감사와 위탁업무를 전담하는 이사는 법무부장관의 승인을 받아 취임한다(동법 제11조 제1항·제2항).

06 ○ 동법 제23조 제1항

07 ○ 동법 제29조 제2항

08 × 법무부장관은 「민영교도소 등의 설치·운영에 관한 법률」에 따른 권한의 일부를 관할 지방교정청장에게 위임할 수 있다(민영교도소 등의 설치·운영에 관한 법률 제39조).

2026 대비 최신판

해커스공무원
이언담
교정학 기본서

초판 1쇄 발행 2025년 3월 4일

지은이	이언담 편저
펴낸곳	해커스패스
펴낸이	해커스공무원 출판팀

주소	서울특별시 강남구 강남대로 428 해커스공무원
고객센터	1588-4055
교재 관련 문의	gosi@hackerspass.com
	해커스공무원 사이트(gosi.Hackers.com) 교재 Q&A 게시판
	카카오톡 플러스 친구 [해커스공무원 노량진캠퍼스]
학원 강의 및 동영상강의	gosi.Hackers.com

ISBN	979-11-7244-850-9 (13360)
Serial Number	01-01-01

공무원 교육 1위,
해커스공무원 gosi.Hackers.com

ᐕ 해커스공무원

· **해커스공무원 학원 및 인강**(교재 내 인강 할인쿠폰 수록)
· 정확한 성적 분석으로 약점 극복이 가능한 **합격예측 온라인 모의고사**(교재 내 응시권 및 해설강의 수강권 수록)